Politische Vierteljahresschrift   Sonderheft 16/1985

Deutsche Vereinigung für Politische Wissenschaft

Dritte Welt-Forschung

Entwicklungstheorie und Entwicklungspolitik

Herausgegeben von Franz Nuscheler

Westdeutscher Verlag

© 1985 Westdeutscher Verlag GmbH, Opladen
Satz: Satzstudio Ewert, Braunschweig
Druck und buchbinderische Verarbeitung: Lengericher Handelsdruckerei, Lengerich
Alle Rechte vorbehalten. Auch die fotomechanische Vervielfältigung des Werkes (Fotokopie,
Mikrokopie) oder von Teilen daraus bedarf der vorherigen Zustimmung des Verlages.
Printed in Germany

ISBN 3-531-11771-8

Inhaltsverzeichnis

Franz Nuscheler
Einleitung: Entwicklungslinien der politikwissenschaftlichen Dritte Welt-
Forschung 7

I. Entwicklungstheoretische Kontroversen und Konversionen

Wolfgang Hein
Konstitutionsbedingungen einer kritischen Entwicklungstheorie 27

Andreas Boeckh
Dependencia und kapitalistisches Weltsystem, oder:
Die Grenzen globaler Entwicklungstheorien 56

II. Schwellenländer: ein neues entwicklungstheoretisches Erklärungsproblem

Ulrich Menzel / Dieter Senghaas
Indikatoren zur Bestimmung von Schwellenländern. Ein Vorschlag
zur Operationalisierung 75

Helmut Asche
Über junge Industrieländer und Schwellenländer in Ostasien 97

Peter Waldmann
Argentinien: Schwellenland auf Dauer? 113

III. „Entwicklungsstaat" und „Entwicklungsverwaltung"

Hartmut Elsenhans
Der periphere Staat: Zum Stand der entwicklungstheoretischen Diskussion 135

Georg Simonis
Der Entwicklungsstaat in der Krise 157

Hans F. Illy / Eugen Kaiser
„Entwicklungsverwaltung": Wandlungen im Selbstverständnis eines
Forschungsbereiches 184

IV. „Entwicklungsdiktatur" und Bedingungen von Demokratie

Jürgen Rüland / Nikolaus Werz
Von der „Entwicklungsdiktatur" zu den Diktaturen ohne Entwicklung –
Staat und Herrschaft in der politikwissenschaftlichen Dritte Welt-Forschung ... 211

Dirk Berg-Schlosser
Zu den Bedingungen von Demokratie in der Dritten Welt 233

V. Entwicklungspolitik: Programmentwicklung und Entscheidungsstrukturen

Peter Moßmann
Hemmnisse und Vorbedingungen autonomer Entwicklungspolitik.
Eine methodologische Skizze zum politischen Prozeß 267

Klaus Bodemer
Programmentwicklung in der Entwicklungspolitik der Bundesrepublik
Deutschland 278

Manfred Glagow / Uwe Schimank
Politisch-administrative Strukturen deutscher Entwicklungspolitik 308

VI. Nord-Süd-Konflikt: Dritte Welt in der Internationalen Politik

Peter Meyns
Einheit und Heterogenität — Ansätze zur Erklärung der Blockfreiheit in der
Weltpolitik 323

Klaus Hüfner
Die Vereinten Nationen als Forum der Dritten Welt 349

Volker Matthies
Kriege in der Dritten Welt: Zur Entwicklung und zum Stand der Forschung . . . 362

Peter Körner / Gero Maaß / Thomas Siebold / Rainer Tetzlaff
Bretton Woods vierzig Jahre danach: Leistungen und Defizite von IMF
und Weltbank 385

VII. Bilanz der politikwissenschaftlichen Regionalforschung

Franz Ansprenger
Afrika. Utopia oder Abstellgleis der Politischen Wissenschaft? 407

Friedemann Büttner / Thomas Scheffler / Gerhard Weiher
Die Entdeckung des Nahen Ostens durch die deutsche Politikwissenschaft 416

Dieter Nohlen
Politikwissenschaftliche Lateinamerika-Forschung in der
Bundesrepublik Deutschland 436

Autorenverzeichnis 451

Einleitung

Entwicklungslinien der politikwissenschaftlichen Dritte Welt-Forschung

Franz Nuscheler

1. Vorbemerkungen zur Konzeption und Komposition dieses Sonderheftes

Dieses Sonderheft will eine Bilanz der politikwissenschaftlichen Dritte Welt-Forschung in der Bundesrepublik ziehen. Dieser Versuch muß unvollständig und selektiv bleiben. Auch ein dickleibiger Sammelband kann die Differenzierungs- und Spezialisierungsprozesse, theoretischen Kontroversen und Paradigmenwechsel, die diese Spezialdisziplin in ihrer kaum drei Jahrzehnte langen Entwicklungsgeschichte durchgemacht hat, nur schwerpunktmäßig rekonstruieren. Einige Entstehungsprobleme verschärften noch diese Selektionswirkung:
Erstens wollte der Herausgeber bei der Auswahl der Themen und Autoren keine Rücksicht auf die verbandspolitische Spaltung der deutschen Politikwissenschaft nehmen, die vor allem in den Bereich der Internationalen Politik hineinwirkt. Diese Absicht gelang nur teilweise, weil die Verbandsspaltung offensichtlich die Bereitschaft zum Dialog und zur Kontroverse über Verbandsgrenzen hinweg lähmt (vor allem dann, wenn dieser Dialog in einem Publikationsorgan der DVPW stattfinden soll). Die Verbandskonkurrenz erwies sich also bisher nicht als diskursive Stimulanz, sondern als kontraproduktives Nebeneinander.
Unter Verweigerungen zur Mitarbeit litt vor allem der Versuch, die in den 70er Jahren geführte „große Debatte" zwischen Modernisierungs- und Dependenztheoretikern kritisch aufzugreifen und konstruktiv fortzuführen. Es hätte sich beispielsweise gelohnt, über den von *Manfred Mols* (1982) erhobenen Vorwurf der Ökonomisierung, des Gegenstands- und Profilverlusts einer spezifisch politikwissenschaftlichen Entwicklungslehre zu streiten. Ersatzweise soll dieser Disput zumindest punktuell in dieser Einleitung geführt werden.[1] Seltsamerweise wollte sich auch kein Kritiker an eine Auseinandersetzung mit dem hektischen Mode- und Paradigmenwechsel in der Entwicklungstheorie heranwagen. Es scheint, daß die Politologen die Lust am Disput verloren haben, die Rückkehr zur Sachlichkeit bereits in eine resignative Ermüdung umgeschlagen ist.
Die thematischen Proportionen dieses Sammelbandes wurden aber auch durch allzu menschliche Verhaltensweisen von vielbeschäftigten Politologen (innen), konkreter: durch uneingelöste Zusagen trotz langer Vorlaufzeiten, verschoben. Der Nord-Süd-Konflikt, der in den 70er Jahren im Mittelpunkt der Friedens- und Konfliktforschung

und der entwicklungspolitischen Diskussion stand, rückte auf diese unbeabsichtigte Weise unangemessen in den Hintergrund.

Andererseits reflektiert die stärkere Gewichtung von innenpolitischen („endogenen") Faktoren, die Abwendung vom dependenz- und imperialismustheoretischen Focus des Weltmarkts und die Hinwendung zur Analyse der entwicklungspolitischen Steuerungs- und Handlungsdefizite der „schwachen Staaten" in der Dritten Welt, eine Trendverschiebung in der neueren entwicklungstheoretischen Diskussion. Nach dem kläglichen Ertrag der turbulenten Nord-Süd-Konferenzen und der zunehmenden Differenzierung der Dritten Welt in eine verarmende „Vierte Welt", in Ölländer mit einem hohen Pro-Kopf-Einkommen und in industriell relativ fortgeschrittene Schwellenländer drängten sich für Entwicklungstheoretiker neue Fragen und Forschungsperspektiven auf, die sich auch in den thematischen Schwerpunkten dieses Sonderheftes niederschlagen.

Diese innere Auseinanderentwicklung der Dritten Welt, die auch eine politische Interessendifferenzierung im Verhältnis zu den Industrieländern erzeugt, wurde schon als „Ende der Dritten Welt" und als tendenzielle Aufhebung des Nord-Süd-Konflikts gedeutet (vgl. *Menzel* 1983; *Eikenberg* 1983). Der Beitrag von *Peter Meyns* stimmt nicht in diesen Grabgesang auf die — niemals vorhandene — Interessen- und Handlungsgemeinschaft der Dritten Welt und auf die durch innere Richtungskämpfe geschwächte Blockfreienbewegung ein.

Die Erfolgsgeschichte einiger Schwellenländer verleitete gelegentlich zu vorschnellen entwicklungstheoretischen Folgerungen, auch solche Theoretiker, die wenige Jahre zuvor eine solche Erfolgsgeschichte aufgrund systembedingter Strukturgebrechen des „peripheren Kapitalismus" noch als unmöglich erachteten — wie z.B. *Dieter Senghaas*. Drei Beiträge greifen diese Diskussion über die Schwellenländer auf, die sowohl für die Entwicklungstheorie als auch für die Einschätzung der Nord-Süd-Beziehungen einen hohen Stellenwert erhalten haben — einen allzu hohen, wie die Verschuldungskrise zeigt, die ihr Gravitationszentrum in eben diesen Schwellenländern hat.

Einen weiteren Schwerpunkt dieses Sonderheftes bilden vier Beiträge über die Rolle von Staat und Verwaltung in der Dritten Welt. Die von *Richard Löwenthal* (1963/1985) zu Beginn der 60er Jahre festgestellte Antinomie zwischen dem Grad der Freiheit und dem Grad der Entwicklung erscheint heute nach der reichhaltigen Erfahrung mit „Entwicklungsdiktaturen" in einem anderen Licht.[2] Wie der Beitrag von *Rüland/Werz* zeigt, haben sich diese „Entwicklungsdiktaturen" fast ausnahmslos als „Diktaturen ohne Entwicklung" erwiesen, ob sie nun im zivilen oder militärischen Gewande auftraten. Warum aber schneidet die Minderheit der noch mehr oder weniger demokratisch regierten Entwicklungsländer im entwicklungspolitischen Leistungsvergleich eher noch schlechter ab? Woran krankt der „schwache Staat" in der Dritten Welt? Die Beiträge von *Elsenhans, Simonis* und *Illy/Kaiser* untersuchen seine Strukturschwächen und Funktionsstörungen und rekonstruieren den internationalen Forschungsstand.

Die seit Ende der 70er Jahre geführte rege staatstheoretische Diskussion (vgl. u.a. *Evers* 1977; *Hanisch/Tetzlaff* 1981; *Elsenhans* 1981) weist auf die angedeutete Tendenzwende in der entwicklungstheoretischen Diskussion hin. Es zeichnete sich eine weitgehende Übereinstimmung unter Entwicklungstheoretikern ab, daß nicht der (kapitalistische) Weltmarkt allein, der von den Imperialismus- und Dependenztheoretikern zu einem alleserklärenden Popanz und von den Weltsystem-Analytikern in der Nachfolge von *Immanuel Wallerstein* sogar zur alleinigen *causa movens* der Weltgeschicke hochstilisiert wurde, sondern auch der innere Zustand der einzelnen Länder für entwicklungspolitische Fortschritte oder Rückschritte verantwortlich gemacht werden muß; daß der inkompetente und impotente Staat und die ihn tragenden „Staatsklassen", diese Kartelle zur Selbstprivilegierung, Entwicklung mehr blockieren als fördern.

Im Lichte dieser Einsichten erscheint das neue (vielmehr aus der Entwicklungsstrategie der „Reaganiten" entlehnte) entwicklungstherapeutische Schlagwort der Bonner Entwicklungspolitik, nämlich „Politikdialog", als ein Gebot der entwicklungspolitischen Vernunft. Die Beiträge von *Simonis* und *Bodemer* zeigen jedoch, daß sich hinter diesem Schlagwort vor allem eine ordnungspolitische Offensive zur marktwirtschaftlichen Bekehrung der Dritten Welt verbirgt. IWF und Weltbank flankieren diese Ordnungspolitik wirksam durch ihre kreditpolitische „Konditionalität", wie der Beitrag von *Peter Körner* u. a. nachweist.

Ein besonderes Gewicht erhält der Beitrag von *Volker Matthies* über „Kriege in der Dritten Welt", weil er bei den Planungsdiskussionen über die Einrichtung eines neuen Forschungsschwerpunktes durch die DFG als Diskussionsgrundlage diente. Dieser Forschungsschwerpunkt soll die der DFG nach der Liquidation der DGFK (*Deutsche Gesellschaft für Friedens- und Konfliktforschung*) zugefallenen Sondermittel auf einen neuen Themenschwerpunkt konzentrieren, der nach den Vorstellungen der DFG-Senatskommission für Friedens- und Konfliktforschung nicht mehr mit den „ideologischen Verirrungen" belastet sein soll, die zum Subsidienentzug für die DGFK durch die von der CDU/CSU regierten Länder geführt hatten. Zu diesen „ideologischen Verirrungen" wurde auch eine Überbetonung des Nord-Süd-Konflikts und der im Nord-Süd-Verhältnis liegenden „strukturellen Gewalt" im Forschungsprogramm der „kritischen" Friedens- und Konfliktforschung gezählt (vgl. die selbstkritische Bilanz der DGFK-Forschung von *Evers/Senghaas/Wienholtz* 1983).

Diese einleitenden Bemerkungen könnten den Eindruck erwecken, als seien die Beiträge und Autoren nach dem Selektionskriterium einer ideologischen „richtigen Linie" ausgesucht worden. Dies war nicht das Ziel des Herausgebers und ist nicht das Ergebnis dieses Sammelbandes, der – trotz der eingangs erwähnten verbandspolitischen Dialogsperre – noch viel Pluralität der entwicklungstheoretischen Positionen dokumentiert. Bei dieser Zielsetzung kann es nicht Aufgabe des Herausgebers sein, jeweils Konsens oder Dissens zu den einzelnen Beiträgen anzumelden. Solcher Dissens besteht durchaus gelegentlich. Beispielsweise greift der Versuch von *Dirk Berg-Schlosser*, Demokratie und die Bedingungen von Demokratisierung in der Dritten Welt zu operationalisieren, auf kritikwürdige demokratietheoretische Maßstäbe zurück, die sehr an Quantifizierungs- und Korrelationsversuche erinnern, die *Dieter Oberndörfer* (1970) schon vor gut zwei Jahrzehnten kritisierte. Die Diskussion über Entwicklungsindikatoren hat gezeigt, wie problematisch die Korrelierung zwischen quantitativen makroökonomischen und qualitativen politischen Indikatoren ist (vgl. *Nohlen/Nuscheler* 1982).

Dieses Sonderheft zieht nicht nur eine (lückenhafte) Bilanz, sondern versucht auch, Schwerpunkte der aktuellen Diskussion unter „Entwicklungspolitologen" und sich abzeichnende Forschungsperspektiven vorzustellen. Der Herausgeber räumte den Autoren neben räumlichen Vorgaben und inhaltlichen Wunschvorstellungen viel Entfaltungsspielraum ein — offensichtlich allzu viel, wie die Überlänge einzelner Beiträge zeigt. Dieser Freiraum ermöglichte aber beispielsweise den sehr persönlichen Erfahrungsbericht von *Franz Ansprenger* über die deutsche Afrikaforschung. Das Fehlen eines Berichts über den Stand der Asienforschung lag freilich nicht in der Planung des Herausgebers, sondern an einer außerplanmäßigen, kurzfristigen und deshalb irreparablen Absage.

Gelegentlich prägen fremde Kulturen, in die Entwicklungsforscher tief eintauchen müssen, um gute Forscher zu sein, auch das Verhalten nach der Rückkehr in die eigene Kultur: Dieses Abfallprodukt der Beschäftigung mit anderen „Entwicklungswelten" und Kulturen ist wertvoll, hat aber auch negative Begleiterscheinungen, wie z. B. einen gelegentlichen Realitätsverlust gegenüber den Zwängen des heimatlichen Wissenschaftsbetriebs.

2. Der Streit über Gegenstand und Methode

Dritte Welt-Forschung ist ein multidisziplinärer Sammelbegriff, der zunehmend die herkömmliche Bezeichnung „Entwicklungsländerforschung" verdrängt — und zwar wesentlich aus zwei Gründen: Erstens geriet der undifferenzierte Begriff der „Entwicklungsländer", in denen vielfach keine Entwicklung stattfindet, als Vortäuschung falscher Tatsachen in Mißkredit; zweitens hebt „Entwicklungs*länder*forschung" allzu sehr auf die komparative Länderforschung ab und lenkt von den internationalen Nord-Süd-Beziehungen ab. Nachdem inzwischen allenthalben vom „Ende der Dritten Welt" die Rede ist, retteten sich manche „Entwicklungspolitologen" als „Entwicklungsforscher" aus der Klemme mißverständlicher Firmenzeichen. Dieser Streit um Etiketten ist ziemlich müßig, solange sich hinter jedem Etikett sehr ähnliche Inhalte verbergen.

Auch die politikwissenschaftliche Spezies der Dritte Welt-Forschung ist eine Sammelbezeichnung für breit gefächerte Themen- und Untersuchungsfelder:
— für Forschungen über die koloniale und nachkoloniale politische Geschichte, die Entwicklung der sozio-ökonomischen Strukturen und politisch-administrativen Infrastrukturen, die Herausbildung von unterschiedlichen Typen von Herrschaftssystemen (Einparteisystemen, Militärregimen, „Kleptokratien" etc.) und Herrschaftsideologien (Spielarten des Sozialismus und Nationalismus, islamischer Fundamentalismus, „nationale Sicherheit" in Lateinamerika);
— für Forschungen über Klassen- und Herrschaftsverhältnisse, politische Strukturen und Prozesse, Krisen und Konflikte in einzelnen Ländern oder Ländergruppen;
— für Forschungen über die Entwicklung und Struktur von Unterentwicklung, über

Programme und Strategien zu ihrer Überwindung bzw. über Ursachen des Scheiterns von Entwicklungsstrategien und speziellen Entwicklungswegen;
— für länderübergreifende Regionalforschungen, die strukturelle Gemeinsamkeiten und Unterschiede in historisch-politisch und sozio-kulturell abgrenzbaren Regionen, regionsspezifische Struktur- und Entwicklungsprobleme (die in Afrika andere sind als in Lateinamerika), regionale Integrationsversuche oder Regionalkonflikte untersuchen und sich teilweise auch institutionell als Regionalwissenschaften mit regionalen Dokumentationszentralen etc. etabliert haben;
— für Forschungen über regionen- und kontinentübergreifende Entwicklungen, Bewegungen und Organisationen innerhalb der Dritten Welt (also Blockfreienbewegung, „Gruppe der 77", Süd-Süd-Kooperation etc.);
— für Forschungen über die historischen, politisch-ideologischen, militärstrategischen, ökonomischen und kulturellen Beziehungen zwischen den „drei Welten", die Herausbildung und Struktur des Nord-Süd-Konflikts als einem neuen Strukturmerkmal der internationalen Beziehungen, die Wechselwirkungen der Ost-West- und Nord-Süd-Konfliktformationen;
— für Forschungen über die Struktur und Bewegungsgesetze des Weltmarkts („Weltsystems") als einem determinierenden Handlungsrahmen für nationale Entwicklungspolitiken;
— für Forschungen über Interessen, Ziele und Instrumente der Entwicklungspolitik der westlichen und östlichen Industrieländer und internationalen Organisationen (Weltbank, Internationaler Währungsfonds, UN-Organisationen), die eine wichtige Rolle in den Nord-Süd-Beziehungen spielen oder als multilateral verdeckte Machtinstrumente der kapitalkräftigsten Staaten — wie beispielhaft der IWF — eine internationale Kontroll- und ordnungspolitische Dompteursfunktion übernommen haben;
— für theoretische Grundlagenforschung über Inhalt und Ziel von Entwicklung im allgemeinen und von „politischer Entwicklung" im besonderen, über Bedingungen von Gerechtigkeit und Frieden in den von ungleichen Tausch- und Machtbeziehungen, „struktureller Gewalt" und Verteilungskonflikten geprägten Nord-Süd-Beziehungen, über Veränderungschancen durch Reform oder Revolution innerhalb der Dritten Welt und zwischen den „drei Welten";
— für Forschungen über eine Fülle von Spezialproblemen (wie die Ernährungs- und Verschuldungskrisen, die Rolle von gesellschaftlichen Gruppen wie Eliten, Gewerkschaften oder Kirchen im Entwicklungsprozeß, die entwicklungspolitische Bedeutung von Sektoralpolitiken wie Bildungs- und Gesundheitspolitik usw.).

Diese geraffte Zusammenfassung illustriert die thematische Heterogenität und theoretisch-methodische Pluralität der politikwissenschaftlichen Dritte Welt-Forschung, die sich niemals fachspezifische Zwangsjacken anlegte. Ihr Gegenstand läßt eine solche Verengung nicht zu: „politische Entwicklung" ist umfassender und zugleich unschärfer als „wirtschaftliche Entwicklung" (zumal dann, wenn diese auf wirtschaftliches Wachstum verengt wird).

Der Streit über den Begriff des Politischen und über die geeignete Methode der Politikanalyse, den die Politikwissenschaft seit ihren institutionellen Anfängen führt,

blieb auch dieser Spezialdisziplin nicht erspart. Die einen werfen den anderen Gegenstandsverlust vor und die anderen kontern mit dem Vorwurf der falschen Methode. In beiden Fällen geht es um eine Rechtfertigung des eigenen Standpunkts und wissenschaftlichen Tuns. Dies gilt für den Vorwurf der „ökonomistischen" Perspektivverengung, den *Mols* (1982) der großen Mehrheit der „Entwicklungspolitologen" macht, wie für marxistische Pauschalurteile über das „Elend der bürgerlichen Entwicklungstheorie" (*Hauck* 1975) oder den Rundumschlag, den *Bassam Tibi* (1979) vor gut einem Jahrzehnt gegen *René König*s Entwicklungssoziologie oder die kulturwissenschaftliche Forschung des *Arnold-Bergstraesser-Instituts* (ABI) führte.
Der Vorwurf an die Adresse der Politökonomen, die Politikwissenschaft durch eine „Ökonomisierung" zu verfremden und ihrem eigentlichen „politischen" Gegenstand zu entfremden, könnte erst dann dem Verdacht der Ideologieschelte entgehen, wenn die Gescholtenen die holistische Einheit von Ökonomie, Politik und Ideologie aus dem Auge verlören. Sicherlich waren und sind manche Politökonomen so sehr auf das politikblinde Walten des Weltmarkts hinter dem Rücken politischer Akteure fixiert, daß man kaum noch das politische Element in ihrer Kapitalanalyse entdecken kann. Aber sie haben die Profession des Politologen und den — niemals kodifizierten und immer neu zu entdeckenden und zu begründenden — Gegenstand der Politikwissenschaft nicht schon verfehlt, wenn sie Politik auf die Füße von Produktions- und Klassenverhältnissen stellen.
Für *Mols* haben sich politikwissenschaftliche Fragestellungen auch in der Entwicklungsländerforschung auf die „politischen Systeme selbst und ihre internationale Konditionierung" auszurichten (33 f.). Sofort stellen sich die Fragen, wie denn diese „internationale Konditionierung" ohne Analyse der ungleichen Machtverteilung in der Weltwirtschaft und wie die politischen Systeme der Dritten Welt ohne Analyse der gesellschaftlichen Machtverhältnisse angemessen untersucht werden können. Wie sollen beispielsweise die revolutionären Konflikte in Zentralamerika ohne Rückgriff auf die Besitz- und Gewaltverhältnisse auf dem Land erklärt werden? Geht es dem Lateinamerika-Spezialisten *Mols* nicht doch weniger um eine Kritik der analytischen Methode und mehr um eine Kritik der politischen Schlußfolgerungen?
Der Beitrag von *Wolfgang Hein* zeigt, wie der Handlungsspielraum von Territorialstaaten und deren Fähigkeit, ihr Schicksal in die eigenen Hände zu nehmen, durch die Rahmenbedingungen des „wirtschaftlichen Raums", also des Weltmarkts, konditioniert wird. Man mag darüber streiten, ob nicht auch *Hein* die von ihm selbst geforderte „holistische Perspektive" aus dem Auge verloren hat. Aber auch für diesen Fall gilt: Es kommt auf den Erkenntnisertrag einer Methode und nicht auf ihre politikwissenschaftliche Asepsis gegenüber Nachbardisziplinen oder gar gegenüber konkurrierenden Wissenschaftstheorien an.
Wir müssen uns wohl oder übel mit der salomonischen Formel abfinden, daß auch in der „Entwicklungswissenschaft" politikwissenschaftlich relevant ist, was „Entwicklungspolitologen" aufgrund ihres theoretischen Vorverständnisses für relevant halten. Gegenseitige Ausgrenzungen und Bankrotterklärungen helfen nicht weiter und verschwenden intellektuelle Energien. Die immer entscheidende Frage bleibt, wie gut Politologen das machen, was sie für relevant halten. Dann greift auch der Vorwurf

der inkompetenten und konturlosen Allerweltswissenschaft nicht, der das Klagelied von *Manfred Mols* über den Zustand der politikwissenschaftlichen Entwicklungsländerforschung in der Bundesrepublik begleitet.
Die Entscheidung darüber, wie eine „brauchbare Wissenschaft" arbeiten sollte, kann sicherlich nicht einer politischen Instanz außerhalb der Wissenschaft zugewiesen werden. Wenn der ehemalige Bundesminister *Rainer Offergeld* auf dem DVPW-Kongreß in Augsburg (1979) ein „weitverbreitetes Unbehagen an Themenwahl, Problemstellung und Sprache der politischen Wissenschaften" artikulierte (und dabei im besonderen die Entwicklungstheoretiker im Visier hatte), dann hat er sicherlich Vorurteile in seinem eigenen Ressort richtig widergegeben. Aber ist er der berufene *censor morum* für eine innerwissenschaftliche Debatte über relevante Problemstellungen und Forschungsprioritäten?
Die Politikwissenschaft wird von der „offiziellen Entwicklungspolitik" nicht deshalb „gelegentlich als nützliche Hilfstruppe" oder als „überflüssiges Dekor" betrachtet (so *Mols* 1982: 28), weil ihre Fragestellungen und Forschungsergebnisse für die Entwicklungspolitik überflüssig sind, sondern weil sie Fragen stellt und Antworten gibt, die den Entwicklungspolitikern nicht immer gelegen kommen, sie in ihren Entscheidungen nicht affirmieren, sondern kritisieren. „Man" zieht die Politologen nicht allein deshalb nicht zu Rate, weil man „ihrer praktischen Fähigkeit der Politikberatung mißtraut" (so *Mols*, 29), sondern auch deshalb, weil „man" ihren Rat nicht hören will – wenn man vom Ratschlag einiger weniger Auserwählter absieht.
Die Wertschätzung einer Wissenschaft durch die politischen Abnehmer ihrer Erkenntnisse, die eben in erster Linie nach der politischen Brauchbarkeit und Verwertbarkeit dieser Erkenntnisse fragen, kann nicht Maßstab für die Bewertung ihrer Leistungen und Schwächen sein, wenn sie sich nicht als „politische Hilfswissenschaft" begreifen will (vgl. *Khan/Matthies* 1976). Aus diesem anderen Blickwinkel ist es um die politikwissenschaftliche Dritte Welt-Forschung in der Bundesrepublik nicht so schlecht bestellt, wie *Mols* meint – was noch zu belegen sein wird.

3. „Politische Entwicklung": ein ideologiebelastetes Schlüsseltheorem

Manfred Mols befindet sich mit der großen Mehrheit der deutschen „Entwicklungspolitologen" im Streit, weil er noch immer auf die erleuchtende Kraft der Modernisierungstheorien schwört und am Paradigma der „politischen Entwicklung" festhält (vgl. *Mols* 1975). „Politische Entwicklung" war das Schlüsselwort der in den 60er Jahren vorherrschenden politischen Entwicklungslehre, die ihre Kategorien, Methoden und Normsetzungen weitgehend aus der US-amerikanischen *Comparative Politics* bezog.
Es waren die im einflußreichen *Committee on Comparative Politics* organisierten Forschungsgruppen um *Almond, Coleman, Rustow, Shils, Pye, Verba, LaPalombara* und *Weiner*, die zunächst mit großem Geld- und Personaleinsatz auf die theoretisch-methodische Herausforderung reagierten, welche die rasch wachsende Zahl der nachkolonialen Staatsgebilde in Afrika und Asien der vergleichenden Systemforschung

stellte. Dabei verband sich wissenschaftliche Neugier mit dem politischen Interesse der westlichen Führungsmacht USA, die innenpolitisch ungefestigten und außenpolitisch orientierungssuchenden Neuankömmlinge auf der weltpolitischen Bühne in ihre globale Ordnungs- und Eindämmungspolitik einzubeziehen. „Politische Entwicklung" wurde verstanden als pro-amerikanische Stabilität und antikommunistische Resistenz (vgl. *Packenham* 1964). Eines der modernisierungstheoretischen Hauptwerke, *Walt W. Rostow's* „Stages of Economic Growth", hat den richtungsweisenden Untertitel „A Non-Communist Manifesto".

Eingebettet in die sozialwissenschaftliche Suche nach einer *grand theory* des sozialen Wandels und der Modernisierung von Gesellschaften und eingeschworen auf den methodologischen Zeitgeist des Strukturfunktionalismus entwickelten die *political development*-Forscher eine politische Entwicklungslehre mit universellem Geltungsanspruch, die auch die entwicklungstheoretische Diskussion in Westeuropa nachhaltig beeinflußte. Fundgrube war vor allem die berühmte Princeton-Reihe „Studies in Political Development".[3] Die damals noch wenigen „Exoten" in der deutschen Politikwissenschaft, die sich — wie *Franz Ansprenger* in diesem Band aus persönlicher Erfahrung berichtet — aufgrund ihres „ausgefallenen" Forschungsinteresses noch Sorgen um ihre akademische Karriere machen mußten, waren weitgehend mit dem Bemühen ausgelastet, die transatlantische Massenproduktion von Theorien, analytischen Konzepten und empirischen Studien zu *political development* aufzuarbeiten. Eine kleine Auswahl machte ein von *Dirk Berg-Schlosser* (1972) herausgegebener Reader in deutscher Sprache zugänglich.

Allein der Versuch, die für die neue und globale *Comparative Politics* grundlegende Methodenlehre von *Gabriel A. Almond* zu erschließen, erforderte einen hohen intellektuellen Kraftaufwand (vgl. *Heimer* 1971; *Nuscheler* 1969/1976). Und das Ergebnis war ziemlich ernüchternd: „Die gelegentlich anzutreffende Vorstellung, Almond habe für die Analyse politischen Wandels eine Art kompletten analytischen Werkzeugkasten geliefert, mit dem es jetzt in intelligenter und methodisch sauberer Weise zu arbeiten gelte, hat sich als Illusion erwiesen: seine Konstruktionen stellen zur Zeit nicht einmal stichhaltige Taxonomien dar" (*Heimer* 1971: 515).

Der zunächst ziemlich kritiklosen Rezeption mangels eigener Forschungserfahrung folgte schon am Ende der 1. Entwicklungsdekade (1960—70), die von den Vereinten Nationen in optimistischer Aufbruchstimmung verkündet wurde und als „Jahrzehnt der Frustration" (nach UN-Generalsekretär *U Thant*) endete, zunehmend Kritik an den Zielvorstellungen und Verheißungen von „politischer Entwicklung", weil tatsächlich „politischer Verfall" (so *Huntington* 1965) weithin das politische Geschehen in der Dritten Welt prägte.

Die *political development*-Konzepte gerieten in den Sog der Ideologiekritik an den „Modernisierungstheorien", die zur Sammelbezeichnung für sehr unterschiedliche Deutungsversuche des sozio-kulturellen Wandels und bald zum verkürzten Schlagwort für „bürgerliche Entwicklungstheorien" wurden. Kritik wurde mit unterschiedlichen Akzentsetzungen, aber mit zunehmender Schärfe vor allem an den folgenden Ingredienzen dieser Modernisierungstheorien geübt (vgl. *Schubler* 1968; *Kratochwil* 1972/1985; *Matthies* 1973/1985; *Nuscheler* 1974; *Hauck* 1975; *Wehler* 1975; *Schütt* 1976/1985):

- an der Gleichsetzung von Modernisierung und „Verwestlichung" durch Übernahme und Nachahmung westlicher Wertsysteme, Institutionen und Konsummuster;
- an der Idealisierung des westlich-kapitalistischen, pluralistisch-parlamentarischen Vor- und Leitbildes von Entwicklung;
- an einer eurozentrischen Geschichtsmetaphysik, die den als historische Spätzünder und Nachzügler verstandenen „nicht-westlichen" Gesellschaften einen einzigen Weg zu Entwicklung wies — eben den Weg, den die westlichen Gesellschaften als Idealtypen von Zivilisation und Fortschritt gegangen sind;
- an der weitgehenden Ausklammerung der historischen Entstehungsbedingungen und der in der Gegenwart fortwirkenden internationalen Rahmenbedingungen von Unterentwicklung und an der Idealisierung von Kolonialismus, Weltmarktintegration und kapitalistischer Penetration der „Peripherie" als einem zivilisatorischen Missionswerk und Modernisierungsschub;
- an der idealtypischen Dichotomie von traditionellen und modernen Gesellschaften, die Struktur- und Kulturunterschiede innerhalb der undifferenzierten Sammelkategorie der „traditionellen Gesellschaften" kaschierte, Tradition zur abschätzigen Residualkategorie mit dem Beigeschmack des Primitiven und als ein von der kulturgeschichtlichen Forschung weit entferntes Klischee für Rückständigkeit abwertete.

Die Kritik am *political development*-Theorem konzentrierte sich ebenfalls auf die normative Orientierung von politischer Entwicklung am idealisierten Vorbild der westlichen Demokratien, darüber hinaus auf analytische Schwächen des struktur-funktionalen Kategoriensystems, das begriffliche Glasperlenspiel der Modelltheoretiker und die Präformierung des systemtheoretischen Erkenntnisinteresses durch politische Interessen. Im besonderen wurden kritisiert:

- die Vergewaltigung der unterschiedlichen politischen Kulturen durch ein scholastisches Kategoriensystem, das beispielsweise die staatlichen Neugeburten in Afrika mit den 150 Jahre alten Systemstrukturen in Lateinamerika (und damit wirklich Äpfel mit Birnen) verglich;
- die Realitätsferne des struktur-funktionalen Modellplatonismus, der sich analytisch als ungeeignet erwies, die Verschiedenartigkeit und Komplexität der politischen Entwicklungsprobleme zu erfassen;
- die Ausrichtung des struktur-funktionalen Erkenntnisinteresses auf Stabilität und Integration („nation-building"), Ordnung und Systemerhaltung, während tatsächlich Instabilität und Desintegration, Konflikte und Kriege, also „politischer Verfall", zum Erklärungsproblem geworden waren.

Schon früh haben *David E. Apter* und *S. S. Mushi* (1972) eine tiefe Kluft zwischen wissenschaftlicher Theorie und politischer Realität festgestellt und den politikwissenschaftlichen Entwicklungstheorien die Fähigkeit abgesprochen, die Realität analytisch angemessen zu erfassen oder gar brauchbare Strategien zur Veränderung dieser Realität anzubieten. *J. P. Nettl* (1969) übte scharfe Kritik an der Verengung des politikwissenschaftlichen Blickfeldes auf politisch-administrative Strukturen, an einem normativen Normalitätsverständnis, das beispielsweise kaum zu erkennen vermochte, daß „in Wirklichkeit ordentliche Wahlen die abweichende Form oder den Zusammenbruch der

Normalität darstellen" (27). Die seuchenartige Verbreitung von Militärregimen in der Dritten Welt gab seiner Forderung nach einer Theorie der „politischen Nicht-Entwicklung", die *S. P. Huntington* (1965/69) mit seinem Prätorianismustheorem umrissen hatte, genügend Nachdruck.

4. Der imperialismus- und dependenztheoretische Ansturm gegen das „Elend der bürgerlichen Entwicklungstheorien"

Die Methoden- und Ideologiekritik an den Modernisierungstheorien wurde Ende der 60er Jahre durch die krisenhafte Nicht-Entwicklung in großen Teilen der Dritten Welt, eine auch in der Ersten Welt wachsende neo-marxistische Kapitalismuskritik und nicht zuletzt durch die moralische Demontage der Weltordnungspolitik der USA infolge des Vietnam-Krieges verstärkt. „1968" markiert auch den Beginn einer stürmischen Phase in der Geschichte der Dritte Welt-Forschung, den von *Mols* (1982: 23) beklagten „Einbruch einer dependenztheoretisch vertieften politischen Ökonomie einschließlich ihrer aufklärerischen Entschleierungsaspirationen".

Die außerparlamentarische Protestbewegung entdeckte den Imperialismus als Feindbild und als Sündenbock für Unterentwicklung und die Dritte Welt als weltrevolutionäres Substitut für das im entwickelten Kapitalismus verlorengegangene „revolutionäre Subjekt". Eine zweite Generation von Entwicklungsforschern vertrat kämpferische Antithesen zu den bisherigen Erklärungsmustern von Unterentwicklung und Zieldefinitionen von Entwicklung, rückte auch die Dritte Welt aus ihrer bisherigen Randlage in der politikwissenschaftlichen Problemwahrnehmung heraus, belastete aber dieses neue Interesse mit einem Arsenal von Schlagworten, mit viel moralischer Gesinnungstüchtigkeit und hektischen ideologischen Richtungskämpfen.

Imperialismus bzw. Dependenz und Modernisierung bzw. Tradition wurden zu Reizworten eines polemischen Schlagabtausches, der in allen Teildisziplinen der „Entwicklungswissenschaft" geführt wurde. Ohnehin wurde es immer schwieriger, zwischen Einzeldisziplinen zu unterscheiden, weil die politische Ökonomie die disziplinäre Gewanneinteilung verwischte. Der Gegenstand Dritte Welt schien „links besetzt" worden zu sein. *Marx* und marxistische Imperialismustheoretiker ersetzten *Max Weber*, *Talcott Parsons* oder *Gabriel A. Almond* in der entwicklungstheoretischen Ahnengalerie, marxistisches Vokabular überlagerte die systemtheoretische Formelsprache und baute Kommunikationsbarrieren auf. Es war in der Tat zu befürchten, daß die politikwissenschaftliche Dritte Welt-Forschung „auf längere Sicht im Streit der Schulen und Richtungen und Ideologien bis zur Unkenntlichkeit zerrieben" würde (so *Mols* 1982: 33). Sie erhielt das pejorative Image als politisierte Ideologiefabrik, das ihr auch noch nach ihrer Rückbesinnung auf die Tugenden der Wissenschaftlichkeit anhängt.

Die Friedens- und Konfliktforschung, die sich bisher fast ausschließlich mit dem Ost-West-Konflikt und mit historischen Kriegsursachen beschäftigt hatte, entdeckte nun den Nord-Süd-Konflikt, das in der Asymmetrie der Nord-Süd-Beziehungen liegende Konfliktpotential und die in sozialer Ausbeutung und politischer Unterdrückung

brütenden Konfliktursachen innerhalb der Dritten Welt als neue Forschungsgegenstände. Entwicklungsforschung wurde zur Friedensforschung, die einen durch Gerechtigkeit und Entwicklung definierten „positiven Frieden" von einem allein durch die Abwesenheit von Krieg definierten „negativen Frieden" unterschied und Gewalt nicht nur an militärischen Konflikten, sondern als „strukturelle Gewalt" auch an Ausbeutungs- und Unterdrückungsmechanismen festmachte (vgl. u. a. *Groten* 1977). „Strukturelle Gewalt" tötet mehr Menschen als militärische Gewalt.
Die Friedens- und Konfliktforschung bot auch analytische Vorzüge gegenüber dem struktur-funktionalen Werkzeugkasten an. *Volker Matthies* (1973: 225 f.) hob hervor:
— die größere analytische Nähe ihres Konfliktbegriffs zur Struktur des Nord-Süd-Konflikts und zu den Konfliktsituationen innerhalb der Dritten Welt;
— die Einbeziehung des internationalen und ökonomischen Kontextes in die Analyse des Entwicklungsproblems;
— den höheren wissenschaftstheoretischen Reflexionsgrad über die grundlegenden Begriffe wie Frieden, Gerechtigkeit, Gewalt, Konflikt und Entwicklung;
— den stärkeren Praxisbezug „im Gegensatz zu dem nicht selten sterilen theoretischen Erkenntnisinteresse modernisierungstheoretischer Ansätze".
Wenn Dritte Welt-Forschung als Friedens- und Konfliktforschung begriffen wird, hebt sich auch der müßige innerfachliche Streit über ihre Zuordnung zur Vergleichenden Politik oder Internationalen Politik auf. Da sie auch die Nord-Süd-Beziehungen thematisiert, ist sie nicht mehr im herkömmlichen Sinne „Entwicklungsländerforschung", sondern verbindet die Analyse von internen und internationalen Strukturen und Prozessen (vgl. *Kratochwil* 1972: 48; *Matthies* 1973: 229).
Die Entwicklungsländerforschung wurde also nicht aus dem „ganz einfachen Grund" des Provinzialismus in das Spezialgebiet der Internationalen Politik „abgedrängt", wie *Bassam Tibi* (1979: 9) vermutete, sondern ihm eher aufgrund einer aufgeklärten Problemperzeption zugeordnet. Provinziell war (und ist) vielmehr ihre Zuordnung zur Vergleichenden Regierungslehre, *sofern* diese — nach struktur-funktionalem Vorbild — den internationalen Zusammenhang von Unterentwicklung und Entwicklung ausklammert.
Die Hochkonjunktur der Imperialismustheorie, die sich in einer Flut von Schriften niederschlug, aber niemals das Niveau der Klassiker (*Lenin, Luxemburg, Hilferding, Kautsky* u.a.) erreichte, förderte wichtige Erkenntnisse über die Geschichte der Unterentwicklung und die ungleiche Kosten- und Nutzenverteilung in den Handels- und Kapitalbeziehungen zwischen Industrie- und Entwicklungsländern zutage (vgl. *Nuscheler* 1971). Aber sie drehte sich bald im Kreis um ihre Kernthese, daß koloniale und neokoloniale Ausbeutung die Dritte Welt in Unterentwicklung gestürzt habe und weiterhin in Unterentwicklung festhalte. Weil *Lenin* seine Theorie auf dem privaten Kapitalexport aufgebaut hatte, schrumpfte für viele seiner orthodoxen Jünger das ganze Problem der Unterentwicklung auf die Rolle der Multinationalen Konzerne, auf den „Dollar-Imperialismus" oder „DM-Imperialismus" zusammen.
Wesentlich anspruchsvoller war die theoretisch subtile Diskussion über das Theorem des „ungleichen Tausches", die vor allem in Frankreich ein hohes Niveau erreicht hatte. Aber auch diesem theoretischen Erkenntnisfortschritt, der sich weitgehend

einer empirischen Operationalisierung und Überprüfung entzog, gelang es kaum, das klassische Theorem der komparativen Kostenvorteile aus den Angeln zu heben (vgl. *Schmidt* 1982).

Kreative Impulse erhielt die neo-marxistische Renaissance in Westeuropa aus Übersee — in einer wissenschaftsgeschichtlich bemerkenswerten Umkehrung des ansonsten ziemlich einseitigen Zentrum-Peripherie-Ideentransfers: Die aus Lateinamerika rezipierten Dependenztheorien (wobei der Plural auf zahlreiche Varianten hinweisen soll) lieferten in der Auseinandersetzung mit den bis dahin vorherrschenden Modernisierungstheorien eine tieferreichende Strukturbegründung von Unterentwicklung. Blieben die Imperialismustheorien vorwiegend auf Interessen- und Motivstrukturen der Metropolen fixiert, so konzentrierten die Dependenztheoretiker ihr Hauptaugenmerk auf die vom Imperialismus bewirkten Strukturschäden in der Peripherie. Vereinfacht lief diese Strukturbegründung auf die folgende Sequenz hinaus: Die Einbindung der Kolonien in den von den Metropolen beherrschten Weltmarkt machte diese zu verkrüppelten und fremdbestimmten Anhängseln (eben zu „Peripherien"), zwang ihnen eine „strukturelle Abhängigkeit" von der wechselnden Weltmarktnachfrage auf, die wiederum in den internen Produktionsstrukturen eine „strukturelle Heterogenität" erzeugte und systembedingt die Entwicklungsfähigkeit blockierte. Diese Begriffe, die keineswegs so widerspruchsfreie historische Prozesse auf eingängige Kurzformeln brachten, gehörten jahrelang zum Einmaleins der entwicklungstheoretischen Diskussion.

Wesentlich dazu beigetragen haben die von *Dieter Senghaas* (1972) besorgten Editionen wichtiger *dependencia*-Beiträge. *Senghaas* hat durch sein eigenes (vielmehr aus verschiedenen Quellen gespeistes) Theoriekonstrukt des „peripheren Kapitalismus" (1974), das er der ganzen „Peripherie" überstülpte, und durch seine These vom Weltmarkt als „Sackgasse für Entwicklungsländer" (1977), aus der er wiederum seine drei entwicklungspolitischen Imperative der Dissoziation, autozentrierten Entwicklung und kollektiven Self-reliance ableitete, die entwicklungspolitische Diskussion in der Bundesrepublik nachhaltig beeinflußt.

Der Beitrag von *Andreas Boeckh* zeichnet in einer Grobskizze die facettenreiche *dependencia*-Diskussion nach. Zu der Massenproduktion von mehr oder weniger originellen Theorietraktaten und empirischen Studien, die das verhängnisvolle Wirken von *dependencia* überall in der Dritten Welt nachzuweisen versuchten, gesellte sich bald eine Welle von Falsifikationsversuchen, die nicht wirkungslos blieben. Der anfangs häufig unkritischen Rezeption folgten bald die vorschnellen Grabgesänge. Schon Ende der 70er Jahre war es wieder still um *dependencia* geworden. Schon vorher war die leninistische Imperialismustheorie an ihrer wenig originellen Orthodoxie erstickt.

Unabhängig von Konjunkturen und Moden in der akademischen Debatte bleibt es das große Verdienst des Theorieimports aus Lateinamerika, das Wissen über das Entstehen und Fortbestehen von Unterentwicklung wesentlich bereichert zu haben. Es gibt kein Zurück mehr zu Theorien, die Unterentwicklung allein als hausgemachte Misere deuten. Es ist heute einfach nicht mehr seriös, Unterentwicklung mit der ominösen Mentalität der „Unterentwickelten" erklären zu wollen. Aber es reicht auch nicht aus,

den Imperialismus zum alleinigen Sündenbock zu stempeln. Die einfache Gleichung „Unterentwicklung = Dependenz" hat sich als ebenso fragwürdig erwiesen wie die modernisierungstheoretische Gleichung „Unterentwicklung = Tradition".
Auch *Boeckh* bescheinigt zwar den Dependenztheorien, brauchbare Entwürfe für die Erforschung der Strukturen von Unterentwicklung zur Verfügung gestellt zu haben, aber er kritisiert ihren Anspruch, eine verallgemeinerungsfähige Theorie der Unterentwicklung gefunden zu haben. Angesichts der Wachstums- und Industrialisierungsschübe in den Schwellenländern geriet vor allem die dependenztheoretische Annahme einer systembedingten und strukturell determinierten Unfähigkeit der mit ähnlichen Strukturgebrechen imprägnierten „Peripherien" zu Entwicklung ins Wanken. Seine Schlußfolgerung, der die Forderung von *Wolfgang Hein* nach einem „globalen Ansatz" gegenübersteht, bildet ein Fazit, das auch diese Einleitung ziehen möchte:

„Globaltheorien wie die Modernisierungstheorien, die Dependencia und der Weltsystemansatz von Wallerstein haben für den Forschungsprozeß eine wichtige heuristische Funktion ... Andererseits enden sie, wenn sie zu Paradigmen gerinnen und beanspruchen, ein global gültiges Kategoriensystem zu entwickeln, regelmäßig in einem entwicklungstheoretischen Katzenjammer und führen dann zu einem hektischen Paradigmenwechsel. Diese Sprunghaftigkeit kann leicht dazu führen, daß sich die Entwicklungsländerforschung im Kreise bewegt und weder zu einem kumulativen noch zu einem dialektischen Fortschritt fähig ist. So wie eine Zeitlang zum guten Ton gehörte, an den Modernisierungstheorien kein gutes Haar zu lassen, ist es heute Standard geworden, die Dependencia für tot zu erklären, und es ist abzusehen, daß es dem jeweiligen *dernier cri* der Entwicklungstheorie genauso ergehen wird" (S. 68 f.).

Diesem Fazit muß hinzugefügt werden, daß es immer auch leisere Zwischentöne und Versuche gab, die von den Modernisierungstheorien gestellten Fragen nach endogenen Verursachungsfaktoren von Unterentwicklung und nach der Bedeutung des „subjektiven Faktors" im Entwicklungsprozeß, d.h. nach der Funktion von Werte- und Verhaltensmustern, des Denkens und Handelns von Menschen als Subjekten der Geschichte, nicht völlig aus der Entwicklungstheorie auszuklammern. Diese Fragen hatten ja nicht nur *Max Weber* in „Die protestantische Ethik und der Geist des Kapitalismus" und später die Modernisierungstheoretiker, sondern auch *Karl Marx* in den *Feuerbach-Thesen* oder in der kurzen Abhandlung über „Britische Kolonialherrschaft in Indien" (MEW 9) gestellt.
Neben anderen (*Nuscheler* 1974; *Schütt* 1976) unternahm vor allem *H. C. F. Mansilla* (1978) das Wagnis, das ziemlich unfruchtbare Gegeneinander von Modernisierungs- und Dependenztheorien durch eine vermittelnde „kritische Theorie der Modernisierung" aufzuheben. Es scheint, daß dieser Versöhnungsversuch z.B. angesichts der Wachstums- und Entwicklungsschübe im „konfuzianischen Kulturkreis" Ostasiens an Aktualität gewinnt, daß Entwicklung nicht nur ein Akkumulationsproblem, sondern auch ein sozio-kulturelles Problem ist.
Es ist bemerkenswert, daß sich gerade zwei Architekten des Konstrukts des „peripheren Kapitalismus" (*Menzel* und *Senghaas*) mit der Erfolgsgeschichte der Schwellenländer beschäftigen, die es nach der eisernen Logik ihres Modells gar nicht geben dürfte. *Menzel* (1983: 41) folgerte aus dieser Erfolgsgeschichte, daß die dependenz-

theoretischen Zentrum-Peripherie-Modelle brüchig und revisionsbedürftig geworden seien; er kritisiert nun — ziemlich überraschend — alle Theorien, die den wirtschaftlichen Außenbeziehungen einen „zu ausschließlichen Stellenwert im Hinblick auf Entwicklung und Unterentwicklung" beimaßen, und sucht die Antwort auf die Frage, wie die Risiken des Weltmarkts verarbeitet und seine Chancen genutzt werden können, „eher im politischen System und der Sozialstruktur, auch wenn sie in unterschiedlichem Maße von außen geprägt werden". Die lange gescholtenen Modernisierungstheorien werden wiederentdeckt, wie auch *Georg Simonis* in seinem Beitrag in diesem Band zeigt.

5. Der schwache, korrupte und ressourcenverschlingende „periphere Staat" als Schlüsselproblem

Es gibt in der entwicklungstheoretischen Diskussion weiterhin Streit. Aber in einem wichtigen Punkt zeichnete sich eine Annäherung zwischen den früheren Kontrahenten ab: Nicht in erster Linie der Weltmarkt, sondern die Entwicklungspolitik des jeweiligen Landes ist für Fortschritte oder Rückschritte ausschlaggebend; weder eine Neue Weltwirtschaftsordnung noch mehr Entwicklungshilfe können das Entwicklungsproblem von außen lösen:

„Der Befund lautet eher: die starken (anpassungsfähigen, gut regierten) Entwicklungsländer brauchen all das (d.h. eine Neue Weltwirtschaftsordnung und Entwicklungshilfe, F.N.) nicht, sie entwickeln sich auch so; den schwachen (mit verkrusteten Strukturen und schlecht regiert bis unregierbar) helfen alle Maßnahmen der Entwicklungszusammenarbeit nicht weiter ... Abhilfe kann daher nicht von neuen Ordnungen kommen, die das alte Chaos belassen; auch nicht von mehr Transfers in Fässer ohne Boden. Stattdessen müssen die (schwachen) Entwicklungsländer stark werden, dem Faß muß gewissermaßen der Boden eingebaut werden" (*Dauderstädt* 1984: 10).

Die Modernisierungstheoretiker neigten dazu, die (meist im Westen ausgebildeten) Eliten der Dritten Welt als „Entwicklungsträger" und als modernisierungstheoretischen Sauerteig in einem rückständigen Umfeld aufzuwerten. Und weil sie den Unternehmer als treibende Kraft im Entwicklungsprozeß vermißten, mußten sie wohl oder übel dem Staat die Rolle des Entwicklungsmotors zuweisen. Heute besteht weitgehend Übereinstimmung, daß weder die aufgeblähten Staatsapparate noch die „Staatsklassen" die in sie gesteckten Erwartungen erfüllten; daß sie häufig als korrupte Parasiten und als gefräßige Moloche den Entwicklungsprozeß mehr blockieren als fördern; daß sie durch Verschwendung knapper Ressourcen für Prestigeobjekte und Rüstung ihren entwicklungspolitischen Handlungsspielraum noch mehr einengen als er durch außenwirtschaftliche Engpässe eingeengt wird.

Der Beitrag von *Rüland/Werz* zeigt, daß sich die „Entwicklungsdiktaturen" ziemlich unabhängig von ihrer (zivilen oder militärischen) Kleiderordnung und ihrer Staatsideologie fast ausnahmslos als „Diktaturen ohne Entwicklung" erwiesen. Dies war auch das Ergebnis der vergleichenden Pionierstudie von *Friedemann Büttner* u.a. (1976) über „Militärherrschaft und Entwicklung in der Dritten Welt".

Dieser Sammelband enthält vier Beiträge, die sich mit der Rolle des Staates und der Verwaltung in der Dritten Welt beschäftigen. Diese neueren staatstheoretischen Traktate, die sich wohltuend von früheren Ableitungsmanien abheben, gehen über die traditionelle Staatsformenlehre hinaus, die z. B. *Heinrich Herrfahrdt* (1966) auf die „jungen Staaten" übertrug und *Richard Löwenthal* (1963/1985) mit einer noch immer aktuellen Lehre der Staatsfunktionen verband. Die entwicklungspolitische Schlüsselfrage lautet aber heute wie vor zwei Jahrzehnten: Warum erfüllten die Staatsapparate nicht die ihnen von *Löwenthal* zugewiesene Funktion von „Entwicklungsmaschinen", sondern degenerierten zu inkompetenten „Entwicklungsdemiurgen", wie schon *Richard F. Behrendt* (1965) voraussah?

Die von *Mols* vorgetragene Kritik an der politökonomischen Überfremdung der politikwissenschaftlichen Entwicklungsforschung übersieht, daß gerade Politökonomen eine erkenntnisfördernde Diskussion über die Struktur und Funktion, über Strukturschwächen und Funktionsstörungen des „peripheren Staates" und über die entwicklungspolitisch dysfunktionale Rolle der ihn tragenden „Staatsklassen" führten (vgl. *Hanisch/Tetzlaff* 1981; *Elsenhans* 1981). Staats- und Klassenanalysen gehören sicherlich zu den politikwissenschaftlichen Kernbereichen. Es trifft nicht einmal für die imperialismus- und dependenztheoretische Sturm- und Drangphase zu, daß die „deutschen Politologen kaum etwas Eigenständiges zum Thema politische Rahmenbedingungen und politische Steuerungsmechanismen von Entwicklung auf der Ebene der Theorien, Modelle, Konzepte und Begriffe" (so *Mols*, 28) zu sagen wußten. Gerade die Politökonomen wußten einiges und durchaus Eigenständiges dazu zu sagen, jedenfalls mehr als die struktur-funktionalen Modellbastler.

Es war übrigens nicht nur eine von den Politökonomen verdrängte Minderheit (wie *Mols* meint), die sich mit politischen Systemen oder politischen Systemkrisen beschäftigte. Nur ein flüchtiger Blick in einschlägige Bibliographien oder in Ausdrucke der vier regionalen Dokumentationszentren in Hamburg hätte gezeigt, daß politische Länderstudien, Struktur- und Prozeßanalysen zumindest quantitativ weit an der Spitze liegen. Die Dependenztheorien stimulierten und bereicherten die empirische Forschung mit neuen Fragestellungen (z. B. mit dem Theorem der „strukturellen Heterogenität"), verdrängten aber die politische Systemforschung nicht.

Mols verallgemeinert seine Kritik an der Lateinamerika-Forschung in unzulässiger Weise für die gesamte Dritte Welt-Forschung, die auch im engeren Sinne der (konventionellen) *politics*-Forschung nicht so beklagenswert ist wie er suggeriert. Es gibt nicht nur die wenigen löblichen Ausnahmen (vor allem aus dem eigenen Freundeskreis), die er für erwähnenswert hält. Seine Disziplinschelte beruht auch auf einer selektiven Wahrnehmung des Forschungsstandes.

6. Liegt das Heil in der angepaßten Politikberatung?

Es fällt nicht schwer, in der politikwissenschaftlichen Dritte Welt- und Regionalforschung Lücken und qualitative Defizite zu entdecken. Solche Lücken decken auch die drei Berichte über die Afrika-, Nahost- und Lateinamerikaforschung auf; sie dürften in der Asienforschung eher noch größer sein. Die Bewertung von wissenschaftlichen Leistungen oder Schwächen muß aber auch die organisatorischen, finanziellen und personellen Forschungsbedingungen berücksichtigen.

Die entwicklungstheoretischen Generalisten und Regionalspezialisten konnten zwar beim personellen Ausbau der Hochschulen einige Nischen besetzen, das Image der mehr oder weniger nützlichen „Exoten" abbauen und mit Dritte Welt-Themen auch akademisch reüssieren. Dennoch blieben sie in der großen Mehrzahl verstreute Einzelkämpfer, die nur an wenigen Hochschulorten (Berlin, Hamburg, Frankfurt, Freiburg, Mainz und neuerdings auch Bayreuth) über einigermaßen hinreichende Fachbibliotheken verfügen und die notwendigen Forschungsaufenthalte in der Dritten Welt auf die vorlesungsfreien Zwischenzeiten oder seltenen Forschungsfreisemester konzentrieren müssen.

Es gibt in der Bundesrepublik nur wenige Forschungseinrichtungen (wie die Hamburger und Berliner Regionalinstitute, das *Arnold-Bergstraesser-Institut* in Freiburg, die *Stiftung Wissenschaft und Politik* in Ebenhausen, die Forschungsabteilungen der politischen Stiftungen, das *Deutsche Institut für Entwicklungspolitik* in Berlin, das *Südasien-Institut* in Heidelberg und einige wenige universitäre Regionalinstitute), in denen auch Politikwissenschaftler eine institutionell gesicherte Entwicklungsforschung betreiben können. Diese blieb vorwiegend universitäre Forschung und als solche mit allen forschungsfremden Aufgaben des akademischen Alltags an Massenuniversitäten belastet. Die Bundesrepublik leistet sich eine institutionell unterentwickelte Dritte Welt-Forschung. *Dieter Nohlen* zeigt am Beispiel der Lateinamerika-Forschung, wie leichtfertig z. B. Leistungsvergleiche mit der US-amerikanischen Regionalforschung sind, die über ein wesentlich größeres Forschungspotential verfügt (und keineswegs nur Meisterwerke hervorbringt).

Die DVPW hat inzwischen eine Sektion „Entwicklungstheorie und Entwicklungspolitik" eingerichtet und bringt damit die gewachsene Bedeutung dieses Themenfeldes im politikwissenschaftlichen Lehr- und Forschungsprogramm zum Ausdruck. In der von *Carl Böhret* (1984) durchgeführten Erhebung „Zum Stand und zur Orientierung der Politikwissenschaft in der Bundesrepublik Deutschland" taucht zwar das Themenfeld Dritte Welt noch nicht im „Führungsfeld der Disziplin", d. h. unter den zehn Themenfeldern mit der höchsten Relevanzzuweisung auf (weil es offensichtlich auch anderen Themenfeldern wie der Außenpolitik oder der Friedens- und Konfliktforschung zugeordnet wurde); aber die Mehrheit des Befragten hält es für zukunftsträchtig.

Die politikwissenschaftliche Dritte Welt-Forschung hat Defizite, Profilierungs- und Ressourcenprobleme. Sie neigte in ihrer relativ kurzen Entwicklungsgeschichte zu hektischen Themenwechseln und ideologischen Scharmützeln, die ihrem Kompetenzprofil nicht gut bekamen. Sie hatte größtenteils auch ein gebrochenes Verhältnis zur entwicklungspolitischen Praxis. Dieses gestörte Theorie-Praxis-Verhältnis verbaute ihr nicht nur den Zugang zu größeren Drittmittelsubsidien, sondern auch einen praktischen Einfluß auf die Programmentwicklung, Politikformulierung und Projektpolitik. Ihre Zukunft liegt dennoch nicht in einer praxis- und staatsnäheren Politikberatung. Sie hat sich nicht so sehr durch die von *Mols* monierte Vernachlässigung genuin politikwissenschaftlicher Problemstellungen, sondern durch das Angebot von Problemlösungen, die von der Politik nicht nachgefragt werden, ins entwicklungspolitische Abseits manövriert. Wenn ihre Existenzsicherung tatsächlich in der Anwendungsorientierung oder in der höheren politischen Verwertbarkeit ihrer Fragestellungen und Forschungsergebnisse liegen sollte, dann läuft sie Gefahr, sich ihre kritische Distanz durch Forschungsgelder abkaufen zu lassen.

Dies ist kein generelles Plädoyer gegen Professionalisierung und Politikberatung, die für Theoretiker eine heilsame Lehre sein und sie auf den Boden entwicklungspolitischer Realitäten zurückholen kann. Es ist aber um die politikwissenschaftliche Dritte Welt-Forschung nicht so schlecht bestellt, daß sie aus Existenzangst einen allzu hohen Anpassungspreis bezahlen sollte. Wenn man ihr institutionelles Schattendasein und ihre dürftigen Forschungsbedingungen berücksichtigt, hat sie sogar beachtliche Leistungen aufzuweisen. Sie hat diese Leistungen erbracht, weil sie sich nicht als „politische Hilfswissenschaft" instrumentalisieren ließ.

Zu Beginn der 80er Jahre zeichnete sich nicht nur eine wünschenswerte Versachlichung der entwicklungstheoretischen Diskussion ab, sondern es machten sich auch resignative Ermüdungserscheinungen breit. Die Wirkungslosigkeit der akademischen Analysen und Reformkonzepte in der praktischen Entwicklungspolitik und die Lernunfähigkeit der entwicklungspolitischen Entscheidungsträger, die auf das wachsende Massenelend in der Dritten Welt mit Rezepten aus den 50er Jahren reagieren, verbreiten Resignation und verleiten zum Rückzug in den akademischen Elfenbeinturm.

Die politikwissenschaftliche Entwicklungsforschung lebt aber vom entwicklungspolitischen Engagement, vom Willen, die Katastrophe der Dritten Welt nicht nur zu beschreiben und zu interpretieren, sondern aufzuhalten. Ihre überzeugendste Existenzrechtfertigung liefern nicht politische oder wirtschaftliche Verwertungsinteressen, die schon an ihrer Wiege standen (vgl. *Paech/Sommer/Burmeister* 1972/1985), sondern die Überlebensprobleme von zwei Dritteln der Menschheit.

Anmerkungen

1 Diese Einleitung übernimmt einige Passagen aus der Einleitung zu *Nuscheler, F.* (Hrsg.), 1985, Politikwissenschaftliche Entwicklungsländerforschung (Wissenschaftliche Buchgesellschaft/Wege der Forschung), Darmstadt, i.E. Dieser andere Sammelband enthält wichtige Beiträge zur Entwicklungsgeschichte der politikwissenschaftlichen Dritte Welt-Forschung, u.a. den Beitrag von *Manfred Mols*.
2 *Richard Löwenthal* hat in dem in Anm. 1 erwähnten Sammelband ein Nachwort zu seinem (dort abgedruckten) Beitrag von 1963 geschrieben, in dem er seine Antinomie-These aufgrund der Erfahrung mit „Entwicklungsdiktaturen" relativiert.
3 Gemeint sind:
Pye, L. W. (Hrsg.), Communications and Political Development.
LaPalombara, J. (Hrsg.), Bureaucracy and Political Development.
Coleman, J. S. (Hrsg.), Education and Political Development.
Pye, L. W./Verba, S. (Hrsg.), Political Culture and Political Development.
LaPalombara, J./Weiner, M. (Hrsg.), Political Parties and Political Development.
Binder, L. u.a. (Hrsg.), Crises in Political Development.

Literaturverzeichnis

Apter, D. E./Mushi, S. S., 1972: Political Science, in: International Social Science Journal, Bd. 24, 44–68.
Behrendt, R. F., 1965: Soziale Strategie für Entwicklungsländer, Frankfurt.
Berg-Schlosser, D. (Hrsg.), 1972: Die politischen Probleme der Dritten Welt, Hamburg.
Büttner, F./Lindenberg, K./Reuke, L./Sielaff, R., 1976: Reform in Uniform? Militärherrschaft und Entwicklung in der Dritten Welt, Bonn–Bad Godesberg.
Dauderstädt, M., 1984: Entwicklungspolitik – Politik ohne Entwicklung?, Friedrich-Ebert-Stiftung, Bonn.
Dauderstädt, M./Pfaller, A., 1984: Bestandsaufnahme und Bewertung neuer entwicklungspolitischer Ansätze (= Forschungsberichte des BMZ, Band 53), Köln.
Eikenberg, A., 1983: Die Dritte Welt – Abschied von einer bequemen Vorstellung, in: Weltpolitik. Jahrbuch für Internationale Beziehungen 3, 166–192.
Elsenhans, H., 1981: Abhängiger Kapitalismus oder bürokratische Entwicklungsgesellschaft. Versuch über den Staat in der Dritten Welt, Frankfurt/New York.
Elsenhans, H., 1984: Nord-Süd-Beziehungen, Stuttgart usw.
Evers, H.-D./Senghaas, D./Wienholtz, H. (Hrsg.), 1983: Friedensforschung und Entwicklungsproblematik, Baden-Baden.
Evers, T., 1977: Bürgerliche Herrschaft in der Dritten Welt, Köln.
Groten, H., 1977: Friedensforschung – Anspruch und Praxis, Baden-Baden.
Hanisch, R./Tetzlaff, R. (Hrsg.), 1981: Staat und Entwicklung, Frankfurt.
Hauck, G., 1975: Das Elend der bürgerlichen Entwicklungstheorie, in: B. Tibi/V. Brandes (Hrsg.), Handbuch 2 Unterentwicklung, Frankfurt/Köln, 36–63.
Heimer, F.-W., 1971: Begriffe und Theorien der „politischen Entwicklung". Bilanz einer Diskussion und Versuch einer Ortsbestimmung G. A. Almonds, in: *D. Oberndörfer* (Hrsg.), Systemtheorie, Systemanalyse und Entwicklungsländerforschung (= Ordo Politicus, Band 14), Berlin, 449–515.
Herrfahrdt, H., 1966: Entwicklung der Staatsordnung, in: *H. Besters/E. E. Boesch* (Hrsg.), Entwicklungspolitik. Handbuch und Lexikon, Stuttgart/Berlin/Mainz, 539–582.
Huntington, S. P., 1965: Political Development and Political Decay, in: World Politics, Bd. 17, 386–430 (auszugsweise übersetzt in D. *Berg-Schlosser* 1972).
Huntington, S. P., [2]1969: Political Order in Changing Societies, New Haven/London.
Khan, K. M./Matthies, V. (Hrsg.), 1976: „Hilfswissenschaft" für die Dritte Welt oder „Wissenschaftsimperialismus"? Kritische Diskussionsbeiträge zu Aufgaben, Möglichkeiten und Grenzen der Entwicklungsforschung, München.
Kratochwil, F., 1972: Strukturfunktionalismus und methodologische Probleme der politischen Entwicklungslehre, in: Zeitschrift für Politik, Bd. 19 (Heft 1), 32–48 (abgedruckt in F. *Nuscheler* 1985).
Löwenthal, R., 1963: Staatsfunktionen und Staatsform in den Entwicklungsländern, in: Die Demokratie im Wandel der Gesellschaft, Berlin (abgedruckt in F. *Nuscheler* 1985).
Mansilla, H. C. F., 1978: Entwicklung als Nachahmung, Meisenheim.
Matthies, V., 1973: Friedensforschung und Entwicklungsländerforschung, in: Civitas, Bd. 12, 210–232 (abgedruckt in F. *Nuscheler* 1985).
Menzel, U., 1983: Der Differenzierungsprozeß in der Dritten Welt und seine Konsequenzen für den Nord-Süd-Konflikt und die Entwicklungstheorie, in: PVS, Jg. 24, 31–59.
Mols, M., 1975: Zum Problem des westlichen Vorbilds in der neueren Diskussion zur politischen Entwicklung, in: Verfassung und Recht in Übersee, Bd. 8, 5–22.
Mols, M., 1982: Politikwissenschaft und Entwicklungsländerforschung in der Bundesrepublik Deutschland, in: *K. Bracher* u. a., Entwicklungslinien der Politikwissenschaft in der Bundesrepublik Deutschland (= Forschungsbericht 17 der Konrad-Adenauer-Stiftung), Melle, 12–40 (abgedruckt in F. *Nuscheler* 1985).
Nettl, J. P., 1969: Strategies in the Study of Political Development, in: *C. Leys* (Hrsg.), Politics and Change in Developing Countries, Cambridge, 13–34.
Nohlen, D./Nuscheler, F. (Hrsg.), 1982: Handbuch der Dritten Welt, Band 1, Hamburg, 451–485.
Nuscheler, F., 1969: Theorien zur politischen Entwicklung, in: Civitas, Bd. 8, 67–103 (abgedruckt in: *T. Stammen* (Hrsg.), 1976, Vergleichende Regierungslehre, Darmstadt, 399–450).
Nuscheler, F., 1971: Dritte Welt und Imperialismustheorie, in: Civitas, Bd. 10, 28–84.

Nuscheler, F., 1974: Bankrott der Modernisierungstheorien?, in: *D. Nohlen/F. Nuscheler* (Hrsg.), Handbuch der Dritten Welt, 1. Aufl., Hamburg, Band 1, 195—207.
Nuscheler, F. (Hrsg.), 1985: Politikwissenschaftliche Entwicklungsländerforschung (Wissenschaftliche Buchgesellschaft/Wege der Forschung), Darmstadt i. E.
Oberndörfer, D., 1970: Wirtschaftliches Wachstum und Demokratisierung in Entwicklungsländern, in: PVS, Sonderheft 2: Probleme der Demokratie heute, 420—464.
Packenham, R. A., 1964: Approaches to the Study of Political Development, in: World Politics, Bd. 17, 108—120.
Paech, N./Sommer, B. A./Burmeister, T., 1972: Entwicklungsländerforschung in der Bundesrepublik Deutschland, in: Internationales Asienforum, Bd. 3 (abgedruckt in *F. Nuscheler* 1985).
Schmidt, A., 1982: Ungleicher Tausch, in: *D. Nohlen/F. Nuscheler* (Hrsg.), Handbuch der Dritten Welt, Hamburg, Band 1, 117—132.
Schuhler, C., 1968: Zur politischen Ökonomie der Armen Welt, München.
Schütt, K.-P., 1976: Imperialismus- und Modernisierungstheorie als Analyseschemata gesellschaftlicher Entwicklung und Unterentwicklung, in: Verfassung und Recht in Übersee, Bd. 9, 469—486.
Senghaas, D. (Hrsg.), 1972: Imperialismus und strukturelle Gewalt, Frankfurt.
Senghaas, D. (Hrsg.), 1974: Peripherer Kapitalismus. Analysen über Abhängigkeit und Entwicklung, Frankfurt.
Senghaas, D., 1977: Weltwirtschaftsordnung und Entwicklungspolitik, Frankfurt.
Tibi, B., 1979: Internationale Politik und Entwicklungsländerforschung, Frankfurt.
Wehler, U., 1975: Modernisierungstheorie und Geschichte, Göttingen.

I. Entwicklungstheoretische Kontroversen und Konversionen

Konstitutionsbedingungen einer kritischen Entwicklungstheorie —
Globale kapitalistische Expansion, räumliche Strukturen gesellschaftlicher
Entwicklung und der schwindende Einfluß nationalstaatlicher Strategien

Wolfgang Hein

1. Zur Problemstellung

Über die „Konstitutionsbedingungen einer Theorie" schreibt man, wenn es darum geht, entweder ein neues Feld theoretischer Diskussion überhaupt erst zu erschließen oder aber darum, den Ausgangspunkt für eine grundsätzliche theoretische Neuorientierung zu kennzeichnen. Nach einigem Zögern habe ich das Thema, das mir vom Herausgeber dieses Bandes vorgeschlagen wurde, akzeptiert; ich glaube, daß sich die „linke" entwicklungstheoretische Diskussion tatsächlich in einer Lage befindet, in der eine Art Selbstbesinnung auf die Konstitutionsbedingungen der eigenen theoretischen Arbeit nützlich sein kann[1]:

— die Gültigkeit der im Rahmen der Dependenzdiskussion geleisteten Kritik an orthodoxen Entwicklungstheorien (Modernisierungs-/Wachstums-/Dualismustheorie, aber auch an orthodox-marxistischen Ansätzen) wird weitgehend akzeptiert;

— die Forderungen nach einem globalen, d. h. die Wechselbeziehungen zwischen allen Regionen des Weltsystems berücksichtigenden Ansatz sowie einer holistischen Perspektive, die die Wechselbeziehungen zwischen allen gesellschaftlichen Bereichen umfaßt, sollten nicht aufgegeben werden;

— andererseits sind eine Reihe grundlegender Kritikpunkte am Dependenzansatz fast Allgemeingut geworden (ökonomistischer Charakter; Unhaltbarkeit der duopolistischen Zuspitzung Zentrum-Peripherie; fehlende Differenzierung innerhalb der beiden Großregionen u. a.).

Gezögert habe ich nicht nur wegen der offensichtlichen Schwierigkeit dieser Aufgabe, sondern auch, weil sich in der westdeutschen Diskussion der letzten Jahre zumindest drei Ansätze — nämlich die Europa- und Südostasien-Studien von *Senghaas* (1982); *Menzel, Senghaas* (1983) und *Menzel* (1985), die Arbeiten über „bürokratische Entwicklungsgesellschaften" und Massenproduktion/Massenbedarf von *Hartmut Elsenhans* (vgl. 1981, 1982) sowie die Bielefelder Arbeiten über Subsistenzproduktion und kapitalistische Entwicklung (vgl. *Arbeitsgruppe Bielefelder Entwicklungssoziologen* 1981, *Schiel, Stauth* 1981; *Schiel* 1984; sowie die Beiträge von *Hartmann, Elwert, v. Werlhoff,*

Bennboldt-Thomsen, Stauth in *H. D. Evers* (Hrsg., 1983)) — aus ihren dependenztheoretischen Ursprüngen mehr oder weniger gelöst haben und es daher eigentlich einer weitergehenden Beschäftigung mit diesen Arbeiten bedürfte, bevor man die Notwendigkeit eines grundsätzlich neuen theoretischen Ansatzes auf die Tagesordnung setzt. Eine derartige Auseinandersetzung kann nun aber im Rahmen eines Artikels, der vor allem beabsichtigt, Überlegungen zu einer gewissen theoretischen Neuorientierung darzulegen, nicht geleistet werden[2]. Die Ausgangsüberlegung für die Notwendigkeit einer solchen Neuorientierung kann m. E. in wenigen Sätzen zusammengefaßt werden:
Es gibt offenbar eine Reihe von Grundgedanken der Dependenzdiskussion, die auch weiterhin die Basis jedes kritischen entwicklungstheoretischen Ansatzes bilden, wozu vor allem die Einsicht gehört, daß ,,Entwicklung" nicht so, wie es manche modernisierungs- und stadientheoretische Arbeiten vorher nahelegten, als ein Prozeß angesehen werden kann, den jede Gesellschaft unabhängig für sich durchmacht, sondern daß ,,Entwicklung" und ,,Unterentwicklung" zwei Seiten ein und desselben Prozesses *ungleicher Entwicklung im Weltmaßstab* darstellen (vgl. *Sunkel* 1972: 262). Die inzwischen häufig kritisierte Tendenz, globale Entwicklung vor allem als Polarisierung zwischen zwei Typen von Kapitalismus — dem ,,entwickelten" einerseits, dem ,,unterentwickelten" oder ,,peripheren" andererseits — zu sehen, kann durch die Einführung von Zwischenkategorien wie ,,Subimperialismus", ,,Semiperipherie" usw.[3] nicht grundsätzlich überwunden werden. Die Fixierung der Diskussion auf zwei oder drei Strukturtypen, die sich als solche offenbar in einigen Jahrhunderten kapitalistischer Entwicklung nicht grundlegend verändert haben, kann m. E. nur dann überwunden werden, wenn der Prozeß von ,,Entwicklung", von gesellschaftlicher Veränderung selbst in den Vordergrund der Analyse gerückt wird und damit eben nicht die Zuordnung aller kapitalistischen Gesellschaften zu zwei oder drei spezifischen Strukturformen theoretisch begründet, sondern sozusagen im Gegenteil *die Notwendigkeit einer praktisch unbegrenzten Vielfalt von Formen kapitalistischer Entwicklung hervorgehoben wird*. Die folgenden Thesen charakterisieren den Ausgangspunkt der in diesem Beitrag vorgestellten theoretischen Überlegungen:
(1) Die Gegenüberstellung von Modellen ,,autozentrierter" und ,,peripher-kapitalistischer" Reproduktion geht praktisch a priori von der nationalen Gesellschaft als dem alleinigen Bezugspunkt für die Beurteilung kapitalistischer Entwicklung aus (vgl. die Indikatoren in *Menzel, Senghaas* 1984: 7). Ein Ansatz, der auf der Charakterisierung der spezifischen, unterschiedlichen Bewegungsformen von Ökonomie und Politik in der kapitalistischen Produktionsweise aufbaut, wird ,,*Entwicklung*" zunächst einmal *auf die Transformation gesellschaftlicher Strukturen im (geographischen) Raum* beziehen, wobei die räumliche Dynamik ökonomischer Kräfte, d. h. der Revenuequellen Kapital und Arbeitskraft, grundsätzlich von der räumlichen Dynamik politischer Kräfte unterschieden wird (vgl. *Hein* 1983, 1984).
(2) Die Dynamik kapitalistischer Entwicklung ist primär *bestimmt durch den Prozeß der globalen Expansion des Kapitals*, die ihrerseits von den *Artikulationsmöglichkeiten mit den jeweils ,,gegebenen"* (d. h. vor der kapitalistischen Penetration historisch entstandenen) *natürlichen und sozio-ökonomischen Vorbedingungen* abhängt.

(3) *Nationale Entwicklung* ist dann bestimmt durch die *Wechselbeziehung zwischen Politik und raumökonomischen Entwicklungstendenzen innerhalb eines klar abgegrenzten nationalen Territoriums.* Das Verhältnis von Ökonomie und Politik ergibt sich zu einem beträchtlichen Teil aus der Inkongruenz von Staatsraum und Wirtschaftsraum.

Im Laufe der 70er Jahre entstanden eine Reihe von Arbeiten, die sich bemühten, entweder unter didaktischen Gesichtspunkten (vgl. *Brun, Hersh* 1975; *Krippendorff* 1975) oder mit der Absicht, einen neuen Erklärungsansatz zu präsentieren (vgl. *Elsenhans* 1976; vor allem aber *Wallerstein* 1974, 1980; *Frank* 1977, 1980), die Entwicklungsgeschichte des kapitalistischen Weltsystems nachzuzeichnen. Diese Arbeiten haben sicherlich in vielfältiger Weise dazu beigetragen, das Bewußtsein vom globalen Charakter kapitalistischer Entwicklungsprozesse und damit auch von der Bedeutung der Position einer nationalen Gesellschaft im Weltzusammenhang für interne sozio-ökonomische Veränderungen zu stärken. Andererseits wird jedoch bei genauem Hinschauen deutlich, *daß die „nationale Gesellschaft" für praktisch alle diese Analysen die zentrale Analyseeinheit bleibt,* d. h. daß trotz gelegentlicher Beteuerungen des Gegenteils das kapitalistische Weltsystem eben doch als ein Geflecht von Beziehungen zwischen nationalen Gesellschaften angesehen wird:

— *Osvaldo Sunkel* etwa analysiert einerseits die Tendenzen zur „transnationalen Integration" und zur „nationalen Desintegration", sieht andererseits als politische Antwort auf einen solchen Prozeß nur die systematische Förderung einer nationalen Re-Integration; d. h., daß für ihn also doch trotz aller historischer Tendenzen zur Transnationalisierung nationale Politik immer noch als letztlich verantwortlich dafür angesehen wird, ob die transnationale Integration fortschreitet oder nicht (vgl. *Sunkel, Fuenzalida,* 1980: 59 ff.).

— In den Arbeiten von *Senghaas* und *Menzel* ist die Fixierung auf nationale Gesellschaften noch klarer: Auf die „englische Herausforderung" (bzw. für die heutige Dritte Welt: auf die Herausforderung der Industrieländer) „reagieren" Gesellschaften: entweder mit „dissoziativ-binnendynamischer Entwicklung" oder mit „assoziativ-exportorientierter Entwicklung" oder in einer der vier anderen Formen, zuletzt der Form der „Peripherie-Entwicklung", die die Autoren herausarbeiten (vgl. *Senghaas,* 1982, S. 87 f.; *Senghaas, Menzel,* 1983: 83—90; vgl. auch die explizite Begründung in *Menzel, Senghaas* 1979: 303).

— Auch *Wallerstein* bezieht seine Kategorien „Zentrum", „Peripherie" und „Semiperipherie" immer auf „ganze" nationale Gesellschaften, die jeweils einer der drei Kategorien zugeordnet werden.

Nun kann kein Zweifel daran bestehen, daß sich auch die genannten Autoren der Tatsache bewußt sind, daß es erhebliche regionale Ungleichheiten innerhalb der jeweiligen nationalen Gesellschaften gibt und daß es andererseits Wirtschaftsregionen gibt, die über nationale Grenzen hinausgehen. *Wallerstein* selbst charakterisiert das Verhältnis zwischen ökonomischem und politischem Raum in der kapitalistischen Produktionsweise wie folgt:

„The distinctive feature of a capitalist world-economy is that economic decisions are oriented primarily to the arena of the world-economy, while political decisions are oriented primarily to the smaller structures that have legal control, the states (nation states, city-states, empires) within the world-economy." (1974: 67)

Aufbauend auf einer derartigen Ausgangsposition[4] könnte ein Ansatz entwickelt werden, der zunächst einmal nach der räumlichen Eigendynamik kapitalistischer Akkumulation fragt und erst in einem zweiten Schritt die nationalstaatlichen politischen Einwirkungen auf diese Eigendynamik des Akkumulationsprozesses untersucht. Ein derartiges methodisches Vorgehen hätte den Vorteil, daß die nationalstaatliche (oder vielleicht besser: territorialstaatliche) politische Organisationsform nicht als eine quasi unveränderbare Konstante angesehen würde. Gerade die gegenwärtige Weltwirtschaftskrise zeigt, daß die nationalstaatlichen Steuerungsmöglichkeiten in einer internationalisierten Welt nur noch sehr gering sind — es ist erstaunlich, wie viel intellektuelle Energie angesichts dieses Tatbestandes noch in die Diskussion über Dissoziation oder Weltmarktintegration als erfolgversprechende nationale Entwicklungsstrategien investiert wird und wie wenig man sich eigentlich mit der Entwicklung internationaler Staatsfunktionen beschäftigt[5]. Zweifellos ist der Verweis auf die letztlich noch relativ ungebrochene Rolle des Nationalstaats als der zentralen Form der Institutionalisierung politischer Auseinandersetzungen und des Treffens verbindlicher gesellschaftlicher Entscheidungen mit dem Potential der notfalls gewaltförmigen Durchsetzung dieser Entscheidungen nicht von der Hand zu weisen; die Erfahrung vielfältiger Schwierigkeiten bei allen bisherigen Versuchen, neue transnationale Instanzen auch nur zur Konfliktregelung in begrenzten gesellschaftlichen Bereichen zu etablieren, verweist auf die Kraft des Prinzips „nationalstaatlicher Souveränität" — so sehr dieses Prinzip angesichts des extrem asymmetrischen Geflechts internationaler Abhängigkeitsbeziehungen realiter auch gebrochen sein mag. Die ganze Problematik des Widerspruchs zwischen Internationalisierungsprozeß und nationalstaatlicher politischer Organisation kann m. E. nur adäquat erfaßt werden, wenn die Diskrepanzen zwischen der *klaren territorialen Begrenztheit* des bürgerlichen Nationalstaates, des *politischen* Raumes also, und des prinzipiell *globalen Charakters* des Kapitals, des *ökonomischen* Raumes, in das Zentrum der Analyse gerückt werden. Dem Prinzip der eindeutigen Abgegrenztheit des politischen Raumes[6] stehen die Prinzipien der grundsätzlichen Offenheit und der ständigen Bewegung des ökonomischen Raumes[7] gegenüber.

Auf dem Hintergrund derartiger Überlegungen sollte es möglich sein, den Charakter nationalstaatlicher politischer Organisation genauer zu bestimmen. Nationalstaatliche Politik kann nicht die historische Tendenz der kapitalistischen Produktionsweise zur Entwicklung und Vertiefung einer weltweiten Arbeitsteilung aufheben; sie kann nur im begrenzten Maße die Rahmenbedingungen innerhalb des nationalen Territoriums (und evtl. darüber hinaus durch Einflußnahme auf andere Nationalstaaten) beeinflussen. Dabei wird es häufig darum gehen, durch protektionistische Maßnahmen oder durch Wirtschaftsförderung die wirtschaftliche Position der inländischen Produktion gegenüber ausländischer Konkurrenz abzusichern bzw. zu verbessern (ausführlicher in *Hein* 1983: 107—124), sozialpolitische Maßnahmen durch die Kontrolle der Mobilität der Arbeitskraft den eigenen Bürgern vorzubehalten (vgl. *Müller-Plantenberg* 1981) oder aber durch gezielte regionalpolitische Maßnahmen Einkommen so umzuverteilen, daß regionale Konzentrationstendenzen zumindest abgemildert werden (vgl. *Myrdal* 1974: 4. Kap.). Eine konsequente Entfaltung dieses Ansatzes und die Diskussion aller wichtigen Implikationen der oben formulierten Thesen ist im Rahmen eines Aufsatzes nicht zu leisten. Ich will mich im folgenden vor allem auf *Konzepte zur Analyse der räumlichen Dynamik der Weltwirtschaft* konzentrieren, die m. E. in ihrer Wechselbeziehung zur langfristigen Entwicklung der Produktivkräfte einerseits, der sozialen und politischen Strukturen andererseits den Rahmen zum Verständnis konkreter historischer Prozesse in einzelnen Ländern und Regionen liefert sowie die Voraussetzungen kennzeichnet, in die sozio-ökonomische Entwicklungsstrategien einzugreifen versuchen. Dabei können so wichtige Fragestellungen wie etwa die Bedeutung „langer Wellen" (bzw. sog. „Kondratieff-Zyklen") für den kapitalistischen Entwicklungsprozeß oder der Zusammenhang zwischen Ökologie und kapitalistischer Entwicklung (vgl. *Freiberg, Hein, Hurtienne, Mutter* 1984) nur am Rande gestreift werden.

2. Zur Bedeutung des raumwirtschaftlichen Ansatzes von Andreas Predöhl

Während diejenigen Arbeiten, die in den letzten Jahren auf die Diskrepanz zwischen ökonomischem und politischem Raum explizit eingegangen sind — eben vor allem die Veröffentlichungen von *Wallerstein* und *Siegel*, letztlich doch die Optik der Entwicklung nationaler Gesellschaften (bzw. eines aus solchen konstituierten Weltsystems) einnehmen, existiert eine ganze wirtschaftstheoretische Schule, die von der räumlichen Dynamik der Weltwirtschaft ausgeht, und zwar eine Schule, die sich um *Andreas Predöhl*, den Direktor des Kieler Instituts für Weltwirtschaft der 30er Jahre, gebildet hat. Es gibt sicher eine Reihe von Gründen, nicht zuletzt die etwas zwielichtige Position *Predöhl*s gegenüber dem Nationalsozialismus[8], aber auch den wachsenden Einfluß einer quantitativ-ökonometrischen Orientierung der US-amerikanischen neoklassischen Ökonomen auf die westdeutsche Volkswirtschaftslehre nach dem 2. Weltkrieg, die dafür verantwortlich sind, daß diese Schule in der entwicklungstheoretischen Diskussion der letzten zwanzig Jahre praktisch keine Rolle mehr gespielt hat[9]. Die politische Ferne einer sich eher konservativ gebenden wirtschaftswissenschaftlichen Schule zu den fast durchweg links orientierten Vertretern von Dependenztheorien und Theorie des peripheren Kapitalismus haben sicher dazu beigetragen, daß die vorhandenen Anknüpfungspunkte zwischen beiden Ansätzen bisher noch kaum in die Theoriediskussion eingeflossen sind.

Predöhl charakterisiert in der Einleitung zur 2. Aufl. seines Hauptwerkes „Außenwirtschaft" (1971: 18) sein Thema wie folgt:

„Nicht die sachliche Unterscheidung von Volks- und Weltwirtschaft konstituiert unser Objekt, sondern ausschließlich die im Verhältnis von Staatsraum und Wirtschaftsraum zum Ausdruck kommenden Spannungen zwischen Politik und Wirtschaft. Volkswirtschaft ist uns demnach ein ausschließlich politischer Begriff, nämlich die Gesamtheit der wirtschaftlichen Vorgänge in ihrer Ausrichtung auf die Ziele der Bevölkerung des Staatsgebiets. Im Widerstreit von Staatsraum und Wirtschaftsraum kommen aus diesem Gesamtbereich alle jene volkswirtschaftlichen, sprich politischen, Faktoren zum Ausdruck, die die räumliche Einordnung der sog. Volkswirtschaft in die Weltwirtschaft mitbestimmen."

Er betont,

„ ... daß sich durch das, was wir als Wirtschaftsräume bezeichnen ... wollen, Staatsgrenzen hindurchziehen, und daß dieses Durch- und Nebeneinander von Staatsraum und Wirtschaftsraum zu besonderen Komplikationen führt, die uns als Außenwirtschaftsprobleme entgegentreten. Aber wir können diese Außenwirtschaftsprobleme ... niemals begreifen, wenn wir nicht zuvor die *raumwirtschaftliche Struktur der Welt* begriffen haben." (*Predöhl*, 1971: 16; Hervorhebung W. H.)

In der *Standortstheorie* sieht *Predöhl* die Grundlage für die Erklärung „der Verteilung der Wirtschaft im Raum" (1971: 21)[10]. Auf die Diskussion der verschiedenen standorttheoretischen Ansätze kann hier nicht eingegangen werden; er arbeitet die Bedeutung der drei Standortsfaktoren Transportkosten, Bodenrente und örtliche Kapital- und Arbeitskosten heraus, verweist auf die Bedeutung des *Thünen*schen Ansatzes[11] und geht schließlich — vor allem unter Verweis auf Überlegungen von *Alfred Weber*[12] — auf die Faktoren, die zur Herausbildung von Agglomerationen führen, ein. Dabei sieht *Predöhl* letztlich in der Standortstheorie eine konsequente Aufhebung der Theorie des internationalen Handels, indem er — anknüpfend an *Ohlin* — darauf verweist, daß der interregionale Handel (und damit schließlich auch die Handelsbeziehungen/Arbeitsteilung zwischen verschiedenen Standorten) den gleichen Prinzipien folgt wie der internationale. *Predöhl* betont, daß die Diskussion der Auswirkungen der Staatsgrenzen auf den internationalen Handel in andere Problembereiche führt, nämlich in Probleme der Handels*politik* (1971: 59 f., Hervorhebung W. H.).
Um den Übergang von einer statischen Standortstheorie zu einer dynamischen *Entwicklungstheorie* zu vollziehen, führt *Predöhl* die *Konjunktur- und Innovationstheorie Schumpeters* ein (1971: 62 f.), wobei er allerdings betont, daß es im Gegensatz zum Ansatz *Schumpeters* möglich und notwendig ist, die historisch-soziologischen Vorbedingungen, die die Veränderungen in der Ausbildung der Zyklen bestimmen, mit in eine Theorie wirtschaftlicher Entwicklung einzubeziehen (1971: 63). Im Mittelpunkt des Buches steht die *Analyse der historischen Entwicklung der räumlichen Struktur des kapitalistischen Weltsystems*, wobei *Predöhl* jedem Kondratieffzyklus eine bestimmte Struktur der Weltwirtschaft zuordnet. Aus der uni-zentrischen „englischen Weltwirtschaft", die sich bis etwa 1850 entfaltet, wird in der zweiten Hälfte des 19. Jhs. eine „europäische Weltwirtschaft" und schließlich in der ersten Hälfte des 20. Jhs. eine bi-zentrische Weltwirtschaft mit zwei relativ gleichgewichtigen Kernen in Nordamerika und Westeuropa. Die Industrialisierung der Sowjetunion führt schließlich bis zum 2. Weltkrieg zur Herausbildung einer tri-zentrischen Weltwirtschaft, die Industrialisierung Japans sowie die einsetzenden Industrialisierungsprozesse in einigen Teilen der Dritten Welt lassen in der Nachkriegszeit die Umrisse einer „multizentrischen Weltwirtschaft" erkennen. Die Vermehrung der Zentren wird zwar als Ausdruck der Expansion der Weltwirtschaft gesehen, keineswegs aber als ein Nivellierungsprozeß (1971: 145 f.); es wird vielmehr auf eine Verstärkung der zentrischen Struktur des Welthandels hingewiesen (besondere Bedeutung des „Kernbinnenhandels", des Austausches

zwischen den weltwirtschaftlichen Kernen sowie zwischen Kern und dem zugeordneten Rand sowie seiner Peripherie).

Eine Zusammenfassung der historischen Analyse ist hier nicht möglich; das folgende Zitat verdeutlicht allerdings Perspektive und zentrale Begriffe des Ansatzes:

„So wächst zunächst die europäische Wirtschaft um gewaltige Industriekomplexe zu einem einheitlichen Wirtschaftsraum in dem Sinne zusammen, daß kein Teil dieses Raumes ohne die übrigen Teile existenzfähig bleibt, vielmehr jeder Teil mit allen übrigen verbunden wird. Es entsteht ein gewaltiges industrielles Kraftfeld, das von Mittelengland bis tief nach Mitteleuropa hineinreicht. Da die Austauschverbindungen dieser Industriekomplexe schließlich die ganze Welt umspannen, verstehen wir unter Wirtschaftsraum kein räumlich abgegrenztes Gebiet. Wir verstehen darunter vielmehr wirtschaftliche Gravitationsfelder, die sich wechselseitig durchdringen, die aber in ihren Kernen deutlich voneinander geschieden sind. Wo einzelne solcher Kerne nahe beieinanderliegen, können wir sie als ein System von Zentren zusammenfassen. Kleine Kerne bilden abseits der großen, aber von diesen deutlich beeinflußt, kleine eigene Gravitationsfelder. Wir wollen sie Randkerne nennen. Sie unterscheiden sich vom zentralen Kraftfeld dadurch, daß sie nicht mit der ganzen Weltwirtschaft im Austausch stehen, sondern einen örtlich beschränkten Absatz haben, im übrigen in Räumen liegen, die fast ausschließlich mit dem zentralen Kraftfeld im Austausch stehen. Zeichnen wir die scharf umgrenzten Staatsräume in diese Wirtschaftsräume ein, dann ist der Staatsraum wirtschaftlich bestimmt durch seine Lage im Raumsystem. Davon werden wir im handelspolitischen Zusammenhang noch ausführlich zu sprechen haben (1971: 72 f.).''

Im Zentrum der entstehenden wirtschaftlichen Gravitationsfelder stand immer *ein großer Komplex der Eisen- und Stahlindustrie*: Beide Industrien sind durch die hohen Transportkosten sowohl der Rohstoffe Eisenerz und Kohle als auch der Produkte Eisen und Stahl charakterisiert, darüber hinaus weisen diese beiden Industrien vielfältige Verflechtungen („linkages") mit praktisch allen anderen Branchen auf. Ursprünglich war die handwerkliche Eisenproduktion regional stark gestreut; sie hatte ihre Basis in den vielen kleinen Erzlagern, die in England und im westlichen Kontinentaleuropa in der Nähe relativ dicht bevölkerter Gebiete lagen. Holz für die Verhüttung des Eisens war in den meist gebirgigen Regionen, in denen es Erz gab, fast überall zu finden. Die Entwicklung der Eisenindustrie im 19. Jh. bedeutete dann jedoch (vor allem in Verbindung mit der Stahlproduktion) das Entstehen immer größerer Produktionseinheiten sowie die Verdrängung des Holzes durch die Kohle. Ein optimaler Standort hätte also nun in der Nähe großer Erz- und Kohlelagerstätten sowie einer regional konzentrierten hohen Nachfrage nach Stahl bzw. Eisen gelegen. Da die nun wichtigen *großen* Erzlager — mit der Ausnahme von Lothringen — an der Peripherie abseits der großen Bevölkerungszentren lagen, konzentrierte sich die Eisen- und Stahlindustrie mehr und mehr auf die großen Lager verkokbarer Kohle im Bereich der dichtesten Siedlungen (vgl. *Predöhl* 1971: 73—75; vor allem *Lemper* 1974: 124—132).
Die räumliche Expansion kapitalistischer Entwicklung ist nun einerseits durch die Expansion der bestehenden „Kerne" (Gravitationsfelder) und damit auch einen Einbezug neuer Regionen in deren Peripherien gekennzeichnet, andererseits aber auch durch sog. *Randkerne*, deren Charakteristikum die Ambivalenz zwischen ihrer Abhängigkeit von einem der weltweiten Industriekerne und der Herausbildung eigener Gravitationsfelder darstellt. Die Herausbildung einer eigenen Eisen- und Stahlindustrie

wurde als Grundlage der Entwicklung dieser Randkerne angesehen. Vor allem die Arbeiten *Hans-Jürgen Harborth*s (1965, 1967) lesen sich wie eine Vorwegnahme vieler Aspekte der gegenwärtigen Diskussion um die Entwicklung der sog. Schwellenländer: Unter dem Titel „Neue Industriezentren an der weltwirtschaftlichen Peripherie" untersucht er die Entwicklung in Japan — von dem er sagt, daß „der Übergang von einem bloß peripheren Randkern zu einem eigenständigen Gravitationsfeld" bereits deutlich zu sehen sei (1967: 26 f.) —, der Volksrepublik China, Indien, Australien, der Südafrikanischen Republik und in Brasilien. Der Einbezug Australiens einerseits, der Ausschluß Mexikos andererseits (da es im wesentlichen einen „Wachstumsring" an der Peripherie des US-amerikanischen Industriekerns darstellt, *Harborth* (1967: 27)) verweisen auf Stärken und Schwächen dieses Ansatzes:

Aus der Optik der räumlichen Dynamik der kapitalistischen Expansion und entsprechender standorttheoretischer Überlegungen werden gewisse Entwicklungszusammenhänge deutlich, die bei einer strukturalistischen Gegenüberstellung zwischen zwei Typen von Kapitalismus verschwinden und durch die Einfügung einer Zwischenkategorie wie „Semiperipherie" oder „Schwellenländer" nur unzulänglich erfaßt werden: nämlich die Bedeutung der räumlichen Lage bestimmter Regionen im Vergleich zu bestehenden Entwicklungskernen. Jede Länderanalyse von Ländern wie Spanien, Mexiko oder auch Korea wird die Bedeutung der räumlichen Nähe zu den Industriekernen Westeuropa, USA und Japan betonen — in der Zusammenfassung dieser Länder mit einigen der Ölländer sowie mit Indien und Brasilien zur Kategorie „Schwellenländer" geht dieser Aspekt völlig verloren[13]. Daß es nötig sein wird, die globale räumliche Dynamik angesichts neuerer technologischer Entwicklungen und des damit zusammenhängenden relativen Bedeutungsverlusts der Eisen- und Stahlindustrie vor allem auch in bezug auf ihre raumbildende Funktion neu zu überdenken, ist eine andere Frage und wird im Abschnitt 4 genauer diskutiert werden[14].

Eine grundsätzliche Schwäche der gesamten *Predöhl*-Schule — wie allerdings auch vieler anderer wirtschaftswissenschaftlicher entwicklungstheoretischer Ansätze — liegt in ihrer ökonomistischen Argumentation. Dies tritt besonders deutlich in *Harborth*s Buch über die „Neuen Industriezentren" hervor, wo folgende Punkte näher untersucht werden (1967: 73):

— die relative Bedeutung des Industriesektors innerhalb der Gesamtwirtschaft eines jeden Landes;
— die Struktur des Industriesektors selbst;
— die Güterstruktur des Außenhandels;
— die Fähigkeit jedes neuen Zentrums, periphere Gebiete auf sich auszurichten.

Predöhl selbst betont zwar — wie bereits oben im Zusammenhang mit der Aufnahme des *Schumpeterschen* Ansatzes erwähnt — die Notwendigkeit, historisch-soziologische Vorbedingungen mit in eine Theorie wirtschaftlicher Entwicklung einzubeziehen, tut dies aber letztlich doch nur am Rande und dann meist im Sinne der Modernisierungstheorie, d. h. diese Bedingungen werden als Hindernisse für einen dynamischen Industrialisierungsprozeß berücksichtigt. Auf diesen Punkt wird später noch einmal einzugehen sein. In den einzelnen Länderstudien (vgl. o. Anm. 9) bleiben diese Aspekte eher noch weiter im Hintergrund. Dennoch ist hervorzuheben, daß der raumwirtschaftliche Ansatz, wie ihn *Predöhl* konzipiert hat, keineswegs eine Verbindung mit gesellschaftsanalytischen Konzepten ausschließt, worauf im folgenden Teil 3 genauer einzugehen sein wird[15].

In der Interpretation des obigen Zitats möchte ich noch zwei Punkte hervorheben. Die dort enthaltene Charakterisierung des *Verhältnisses zwischen Staatsraum und Wirtschaftsraum* unterscheidet sich konzeptuell kaum etwa von *Tilman Evers*' Kennzeichnung des peripheren Nationalstaates als „eine politische Klammer um einen Ausschnitt des weltmarktintegrierenden Reproduktionszusammenhanges" (*Evers* 1977: 86 f.), ist allerdings insofern konsequenter, als sie grundsätzlich für alle Staaten gilt. Unter dieser Perspektive erscheint dann die Weltwirtschaftskrise der 30er Jahre als ein „*Einbruch der Staatsgrenzen* in den weltwirtschaftlichen Zusammenhang" (*Predöhl* 1971: 122, Hervorhebg. im Original), das westdeutsche „Wirtschaftswunder" als „das stürmische Wiederhineinwachsen in die Kernstellung des europäischen Gravitationsfeldes" (*ebda.*: 142). Die Idee eines Industriekerns hat – wie schon die bisherige Vorstellung dieses Ansatzes nahelegt – eine recht interessante *Verwandschaft mit dem Konzept der „autozentrierten Entwicklung"*. Beide Konzepte beziehen sich auf einen arbeitsteiligen Produktionszusammenhang, dessen Entwicklungsprozeß im wesentlichen von einer inneren Dynamik gesteuert wird. So betont *Lemper* z. B. einerseits die agglomerativen Effekte industrieller Produktion und fährt dann fort:

„Das Entscheidende ... liegt darin zu zeigen, daß regionale Entwicklungen auch aus absatzpolitischen Gründen zur Herausbildung zentrischer Strukturen neigen, selbst wenn die Entwicklung zunächst an verschiedenen Punkten der Region einsetzt. Die Komplementarität der Industrien und das darauf bezogene Markt- und Absatzinteresse lassen die Region immer mehr den Charakter eines Industriekomplexes annehmen, in dem die Aktivitäten überwiegend nach innen orientiert sind (*Lemper* 1974: 137)."

Sicherlich gibt es eine Reihe von Unterschieden zwischen beiden Konzepten, wobei vor allem die Steuerungsfunktion, die *Amin* (1974: 72 f.) und *Senghaas* (1977: 265 ff.) dem Zusammenhang zwischen der Entwicklung des Binnenmarktes für Massenkonsumgütern und der Entwicklung der Kapitalgüterindustrie („Produktion eigener Technologie") beimessen, nicht in ähnlicher Weise betont wird; *Predöhls* Verknüpfung der Entwicklung stahlindustrieller Zentren mit einer ausreichenden und nachfragewirksamen Bevölkerungsdichte weist allerdings in eine ähnliche Richtung. Instruktiv ist jedoch vor allem *eine* Differenz zwischen beiden Konzepten: Während „autozentrierte Entwicklung" auf die Entwicklung einer nationalen Gesellschaft bezogen ist, ist das Konzept des „Industriekerns" eben auf einen Wirtschaftsraum bezogen, der zwar in einzelnen Fällen – d. h. unter Bedingungen weitgehender Autarkie – mit dem Staatsraum identisch sein kann, dies im allgemeinen mit der Entfaltung der kapitalistischen Weltwirtschaft aber immer weniger ist. *Predöhl* weist etwa darauf hin, daß eine weitgehende Herauslösung der nationalen Wirtschaft aus den gewachsenen wirtschaftsräumlichen Zusammenhängen – was er eine „Nationalisierung des Wirtschaftsraumes" nennt – zwar eine größere Beherrschbarkeit der Wirtschaft mit sich bringt, aber gleichzeitig eine „Entfernung vom Maximalzustand internationaler Arbeitsteilung", worunter er den „Zustand der Spezialisierung, der den größtmöglichen Güterertrag verbürgt", versteht (1934: 5, 9 f.). Er betont an dieser Stelle, daß gerade die dynamischsten Industrien auf äußere Märkte angewiesen sind. Leider wird auch in den späteren Arbeiten — etwa bei *Voigt* (1969) oder *Lemper* (1974), die beide die Zusammenhänge zwischen industrieller Kernbildung und Welthandel analysieren — die Frage nach einem optimalen Kompromiß zwischen größtmöglicher nationaler Beherrschbarkeit der Wirtschaft und einer zwischenzeitlichen „Entfernung vom Maximalzustand internationaler Arbeitsteilung" nicht weiterverfolgt. Ich denke jedoch, daß nach den bisherigen Überlegungen die Fruchtbarkeit eines Ansatzes, der die Nicht-Identität von Staatsraum (oder auch: politischen Raumstrukturen) und Wirtschaftsraum in den Mittelpunkt stellt, auf der Hand liegt.

3. Räumliche Dynamik kapitalistischer Expansion, soziale Strukturen und Nationalstaat — Hauptelemente einer kritischen Entwicklungstheorie

Eine Interpretation der Strukturen ungleicher Entwicklung auf der Basis des *Predöhl*schen Ansatzes würde einerseits viele Aspekte einer dependenztheoretischen Interpretation aufnehmen können, vor allem soweit sie auf der Analyse der Unvollständigkeit der Reproduktionsstrukturen peripher-kapitalistischer Gesellschaften beruhen[16], sie würde andererseits zwei zentrale Schwächen vermeiden, die aus der schematischen Gegenüberstellung von „entwickeltem" und „abhängigem" (oder „unterentwickeltem", „peripherem") Kapitalismus resultieren: Sie würde nämlich deutlich machen, daß die Diskrepanz zwischen Staats- und Wirtschaftsraum auch für entwickelte kapitalistische Gesellschaften ein Problem darstellt und daß die kapitalistische Expansion in Länder der Dritten Welt in sehr unterschiedlichen Formen verläuft (etwa: Einbezug als Randzonen in einen der globalen Industriekerne; Entwicklung zu eigenständigen Randkernen; periphere Zuordnung zu einem der neu entstehenden Randkerne usw.). Die Frage nach den Zusammenhängen zwischen der peripheren Integration einer Region in den Weltmarkt und den internen Sozialstrukturen in den entstehenden Gesellschaften der Dritten Welt, die die Dependenzdiskussion mit Konzepten wie „strukturelle Heterogenität" und „Marginalität" charakterisierte, bleibt marginal. *Predöhl* selbst weist verschiedentlich auf die fehlende Agrarbasis hin, die als „Austauschgrundlage ... für eine starke Industrie" wichtig wäre (1971: 109), und verweist in diesem Zusammenhang auch etwa auf den landwirtschaftlichen Großgrundbesitz in Lateinamerika als Ursache für die wenig intensive Bewirtschaftung (und damit auch die noch weitgehend dünne Besiedelung (*ebda*.: 107). Auch auf die strukturellen Auswirkungen des Kolonialismus wird eingegangen (vgl. o., Anm. 16); andererseits deuten pauschale Verweise auf den „akapitalistischen oder antikapitalistischen Geist" — womit durchweg *vor*kapitalistische, nicht sozialistische Einstellungen gemeint sind —, der sich in der technisch-ökonomischen Rückständigkeit der Landwirtschaft manifestierte, doch primär auf modernisierungstheoretische Wurzeln hin[17]. Die dependenztheoretische Analyse peripherer Sozialstrukturen bleibt andererseits aber meist in der *Charakterisierung von Deformation* stecken und trägt im allgemeinen wenig bei zur Analyse *der jeweils spezifischen*

Formen der Artikulation kapitalistischer Expansion mit den regional sehr unterschiedlichen gesellschaftlichen Strukturen, auf die diese Expansion trifft[18]; die Analyse der räumlichen Dynamik kapitalistischer Expansion bietet, wie im folgenden zu zeigen sein wird, einen besseren Ausgangspunkt für ein Verständnis dieser vielfältigen Artikulationsprozesse als die strukturalistische Gegenüberstellung Zentrum-Peripherie. Aufbauend auf der Analyse der Diskrepanzen zwischen Staatsraum und Wirtschaftsraum einerseits sowie der durch den genannten Artikulationsprozeß sich entwickelnden Sozialstrukturen andererseits kann dann versucht werden, *den Charakter und die Funktion national (territorial-) staatlicher politischer Strukturen genauer zu bestimmen*. Mit dem Versuch, diese Verbindungen herzustellen, nehme ich Diskussionszusammenhänge aus der Zeitschrift „Peripherie" auf, wo allerdings die Problematik der räumlichen Dynamik kapitalistischer Akkumulation bisher weitgehend ausgespart blieb.

Im ersten Schritt muß es darum gehen, die dargestellten raumtheoretischen Überlegungen *Predöhls* an einigen Punkten zu ergänzen, wobei ich allerdings nicht auf standorttheoretische Fragen im Detail eingehen kann (*Hein* 1978). Die Strukturen räumlicher Entwicklung hängen offenbar — darüber dürfte es kaum Kontroversen geben — mit dem Profitmaximierungsstreben kapitalistischer Unternehmen[19] zusammen. Grundsätzlich gibt es für jedes Unternehmen zwei Möglichkeiten, eine Erhöhung der Profitrate anzustreben:

(1) über die *interne Organisation der Produktion*, d. h. über eine Erhöhung der Produktivkraft im unmittelbaren Produktionsprozeß (technische Entwicklung, neue Organisationsformen);

(2) über die *externen Bedingungen der Produktion*, die in hohem Maße vom Standort des Betriebes abhängig sind. Die Wahl eines günstigen Standorts kann über eine Verringerung der Produktions- und/oder Zirkulationskosten in ähnlicher Weise zusätzliche Profite ermöglichen wie die Anwendung technologisch fortgeschrittener Produktionsmethoden (die Verbesserung der Verwertungsbedingungen am alten Standort — Infrastrukturausbau, Ansiedlung vieler neuer Unternehmen usw. — hat denselben Effekt).

Im folgenden wird die Gesamtheit derjenigen Faktoren, die die Höhe der an einem Ort in einem bestimmten historischen Augenblick in einem bestimmten Industriezweig erzielbaren Profitrate bestimmen, als *Kapitalverwertungsbedingungen* (Kvb.) bezeichnet. Der technische Entwicklungsprozeß bringt nun allerdings eine ständige Veränderung der technischen Basis bestehender Branchen, aber auch überhaupt das Entstehen neuer Branchen mit sich, womit die Anforderungen an optimale externe Bedingungen der Kapitalverwertung sich ebenfalls ständig ändern. Diese Anforderungen an die äußeren Bedingungen, unter denen ein Betrieb in einer bestimmten historischen Situation bei gegebener Technologie und Organisation der Produktion seinen Profit maximieren kann, werden im folgenden als *Kapitalverwertungserfordernisse* (Kve.) bezeichnet[20].

Die Entwicklung der Produktivkräfte in der „Industriellen Revolution" sowie die bürgerliche Revolution hatten nun die ökonomischen und politischen Voraussetzungen für den ersten tiefgreifenden Prozeß regionaler Differenzierung geschaffen, der nicht auf den immanenten Voraussetzungen der Regionen selbst bzw. auf primär politischen Herrschaftsverhältnissen beruhte, sondern auf ökonomischen Beziehungen zwischen ihnen. Entscheidend waren dabei die Freisetzung vormals an Boden und Feudalherren gebundener Arbeitskräfte, die Entwicklung industrieller Produktionsmittel, deren rationeller Einsatz eine interregionale Arbeitsteilung voraussetzte, die Entstehung von Nationalstaaten mit großen Binnenmärkten, die Entwicklung neuer Verkehrsträger wie Eisenbahn und Dampfschiff usw. (*Hein* 1978: 58—70).

Das Kapital floß in zunehmendem Maße in die Regionen mit günstigeren Kvb., wo es darüber hinaus viel rascher akkumulierte als das in den zu Peripherien werdenden Regionen verbliebene Kapital. Auf der Suche nach einer Verbesserung ihrer Reproduktionsbedingungen bewegten sich mehr und mehr Arbeitskräfte in dieselbe Richtung.

Die aufgeführten Dimensionen der Kvb. deuten an, *daß dieser regionale Differenzierungsprozeß einen selbstverstärkenden Charakter besitzt*: Die Entwicklung eines industriellen Zentrums geht einher mit dem Ausbau der Infrastruktur, mit der Bildung interindustrieller Verflechtungen, die die Beschaffung von Inputs und den Absatz von Zwischenprodukten erleichtern, mit der Entwicklung von Fachschulen und Universitäten, die hochqualifizierte Arbeitskräfte ausbilden, mit dem Entstehen eines großen Marktes, der den Absatz der Produkte erleichtert und im allgemeinen auch der Entwicklung günstiger politischer Kräfteverhältnisse für die Förderung weiterer Kapitalakkumulation.

Die Tendenz zur räumlichen Konzentration kapitalistischer Entwicklung läßt sich aus zwei charakteristischen Merkmalen des kapitalistischen Akkumulationsprozesses bestimmen, nämlich den *historischen Tendenzen zur Entfaltung von Arbeitsteilung und zur Konzentration und Zentralisation des Kapitals*. Beides erfordert eine stärkere räumliche Konzentration der Produktion zur Optimierung der Kvb.: Je arbeitsteiliger die Produktion, umso wichtiger werden Kommunikation und Transport zwischen verschiedenen Unternehmen und Produktionsstätten, je größer die Produktionseinheiten, umso wichtiger wird das Vorhandensein eines ausreichenden Marktes (bzw. guter Kommunikations- und Verkehrsverbindungen zu den Märkten)[21]. Der historische Entwicklungsprozeß kapitalistischer Gesellschaften gibt also nicht nur den einmal entstandenen Zentren gute Voraussetzungen für den weiteren Ausbau ihrer Position, *sondern weist den Agglomerationsvorteilen sogar noch eine tendenziell wachsende Bedeutung im Rahmen der Kve. dynamischer Industrien zu Castells* 1973: 34—56; *Evers* 1975: 45 f.; *Hein* 1978: 52—56; *Brake* 1980: 122—124)[22].

Die historische Bedeutung, die der Entfaltung von Arbeitsteilung zukommt, verweist dabei auf die große Bedeutung von Industrien, die vielfältige Verflechtungen mit anderen Industriezweigen aufweisen; die hohen Transportkosten von Inputs und Produkten der Eisen- und Stahlindustrie bestätigen zusätzlich die raumbildende Bedeutung dieser Industrien[23]. Andererseits werden Produktionszweige, bei denen etwa die Arbeitskosten die Kve. stärker bestimmen als die Agglomerationsvorteile, sich eher außerhalb der Zentren, der Kernregionen ansiedeln, während Formen extensiver Landwirtschaft sich nur dort entwickeln können, wo die Grundrente sehr niedrig ist, d. h. in großer Entfernung der Zentren: Die Konzeption Kve. — Kvb., die m. E. grundsätzlich einen differenzierteren Ansatz als das *Predöhl*sche Kern-Peripherie-Schema erlaubt, bestätigt jedoch in den wesentlichen Zügen die Interpretation der *Predöhl*-Schule bis hin zur Benutzung der *Thünen*schen Ringe zum Zwecke der Illustration von Raumstrukturen.

Um von diesem Ausgangspunkt den Schritt zur Analyse von Entwicklungsprozessen in der heutigen Dritten Welt zu tun, soll die Frage nach den Wechselwirkungen zwischen dieser der kapitalistischen Entwicklung inhärenten räumlichen Dynamik, den bestehenden gesellschaftlichen Strukturen und der Entwicklung politischer Institutionen und Kräfteverhältnisse nicht in bezug auf die Entstehungsprozesse der zentralen Industriekerne der Weltwirtschaft untersucht werden, sondern in bezug *auf die Expansion kapitalistischer Akkumulation in bisher periphere Räume hinein*. Träger dieser Expansion sind letztlich *die prinzipiell unendlich vielen Einzelkapitale*, die nach einer Verbesserung ihrer Verwertungschancen suchen — auch wenn der Anstoß konkret durch koloniale Eroberung oder durch regionalpolitische Maßnahmen gegeben worden sein mag und wenn auch häufig monopolistische Großunternehmen im Mittelpunkt dieser Expansion stehen. Vor allem zwei Aspekte sind in diesem Zusammenhang zu berücksichtigen:

(1) Der Kapitalismus mit seiner großen Zahl von Einzelunternehmen (und der prinzipiellen Möglichkeiten jedes Einzelnen, zum Unternehmer zu werden — was gerade für die Entwicklung des informellen Sektors in der Dritten Welt zu beachten ist) besitzt eine *ungeheure Sensitivität hinsichtlich der Entdeckung neuer Profitchancen*[24].

(2) Eine ethnische Gruppe, deren Reproduktionsprozeß in der einen oder anderen Weise vom expandierenden Kapitalismus abhängig geworden ist, hat nur dann eine Chance, ihre Identität zu wahren, *wenn sie sich selbst territorialstaatlich organisiert* (d. h. zumindest eine gewisse Form von teilstaatlicher Organisation innerhalb eines formal souveränen Staatsgebildes entwickeln kann), was im allgemeinen auch impliziert, sich eine ökonomische Basis von minimaler Eigenständigkeit zu schaffen.

3.1 Zur Artikulation des Kapitals mit nicht-kapitalistischen sozialen Strukturen

Das Kapital als Summe vieler prinzipiell unabhängig voneinander agierender Einzelkapitale ist vergleichbar einer Flüssigkeit mit hohem Viskositätsgrad: es breitet sich — setzt man einen gewissen Grad an weltweiter Information über Verwertungsmöglichkeiten voraus — in kürzester Zeit überall dorthin aus, wo die Verwertungsbedingungen mindestens den Durchschnittsprofit garantieren. Dabei haben die einzelnen Kapitale meist kein Interesse an einem Prozeß kapitalistischer Transformation in den Regionen, in die sie eindringen: Sie produzieren Waren (bzw. kaufen Waren auf), die fast durchweg für Märkte in den industriellen Kernregionen bestimmt sind. Sie stellen praktisch eine „ausgelagerte Vorstufe" der kapitalistischen Produktion in den Zentren dar, die davon profitiert, die Arbeitskraft nicht wie in den Industrieländern zu ihrem Wert bezahlen zu müssen und gleichzeitig oft die entsprechenden natürlichen Voraussetzungen (tropisches Klima, Vorhandensein von Rohstoffen) nutzt. Dabei wird einheimische Arbeitskraft im allgemeinen in der Form genutzt, in der sie für die entsprechende Arbeit jeweils verfügbar ist — angefangen vom Handel, der die traditionelle Form der Arbeit in der jeweiligen Gesellschaft kaum antastet, über Sklavenarbeit bis hin zur Lohnarbeit und zur Funktionalisierung traditioneller gesellschaftlicher Produktionsformen zur Senkung der Reproduktionskosten und zur sozialen „Abfederung" der zeitweise in den kapitalistischen Sektor integrierten Arbeitskräfte[25]. Gewisse Elemente bürgerlicher Rechtsstaatlichkeit sind nötig, um die Beziehungen der beteiligten Einzelkapitale untereinander zu regeln, um die Grenzen der Souveränität verschiedener Kolonialmächte abzustecken, zur Legitimation der Vertreibung der einheimischen Bevölkerung von ihrem Land und evtl. auch, um einen gewissen Schutz der kolonialen Ressourcen (einschl. evtl. knapper Arbeitskraft) vor einem übermäßigen Raubbau, der die Zukunft der kolonialen Ökonomie bedrohen könnte, zu erreichen, nicht jedoch, um die einheimische Bevölkerung in einen politischen Entscheidungsprozeß zu integrieren oder die bestehenden Herrschaftsstrukturen zu legitimieren — dazu wurden normalerweise verschiedene Formen rassistischer Theorien verwendet. Langfristig kann jedoch auch eine solche extensive Ausbeutung nicht-kapitalistischer Gesellschaften nicht ohne Folgen bleiben — und zwar für beide Seiten: Mit der Ausbeutung der lokalen Arbeitskraft für die Exportproduktion ist praktisch immer in der einen oder anderen Form ein Proletarisierungsprozeß, zumindest ein Prozeß der Auflösung traditioneller gesellschaftlicher Strukturen verbunden; die lokale Landwirtschaft beginnt, für die Versorgung der Exportproduzenten zu arbeiten, Warenbeziehungen beginnen sich zu entwickeln. Damit entsteht „auf der anderen Seite" auch zunehmend ein Interesse an der kolonialen Bevölkerung als Markt für industrielle Produkte. Kapitalistische Strukturen beginnen sich auszuweiten. *Tilman Schiel* kennzeichnet diesen Prozeß folgendermaßen — wobei es zunächst nicht so entscheidend ist, ob dieser Prozeß irgendwann einmal blockiert wird, wie die Theorie des peripheren Kapitalismus behauptet, oder nicht:

„Wichtigste Vorbedingung der kapitalistischen Gesellschaft ist *nicht* das Vorhandensein von *Kapital* (...), sondern das *Nicht*-Vorhandensein von Möglichkeiten für die Mehrheit der Bevölkerung, sich buchstäblich aus eigener Verfügbarkeit zu realisieren: Subjekte und „objektive Welt" mußten gewissermaßen erst „gedoppelt" werden, nicht mehr als unvermittelte Einheit vorhanden sein — die Parallelen zum Doppelcharakter der Wertform zeigen die Bedeutung dieser Vorbedingung: So konnte die beherrschende Rolle der Wertform erst Realität werden, nachdem diese Trennung ein soziales System nötig machte, welches die Gesellschaft selbst erst *vermittels Dingen* konstituiert, Subjekte miteinander hauptsächlich agieren vermittels des Transfers von Objekten." (*Schiel* 1984: 39; Hervorhebung im Original)

Koloniale Abhängigkeit, die Konkurrenz des industriellen Entwicklungsniveaus der Kerngebiete mit ihrer in hohem Maße arbeitssparenden Technologie sowie evtl. auch der Widerstand der Betroffenen selbst haben im allgemeinen einen kontinuierlichen Transformationsprozeß verhindert. In diesem Zusammenhang sind die verschiedenen Formen struktureller Heterogenität, die Marginalisierung großer Teile der Bevölkerung sowie die — zumindest zeitweise — Blockierung des Transformationsprozesses in eine vollständig durchkapitalisierte Gesellschaft entstanden, die in den Diskussionen über Abhängigkeit und peripheren Kapitalismus eine so zentrale Rolle spielen. In der Zeit nach dem 2. Weltkrieg haben sich in fast allen etwas fortgeschritteneren Entwicklungsländern kleinere Industrieregionen entwickelt, in denen jeweils große Teile der Bevölkerung voll in den kapitalistischen Verwertungsprozeß integriert sind, während die eigentlich peripheren Regionen immer noch lediglich als Ressource für den globalen Akkumulationsprozeß von Bedeutung sind.

Aus der Perspektive der Artikulation des expandierenden Kapitals mit den spezifischen gesellschaftlichen Bedingungen der jeweiligen Region wird man wohl weniger der Versuchung erliegen, aus der Identifikation der genannten Probleme auf gleichförmige Strukturen der Deformation überall in der 3. Welt zu schließen. Das „Gleichförmige" in diesem Zusammenhang ist das Verwertung suchende Kapital; aber sowohl der stoffliche Charakter der jeweils konkret in Frage kommenden Verwertungsprozesse als auch die jeweils gegebenen Verwertungsbedingungen verweisen auf die in jedem einzelnen Falle spezifische Form der Artikulation, die sich historisch herausbildet und die ihrerseits wiederum den Prozeß einer Vertiefung kapitalistischer Penetration bis hin zum Entstehen industrieller Randkerne fördert oder hemmt[26].

3.2 Zur Entstehung und Funktion von Territorialstaaten in der Dritten Welt

Traditionelle Gesellschaften hatten angesichts der im Verlaufe der Entwicklung des kapitalistischen Weltsystems zunehmenden Penetration durch metropolitanes Kapital nur *eine* Chance, ihre Identität zu wahren, d. h. ihre letztlich vollständige Auflösung als eine soziale Einheit zu verhindern, nämlich sich selbst territorialstaatlich (um nicht „nationalstaatlich" zu sagen) zu organisieren. Die anti-kolonialen Befreiungskämpfe und die daraus — sowie schließlich aus dem allgemeinen Entkolonialisierungsprozeß — hervorgegangenen Staatsgründungen waren nun allerdings ein Mittel, „Beelzebub mit dem Teufel auszutreiben": Man verteidigte sich, indem man die politischen Formen des Angreifers übernahm: einen — der Form nach zumindest — bürgerlichen Rechtsstaat mit dem Anspruch auf Souveränität innerhalb des nationalen Territoriums und damit auf das Monopol an legitimer Gewaltanwendung. Man gewann zumindest die formelle Anerkennung als gleichberechtigte bürgerliche Nation, indem man eigenständige kulturellpolitische Traditionen aufgab.
Sicherlich schließt das Prinzip des souveränen Nationalstaats die Möglichkeit einer formell an nicht-bürgerlichen Traditionen anknüpfenden internen politischen Organisation ein — man denke etwa an die gegenwärtigen politischen Strukturen im Iran und in Libyen. Die praktisch durch den globalen Zusammenhang erzwungene äußere Form des Staates schränkt aber bereits das Spektrum an möglichen internen politischen Formen ein (z. B. durch das Prinzip der Territorialität, die Anerkennung völkerrechtlicher Normen usw.); die wirtschaftliche Integration ins kapitalistische Weltsystem (Handels- und Kapitalbeziehungen mit Ausländern und deren Rückwirkungen auf interne wirtschaftliche Strukturen) setzt darüberhinaus rechtsstaatliche Formen vor allem im Bereich der wirtschaftspolitischen Rahmenbedingungen voraus. Es ist unter diesen Gesichtspunkten kaum erstaunlich, daß es gerade Gesellschaften mit hohen Renteneinkünften aus Ölexporten sind, die sich eine vergleichsweise weitreichende Abweichung von typischen bürgerlichen politischen Organisationsformen „leisten" können. Auf der anderen Seite des Spektrums wäre es natürlich auch interessant, sich die Formen „real-sozialistischer" Staaten unter dieser Perspektive genauer anzuschauen[27].
Die politische Unabhängigkeit bedeutet jedenfalls *die Möglichkeit, gemäß den internen sozialen Kräfteverhältnissen Gesetze zu erlassen*, d. h. Rahmenbedingungen für den

Kapitalverwertungsprozeß zu schaffen und in der einen oder anderen Form die Kapitalverwertungsbedingungen politisch zu modifizieren. Die politische Unabhängigkeit bedeutet aber per se keine Veränderung der Position des nun staatlich inkorporierten Raumes in den globalen wirtschaftsräumlichen Strukturen. Das kommt u. a. in folgenden Zusammenhängen zum Ausdruck:

— Die im allgemeinen starke Position der weltmarktorientierten sozialen Kräfte bleibt erhalten, so daß in vielen Ländern nach der Unabhängigkeit zunächst eine Kompradorenklasse die Politik bestimmt hat, die kein Interesse am Aufbau einer nationalen ökonomischen Basis hatte.
— Dort, wo sich binnenmarktorientierte Kräfte durchsetzen können, stoßen sie auf häufig unüberwindliche Schwierigkeiten — angesichts der bestehenden wirtschaftlichen Abhängigkeiten — bei der Realisierung des Versuchs einer auch nur teilweisen „Nationalisierung" des Wirtschaftsraumes (im Sinne *Predöhls*, vgl. o.).
— Dort, wo diese „Nationalisierung" des Wirtschaftsraumes, also eine weitgehende Abkopplung vom Weltmarkt, mit radikaleren politischen Mitteln angestrebt wird, entstehen Konflikte im Bereich der internationalen politischen Beziehungen, die bis zur militärischen Intervention ausländischer Mächte führen können.

Zweifelsohne ist mit der Staatsgründung die Möglichkeit gegeben, die Kvb. durch politische Eingriffe so zu modifizieren, daß die nationale Kapitalakkumulation gefördert wird — dies ist das Wesen jeder Entwicklungsstrategie. Strategien importsubstituierender Industrialisierung streben i. a. das Entstehen einer nationalen industriellen Basis an, die *Predöhl* als „Randkern" bezeichnen würde; Strategien exportorientierter Industrialisierung auf der Basis arbeitsintensiver Produktionszweige streben eher nach der Integration in ein größeres weltwirtschaftliches „Kraftfeld" auf der Basis der Ausnutzung einer geo-ökonomischen Position, die praktisch einem *Thünen*schen Ring entspräche. In diesem Sinne könnte man vielleicht Parallelen sehen zwischen der weltwirtschaftlichen Position Dänemarks als Lieferant von Produkten intensiver Landwirtschaft in den westeuropäischen Industriekern und der Position etwa von Taiwan und Südkorea als Lieferanten arbeitsintensiver Industrieprodukte in den pazifischen Kernraum (Japan/Kalifornien (?)). Wichtig erscheint mir hier noch einmal der Hinweis auf *Predöhls* Warnung vor der „Entfernung vom Maximalzustand internationaler Arbeitsteilung", die man nicht nur außenwirtschaftstheoretisch, sondern auch historisch-politisch verstehen sollte: Die Position einer Gesellschaft in der globalen Raumstruktur beruht im allgemeinen auf einem jahrhundertelangen historischen Prozeß, der weder unter ökonomischen noch unter politischen Gesichtspunkten leicht umzukehren ist. Eine radikale Staatsintervention zugunsten bestimmter Verwertungsinteressen beeinträchtigt normalerweise die Interessen anderer gesellschaftlicher Gruppen im Innern wie im Ausland, die alles in ihrer Macht stehende tun werden, um diese Politik zu blockieren. In diesem Sinne müßte eine Strategie autozentrierter Entwicklung zunächst einmal die Frage nach ihrer sozialen Basis und deren politischer Durchsetzungsfähigkeit in den Mittelpunkt ihrer Aufmerksamkeit stellen. Die Beantwortung vor allem des zweiten Teils dieser Frage hängt sicherlich eng mit weltpolitischen Wechsellagen zusammen; insgesamt *ist die Frage nach einer dauerhaften sozialen Basis für die Politik des Aufbaus eines eigenständigen Industriekerns auf nationaler Basis*[28] natürlich auch eine

Frage nach *der ökonomischen Rationalität einer solchen Strategie*, die ihrerseits von der historischen Entwicklung der Produktivkräfte und damit auch der Raumstrukturen im Weltsystem abhängt. Auf diese Zusammenhänge wird im Teil 4 genauer einzugehen sein.

Eine Synthese der hier kurz dargestellten Hauptelemente einer kritischen Entwicklungstheorie im Sinne einer historischen Darstellung globaler und regionaler Entwicklungsverläufe kann in dem hier zur Verfügung stehenden Rahmen nicht geleistet werden; sie verlangt auch eine umfangreiche Aufarbeitung der verschiedensten sozialwissenschaftlichen Aspekte gesellschaftlicher Entwicklung, wie sie erst als Ergebnis eines umfangreichen Diskussionsprozesses entstehen kann. Das folgende Schaubild soll nur noch einmal einige Grundzusammenhänge beleuchten:

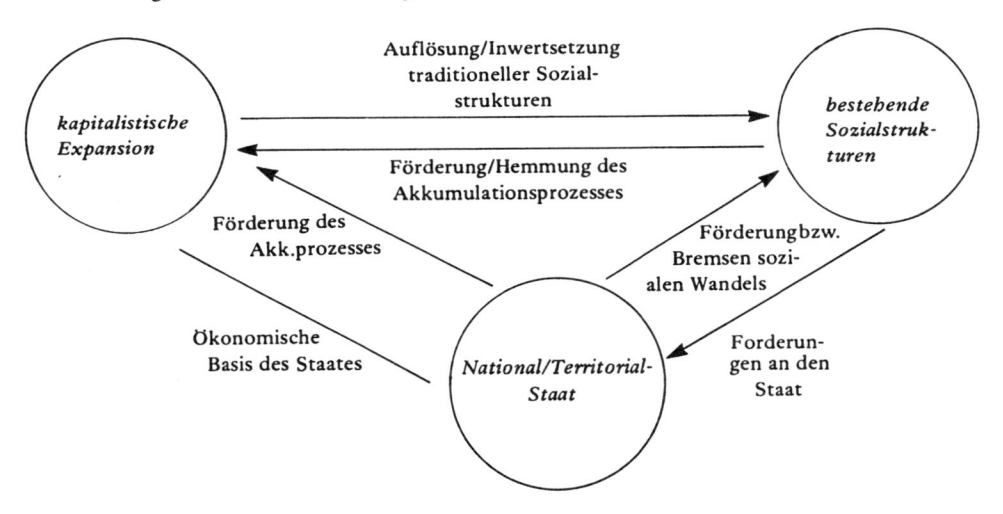

```
                  Auflösung/Inwertsetzung
                  traditioneller Sozial-
                        strukturen
   ┌─────────────┐ ─────────────────────→ ┌─────────────┐
   │kapitalistische│                        │  bestehende │
   │  Expansion   │ ←─────────────────────  │Sozialstruk- │
   └─────────────┘   Förderung/Hemmung des  │   turen     │
                      Akkumulationsprozesses└─────────────┘
        Förderung des                    Förderung bzw.
        Akk.prozesses                    Bremsen sozi-
                                         alen Wandels
        Ökonomische                      Forderun-
        Basis des Staates                gen an den
                     ┌───────────────┐   Staat
                     │National/Territorial-│
                     │     Staat     │
                     └───────────────┘
```

4. Von Europa lernen – Entwicklungsperspektiven für die Dritte Welt?

Der Titel dieses Abschnittes knüpft bewußt an dem 1982 erschienen Buch von *Dieter Senghaas* an, auch wenn es hier natürlich nicht möglich sein wird, dieser Studie und ihrer umfangreichen empirisch-historischen Basis gerecht zu werden. M. E. deutet die *Senghaas*sche Argumentation allerdings auf ein Grundproblem entwicklungstheoretischer Argumentation, das etwa auch in der entwicklungspolitischen Anwendung der Entwicklungstheorie und der These von der Stahlindustrie als „industrialisierender Industrie" zum Ausdruck kommt: Wieweit lassen sich überhaupt Erfahrungen aus dem Entwicklungsprozeß eines Landes auf ein anderes Land übertragen? Diese Frage impliziert bereits eine zweite: Lassen sich Erfahrungen aus einer früheren Entwicklungsphase des kapitalistischen Weltsystems auf eine spätere übertragen?
Einen Ansatzpunkt für die Diskussion dieser Fragen liefert ein Zitat aus dem genannten Buch. In bezug auf Lateinamerika heißt es da:

„Wäre es damals in Ergänzung zur Erzeugung und zum Export der in Europa absetzbaren Güter zu einer breitenwirksamen Agrarmodernisierung gekommen, so wären die Aussichten für eine nachholende Industrialisierung nicht weniger günstig oder ungünstig gewesen als in vergleichbaren Fällen innerhalb Europas selbst" (1982: 93).

Dieses Zitat fordert gleich zu einer Reihe von Anmerkungen heraus:
— Da *Senghaas* selbst in einem späteren Abschnitt desselben Buches (1982: 147—177) die gesellschaftlichen Ursachen dafür untersucht, daß es zumindest in Uruguay *nicht* zu einer „breitenwirksamen Agrarmodernisierung" gekommen ist, und den Zusammenhang zwischen Großgrundbesitz, Orientierung auf den englischen Markt und dem Import von Luxuskonsumgütern überzeugend darstellt, behält die aufgestellte These nur einen sehr hypothetischen Charakter; die soziale Basis für eine solche alternative Strategie war offenbar in Uruguay nie gegeben.
— *Senghaas'* Argumentation selbst (1982: vor allem 161—166) deutet darauf hin, daß gerade die Entwicklung einer extensiven Exportlandwirtschaft — die meist, wie auch die osteuropäische Getreideexportproduktion, mit Großgrundbesitz verbunden ist — der Lage Uruguays angesichts der gegebenen ökologischen Voraussetzungen und der Entwicklung des internationalen Transportwesens entsprach; dies deckt sich auch mit den *Predöhl*schen raumökonomischen Thesen über die Entwicklung einer intensiven Gartenbau- und Milchviehwirtschaft in unmittelbarer Nähe der Industriekerne sowie einer eher extensiven Exportlandwirtschaft in den entfernten Regionen. Raumökonomische Gesichtspunkte treten dann doch in den Vordergrund zur Erklärung der unterschiedlichen Rolle der Exportlandwirtschaft etwa in Dänemark und den Niederlanden einerseits, in Uruguay und Argentinien andererseits; daß angesichts der sehr unterschiedlichen historischen Entwicklung in beiden Regionen auch ganz andere Sozialstrukturen entstanden sind, ist nicht erstaunlich, läßt sich allerdings auch mit der von Europa ausgehenden räumlichen Entwicklung des kapitalistischen Weltsystems in Verbindung bringen[29].
— Es erscheint sehr fraglich, ob man aus derartigen Vergleichen für gegenwärtige Entwicklungsstrategien noch viel lernen kann, da sich die Strukturen der kapitalistischen Weltökonomie seit den Zeiten der Industrialisierung der kleinen europäischen Länder erheblich geändert haben.

Die folgenden Überlegungen gehen vor allem auf diesen letzten Punkt ein und versuchen gleichzeitig wieder den Bogen zu den allgemeinen Thesen über „autozentrierte Entwicklung" zu schlagen. Viele Anzeichen deuten darauf hin, daß es *gewisse Tendenzen in der Entwicklung der Produktivkräfte* gibt, die bereits in der zweiten Hälfte des 19. Jhs. einsetzen, aber aufgrund der beiden Weltkriege erst nach 1945 voll zum Tragen gekommen sind, *die* — zusammengenommen — *einer autozentrierten regionalen/ nationalen Entwicklung ihre materielle Basis entzogen haben*. Dabei soll vorab betont werden, daß diese Entwicklungstendenzen natürlich enorme Konsequenzen für die Formen der Artikulation mit vorkapitalistischen Sozialstrukturen (im Sinne einer vertieften Penetration) und für die Entwicklung der Territorialstaaten in der Dritten Welt haben, auf die ich hier allerdings im Einzelnen nicht eingehen können werde.
Es handelt sich um folgende Entwicklungstendenzen:

— Es sind neue dynamische Industrien entstanden, deren Kapitalverwertungserfordernisse sich grundsätzlich von denen der Eisen- und Stahlindustrie unterscheiden (zunächst Chemie/Elektro, später vor allem die elektronische Industrie).

— Mit der Ersetzung der Dampfmaschine durch den Elektromotor und der zunehmenden Substitution der Kohle durch Erdöl wurde die energiemäßige Abhängigkeit der Industrie von Kohlelagerstätten weitgehend aufgehoben.
— Das Transport- und Kommunikationswesen wurde revolutioniert, was nicht nur zu einer direkten Kostensenkung führte, sondern über die Beschleunigung der Umschlagsgeschwindigkeit des Kapitals die Kosten für Überbrückung von Raum noch weiter gesenkt hat.
— Die relative Bedeutung des Dienstleistungssektors hat erheblich zugenommen, und zwar vor allem in den Bereichen der Produktion und Distribution von Wissenschaft und Technologie (Forschungs- und Konsultationseinrichtungen) sowie in der Zirkulationssphäre.

Im einzelnen zeichnen sich im Charakter von Akkumulationskernen sowie in den Beziehungen zwischen ihnen folgende Veränderungen ab:
(1) Angesichts der allgemein gesunkenen Transportkosten sowie der zunehmenden Substitution der Kohle durch andere Energieträger *verlieren natürliche Voraussetzungen im Vergleich zu gesellschaftlichen Bedingungen als Determinanten der Raumstruktur an Bedeutung* (vgl. *Brake* 1980: 155 f.; *Mikus* 1978: 10 f.). Die Krise der alten, um die Steinkohlenvorkommen herum entstandenen Industriegebiete verweist auf diese Tatsache; viele der neueren Industriegebiete sind dort entstanden, wo aufgrund natürlicher Bedingungen günstige Verkehrsverhältnisse bestehen, aber selbst der Ausbau der Verkehrsinfrastruktur hat die Tendenz, von den geographischen Voraussetzungen immer unabhängiger zu werden (Flughafenbau, Autobahnbau durch die Alpen). Vermittelt über die Agglomerationsvorteile bestehender Industriekerne wirken die historisch gewachsenen und ursprünglich von natürlichen Bedingungen stark beeinflußten Raumstrukturen jedoch fort[30].
(2) *Die unmittelbaren „backward" und „forward linkages" der industriellen Produktion verlieren ihre raumbildende Kraft.* Angesichts der gesunkenen Transport- und Kommunikationskosten spielt die räumliche Nähe zum Produktionsstandort von Vor- und Zwischenprodukten sowie meist auch zum Endkonsum im Vergleich zu anderen Verwertungserfordernissen eine eher untergeordnete Rolle[31]. Dennoch *fördert die generelle Tendenz zur Vertiefung gesellschaftlicher Arbeitsteilung auch weiterhin räumliche Konzentrationsprozesse.* Da sich heute von einem einzelnen Standort aus Produktionsprozesse überall in der Welt steuern lassen, sind der Zugang zu Information über Märkte, Technologien, politische Entwicklungen, die Nähe zu anderen Konzernzentralen, zu politischen Institutionen, zu Universitäten und anderen wissenschaftlichen Einrichtungen, zu beschaffungs- und absatzfördernden Organisationen und nicht zuletzt zu einem internationalen Flughafen wichtiger als die Nähe von Rohstoffen bzw. von Zulieferbetrieben (vgl. *Pred* 1977: 117–120). Aus dem ursprünglich autozentrierten Industriekern wird ein Kontroll- und Koordinationszentrum, dem meist nur die Entwicklungsabteilung und evtl. Fertigungsabteilungen für die technologisch höchstentwickelten Produkte des Konzerns angegliedert sind. Innerhalb des Ballungskernes selbst nimmt der Dienstleistungssektor einen immer größeren Platz ein; daneben „überleben" vielleicht noch einige von ihren Kve. her extrem konsumorientierte Industrien.
(3) *Mit der Auslagerung bedeutender Teile der Produktion selbst aus dem betreffenden Gravitationsfeld verliert dieses seinen autozentrierten Charakter.* Die produktiven Strukturen ursprünglich unterschiedlicher Akkumulationssphären beginnen sich ineinander zu verschränken. Firmen eines industriellen Zentrums können aufgrund der ver-

besserten Transport- und Kommunikationsstrukturen Teile ihrer Produktion in den Bereich eines anderen Zentrums verlegen und trotz der weiteren Entfernung die Konsumenten im alten Industriegebiet günstiger versorgen als zuvor und evtl. gleichzeitig Marktanteile im neuen Zentrum gewinnen. Das gleiche gilt vice versa für Firmen des zweiten Zentrums, die andere Verwertungsbedingungen haben. Das Ergebnis ist nicht nur ein Prozeß des „world-wide sourcing", wie es *Fröbel, Heinrichs, Kreye* (1977: 61—63) betonen, sondern auch der Ansatzpunkt für eine *weitere Ausweitung der Stufenleiter der Produktion*. Diese Entwicklung erschwert also einerseits Ansätze autozentrierter Entwicklung in neuen „Randkernen", indem sie die „Transportprotektion" praktisch aufhebt und gleichzeitig die Schwelle der Konkurrenzfähigkeit noch weiter erhöht; sie führt andererseits jedoch auch zu einem Verlust an „Autozentriertheit" der Entwicklung in den alten Akkumulationskernen.

In diesem Zusammenhang wird verständlich, warum die Installation schwerindustrieller Komplexe an peripheren Standorten (etwa: Süditalien, venezolanische Guayana-Regionen) nicht die gewünschten Impulse für die Entwicklung der Region hervorbringt: Die induzierte Nachfrage wird angesichts vergleichsweise geringer Transportkosten aus den nächstgelegenen Zentren befriedigt. Der US-amerikanische Geograph *Allan Pred* hat aufgezeigt, daß die meisten US-amerikanischen Firmen mit mehreren Produktionsstandorten („Multilocational Organizations") viel engere Beziehungen zu metropolitanen Regionen haben, die weit entfernt von der Konzernzentrale liegen, als zum unmittelbaren Hinterland (1977: 127—166).

Diese Überlegungen deuten an, daß die von *Menzel* und *Senghaas* vertretene These, mit Fortschreiten der Entwicklung des kapitalistischen Weltsystem sei ein immer höheres Maß an Dissoziation notwendig, um autozentrierte Entwicklungsprozesse zu initiieren (vgl. *Menzel, Senghaas* 1979: 293—297; *Menzel* 1980; *Senghaas* 1982: 57), plausibel ist — sie weisen aber auch darauf hin, daß eine solche Strategie, auch wo revolutionäre Prozesse sie politisch ermöglicht haben, nicht ganz unproblematisch ist, da sie eine Perpetuierung der Unterlegenheit gegenüber dem auf größerer Stufenleiter produzierenden internationalen Kapital hervorzubringen droht. *Die materielle Überlegenheit einer globalen Arbeitsteilung* wird offenbar mit der fortschreitenden Entwicklung des weltweiten Akkumulationsprozesses immer spürbarer: So setzt in vielen Bereichen heute technologische Innovation eine Marktgröße voraus, die praktisch mit dem Weltmarkt identisch ist; eine weltweite Organisation der Produktion — etwa im Sinne der „neuen internationalen Arbeitsteilung" — ermöglicht erhebliche „economies of scale"; eine auf den Weltmarkt orientierte Produktion erlaubt schließlich von vornherein eine viel größere Breite des Warenangebots als eine rein nationale Organisation der Produktion — ein Aspekt, der auch in den sozialistischen Entwicklungsländern immer stärker in den Vordergrund tritt, wenn die Grundbedürfnisse erst einmal auf breiter Ebene befriedigt werden können (vgl. *Hein* 1982; *Furtado* 1984: 76—102).

Zur Einschätzung der weiteren langfristigen Entwicklungstendenzen ist zu berücksichtigen, daß sich die bisherigen Überlegungen auf Entwicklungstendenzen beziehen, die sich während des Nachkriegszyklus durchgesetzt haben; es bleibt zu fragen, welche Auswirkungen der neuen Technologien, die aller Voraussicht nach die Basis für eine neue lange Welle kapitalistischer Akkumulation bilden werden, auf die raumökonomischen

Implikationen der Kapitalverwertungserfordernisse absehbar sind. In diesem Beitrag kann hierauf nicht mehr im Einzelnen eingegangen werden; die Überlegungen von *Carlota Pérez* zu den neuen Perspektiven für Entwicklungsländer im Rahmen der durch die Verbreitung der Mikroelektronik hervorgerufenen globalen Strukturveränderungen (*Pérez* 1984) deuten auf eine Fortsetzung (und Verstärkung) der oben beschriebenen Trends: Während einerseits grundlegende Innovationen einen weiter wachsenden Konzentrationsgrad implizieren und heute praktisch nur noch von einigen wenigen Großkonzernen geleistet werden können, erleichtert die Mikroelektronik im Produktionsbereich selbst durchaus einen Prozeß industrieller Dezentralisierung:

„Flexible manufacturing technologies allow plant size to relate to a changing mix of a range of products submitted to similar transformation processes. On the one hand, one very large plant can produce for several relatively small markets, applying what is now being referred to as „economies of scope". On the other hand, since individual pieces of equipment can be provided with „intelligence", they can display similar flexibility in performance. This opens up a range of new opportunities for relatively small plants serving one or a set of small local markets or specific market „niches". These can achieve high productivity levels with „economies of specialization", not necessarily dependent on large scale" (*Pérez* 1984: 24 f.).

Die Miniaturisierung, die die Mikroelektronik ermöglicht, spart Transportkosten sowohl bei der Anlieferung von Rohstoffen als auch bei der Distribution fertiger Produkte. Die vielfältige Substitution von Transport durch Informationsübermittlung fördert zusätzlich eine relative Standortunabhängigkeit der Produktion. Die Interaktionen im Dienstleistungsbereich scheinen immer mehr zum entscheidenden agglomerationsfördernden Faktor zu werden. Wenn als Folge derartiger technologischer Entwicklungstendenzen bereits die alten Industriekerne an „Autozentriertheit" verlieren, dürfte das neue Entstehen relativ eigenständiger/„autozentrierter" Akkumulationszentren in der Dritten Welt erst recht eine immer weniger erreichbare Fata Morgana darstellen. Das Kriterium der „Homogenisierung" nationaler Ökonomien (vgl. *Menzel, Senghaas* 1984: 11—15) könnte sich in ähnlicher Weise als problematisch herausstellen. Wird bereits in bezug auf die weitere Entwicklung metropolitaner Gesellschaften von „dualistischen" Entwicklungstendenzen gesprochen, so spricht vieles dafür, daß die Erhaltung von großen Bereichen der Subsistenzproduktion in Ländern der Dritten Welt überhaupt die einzige Perspektive einer einigermaßen gesicherten Grundbedürfnisbefriedigung darstellt, da ein vollständiger Einbezug der gesamten Erwerbsbevölkerung der Dritten Welt in vollmodernisierte Produktionsprozesse absolut illusionär erscheinen muß[32].

5. Perspektiven der entwicklungstheoretischen Diskussion

Die hier vorgestellten Überlegungen sollten die Notwendigkeit aufzeigen, die entwicklungstheoretische Diskussion noch stärker, als das bisher geschehen ist, auf einer historischen Grundlage aufzubauen, u. a. auch, um die entwicklungspolitischen Illusionen abzubauen, man könne mit der *richtigen* Strategie in relativ kurzer Zeit einen grundlegenden Strukturwandel bewirken. Wenn man danach fragt, wann die Grundlagen für die immer noch vergleichsweise egalitäre Sozialstruktur Costa Ricas gelegt wurden, so muß man bis weit in die Geschichte zurückblicken; mit den relativ günstigen Entwicklungsprozessen in Teilen der europäischen Peripherie dürfte es ähnlich sein. „Von Europa lernen" kann eigentlich nur heißen, Perspektiven für die *Analyse* von Entwicklungsprozessen zu gewinnen — die hieraus zu gewinnenden Anregungen für zukünftige Entwicklungs*strategien* sollte man dagegen eher mit Vorsicht genießen. Wichtig für ein adäquates Verständnis von Entwicklungsprozessen scheint mir dabei zu sein, daß weniger als in den letzten fünfzehn Jahren die Analyse von Strukturen betont wird, sondern vielmehr die Analyse von Prozessen in den Vordergrund gerückt wird. Verallgemeinern lassen sich dabei bestimmte Grundzusammenhänge der kapitalistischen Produktionsweise vom Profitmaximierungsstreben des Kapitals über bestimmte allgemeine Formen des bürgerlichen Staates bis zur Trennung der arbeitenden Bevölkerung von ihren Produktionsmitteln; es lassen sich in Abhängigkeit vom jeweiligen technologischen Entwicklungsstand bestimmte typische Raumstrukturen aufzeigen, die aber wiederum ständig in Veränderung begriffen sind.

Die Frage nach den Konstitutionsbedingungen einer kritischen Entwicklungstheorie, die hier vor allem als eine Suche nach den konstituierenden *analytischen* Elementen einer solchen Theorie behandelt worden ist, muß natürlich auch als eine Frage nach der *konkreten historischen Herausforderung* angesehen werden, auf die eine solche Theorie eine Antwort zu geben sucht[33]. Die Frage, wie in der gegenwärtigen Weltwirtschaftskrise der internationalen Dynamik des Kapitals, die u. a. in der Verschuldungskrise und dem enormen Kapitalzufluß in die USA zu Ausdruck kommt, eine Form verbindlicher und durchsetzbarer gesellschaftlicher Entscheidungen entgegengesetzt werden kann, scheint mir die vielleicht ganz zentrale Herausforderung der Gegenwart zu sein. Die Spannung zwischen einer fortschreitenden Globalisierung des ökonomischen Raumes und fortbestehender territorialer Beschränktheit der politischen Räume dürfte dabei in Zukunft immer stärker in den Vordergrund treten. Auf die ökonomischen Probleme von Strategien, die versuchen, dieses Problem durch eine Art „Re-Nationalisierung" des Wirtschaftsraumes zu lösen, habe ich oben bereits hingewiesen; die Länder mit „real-sozialistischem" Gesellschaftssystem haben selbst in bezug auf das sehr ausgedehnte Territorium der RGW-Staaten insgesamt Schwierigkeiten, Staatsraum und Wirtschaftsraum miteinander zur Deckung zu bringen. Man wird sich also *von der Vorstellung lösen müssen, daß es nationalen Gesellschaften gelingen kann, „ihr Schicksal" weitgehend selbst zu bestimmen.* Akzeptiert man diese These, müßten eigentlich zwei Fragen stärker in den Vordergrund der entwicklungstheoretischen Diskussion treten:

(1) Welches sind die Perspektiven der Entwicklung politischer Institutionen im globalen Rahmen, die effektiv in der Lage sind, politische Rahmenbedingungen für den weltweiten ökonomischen Entwicklungsprozeß zu setzen, und deren Legitimität möglichst weltweit anerkannt wird? In diesem Zusammenhang müßten einerseits die bestehenden internationalen Institutionen auf ihre gegenwärtigen Funktionen und ihre Entwicklungsfähigkeit im Sinne dieser Frage geprüft werden; andererseits wäre zu untersuchen, welche Dynamik der Wechselbeziehungen zwischen einer entsprechenden Funktionsausweitung internationaler Institutionen und den — aufgrund der wirtschaftlichen Entwicklungstendenzen sowieso — in ihrem Einfluß be-

schnittenen Nationalstaaten sich abzeichnet (etwa unter folgenden Gesichtspunkten: Ost-West-Verhältnis, USA und Sowjetunion als globale „Ordnungsmächte", politischer Einfluß von Kleinstaaten, Perspektiven regionaler politischer Zusammenarbeit usw.).

(2) Welches sind die Perspektiven nationaler Gesellschaften, in einer wie auch immer gestalteten Position im bestehenden Weltsystem zu einer langfristig optimalen Mobilisierung der nationalen Ressourcen und einer optimalen Verteilung der erzielten Einkommen zu gelangen? Es wäre denkbar, daß unter dem Gesichtspunkt der Grundbedürfnisbefriedigung und sogar unter der Perspektive der Entwicklung individueller oder auch gruppenspezifischer Selbstverwirklichung gewisse Formen einer ökonomisch rationalen Integration in die internationale Arbeitsteilung sinnvoll und auch politisch vertretbar sind, wenn damit der Verlust an wirtschaftspolitischer Autonomie ersetzt wird durch eine Art der „Sozialverpflichtung weltgesellschaftlichen Eigentums" (man denke an die Perspektive der Brandt-Berichte, die Funktion von Entwicklungshilfe, Katastrophenhilfe usw.). Zu fragen wäre, wie bei einer solchen Entwicklung ein möglichst hoher Grad an Autonomie in der nationalen und lokalen politischen und sozio-kulturellen Selbstorganisation erreicht werden kann.

Anmerkungen

1 Ich habe mich an anderer Stelle ausführlich mit den kritischen Entwicklungstheorien der 60er und 70er Jahre auseinandergesetzt (vgl. *Hein* 1981, 1983); zur Kritik der Dependenztheorie in deutscher Sprache vgl. neben dem Artikel von *A. Boeckh* in diesem Band *Cardoso* (1981), *Simonis* (1981a), *v. Freyhold* (1981), *Boeckh* (1982), *Hurtienne* (1981, 1982); unter den englischsprachigen Diskussionsbeiträgen seien nur *Brenner* (1977), *Palma* (1978), *Chilcote/Johnson* (1983) erwähnt; einen guten Überblick über neue Diskussionsansätze in Lateinamerika gibt auch das Papier von *Sandner* (1984).
2 Mit dem Ansatz von *H. Elsenhans* habe ich mich kritisch in *Hein* (1985) auseinandergesetzt; zur Kritik des Ansatzes von *D. Senghaas* vgl. *Eikenberg* 1983, *Hurtienne* 1981 und 1984a; zu beidem vgl. *Simonis* 1981b.
3 Der Begriff der „Schwellenländer" (oder auch NICs = „newly industrializing countries") läuft in vielen Arbeiten ebenfalls auf die Einführung einer solchen Zwischenkategorie hinaus, die man von der Analyseperspektive her wohl eher als „Semimetropolen" denn als „Semiperipherie" bezeichnen müßte (vgl. dazu etwa *Menzel/Senghaas* 1984).
4 Ähnliche Positionen sind in der westdeutschen Diskussion von *Steffen Neugebauer* (1976: 237 f.) und *Tilla Siegel* (1980: 16) eingebracht, aber über den Stand der Arbeit von *Siegel* hinaus nicht weiterentwickelt worden.
5 Selten findet sich eine so explizite Infragestellung der möglichen Funktionen nationalstaatlicher politischer Institutionen als Träger von Entwicklungsprozessen und die Forderung nach einer Art „Weltstaat" wie in *Bornschier* (1983); die Frage nach der Internationalisierung von Staatsfunktionen stellt auch *Tetzlaff* in seiner Weltbankanalyse (1980).
6 Dies schließt natürlich die Veränderbarkeit von politischen Grenzen nicht aus, sondern betont nur die grundsätzliche Bedeutung einer in jedem Moment klaren Innen-Außen-Abgrenzung.
7 Dies bedeutet natürlich nicht umgekehrt ein völliges Fehlen von Strukturen, sondern lediglich das Fehlen von formal fixierten oder kodifizierten Strukturen; dort wo Strukturen fixiert sind, ist dies im allgemeinen das Resultat politischer Interventionen oder aber von monopolistischen Vereinbarungen, die allerdings prinzipiell eine begrenzte Reichweite haben (d. h. etwa nur einzelne Branchen betreffen) und häufig – angesichts überhöhter Monopolpreise – neue Konkurrenten geradezu auf den Plan rufen.

8 *Predöhl* spricht davon, daß er sich zwischen 1934 und 1945 „der Erhaltung (des) Werkes" von *Bernhard Harms* und „der Festigung seiner internationalen wissenschaftlichen Stellung widmen" mußte (1971: 8, geschrieben im Jahr 1949), d. h. des Instituts für Weltwirtschaft. Wenn er allerdings in der Einleitung einer Rede am 18. 1. 1934 von „einem Akt des Bekenntnisses" zur gegenwärtigen „nationalen Revolution" spricht (1934: 1) und den 30. 1. „in dem stolzen Bewußtsein (feiert), daß der Weg wieder aufwärts führt" (*ebda*.: 12), dann klingt da schon (zumindest damals) eine weitergehende Identifizierung mit dem Nationalsozialismus mit.

9 Die meisten Arbeiten von Schülern *Predöhl*s sind in den 60er Jahren entstanden, als *Predöhl* Direktor des Deutschen Übersee-Instituts in Hamburg war (vgl. etwa *Harborth* 1965, 1967; *Voigt* 1969, 1971; *Martin* 1962; *Rütter* 1963; *Kuhlmann* 1964; *Suermann* 1964). In jüngerer Zeit haben lediglich Arbeiten von *A. Lemper* direkt an *Predöhl* angeknüpft (*Lemper* 1974); gewisse Aspekte dieser Diskussion nimmt auch *Sohns* (1976) wieder auf.

10 Die Seitenzahlen beziehen sich – wo nicht anders angegeben – auf *Predöhl* (1971).

11 *V. Thünen*s Studie über den „isolierten Staat" – *die* klassische raumökonomische Untersuchung – geht von einer allseitig begrenzten physisch homogenen Fläche aus, in deren Mitte eine Stadt liegt. Unter diesen Bedingungen bilden die verschiedenen Sektoren land- und forstwirtschaftlicher Produktion konzentrische Ringe um diese Stadt entsprechend dem jeweiligen Verhältnis von Gewicht der Produkte – also deren Transportkosten – und ihrem Preis. Verallgemeinert impliziert die *Thünen*sche Theorie eine Abnahme der Intensität der landwirtschaftlichen Produktion mit zunehmender Entfernung von der Stadt, und in dieser Form verwenden *Predöhl* und auch *Wallerstein* diesen Ansatz, um die Struktur der etwa mit dem 16. Jahrhundert entstehenden „europäischen Weltwirtschaft" zu erklären (vgl. *v. Thünen* 1826).

12 *Alfred Weber*s industrielle Standorttheorie (*Weber* 1909) stellt in gewisser Hinsicht das Gegenstück zur *Thünen*schen Arbeit in bezug auf die Entwicklung der Industriestandorte dar. *Weber* geht zunächst von der Analyse der Auswirkungen der Transportkosten der Rohstoffe auf die Standortwahl in den verschiedenen Branchen ein, führt dann als zusätzliche Elemente die Bedeutung der Arbeitskosten und schließlich von Agglomerationsvorteilen ein. Für eine kurze Darstellung und Kritik vgl. *Behrens* 1971.

13 Wenn *Simonis* in einem Vergleich von Spanien, Südkorea, Singapur und Brasilien zu dem Resultat kommt, daß allein Brasilien die Perspektive besitzt, sich zu einem „neue(n) Typ einer zentralen kapitalistischen Ökonomie" (1981[b]: 331) zu entwickeln, so läßt sich das aus einer globalräumlichen Analyseperspektive leicht nachvollziehen.

14 Das wurde in den 60er Jahren auch innerhalb der *Predöhl*-Schule bereits erkannt (vgl. vor allem *Voigt* 1969: 89 f.; auch *Harborth* 1967: 17 und *Predöhl* 1971: 148 f.).

15 *Voigt*s Interpretation der *Schumpeter*schen Zyklentheorie macht dies u. a. deutlich (vgl. 1969: 43): „Erfaßt man jedoch die Kondratieff- und Juglar-Zyklen nicht konjunkturtheoretisch, sondern wachstumstheoretisch, so ergibt sich eine neue Interpretationsmöglichkeit. Dann läßt sich das Phänomen der Kondratieff-Zyklen einfach erklären als eine Veränderung im Bereich der Totalbedingungen des sozial-ökonomischen Optimums, die durch eine Interferenz von einzelnen endogenen Revolutionen der Wirtschafts- und/oder Gesellschaftsstruktur verursacht wird und die solche Ausmaße annimmt, daß sie neue Wachstumspfade ermöglicht, ... "

16 *Predöhl* (1971: 150 f.) charakterisiert die Unterentwicklung der asiatischen Länder und der tropischen Gebiete Afrikas und Südamerikas wie folgt: „Sie sind über eine *kolonialkapitalistische Durchdringung*, die Teile der Wirtschaft dieser Länder in den Dienst der westlichen Industriewirtschaft gestellt hat, nicht hinausgekommen. In vielen dieser Gebiete ist im liberalen Jahrhundert eine hochentwickelte Plantagenwirtschaft entstanden, wo die europäische Führung auf ein reiches und billiges Arbeitsangebot stieß. Darüber hinaus wurde in vielen Ländern die primitive einheimische Landwirtschaft in den Dienst eines Exports in die Industrieländer gestellt. ... Es steht mit dieser Produktion ähnlich wie den ausgelagerten Vorstufen europäischer Industrie, die wir an vielen Stellen der weltwirtschaftlichen Peripherie finden, wie der Gewinnung und Extraktion von Mineralien. Auch das Öl gehört dazu. Oft liegen sie tief im unentwickelten Hinterland. Mit der Entwicklung des Landes haben sie wenig zu tun."

17 Vgl. etwa *Predöhl* (1971: 151 f.), allerdings verweist er an einer anderen Stelle auch auf die zusätzliche Belastung der Volkswirtschaft, die „eine unökonomisch angesetzte Industrialisierung bei schwach gebliebener Agrargrundlage" bedeutet (*ebda*.: 140).

18 Mit der Benutzung des Begriffs der „Artikulation" ist kein Anknüpfen an die Debatte über Artikulation von Produktionsweisen impliziert, sondern lediglich die Herausbildung spezifischer gesellschaftlicher Strukturen, die nicht den Strukturen einer entfalteten kapitalistischen Gesellschaft entsprechen. Vgl. zum Artikulationsansatz *Balzer* (1984), zur Kritik *Schiel* (1984: 46).

19 Neuere Diskussionen, die das Profitmaximierungsstreben als zentrales Ziel kapitalistischer Unternehmen infragestellen, vergessen meist, daß ein Verzicht auf kurzfristige Profitmaximierung meist der längerfristigen Sicherung einer möglichst hohen Profitabilität des betreffenden Unternehmens in der Zukunft dient.
20 In einem in der DDR erschienenen Lehrbuch zur ökonomischen Geographie entwickelt *Schmidt-Renner* ein ähnliches Konzept mit dem Begriff der „Standortanforderungen" (1966: 32).
21 Die Thesen von *Fröbel, Heinrichs, Kreye* zur „Neuen Internationalen Arbeitsteilung" (1977: 42–65, auch 1981: 8–18), d. h. einer Tendenz zur Zerlegung komplexer Produktionsprozesse und der Verlagerung der jeweiligen Teilprozesse an die *weltweit* günstigsten Standorte, widersprechen dem nur oberflächlich. Zwar hat die Verbilligung der Transportkosten tendenziell deglomerative Auswirkungen, doch wirkt die weitere Entfaltung der Arbeitsteilung vor allem im Bereich von Zulieferungsindustrien, Absatzorganisation, Dienstleistungen usw. dem entgegen und verstärkt regionale Konzentrationsprozesse auf neuer Basis (Dienstleistungs-, Organisationszentren – dem entspricht etwa in der Bundesrepublik die Verlagerung des wirtschaftlichen Schwerpunkts vom Ruhrgebiet in den Frankfurter Raum).
22 Wenn *Browett* (1984) es bestreitet, daß ungleiche regionale Entwicklung theoretisch als notwendiges Charakteristikum der kapitalistischen Produktionsweise bestimmt werden kann (1984: 170), dann bezieht sich das *nur* auf die Möglichkeit einer relativen regionalen Ausgeglichenheit innerhalb einzelner nationaler Ökonomien.
23 Vgl. dazu neben den oben genannten Studien der *Predöhl*-Schule die Arbeiten von *François Perroux* (1955: 310–315; 1961: 144–149) sowie von *G. Destanne de Bernis* (1963, 1971).
24 Unter diesem Gesichtspunkt leuchtet es ein, daß die Entwicklung des Monopolkapitalismus von *Lenin* als Fäulnisprozeß der kapitalistischen Produktionsweise angesehen wird, da mit der Monopolisierung, d. h. der Möglichkeit, Monopolpreise zu setzen, „der Antrieb zum technischen und folglich auch zu jedem anderen Fortschritt, zur Vorwärtsbewegung" (vgl. *Lenin* 1967: 105 f.) fehle. *Lenin* und viele andere Theoretiker des Monopolkapitalismus übersehen allerdings, daß gerade die Realisierung von Monopolprofiten eines Konzerns einen besonderen Anreiz für andere Unternehmen darstellt, die Konkurrenz aufzunehmen (vgl. dazu und zu anderen der Monopolisierung entgegenwirkenden Kräften *Demele/Semmler* 1980: vor allem 37).
25 Im Rahmen der Weltsystemdiskussion (und ihrer Kritik) sind diese Aspekte diskutiert worden – vgl. etwa *Wallerstein* (1974, 1980), passim sowie verschiedene Beiträge in *Bergquist* (1984); auch die Bielefelder Diskussion über Subsistenzproduktion nimmt Aspekte dieser Problematik auf (vgl. etwa *AG Bielefelder Entwicklungssoziologen* 1979).
26 Zur Bedeutung der sozio-historischen Vorbedingungen für die rasche Entfaltung des Kapitalismus in Japan (und schließlich im südostasiatischen Raum insgesamt) vgl. u. a. *Anderson* (1979: 535 ff.); *Black* (1975: 113 ff.).
27 Offenbar besitzen diese Staaten weiterhin die hier genannten, sehr allgemeinen Grundcharakteristika des bürgerlichen Staates – vielleicht auch ein Ausdruck ihrer Existenz im Rahmen eines kapitalistisch dominierten Weltsystems; die meisten Militärdiktaturen bzw. andere Formen autoritärer Regime stellen rechtsstaatliche Prinzipien grundsätzlich auch nicht infrage – sie schaffen Ausnahmegesetze.
28 So kann man wohl die *Senghaas*sche Argumentation in „Weltwirtschaftsordnung und Entwicklungspolitik" (1977: 269 f.) interpretieren; in seinen neueren Veröffentlichungen findet sich keine ähnlich detaillierte Auseinandersetzung mit dem Konzept der „autozentrierten Entwicklung" mehr.
29 Unter raumökonomischen Gesichtspunkten sind Uruguay/Argentinien offenbar eher mit Australien/Neuseeland zu vergleichen; bei einem solchen Vergleich dürfte die Rolle der unterschiedlichen Sozialstrukturen (die offenbar u. a. auf die unterschiedlichen Gesellschaftsformationen zurückzuführen sind, aus denen die Siedler stammen) viel unmittelbarer zutage treten (vgl. *Hein* 1983: 136 f.).
30 Zur Kontinuität in der Hierarchie innerhalb von Städtesystemen vgl. *Pred* (1977: 177).
31 Darauf beruht ja die Möglichkeit einer Zerlegung von Produktionsprozessen, wie sie von *Fröbel, Heinrichs, Kreye* (1977: 30; auch *Fröbel* 1980: 33) betont wird.
32 Vgl. zur Diskussion der „dualistischen" Tendenzen in den Metropolen so unterschiedliche Texte wie *Esser* (1982: 259 ff.), der von einer Tendenz zur „Gesellschaftsspaltung" spricht (1982: 268), oder *Huber* (1982: 121 ff.); für eine positive Würdigung der Rolle der Subsistenzproduktion in der Dritten Welt vgl. *Schiel, Stauth* (1981).
33 Eine umfassende ideologiekritische Diskussion des Verständnisses von „Entwicklung" von der frühbürgerlichen Gesellschaft bis zur Gegenwart leistet *Hurtienne* (1984).

Literaturverzeichnis

Amin, Samir, 1974: „Zur Theorie von Akkumulation und Entwicklung in der gegenwärtigen Weltgesellschaft", in: *D. Senghaas* (Hrsg.), Peripherer Kapitalismus, Frankfurt/M., 71—97.
Anderson, Perry, 1979: Die Entstehung des absolutistischen Staates, Frankfurt/M.
Arbeitsgruppe Bielefelder Entwicklungssoziologen (Hrsg.), 1979: Subsistenzproduktion und Akkumulation (Bielefelder Studien zur Entwicklungssoziologie, Nr. 5), Saarbrücken.
Balzer, Geert, 1984: „Produktionsweisen, Artikulation und periphere Gesellschaftsformationen", in: Peripherie Nr. 14, 49—62.
Behrens, Karl Christian, 1971: Allgemeine Standortbestimmungslehre, Opladen, 2. Aufl.
Bergquist, Charles (Hrsg.), 1984: Labor in the Capitalist World Economy (Political Economy of the World System Annuals, Bd. 7), Beverly Hills.
Black, Cyril E. u. a., 1975: The Modernization of Japan and Russia. A Comparative Study, New York, London.
Boeckh, Andreas, 1982: „Der Beitrag der Dependencia-Ansätze zur Erklärung von Entwicklung und Unterentwicklung in Lateinamerika", in: *Klaus Lindenberg* (Hrsg.), Lateinamerika: Herrschaft, Gewalt und internationale Abhängigkeit, Bonn.
Bornschier, Volker, 1983: „Multinationale Konzerne und Wirtschaftspolitik — Nationale Entwicklung im Weltsystem?", in: *Hans-Dieter Evers, Dieter Senghaas, Huberta Wienholtz* (Hrsg.), Auf dem Weg zu einer neuen Weltwirtschaftsordnung? Bedingungen und Grenzen einer eigenständigen Entwicklung, Baden-Baden, 31—53.
Brake, Klaus, 1980: Zum Verhältnis von Stadt und Land. Geschichte, Ursachen und Veränderungsmöglichkeiten der Siedlungsstruktur, Köln.
Brenner, Robert, 1977: „The Origins of Capitalist Development: a Critique of Neo-Smithian Marxism", in: New Left Review Nr. 104, 25—92.
Browett, John, 1984: „On the necessity and inevitability of uneven spatial development under capitalism", in: International Journal of Urban and Regional Research, Nr. 2/1984, 155—176.
Brun, Ellen und *Jacques Hersh*, 1975: Der Kapitalismus im Weltsystem, Frankfurt/M.
Cardoso, Fernando Henrique, 1981: „Die Entwicklung auf der Anklagebank", in: Peripherie Nr. 5/6, 6—31.
Castells, Manuel 1973: La question urbaine, Paris.
Chiicote, Ronald H. und *Dale L. Johnson* (Hrsg.), 1983: Theories of Development, Beverly Hills.
Demele, Ottwald und *Willi Semmler*, 1980: „Konkurrenz und Monopol. Eine Einführung in die Grundzusammenhänge", in: *Ottwald Demele* und *Willi Semmler* (Hrsg.), Monopoltheorie kontrovers, Berlin, 11—38.
Destanne de Bernis, Gérard, 1963: „L'industrialisation en Algérie", in: *François Perroux* (Hrsg.), Problèmes de l'Algérie Indépendante, Paris, 125—137.
Destanne de Bernis, Gérard, 1971: „Les industries industrialisantes et les options algériennes", in: Tiers Monde, Juli—Sept.
Eikenberg, Armin, 1983: Die paradigmatische Krise der Theorie ökonomisch unterentwickelter Gesellschaftsformationen. Ein Versuch der Neuformulierung der Problematik des sog. „Peripherie-Kapitalismus", Diss. Osnabrück.
Elsenhans, Hartmut, 1976: Geschichte und Ökonomie der europäischen Welteroberung, unveröffentl. Habil.-Schrift, Berlin.
Elsenhans, Hartmut, 1981: Abhängiger Kapitalismus oder bürokratische Entwicklungsgesellschaft. Versuch über den Staat in der Dritten Welt, Frankfurt/M.
Elsenhans, Hartmut, 1982: „Die Überwindung von Unterentwicklung durch Massenproduktion für den Massenbedarf — Weiterentwicklung eines Ansatzes", in: *Dieter Nohlen* und *Franz Nuscheler* (Hrsg.), Handbuch der Dritten Welt, Bd. 1, Hamburg, 152—182.
Esser, Josef, 1982: Gewerkschaften in der Krise, Frankfurt/M..
Evers, Adalbert, 1975: „Agglomeration und Staatsfunktionen", in: *Rolf-Richard Grauhan* (Hrsg.), Lokale Politikforschung, Bd. 1, Frankfurt/M., 41—100.
Evers, Hans-Dieter, Dieter Senghaas, Huberta Wienholtz (Hrsg.), 1983: Auf dem Weg zu einer Neuen Weltwirtschaftsordnung? Bedingungen und Grenzen für eine eigenständige Entwicklung, Baden-Baden.
Evers, Tilman, 1977: Bürgerliche Herrschaft in der Dritten Welt, Frankfurt/M..
Frank, Andre Gunder, 1977: L'Accumulation Mondiale 1500—1800, Paris.
Frank, Andre Gunder, 1980: Abhängige Akkumulation und Unterentwicklung, Frankfurt/M..

Freiberg, Jürg, Wolfgang Hein, Thomas Hurtienne, Theo Mutter (Hrsg.), 1984: Drei Welten — eine Umwelt, Materialien einer Tagung über Ökologie und Dritte Welt, Saarbrücken.
v. Freyhold, Michaela, 1981: „Dependentheorie/Dissoziationstheorie — oder Theorie der Produktionsweisen/Theorie der sozialen Kämpfe?", in: Peripherie Nr. 5/6, 49—63.
Fröbel, Folker, 1980: „Zur gegenwärtigen Entwicklung der Weltwirtschaft", in: *Starnberger Studien* 4. Strukturveränderung in der kapitalistischen Weltwirtschaft, Frankfurt/M., 9—88.
Fröbel, Folker, Jürgen Heinrichs, Otto Kreye, 1977: Die neue internationale Arbeitsteilung, Reinbek.
Fröbel, Folker, Jürgen Heinrichs, Otto Kreye (Hrsg.), 1981: Krisen in der kapitalistischen Weltwirtschaft, Reinbek.
Furtado, Celso, 1984: Akkumulation und Entwicklung, Frankfurt/M..
Harborth, Hans-Jürgen, 1965: Indien — ein neues weltwirtschaftliches Kraftfeld (Weltwirtschaftliche Studien, H. 7), Göttingen.
Harborth, Hans-Jürgen, 1967: Neue Industriezentren an der weltwirtschaftlichen Peripherie (Probleme der Weltwirtschaft, H. 1), Hamburg.
Hein, Wolfgang, 1978: „Zur Theorie der regionalen Differenzierung kapitalistischer Gesellschaften in der industriellen Revolution", in: *Gert Zang* (Hrsg.), Provinzialisierung einer Region. Zur Entstehung der bürgerlichen Gesellschaft in der Provinz, Frankfurt/M., 31—133.
Hein, Wolfgang, 1981: „Fachübersicht: Zur Theorie der Unterentwicklung und ihrer Überwindung", in: Peripherie Nr. 5/6, 64—91.
Hein, Wolfgang, 1982: „Globale Vergesellschaftung im kapitalistischen Weltsystem und die Grenzen eigenständiger nationaler Entwicklung", in: Peripherie, Nr. 10/11, 6—23.
Hein, Wolfgang, 1983: Kapitalakkumulation im Weltmaßstab, Nationalstaat und nationale Entwicklung — eine Theorieskizze, unveröffentl. Manuskript, Berlin.
Hein, Wolfgang, 1984: „El debate general sobre Estado capitalista y desarrollo", in: Estudios Sociales Centroamericanos, Nr. 37/Jan.—April, 17—48.
Hein, Wolfgang, 1985: „Staatsklasse, Umverteilung und die Überwindung der Unterentwicklung — polemische Anmerkungen zum Ansatz von *Hartmut Elsenhans*", in: Peripherie Nr. 18/19, 172—185.
Huber, Joseph, 1982: Die verlorene Unschuld der Ökologie, Frankfurt/M..
Hurtienne, Thomas, 1981: „Peripherer Kapitalismus und autozentrierte Entwicklung", in: Probleme des Klassenkampfs, Nr. 4, 105—136.
Hurtienne, Thomas, 1982: „Sozialismus und autozentrierte Entwicklung. Zur Korrektur eines entwicklungspolitischen Modells anhand der Beispiele China, Nordkorea, Albanien und Kuba", in: *Reiner Steinweg* (Red.), Hilfe + Handel = Frieden? Die Bundesrepublik in der Dritten Welt (Friedensanalysen 15), Frankfurt/M., 307—358.
Hurtienne, Thomas, 1984: Theoriegeschichtliche Grundlagen des sozial-ökonomischen Entwicklungsdenkens, Saarbrücken.
Hurtienne, Thomas, 1984a: „Das Beispiel Brasilien. Anmerkungen zur Entwicklungstheorie von *Dieter Senghaas*", in: *Reiner Steinweg* (Hrsg.), Medienmacht im Nord-Süd-Konflikt (Friedensanalysen 18), Frankfurt/M., 349—391.
Krippendorff, Ekkehart, 1975: Internationales System als Geschichte. Einführung in die internationalen Beziehungen 1, Frankfurt/M..
Kuhlmann, Franz, 1964: Staatsraum und Wirtschaftsraum in Brasilien (Weltwirtschaftliche Studien 4), Göttingen.
Lemper, Alfons, 1974: Handel in einer dynamischen Weltwirtschaft. (Probleme der Weltwirtschaft H. 16), München.
Lenin, Wladimir I., 1967: Der Imperialismus als höchstes Stadium des Kapitalismus, Berlin (DDR), 11. Aufl..
Martin, Hans-Peter, 1962: Japans Bedeutung im ozeanischen Wirtschaftsraum (Weltwirtschaftliche Studien 1), Göttingen.
Menzel, Ulrich, 1980: „Autozentrierte Entwicklung in historischer Perspektive. Dogmengeschichtliche und typologische Aspekte eines aktuellen Konzepts", in: *Khushi M. Khan* (Hrsg.), ‚Selfreliance' als nationale und kollektive Entwicklungsstrategie, München, 33—65.
Menzel, Ulrich, 1985: Autozentrierte Entwicklung trotz Weltmarktintegration, Frankfurt/M..
Menzel, Ulrich und *Dieter Senghaas*, 1979: „Autozentrierte Entwicklung trotz internationalem Kompetenzgefälle. Warum wurden die heutigen Metropolen Metropolen und nicht Peripherie", in: *Dieter Senghaas* (Hrsg.), Kapitalistische Weltökonomie. Kontroversen über ihren Ursprung und ihre Entwicklungsdynamik, Frankfurt/M., 280—316.

Menzel, Ulrich und *Dieter Senghaas*, 1983: „Autozentrierte Entwicklung in historischer Perspektive", in: *Hans-Dieter Evers, Dieter Senghaas, Huberta Wienholtz* (Hrsg.), Auf dem Weg zu einer neuen Weltwirtschaftsordnung? Bedingungen und Grenzen für eine eigenständige Entwicklung, Baden-Baden, 77—96.
Menzel, Ulrich und *Dieter Senghaas*, 1984: „Indikatoren zur Bestimmung von Schwellenländern. Ein Vorschlag zur Operationalisierung", DGFK Papiere für die Praxis, Mai.
Mikus, Werner, 1978: Industriegeographie, Darmstadt.
Müller-Plantenberg, Urs, 1981: „Einkommensstruktur und Arbeitsmarkt international", in: Probleme des Klassenkampfs Nr. 42, 145—157.
Myrdal, Gunnar, 1974: Ökonomische Theorie und unterentwickelte Regionen, Frankfurt/M., 2. Aufl..
Neugebauer, Steffen, 1976: „Kapitalismustheorie und Imperialismus", in: Gesellschaft. Beiträge zur Marxschen Theorie Nr. 8/9, 197—246.
Palma, Gabriel, 1978: „Dependency: A Formal Theory of Underdevelopment or a Methodology for the Analysis of Concrete Situations of Underdevelopment?", in: World Development, Bd. 6/1978, 881—924.
Pérez, Carlota, 1984: „Microelectronics, Long Waves and World Structural Change", unpublished paper, to appear in World Development, Brighton.
Perroux, François, 1955: „Note sur la notion de pôle de croissance", in: Economie Appliquée, Bd. 8, 307—320.
Perroux, François, 1961: L'économie du XXème siècle, Paris.
Pred, Allan, 1977: City-Systems in Advanced Economies, New York.
Predöhl, Andreas, 1934: „Staatsraum und Wirtschaftsraum", in: Weltwirtschaftliches Archiv, Bd. XXXIX, Teil I, 1—12.
Predöhl, Andreas, 1971: Außenwirtschaft, Göttingen, 2. Aufl..
Rütter, W., 1963: Die Stellung Australiens im Standortsystem der Weltwirtschaft (Weltwirtschaftliche Studien 2), Göttingen.
Sandner, Gerhard, 1984: „Regionalentwicklung und anwendungsorientierte Forschung — Konzepte und Erfordernisse in den 80er Jahren", Beitrag zu einem Symposium über „Deutsche geographische Forschung in Lateinamerika", Berlin.
Schiel, Tilman, 1984: „Marx und die Analyse der Transformation von Gesellschaften. Ein theoretischer Ansatz für die politische Praxis", in: Peripherie Nr. 14, 24—48.
Schiel, Tilman und *Georg Stauth*, 1981: „Subsistenzproduktion und Unterentwicklung", in: Peripherie Nr. 5/6, 107—121.
Schmidt-Renner, Gerhard, 1966: Elementare Theorie der ökonomischen Geographie, Gotha/Leipzig, 2. Aufl.
Senghaas, Dieter, 1977: Weltwirtschaftsordnung und Entwicklungspolitik. Plädoyer für Dissoziation, Frankfurt/M..
Senghaas, Dieter (Hrsg.), 1979: Kapitalistische Weltökonomie. Kontroversen über ihren Ursprung und ihre Entwicklungsdynamik, Frankfurt/M..
Senghaas, Dieter, 1982: Von Europa lernen. Entwicklungsgeschichtliche Betrachtungen, Frankfurt/M..
Siegel, Tilla, 1980: Kapitalismus als Weltsystem. Methodische Probleme einer marxistischen Analyse des Weltmarkts, Frankfurt/M..
Simonis, Georg, 1981[a]: „Autozentrierte Entwicklung und kapitalistisches Weltsystem — Zur Kritik der Theorie der abhängigen Reproduktion", in: Peripherie Nr. 5/6, 32—48.
Simonis, Georg, 1981[b]: Der Staat im Entwicklungsprozeß peripherer Gesellschaften — Die Schwellenländer im internationalen System, unveröffentl. Habil. schrift. Konstanz.
Sohns, Reinhold, 1976: Theorie der internationalen Arbeitsteilung (Ökonomische Studien, Bd. 22), Stuttgart.
Suermann, J., 1964: Die weltwirtschaftliche Bedeutung der Südafrikanischen Republik (Weltwirtschaftliche Studien 5), Göttingen.
Sunkel, Osvaldo, 1972: „Transnationale kapitalistische Integration und nationale Desintegration: Der Fall Lateinamerika", in: *Dieter Senghaas* (Hrsg.), Imperialismus und strukturelle Gewalt, Frankfurt/M., 258—315.
Sunkel, Osvaldo und *Edmundo Fuenzalida*, 1980: „La transnacionalización del capitalismo y el desarrollo nacional", in: *dies. u. a.*, Transnacionalización y dependencia, Madrid, 45—63.
Tetzlaff, Rainer, 1980: Die Weltbank: Machtinstrument der USA oder Hilfe für die Entwicklungsländer? München.

Thünen, Johann Heinrich v., 1826: Der isolierte Staat in Beziehung auf Landwirtschaft und Nationalökonomie oder Untersuchungen über den Einfluß, den die Getreidepreise, der Reichtum des Bodens und die Abgaben auf den Ackerbau ausüben, Hamburg.
Voigt, Hans-Gerhard, 1969: Probleme der weltwirtschaftlichen Kooperation (Probleme der Weltwirtschaft), Hamburg.
Voigt, Hans-Gerhard, 1971: „Die Rolle der Stahlindustrie im Industrialisierungsprozeß der Entwicklungsländer", in: *Bernhard Pfister* (Hrsg.), Investitions- und Industrialisierungsprobleme in Entwicklungsländern, Berlin, 51–80.
Wallerstein, Immanuel, 1974: The Modern World-System. Capitalist Agriculture and the Origins of the European World-Economy in the Sixteenth Century, New York.
Wallerstein, Immanuel, 1980: The Modern World-System II. Mercantilism and the Consolidation of the European World-Economy 1600–1750, New York.
Weber, Alfred, 1909: Über den Stand der Industrien. 1. Teil: Reine Theorie des Standortes, Tübingen.

Dependencia und kapitalistisches Weltsystem, oder: Die Grenzen globaler Entwicklungstheorien

Andreas Boeckh

1. Einleitung

Die Dependencia, vor wenigen Jahren noch *das* Thema der entwicklungstheoretischen Diskussion und von manchen als Königsweg gefeiert, ist in Verruf geraten. Es ist schon beinahe Mode geworden, sich von dieser Theorierichtung zu distanzieren (z.B. *Elsenhans* 1982: 153) bzw. der ganzen Schule (ebenfalls pauschal) pauschales Theoretisieren vorzuwerfen (siehe z.B. *Tavares* 1981). Wer, wie der Autor dieses Artikels, trotz aller Kritik die Dependencia nicht in Bausch und Bogen verdammt (*Boeckh* 1982), steht unversehens als entwicklungstheoretischer Nostalgiker da (*Osterkamp* 1984: 85f). Selbst in Lateinamerika ist es mittlerweile möglich, so dependenzträchtige Themen wie die Rolle des Kontinents in der neuen Weltwirtschaftsordnung so gut wie ohne Referenz zur Dependencia-Debatte zu behandeln (*Portales* 1983). Auch *Prebisch* vermag, ohne auf die Dependencia Bezug zu nehmen, als Entwicklungsrezept für die 80-er Jahre ungerührt eine Neuauflage des *Cepalismo* der 60-er Jahre vorzuschlagen, wenn er dafür plädiert, daß die Akkumulation privatwirtschaftlich auf Kosten des Luxuskonsums gesteigert und der interne Markt durch eine staatlich induzierte Umverteilung der Einkommen erweitert werden sollen (*Prebisch* 1981, 1982). Wie es scheint, hat die Dependencia wenig Spuren hinterlassen, sie ist, nachdem sie schon so oft totgesagt worden ist, offenbar entgültig *out*.

Nun läßt sich sicherlich nicht bestreiten, daß vieles von dem, was über „Abhängigkeit und Unterentwicklung" erschienen ist, weit hinter der Subtilität einer der Pionierstudien zu diesem Themenbereich zurückgeblieben (*Cardoso/Faletto* 1969), daß „Dependencia" oft genug zu einem Schlagwort verkommen und als „just another set of ready labels for subjects that the researcher does'nt care to explore painstaikingly enough" (*Halperin-Donghi* 1982: 121) mißbraucht worden ist. Von den Schwächen und Defiziten dieser und derjenigen Theorierichtung, die gleichsam die Nachfolge der Dependencia angetreten hat, des kapitalistischen Weltsystem-Ansatzes, wird weiter unter ausführlich die Rede sein. Allerdings sollte eine Kritik auch in der Lage sein, den Diskussionsstand vor dem Auftauchen der Dependencia-Debatte zu berücksichtigen, wenn es darum geht, die Bedeutung dieses Ansatzes für unseren heutigen Kenntnisstand abzuschätzen. Anderenfalls entsteht leicht der Eindruck, als gehe es nur um die Ablösung einer Moderichtung durch eine andere. Eine pauschale Ablehnung der Dependencia kann es mit sich bringen, daß man hinter das Problembewußtsein dieses Ansatzes zurückfällt, wie im einzelnen noch gezeigt werden soll.

Betrachtet man die Dependencia-Diskussion in ihrem theoriegeschichtlichen Kontext, wird deutlich, daß sie die lange vernachlässigte bzw. modernisierungstheoretisch ausgeblendete Frage nach den historischen Ursachen der Unterentwicklung wieder in das Blickfeld gerückt, den internationalen Kontext von Prozessen der Entwicklung und der Unterentwicklung außerhalb des neo-klassischen Paradigmas und in Konkurrenz dazu hervorgehoben (und sicherlich auch überbetont), eine Reihe von Studien zu Themen ausgelöst, die bis dahin wenig Interesse gefunden hatten (etwa empirische Untersuchungen über Gewinntransfers und Überfakturierungspraktiken transnationaler Konzerne etc.), und schließlich Anlaß zu einer Reihe von sorgfältigen Fallstudien gegeben hat, die in ihren Ergebnissen über die Annahmen der Dependencia-Schule hinausgewiesen haben (z.B. *Evans* 1979, *Bejarano* 1979, *Leal* 1977, *Machado* 1977).
Die Auflösung des Dependenz-Paradigmas und seiner deutschen Entsprechung, der „Theorie des peripheren Kapitalismus", fällt zusammen mit und ist Teil einer Entwicklung, die man ohne Übertreibung als Krise der Entwicklungstheorie bezeichnen kann. Diese Krise wird besonders stark von einigen der marxistisch beeinflußten Autoren empfunden, was nicht verwunderlich ist, da diesen ihr Paradigma abhanden gekommen ist. *A. G. Frank*, immerhin einer der Väter der Dependencia, erklärt mit einem typisch *Frank*'schen Rundschlag alle Entwicklungstheorien für bankrott (*Frank* 1983: 249). Auch in der deutschen Forschung wird eine „gewisse Ratlosigkeit" (*Hein* 1982: 18) und eine „verfahrene Lage der entwicklungstheoretischen Diskussion" (*Hurtienne* 1982: 352) konstatiert. Dahinter verbirgt sich jedoch mehr als nur eine allgemeine Ratlosigkeit angesichts der Veränderungen und internen Differenzierungsprozesse in der Dritten Welt, die mit Kategorien der Dependencia und mit hierarchischen Zentrum-Peripherie-Modellen nicht mehr zu erfassen sind (hierzu: *Simonis* 1981, *Menzel* 1983). Schließlich haben z.B. die iranische Revolution und das Aufbrechen sehr alter Konfliktstrukturen zwischen sozialistischen Staaten in Indochina gezeigt, daß religiös-soziale Bewegungen und ethnisch-nationalistische Konflikte eine enorme Gestaltungskraft besitzen, daß sie sich nicht ohne weiteres mit den Kategorien der politischen Ökonomie begreifen lassen, und daß sie auch nicht mehr länger als „Nebenwidersprüche" abgetan werden können (vgl. *Grevemeyer* 1981). Es ist daher kein Zufall, daß die Modernisierungstheorien auch von marxistischen Autoren — zumindest was deren thematische Schwerpunkte betrifft — wieder rehabilitiert werden, da sie immerhin die soziale und kulturelle Dimension nachholender Entwicklung behandelt haben (*Hurtienne* 1982: 315, schon früher hierzu: *Nuscheler* 1974, vgl. auch *Mansilla* 1978, *Nohlen* 1980).[1]
Mehr noch: Indem die Dependencia und die Theorie des peripheren Kapitalismus (mit wenigen Ausnahmen) auf der Annahme beruhten, daß eine nachahmende Entwicklung in Form einer nachholenden Industrialisierung im gegenwärtigen Rahmen der kapitalistischen Weltwirtschaft unmöglich sei, akzeptieren sie die nachahmende Entwicklung als erstrebenswertes Ziel, da es darum ging, wenn nicht auf kapitalistischem, so eben auf sozialistischem Wege eine Wirtschaft „metropolitanen Typs" (*Senghaas*) aufzubauen. Wie die seit Mitte der 70-er Jahre an Breite gewinnende Diskussion um alternative Entwicklungsstile signalisiert, ist der Vorbildcharakter der Industriegesellschaft auch in der Dritten Welt fragwürdig geworden, wobei mit

der Gültigkeit eines rein produktionsorientierten Entwicklungsbegriffs (Wachstum des BSP, Entfaltung der Produktivkräfte) der westliche Fortschrittsbegriff mitsamt seiner marxistischen Variante in Zweifel gezogen wird.[2] Wenngleich die Forderung nach der autonomen Definition von Entwicklungs- und Lebensstilen durch die Entwicklungsländer allein Alternativen noch nicht sichtbar macht, und wenn auch dieses Thema inzwischen schon Gefahr läuft, ebenso wie die Dependencia zum Modethema zu verkommen (siehe auch *Pinto* 1980), wird deutlich, daß ein Konsens über das, was man unter „Entwicklung" zu verstehen hat, auch innerhalb der einzelnen Denkschulen nicht mehr existiert.

Nun sind zwar die Vertreter des Weltsystemansatzes bislang noch relativ frei von jedwedem Krisenbewußtsein; im Gegenteil zeichnet sich diese Forschungsrichtung durch ein beneidenswertes Selbstbewußtsein aus, daß in gewisser Weise an die frühe Dependencia-Diskussion erinnert. Dennoch läßt sich leicht absehen, daß auch diese Denkschule in die Krise geraten wird, da sie, wie zu zeigen sein wird, die Schwächen, denen die Dependencia erlegen ist, nicht überwunden, sondern eher noch potenziert hat. Vorerst zeigt sie sich noch bemerkenswert kritikresistent; man hat nicht den Eindruck, als seien die zahlreichen, kritischen Einwände, die bislang vorgebracht worden sind (siehe u.a. *Brenner* 1977, 1983; *Chirot/Hall* 1982; *McDonald, Jr.* 1979; *Skocpol* 1977; *Worsley* 1983), ernsthaft verarbeitet worden. *Chirot* und *Hall* übertreiben nicht sehr, wenn sie feststellen, daß die Grundannahmen des *Wallerstein*'schen Theorieentwurfs für seine Anhänger den Charakter von religiösen Wahrheiten angenommen haben (*Chirot/Hall* 1982: 97), ein Eindruck, der von der prophetischen Gestik *Wallersteins* verstärkt wird, wenn er etwa die endgültige Krise des kapitalistischen Weltsystems für das 21. oder 22. Jahrhundert voraussagt, ohne auch nur anzudeuten, worauf sich diese Erkenntnis stützt (*Wallerstein* 1979a: 67).

2. Dependencia und kapitalistisches Weltsystem[3]

Daß die Weltsystemanalyse in einem engen, forschungslogischen Zusammenhang mit der Dependencia steht, wird auch von Vertretern dieser Forschungsrichtung betont (*Bornschier* 1982, 1984). Man kann in ihr einen Versuch sehen, die klassischen marxistischen Imperialismustheorien, die mit Ausnahme *Luxemburgs* (1969) sich auf die Herausarbeitung der Gründe für die imperialistische Expansion der europäischen Staaten im ausgehenden 19. Jahrhundert beschränkten und die Folgen des Imperialismus für die von ihm vereinnahmten Länder weitgehend ignorierten, und die Dependencia-Schule, die sich auf die Analyse eben dieser Folgen konzentrierte und dabei den Imperialismus weniger analysierte als pauschal voraussetzte, zu einem einheitlichen Theoriegebäude zusammenzufassen. Dieses Vorhaben erfordert eine Rekonstruktion der modernen Weltgeschichte, die wegen der Gleichsetzung von Handelskapitalismus mit kapitalistischer Produktionsweise mit den Entdeckungsreisen des 15. Jahrhunderts beginnt, und von der bisher zwei Bände vorliegen (*Wallerstein* 1974, 1980), die den Zeitraum von 1450—1750 abdecken.

Diese Arbeiten sowie zahlreiche Aufsätze von *Wallerstein*, die sich durch beinahe enzyklopädische Kenntnisse der europäischen Wirtschafts- und Sozialgeschichte auszeichnen,[4] und die zweifellos eine große intellektuelle Faszination ausüben, machen deutlich, daß *Wallerstein* ähnlich wie zahlreiche Arbeiten der Dependencia-Schule die Entwicklung und Entwicklungschancen einzelner Länder vom Weltmarkt definiert sieht. Während jedoch in der Dependencia-Forschung sich der Weltmarkt häufig in den imperialistischen Nationen des Zentrums gleichsam personifiziert, was heißen soll, daß die Strukturen und das Funktionieren des Weltmarktes als Ausdruck der wirtschaftlichen Interessen dieser Mächte bzw. der sie dominierenden Klassen angesehen werden, geht *Wallerstein* einen Schritt weiter: Für ihn ist das kapitalistische Weltsystem die höchste Instanz, dessen funktionalen Erfordernissen die Länder des Zentrums genauso unterworfen sind, wie die der Semiperipherie und der Peripherie. Daher bereitet es *Wallerstein* im Gegensatz zu vielen Dependencia-Autoren auch keinerlei Schwierigkeiten zuzugeben, daß einzelne Länder ihre Position im hierarchischen Gefüge des von ihm als dreigeteilt verstandenen Weltsystem verändern können, wobei diese Veränderungen bei ihm den Regeln eines Null-Summen-Spiels folgen: Wer aufsteigt, tut dies auf Kosten anderer, die dafür absteigen (*Wallerstein* 1979a: 73, 75f.), was allerdings reichlich schlicht mit den „dog eat dog workings of capitalism" erklärt wird (*Wallerstein* 1979a: 101). Eine „autozentrierte Entwicklung" (*Amin, Senghaas*) kann es *Wallerstein* zufolge daher auch in den Ländern des Zentrums nicht geben, da die einzige Ebene, auf der eine solche Entwicklung denkbar ist, die des Weltsystems selbst ist. Demnach erscheint auch die Hoffnung vieler Dependencia-Autoren, daß eine sozialistische Umgestaltung der Länder der Peripherie die dortige peripher-kapitalistische Entwicklung in eine autozentrierte überführen könne, als illusionär, denn erstens gibt es nach *Wallerstein* nur *eine* kapitalistische Entwicklung, in der Peripherie, Semiperipherie und Zentrum funktional aufeinander bezogen sind, und zweitens betrachtet er auch die sozialistischen Länder als Teil des kapitalistischn Weltsystems. Solange sozialistische Staaten als Besitzer von Produktionsmitteln am kapitalistischen Weltmarkt teilnehmen, sind sie nichts anderes als „kollektive kapitalistische Firmen" (*Wallerstein* 1979a: 68f., 90f.).[5] Diese Sichtweise, der von solchen Autoren heftig widersprochen wird, die von der Existenz eines sozialistischen Weltsystems ausgehen (*Szymanski* 1982, *Worsley* 1983) hat immerhin den Vorteil, daß sie die Frage nach den Entwicklungsbedingungen nach der sozialistischen Revolution in einer weiterhin kapitalistischen Umwelt aufwirft, eine Frage, die für viele Dependencia-Autoren offenbar gar keine war, da für sie nach einer sozialistischen Revolution die Abhängigkeit vom kapitalistischen Weltmarkt schlagartig aufhörte, ein Problem zu sein (siehe auch *Hein* 1982: 9).

Von Autoren, die der Weltsystemanalyse nahestehen, wird hervorgehoben, daß ein wichtiger Fortschritt dieser Schule gegenüber den Dependencia-Ansätzen gerade in der globalen Problemdefinition der Weltsystemanalyse liege, da damit die Tendenz der Dependencia-Arbeiten überwunden werde, „den Nationalstaat immer noch als hauptsächliche Einheit der Analyse und Abhängigkeitsbeziehungen in der Zentrum-Peripherie-Struktur als statische Merkmale zu sehen" ... „Der Weltsystem-Ansatz macht dagegen den Wandel des Weltsystems selbst auch zum Gegenstand seiner Forschungen" (*Bornschier* 1984: 539). Dies ist im Sinne der eingangs erwähnten forschungslogischen Verknüpfung von Imperialismustheorie und Dependenzanalyse auch ohne weiteres einsichtig.

In der Tat lenkt die Weltsystemanalyse den Blick wieder stärker auf die Veränderungen im globalen Beziehungsgeflecht und bietet zumindest von ihrem Ansatz her die Chance, die Wechselbeziehungen zwischen Veränderungen im Zentrum und den Periphien (und Semiperipherien) besser zu verstehen. Die Art und Weise jedoch, mit der *Wallerstein* diesen Ansatz durchführt, scheint diese Chance eher zu verschütten, was u.a. zur Folge hat, daß sich in seinem Ansatz einige der Schwächen der Dependencia-Schule regelrecht potenzieren.

3. Die Vermittlung von endogenen und exogenen Entwicklungsfaktoren

Die Beziehungen zwischen den Veränderungen des Weltmarktes und der Entwicklung interner Produktions-, Klassen-, und Herrschaftsverhältnisse in der Peripherie sind von den Dependenzanalysen zumindest in der Problemsicht als dialektisches Verhältnis erkannt worden. Dieser Anspruch, eine diakektische Analyse vorzulegen, wurde allerdings selten eingelöst (so etwa ansatzweise bei *Cardoso/Faletto* 1969, *Cardoso* 1973) und führte oft nur zu den bekannten terminologischen Eiertänzen, bei denen man das Verhältnis von Basis und Überbau so definierte, daß die Basis in „letzter Instanz", „auf lange Sicht" etc. bestimmend sei, was immer das auch heißen mag (Belege bei *Boeckh* 1979, Kap. 1; Kritik an der mangelnden Dialektik der Dependencia auch bei *Hirschman* 1978, *Worsley* 1983). Bei *Wallersteins* Weltsystem hingegen ist eine dialektische Beziehung oder überhaupt eine Wechselbeziehung zwischen der Entwicklung des Weltsystems und seiner Subsysteme gar nicht mehr erkennbar, weil die Entwicklungsdynamik allein von der Ebene des Weltsystems her gedacht wird, dessen funktionalen Erfordernissen die einzelnen Einheiten des Systems völlig unterworfen sind. Dieser funktionalistische Ansatz, der schon verschiedentlich kritisiert worden ist (*Skocpol* 1977, *Brenner* 1983, *Worsley* 1983), und der im Grunde nichts erklärt,[6] läßt all die Faktoren, die für Wechselwirkungen zwischen den System und seinen Einheiten und für Veränderungen sorgen könnten, schon vom Ansatz her verschwinden: Klassen und Klassengegensätze werden entweder nur auf globaler Ebene gesehen, auf der sie − bis jetzt jedenfalls − keine Wirkungskraft entfalten können, oder aber sie tauchen auf nationaler Ebene nur in der Form der von ihm als sehr wichtig erachteten Arbeitskontrolle auf, aber nicht als Veränderungen bewirkende Kräfte; der Staat ist für ihn lediglich das Exekutivorgan der jeweils herrschenden Klasse, womit er doch stark hinter dem inzwischen auch von der marxistischen Forschung erreichten Stand der Staatsanalyse zurückfällt, und die jeweilige Stärke oder Schwäche des Staatsapparates wird als unmittelbare Funktion der Stellung eines betreffenden Landes in der ökonomisch definierten Hierarchie des kapitalistischen Weltsystems gesehen (*Wallerstein* 1974: Kap. 5, 1979b: 49).[7] Die Möglichkeit, die eigene Position im Weltsystem und damit das Weltsystem selbst mit dem Einsatz politisch-militärischer Macht zu verändern, die z.B. von *Krip-*

pendorff (1983, 1984), aber auch von solchen Weltsystem-Autoren herausgestrichen wird, die einer polit-ökonomischen Analyse recht fern stehen und Weltsysteme primär politisch definieren (*Modelski* 1978, 1983)[8], ist bei *Wallerstein* nicht vorgesehen. Wenn also *Chase-Dunn* (1982b) *Cardoso* und *Faletto* in seiner Besprechung ihres sehr spät in englischer Übersetzung erschienen Buchs (Original: 1969) dahingehend kritisiert, daß sie an einer angesichts des allgegenwärtigen Waltens des Weltsystems falschen Unterscheidung von internen und externen Faktoren festhielten, und wenn er versucht, über die sehr subtilen Analysen der „Situationen der Abhängigkeit" den Begriffsapparat der „Semiperipherie" und der „Peripherie" überzustülpen, ohne daß dabei der analytische Zugewinn im geringsten erkennbar wäre, dann wird deutlich, daß dieser Dependenz-Ansatz der Weltsystemanalyse überlegen ist. Während die Dependencia-Analyse bei *Cardoso* durchaus in der Lage ist, die Wechselbeziehungen zwischen endogener und exogener Entwicklungsdynamik begrifflich zu fassen, kann *Wallerstein* angesichts der offenkundigen Überdeterminierung seines Systems nicht mehr theorie-immanent angeben, wieso es zu Veränderungen kommt, und wodurch diese ausgelöst werden (siehe auch *Worsley* 1983).

Es wäre allerdings falsch, wenn man die Probleme eines großen Teils der Dependencia-Schule und des Weltsystemansatzes bei *Wallerstein* mit der Vermittlung von endogenen und exogenen Faktoren auf die Frage nach der „richtigen" Analyseebene reduzieren wollte. Die Tatsache, daß in der Dependencia-Debatte die komplexen Verschränkungen der exogenen und endogenen Entwicklungsdynamik kaum adäquat behandelt worden ist, was spätestens mit den spektakulären Erfolgen einiger Schwellenländer mit ihrer integrativen Entwicklungsstrategie offenkundig wurde, hat in der letzten Zeit offenbar zu einem erneuten Wechsel der Analyseebene geführt. Es wird nun die Frage gestellt, ob denn nun die Art der Weltmarktintegration die inneren Strukturen der abhängigen Länder bestimmt, oder ob nicht umgekehrt die inneren Strukturen den Ausschlag geben bei der Art der Weltmarktintegration (siehe z.B. *Chirot/Hall* 1982: 97–99). Wer heute so fragt, gibt die Antwort zugunsten des Primats der endogenen Faktoren: „ ... die Klassenkämpfe um die Verteilung des Mehrwerts und die Kontrolle über die Produktion bestimmen am Ende den Entwicklungsweg, und nicht umgekehrt" (*v. Freyhold* 1981: 58; ähnlich auch *Cueva* 1976, *Leys* 1977, *Elsenhans* 1982). Mit der Alternative endogene oder exogene Faktoren löst man das von der Dependencia-Schule gestellte (und trotz *Cardoso* letztlich nicht schlüssig behandelte) Vermittlungsproblem definitorisch und damit gar nicht. Mit diesem Verfahren fällt man hinter das Problembewußtsein der Dependencia-Schule zurück.

Sicherlich ist es angebracht, nach der oft krassen Überbetonung der exogenen Faktoren bei der Erklärung der Entwicklung bzw. Unterentwicklung in den peripheren Ländern und angesichts von deren Absolutsetzung bei *Wallerstein* den Grad und den Umfang der Autonomie interner Entwicklungen von äußeren Einflüssen genauer zu untersuchen; eine einfache Negation der Dependencia, die ihrerseits ja kaum über eine schlichte Umkehrung der Aussagen der Modernisierungstheorien zu diesem Punkt hinausgekommen ist, bringt das Problem einer Lösung auch nicht näher. Um einiges erfolgversprechender scheint hier das von *D. Senghaas* und *U. Menzel* gewählte Verfahren zu sein, unter Verzicht auf apodiktische Prioritätensetzungen (Weltmarkt oder Klassenkämpfe) mit Hilfe vergleichender historischer und aktueller Analysen Entwicklungstypen herauszuarbeiten, was es ermöglicht, bei ähnlichen Weltmarktbedingungen den Einfluß endogener Faktoren bei der Herausbildung bzw. Verhinderung einer „autozentrierten Entwicklung" zu gewichten. Es wird nun nicht mehr „eine erhebliche Identität der Tiefenstruktur variabler Typen von Peripherie-Ökonomie" (*Senghaas* 1977: 15) konstatiert und für die Entwicklungsblockierungen in der gesamten Dritten Welt verantwortlich gemacht; statt dessen wird untersucht, wie sich trotz weitgehender Identität der Weltmarktintegration etwa bei Dänemark und Uruguay, bei Argentinien und Australien im 19. Jahrhundert die Strukturen der nationalen Ökonomien so verschieden entwickeln konnten: zu einer peripheren Ökonomie hier und zu einer autozentrierten dort (*Senghaas/Menzel* 1979, *Menzel/Senghaas* 1983, *Senghaas* 1982, *Menzel* 1985a, 1985b).

Das Resultat einer solchen Vorgehensweise können dann nicht wieder allgemeine Aussagen über die „richtige" Gewichtung von endogenen und exogenen Faktoren sein, sondern allenfalls Feststellungen, die für einzelne Länder oder bestenfalls für Ländertypen Gültigkeit beanspruchen dürfen. Es kann sich hierbei nur um historische Typen handeln. Die jeweils spezifische Dynamik von Gesellschaften in einer einem ständigen Wandel unterworfenen Weltwirtschaft läßt sich nicht mit Indikatorenlisten analysieren, mit deren Hilfe man den Entwicklungsstand eines Landes einfach ablesen oder den Einfluß bestimmter Faktoren (z.B. Außenhandel, Auslandsinvestitionen) auf die Entwicklung der Länder der Dritten Welt messen kann.[9] Ein solches Vorgehen wird auch dann, wenn man sich, wie von *Duvall* (1978: 55f) vorgeschlagen, diachronischer Datenreihen bedient, verschiedene „Situationen der Abhängigkeit" und verschiedene Phasen der Entwicklung durcheinandermischen und daher wenig aussagekräftige Resultate bringen (siehe auch *Palma* 1978: 905; die direkte Gegenposition hierzu: *Bornschier* 1980d: 22). So reizvoll es auch sein mag, die zentralen Aussagen der Dependencia bzw. der Weltsystemanalyse statistisch zu überprüfen, so wenig wird ein solches Verfahren der historischen Struktur des Dependenz — bzw. des Weltsystemarguments — gerecht. Erliegt man der „statistischen Verführung", begibt man sich eines Fortschritts, den beide Theoriestränge schließlich gebracht haben, nämlich der Einsicht, daß es das von den frühen Modernisierungstheorien unterstellte Kontinuum der Entwicklung nicht gibt (siehe auch *Menzel/Senghaas* in diesem Band).

4. Die Geschichtsferne historischer Theorien der Unterentwicklung

Einige Dependenzautoren haben die von ihnen wegen ihres ahistorischen Vorgehens kritisierten Modernisierungstheorien an Formelhaftigkeit und Geschichtsferne noch übertroffen, wenn sie Ableitungen aus angeblichen marxistischen Gesetzen mit historischen Analysen verwechselten (Belege bei *Boeckh* 1979, Kap. 1). Wenngleich es zum Programm der Dependencia-Autoren gehörte, die historischen Ursachen von Unterentwicklung zu untersuchen, und wenn sie auch gegenüber den Modernisierungstheorektikern voraus hatten, Unterentwicklung überhaupt als historisch verursacht

begriffen zu haben, sind sie auf halbem Wege stehen geblieben. Bei der an sich richtigen Erkenntnis, daß Unterentwicklung nicht einfach als prähistorischer Naturzustand anzusehen ist, von dem aus dann mit der Diffusion von Modernität Entwicklung einsetzt, blieb es bei einer bloßen Umkehrung der modernisierungstheoretischen Aussagen zu diesem Punkt: Während von der Perspektive der Modernisierungstheorien Entwicklung im Zusammenhang mit der Ausbreitung westlicher Werte und Normen gesehen wurde — die alte Unterscheidung von „Western" und „Non-Western Societies" (*Pye* 1963 (Erstpublikation 1957)) macht dies besonders deutlich —, was die Einbeziehung der „Non-Western Countries" in den westlichen Orbit im Zuge der weltweiten Ausbreitung des Kapitalismus zur Voraussetzung hatte, markierte für große Teile der Dependencia-Schule die Integration der vorkapitalistischen Gesellschaften in den kapitalistischen Weltmarkt den Beginn der „Entwicklung der Unterentwicklung". Damit ist auch die Dependencia der eurozentrischen Denkweise der Modernisierungstheorien verhaftet geblieben: Für die letztere beginnt mit der Weltmarktintegration (d.h. der europäischen Expansion) Entwicklung, für die andere Unterentwicklung; was vorher liegt, ist Vorgeschichte, d.h. vormodern oder vorkapitalistisch. Die Nivellierung der Geschichte erstreckt sich dabei nicht nur auf die Geschichte der außereuropäischen Gesellschaften vor der europäischen Expansion, sondern auch noch auf die Kolonialepoche selbst: In der modernisierungstheoretischen Tradition wurden die charakteristischen Unterschiede moderner Gesellschaften offenbar zugunsten der amerikanischen Version von Modernität eingeebnet, und für die Dependencia gab es einen, wenn auch in Phasen unterteilten Imperialismus, der auch hinsichtlich der Folgen für die betroffenen Länder kaum Unterschiede aufwies.
Diese historischen Defizite machen sich vor allem bei der Behandlung der Frage bemerkbar, ob und in welchem Ausmaß die kapitalistische Durchdringung in den „peripheren" Gesellschaften im wesentlichen ähnliche Wirtschafts- und Sozialstrukturen hervorgebracht hat, die eine nachholende Entwicklung im kapitalistischen Rahmen letztlich blockiert.
Wie zuletzt wieder *Hurtienne* (1982) in seiner Re-interpretation der am *Senghaas'* schen Konzept der dissoziativen Entwicklung orientierten Fallstudien gezeigt hat,[10] haben die Spezifika der vorkapitalistischen Gesellschaftsstrukturen für die nachkoloniale Phase eine „grundlegende Bedeutung" (1982: 345). Dasselbe gilt auch für die jeweiligen Formen der kapitalistischen Durchdringung. Selbst für Lateinamerika oder um einen noch engeren Ausschnitt zu wählen: für Zentralamerika ist trotz der Tatsache, daß es sich fast überall um ein und dieselbe Kolonialmacht gehandelt hat, eine undifferenzierte Behandlung der vorkolonialen und in diesem Falle vor allem der kolonialen Geschichte nicht zu rechtfertigen (vgl. *Boris/Rausch* 1983). In Afrika war es für die Kolonialmächte und die für ihre (nicht überall gleichgewichtigen und gleichförmigen) Versuche der wirtschaftlichen Nutzbarmachung ihrer Kolonien von großer Bedeutung, ob sie es mit feudal verfaßten und im islamischen Kulturkreis verhafteten Gesellschaften zu tun hatten, oder aber mit animistischen und für Missionierungsversuche (d.h. für kulturelle Assimilation) wesentlich zugänglicheren Stämmen. Die dadurch bedingten Unterschiede bei der wirtschaftlichen, politischen und kulturellen Durchdringungsfähigkeit der jeweiligen Kolonialmacht prägen bis heute die

Entwicklung und Entwicklungsprobleme dieser Gesellschaften. Die Modernisierungstheorien, um es zu wiederholen, haben zu diesem Thema mehr beizutragen als der Dependenz- oder Weltsystemansatz, und die englische Imperialismusforschung, welche gerade die lokalen Bedingungen der imperialistischen Expansion untersucht hat, ist von beiden Ansätzen nicht rezipiert worden (siehe u.a. *Fieldhouse* 1966, 1967, 1973); *Robinson* 1972; *Robinson/Gallagher* 1962, 1972; *Robinson/Gallagher/Denny*[4] 1974). Die Bedeutung der Strukturmerkmale der vorkapitalistischen Gesellschaften und der Spezifika ihrer Weltmarktintegration für die weitere Entwicklung der „peripheren" Länder, die hier nur kurz umrissen werden konnte, macht die Verwendung des inzwischen gebräuchlichen Sammelbegriffs „Peripherie" problematisch. Dieser Begriff ist bei der Dependencia, dem peripher-kapitalistischen Ansatz und der Weltsystemanalyse nicht nur eine Bezeichnung für die Position in einer hierarchischen Weltordnung, sondern gleichzeitig impliziert er, daß die zur „Peripherie" zählenden Länder über ein hohes Maß an sozial- und wirtschaftsstrukturellen Gemeinsamkeiten verfügen, die zudem ihre Entwicklungschancen in ähnlicher Weise negativ beeinflussen. Inzwischen haben jedoch die Entwicklungserfolge einiger Schwellenländer deutlich gemacht, daß diese strukturellen Gemeinsamkeiten allzu pauschal unterstellt worden sind, was auch aus einer Arbeit hervorgeht, welche die Aussagen bei *Amin* und *Senghaas* über die Strukturmerkmale der peripher-kapitalistischen Entwicklung (ebenfalls pauschal) überprüft hat (*Schiffer* 1981). Damit soll nun nicht behauptet werden, daß es in der Dritten Welt keine Gesellschaften gibt, die dem von *Senghaas* häufig (vor allem: *Senghaas* 1977) beschriebenen peripher-kapitalistischen Typ entsprechen. Ob dies der Fall ist, und um welche Gesellschaften es sich handelt, ist eine empirische Frage (siehe Abs. 6). Angesichts der unterschiedlichen Entwicklungsdynamik in der Dritten Welt läßt sich ein Begriff wie „Peripherie" nicht mehr als Synonym für „Dritte Welt" verwenden. Der Verweis auf eine gemeinsame koloniale Vergangenheit oder den peripheren Kapitalismus, ein Konstrukt, von dem mittlerweile auch zahlreiche marxistische Forscher abgedrückt sind (*Schoeller* 1976, *Warren* 1980, *v. Freyhold* 1981, *Simonis* 1981, *Hein* 1982), genügt nicht mehr.

5. Abhängigkeit, Unterentwicklung und Entwicklung

Für viele Dependencia-Autoren stand es lange Zeit außer Zweifel, daß Abhängigkeit ursächlich für Unterentwicklung sei, und daß Unterentwicklung ohne eine Aufhebung der Abhängigkeit nicht überwunden werden könne.[11] Diese Sichtweise, vor der *Cardoso* oft gewarnt hat (*Cardoso/Faletto* 1969, *Cardoso* 1973, 1977) brachte selbst Autoren wie *C. Furtado* und *H. Jaguaribe* dazu, den durch die Wirtschaftspolitik des brasilianischen Militärregimes nach 1964 mit Hilfe des Auslandskapitals ausgelösten Industrialisierungsschub und die Komplettierung der Industriestruktur bis hin zu einer Produktionsgüterindustrie verspätet wahrzunehmen bzw. zunächst als eine Politik der De-industrialisierung fehlzuinterpretieren (*Furtado* 1968, *Jaguaribe* 1968). *A. G. Frank*, dem der Aphorismus der „Entwicklung der Unterentwicklung" zu verdanken ist (*Frank* 1970, Erstpublikation 1966), kann bis heute allenthalben

nur einen durch den abhängigen Kapitalismus ausgelösten Prozeß der Unterentwicklung erkennen, wofür er als Beispiele u.a. Brasilien, Korea und Mexiko anführt (*Frank* 1983: 252), und es ist ihm völlig unverständlich, wie man von einer linken Position aus behaupten kann, daß Kapitalismus und Entwicklung in der Dritten Welt nicht in jedem Fall Gegensatzpaare seien (*Frank* 1984: 253, Erstpublikation 1977). Mit dieser Position steht *Frank* heute allerdings ziemlich allein. Andere Autoren haben das entwicklungstheoretische Ärgernis der „Schwellenländer", die es nach der Dependencia gar nicht geben durfte, zum Anlaß genommen, ihre Prämissen zu überdenken.
Es lohnt sich aber dennoch, sich die Gründe näher anzuschauen, die viele Dependencia-Autoren zu einer Gleichsetzung von Abhängigkeit und Unterentwicklung veranlaßt hat, da diese z.T. bis heute fortwirken und vor allem die Diskussion um den Entwicklungsbegriff noch immer stark beeinflussen. Der Zusammenhang von Abhängigkeit und Unterentwicklung wurde in der Dependenz-Diskussion über zwei Argumentationsstränge hergestellt, die bei vielen Autoren gemeinsam vorkamen, aber unterschiedlich gewichtet wurden (ausführlich: *Boeckh* 1979, Kap. 1, 1982): Zum einen wurde die Abhängigkeit primär als Ausbeutungsverhältnis begriffen, wobei Ausbeutung in Anlehnung an *Prebisch* als Konsequenz der Verschlechterung der „terms of trade" bzw., marxistisch gewendet, als „ungleicher Tausch" verstanden wurde, und/oder als Dekapitalisierung im Gefolge der die Auslandsinvestitionen übersteigenden Gewinntransfers transnationaler Konzerne. Während die Kritik sowohl von den theoretischen Konzepten wie auch von der empirischen Fundierung der „terms of trade"-These und vom „ungleichen Tausch" nicht mehr viel übrig gelassen hat (vgl. *Sieber* 1968, *Massarrat* 1978, *Schmidt* 1979, 1982, *Boeckh* 1979, Kap. 1, 1982, *Schweers* 1980, Kap. 2), deuten jüngere statistische Arbeiten darauf hin, daß Investitionen von transnationalen Konzernen in Ländern der Dritten Welt langfristig in einem Zusammenhang mit verlangsamtem Wachstum, Prozessen der Dekapitalisierung und der Einkommenskonzentration gesehen werden müssen (*Bornschier* 1980a, 1980b, 1980c, 1980d, 1982, *Bornschier/Chase-Dunn/Rubinson* 1978, *Bornschier/Ballmer-Cao* 1980), wofür sich auch in sorgfältig operationalisierten Fallstudien Belege finden lassen (*Vaitsos* 1972, *Arango* 1976, *Chudnovsky* 1978). Allerdings ist auch hier der jeweilige Kontext zu beachten, der bei *cross national studies* natürlich verloren geht.
Wichtiger als die Ausbeutungsthesen waren für die Dependencia-Debatte und die von ihr stark beeinflußte Diskussion um einen bloße Wachstumsprozesse transzendierenden Entwicklungsbegriff die strukturellen Argumente, welche die Defizite der Wirtschafts- und Sozialstruktur (abhängige Reproduktion, mangelnde Binnenverflechtung, fehlende Produktionsgüterindustrie, strukturelle Heterogenität, Marginalisierungsprozesse) als konstitutive Merkmale eines abhängigen (peripheren) Kapitalismus hervorhoben. Die Gleichzeitigkeit von wirtschaftlichem Wachstum und der Verelendung breiter Bevölkerungsschichten hat den Eindruck entstehen lassen, als zeichne sich der abhängige (periphere) Kapitalismus durch „Wachstum ohne Entwicklung" aus (vgl. u.a. *Maza Zavala et al.*[5] 1979). Als Kontrast hatten viele Autoren die europäische und vor allem die englische Entwicklung während der industriellen Revolution vor Augen, die sie durch eine organische Fortentwicklung des Industrialisierungs-

prozesses von den Massenkonsumgütern hin zu den Produktionsgütern und vor allem durch eine zügige Integration der aus vorkapitalistischen Produktionsverhältnissen freigesetzten Arbeitskräfte durch den kapitalistischen Sektor der Wirtschaft und damit durch eine Steigerung der Einkommen der arbeitenden Bevölkerung charakterisiert sahen.

Inzwischen läßt sich allerdings vermuten, daß die strukturelle Variante der Dependencia in dieser Hinsicht einem recht idealisierten Bild der kapitalistischen Entwicklung in England zum Opfer gefallen ist. Die Wirtschafts- und Sozialstruktur eines „autozentrierten" Kapitalismus sind auch in den „Metropolen" relativ späte Resultate der kapitalistischen Entwicklung und können nicht auf die Frühphase der europäischen Industrialisierung projiziert werden (*Kuznets* 1955, *Adelmann/Morris* 1978; vgl. auch *Hurtienne* 1982: 313). Außerdem beginnt sich abzuzeichnen, daß die Homogenisierung der Wirtschaftsstruktur und die allgemeine Wohlstandssteigerung auch in den Metropolen keine unumkehrbaren Prozesse sind, was sich u.a. auch darin äußert, daß Begriffe der Entwicklungsländerforschung neuerdings auch in den Metropolen (=„Newly Declining Countries"?) Anwendung finden.

Sicherlich haben Konzepte wie „strukturelle Heterogenität" und „Marginalisierung" trotz der ihnen anhaftenden Unklarheiten (*Nohlen/Sturm* 1982) die wirtschaftliche und soziale Realität vieler Länder der Dritten Welt besser zu fassen vermocht als die wachstumsseligen Konzepte der 50-er und frühen 60-er Jahre, sie markierten aber wahrscheinlich nicht die Besonderheiten eines abhängigen (peripheren) Kapitalismus, sondern eher die typischen Merkmale der Frühphase einer jeden kapitalistischen Entwicklung. Allerdings gilt hier nicht der Umkehrschluß, daß in jedem Falle die mit der Auflösung vorkapitalistischer Produktionsweisen verbundenen Marginalisierungsprozesse als Teil und als übliche Kosten einer kapitalistischen Entwicklung gelten können; in vielen Ländern der Dritten Welt scheinen die Verelendungsprozesse nicht einmal ansatzweise mit einer irgendwie gearteten Entwicklung verbunden zu sein, und die Hoffnung auf eine nachholende, kapitalistische Entwicklung wäre bei ihnen offenkundig illusionär.

Die Erfolge der Schwellenländer, von denen Taiwan, Hong Kong und Singapur sogar die jüngste Kumulation von struktureller und zyklischer Krise mit hohen Wachstumsraten überstanden haben (*Asche/Ramalho* 1984: 36), haben die generelle Verknüpfung von Abhängigkeit und Unterentwicklung auch in ihrer strukturellen Variante obsolet gemacht. Entgegen den Annahmen der Dependencia-Schule ist in einer Reihe von Schwellenländern mit unterschiedlichen Außenwirtschaftspolitiken auch ohne Agrarreform eine enge agro-industrielle Verflechtung, und ohne Umverteilungspolitik eine Erweiterung des inneren Marktes hin zu einem Massenmarkt und zur Produktion von Massengütern gelungen (siehe auch *Simonis* 1981, *Taraves* 1981, *Hurtienne* 1982), und gerade in Lateinamerika, der Wiege der Dependencia, haben sich in fast allen Ländern zwischen 1955—1975 die meisten Sozialindikatoren verbessert, und zwar nicht nur für die Spitze der sozialen Pyramide, sondern auch für die Unter- und vor allem für die Mittelschichten (*Pinto* 1980: 52f). Mit der theoretischen Verknüpfung von Abhängigkeit und Unterentwicklung ist auch die Dependencia zerbrochen.

Nicht so jedoch der Weltsystemansatz, in dem dieser Zusammenhang etwas anders konstruiert ist. Zwar gehen Vertreter dieses Ansatzes auch heute noch davon aus, daß „die Kräfte des Weltmarktes diese (vom Kolonialismus geprägte — A. B.) Grundstruktur von Zentrum-Peripherie auf immer neuen Stufen und in immer neuen Erscheinungsformen, aber im Kern ähnlich reproduzieren" (*Bornschier* 1980d: 30), doch erlaubt dieser Ansatz durchaus für einzelne Länder einen Auf- bzw. Abstieg in der Hierarchie des kapitalistischen Weltsystems, jedoch nur nach den Regeln eines Null-Summen-Spiels (siehe Abs. 2). Allerdings bleibt unklar, warum dies so sein muß. Die jüngeren Arbeiten von *Senghaas* und *Menzel* haben außerdem gezeigt, daß bei gleichen Bedingungen der Weltmarktintegration verschiedene Länder sehr verschiedene Entwicklungswege eingeschlagen haben, was aber wohl eher den „unterschiedlichen Transformations- und Innovationsfähigkeiten einzelner Gesellschaften" geschuldet ist (*Senghaas* 1982: 219) als den reichlich mystifizierenden „dog eat dog workings of capitalism" (s.o.).

6. Schlußbemerkungen

Wenn nun die oben angestellten Überlegungen zur Frage der Vergleichbarkeit von der jeweiligen Frühphase des „metropolitanen" und des „peripheren" Kapitalismus nicht völlig falsch sind, dann hat dies auch Konsequenzen für die heute üblichen Versuche, Entwicklung als eine Kombination von wirtschaftlichen, sozialen und politischen Fortschritten zu begreifen, und wirtschaftliches Wachstum allein nicht als Entwicklung zu akzeptieren. Wenn Entwicklung, wie etwa bei dem „magischen Fünfeck von Entwicklung" bei *Nohlen* und *Nuscheler* (1974, 1982), sich gleichzeitig auf den Gebieten des wirtschaftlichen Wachstums, der Beschäftigung, der Gleichheit/Gerechtigkeit, der Partizipation und Unabhängigkeit auswirken soll, wird, so scheint es, vom Entwicklungsprozeß heute unter ungleich schwierigeren Rahmenbedingungen mehr erwartet, als er historisch in der Frühphase Englands und der kontinentaleuropäischen „late industrializers" zu leisten vermocht hatte. Diese Art der normativen Entwicklungsdefinition benennt wünschenswerte Entwicklungsziele, geht aber an den Spezifika einer kapitalistischen Entwicklung vorbei: Es ist kein Fall bekannt, wo sich kapitalistische Entwicklung nach ihrem Einsetzen alsbald als Institut zur Förderung des allgemeinen Wohlstands erwiesen hätte, weder in der Vergangenheit noch heute. Wie oben gezeigt, waren auch in der „metropolitanen" Industrialisierung eine Absorption freigesetzter Arbeitskräfte durch den modernen, kapitalistischen Sektor und vor allem ein Abbau der Einkommensungleichheit relativ späte Phänomene der Entwicklung. Die historischen Erfahrungen und auch die jüngsten Beispiele der Schwellenländer lassen Zweifel daran aufkommen, daß die in den aus wirtschaftlichen, sozialen und politischen Elementen kombinierten Entwicklungsbegriffen enthaltenen funktionalen Begründungen für die Kombination (z.B. Abbau der Einkommensungleichheit als Voraussetzung für produktive Nutzung des Kapitals, Partizipation als Voraussetzung für eine gerechtere Gesellschaft) wirklich verallgemeinerungsfähig sind.[12] Es wäre also scharf zu unterscheiden zwischen dem, was man als Entwicklung für wünschenswert hält, und dem, was eine kapitalistische bzw. sozialistische Entwicklung zu leisten vermag, dies natürlich immer unter der Voraussetzung, daß die Erfahrungen der Vergangenheit und Gegenwart über das, was an Entwicklung möglich ist, etwas aussagen, und daß sich wirtschaftliche, soziale und politische Elemente von Entwicklung nicht beliebig kombinieren lassen.[13] Anderenfalls läuft man immer wieder Gefahr, aus einer mehr ethisch als marxistisch motivierten Kapitalismuskritik heraus Spezifika einer frühen kapitalistischen Entwicklung wie die Freisetzung von Kleinproduzenten und die damit verbundenen Verelendungsprozesse für Belege von Nicht-Entwicklung bzw. einer „Entwicklung der Unterentwicklung" zu halten.

Diese Einwände gegen einen kombinierten Entwicklungsbegriff bedeuten allerdings nicht, daß es zu der alten Formel „wirtschaftliches Wachstum = Entwicklung" keine Alternative gibt. Das strukturalistische Dependenzverständnis bietet mit seiner Kritik an dem einseitig wachstumsorientierten Entwicklungsbegriff Ansatzpunkte für ein Entwicklungsverständnis, das Entwicklung primär als Veränderung der wirtschaftlichen Struktur begreift (vgl. *Boeckh* 1982). Wenn es zu den Merkmalen von Unterentwicklung zählt, daß die Binnenintegration der Wirtschaft schwach ausgeprägt ist, daß weder zwischen der Landwirtschaft und der Industrie noch zwischen den verschiedenen Branchen der Industrie ein hohes Maß an Zulieferverflechtungen besteht, daß eine vollständige Reproduktion (sprich: Kapitalgüterindustrie) fehlt, dann wird man Entwicklung umgekehrt als einen Prozeß der Binnenintegration, als Herausbildung einer eigenen Kapitalgüterindustrie etc. begreifen können (vgl. auch *Menzel/Senghaas* in diesem Band). Die von der Dependencia hochgespielte Frage nach der Rolle der „nationalen Bourgeoisie" bzw. des transnationalen Kapitals in dem Industrialisierungsprozeß und nach der anfänglichen Orientierung der Industrialisierung (Binnenmarkt oder Export) werden in dieser Sicht zu Sekundärproblemen. Daß auch für exportorientierte Spätindustrialisierer zumindest auf dem Gebiet der Einkommensgerechtigkeit frappierende Fortschritte möglich sind, zeigt die Entwicklung in Taiwan (*Ramis* 1978). Ob allerdings die Einbeziehung in den kapitalistischen Orbit Entwicklung in dem eben genannten Sinne auslöst oder aber lediglich eine partielle Durchkapitalisierung mit wirtschaftlicher Desintegration und Verelendung als Dauererscheinungen, hängt von vielerlei Faktoren ab (siehe Abs. 4), ist im Einzelfall zu untersuchen und kann nicht *a priori* entschieden werden. Was sich angesichts des gegenwärtigen Diskussionsstandes wohl erreichen läßt, sind Aussagen über die Wahrscheinlichkeit von Entwicklung/Stagnation/Unterentwicklung mittels einer historisch-komparativ zu erarbeitenden Typologie von Entwicklungspfaden, welche die jeweiligen inneren und äußeren Bedingungen von Entwicklung benennt. Die oben genannten jüngeren Arbeiten von *Senghaas* und *Menzel* bieten hierfür einen Ansatzpunkt.

Globaltheorien wie die Modernisierungstheorien, die Dependencia und der Weltsystemansatz von *Wallerstein* haben für den Forschungsprozeß eine wichtige heuristische Funktion, d.h. sie verweisen auf Zusammenhänge, die rein induktiv nicht zu erkennen wären, und stellten somit Arbeitshypothesen zur Verfügung. Andererseits enden sie, wenn sie zu Paradigmen gerinnen und beanspruchen, ein global gültiges Kategoriensystem zu entwickeln, regelmäßig in einem entwicklungstheoretischen Katzenjammer[14] und führen dann zu einem hektischen Paradigmenwechsel.

Diese Sprunghaftigkeit kann leicht dazu führen, daß sich die Entwicklungsländerforschung im Kreise bewegt und weder zu einem kumulativen noch zu einem dialektischen Fortschritt fähig ist. So, wie es eine Zeitlang zum guten Ton gehörte, an den Modernisierungstheorien kein gutes Haar zu lassen, ist es heute Standard geworden, die Dependencia für tot zu erklären, und es ist abzusehen, daß es dem jeweiligen *dernier cri* der Entwicklungstheorie genauso ergehen wird. Dieser Aufsatz versuchte u.a. zu zeigen, daß dabei manches an Erkenntnissen und an Problembewußtsein verschüttet wird, was für die weitere Forschung sehr nützlich sein könnte. Es wäre viel gewonnen, wenn die globalen Entwicklungstheorien nicht länger als umfassende Gültigkeit beanspruchende Kategoriengebäude begriffen würden, was unvermeidlich zur Dogmatisierung der Diskussion führt, sondern als heuristische Entwürfe, die dem jeweiligen Stand der Forschung anzupassen sind. Eine solchermaßen vollzogene Revision theoretischer Annahmen würde dann nicht jedesmal zum Zusammenbruch des ganzen theoretischen Gebäudes führen. Wissenschaftlicher Fortschritt ist eher möglich, wenn man sich mit weniger als dem Königsweg zufrieden gibt.

Anmerkungen

1 Die in der Zeitschrift *Peripherie* abgehandelten Themen zeigen ebenfalls, daß Themen außerhalb des polit-ökonomischen Ansatzes wieder stärker in den Vordergrund treten.
2 Zur lateinamerikanischen Diskussion über Entwicklungsstile siehe u.a. *Sunkel* 1980, *Pinto* 1980, *Cardoso* 1981. Der Band 7 von *Lateinamerika. Analysen und Berichte*, Hamburg 1983, befaßt sich schwerpunktmäßig mit der ökologischen Krise in Lateinamerika.
3 Aus Platzgründen ist es nicht möglich, hier beide Theoriestränge mit der nötigen Ausführlichkeit darzustellen. Einen Überblick über die verschiedenen Aspekte des Weltsystemansatzes bietet *Bornschier* 1984. Zur Dependencia gibt es inzwischen eine Reihe von kritischen Zusammenfassungen: *Evers/v. Wogau* 1973, *Hurtienne* 1974, *Lall, S.* 1975, *Cueva* 1976, *Cardoso* 1977, *O'Brian* 1977, *Wöhlke/v. Wogau/Martens* 1977, *Palma* 1978, *Boeckh* 1979, 1982, *Schweers* 1980, *Mires* 1980, *Paz* 1981, *Chirot/Hall* 1982 (auch zu Wallerstein).
4 was Fachhistoriker hinsichtlich ihres jeweiligen Spezialgebiets wahrscheinlich anders sehen; vgl. etwa *Brenner* 1983.
5 Bei der Einordnung der sozialistischen Staaten erlauben die *Wallerstein'schen* Kategorien allerdings eine recht große Beliebigkeit. Für *Wallerstein* (1979) und *Chase-Dunn* (1982a) zählt die Sowjetunion zum Zentrum, die übrigen sozialistischen Länder zur Semiperipherie bzw. zur Peripherie des kapitalistischen Weltsystems; *Bergesen* (1982) sieht im Sozialismus ganz allgemein das höchste Stadium des Kapitalismus, und *Chirot/Hall* (1982) interpretieren die *Wallerstein'schen* Kategorien derart, daß die Sowjetunion als das letzte der Weltreiche erscheint.
6 „Nur weil etwas benötigt wird, um ein System aufrecht zu erhalten, kommt es nicht daher" (*Brenner* 1983: 101).
7 was weder für Preußen noch für Schweden zutraf.
8 Damit soll allerdings der Weltsystemansatz von *Modelski* nicht gegen den *Wallersteins* ausgespielt werden. Anders als *Wallerstein* erklärt er die von ihm diagnostizierten „Long Cycles of World Leadership" (*Modelski* 1983) überhaupt nicht. Statt dessen ist reichlich dunkel von einem „Drang nach einer globalen Ordnung", von dem „Ausdruck des Machtwillens" die Rede (*Modelski* 1978: 224), und organische Metaphern erinnern den Leser stark an zyklische Geschichtstheorien (*Spengler* redivivus?).
9 Siehe u.a. *Tylor/Wogart* 1973, *Chase-Dunn* 1975, *Kaufmann/Geller/Chertnotsky* 1975, *McGowan* 1976, *Ray/Webster* 1978 sowie die in Abs. 5 genannten Arbeiten von *Bornschier*.
10 Es handelt sich um *Menzel* 1978, *Wontroba/Menzel* 1978, *Juttka-Reisse* 1979, *Ruß* 1979, *Fabian* 1981.

11 Neben *Frank* haben auch *Dos Santos* (1970, 1973), *Marini* (1969, 1974), *Caputo/Pizarro* (1974) sowie eine Reihe anderer Dependenz-Autoren wie *Guldimann* (1975), *Segura/Barrantes/Velarde* (1971) diese Position vertreten.
12 Auf die sozialen und politischen Entwicklungskosten in sozialistischen Entwicklungsländern kann hier nicht eingegangen werden.
13 Der Titel „Von Europa lernen" (*Senghaas* 1982) ist durchaus als Provokation zu verstehen, galt doch lange Zeit eine Vergleichbarkeit der europäischen Entwicklung mit der der Dritten Welt als ausgeschlossen.
14 Die Wirtschaftswissenschaften, und hier vor allem die neoklassische Richtung, haben sich als erstaunlich krisenresistent erwiesen, was aber mehr auf die offenkundige Immunität gegen Kritik zurückzuführen ist als auf eine überlegene Theorieproduktion. Man braucht nicht aus der Dependencia-Ecke zu kommen, um der Neo-Klassik nachzuweisen, daß sie aufgrund ihrer Prämissen nicht in der Lage ist, theorie-immanent die Probleme der Dritten Welt auch nur zu benennen (siehe etwa *Lall* 1976), oder daß ihre Rezepte für eine weltmarktorientierte Industrialisierung dann, wenn sie allgemein befolgt würden, an der Aufnahmefähigkeit der Märkte der Industrieländer (Schutzzollproblem) scheitern müßten (*Cline* 1982).

Literaturverzeichnis

Adelman, I. und *C. Taft Morris,* 1978: Growth and Impoverishment in the Middle of the Nineteenth Century, in: World Development 6, 245—273.
Asche, H. und *L. Ramalho,* 1984: Die Schwellenländer in der Weltwirtschaftskrise, in: Peripherie 15/16, 10—41.
Arango, J. I., 1976: Inversión extranjera en la industria manufacturera colombiana, in: Boletin mensual de estatística del DANE, 302, 112—223, 303, 96—158.
Bejarano, J. A., 1972: El capital monopolista y la inversión norteamericana en Colombia, Bogotá.
Bejarano, J. A., 1979: El régimen agrario. De la economía exportadora a la economía industrial, Bogotá.
Bergesen, A., 1982: Rethinking the Role of the Socialist States, in: *Ch. Chase-Dunn* (Hrsg.): Socialist States in the World System, Beverly Hills, etc., 97—100.
Boeckh, A. 1979: Interne Konsequenzen externer Abhängigkeit. Eine vergleichende empirische Analyse der Dependenz am Beispiel der Industriearbeiterschaft Venezuelas, Kolumbiens und Perus, Königstein/Ts.
Boeckh, A., 1982: Abhängigkeit, Unterentwicklung und Entwicklung: Zum Erklärungswert der Dependencia-Ansätze, in: *D. Nohlen* und *F. Nuscheler* (Hrsg.): Handbuch der Dritten Welt, Hamburg Bd. 1, 133—151 (zweite, erweiterte Auflage).
Boris, D. und *R. Rausch* (Hrsg.), 1983: Zentralamerika, Köln.
Bornschier, V., 1980a: Multinational Corporations, Economic Policy and National Development in the World System, in: International Social Science Journal 32, 158—172.
Bornschier, V., 1980b: Multinational Corporations and Economic Growth. A Cross-National Test of the Decapitalization Thesis, in: Journal of Developing Economies 7, 191—210.
Bornschier, V., 1980c: Wirtschaft, Entwicklungsstand und Einkommensungleichheit, in: *V. Bornschier* (Hrsg.): Multinationale Konzerne, Wirtschaftspolitik und nationale Entwicklung im Weltsystem, Frankfurt/New York, 193—212.
Bornschier, V., 1980d: Weltsystem und weltwirtschaftliche Arbeitsteilung: Das zugrundeliegende sozialwissenschaftliche Bild von der Welt, in: *V. Bornschier* (Hrsg.): Multinationale Konzerne, Wirtschaftspolitik und nationale Entwicklung im Weltsystem, Frankfurt/New York, 17—50.
Bornschier, V., 1982: The World Economy in the World System: Structure, Dependence and Change, in: International Social Science Journal 34, 37—59.
Bornschier, V., 1984: Weltsystem, in: *A. Boeckh* (Hrsg.): Internationale Beziehungen. Theorien, Organisationen, Konflikte, Bd. 5 von Pipers Wörterbuch zur Politik (Gesamtherausgeber: *D. Nohlen*), München, 535—541.
Bornschier, V., und *Th.-H. Ballmer-Cao,* 1980: Multinationale Konzerne, Aspekte der Machtstruktur und personelle Einkommensverteilung, in: *V. Bornschier* (Hrsg.): Multinationale Konzerne, Wirtschaftspolitik und nationale Entwicklung im Weltsystem, Frankfurt/New York, 213—240.

Bornschier, V., Ch. Chase-Dunn, R. Rubinson 1978: Cross National Evidence of the Effects of Foreign Investment and Aid on Economic Growth and Inequality: A Survey of Findings and a Reanalysis, in: American Journal of Sociology 84, 651–683.
Brenner, R. 1977: The Origins of Capitalist Development: a Critique of Neo-Smithian Marxism, in: New Left Review 104, 25–92.
Brenner, R. 1983: Das Weltsystem. Theoretische und historische Perspektiven, in: *J. Blaschke* (Hrsg.): Perspektiven des Weltsystems. Materialien zu *Immanuel Wallerstein*, „Das moderne Weltsystem", Frankfurt/New York, 80–111.
Caputo, O. und *S. Pizarro*, 1974: Dependencia y Relaciones Internacionales, San José.
Cardoso, F. H. 1973: Estado y sociedad en América Latina, Buenos Aires.
Cardoso, F. H., 1977: The Consumption of Dependency Theory in the United States, in: Latin American Research Review 12, 7–24.
Cardoso, F. H., 1981: Die Entwicklung auf der Anklagebank, in: Peripherie 5/6, 6–31.
Cardoso, F. H. und *E. Faletto* 1969: Dependencia y desarrollo en América Latina, Mexico City.
Chase-Dunn, Ch., 1975: The Effects of International Economic Dependence on Development and Inequality: a Cross-National Study, in: American Sociological Review 40, 720–738.
Chase-Dunn, Ch., 1982a: Socialist States in the Capitalist World Economy, in: *Ch. Chase-Dunn* (Hrsg.): Socialist States in the World System, Beverly Hills, etc., 21–55.
Chase-Dunn, Ch., 1982b: A World System Perspective on "Dependency and Development in Latin America", in: Latin American Research Review 17, 166–171.
Chirot, D. und *Th. D. Hall*, 1982: World System Theory, in: Annual Review of Sociology 8, 81–106.
Chudnovsky, D. [3]1978: Empresas multinacionales y ganacias monopólicas en una economia latinoamericana, Mexico City.
Cline, W. R., 1982: Can the East Asian Model of Development Be Generalized?, in: World Development 10, 81–90.
Cueva, A., 1976: A Summary of "Problemes and Perspectives of Dependency Theory", in: Latin American Perspectives 3, 12–16.
Dos Santos, Th., 1970: Dependencia Económica y Cambio Revolucionario en América Latina, Caracas.
Dos Santos, Th., 1973: Socialismo o Fascismo, Buenos Aires.
Duvall, R. D., 1978: Dependence and dependency theory: notes toward precision of concept and argument, in: International Organizations 32, 51–78.
Elsenhans, H., 1982: Die Überwindung von Unterentwicklung durch Massenproduktion für den Massenbedarf – Weiterentwicklung eines Ansatzes, in: *D. Nohlen* und *F. Nuscheler* (Hrsg.): Handbuch der Dritten Welt, Hamburg, Bd. 1, 152–182 (zweite, erweiterte Auflage).
Evans, P. 1979: Dependent Development: The Alliance of Multinational, State and Local Capital in Brazil, Princeton, N.J.
Evers, T. T. und *P. v. Wogau*, 1973: "Dependencia": Lateinamerikanische Beiträge zur Theorie der Unterentwicklung, in: Das Argument 15, 404–452.
Fabian, H. 1981: Der kubanische Entwicklungsweg, Opladen.
Fieldhouse, D. K., 1966: Kolonialreiche seit dem 18. Jahrhundert, Frankfurt.
Fieldhouse, D. K. (Hrsg.), 1967: The Theory of Capitalist Imperialism, London.
Fieldhouse, D. K., 1973: Economics and Empire 1830–1914, London.
Frank, A. G., 1970: The Development of Underdevelopment, in: *R. I. Rhodes* (Hrsg.): Imperialism and Underdevelopment, New York, 4–17.
Frank, A. G., 1983: Die gegenwärtige Krise und die Perspektiven des Weltsystems, in: *J. Blaschke* (Hrsg.): Perspektiven des Weltsystems. Materialien zu *Immanuel Wallerstein*, „Das moderne Weltsystem", Frankfurt/New York, 230–255.
Frank, A. G., 1984: "An Answer to Critiques", in: *A. G. Frank*: Critique and Anti-Critique. Essays on Dependence and Reformism, London, 245–278.
v. Freyhold, M., 1981: Dependenztheorie/Dissoziationstheorie – oder Theorie der Produktionsweise/Theorie der sozialen Kämpfe?, in: Peripherie 5/6, 49–63.
Furtado, C., 1968: De la república oligárgica al estado militar, in: *C. Furtado* u.a.: Brasil: hoy, Mexico City, 1–27.
Grevemeyer, J.-H. (Hrsg.), 1981: Traditionale Gesellschaften und europäischer Kolonialismus, Frankfurt (Einleitung, 7–15).
Guldimann, T., 1975: Lateinamerika. Die Entwicklung der Unterentwicklung, München.

Halperin-Donghi, T., 1982: "Dependency Theory" and Latin American Historiography, in: Latin American Research Review 17, 115–130.
Hein, W., 1982: Globale Vergesellschaftung im kapitalistischen Weltsystem und die Grenzen eigenständiger nationaler Entwicklung, in: Peripherie 10/11, 6–23.
Hirschman, A. O., 1978: Beyond assymetry: critical notes on myself as a young man and on some other old friends, in: International Organization 32, 45–50.
Hurtienne, Th., 1974: Zur Ideologiekritik der lateinamerikanischen Theorien der Unterentwicklung und Abhängigkeit, in: Probleme des Klassenkampfes 14/15, 213–283.
Hurtienne, Th., 1982: Sozialismus und autozentrierte Entwicklung. Zur Korrektur eines entwicklungspolitischen Modells anhand der Beispiele China, Nordkorea, Albanien und Kuba, in: Friedensanalysen 15, Frankfurt 1982, 307–358.
Jaguaribe, H., 1968: Brasil: Estabilidad social por el colonial-fascismo?, in: *C. Furtado* u.a.: Brasil: hoy, Mexico City, 28–53.
Juttka-Reisser, R., 1979: Agrarpolitik und Kimilsungismus in der Demokratischen Volksrepublik Korea, Meisenheim.
Kaufman, R., D. S. Geller, H. T. Chernotsky, 1975: A Preliminary Test of the Theory of Dependency, in: Comparative Politics 7, 303–330.
Krippendorff, E., 1983: Die Rolle des Krieges im kapitalistischen Weltsystem, in: *J. Blaschke* (Hrsg.): Perspektiven des Weltsystems. Materialien zu *Immanuel Wallerstein*, „Das moderne Weltsystem", Frankfurt/New York, 189–214.
Krippendorff, E., 1984: Polit-ökonomische Analyse, in: *A. Boeckh* (Hrsg.): Internationale Beziehungen. Theorien, Organisation, Konflikte, Bd. 5 von Pipers Wörterbuch zur Politik (Gesamtherausgeber: *D. Nohlen*), München, 396–402.
Kuztnets, S., 1955: Economic Growth and Income Inequality, in: The American Economic Review 45, 1–28.
Lall, S., 1975: Is "Dependence" a Useful Concept in Analyzing Underdevelopment?, in: World Development 3, 799–810.
Lall, S., 1976: Conflict of Concepts: Welfare Economics and Developing Countries, in: World Development 4, 181–195.
Lateinamerika. Analysen und Berichte, Bd. 7, Hamburg 1983.
Leal, F. u.a., 1977: El agro en la desarollo histórico colombiano, Bogotá.
Leys, C., 1977: Underdevelopment and Dependency: Critical Notes, in: Journal of Contemporary Asia 1, 92–107.
Luxemburg, R., 1969: Die Akkumulation des Kapitals, Frankfurt.
McDonald, Jr., A., 1979: Wallerstein's World-Economy: How Seriously Should We Take It, in: Journal of Asian Studies 38, 535–540.
McGowan, P. J., 1976: Economic Dependence and Economic Performance in Black Africa, in: The Journal of Modern African Studies 14, 25–40.
Machado, C. A., 1977: El café. De la aparceria al capitalismo, Bogotá.
Mansilla, H. C. F., 1978: Entwicklung als Nachahmung. Zu einer kritischen Theorie der Modernisierung, Meisenheim.
Marini, R. M., 1969: Subdesarrollo y revolución, Mexico City.
Marini, R. M., 1974: Dialektik der Abhängigkeit, in: *D. Senghaas* (Hrsg.): Peripherer Kapitalismus, Frankfurt, 98–136.
Massarrat, M., 1978: Die Theorie des ungleichen Tauschs in der Sackgasse, in: Die Dritte Welt 6, 40–73.
Maza Zavala, D. F. u.a., ^{5}1979: Venezuela. Crecimiento sin desarrollo, Caracas.
Menzel, U., 1978: Theorie und Praxis des chinesischen Entwicklungsmodells, Opladen.
Menzel, U., 1983: Der Differenzierungsprozeß in der Dritten Welt und seine Konsequenzen für den Nord-Süd-Konflikt und die Entwicklungstheorie, in: Politische Vierteljahresschrift 24, 31–59.
Menzel, U., 1985a: In der Nachfolge Europas. Autozentrierte Entwicklung in den ostasiatischen Schwellenländern Südkorea und Taiwan, München, i.E.
Menzel, U. 1985b: Auswege aus Abhängigkeit. Die entwicklungspolitische Attraktivität Europas, Frankfurt, i. E.
Menzel, U. und *D. Senghaas*, 1983: Autozentrierte Entwicklung im Weltsystem – Versuch einer Typologie, in: *J. Blaschke* (Hrsg.): Perspektiven des Weltsystems, Materialien zu *Immanuel Wallerstein*, „Das moderne Weltsystem", Frankfurt/New York, 142–188.

Menzel, U. und *D. Senghaas,* 1985: Indikatoren zur Bestimmung von Schwellenländern. Ein Vorschlag zur Operationalisierung, in diesem Band.
Mires, F., ²1980: Die Unterentwicklung des Marxismus in Lateinamerika, in: Lateinamerika. Berichte und Analysen, Bd. 1, 12—52.
Modelski, G., 1978: The Long Cycle of Global Politics and the Nation State, in: Comparative Studies in Society and History 20, 214—235.
Modelski, G. 1983: Long Cycles of World Leadership in: *W. R. Thompson* (Hrsg.): Contending Approaches to World System Analysis, Beverly Hills, etc., 115—139.
Nohlen, D., 1980: Modernization and Dependence. An Outline and Critique of Competing Theories, in: Intereconomics, 81—86.
Nohlen, D. und *F. Nuscheler,* 1974: Entwicklungstheorie und Entwicklungsbegriff, in: *D. Nohlen* und *F. Nuscheler* (Hrsg.): Handbuch der Dritten Welt, Hamburg, Bd. 1, 13—33 (erste Auflage).
Nohlen, D. und *F. Nuscheler,* 1982: Was heißt Entwicklung?, in: *D. Nohlen* und *F. Nuscheler* (Hrsg.):Handbuch der Dritten Welt, Hamburg, Bd. 1, 13—33 (erste Auflage).
Nohlen, D. und *F. Nuscheler,* 1982: Was heißt Entwicklung?, in: *D. Nohlen* und *F. Nuscheler* (Hrsg.): Handbuch der Dritten Welt, Bd. 1, Hamburg, 48—72 (zweite, erweiterte Auflage).
Nohlen, D. und *R. Sturm,* 1982: Über das Konzept der strukturellen Heterogenität, in: *D. Nohlen* und *F. Nuscheler* (Hrsg.): Handbuch der Dritten Welt, Bd. 1, Hamburg, 92—116 (zweite, erweiterte Auflage).
Nuscheler, F., 1974: Bankrott der Modernisierungstheorien?, in: *D. Nohlen* und *F. Nuscheler* (Hrsg.): Handbuch der Dritten Welt, Bd, 1, Hamburg, 195—207 (erste Auflage).
O'Brian, Ph. J., 1977: Zur Kritik lateinamerikanischer Dependencia-Theorien, in: *H.-J. Puhle* (Hrsg.): Lateinamerika. Historische Realität und Dependencia-Theorien, Hamburg, 33—60.
Osterkamp, R., 1984: Die Probleme der Entwicklungsländer in der Sicht der jüngeren westdeutschen Sozialwissenschaft. Dargestellt am Beispiel von Bd. 1 des neuaufgelegten Handbuchs der Dritten Welt, in: Internationales Afrika Forum, 83—93.
Palma, G., 1978: Dependency: A Formal Theory of Underdevelopment or a Methodology for the Analysis of Concrete Situations of Underdevelopment?, in: World Development 6, 881—924.
Paz, P., 1981: El enfoque de la dependencia en el desarrollo del pensamiento económico Latinoamericano, in: Economia de América Latina 6, 61—81.
Pinto, A., 1980: Comments on the Article "The Interaction Between Styles of Development and the Environment in Latin America", in: CEPAL-Review (Dez.), 51—54.
Portales, C. (Hrsg.), 1983: La América Latina en el Nuevo Orden Económico Internacional, Mexico City.
Prebisch, R., 1981: La periferia latinoamericana en el sistema global del capitalismo, in: Economia de América Latina 6, 13—20.
Prebish, R., 1982: A historical turning point for the Latin American Periphery, in: CEPAL-Review (Dez.), 7—24.
Pye, L. W., 1963: The Non-Western Political Process, in: *H. Eckstein* und *D. Apter* (Hrsg.): Comparative Politics, New York, etc., 657—665.
Ramis, G., 1978: Equity and Growth in Taiwan: How "special" is a "Special Case"?, in: World Development 6, 179—209.
Ray, J. L. und *Th. Webster,* 1978: Dependency and Ecnomic Growth in Latin America, in: International Studies Quarterly 22, 409—434.
Robinson, R., 1972: Non-European Foundations of European Imperialism. Sketch for a Theory of Collaboration, in: *R. Owen* und *B. Sutcliffe* (Hrsg.): Studies in the Theory of Imperialism, London, 117—142.
Robinson, R. und *J. Gallagher,* 1962: The Partition of Africa, The New Cambridge Modern History, Bd. 11, Cambridge.
Robinson, R. und *J. Gallagher,* 1972: Der Imperialismus des Freihandels, in: *H.-U. Wehler* (Hrsg.): Imperialismus, Köln, 183—200.
Robinson, R., J. Gallagher, A. Denny, ⁴1974: Africa and the Victorians. The Official Mind of Imperialism, London.
Ruß, W., 1979: Der Entwicklungsweg Albaniens, Meisenheim.
Schiffer, J., 1981: The Changing Post-War Pattern of Development: The Accumulated Wisdom of Samir Amin, in: World Development 9, 515—537.
Schmidt, A., 1979: Internationale Arbeitsteilung oder ungleicher Tausch. Kontroversen über den Handel zwischen Industrie- und Entwicklungsländern, Frankfurt/New York.

Schmidt, A., 1982: Ungleicher Tausch, in: *D. Nohlen* und *F. Nuscheler* (Hrsg.): Handbuch der Dritten Welt, Bd. 1, Hamburg, 117—132 (zweite, erweiterte Auflage).
Schoeller, W., 1976: Weltmarkt und Reproduktion des Kapitals, Frankfurt/Köln.
Schweers, R., 1980: Kapitalistische Entwicklung und Unterentwicklung, Frankfurt.
Segura, S., S. Barrantes, N. Velarde, 1971: Tecnología y desarrollo de la dependencia, in: *H. Espinoza Uriarte* u.a.: Dependencia económica y tecnología, Lima, 11—67.
Senghaas, D., 1977: Weltwirtschaftsordnung und Entwicklungspolitik. Plädoyer für Dissoziation, Frankfurt.
Senghaas, D. 1982: Von Europa lernen. Entwicklungsgeschichtliche Betrachtungen, Frankfurt.
Senghaas, D. und *U. Menzel*, 1979: Autozentrierte Entwicklung trotz internationalem Kompetenzgefälle. Warum wurden die heutigen Metropolen Metropolen und nicht Peripherien?, in: *D. Senghaas* (Hrsg.): Kapitalistische Weltökonomie. Kontroversen über ihren Ursprung und ihre Entwicklungsdynamik, Frankfurt, 280—313.
Sieber, H., 1968: Die realen Austauschverhältnisse zwischen Entwicklungsländern und Industriestaaten, Tübingen/Zürich.
Simonis, G., 1981: Autozentrierte Entwicklung und kapitalistisches Weltsystem — Zur Kritik der Theorie der abhängigen Reproduktion, in: Peripherie 5/6, 32—48.
Skocpol, Th., 1977: Wallerstein's World Capitalist System: A Theoretical and Historical Critique, in: American Journal of Sociology 82, 1075—1090.
Sunkel, O., 1980: The interaction between styles of development and the environment in Latin America, CEPAL-Review (Dez.), 15—49.
Szymanski, A., 1982: The Socialist World System, in: *Ch. Chase-Dunn* (Hrsg.): Socialist States in the World System, Beverly Hills, etc., 57—84.
Tavares, M. C., 1981: Problemas de industrialización avanzada en capitalismos periféricos y tardios, in: Economia de América Latina 6, 21—42.
Tylor, W. G. and *J. P. Wogart*, 1973: Economic Dependence and Marginalization. Some Empirical Evidence, in: Journal of Interamerican Studies and World Affairs, 15, 36—45.
Vaitsos, C. V., 1973: Transferencia de recursos y preservación de rentas monopólicas, in: Revista de Planeación y Desarrollo 3, 35—79.
Wallerstein, I., 1974: The Modern World System. Capitalist Agriculture and the Origins of the European World-Economy in the Sixteenth Century, New York, etc.
Wallerstein, I., 1979a: The Capitalist World Economy, Cambridge, etc.
Wallerstein, I., 1979b: Aufstieg und künftiger Niedergang des kapitalistischen Weltsystems. Zur Grundlegung vergleichender Analyse, in: *D. Senghaas* (Hrsg.): Kapitalistische Weltökonomie. Kontroversen über ihren Ursprung und ihre Entwicklungsdynamik, Frankfurt, 31—67.
Wallerstein, I., 1980: The modern World System II. Mercantilism and the Consolitation of the European World Economy, 1600—1750, New York, etc.
Wallerstein, I., 1983: Crises: The World Econoy, the Movements, and the Ideologies, in: *A. Bergesen* (Hrsg.): Crises in the World System, Beverly Hills, etc., 21—36.
Warren, B., 1980: Imperialism. Pioneer of Capitalism, London.
Wöhlke, M., P. v. Wogau, W. Martens, 1977: Die neuere entwicklungstheoretische Diskussion. Einführende Darstellung und ausgewählte Bibliographie, Frankfurt.
Wontroba, G. und *U. Menzel*, 1978: Stagnation und Unterentwicklung in Korea, Meisenheim.
Worsley, P., 1983: Drei Welten oder eine? — Eine Kritik der Weltsystemtheorie, in: *J. Blaschke* (Hrsg.): Perspektiven des Weltsystems. Materialien zu *Immanuel Wallerstein*, „Das moderne Weltsystem", Frankfurt/New York, 32—79.

II. Schwellenländer: ein neues entwicklungstheoretisches Erklärungsproblem

Indikatoren zur Bestimmung von Schwellenländern.
Ein Vorschlag zur Operationalisierung

Ulrich Menzel und *Dieter Senghaas*

Einleitung

Wenn man die inzwischen zahlreiche Literatur zur Schwellenländerproblematik bzw. zur Frage der „Newly Industrializing Countries", wie der im angelsächsischen Raum verwandte Begriff lautet, Revue passieren läßt, lassen sich vier Hauptstränge der Diskussion beobachten. Diese ergeben sich im wesentlichen aus dem jeweiligen Erkenntnisinteresse der Autoren. Den breitesten Raum nimmt in der Literatur die Frage ein, welcher aktuelle oder zukünftige Konkurrenzdruck wird von den Schwellenländern auf die etablierten Industrieländer bzw. einzelne ihrer Branchen ausgeübt. Exemplarisch seien hier die Untersuchungen der OECD, der britischen Regierung oder die vielen Stellungnahmen einzelner Interessenverbände genannt (vgl. *OECD* 1979 a, 1979 b; *Bergmann* 1983; *Menzel* 1983: 31—59). Die politische Variante dieser Position stellt die Frage, welche Konsequenzen sich aus den Industrialisierungsprozessen in der Dritten Welt und ihrer daraus resultierenden Differenzierung für das künftige weltpolitische Machtgefüge ergeben. Inwieweit wachsen regionale Subzentren nach — Stichwort pazifische Herausforderung —, die sich nicht mehr in das geläufige Schema der drei Welten einordnen lassen und die sich der Kontrolle durch die Supermächte zunehmend entziehen (*Eßer/Wiemann* 1981; *Kraus/Lütkenhorst* 1984: 5—21; *Hofheinz/Calder* 1982; *Nussbaum* 1984). Ein dritter Aspekt, der vor allem aus dem Umkreis von Entwicklungshilfeinstitutionen in die Diskussion eingebracht wurde, ist das Interesse an Kriterien bei der Vergabepraxis von Entwicklungshilfe[1]. Wenn sich signifikante Unterschiede im Entwicklungsniveau feststellen lassen, woran kann man sie messen und wie sollen sie sich in den Konditionen von Entwicklungshilfe niederschlagen? Ein vierter und hier in erster Linie interessierender Strang der Diskussion bemüht sich um die analytische Klärung des Schwellenländerphänomens. Wie kommt es überhaupt zu nachholender Entwicklung? In diesem Kontext beherrschen neoklassische Autoren das Feld, die in der Exportspezialisierung nach Maßgabe komparativer Vorteile und behaupteter liberaler Außenhandelspolitik die Hauptursache sehen[2].

Je nachdem, welches Erkenntnisinteresse im Vordergrund steht, resultieren aus den Überlegungen und Untersuchungen unterschiedliche Listen von Indikatoren, anhand derer die Kandidaten auf ihren Schwellenstatus befragt werden. Steht der Konkurrenzaspekt im Vordergrund, spielen Indikatoren wie industrielle Wachstumsraten, Höhe der Exportquote und Anteil von Fertigwaren im Export eine wichtige Rolle. Werden geopolitische Überlegungen einbezogen, treten Indikatoren, die aktuelle oder potentielle Macht (Bevölkerungspotential, Verfügung über Rohstoffe, Rüstungspotential etc.) anzeigen sollen, hinzu. Geht es um Entwicklungshilfe, werden soziale und medizinische Indikatoren wie Alphabetisierungsgrad, durchschnittliche Lebenserwartung, Einkommensverteilung u. ä. stärker berücksichtigt. Ausgefeiltere Untersuchungen bemühen sich um Synopsen solcher Indikatorenlisten, legen Schwellenwerte fest und gewichten die einzelnen Indikatoren, bevor sie einen Abgleich mit den Länderdaten vornehmen (*Bergmann* 1983; *Eßer/Wiemann* 1981). Alle aus solchen Überlegungen resultierenden Schwellenländerlisten, die auf bis zu 50 Indikatoren beruhen können, sind sehr stark von der Auswahl und Gewichtung der Indikatoren abhängig. Deshalb ist es auch nicht verwunderlich, daß die einzelnen Länderlisten sehr stark voneinander abweichen und die Zahl der Länder zwischen 10 und 30−40 schwankt (vgl. *Menzel* 1983: 39).

Exemplarisch soll hier der Indikatorenkatalog von *Christel Bergmann* vorgestellt und diskutiert werden. Er dürfte für viele Versuche dieser Art repräsentativ sein, da ihm eine Synopse von insgesamt 30 einschlägigen Bemühungen internationaler Organisationen, wissenschaftlicher Forschungsinstitute und industrieller Interessenverbände zugrunde liegt (vgl. Tabelle 1).

Das in Tabelle 1 zugrunde gelegte Auswahlverfahren ist in mehrfacher Weise kritikwürdig (*Menzel* 1984: 20−24):

1) Hier wie an anderer Stelle werden in unzulässiger Weise quantitative Indikatoren, die einen klaren Sachverhalt anzeigen, mit problematischen qualitativen Indikatoren (z. B. ,,Funktion als regionale Submacht") vermischt.

2) Was fehlt, ist, mit Ausnahme der neoklassischen Argumentation, eine zumindest modelltheoretisch logische Verknüpfung und Begründung der einzelnen Indikatoren. Auch wenn dieser oder jener Indikator durchaus sinnvoll ist, wird vielfach nicht klar, ob er eine deskriptive oder analytische Funktion hat, warum gerade er und nicht ein anderer ausgewählt wurde, warum er dieses und ein anderer jenes Gewicht bekommt, wie es zur Festlegung der jeweiligen Schwellenwerte kommt.

3) Dieser Umstand liegt in der Regel daran, daß die Indikatorenauswahl und -gewichtung zu sehr von der Interessenlage der skizzierten Fragestellungen abhängig ist.

4) Generell kann festgestellt werden, daß dieses wie die meisten anderen Indikatorenmodelle sich in zu starkem Maße mit der Messung von Außenhandel und Industrialisierung befassen und die so wichtige Agrarentwicklung kaum oder gar nicht berücksichtigt wird.

5) Manche Indikatoren machen gar keinen Sinn bzw. messen ganz andere Sachverhalte. So spielt z. B. das Ausmaß der Weltmarktintegration, ablesbar an der Außenhandelsquote, eine große Rolle. Die Gleichsetzung von hoher Außenhandelsquote mit Schwellenländerstatus oder Entwicklung ist zwar aus neoklassischer Sicht oder unter

dem Konkurrenzgesichtspunkt naheliegend, nichtsdestoweniger aber wenig aussagekräftig, wie ein Blick auf die USA, Japan oder die Sowjetunion mit nur geringer Außenhandelsquote unter Beweis stellt. Hiermit wird lediglich die Größe und damit die natürliche Binnenorientierung, nicht aber das Entwicklungsniveau indiziert (*Menzel* 1983: 46 ff.). Wenn man schon in analytischer Absicht mit außenwirtschaftlichen Indikatoren operiert, dann sollte man zunächst grundsätzlich zwischen großen Schwellenländern vom Typ Brasilien und kleinen vom Typ Taiwan oder gar Singapur unterscheiden, denen sehr unterschiedliche Entwicklungsszenarien zugrunde liegen.

6) Der grundsätzliche Einwand lautet schließlich, daß dem hier präsentierten wie den meisten Beiträgen zur Schwellenländerdiskussion ein Kontinuum-Denken zugrunde liegt. Explizit oder implizit wird, etwa in Anlehnung an Rostows Stadientheorie, ein Automatismus nachholender Entwicklung zugrunde gelegt, ohne zu fragen, wie es eigentlich dazu kommt. Wenn ein solcher Automatismus unterstellt wird, dann genügt es allerdings, mehr oder weniger sinnvolle Indikatoren auszuwählen und dann abzulesen, wie weit die einzelnen Länder schon sind. Unterstellt wird dann immer, daß wachsendes Pro-Kopf-Einkommen im statistischen Durchschnitt, wachsender Anteil der Industrie am BSP, zunehmende Urbanisierung und andere eindimensionale Indikatoren gleichbedeutend mit Entwicklung sind.

Tabelle 1: Synoptische Übersicht häufig verwendeter Indikatoren zur Kennzeichnung von Schwellenländern

Kriterium zur Kennzeichnung von	Schwellenwert	Gewicht (in Punkten)
1. Grad der weltwirtschaftlichen Integration		
— Anteil der Exporte am BIP (real) 1979 in %	> 15	0,5
— Anteil der Güterexporte am BIP (nominal) 1979 in %	> 10	0,5
— Anteil der Güterimporte am BIP (nominal) 1979 in %	> 10	0,5
— Anteil der Industriewaren an den Exporten 1978 in %	> 50	1,0
— Anteil der Kapitalgüter an den Exporten 1978 in %	> 15	2,0
— Konzentration der Exporterlöse 1977 (wichtigste 3 Güter in % der Exporterlöse)	< 50	2,0
— Wachstumsrate der Güterexporte 1970/79 in %	> 10	2,0
— Anteil der Güterexporte am Welthandel insgesamt 1979 in %	> 0,5	1,0
— (Anteil der Industriewarenexporte am Welthandel mit Industriewaren)		
— (Art der Außenhandelsstrategie — Exportförderung vs. Importsubstitution)		
— Entwicklung der Terms of Trade 1975/79	> 100	0,5
— Leistungsbilanzsituation 1979 (Defizit in % der Importe)	< 10	0,5
— Internationale Reserven 1979 (Anzahl der Monate von Importen)	> 5	0,5
— Schuldendienst in % des BSP 1979	< 10	0,5
2. Grad der Industrialisierung		
— Beitrag der Industrie zum BIP 1978 in %	> 40	1,0
— Beitrag des Verarbeitenden Gewerbes zum BIP 1979 in %	> 25	2,0
— Anteil von Maschinen- und Fahrzeugbau am Verarbeitenden Gewerbe 1978 in %	> 15	2,0
— Energieverbrauch pro Kopf 1979 in kg SKE	> 1000	1,0

Kriterium zur Kennzeichnung von	Schwellen-wert	Gewicht (in Punkten)
(Fortsetzung Tab. 1)		
— (Pro-Kopf-Produktion von Stahl)		
— (Pro-Kopf-Produktion von Zement)		
— Anteil der Beschäftigten im Verarb. Gewerbe in % der Gesamtbeschäft. 1978	> 25	2,0
— Wachstumsrate der Beschäftigung im Verarbeitenden Gewerbe 1973—75 in %	> 8	0,5
— Wachstumsrate des Verarbeitenden Gewerbes 1970/79 in %	> 10	1,0
— (Produktivitätswachstum)		
— Investitionsquote 1979 in %	> 25	1,0
— Volumen ausländischer Investitionen 1979 in Mio US $	> 500	0,5
— (Rolle des Staates im Rahmen der industriellen Produktion)		
— Wachstumsrate der Kapitalgüterimporte 1970/78 in %	> 20	0,5
— (Ausgaben für F & E in % des BSP)		
— (Rohstoffpotential)		
— (Skilled Labour)		
— Sparquote 1979 in %	> 24	0,5
— Verschuldung in % der Exporte 1979	< 25	0,5
— (Technologisches Potential/Technologiebilanz)		
— Telefone pro 100 Einwohner 1975	> 6	0,5
— Anzahl Personen pro Nutzfahrzeuge 1975	< 100	0,5
3. *Grad der sozio-ökonomischen Entwicklung*		
— Pro-Kopf-Einkommen 1979 in US $	> 750	2,0
— Wachstumsrate des Pro-Kopf-Einkommens 1960/79 in %	> 5	2,0
— Einkommensverteilung (Anteil der 40 % Ärmsten am Haushaltseinkommen) in % (verschiedene Jahrgänge)	> 13	(0,5)
— Kalorienverbrauch pro Kopf in % des Bedarfs 1977	> 100	0,5
— Protein pro Tag pro Kopf 1975—77 in Gramm	> 65	0,5
— Anteil der Bevölkerung mit Zugang zu sauberem Wasser 1975 in %	> 66	0,5
— Durchschnittliche Lebenserwartung 1979 in Jahren	> 65	0,5
— Säuglingssterblichkeit auf 1000 Geborene 1978	> 70	0,5
— Zahl der Einwohner pro Arzt 1977	< 950	0,5
— Alphabetisierungsquote 1976	> 80	0,5
— Primärschulungsrate 1978	≥ 100	1,0
4. *Grad der geopolitischen Bedeutung*		
— Bevölkerung in Mio	20	alle gleichgewichtig
— Bruttosozialprodukt in Mrd US $	+ 20	
— Nettoproduktionswert der Industrie in Mrd US $	+ 1	
— Exporte in Mrd US $	+ 5	
— Importe in Mrd US $	+ 5	
— Ausländische Direktinvestitionen (netto) in Mio US $	+ 400	
— Ölproduktion in Mio t	+ 20	
— Potential an mineralischen Rohstoffen	beachtlich	
— Auslandsverschuldung in Mrd US $	+ 3	
— Internationale Reserven in Mrd US $	+ 3	
— Funktion als regionale Submacht	beachtlich	

Der „Schwellenstatus" ist erreicht, wenn in den drei ersten Kriteriengruppen jeweils mindestens 50 Prozent der möglichen Punkte erreicht werden; bezüglich der vierten Gruppe muß bei mindestens vier Kriterien ein Wert unter den 20 ersten Ländern der Dritten Welt erreicht werden.
Quelle: Bergmann, Christel, 1983: Schwellenländer. Kriterien und Konzepte. München; 27 ff.

Unerklärt bleiben auf diese Weise aber Phänomene wie das der OPEC-Länder mit sehr hohen Pro-Kopf-Einkommen als Resultat monopolbedingter Preiserhöhungen für Rohstoffe, hohe Wachstumsraten bei bleibendem Massenelend wie in Brasilien, schon vor hundert Jahren hohes Pro-Kopf-Einkommen wie in Argentinien ohne kohärente Entwicklung.

Es muß deshalb darauf insistiert werden, daß das Kontinuum-Denken mit den es charakterisierenden Automatismen der Problematik nicht gerecht wird. Entscheidend ist vielmehr, ob es in einer kritischen Phase zu einem entwicklungsfördernden *Gesamtszenario* kommt oder nicht. Die Bestandteile eines solchen Szenarios sind zwar nicht beliebig offen, aber doch von der jeweils spezifischen Konstellation abhängig. Entwicklungsindikatoren können deshalb nur *konfigurativ* innerhalb einer Etappe eines solchen Szenarios gedacht werden. Auf jeden Fall bedürfen sie, auch wenn sie quantifizierbar sind, der Erläuterung, Interpretation und Verknüpfung.

Sechs Sachverhalte und ein Indikatorenmodell

Die im folgenden vorgeschlagenen Indikatoren zur Bestimmung von Schwellenländern, ihre theoretische Begründung und die Hinweise zu ihrer Operationalisierung beruhen auf drei Erfahrungen der Autoren:
1) Auf der intensiven Beschäftigung mit der Theorie und Empirie des peripheren Kapitalismus, zu der inzwischen zahlreiche theoretische Aufsätze und monographische Untersuchungen vorliegen (*Senghaas* 1972, 1974, 1977, 1979).
2) Auf der eigenen vergleichenden Analyse historischer Fälle nachholender Entwicklung. Gemeint sind solche Länder, die heute der OECD angehören, aber im 19. und 20. Jhd. angesichts des fortgeschritteneren Entwicklungsniveaus Englands und anderer Vorreiter vor einer ähnlichen Problematik standen wie heutige Länder der sogenannten Dritten Welt. Kontrastiert wurden damit historisch fehlgeschlagene Versuche nachholender Entwicklung (Argentinien, Uruguay, Spanien etc.), die Ende des 19. Jhds. ebenfalls über gute Entwicklungschancen verfügten, diese aber nicht zu nutzen vermochten (*Senghaas*, 1982; *Menzel* 1985 a). Diese historischen Kontrastanalysen lieferten die wesentlichen Einsichten für das hier vorgeschlagene Indikatorenmodell. Die für die Frühphasen problematische Datenlage setzte seiner Operationalisierung allerdings enge Grenzen.
3) Auf der monographischen Untersuchung aktueller Fälle nachholender Entwicklung im ostasiatischen Raum (Südkorea und Taiwan), die in der gegenwärtigen Schwellenländerdiskussion eine prominente Rolle spielen (*Menzel* 1985 b). Hier ist die Datenlage unvergleichlich besser und läßt auch die empirische Überprüfung struktureller und statistisch aufwendiger Indikatoren zu. Das nachfolgende Indikatorenmodell ist der unmittelbare Ausfluß dieser Fallstudien. Die im folgenden angeführten Daten zu Brasilien, Mexiko und anderen Ländern dienen nur der Verdeutlichung des Kontrasts. Sie sind aus den verfügbaren Datensammlungen der Weltbank entnommen und beruhen nicht auf eigenen Fallstudien.

Das vorgeschlagene Indikatorenmodell konzentriert sich aufgrund der genannten monographischen Untersuchungen auf ökonomische Indikatoren. Damit soll aber keineswegs einer rein ökonomistischen Argumentation Vorschub geleistet werden. Es wäre wünschenswert, wenn soziale und kulturelle Indikatoren hinzukämen, wie sie etwa aus den vorzüglichen Arbeiten von *Helmut Asche* (1984) gewonnen werden könnten.

Gleichzeitig versteht sich das Indikatorenmodell als weitere Operationalisierung der Theorie autozentrierter Entwicklung und steht damit in der Kontinuität diverser theoretischer und empirischer Arbeiten der Autoren[3].

Wenn unter Berücksichtigung der in der Einleitung genannten Einwände einige wenige, eher strukturelle und mehrdimensionale Indikatoren vorgeschlagen werden, anhand derer sich der im wesentlichen ökonomische „Schwellenstatus" eines Landes messen läßt, dann ist mit Schwelle nicht ein bestimmter Punkt innerhalb eines Kontinuums gemeint, sondern eine Zeitspanne, in der eine *Vielzahl* von entscheidenden entwicklungsfördernden Weichenstellungen vorgenommen werden. Entscheidend ist dabei die *Richtung*, in der sich das *gesamte* Ensemble der Indikatoren bewegt. Soweit die Ergebnisse solcher Weichenstellungen an quantitativen Indikatoren überhaupt ablesbar sind, sollten im Sinne der in den zitierten Arbeiten entfalteten Theorie autozentrierter Entwicklung die Sachverhalte

— Struktur und Leistungsfähigkeit des Agrarsektors
— Binnenmarkterschließung
— Homogenisierung
— Kohärenz
— Reife
— internationale Konkurrenzfähigkeit

im Vordergrund stehen.

Erster Sachverhalt: Struktur und Leistungsfähigkeit des Agrarsektors

Die Struktur und Leistungsfähigkeit des Agrarsektors zu Beginn der Industrialisierung ist, wie vielfältige historische und aktuelle Erfahrung im Positiven wie im Negativen zeigt, eine wesentliche Variable, von der die Gesamtentwicklung einer Gesellschaft in allen ihren Dimensionen abhängt. Ob es zu steigender landwirtschaftlicher Leistungsfähigkeit kommt, ob sie überhaupt politisch gewollt wird, ob ein großer Teil der Bevölkerung daran partizipiert, ist in entscheidendem Maße von der Bodenordnung abhängig. Ihre Leistungsfähigkeit hängt ferner von der Einbindung der Landwirtschaft in die übrige Ökonomie ab. Zur Messung des ersten Sachverhalts werden deshalb drei Indikatoren vorgeschlagen.

Landwirtschaftliche Leistungsfähigkeit läßt sich im Agrarwachstum ablesen. Da es bei unserer Fragestellung um den Zusammenhang von Agrarmodernisierung und Industrialisierung geht, lautet der vorgeschlagene Indikator „Agrarwachstum über den Zeitraum von etwa 20 Jahren zu Beginn der Industrialisierung". Aufgrund internationaler historischer und aktueller Erfahrungen sollte dieses Wachstum in etwa mindestens

3 Prozent jährlich betragen. Deshalb wird dieser Prozentsatz als Schwellenwert[4] angenommen. Ob das Agrarwachstum breitenwirksam ist, hängt in erster Linie von der Verteilung des Grundbesitzes ab, da sie als wesentliche Ursache für die ländliche Einkommensverteilung angesehen werden kann. Geeignete Kennziffer zur Messung dieses Sachverhalts ist der Index der Bodenkonzentration (Gini-Index), der sich im Spektrum von 0 (= totale Gleichheit in der Bodenverteilung) bis 1 (= totale Ungleichheit) bewegt. Erreicht der Gini-Index (Boden) einen Wert unterhalb von 0,5, ist, wie internationale Vergleiche zeigen, bereits eine relativ homogene Bodenverteilung gegeben. Diese entspricht in etwa der statistischen Normalverteilung. Vorgeschlagen wird deshalb als zweiter Indikator der Gini-Index (Boden) mit einem Schwellenwert von <0,5.

Entscheidend ist allerdings für den hier anvisierten Sachverhalt das *Zusammenwirken* beider Indikatoren, was sich anhand einer Vierfeldertafel demonstrieren läßt.

Schaubild 1: Agrarwachstum und Bodenverteilung

	ϕ Agrarwachstum 1960–1981	
	über 3 %	unter 3 %
Gini-Index (Boden) unter 0,5	I Südkorea Taiwan	II Indien
Gini-Index (Boden) über 0,5	III Mexiko Brasilien	IV Ägypten

Nur im Fall der Kombination (I) kann deshalb von breitgestreuter landwirtschaftlicher Leistungsfähigkeit mit den notwendigen Sekundäreffekten gesprochen werden, während im Fall (III) eine nur selektive Agrarmodernisierung zu erwarten ist, deren Sekundäreffekte bezüglich Binnenmarktausweitung, Verbesserung der Einkommenssituation der ländlichen Bevölkerung und der Indizierung von Koppelungseffekten begrenzt sind. 3 Prozent wurden von den „Ländern mit niedrigem Einkommen" in der Statistik der Weltbank zwischen 1960 und 1981 im Durchschnitt nicht erreicht und von den „Ländern mit mittleren Einkommen" gerade überschritten (Weltentwicklungsbericht 1983). In Südkorea betrug das Agrarwachstum zwischen 1962 und 1982 3,8 und in Taiwan 3,0 Prozent. Berücksichtigt man das höhere Agrarwachstum der 1950er Jahre in Taiwan (4,8 % von 1952–62), kommt man für die 30 jährige Periode mit 3,6 Prozent auf einen ähnlich hohen Wert. Mexiko und Brasilien haben ebenfalls ein Agrarwachstum von deutlich über 3 Prozent zu verzeichnen, während Indien ebenso deutlich darunter lag.

Tabelle 2: Durchschnittliche jährliche Wachstumsraten der Landwirtschaft ausgewählter Länder 1960—1981

	1960—70	1970—81
⌀ Länder mit niedrigem Einkommen	2,2	2,3
VR China	1,6	2,8
Indien	1,9	1,9
⌀ Länder mit mittlerem Einkommen	3,4	3,0
davon:		
⌀ untere Einkommenskategorie	3,0	3,2
Ägypten	2,9	2,9
⌀ obere Einkommenskategorie	4,0	2,6
Mexiko	4,5	3,4
Südkorea	4,4	3,0
Taiwan	4,8[a]	3,0[b]
Brasilien		5,2
⌀ marktwirtschaftliche Industrieländer	1,4	1,6

a) 1952—62
b) 1962—82
Quelle: Weltentwicklungsbericht 1983, 176 f.; *Menzel* 1985 b, Tab. 36.

Der Gini-Index (Boden) hatte für Taiwan den Wert von 0,457 (1960). Einige Vergleichswerte lauten für Indien 0,589 (1960/61), Ägypten 0,674 (1964), Mexiko 0,694 (1960) und Brasilien 0,837 (*Fei/Ranis/Kuo* 1979: 252).
Mexiko und Brasilien liegen demnach in der Vierfeldertafel in Quadrant III, Indien fast in Quadrant II und Ägypten deutlich in Quadrant IV, während Taiwan, aber auch Südkorea mit ähnlicher Bodenverteilung, dank ihrer Kombination von Bodenreform und Agrarmodernisierung eindeutig in Quadrant I liegen.
Ob es zu einer Integration der Landwirtschaft in die übrige Ökonomie gekommen ist, ist anhand der *agroindustriellen Verflechtung* feststellbar. Diese wiederum läßt sich daran ablesen, ob landwirtschaftliche Urprodukte industriell weiterverarbeitet werden (Nahrungsmittel, Textilien auf pflanzlicher Basis, Zigaretten etc.), und ob umgekehrt die Industrie Zwischengüter an die Landwirtschaft liefert, die dort in die Produktion eingehen (Kunstdünger, Futtermittel, Saatgut, Energie, u. a.). Meßbar ist dieser Sachverhalt durch die Höhe des Anteils der gesamten Agrarproduktion (landwirtschaftlicher Bruttoproduktionswert — BPW), der in anderen Sektoren als Vorleistungen dient, bzw. die Höhe des Anteils der von der Landwirtschaft bezogenen Vorleistungen am landwirtschaftlichen BPW. Der Bruttoproduktionswert ist die Summe aus Wertschöpfung (BIP) und Vorleistungen. Als Indikatoren zur Messung der agroindustriellen Verflechtung werden deshalb der „Anteil der von der Landwirtschaft bezogenen Vorleistungen am landwirtschaftlichen BPW" (= landwirtschaftlicher Inputkoeffizient) und der „Anteil der von der Landwirtschaft gelieferten Vorleistungen am landwirtschaftlichen BPW" (= landwirtschaftlicher Outputkoeffizient) vorgeschlagen (*Holub/Schnabl* 1982: 152 f.).

Auf der Basis verfügbarer Input-Output-Tabellen wird für beide Koeffizienten der Wert von 0,4 als Schwellenwert angenommen. Das heißt, mindestens 40 Prozent des landwirtschaftlichen BPW müssen auf bezogene bzw. gelieferte Vorleistungen entfallen. Die entsprechenden Werte lauten z. B. für Taiwan im Jahre 1979 0,549 (Input-Koeffizient) und 0,541 (Output-Koeffizient) (Taiwan Input-Output-Tables 1981: 75).

Zweiter Sachverhalt: Homogenisierung

Kommt es in einem Land zu Industrialisierung, verschieben sich die volkswirtschaftlichen Gewichte dergestalt, daß der Beitrag der Landwirtschaft zum BSP, der ursprünglich 60, 70 oder gar 80 Prozent betragen hat, bis auf 20 Prozent oder weniger abnimmt. In reifen Industriegesellschaften kann er sogar trotz hohem abolutem Leistungsniveau der Landwirtschaft auf unter 5 Prozent sinken. Parallel dazu wächst der Anteil der Industrie von 10 oder weniger auf 40 oder mehr Prozent, um nach Erreichen dieses Gipfels wieder auf 30—35 Prozent zurückzugehen. Danach wächst dann nur noch der parallel gewachsene Dienstleistungssektor weiter, der einen Anteil von 60 und mehr Prozent erreichen kann. Im Durchschnitt der entwickelten OECD-Länder betrug dieses Profil z. B. im Jahre 1981 4 : 37 : 59, in den USA sogar 3 : 34 : 63.
Parallel dazu kam es in den heutigen OECD-Ländern, wenn auch mit Zeitverzögerung, zu einer entsprechenden Verlagerung der sektoralen Verteilung der Beschäftigung. So betrug das Verteilungsprofil der Beschäftigung im OECD-Durchschnitt 1981 7 : 38 : 55 und in den USA 2 : 32 : 66. Wenn eine weitgehende Deckungsgleichheit in der sektoralen Entstehung des BSP und der sektoralen Verteilung der Beschäftigung gegeben ist, kommt darin zum Ausdruck, daß die Produktivitätsniveaus in allen drei Sektoren der Volkswirtschaft sich angeglichen haben. Die sektoral Beschäftigten erzeugten in etwa jeweils den gleichen Anteil am Sozialprodukt. Die relative (und absolute) Abnahme der landwirtschaftlich tätigen Bevölkerung war also von einer entsprechenden Zunahme der landwirtschaftlichen Produktivität begleitet. In den USA erzeugten z. B. 1981 in der Landwirtschaft 2 Prozent der gesamten Beschäftigten 3 Prozent des BSP, in der Industrie 32 Prozent der gesamten Beschäftigten 34 Prozent des BSP und im Dienstleistungssektor 66 Prozent Beschäftigte 63 Prozent des BSP. Dieses tendenzielle Zusammenfallen beider Verteilungsprofile soll als Homogenisierungsprozeß, als Trend zur Homogenisierung, bezeichnet werden und wird als wesentlicher Ausdruck von Entwicklung angesehen (vgl. Tabelle 3).
Der umgekehrte, in vielen Drittwelt-Gesellschaften zu beobachtende Vorgang ist folgender: Auch hier kommt es zu Industrialisierung, d. h. der Beitrag der Landwirtschaft zum BSP nimmt relativ ab und der Beitrag der Industrie zum BSP relativ zu, diese sektorale Verlagerung auf der Entstehungsseite des BSP ist aber nicht mit einer auch nur annähernd entsprechenden Verlagerung auf der Beschäftigungsseite verbunden. So ging beispielsweise in Indien der Beitrag der Landwirtschaft zwischen 1960 und 1981 von 50 auf 37 Prozent zurück, während der Beitrag der Industrie von 20 auf 26 Prozent zunahm. Auf der Beschäftigungsseite belief sich der Rückgang aber nur auf 5 Prozentpunkte von 74 auf 69 Prozent bzw. die Zunahme auf 2 Prozentpunkte von 11 auf

Tabelle 3: Entstehung des Sozialprodukts und Verteilung der Beschäftigung nach Sektoren für ausgewählte Länder 1960—1981

		Verteilung des BIP in %			Anteil der Erwerbspersonen in %			Homogenisierungsindex[c]
		Landwirtschaft	Industrie	Dienstleistungen	Landwirtschaft	Industrie	Dienstleistungen	
USA	1960	4	38	58	7	36	57	6
	1981/80	3	34	63	2	32	66	6
Japan	1960	13	45	42	33	30	37	40
	1981/80	4	43	53	12	39	49	16
φ OECD[a]	1960	9	40	51	17	41	42	18
	1981/80	4	37	59	7	38	55	8
Taiwan[b]	1960	33	25	46	56	11	33	50
	1981	9	45	46	19	42	39	20
Südkorea	1960	37	20	43	66	9	25	58
	1980/81	17	39	44	34	29	37	33
Brasilien	1960	16	35	49	52	15	33	72
	1981/80	13	34	53	30	24	46	34
Indien	1960	50	20	30	74	11	15	48
	1981/80	37	26	37	69	13	18	54

a) Durchschnitt von Italien, GB, Japan, Österreich, Finnland, Australien, Kanada, Niederlande, Belgien, Frankreich, USA, Dänemark, BRD, Norwegen, Schweden
b) NIP
c) = Summe der Abweichung in den Prozentpunkten der sektoralen Verteilung des BIP von der Verteilung der Beschäftigung
Quelle: Weltbank, Weltentwicklungsbericht 1983; *Menzel* 1985 b, Tab. 80

13 Prozent. 13 Prozent industriell Beschäftigte erzeugen also 26 Prozent des Sozialprodukts und 69 Prozent landwirtschaftlich Beschäftigte nur 37 Prozent des Sozialprodukts. Die industrielle Produktivität ist also im Durchschnitt nicht nur um ein Vielfaches höher als die landwirtschaftliche, die Kluft zwischen beiden Produktivitätsniveaus hat in den letzten 20 Jahren außerdem sogar noch zugenommen. Dieser Sachverhalt wird als Ausdruck von Heterogenisierung verstanden.
Bezüglich der Schwellenländerdiskussion wird demnach als weiterer Indikator der Sachverhalt „Trend zur Homogenisierung, gemessen an der sich annähernden sektoralen Verteilung der Erwerbstätigen mit den Beiträgen der Sektoren zum Sozialprodukt" vorgeschlagen. Die Tabelle 3 zeigt, daß im Falle Taiwans im Jahre 1981 die beiden Verteilungsprofile 9 : 45 : 46 und 12 : 42 : 39 lauten, während sie 1960 noch die Werte 33 : 25 : 46 und 56 : 11 : 33 aufwiesen. Es hat also auf der Entstehungsseite des BSP bereits eine sehr starke Annäherung an das durchschnittliche OECD-Profil des Jahres 1960 gegeben, das als Schwellenwert dienen könnte. Auf der Beschäftigungsseite ist diese Angleichung zwar noch nicht so weit fortgeschritten, aber in der Tendenz doch deutlich erkennbar. Noch bemerkenswerter ist aber, daß die Profile beider Verteilungen sich bereits stark angenähert haben, also eine erhebliche Homogenisierung stattgefunden haben muß. Wie nicht anders zu erwarten, sind beide Prozesse, sektorale Verlagerung und Annäherung der sektoralen Profile, in Südkorea oder in

einem anderen prominenten Fall der Schwellenländer-Diskussion — Brasilien — weniger stark ausgeprägt.
Zwar ist allein der optische Vergleich beider Profile bereits sehr aussagekräftig, um aber den Informationsgehalt der sechs, oder wenn man die Zeitdimension einbezieht, zwölf Kennziffern zu vereinigen, wird vorgeschlagen, die jeweiligen Abweichungen der Profile zu einem „Index der Homogenisierung" zusammenzufassen. Dieser Index ist definiert als die Summe der Prozentpunkte der jeweiligen Abweichungen zwischen beiden Verteilungsprofilen. Im Falle der USA betrug er z. B. im Jahre 1960 (7—4) + (38—36) + (58—57) = 6. Die letzte Spalte der Tabelle 3 zeigt demnach, daß in den USA der Homogenisierungsprozeß am weitesten fortgeschritten ist und sich zwischen 1960 und 1981/80 auch nicht mehr verändert hat. Im Fall Japans nahm der Wert von 40 auf 16, im Schnitt der OECD-Länder von 18 auf 8 Punkte ab. Demnach hätte Taiwan 1981 mit 20 Punkten fast den OECD-Durchschnittswert des Jahres 1960 erreicht und damit einen wesentlich besseren Wert als Japan im Jahre 1960. Auch in Südkorea und Brasilien ist eine deutliche Verbesserung zu beobachten, das Ausmaß der Homogenisierung ist mit 33 bzw. 34 Punkten allerdings noch wesentlich geringer. Im Falle Indiens ist demgegenüber eine Verschlechterung des Werts von 48 auf 54 Punkte zu verzeichnen, was als zunehmende Heterogenisierung interpretiert werden kann.
Aufgrund der vergleichenden Beobachtungen wird als Schwellenwert ein Homogenisierungsindex von etwa 20 Punkten vorgeschlagen. Dieser Wert orientiert sich am entsprechenden Durchschnittswert der OECD-Länder im Jahre 1960. Die entscheidende Frage bleibt zwar, ob es zu einer Abnahme des Werts, also zunehmender Homogenisierung kommt, ein hohes Ausmaß von Homogenität ist aber erst erreicht, wenn eine bestimmte Angleichung beider Profile erreicht ist.
Ein alternatives Verfahren, zu einem solchen Index zu gelangen, ist die Berechnung des Gini-Koeffizienten der sektoralen Ungleichheit. Man erhält ihn, indem man die gesamte Beschäftigung und das gesamte BSP, jeweils nach primärem, sekundärem und

Tabelle 4: Gini-Index der sektoralen Ungleichheit für ausgewählte Länder 1960—1970

	1960	1970	Veränderung
Saudi-Arabien		0,708	
Libyen		0,568	
Mexiko	0,428	0,362	−0,060
Brasilien	0,303	0,292	−0,011
Ägypten	0,298	0,255	−0,043
Indien	0,234	0,205	−0,029
Südkorea	0,272	0,198	−0,074
Taiwan		0,186	
Japan	0,231	0,169	−0,062
Italien	0,231	0,153	−0,078
φ OECD[a]	0,112	0,082	−0,030
BRD	0,097	0,082	−0,015
USA	0,031	0,017	−0,014

a) 16 Länder
Quelle: Taylor/Jodice 1983, 137 ff. .

tertiärem Sektor unterteilt, kumulativ auf der x-Achse und der y-Achse eines Diagramms abträgt. Entsprechen gleiche sektorale Anteile der Beschäftigung gleichen sektoralen Anteilen am BSP (in der Tendenz das OECD-Profil), hat der Index den Wert 0. Je stärker die Abweichung ist, desto stärker ist die sektorale Ungleichheit (*Taylor/ Jodice* 1983: 137 ff.) (vgl. Tabelle 4).
Demnach hätten Südkorea und Taiwan im Jahre 1970 mit 0,198 bzw. 0,186 bereits den Wert von Japan und Italien im Jahre 1960 mit 0,231 unterschritten. Die OPEC-Länder Saudi-Arabien und Libyen haben mit 0,708 bzw. 0,568 trotz ihres hohen Pro-Kopf-Einkommens extrem schlechte Werte, d. h. sehr hohe sektorale Ungleichheit. Mexiko und Brasilien haben mit 0,362 bzw. 0,292 noch deutlich schlechtere Werte, während umgekehrt die BRD mit 0,082 und vor allem die USA mit 0,017 deutlich bessere Werte als Südkorea und Taiwan aufweisen. Der Schwellenwert könnte bei einem Gini-Wert von 0,2 liegen, was in etwa dem Wert der OECD-Länder im oberen Spektrum entspricht.

Dritter Sachverhalt: Breitenwirksame Binnenmarkterschließung

Eine breitenwirksame Binnenmarkterschließung liegt dann vor, wenn zwei Faktoren in dieselbe Richtung wirken. Erstens muß die gesamte Nachfrage zunehmen. Diese ist wiederum abhängig von einer Zunahme des Sozialprodukts oder des Volkseinkommens pro Kopf. Dieser Faktor beeinflußt das Volumen des Binnenmarkts. Zweitens resultiert Binnenmarkterschließung daraus, daß ein möglichst großer Teil der Bevölkerung zunehmende Nachfrage entwickelt. Dieses hängt von der Einkommensverteilung ab. Der zweite Faktor beeinflußt mithin das Profil der Nachfrage.
Die Notwendigkeit des Zusammenwirkens beider Faktoren ist Resultat folgender Überlegung: Für einen sich selbsttragenden Industrialisierungsprozeß sind die Chancen dann am günstigsten, wenn er sich vor dem Hintergrund einer sich entfaltenden Nachfrage nach Massenkonsumgütern vollziehen kann. Diese Nachfrage sollte sich tendenziell von den Gütern des notwendigen Bedarfs auf dauerhafte Konsumgüter verlagern. Die Nachfrage nach Massenkonsumgütern kann aber nur dann zunehmen, wenn ihr eine Einkommensverteilung zugrundeliegt, die eher gleichmäßig ist oder zumindest der statistischen Normalverteilung nahekommt. Die Masse der Einkommensbezieher muß also im Mittelspektrum angesiedelt sein. Liegt eine rechtsschiefe Einkommensverteilung vor, d. h. entfällt die Masse des verfügbaren Einkommens auf die Bezieher von Spitzeneinkommen, wird lediglich Nachfrage nach Luxusgütern induziert. Infolge zu begrenzter Märkte sind Luxusgüter aber für kostengünstige industrielle Serienfertigung ungeeignet; sie werden deshalb in der Regel aus weiter entwickelten Ländern eingeführt. Liegt umgekehrt eine linksschiefe Einkommensverteilung vor, d. h. entfällt die Masse des Einkommens auf die unteren Einkommensbezieher, ist eine hohe Subsistenzorientierung zu erwarten. Die Masse der Einkommen entsteht natural und nicht monetär, so daß auch in diesem Fall keine großen Binnenmarkteffekte entstehen können.
Als Indikatoren für den Sachverhalt „Breitenwirksame Binnenmarkterschließung" wird deshalb die *Kombination* von „Pro-Kopf-Wachstum des Sozialprodukts über den

Tabelle 5: Einkommenskonzentration im internationalen Vergleich

	Jahr	Einkommen des 5. Quintils/ Einkommen des 1. Quintils	Gini-Koeffizient[a]
Länder mit niedrigem Einkommen:			
Sri Lanka	1969–70	5,79	0,4090
Indien	1964–65	7,30	0,4675
Länder mit mittlerem Einkommen:			
Taiwan	1980	4,17	0,3242
	1971	4,51	0,3505
Jugoslawien	1973	6,15	0,3955
Spanien	1974	7,03	0,4185
Südkorea	1976	7,95	0,4520
Argentinien	1970	11,43	0,5180
Philippinen	1970–71	14,57	0,5660
Costa Rica	1971	16,61	0,5710
Venezuela	1970	18,00	0,5875
Mexiko	1977	18,76	0,5886
Türkei	1973	16,62	0,5891
Malaysia	1970	17,15	0,5994
Peru	1972	32,11	0,6705
Brasilien	1972	33,30	0,7060
Honduras	1967	29,48	0,7145
Länder mit hohem Einkommen:			
Japan	1977	4,10	0,3223
Schweden	1972	5,61	0,3625
Norwegen	1970	5,92	0,3690
Australien	1966–67	5,88	0,3711
Großbritannien	1973	6,16	0,3815
Kanada	1969	8,20	0,4225
USA	1972	9,51	0,4530
Bundesrepublik	1973	7,11	0,4555
Italien	1969	9,12	0,4700
Frankreich	1970	10,91	0,4905

a) berechnet auf der Basis von Quintilen
Quelle: Report on the Survey of Personal Income Distribution in Taiwan Area Republic of China 1981. Taipei: Directorate-General of Budget, Accounting & Statistics 1982, 37.

Zeitraum von 20 Jahren" und „Homogenität der Einkommensverteilung" vorgeschlagen. Letzteres läßt sich am besten durch den Gini-Index der Einkommensverteilung oder ersatzweise durch die Relation von oberstem und unterstem Quintil der Einkommensbezieher ausdrücken. Auch hier seien einige internationale Vergleichswerte angegeben.
Die Kombinationsmöglichkeiten beider Indikatoren lassen sich wieder durch eine Vierfeldertafel demonstrieren. Nur in der Kombination (I) ist demnach breitenwirksame Binnenmarktausweitung gegeben, während in der Kombination (III) ein Fall von Verelendungswachstum bei zunehmendem Luxuskonsum vorliegt.

Das jährliche Pro-Kopf-Wachstum des Sozialprodukts betrug in Südkorea und Taiwan zwischen 1960 und 1980 7,0 bzw. 7,1 Prozent und kann im internationalen Vergleich als außerordentlich hoch bezeichnet werden. Innerhalb der OECD-Länder wurde ein entsprechender Wert nur von Japan erreicht. Fast alle Dritt-Welt-Länder blieben deutlich darunter. Der Kontrastfall im Kontext der Schwellenländerdiskussion, Brasilien, erreichte immerhin 5,1 Prozent. Der Gini-Koeffizient der Einkommensverteilung hatte in Taiwan den Wert von 0,32 (1980), in Südkorea den Wert von 0,45 (1976), in Mexiko den Wert von 0,59 (1977) und in Brasilien sogar den Wert von 0,71 (1972). Taiwan wies also im internationalen Vergleich eine sehr homogene Einkommensverteilung auf, Südkorea eine noch sehr ansehnliche, Mexiko und Brasilien eine sehr inhomogene.

Wenn man aufgrund historischer und aktueller internationaler Vergleiche als Schwellenwert die Kombination eines durchschnittlichen Pro-Kopf-Wachstums von 4 Prozent mit einem Gini-Index (Einkommen) von unter 0,5 annehmen würde, ergäbe sich die u. a. Verteilung. Nur Taiwan und Südkorea würden bei dieser Auswahl den Sachverhalt der breitenwirksamen Binnenmarktschließung erfüllen, während Brasilien sich zwar durch hohes Wachstum, aber nicht durch Breitenwirksamkeit auszeichnet, Indien zwar eine relativ homogene Einkommensverteilung, aber nur sehr geringes Wachstum hat, und Peru keines der beiden Kriterien erfüllt. Südkorea und Taiwan finden sich analog zur ersten Vierfeldertafel wieder im ersten Quadranten, Indien wiederum im zweiten Quadranten, Brasilien wiederum in dritten und Peru analog zu Ägypten im vierten Quadranten (Schaubild 2).

Schaubild 2: Pro-Kopf-Wachstum und Einkommensverteilung

		φ Wachstum des BSP pro Kopf 1960–1980	
		über 4 %	unter 4 %
Gini-Index Einkommen	unter 0,5	I Taiwan (7,1/0,32) Südkorea (7,0/0,45)	II Indien (1,4/0,47)
	über 0,5	III Brasilien (5,1/0,71)	IV Peru (1,0/0,67)

Quelle: Weltentwicklungsbericht 1983, 174 f.; Tabelle 5

Vierter Sachverhalt: Kohärenz

Kohärenz einer Volkswirtschaft drückt sich darin aus, ob ein hoher Verflechtungsgrad der einzelnen Sektoren oder Branchen besteht. Gemeint ist damit, daß Urprodukte im Land weiterverarbeitet werden, also als Vorprodukte in nachgelagerte Verarbeitungsstufen eingehen bzw. Endfertigung auf dem Bezug inländisch erzeugter Vorleistungen beruht. Der negative Kontrastfall ist gegeben, wenn die Urprodukte in rohem Zustand

exportiert und nur Endprodukte importiert werden. Dieser Sachverhalt wäre Ausdruck von Inkohärenz bzw. ein typisches Merkmal von Peripherieökonomie.
Kohärenz in Exportökonomien kommt durch die Wahrnehmung vor- und nachgelagerter Koppelungseffekte zustande, die von den Exportsektoren ausgehen. Eine solche Vermaschung oder Vernetzung einer Ökonomie läßt sich anhand der Input-Output-Tabelle ablesen. Unterstellt wird dabei, daß die Matrix einer entwickelten Volkswirtschaft strukturell von der einer unterentwickelten verschieden ist (*Leontief* 1963: 148—166; *Sunkel* 1978: 3—20).
Dieser strukturelle Unterschied drückt sich u. a. darin aus, welchen Anteil die gesamten Vorleistungen, besser die inländischen Vorleistungen, am gesamten BPW aufweisen. Je höher der Anteil der Vorleistungen am BPW (bzw. je höher der dann identische Input- oder Outputkoeffizient), desto höher der Verflechtungsgrad. Der hier vorgeschlagene Indikator für Kohärenz mißt also sozusagen die Verflechtung einer Volkswirtschaft mit sich selbst[6].
Die Tabelle 6 gibt diesen Koeffizienten für eine Reihe von Ländern wieder. Da die jeweiligen Input-Output-Tabellen nach unterschiedlichen Prinzipien aufgebaut sind (Importe werden nach Vorleistungen und Endprodukten separiert oder nicht, es werden Produzenten- oder Käuferpreise ausgewiesen), ist ihre unmittelbare Vergleichbarkeit eingeschränkt.
Dennoch lassen sich aus der Tabelle 6 deutliche Aussagen entnehmen. Der Anteil der gesamten, aber auch nur der inländischen Vorleistungen am BPW nimmt im Falle Südkoreas zwischen 1960 und 1978 erheblich zu, was als zunehmende Verflechtung bzw. wachsende Kohärenz gewertet werden kann. In Taiwan war der Anteil der gesamten Vorleistungen 1979 deutlich höher als in Südkorea 1978. Dieser Umstand korrespondiert mit der insgesamt besseren Ausprägung der anderen Entwicklungsindikatoren Taiwans gegenüber Südkorea. Die Werte für die BRD sind wiederum deutlich höher als für Taiwan. Niedriger als im Falle Südkorea ist wiederum der Anteil der inländischen Vorleistungen am BPW in den angeführten asiatischen Ländern, die ihrerseits wieder höhere Werte als die afrikanischen aufweisen. Die europäischen „Schwellenländer" decken sich in etwa mit Südkorea. Bei den lateinamerikanischen Ländern ist die Ausprägung des Indikators unterschiedlich.
Aufgrund dieses internationalen Vergleichs wird deshalb als Schwellenwert für den Grad der Kohärenz oder Vernetzung ein Anteil der inländischen Vorleistungen am BPW von 35 Prozent bzw. der gesamten (inkl. der importierten) Vorleistungen am BPW von 45 Prozent vorgeschlagen. Offenbar ist bei 60—65 Prozent eine Grenze erreicht, die den Zustand einer integrierten Volkswirtschaft vom Typ der BRD charakterisiert. Hier hat der Koeffizient in den letzten 10 Jahren nämlich kaum noch eine Veränderung erfahren. Eine gewisse Verzerrung kommt vermutlich durch die unterschiedliche Ausstattung der Länder mit Rohstoffen zustande.
Rohstoffarme, in der Regel eher kleinere Länder müssen zwangsläufig auch viele Rohstoffe importieren, so daß der gesamte Inputkoeffizient stärker von dem inländischen Inputkoeffizienten abweicht. Trotz dieser Einschränkung bleibt die Tabelle aber aussagekräftig.

Tabelle 6: Relation der Vorleistungen zum Bruttoproduktionswert (BPW) im internationalen Vergleich

	Jahr	inl. Vorl. / BPW	inl. + imp. Vorl. / BPW	inl. + imp. Vorl. / BPW + ges. Imp.
Südkorea[a]	1960	0,3262	0,4142	
	1963	0,3385	0,4217	
	1966	0,3320	0,4157	
	1968	0,3572	0,5769	0,4031
	1970	0,3642	0,4543	
	1975	0,3993	0,5368	
	1978	0,3991	0,5335	0,4503
Taiwan	1979		0,5828[a]/0,5979[b]	0,4816[a]
Indien[a]	1965			0,3024
Indonesien[a]	1969			0,3866
Iran[a]	1965	0,3019		
Malaysia (West)[a]	1965	0,3381		
Pakistan[b]	1964	0,3520		
Philippinen[a]	1965	0,3622		
Sri Lanka[a]	1970	0,2668		
Argentinien[b]	1970	0,4502		
Chile[b]	1962	0,3963		
Kolumbien[a]	1966	0,2809		
Mexiko[a]	1960	0,3297		
Peru[b]	1968	0,4193		
Kenia[a]	1967	0,2706		
Madagaskar[a]	1966	0,2447		
Tanzania[a]	1969	0,2960		
Sambia[a]	1969	0,2770		
Israel[a]	1969	0,3237		
Portugal[b]	1964	0,3862		
Türkei[a]	1967	0,3371		
Jugoslawien[a]	1968			0,4356
Bundesrepublik[c]	1970		0,6316	
	1978		0,6294	
	1981		0,6432	
Schweiz[c]	1970		0,5030	
	1975		0,4816	
Österreich[c,d]	1976		0,6791	

a) zu Produzentenpreisen
b) zu Käuferpreisen (= inkl. Handels- und Transportkosten)
c) nicht ausgewiesen, zu welchen Preisen
d) nur nichtlandwirtschaftliche Sektoren

Quellen: Taiwan; Südkorea 1968, 1975, 1978; BRD; Schweiz; Österreich eigene Berechnungen auf Basis nationaler Input-Output-Tabellen bzw. Statistiken; alle übrigen Länder DIW-Berechnungen nach pers. Mitteilung von *Dieter Schumacher*

Fünfter Sachverhalt: Reife

Als „reif" kann eine Ökonomie bezeichnet werden, wenn es zu einem Prozeß der Verlagerung auf solche Branchen gekommen ist, deren Produkte hohen Kapitaleinsatz, hohe Ingenieurleistungen und hohe Qualifikation der Arbeitskräfte verlangen, und wenn solche industriellen Aktivitäten nicht „enklavenhaft" sind, sondern ein durchschnittlich sich erhöhendes qualitatives Niveau der gesamten Wirtschaftsstruktur dokumentieren (siehe Homogenisierung). Um diesen Zustand anzuzeigen, sind verschiedene Indikatoren denkbar. Hier wird als Indikator der Anteil von Maschinenbau, Elektrotechnik und Fahrzeugbau an der Verarbeitenden Industrie vorgeschlagen. Dieser Anteil lag 1979/80 im Durchschnitt von 16 OECD-Ländern bei 27,6 Prozent (vgl. Tabelle 7).

Tabelle 7: Anteil von Maschinenbau, Elektrotechnik und Fahrzeugbau an der Verarbeitenden Industrie und am Export für ausgewählte Länder 1960—1981 (in Prozent)

		Verarbeitende Industrie	Export
ϕ OECD[a]	1960		22,6
	1979/80	27,6	29,3
Japan	1960		23
	1979/80	33	55
USA	1960		40
	1980	32	35
BRD	1960		44
	1980	35	45
Italien	1960		29
	1979/80	26	33
Finnland	1960		13
	1980	22	18
Brasilien	1980	28	17
Mexiko	1960		1
	1980/79	19	19
Südkorea	1962		2,5
	1968/71	11,6	8,1
	1978/81	18,4	22,2
Taiwan	1951	3,8	0
	1961	7,8	1,5
	1971	19,8	17,2
	1981	24,2	26,4
Indonesien	1980	7	0
Türkei	1979/80	13	3
Irland	1980	12	19

a) Durchschnitt von Italien, GB, Japan, Österreich, Finnland, Australien, Kanada, Niederlande, Belgien, Frankreich, USA, Dänemark, BRD, Norwegen, Schweden, Schweiz
Quelle: Weltentwicklungsbericht 1983, 18 f., 192 f.; Menzel 1985 b, Tab. 2, 26, A 2; *Taiwan Statistical Data Book* 1983, 187 f.

Innerhalb der OECD nimmt die BRD mit 35 Prozent den Spitzenplatz ein. Die niedrigsten Werte weisen Kanada und die Schweiz mit 21 Prozent auf. Sehr deutlich ist die Zunahme bei Südkorea von 11,6 (1968) auf 18,4 Prozent (1978) und vor allem bei Taiwan von 3,8 (1951) auf 24,2 Prozent (1981). Taiwan würde sich demnach bereits im Mittelfeld des OECD-Spektrums bewegen. Zu betonen ist, daß auch Mexiko und vor allem Brasilien bei diesem Indikator — isoliert betrachtet — gut abschneiden. Inwieweit darin ein Reifeprozeß zum Ausdruck kommt, bedürfte angesichts der in andere Richtung weisenden, oben angeführten Indikatoren einer gründlichen Diskussion. Als Schwellenwert wird ein Anteil von 18 Prozent vorgeschlagen.

Sechster Sachverhalt: Internationale Konkurrenzfähigkeit

Die Leistungsfähigkeit einer Ökonomie läßt sich daran ablesen, ob sie international, d. h. ohne die im eigenen Lande mögliche Protektion, konkurrenzfähig ist. Dabei geht es aber nicht um naturgegebene, sondern um *erworbene* Konkurrenzfähigkeit. Naturgegebene Konkurrenzfähigkeit kann das Resultat reichlich vorhandener Böden mit hoher Fruchtbarkeit, guter klimatischer Bedingungen, hochwertiger Bodenschätze, die leicht abzubauen sind, o. a. sein. Erworbene Konkurrenzfähigkeit ist demgegenüber das Resultat gewachsener Qualifikation der Arbeitskräfte, hoher Arbeitsproduktivität und wissenschaftlich-technischer Leistungsfähigkeit.
Ein beliebter Indikator, um internationale Konkurrenzfähigkeit zu messen, ist der Anteil von Fertigwaren im Exportwarenkorb. Dieser Indikator ist aber insofern problematisch, als dieser hohe Anteil ausschließlich oder überwiegend durch arbeitsintensiv hergestellte leichtindustrielle Produkte zustande kommen kann. In diesem Fall könnte allein das niedrige Lohnniveau wesentlich für die internationale Konkurrenzfähigkeit verantwortlich sein. Sinnvoller erscheint es deshalb, den Anteil von solchen Produkten im Exportwarenkorb zu messen, deren Erzeugung höhere Kapitalintensität und höhere Qualifikation der Arbeitskraft erfordert. Vorgeschlagen wird deshalb analog zum vorherigen Indikator der Anteil von Produkten des Maschinenbaus, der Elektrotechnik und des Fahrzeugbaus am Gesamtexport.
Aus den Daten in Tabelle 7 geht hervor, daß dieser Anteil im Schnitt der OECD-Länder 1960 22,6 und 1979 29,3 Prozent betrug. Spitzenreiter waren hier Japan mit 55 Prozent und die BRD mit 45 Prozent (1980). Betont werden muß allerdings, daß große und rohstoffreiche Länder wie Kanada und Australien bei diesem Indikator infolge ihres relativ hohen Rohstoffexports eher schlecht abschneiden, da sie ihre natürlichen komparativen Vorteile in starkem Maße nutzen. Auch hier ist eine deutliche Verbesserung bei Südkorea von 2,5 Prozent (1962) auf 22,2 Prozent (1981) und Taiwan von 1,5 Prozent (1961) auf 26,4 Prozent (1981) zu konstatieren. Als Schwellenwert werden 10 Prozent angenommen, die in etwa dem OECD-Durchschnitt von 1960 entsprechen.
Die folgende Tabelle faßt die hier vorgeschlagenen Sachverhalte, Indikatoren und Schwellenwerte zusammen.

Tabelle 8: Strukturelle Indikatoren zur Beurteilung von Schwellenländern

Sachverhalt	Indikator	vorgeschlagener Schwellenwert
1. Struktur und Leistungsfähigkeit des Agrarsektors		
Leistungsfähigkeit	Kombination von: Agrarwachstum zu Beginn der Industrialisierung und	⌀ 3 % über 20 Jahre
Grundbesitzverteilung	Gini-Index (Boden)	< 0,5
Agroindustrielle Verflechtung	Anteil der von der Landwirtschaft bezogenen Vorleistungen am landwirtschaftlichen Bruttoproduktionswert (= landwirtschaftlicher Input-Koeffizient)	40 % (0,4)
	Anteil der von der Landwirtschaft gelieferten Vorleistungen am landwirtschaftlichen Bruttoproduktionswert (= landwirtschaftlicher Output-Koeffizient)	40 % (0,4)
2. Homogenisierung		
Deckungsgleichheit in der Verteilung der sektoralen Entstehung des BSP und der sektoralen Beschäftigung (Landwirtschaft, Industrie, Dienstleistungen)	Summe der Prozentpunkte in der Abweichung der Verteilungsprofile von Entstehung des BSP und Beschäftigung	abnehmend 20
	oder Gini-Index der sektoralen Ungleichheit	0,2
3. Breitenwirksame Binnenmarkterschließung		
Nachfragewachstum	Kombination von: Pro-Kopf-Wachstum des BSP zu Beginn der Industrialisierung und	⌀ 4 % über 20 Jahre
Nachfragestreuung	Gini-Index (Einkommen)	< 0,5
4. Kohärenz		
Gesamtwirtschaftlicher Verflechtungsgrad	Anteil der gesamten Vorleistungen am Bruttoproduktionswert	45 %
	oder Anteil der inländischen Vorleistungen am Bruttoproduktionswert	35 %
5. Reife		
Verlagerung zu kapital- *und* skillintensiver Fertigung	Anteil von Maschinenbau, Elektrotechnik und Fahrzeugbau an der Verarbeitenden Industrie	18 %
6. Internationale Konkurrenzfähigkeit		
Erworbene Leistungsfähigkeit	Anteil von Maschinenbau, Elektrotechnik und Fahrzeugbau am Export	20 %

Dabei muß nochmals ausdrücklich betont werden, daß hier ein *Gesamtszenario* struktureller Entwicklungstrends eingefangen werden soll, die sich bei aller Variation und Nuancierung im einzelnen gebündelt entfalten müssen, soll es zu autozentrierter und nicht zu peripherer Entwicklung kommen. Eine isolierte und womöglich unterschiedliche Gewichtung der einzelnen Indikatoren ist deshalb wenig sinnvoll. Kommt es z. B. nur zu hohem Industriewachstum ohne gleichzeitige landwirtschaftliche Leistungssteigerung, wird das Kriterium „Homogenisierung" verletzt. Kommt es zu Pro-Kopf-Wachstum ohne breite Nachfragestreuung, wird das Kriterium „Binnenmarkterschließung" verletzt usf. Die angegebenen Schwellenwerte sind sicherlich von Fall zu Fall diskutabel, sie basieren aber auf vielfältiger aktueller und entwicklungsgeschichtlicher Erfahrung. Wesentlich zur Beurteilung eines möglichen Schwellenlandes ist demzufolge nicht so sehr die Frage, ob dieser oder jener Wert erreicht oder überschritten wurde, sondern ob sich das *gesamte* Profil erkennbar in Richtung dieser Werte bewegt. Eine über einen längeren Zeitraum deutliche Abweichung bei einem oder mehreren Indikatoren (Argentinien-Syndrom) sollte zu allergrößter Skepsis Anlaß geben, ob es sich um vollgültige Entwicklung im Sinne autozentrierter Entwicklung handelt.

Da die vor allem qualitativ zu bewertende Analyse des Gesamtszenarios als entscheidend erachtet wird, wäre es verfehlt, lediglich den vorgeschlagenen Indikatorenkatalog an andere Länder heranzutragen und einen Abgleich mit den benötigten Daten vorzunehmen. Ein solches Vorgehen wird vielfach in globalen Vergleichsuntersuchungen zur Schwellenländer-Problematik verfolgt. Notwendig ist immer ein Verständnis des Gesamtszenarios. Der hier präsentierte Indikatorenkatalog kann dabei nur als Leitfaden dienen. Diese Arbeit läßt deshalb die Frage, ob es weitere eindeutige Fälle von Schwellenländern gibt, bewußt offen und plädiert stattdessen für weitere monographische Fallanalysen, denen nach Möglichkeit eine vergleichende Perspektive zugrunde gelegt werden sollte.

Anmerkungen

1 Z. B. Europäische Gemeinschaften, Entwicklungshilfe. Skizze der Gemeinschaftsorganisation von morgen, in: *Bulletin der Europäischen Gemeinschaften* (1974); *Bundesministerium für Wirtschaftliche Zusammenarbeit* (1978). Weitere Hinweise bei *Bergmann* (1983).
2 Exemplarisch dazu *Bela Balassa* (1981); *Donges, Müller-Ohlsen* (1978). Die Gegenposition vertritt *Yoffie* (1983).
3 Die eigene monographische und komparative Beschäftigung mit dem Thema begann ursprünglich mit einer Reihe von Fallstudien zu sozialistischen Entwicklungsländern, ehe das genannte historische Projekt (*Senghaas* 1982; *Menzel* 1985 a) und das Schwellenländerprojekt (*Menzel* 1985 b) sich anschloß. Zu einer kritischen Gesamtwürdigung vgl. *Hurtienne* (1982: 307−358); ferner *Kößler* (1982: 50−81).
4 *Bergmann* (1983) verwendet in ihrer Arbeit jeweils als Schwellenwerte für ihre Indikatoren den entsprechenden Durchschnittswert von Japan und Italien im Jahre 1960. Diese Annahme hat einiges für sich. Nur werden ihre Schwellenwerte dadurch zu sehr durch das Profil von nur zwei Ländern geprägt. Hier werden eine Vielzahl von historischen und aktuellen Daten verwendet, die jeweils durch das Bemühen um ein Verständnis von Szenarien bestimmt sind.
5 Zur Definition dieser Koeffizienten vgl. *Holub, Schnabl* (1982: 152 f.).
6 Dieser Sachverhalt wird empirisch komparativ dargelegt bei *Schultz, Schumacher* (1977: 363−390).

Literaturverzeichnis

Asche, H., 1984: Industrialisierte Dritte Welt? Ein Vergleich der Gesellschaftsstrukturen in Taiwan, Hongkong und Südkorea, Hamburg.
Balassa, B., 1981: The Newly Industrializing Countries in the World Economy, New York.
Bergmann, C., 1983: Schwellenländer. Kriterien und Konzepte, München.
Bulletin der Europäischen Gemeinschaften, 1974: Europäische Gemeinschaften, Entwicklungshilfe. Skizze der Gemeinschaftsorganisation von morgen, Beilage 8.
Bundesministerium für Wirtschaftliche Zusammenarbeit, 1978: Zusammenarbeit mit Schwellenländern. Hektogr. Papier, 18. 12., 200–E1010–76/78, Bonn.
Donges, B. und *L. Müller-Ohlsen*, 1978: Außenwirtschaftsstrategien und Industrialisierung in Entwicklungsländern, Tübingen.
Eßer, K. und *J. Wiemann*, 1981: Schwerpunktländer in der Dritten Welt. Konsequenzen für die Südbeziehungen der Bundesrepublik Deutschland, Berlin.
Fabian, H., 1981: Der kubanische Entwicklungsweg, Opladen.
Fei, C. H., G. Ranis, S. W. Y. Kuo, 1979: Growth with Equity. The Taiwan Case, London.
Hofheinz, R. und *K. E. Calder*, 1982: The East Asia Edge, New York.
Holub, H. W. und *H. Schnabl*, 1982: Input-Output-Rechnung: Input-Output-Tabellen, München.
Hurtienne, T., 1982: Sozialismus und autozentrierte Entwicklung. Zur Korrektur eines entwicklungspolitischen Modells anhand der Beispiele China, Nordkorea, Albanien und Kuba, in: Hilfe + Handel = Frieden? Die Bundesrepublik in der Dritten Welt, Frankfurt.
Juttka-Reisse, R., 1979: Agrarpolitik und Kimilsungismus in der Demokratischen Volksrepublik Korea, Meisenheim.
Kößler, R., 1982: „Sozialistische Entwicklungsländer" – Entwicklung des Sozialismus? in: Peripherie 3, 10/11.
Kraus, W. und *W. Lütkenhorst*, 1984: Atlantische Gegenwart – pazifische Zukunft? Anmerkungen zur wirtschaftspolitischen und außenpolitischen Orientierung der USA, in: Asien Nr. 10.
Leontief, W., 1963: The Structure of Development, in: Scientific American 209, 3.
Menzel, U., 1978: Theorie und Praxis des chinesischen Entwicklungsmodells, Opladen.
Menzel, U., 1979: Wirtschaft und Politik im modernen China, Opladen.
Menzel, U., 1983: Der Differenzierungsprozeß in der Dritten Welt und seine Konsequenzen für den Nord-Süd-Konflikt und die Entwicklungstheorie, in: Politische Vierteljahresschrift 24, H. 1.
Menzel, U., 1984: Wo liegt die Schwelle? in: epd. Entwicklungspolitik, 7.
Menzel, U., 1985 a: Auswege aus Abhängigkeit. Die entwicklungspolitische Aktualität Europas, Frankfurt.
Menzel, U., 1985 b: In der Nachfolge Europas. Autozentrierte Entwicklung in den ostasiatischen Schwellenländern Südkorea und Taiwan, München.
Nussbaum, B., 1984: Das Ende unserer Zukunft. Revolutionäre Technologien drängen die europäische Wirtschaft ins Abseits, München.
OECD, 1979 a: The Impact of the Newly Industrializing Countries on Production and Trade in Manufactures. Report by the Secretary General, Paris.
OECD, 1979 b: The Newly Industrializing Countries and the Adjustment Problem, Foreign and Commonwealth Office, Government Economic Service Working Paper 18, London.
Ruß, W., 1979: Der Entwicklungsweg Albaniens, Meisenheim.
Schultz, S. und *D. Schumacher*, 1977: A Comparative Analysis of Backward and Forward Linkages, in: Konjunkturpolitik 23, H. 6.
Senghaas, D., 1972 (Hrsg.): Imperialismus und strukturelle Gewalt. Analysen über abhängige Reproduktion, Frankfurt.
Senghaas, D., 1974 (Hrsg.): Peripherer Kapitalismus. Analysen über Abhängigkeit und Unterentwicklungsdynamik, Frankfurt.
Senghaas, D., 1977: Weltwirtschaftsordnung und Entwicklungspolitik. Plädoyer für Dissoziation, Frankfurt.
Senghaas, D. 1979 (Hrsg.): Kapitalistische Weltökonomie. Kontroversen über ihren Ursprung und ihre Entwicklungsdynamik, Frankfurt.
Senghaas, D., 1982: Von Europa lernen. Entwicklungsgeschichtliche Betrachtungen, Frankfurt.
Sunkel, O., 1978: La dependencia y la heterogenidad estructural, in: El Trimestre Económico 45, H. 1.

Taiwan Input-Output-Tables, 1981: Republic of China 1979, Council for Economic Planning and Development, Taipei.
Taylor, C. L. und *D. A. Jodice*, 1983: World Handbook of Political and Social Indicators, Vol. 1, Cross-National Attributes and Rates of Change, New Haven.
Welzk, S., 1982 a: Nationalkapitalismus versus Weltmarktintegration? Rumänien 1830–1944, Saarbrücken.
Welzk, S. 1982 b: Entwicklungskonzept Planwirtschaft – Paradigma Rumänien, Saarbrücken.
Yoffie, D. B., 1983: Power and Protectionism. Strategies of the Newly Industrializing Countries, New York.

Über junge Industrieländer und Schwellenländer in Ostasien

Helmut Asche

Daß Unterentwicklung und Armut in den Ländern der Dritten Welt fortexistieren, daß sich vermeintliche Sonderfälle der Entwicklung nach einiger Zeit als Normalfälle peripherer Abhängigkeit erweisen, kann etwas theoretisch und politisch ungemein Beruhigendes haben. Der Bedarf an Forschungsaufwand reduziert sich drastisch; Linien der politischen Auseinandersetzung können durchgezogen werden, wo Unterbrechungen angesagt schienen. Vier ostasiatischen Ländern — Taiwan, Südkorea, Hongkong und Singapur — sowie zwei, drei lateinamerikanischen Staaten[1] kommt im Felde solcher Debatten herausragender Stellenwert zu. Das für einige von ihnen offenkundige Welken der Blütenträume von marktwirtschaftlicher Modernisierung ist vielfach mit einem herzhaften „Na, also" kommentiert worden. Die entwicklungskritische Plausibilität dieses Ausrufes kann nicht von vornherein bestritten werden. Die explodierende Außenverschuldung einer ganzen Reihe von Schwellenländern liefert scheinbar den Schlußstein einer Argumentation, die auf das Scheitern des weltmarktorientierten bürgerlichen Entwicklungsweges in der Dritten Welt zielt. — Daß mit der erklärbaren Ausnahme Südkoreas die ostasiatischen sogenannten Schwellenländer in den Listen der Pleitiers überhaupt nicht firmieren, sollte jedoch wenigstens auffallen. Taiwan könnte aus seinen Währungsreserven von 15,7 Mrd. US-$ Ende August 1984 mühelos die gesamte Auslandsschuld — quasi in cash — abbezahlen, von Hongkong und Singapur als Kapitalsammelstellen des Fernen Ostens gar nicht zu reden. Und dennoch erscheint im Gesamtbild die Summe der roten Zahlen ebenso erdrückend wie die Masse des Elends, das bei einem Versuch eines ‚Managements' der Krise an der Außenfront neu produziert wird:

„Dieses Scheitern ist weder partiell noch konjunkturell. Es zeigt die *Unmöglichkeit eines national-bürgerlichen Projekts* in unserer Epoche. Daraus ziehen wir die Schlußfolgerung, daß sich die nationalbürgerlichen Staaten nicht der Internationalisierung entziehen können, das heißt, daß sie in Kompradorenverhältnisse geraten" (*Amin* 1983).

Mit exklusivem Bezug auf die ostasiatische Vierergruppe wird von einem anderen Dependenztheoretiker ergänzt:

„The new dependent export-led growth of manufacturing and agribusiness production for the world market are in no way significantly different from the old raw materials export-led growth that underdeveloped the Third World in the first place" (*Frank* 1982: 22 f.).

Die Existenz mehr oder minder diktatorischer Regimes in allen vier Ländern scheint abschließend zu belegen, daß die Widersprüche, in denen das Scheitern nachholender kapitalistischer Entwicklung eklatiert, nur repressiv zusammengehalten werden können. Die These vom Scheitern nachholender bürgerlicher Entwicklung an der ostasiatischen Peripherie kann ebenso wie ihr Gegenstück — die liberale Apologie von Wachstum und Verteilungsgerechtigkeit — zunächst *makroökonomisch* überprüft werden. Im Ergebnis vor allem der Arbeiten von *Menzel* und *Senghaas* zeigt sich für Taiwan, daß das Land hinsichtlich der Binnenmarkterschließung, der Homogenisierung der Produktivitätsniveaus, der interindustriellen Kohärenz und der internationalen Konkurrenzfähigkeit einen Stand erreicht hat, der beim besten Willen nicht in das Schema ‚struktureller Heterogenität' gepreßt werden kann. Ähnliches gilt mit einem allerdings auffälligen Abstand für Südkorea. Analysen von vergleichbarer Aussagekraft liegen für Singapur und Hongkong nicht vor. Das hat teils materialbedingte, teils sachliche Gründe. Zum letzteren: Die Binnenmärkte dieser Länder sind a priori um ein Vielfaches kleiner als in den bevölkerungsreichen Flächenstaaten; economies of scale sind per Inlandsabsatz von Zwischen- und Endprodukten gar nicht erreichbar, wo sie für Südkorea oder Taiwan immerhin noch diskutabel sind[2]. Dieser Vorbehalt deckt sich jedoch nicht mit dem verbreiteten Abstempeln der Ökonomien und Gesellschaften Hongkongs und Singapurs als Stadtstaaten, in denen ohnehin alles anders und wegen der fehlenden Agrikulturprobleme Wesentliches einfacher sei als in Flächenstaaten. Wenigstens Hongkong hatte noch vor Jahrzehnten eine bedeutende Landwirtschaft in den Grenzen der Kolonie, die jedoch in der Nutzungskonkurrenz mit Wohnungsbau und Industrie um Arbeitskräfte und Standorte zur Marginalie *gemacht* worden ist, ohne daß dies sozusagen naturräumlich zwingend gewesen wäre[3]. Die zwangsläufige größere Offenheit der Volkswirtschaften Hongkongs und Singapurs bewältigen diese Länder mit einer Produktivität und Konkurrenzfähigkeit, die sie auf das Entwicklungsniveau Taiwans hebt[4].

Wesentlich erscheint, daß diese Ergebnisse aus zwei Gründen nicht als Skaleintrag auf einer kontinuierlich bezeichneten Meßlatte von Modernisierung begriffen werden dürfen. Zum einen bewegen sich Komponenten wie „Homogenisierung", „Vernetzung", „Konkurrenzfähigkeit" nicht unabhängig voneinander, sondern stehen in einem komplizierten Wechselverhältnis; zum anderen bilden sie ab einem bestimmten Punkt den qualitativen Durchbruch zu einem neuen, bürgerlichen Gesellschaftstyp ab, — ein Durchbruch, der andernorts nicht durch einfache ‚Anstrengung' zur Produktivitätssteigerung, Homogenisierung etc. reproduziert werden kann. Wesentlich erscheint weiterhin, daß Grundzüge jenes qualitativ neuen Entwicklungstyps in den vorbezeichneten Indikatoren nicht ausgedrückt werden. Die Frage, ob Taiwan, Südkorea, Hongkong oder Singapur nicht einfach zu neuen Industrieländern, sondern zu neuen *kapitalistischen* Industrieländern aufgestiegen sind, muß sich weitergehend daran zeigen lassen, ob sich (a) die normale kapitalistische Krisenhaftigkeit der Wirtschaftsentwicklung hergestellt hat. Das kann für Taiwan eindeutig bejaht werden. Hier gibt es den typischen, ‚innengeleiteten' Rhythmus von Prosperität und Krise, der weder der simple Reflex der Exportschwankungen noch der Abfolge von guten Ernten und Mißernten ist. Ein industrieller Zyklus von gleicher Eindeutigkeit findet sich für Südkorea nicht — jedenfalls nicht bis zum Beginn der 80er Jahre (vgl. *Asche* 1984a: 32 f.). Der wirtschaftsgeschichtliche Durchbruch muß sich (b) daran ermessen lassen, ob den in Frage stehenden Ländern die Emanzipation vom ungleichen Tausch gelungen ist. Um den einfachsten Fall zu nehmen: Ob die Weltmarktposition jener Länder nicht mehr entscheidend auf dem Wegschenken von Mehrarbeit zur Kompensation von Produktivitätsrückständen beruht. Nach den vorliegenden, unvollständigen Daten ist diese Emanzipation — entgegen einem liebgewordenen Vorurteil — zumindest in einigen Schwerindustrien gelungen[5]. Der preisliche Konkurrenzvorteil etwa der taiwanesischen Industrie in Massenstählen hat nichts mehr damit zu tun, daß dem Käufer in der Preiskalkulation Gewinnbestandteile geschenkt werden, die sich der Unternehmer aus anomal niedrigen Löhnen zurückholt. Die Fortexistenz eines doppelspurigen Preissystems in Korea — hohe Inlandspreise, niedrige Exportpreise für dauerhafte Konsumgüter — deutet anderseits darauf hin, daß verzerrte Tauschrelationen auf Kosten entweder der eigenen Arbeiterschaft oder der inländischen Konsumenten noch nicht endgültig der Vergangenheit angehören[6].

Zur Unterfütterung des makroökonomischen Befundes erscheint es daher um so wichtiger, parallele Daten zur *Sozialstruktur* heranzuziehen. In erster Hand stellt sich hier das gleiche Problem wie auf der wirtschaftstheoretischen Ebene. Es gibt eine Reihe von konventionellen Indikatoren, die Prozesse des sozialen Wandels hin zu modernen Industriegesellschaften abbilden sollen, die jedoch deren gesellschaftliche Spezifik nur unvollkommen einfangen.

Die Beobachtung *horizontaler Mobilität* zeigt für die Flächenstaaten Taiwan und Südkorea eine massive Stadt-Land-Wanderung in den letzten 20 Jahren, die Konsequenzen nicht nur für den gegebenen Urbanisierungsgrad, sondern auch für Verästelungen im Bereich der gesellschaftlichen Konfliktregulierung hat, die nicht mehr den Mustern traditionalen Sozialverhaltens in agrarisch-vorkapitalistisch geprägten Gesellschaften folgt[7]. Der Indikator versagt allerdings schlußendlich für den Zweck, für den er gedacht war. Er ist nicht anwendbar für Hongkong und Singapur; er ist nur mit Problemen brauchbar für Taiwan, das — als nächst Bangladesh am dichtesten besiedelter Flächenstaat der Erde — seit langer Zeit eine Art Stadt-Land-Kontinuum darbietet. Er besagt in Südkorea wie in vielen Ländern der Dritten Welt überhaupt nichts sozial Progressives angesichts der offenkundigen *Über*-Urbanisierung in der Agglomeration Seoul mit allen Folgeproblemen von Unterbeschäftigung und Verslumung.

International vergleichende Untersuchungen zur *vertikalen Mobilität* in den ostasiatischen Ländern werfen grundsätzliche Probleme der Operationalisierung der Sozialstruktur auf. Man kann sich deren Diskussion jedoch ersparen, da sie in ihren Ergebnissen ohnehin einen fatalen Hang zur Banalität haben. So weist die bekannteste Untersuchung zur sozialen Mobilität in Taiwan — im Dreieck von Beruf des Vaters, Erziehung des Sohnes und Beruf des Sohnes — nach, daß das Land in dieser Hinsicht eine Mittelstellung einnimmt zwischen den USA und Großbritannien einerseits, Haiti und Costa Rica anderseits. Dies war zu erwarten und klärt nichts (*Wang* 1980).

Eine ähnliche Mittelstellung für Taiwan und Südkorea weisen die bekannten Aufschlüsselungen der *Erwerbspersonen nach Wirtschaftssektoren* aus. (Tab. 1) Die Zahlen sind insofern etwas interessanter, als sie erstens erneut den Abstand zwischen Taiwan und Südkorea zeigen. Für die Abschätzung der Stärke der produktiven Basis ist zweitens das Faktum interessant, daß mit der Ausnahme Brasiliens (und evtl.

Tabelle 1: Sektorale Verteilung der Gesamtarbeitskraft 1980 (in %)

	Landwirtschaft	Industrie	Dienstleistungen
Mittlere Entwicklungsländer*	42	22	36
Korea	34	29	37
Taiwan A	28	32	40
Taiwan B**	20	42	38
Brasilien	30	24	46
Mexiko	36	26	38
Hongkong	3	57	40
Singapur	2	39	59
Marktwirtsch. Industrieländer	6	38	56

Quellen: s. Asche 1984a, 259.
* Ölimporteure mit mittlerem Einkommen nach der Definition der Weltbank.
** Quelle A: Haushaltsregister/Zensus; Quelle B: Labour Force Surveys. A schließt die Armee im tertiären Bereich ein, sowie eine höhere Anzahl mithelfender Familienangehöriger in der Landwirtschaft.

Mexikos) kein Flächenstaat der sog. Schwellenländer-Gruppe die vorzeitige, übermäßige Ausbildung des tertiären Sektors im Verhältnis zum sekundären zeigt, wie sie für viele stagnierende Entwicklungsländer typisch ist. Ein Umschlag von Quantität in eine neue Qualität der Verteilung im Erwerbskörper ist aber auch hier allenfalls für Singapur und Hongkong feststellbar.

Einige Angaben zur *Klassenstruktur* erlauben weitergehende Schlußfolgerungen. Die Bestimmung der sozialen Klassen ist dabei ganz ‚orthodox' orientiert am sozio-ökonomischen Status. Daß sich die auf diese Weise sichtbar werdenden Differenzierungen mit den Linien der realen gesellschaftspolitischen Auseinandersetzungen nicht decken müssen, wird uns unten noch beschäftigen. – Von weitem vergleichbar den Ergebnissen des demographischen Übergangs, der in den kapitalistischen Industrieländern bei völlig unterschiedlichem Verlauf schlußendlich ein ziemlich gleichartiges generatives Verhalten produziert hat, hat sich in diesen Ländern eine ähnliche Balance der Gesellschaftsklassen nach ihrem sozioökonomischen Status herausgebildet (Vgl. S 1):

– Relative, in einem späteren Stadium absolute Majorität der Arbeitnehmer der Privatwirtschaft einschließlich der Beschäftigten staatskapitalistischer Unternehmen und einschließlich der offiziell Arbeitslosen, die trotz einiger Bedenken als inaktiver Teil dieser Klasse interpretiert werden können;
– Anstieg anderer abhängig beschäftigter Klassen auf ein Achtel bis ein Viertel des Erwerbskörpers;
– darin zusammengefaßt: Anstieg der Staatsbeschäftigten auf (1975) 90 % dieses Blocks, während die Zwischenklasse der privaten Bediensteten drastisch zurückgeht;
– relativer und absoluter Rückgang der selbständigen Mittelklassen auf (1975) maximal ein Viertel bis minimal 5 % der Erwerbspersonen, wobei das Wachsen des neuen Mittelstandes von Freiberuflern etc. nirgendwo den Rückgang der selbständigen Bauernschaft in der Gesamtsumme der nichtkapitalistischen Selbständigen kompensieren kann;
– Stabilisierung der kapitalistischen Unternehmerschaft bei approximativ 3–5 % der Erwerbspersonen.

Schaubild 1: Klassenstrukturen in alten Industrieländern (Erwerbspersonen)

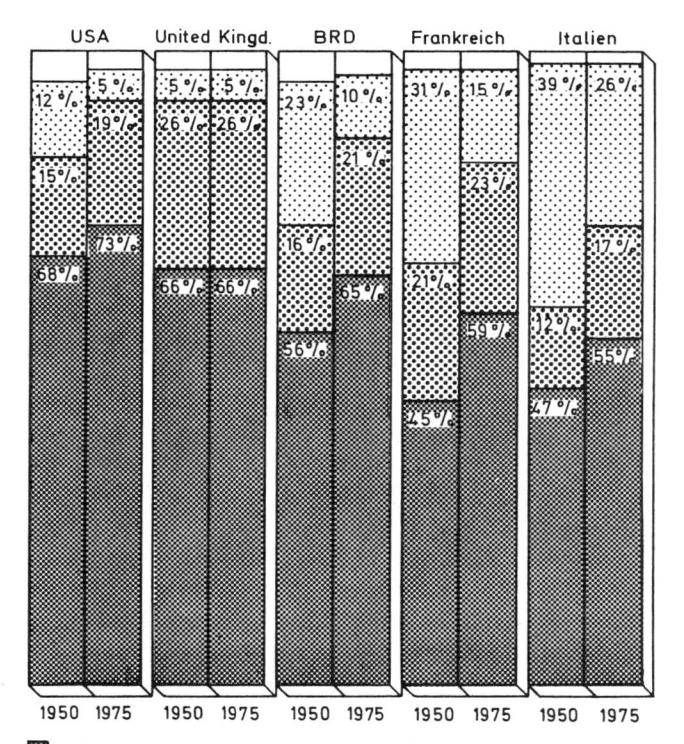

[Schaubild mit Balkendiagrammen für USA, United Kingd., BRD, Frankreich, Italien, jeweils 1950 und 1975]

▓ Arbeitnehmer in der Privatwirtschaft
▨ Staatsbesch. u. Dienende Klasse
▣ Selbst. Mittelklassen
☐ Kap. Unternehmerschaft

nach: PKA, Klassen in den Metropolen des Kapitals, in: Beiträge zum wiss. Soz., Nr. 3, 1977, Beilage.

Für zwei der drei ostasiatischen Länder, für die uns vergleichbare Umformungen der Statistik möglich waren, schält sich eine im Kern gleichartige Sozialstruktur heraus. Was den Grad der Auflösung selbständiger Existenzen und das Vordringen lohnabhängiger Beschäftigung angeht, unterscheiden sich Hongkong und selbst Taiwan nicht von alten Industrieländern des Jahres 1950. (Vgl. S 2) Dies gilt gerade dann, wenn der Umfang jener Dritte-Welt-typischen Klasse in Betracht gezogen wird, die sich von allen anderen dadurch unterscheidet, daß sie überhaupt keine stabile Reproduktionsmöglichkeit hat: die Marginalität. Trotz der Unsicherheit der Datenlage kann sie in Hongkong und Taiwan kaum die 2,3 % bzw. 5,6 %-Punkte (EP) übersteigen (vgl. *Asche* 1984a: 99 ff., 156 ff.), die wir ermittelt haben und die den 4,0 bzw. 2,2 % offiziell Arbeitslosen unter dem Gesichtspunkt der ‚Absorptionsfähigkeit' des Wirtschaftstyps für seine Arbeitskräfte zuzurechnen sind. Für Taiwan gilt im Gegenteil, daß das ange-

Schaubild 2: Klassenstrukturen in Ostasien

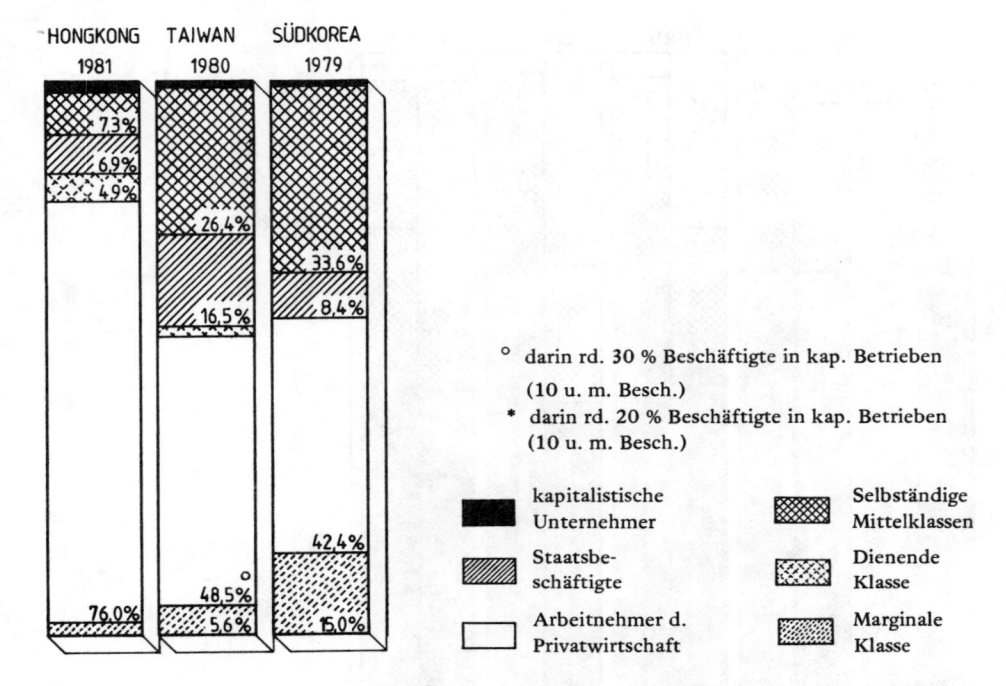

HONGKONG TAIWAN SÜDKOREA
  1981   1980   1979

Hongkong: 7,3% / 6,9% / 4,9% / 16,5% / 76,0%
Taiwan: 26,4% / 8,4% / 5,6% / 48,5%° /
Südkorea: 33,6% / 15,0% / 42,4%

° darin rd. 30 % Beschäftigte in kap. Betrieben (10 u. m. Besch.)
* darin rd. 20 % Beschäftigte in kap. Betrieben (10 u. m. Besch.)

- kapitalistische Unternehmer
- Staatsbeschäftigte
- Arbeitnehmer d. Privatwirtschaft
- Selbständige Mittelklassen
- Dienende Klasse
- Marginale Klasse

gebene Viertel Selbständiger Mittelklassen, von dem wiederum die Bauernschaft die Hälfte ausmacht, den Grad des Vordringens von Lohnarbeit (vor allem:) in den ländlichen Raum eher verbirgt als aufdeckt. Die normale taiwanesische Bauernfamilie könnte ohne die lohnabhängige Tätigkeit einiger Familienmitglieder nicht leben; aber durch ein weit ausgespanntes Netz agrarnaher Industrien findet sie die Möglichkeiten des Zuverdienstes, die in anderen rasch industrialisierenden Ländern fehlen. Schon 1975 gab es in der Landwirtschaft Formosas nur noch 17,7 % Vollerwerbsbetriebe gegenüber 47,6 % Zuerwerbs- und 34,6 % Nebenerwerbsbetrieben[8].

Südkorea wird von den Kritikern wie den Verteidigern des Wirtschaftsmodells gern über denselben Leisten wie Taiwan geschlagen. Die Sozialstruktur zeigt demgegenüber in nahezu jeder denkbaren Hinsicht einen Rückstand zu Taiwan, der wegen des Ausmaßes und vor allem der Gleichsinnigkeit der Abweichungen nur als qualitativ niedrigeres Entwicklungsstadium interpretiert werden kann. Fast die Hälfte der arbeitenden Bevölkerung ist noch nicht in Arbeitnehmertätigkeiten — sei es beim Staat, sei es bei Privaten — eingerückt, und von den nach der Statistik formal Selbständigen entpuppt sich bei näherer Untersuchung ein ganzes Drittel (entsprechend 15 % der Erwerbspersonen) als marginalisiert. Und auch unter den Arbeitnehmern der Privatwirtschaft zerstreut sich ein wesentlich höherer Prozentsatz auf nichtkapitalistische Kleinbetriebe, als dies in Taiwan der Fall ist[9].

Aufgrund des dargestellten und mit Klassenkonstellationen in der Sozialgeschichte Westeuropas und der USA verglichenen Materials schlagen wir daher vor, eine im

Grunde überfällige Entscheidung zu treffen und Hongkong ebenso wie Taiwan als das anzusprechen, was sie sind: *junge kapitalistische Industrieländer*[10]. Südkorea muß im Unterschied dazu tatsächlich als *Schwellenland* charakterisiert werden, wobei nicht zuletzt *Waldmann*s Analyse des argentinischen Falles klar gezeigt hat, daß aus dieser Bestimmung keinerlei modernisierungstheoretisch oder anderweitig fundierte Garantie dafür hergeleitet werden kann, daß die Schwelle je überschritten wird. Daß die eingangs zitierten ökonomischen Untersuchungen den Abstand Taiwans zu Südkorea gleichfalls nahezu Schritt für Schritt bestätigen, verleiht dieser differenzierten Bestimmung eine gewisse Sicherheit. In eine einzige Zahl zusammengefaßt wird der Entwicklungsunterschied im übrigen von der verpönten Meßziffer des Pro-Kopf-Einkommens getreulich reproduziert[11]. Eine vorläufige Umrechnung der Daten, die die Volkszählung von 1980 für *Brasilien* geliefert hat, zeigt schließlich eine verblüffende Ähnlichkeit der Klassenstruktur dieses Landes mit derjenigen des von den wirtschaftsräumlichen und natürlichen Grundgegebenheiten völlig anders situierten Südkorea ... (vgl. *Asche* 1984 a: 258 ff.).

Das Resultat dieses ‚Soziographischen Versuchs auf statistischer Grundlage', wie das Ganze in Anlehnung an Geigers Unternehmung von 1932 genannt werden sollte, läßt sich gleichwohl nicht ohne Wenn und Aber formulieren. In allen drei näher untersuchten Ländern des Fernen Ostens hinkt die personelle Ausbildung des modernen Staatsapparats nach. In Taiwan ist sie zwar mit 16,5 % fast auf Metropolen-Niveau angekommen, doch weit mehr als ein Drittel davon gehen a conto der Halb-Millionen-Mann-Armee, die die Kuomintang glaubt unter Waffen halten zu müssen. In Hongkong bliebe das Ensemble der Funktionen öffentlicher Versorgung auch dann noch weit hinter der Personalstärke der alten Industrieländer zurück, wenn die weitgehend privatisierten Unternehmen der Infrastruktur-Erstellung mitgezählt würden (vgl. *Asche* 1984 a: 164—172).

Neben der personellen Ausbildung moderner Bürokratie und Sozialstaatlichkeit hat schließlich ausgerechnet jene Gesellschaftsklasse einen systematischen Rückstand, auf die es marktwirtschaftlich orientierter Entwicklungspolitik allererst ankommt: das kapitalistische Unternehmertum. Bei einer Unternehmerschaft von gerade noch einem Prozent der Erwerbspersonen in Taiwan und Südkorea kann man zwar noch nicht von einem „enthaupteten" bürgerlichen Arbeitskörper sprechen; doch es bündeln sich in dieser Schwäche einer an und für sich zur Herrschaft berufenen Klasse drei Charakteristika der betreffenden Entwicklungstypen: die fortdauernde Bedeutung einer Unzahl von Kleinbetrieben, die die Schwelle zu kapitalistischer Betriebsführung nicht erreichen; die direkte Intervention des Staates in die Ökonomie in Gestalt produzierender Regierungsunternehmen in Schlüsselsektoren[12]; die Rolle des Auslandskapitals. An dieser Stelle ist der in der Literatur verstreut vorfindliche Hinweis aufzunehmen, daß von den vier „Wirtschaftswunderländern" in Ost-/Südostasien, die nach dem II. Weltkrieg aufgeholt haben, allenfalls Hongkong eine im strikten Sinne wirtschaftsliberale Politik im Außenverhältnis und in der Binnenökonomie betrieben hat, die dem *Schumpeter*schen ingeniösen Unternehmer die wesentlichen Weichenstellungen selbst überlassen hätte. In Taiwan, Südkorea und Singapur hat der Staat sowohl nachfrage- wie angebotsseitig konstant interveniert und Schlüsselfunktionen im Produktionsapparat selbst besetzt.

Der Verdrängungseffekt durch das Auslandskapital tritt demgegenüber eher zurück — und zwar unabhängig davon, ob das betreffende Land diesseits oder jenseits der Schwelle zur kapitalistischen Industrienation steht. Zwischen fünf und maximal fünfzehn Prozent der Arbeitnehmer der Privatwirtschaft sind bei ausländischen Unternehmern in Hongkong, Taiwan oder Südkorea beschäftigt. Die Externalisierung des zentralen Klassengegensatzes liegt damit unter dem Stand, von dem vermutlich die vorherrschende entwicklungskritische Meinung ausgeht[13]. An dieser Bestimmung sind jedoch zwei — folgenreiche — Einschränkungen anzubringen. Erstens: In Hongkong ist eine unbekannte Quote von Arbeitnehmern, die nach allen Schätzungen immerhin höher läge als die des gesamten Auslandskapitals, direkt oder indirekt bei VR-chinesischen Arbeitgebern beschäftigt. Welches Gesicht jenes janusköpfigen Kapitals und seiner personellen Träger sich im Falle schwerer sozialer Auseinandersetzungen in den Betrieben als das wahre erweisen würde — das des Eigentums oder das der Funktion —, kann zur Zeit nicht beantwortet werden und ist eine der vernachlässigten Schlüsselfragen für die Zukunft Hongkongs. Zweitens: Besonders in Südkorea ist die Abhängigkeit von den Metropolen größer, wenn sie auf der Ebene von Anleihen und Krediten gemessen wird (*Menzel* 1983: 42—50). Dies verweist zurück auf die Ausgangsbeobachtung des unterschiedlichen Verschuldungsgrades.

Den beiden genannten ‚lags' in der Ausbildung einer modernen kapitalistischen Sozialstruktur kontrastiert nun eine privatwirtschaftliche Arbeitnehmerschaft von fast der Hälfte bis zu drei Vierteln der arbeitenden Bevölkerung (EP) in Taiwan und Hongkong. Man darf sie an dieser Stelle ohne allzu große Bedenken als *Arbeiterklasse* im weitesten Sinne bezeichnen. Zum einen fehlt in diesen Ländern ein Pendant zum sozialrechtlichen Status des *Angestellten*, der ihn tatsächlich oder vermeintlich aus der Masse der Arbeitnehmer heraushebt. Deswegen gibt es übrigens auch keine Soziologie der Angestellten. Zum anderen ist die Einkommensdifferenzierung von *Schichten* unter den Lohnabhängigen der Privatwirtschaft — noch? — ausgesprochen gering. Überschlägig höchstens zehn Prozent — in Korea noch viel weniger — erreichen ein Einkommensniveau, das Mittelschichtzuweisungen rechtfertigen würde (*Asche* 1984 a: 283 f.).

Vollkommen verkehrt aber wäre es, aus der relativen Homogenität der Arbeiterklassen Taiwans oder Hongkongs nach den bislang genannten Kriterien irgendwelche hochgespannten Erwartungen gewerkschaftlicher oder politischer Regsamkeit der Klassen *als* Klassen abzuleiten. Die inneren Differenzierungslinien decken sich lediglich nicht mit einigen in der Bundesrepublik gebräuchlichen Schichtungskriterien. In Hongkong aber ist jeder sechste und in Taiwan sogar noch jeder dritte aktive (i. e. nicht arbeitslose) Arbeitnehmer der Privatwirtschaft in nichtkapitalistischen Kleinbetrieben bis zu neun Beschäftigten tätig. Auf der Skala der Klein-, Mittel- und Großbetriebe variiert nun sehr stark die Geschlechtszugehörigkeit. Wir beobachten eine vom Rand zum großbetrieblichen Kern hin zunehmende Konzentration der Frauenarbeit, die am klarsten in der Verarbeitenden Industrie zu registrieren ist. (Vgl. Tab. 2) Für diesen zentralen Bereich der Frauenarbeit gelten fünf Charakteristika:

(1) Beschäftigt sind junge Frauen mit kurzer Lebensarbeitszeit, die meist um das dreißigste Lebensjahr herum mit der Heirat endet.

(2) Die Frauen haben oft einen nichtproletarischen Familienhintergrund, besonders auf dem Land. Dieser Hintergrund existiert auch in Hongkong; er liegt jenseits der Grenzen der Kolonie.
(3) Sie haben oft zentrale Bedeutung für das Gesamteinkommen der Familie, z. B. für die Finanzierung von Ausbildungsgängen der (männlichen) Geschwister, auf die nach einer Reihe vorliegender Untersuchungen eigene Wohlstands- bzw. Aufstiegserwartungen *transponiert* werden[14].
(4) Sie wechseln in der kurzen Zeit ihres Arbeiterinnen-Daseins extrem häufig den Betrieb.
(5) Eingefahrene Verhaltensweisen der Herabsetzung der Frau spielen eine relativ selbständige Rolle bei der Entgegensetzung von Belegschaftsteilen in den Fabriken.

Tabelle 2: Männer- und Frauenbeschäftigung in der Verarbeitenden Industrie der ostasiatischen Schwellenländer (in % der Größenklassen)

	Hongkong (Männer)	Hongkong (Frauen)	Taiwan (Männer)	Taiwan (Frauen)	Korea (Männer)	Korea (Frauen)
1— 4	78,9	21,1			—	—
5— 9	72,5	27,5	71,3 *	28,7 *	74,2	25,8
10— 15					71,5	28,5
16— 19	59,0	41,0				
20— 29			63,3	36,7	67,3	32,7
30— 49	53,7	46,3	55,0	45,0	61,2	38,8
50— 99	43,5	56,5 F	51,0	49,0	56,9	43,1
100— 199	39,1	60,9 F			52,1	47,9
200— 299					49,6	50,4 F
300— 499	41,2	58,8 F	47,0	53,0 F	50,7	49,3
500— 999	41,1	58,9 F			54,5	45,5
1.000—1.999	36,2	63,8 F				
2.000 und mehr	59,0	41,0	50,0	50,0 (F)	51,3	48,7

Quellen: s. *Asche* 1984a, 279.
F = Betriebsgrößenklasse mit überwiegender Frauenbeschäftigung.
* : In den separat nachgewiesenen „Ein-Personen-Betrieben" überwiegen weibliche Beschäftigte im Verhältnis 5 : 4. Man hat es hier offensichtlich mit Heimarbeiter(innen) zu tun. Sie bestimmen jedoch nicht das Bild in Kleinbetrieben.

Durch diese Umstände gibt es einen *instabilen Kern* der Arbeiterschaft in den jungen Industrieländern und den Schwellenländern des Fernen Ostens, — eine Situation, für die die Frauen, die diesen instabilen Kern bilden, zuallerletzt verantwortlich gemacht werden können. Ihre Lebens- und Arbeitssituation ist in einer in Taiwan und Südkorea verbreiteten Konstellation nur die Konsequenz aus der Lage des oben erwähnten bäuerlichen Familienbetriebs, der auf die Lohnarbeit einiger Angehöriger zum Überleben angewiesen ist. In einem Kernbereich der Arbeiterschaft zeigt sich hier eine *Pluralität der Einkommensquellen* der Familie, die Klassenunterschiede realiter verwischt und Vorsicht bei unmittelbaren politischen oder gewerkschaftspolitischen Schlußfolgerungen aus der Grobstruktur der Klassenverhältnisse nahelegt[15]. Der schlechtbezahlten, jüngeren Frau in der Leichtindustrie kann man in der Großindustrie typisierend den männlichen Stammarbeiter der Schwerindustrien — in Taiwan meist in Staatshand —

gegenüberstellen. Seine privilegierte Position nähert sich der des Staatsbeamten an (in Taiwan zum Teil auch versicherungsrechtlich). Solche inneren Fragmentierungen der Arbeitnehmer erklären zu einem hohen Prozentsatz, warum sich ihre Sollstärke gemäß den Rahmendaten der Sozialstrukturanalyse nicht in einheitliches soziales Handeln umsetzt.

Die Apathie der Arbeiterschaft hat weitere Ursachen. Die politische Spaltung der Gewerkschaften in Hongkong, ihre massive Behinderung durch die Trade Union Ordinance, die politische Anbindung der Gewerkschaften in Taiwan an die Kuomintang sind solche Gründe[16]. Die ohne wesentliches Zutun der Gewerkschaften mit einer Unterbrechung zu Beginn der 80er Jahre positive Reallohn-Entwicklung hat ein übriges getan. Sie hat dazu geführt, daß man die These vom qualitativen Durchbruch in der Sozialstruktur in den Bereich der *Arbeitsbedingungen* und des *individuellen Konsums* hinein verlängern kann. Die Arbeitszeiten in Hongkong und Taiwan verkürzen sich ohne Lohnverluste allmählich von der 50-Stunden-Woche, die zu Beginn der 80er Jahre die Regel geworden war. Die Arbeitszeiten in Südkorea liegen zum gleichen Zeitpunkt noch wesentlich höher. Im durchschnittlichen Budget eines Privathaushalts ist der Ausgabenanteil für Nahrungsmittel deutlich unter die 40 %-Marke abgesunken. Die Freisetzung von Einkommensbestandteilen für höherwertigen Konsum hat z. B. in Taiwan dazu geführt, daß es eine hundertprozentige Versorgung der Haushalte — also auch der ländlichen — mit Fernsehern und Kühlschränken gibt, daß 60 % ein Telefon und fast 70 % eine Waschmaschine besitzen (vgl. Asche 1984a: 305–311). Im Vergleich mit der Entwicklung des Lebensniveaus in den alten Industrieländern erleben wir hier ein Phänomen des ‚Überholens ohne einzuholen'[17]. Junge Industrieländer können sich den zwischenzeitlich abgelaufenen Produktivitätsfortschritt in der Produktion (auch:) von Massenbedarfsgütern ‚gratis' aneignen und bestimmte Artikel daher früher verallgemeinern, als das etwa in Europa möglich war. Das hat allerdings eine methodische Konsequenz: zur wirtschafts- und sozialhistorischen Verortung nachwachsender Industrieländer ist ein Indikator des letztgenannten Typs nur mit Einschränkungen brauchbar.

Das Panorama der Faktoren ‚Innere Fragmentierung der Klassen', ‚Pluralität der Einkommen von Haushalt/Familie', ‚Repression der Gewerkschaften', (dennoch:) ‚Positive Einkommens- und Konsumtionsentwicklung', — ein Panorama, in das Konturen einer ‚typisch chinesischen' Mentalität oder Ethik nicht einmal eingezeichnet sind — läßt erkennbar werden, warum selbst in Staaten, die als fertige kapitalistische Industrieländer angesprochen werden müssen, relativ kleine *„Strategische Gruppen'* als nahezu exklusive Akteure im sozio-politischen Raum erscheinen. Taiwan und Hongkong unterscheiden sich in dieser Hinsicht nicht wesentlich von Südkorea und wohl auch nicht von Ländern, die von einer Schwelle zur kapitalistischen Industrienation noch viel weiter entfernt sind. In allen drei genannten Ländern werden wichtige Funktionen gewerkschaftlicher Gegenwehr von kirchlich bestimmten Gruppen wahrgenommen — solchen der christlichen Kirchen durchweg[18]. Die Gewerkschaften konzentrieren sich demgegenüber auf die Veranstaltung von ‚Arbeiterkultur'[19] und auf ihre Funktion als Assekuranzersatz, was angesichts des Zustandes kollektiver Sicherungssysteme in diesen Ländern nicht so unwichtig ist, wie es oft eingestuft wird. Aber die Gewerkschaften werden dadurch nicht zum *Machtfaktor*. Die Artikulation *politischer* Opposition fällt wiederum kirchlichen Gruppen oder Gruppierungen aus dem (selbständigen) Mittelstand anheim. Letztere sind allerdings in ihrer Funktion als liberal-demokratische Opposition so schwach, daß ihnen in jüngster Zeit in *Hongkong* — ein seltenes Schauspiel fürwahr: — die Spitzen von Unternehmerschaft und Großbanken mit gleichgerichteten Vorstößen beispringen mußten. In *Taiwan* repräsentieren diese Gruppierungen immerhin fünfundzwanzig Prozent der Wähler, wenn man großzügig die gesamte Tangwai-Opposition hier subsumiert. In *Südkorea* schließlich spielt die Studentenschaft eine weitere tragende Oppositionsrolle gegenüber den herrschenden Gruppen der Spitzenbürokraten und -militärs, die wiederum im Verein mit den Leitungen der Chaebol-Konzerne agieren. Die gegenüber Taiwan, Hongkong und (hier auch:) Singapur prozentual viel breitere Opposition in Südkorea steht darüber hinaus für einen prinzipiellen Unterschied. Wie nicht allein der Aufstand von Kwangju im Jahr 1980[20] gezeigt hat, können die ökonomischen und sozialen Widersprüche des gegenwärtigen Entwicklungsweges in Südkorea[21] nur repressiv zusammengehalten werden[22]. Demgegenüber ist die Kolonialdiktatur in Hongkong ein bizarrer Anachronismus, da an der Zustimmung der überwältigenden Mehrheit der Bevölkerung *und* der Arbeiterklasse zum kapitalistischen Wirtschaftssystem gegenwärtig kein Zweifel sein kann. Ähnliches gilt für Taiwan. Zur Garantie des kapitalistischen Entwicklungsweges ist die Alleinherrschaft der Kuomintang nach allen verwertbaren Umfragen und Einstellungsuntersuchungen und nicht zuletzt nach den Ergebnissen der (relativ freien) Teilwahlen überflüssig. Daß sie in modifizierter Form dennoch aufrechterhalten und weiterhin mit dem Anspruch auf die Regierung Gesamtchinas verknüpft wird, hat weder etwas mit dem Entwicklungsweg noch mit Gesamtchina zu tun. Die Kuomintang hat seit ihrer Vertreibung vom Festland den Staatsapparat und das Militär als ihre exklusive Einkommensquelle, als *Pfründe* betrachtet und dafür mit der Fiktion der zwar ergänzbaren, aber nicht ersetzbaren Regierung des ganzen China eine probate Begründung gefunden. Durch diese Konstruktion des politischen Systems kontrolliert die alte Herrschaftsschicht den Zugang zu dieser Pfründe, d. h. sie bestimmt darüber, in welchem Maße sie Taiwanesen in ihre Klientel kooptiert. Das ist der ganze Grund.

Zwei oder mit Singapur möglicherweise drei Länder, die den Sprung zum kapitalistischen Industriestaat geschafft haben und deren Regimes sich dafür so viel zumindest *passive* Zustimmung verschafft haben, daß es auch ohne Diktatur im gleichen Sinne weiterginge, werfen weitreichende entwicklungstheoretische Fragen auf. Die nächstliegende: Ist der Rückstand des Schwellenlandes Südkorea aufholbar? Selbst in der Summe der neueren Analysen ist darauf kaum eine klare oder eindeutige Antwort möglich. Die Korrektur gravierender Disproportionen im produzierenden und im finanzwirtschaftlichen Sektor gelingt dem gegenwärtigen Regime offenkundig (Abbau von Überkapazitäten der Schwerindustrie; effizientere Verteilung des Kredits). Wegen der engen Anbindung von Spitzenbürokratie und Militärspitze an den Komplex der großen Konglomerate muß jedoch allererst bezweifelt werden, ob das Regime zu einer binnenmarkterweiternden Korrektur der Lohnpolitik und zu einer durchgreifenden Verbesserung der Agrarstruktur in der Lage ist. Die Regierungskampagnen der letzten Dekade auf dem Lande, die an Äußerlichkeiten und allenfalls an Infrastrukturmaßnahmen orientiert waren, legen daran ebenso Zweifel nahe wie die jüngsten Ankündigungen zur geplanten Agrarpreispolitik der nächsten Jahre. Die Aporien des Regimes Chun Doo Hwan dürfen allerdings mit einer prinzipiellen Schranke bürgerlich-kapitalistischer Entwicklung in Südkorea nicht in eins gesetzt werden (*Asche/Ramalho* 1984: 10—41). Die weitergehende Frage ist angesiedelt im Spannungsfeld der „großen" Dependenz- versus Modernisierungstheorien und kreist um die Nachahmbarkeit oder den Modellcharakter der phänomenalen Entwicklungsverläufe in Ostasien. Tatsache ist, wie der Verfasser an anderer Stelle hervorgehoben hat, daß die „Gang of four" im Fernen Osten mit ihrer extremen Öffnung zum Weltmarkt, zum Auslandskapital und allgemein zu einer kapitalistischen Wirtschaftsweise so ungefähr alles falsch gemacht hat, was nach dependenztheoretischer Analyse falsch gemacht werden konnte (vgl. *Asche* 1984 a: 8). Erste Einschränkung aber bei der Generalisierung oder modellhaften Stilisierung der ostasiatischen Erfolgsbeispiele: Die Zuwachsraten des Welthandels der 60er Jahre, in den hinein die neuen Fertigwarenexporteure expandieren konnten, sind in der gegenwärtigen Etappe der langfristigen Weltkonjunktur nicht reproduzierbar. Zweitens: Ebensowenig reproduzierbar erscheint angesichts der fortschreitenden Fertigungs- und Montageautomation der ehemaligen Leichtindustrien die arbeitsintensive Exportindustrialisierung I. Stufe. Allerdings ist gerade auf diesem Gebiet zwar eine Menge über das mittlerweile technologisch Mögliche, relativ wenig aber über die effektive Diffusion der mikroelektronisch gesteuerten Neuerungen z. B. im Fertigungsbereich der alten und neuen Industrieländer bekannt; und damit leidet die These vom Abbau des Lohnkostenvorteils denkbarer new-comer noch unter großen Unsicherheiten. Es scheint jedoch so, als leisteten die Länder, die selbst auf diesem Wege industriell groß geworden sind, tätige Mithilfe beim Abbruch der Leitern, die ihnen einst über die berühmte Entwicklungsschwelle geholfen haben. Drittens: von den *inneren* Bedingungen der marktwirtschaftlichen ‚success stories' muß zunächst das *koloniale Erbe* der Japaner in Taiwan und Korea hervorgehoben werden. Im Einklang mit nahezu der gesamten einschlägigen Literatur muß unterstrichen werden, daß hier im Bereich der Agrarmodernisierung und Infrastrukturerschließung singuläre Voraussetzungen geschaffen worden sind. Nirgendwo jedoch steht geschrieben, daß sie andernorts im postkolonialen Stadium nicht nachträglich hergestellt werden könnten. Das gilt viertens auch für die *Präexistenz* einer verhältnismäßig qualifizierten und industrielle Produktion gewohnten Arbeiterschaft vor dem Losbrechen des eigentlichen Exportbooms, so sehr diese Vorbedingung den Start ganzer Industrien erleichtert haben mag. Ob schließlich fünftens der Zustrom ausländischer, besonders: US-Entwicklungs- und Kapitalhilfe jenes alles überragende Ausmaß gehabt hat, das ihm unter entwicklungsstrategischem Gesichtspunkt gelegentlich zugemessen wird, bleibt in der Literatur umstritten. Auf die Ambivalenz dieses Arguments in dependenztheoretischer Argumentation weisen *Menzel/Senghaas* im übrigen völlig zurecht hin. So erhält schließlich sechstens in der Abwägung des sog. ‚Modellcharakters' die Rolle der staatlichen Bürokratie und Militärführung die Schlüsselfunktion. Ihr ist in Taiwan und — mit großen Abstrichen — in Südkorea ein doppeltes soziales Kunststück gelungen: a) in dezidiert anti*kommunistischer* Stoßrichtung eine anti*oligarchische* Agrarreform von (wenigstens in Taiwan) einzigartiger Rigorosität und Konsequenz durchzuführen (*Hsiao* 1981) und dadurch die Produktionspotenzen und Alimentierungen der Landwirtschaft *für* die Industrie erst zu ermöglichen; b) an Knotenpunkten der Industrieentwicklung, die *Menzel* benannt hat, durchaus *gegen* die Interessen von Fraktionen des industriellen Kapitals wirtschaftspolitische Schwenks vorzunehmen, die erforderlich waren, um z. B. den Schutz vor Importen nicht über den Endpunkt der gesamtwirtschaftlichen Rationalität hinaus beizubehalten. In den meisten Ländern der Dritten Welt mißlingt dieser Schwenk entweder, oder er erfolgt im Interesse agraroligarchischer Klassen und Klassenfraktionen zu einem Zeitpunkt, an dem ihm die neuen Industrien noch nicht gewachsen sind. Resultat: Desindustrialisierung. – Existenz und Handlungsweise einer kapitalistisch derart rationalen Staatsbürokratie wird noch rätselhafter, wenn an die Beschreibung des politischen Systems angeknüpft wird, die wir oben gegeben haben. Tatsächlich handelt es sich im taiwanesischen Extrem um die Kombination von vergleichsweise effizienter Wahrnehmung der allgemeinen Aufgaben marktwirtschaftlicher Entwicklung mit der Behandlung des Staates als Pfründe, mit Klientelismus, mit der Funktionalisierung des Staates für die Partikularinteressen der eigenen ethnischen Gruppe, die die Festlandschinesen gegenüber den Taiwanesen in jeder Hinsicht gebildet haben.

Diese Kombination erscheint um so ungewöhnlicher, als die Wahrnehmung der Rahmenbedingungen kapitalistischer Entwicklung anfangs nicht im Auftrage, sondern in *Stellvertretung* einer kaum vorhandenen Klasse industrieller und kommerzieller Unternehmer erfolgen mußte, zu deren Herausbildung die Japaner in ihrer Kolonialepoche keinen Raum gelassen hatten. Anders als etwa in Südkorea gab es noch am Anfang der 70er Jahre in Taiwan keine Kapitalgruppen, die Neugründungen im Bereich der Schwerindustrie finanziell und personell hätten tragen können oder wollen.

Jenes Unikum von Staatsbürokratie in der Dritten Welt der 50er bis 70er Jahre erklärt sich als *Importprodukt*. Es handelt sich um eine komplett eingeführte, schwerbewaffnete Herrschaftsschicht, die nach einer aus sozialen Gründen verheerenden Niederlage unter einem ungeheuren Druck stand, gegen eine feindselige Bevölkerung in Taiwan ein stabiles Gegenstück zur Volksrepublik aufzubauen. Wegen ihrer Verpflanzung vom Festland konnte sie dies jedoch frei von den Rücksichten tun, die sie in ihrer Heimat scheitern ließen. In Taiwan mußte sie auf die Klasse der dortigen Großgrundbesitzer keine Rücksichten nehmen, weil sie zu ihnen keine sozialen Bindungen hatte. Der relative soziale Abstand zu allen nichtstaatlichen Klassen blieb nach der Agrarreform, die den Großgrundbesitz als Klasse demontierte, erhalten.

Gerade wenn man sich noch einmal *Waldmann*s Darstellung des entgegengesetzten und viel typischeren Falles Argentinien vor Augen führt, wird die Schlüsselfunktion dieser spezifischen ,,Staatsklasse" im Entwicklungsverlauf deutlich. Singapur und Hongkong hatten es wegen der Externalisierung einiger Agrarprobleme leichter; und in Südkorea hat trotz amerikanischen *und* nordkoreanischen Drucks schon die Agrarreform wegen der Rücksichtnahme der Staatsspitze auf die Landoligarchie nicht so durchgreifend realisiert werden können wie auf Formosa. Weitergehende Parallelen zum taiwanesischen Fall einschließlich des Imports der politisch herrschenden Klasse gibt es sonst nur noch in Israel. Dieses Spezifikum ist sonst auf die Dritte Welt nicht übertragbar, jedenfalls nicht im strikten Sinne.

Absolut nicht einzigartig in der Dritten Welt ist aber die Machtergreifung eines Militärregimes, das von einer vorhandenen Agraroligarchie sozial und politisch unabhängig ist, weil es sich im Lande selbst aus anderen Klassen rekrutiert und sich auf andere Klassen stützt. Die Frage nach dem Wiederauftauchen einer ‚autonomen' strategischen Gruppierung, die sowohl auf dem Land gegen Besitzinteressen vorgehen als auch industrielle Weichenstellungen halbwegs unbeeinflußt treffen könnte, muß daher noch präzisiert werden. Die zugespitzte Frage lautet, ob eine solche Gruppierung *sowohl* den dezidierten Reformwillen *als auch* den dezidierten Antikommunismus, der auf marktwirtschaftliche Lösungen verpflichtet, mitbringen würde. Der Kuomintang mußte beides erst durch die Volksbefreiungsarmee eingebleut werden. In der Regel der Dritten Welt tritt nur ein Faktor als Eigenschaft des Regimes auf: es ist entweder radikal, oder es ist eindeutig kapitalistisch orientiert, aber nicht beides in gleicher Intensität zusammen. Selbst radikale Militärregimes etwa in Afrika haben allzu häufig (wenngleich nicht immer) ihre soziale Basis in der städtischen Arbeiterschaft und/oder städtischen Mittelklassen (den Bevölkerungsteilen „in Gewehrschußnähe zum Präsidentenpalast"), nicht aber unter den Kleinbauern und Landarbeitern. Damit wird schon die erste Etappe marktwirtschaftlicher Modernisierung fraglich – die Etablierung einer relativ wohlhabenden Familienbauernschaft, die den Industrialisierungsweg sowohl finanziell alimentieren als auch von der Nachfrageseite her stützen könnte.

Die Abwägung, wieweit äußere und innere Gründe vor allem des taiwanesischen Entwicklungserfolges anderswo in der verbliebenen Dritten Welt reproduzierbar sind, muß notwendigerweise fragmentarisch und zum Teil spekulativ bleiben. Soweit dennoch eine Skizze möglich ist, scheint sie uns folgendes anzudeuten: die *äußeren* Umstände haben sich für weitere Spätentwickler eindeutig verschlechtert; die *inneren* Gründe aus dem kolonialen Erbe und aus der gegenwärtigen Klassen- und Schichten-Konstellation sprechen ebenfalls eher gegen die ‚Modell'-Theorie.

Für die Frage der künftigen Hegemonie im (ost-)pazifischen Raum jedoch ist es von entscheidender Bedeutung, daß die entstehende Supermacht China nicht nur Japan, sondern noch drei bis vier andere kapitalistische Industriestaaten neben sich (oder sogar im eigenen nationalen Verband!) als Wirtschaftspartner bzw. Konkurrenten haben wird. Die Konsequenzen aus dieser Situation zuende zu denken, sprengt die Grenzen der hier zusammengefaßten Untersuchung.

Anmerkungen

1 Angesprochen sind Brasilien, Mexiko und Argentinien, wobei für das letzte Land die These wissenschaftliches Allgemeingut ist, daß es durch die Demontage bedeutender industrieller Kapazitäten von einem gedachten Schwellenwert eher entfernt hat.
2 In jüngster Zeit viel diskutierter Grenzfall sind die Automobilindustrien Taiwans und Südkoreas. Am endgültig gescheiterten Joint Venture von Toyota mit taiwanesischen Partnern sind zwei typische Probleme deutlich geworden: (1.) die vollständige Ausschöpfung von backward-linkage-Effekten der Autoindustrie ist beim gegenwärtigen Leistungsstandard der lokalen Zulieferer nicht möglich; (2.) die Aufnahmefähigkeit des lokalen Marktes ist zumindest in Taiwan für Fabriken, die erst ab 200.000 Stück pro Jahr skalen-ökonomisch sinnvoll sind, wahrscheinlich zu gering.
3 In Hongkong und Singapur waren 1960 noch 8 % der Erwerbspersonen in Landwirtschaft und Fischfang tätig, prozentual doppelt soviele wie damals in Großbritannien und mehr als in den Vereinigten Staaten.

4 Zur Position Hongkongs und Singapurs auf einzelnen Weltmärkten vgl. jeweils UNCTAD, Handbook of International and Development Statistics, Abschnitt 4.4. Mit einer Wertschöpfung pro Kopf im Verarbeitenden Gewerbe von knapp unter bzw. knapp über 1.000 US-$ (1981) übertreffen beide Länder die entsprechende Leistung von Großbritannien.
5 Zum Stand der Debatte über ungleichen Tausch vgl. *Asche* 1984 b: 137–152).
6 Die Bezeichnung als „two-tier price system" entnahmen wir einer Analyse der Wirtschaftspolitik Südkoreas in „Business Week".
7 In Taiwan wohnen 1980 47,2 % der Bevölkerung in Städten und in Korea 55 %. Zum Vergleich: In den marktwirtschaftlichen Industrieländern sind es nach Angaben der Weltbank 78 %. In Taiwan werden jedoch erst Agglomerationen ab 100.000 Einwohner als städtisch interpretiert; in Korea ab 50.000, was das üblichere Verfahren ist. – Zu den angesprochenen soziologischen Konsequenzen vgl. für Taiwan: *Moser* (1984).
8 Angaben des Agrarzensus von 1975. – Diese Form des sozialen Abfederns des bäuerlichen Ruinierungsprozesses ist die Grundlage für die stabile *politische* Basis, die die Kuomintang auf dem Lande hat. Sie hat eine – nicht gar zu weit hergeholte – Parallele in der Basis der bayerischen CSU, deren stabiler Wählerstamm sich ebenfalls hochgradig aus der gelungenen Verbindung von (abnehmenden) agrarischen und (zunehmenden) industriellen Erwerbsteilen in ehemaligen Bauernhaushalten erklärt. Vgl. dazu näher *Alf Mintzels* grundlegende Arbeit über die CSU (1978).
9 Der an der Chungbuk-Universität in Korea arbeitende *Gwan Mo So* ermittelt für 1981 unter den *nicht*-landwirtschaftlichen Arbeitern (Erwerbs*tätige*) nach dem gleichen Kriterium (Beschäftigte in Betrieben bis neun Personen) 9,9 % der ET im kleinbetrieblichen und 31,3 % (ET) im kapitalistischen Sektor. Zieht man die Grenzlinie bei 5 Personen, so stellen sich die Werte auf 6,9 % im kleinbetrieblichen und 34,3 % im kapitalistischen Sektor. (*So* 1984).
10 Sehr wahrscheinlich gilt die gleiche Bestimmung – nach den vorliegenden ökonomischen Indikatoren und einigen Untersuchungen zur Sozialstruktur – für *Singapur*.
11 Taiwan hat 1982 ein Pro-Kopf-Einkommen in US-$ von 2342, Südkorea eines von 1800 US-$. (NZZ nach nat. Quellen) Die Zürcher Zeitung berichtet die taiwanesische Ziffer mit dem Kommentar, sie weise „darauf hin, wie groß der Schritt vom sogenannten Schwellenland zum Industriestaat tatsächlich noch ist". (Fernausgabe, 11. 7. 84) Das gilt nur, wenn – methodisch fragwürdig – das Land ausschließlich am *gegenwärtigen* Entwicklungsstand der alten Industrieländer gemessen, ihm also *als* Industrieland im Grunde keine Entwicklung mehr zugebilligt wird.
12 Vgl. zur Entwicklung des Unternehmertums in Taiwan vor allem: *Steinhoff* (1978).
13 Noch wesentlich geringer ist der Anteil der Arbeitskräfte in den vielbesprochenen Exportproduktionszonen: zwischen 2 % und knapp 4 % der privatwirtschaftlichen Arbeitnehmer in Taiwan, Südkorea und Hongkong.
14 Derartige Untersuchungen (vor allem von *Kung* für Taiwan und *Salaff* für Hongkong) werden zusammenfassend interpretiert in: *Asche* (1984a: 179 ff., 276 ff.).
15 Zur Erklärung des Phänomens, daß in Südkorea die weibliche Fraktion der Arbeiterklasse erkennbar als solche auf betrieblicher und überbetrieblicher Ebene in Aktion tritt, bedarf es daher zusätzlicher Argumente aus der selbst im Vergleich zu anderen ‚Niedriglohnländern' extremen Repression der Frauen in der Fabrik.
16 Mit der Revision des Gewerkschaftsgesetzes im Dezember 1980 ist in Südkorea die Reglementierung der Gewerkschaften am schärfsten geworden: Branchengewerkschaften sind zerschlagen und die verbleibenden Betriebsgewerkschaften unter unmittelbare Staats-/Geheimdienstkontrolle gesetzt worden. Vgl. hierzu und zum Zusammenhang mit der Entwicklung der Arbeits- und Lebensbedingungen *Lebberger* (1983).
17 Nominell liegt die Versorgungsquote des (allerdings halb tropischen, halb subtropischen) Taiwan mit Kühlschränken sogar *über* der der Bundesrepublik (1978) von 84 %. – Die massenhafte Ausbreitung des Telefons in der Bundesrepublik ist, wie man sich erinnern wird, auch erst eine Erscheinung der 70er Jahre (Stand 1978: 69,5 %). – Aufschlußreich sind im Vergleich auch die Angaben des Statistischen Zentralamts der Volksrepublik *China* über den Versorgungsgrad *städtischer* Arbeiterhaushalte dort: jede dritte Arbeiterfamilie besitzt an der Wende des Jahrzehnts einen Fernseher, jede zweite eine Nähmaschine und einen Rundfunk-Empfänger und jede mindestens ein Fahrrad. 60 % des Einkommens werden für Lebensmittel ausgegeben: dafür ist der Wohnraum fast gratis (Nach FAZ v. 28. 4. 1981).
18 Angesprochen sind: die Presbyterianische Kirche in Taiwan, die Urban Industrial Missions in Korea und Gruppen wie das Christian Industrial Committee in Hongkong.

19 Fast alle Gewerkschaften veranstalten kulturelle und Freizeitaktivitäten und -festivitäten für ihre Mitglieder, was angesichts der *gleichzeitigen* Ausbreitung der Institutionen moderner, klassenübergreifender Massenkultur noch weniger zukunftsträchtig ist als die Form der Arbeiterkultur in den alten Industrieländern vor und nach dem I. Weltkrieg.

20 Der in keiner Weise mit den Dezemberereignissen des Jahres 1979 in Kaohsiung/Taiwan parallelisiert werden kann.

21 Vgl. dazu in dependenztheoretischer Sicht *Luther* (1981) und *Song* (1984: 42—52).

22 Das Regime erleichtert sich diese Arbeit durch verschiedene Klassen und Schichten reihum teils ‚strafende‘, teils begünstigende Schaukelpolitik, die durchaus Züge von *Bonapartismus* trägt. Vom klassischen Bonapartismus unterscheidet sie allerdings die unmittelbare Abhängigkeit von der großen Bourgeoisie, von deren zerstrittenen Fraktionen sich jener gerade unabhängig gemacht hatte.

Literaturverzeichnis

Amin, S., 1983: Der Marxismus in Asien und Afrika, Vortrag zum Kongreß „Karl Marx in Afrika, Asien und Lateinamerika" vom 14.—16. 3. 1983 in Trier.

Asche, H., 1984 a: Industrialisierte Dritte Welt? — Ein Vergleich von Gesellschaftsstrukturen in Taiwan, Hongkong und Südkorea, Hamburg.

Asche, H. (Hrsg.), 1984 b: Dritte Welt für Journalisten, Saarbrücken.

Asche, H. und *L. Ramalho*, 1984: Die Schwellenländer in der Weltwirtschaftskrise, in: Peripherie, Jg. 4, Nr. 15/16.

Frank, A. G., 1982: Asia's Exclusive Models, in: Far Eastern Economic Review, 25. 6.

Hsiao, H. M., 1981: Government Agricultural Strategies in Taiwan and South Korea — A Macrosociological Assessment, Academia Sinica, Taipei.

Lehberger, K., 1983: Die Arbeits- und Lebensbedingungen in Südkorea in der Phase der exportorientierten Industrialisierung (1965—1980), Saarbrücken.

Luther, H. U., 1981: Südkorea — (K)ein Modell für die Dritte Welt, München.

Menzel, U., 1983: Projekt Entwicklung aus Unterentwicklung?, Länderstudie Südkorea, Ms., Bremen.

Mintzel, A., 1978: Die CSU, Anatomie einer konservativen Partei, Wiesbaden.

Moser, M. J., 1984: Law and Social Change in a Chinese Community, New York.

So, G. M., 1984: The Class Structure of Contemporary Korea, Draft, o. O.

Song, D., 1984: Südkorea: Auf den Spuren der Japaner? in: Peripherie, Jg. 4, Nr. 15/16.

Steinhoff, M., 1978: Prestige und Gewinn: Die Entwicklung unternehmerischer Fähigkeiten in Taiwan, Saarbrücken.

Wang, C. S., 1980: Social Mobility in Taiwan, Papers in Social Sciences (Academia Sinica), Nr. 80—3, Taipei.

Argentinien: Schwellenland auf Dauer?*

Peter Waldmann

Der Begriff der Schwelle suggeriert ein Übergangsstadium, folglich, dieser Schluß liegt nahe, handelt es sich bei einem Land, das auf der Schwelle stehenbleibt, um einen Ausnahmefall. Dies ist in der Tat die Ansicht vieler Entwicklungstheoretiker in Bezug auf Argentinien, der sich die seit jeher von ihrer Besonderheit überzeugten Argentinier nur allzu gern anschließen. Dennoch wird man zweifelnd fragen müssen, ob die Entwicklungsbedingungen des Landes so exzeptionell waren, daß sie einen solchen Schluß rechtfertigen. Argentinien erlebte als Exportland von Agrarprodukten zwischen 1880 und 1930 einen außerordentlichen wirtschaftlichen Aufschwung, der ihm eine Zukunft als eine der großen und mächtigen Nationen der Neuen Welt zu versprechen schien. Ab 1950 verfiel es aber in einen Zustand der wirtschaftlichen Stagnation, der von mit wachsender Schärfe geführten sozialen Auseinandersetzungen und politischer Instabilität begleitet war. Im Folgenden soll näher untersucht werden, welches die Hintergründe dieses merkwürdigen Auf-der-Stelle-Tretens sind. Als Anhaltspunkt für die Charakterisierung der Dauerschwellensituation des Landes dient uns das Indikatorenschema von *U. Menzel* und *D. Senghaas* zur Bestimmung von Schwellenländern (vgl. *Menzel, Senghaas* 1984; *Bergmann* 1983). Es sollen jedoch nicht nur wirtschaftliche Indikatoren erläutert, sondern die mit den wirtschaftlichen Veränderungen verbundenen Verschiebungen des gesellschaftlichen und politischen Kräftegefüges beleuchtet werden. Wenngleich es um den Entwicklungsengpaß Argentiniens im allgemeinen gehen wird, laufen doch viele Argumentationsfäden auf die Jahre 1930-1950 zurück, jene Phase, in der sich die Grenze der Agrarexportwirtschaft als Wachstumsmodell abzeichnete und nolens volens der Übergang zu einem der Industrialisierung mehr Gewicht gebenden Entwicklungsmodell vollzogen wurde. Unsere These lautet, ein Großteil der gegenwärtigen Strukturprobleme des Landes sei damit zu erklären, daß dieser ökonomische Wandel nicht hinreichend durch einen entsprechenden sozialen Konsens abgesichert wurde.

Die Ausführungen gliedern sich wie folgt: Zunächst wird ein allgemeiner Überblick über die Strukturprobleme der argentinischen Volkswirtschaft gegeben. Danach werden der Agrarsektor und die Industrie einer genaueren Analyse unterzogen, wobei

---

* Der Aufsatz stellt die leicht überarbeitete Fassung eines auf dem Soziologentag 1984 (Dortmund) im Rahmen der Sektion Entwicklungssoziologie gehaltenen Referats dar.
Für die kritische Lektüre des Manuskripts und eine Reihe wertvoller Verbesserungsanregungen sei Frau Dipl. soz. *Karin Engell* sowie den Herren Dr. *K. Eßer* und Professor Dr. *Dieter Senghaas* vielmals gedankt. Herrn Dipl. oec. *Heinz-Jürgen Ostermann* danke ich für die Hilfe bei der Anfertigung von Tabelle 1.

den jeweiligen Unternehmergruppen und ihrem sozio-politischen Einfluß besonderes Augenmerk geschenkt wird. In einem kurzen weiteren Abschnitt werden mehrere Züge des politischen Systems genannt, die seine entwicklungspolitische Effektivität beeinträchtigen. Abschließend soll, ausgehend vom argentinischen Fall, der Versuch unternommen werden, generelle Schlußfolgerungen hinsichtlich der Chancen nachholender industrieller Entwicklung zu ziehen.

1. Strukturprobleme der argentinischen Wirtschaft

Das Indikatorenschema von *U. Menzel* und *D. Senghaas* bietet, wie die Autoren selbst betonen, nur einen ersten Leitfaden zum Verständnis der Ökonomie eines Landes[1]. Da es nach Bezeichnung und Anspruch nicht mehr als ein Meßinstrument für Industrialisierungschancen sein will, erübrigt sich an dieser Stelle eine ausführliche Diskussion darüber, ob es uneingestandenermaßen nicht doch Modellcharakter hat, d.h. normative Vorstellungen über wünschenswerte, "richtige" Entwicklung transportiert. Der Verdacht, hier solle der Königspfad der Entwicklung aufgezeigt werden, scheint uns, wenn überhaupt, allenfalls dort nahezuliegen, wo der Werdegang "erfolgreicher" Schwellenländer wie Taiwan oder Singapur herauspräpariert wird. Dagegen ist die Anwendung des Schemas von vornherein unbedenklich, wenn es um die Aufdeckung der möglichen Hintergründe einer unzweifelhaften Entwicklungssackgasse, wie im Falle Argentinien, geht; zu diesem Zweck sollte jedes heuristische Hilfsmittel erlaubt sein. Das Indikatorenschema hat gegenüber anderen denkbaren Erklärungsansätzen den Vorteil. daß es komparativ angelegt ist, so daß Argentinien mit mehr oder weniger ähnlich gelagerten Fällen vergleichbar wird.
U. Menzel und *D. Senghaas* nennen sechs Sachverhalte, die, zusammen betrachtet, einen Rückschluß darauf gestatten sollen, ob in der Schlüsselphase der beginnenden Industrialisierung eine der autozentrierten Entwicklung günstige Konstellation vorliegt oder nicht: die Struktur und Leistungsfähigkeit des Agrarsektors (gemessen am Agrarwachstum zu Beginn der Industrialisierung und der Bodenbesitzverteilung); die Homogenisierung der wirtschaftlichen Sektoren (verstanden als Angleichung des jeweiligen Produktivitätsniveaus); die breitenwirksame Binnenmarkterschließung (sie ergibt sich aus der Zunahme der gesamten Nachfrage, die wiederum von der Zunahme des Volkseinkommens pro Kopf und der Einkommensverteilung abhängt); die Kohärenz der Volkswirtschaft (d.h. der Verflechtungsgrad zwischen den einzelnen Sektoren und Branchen); die Reife (definiert als Verlagerung der Produktion auf Branchen, die durch hohen Kapitaleinsatz, hohe Ingenieurleistungen und hohe Qualifikation der Arbeitskräfte gekennzeichnet sind); und schließlich die erworbene internationale Konkurrenzfähigkeit der Ökonomie (gemessen am Exportanteil des Maschinenbaus, der Elektrotechnik und des Fahrzeugbaus).
Es würde dem Sinn des Schemas nicht entsprechen, wenn wir jetzt detailliert darzulegen versuchten, welche Indikatorenwerte Argentinien jeweils erreicht hat und warum (siehe hierzu Tabelle 1), soll doch das Gesamtszenario für die Entwicklungschancen eines Landes entscheidend sein. Das Gesamtbild, daß die argentinische Volks-

wirtschaft aus der Perspektive des Indikatorenschemas bietet, läßt sich wie folgt zusammenfassen:
1) Argentiniens Wirtschaft hat einen relativ hohen Reifegrad erreicht. Dies gilt nicht nur für den von *U. Menzel/D. Senghaas* als Reife im engeren Sinn bezeichneten Anteil kapitalintensiver Branchen an der industriellen Gesamtproduktion, sondern auch für die Homogenisierung des Produktivitätsniveaus in den verschiedenen volkswirtschaftlichen Sektoren und den wechselseitigen Verflechtungsgrad der verschiedenen Sektoren und Branchen ("Kohärenz"). Bei all diesen "Sachverhalten" hat die argentinische Ökonomie die Schwellenwerte deutlich überschritten.
2) Auf der anderen Seite fällt die geringe Dynamik und mangelnde internationale Konkurrenzfähigkeit der agentinischen Volkswirtschaft ins Auge. Das Pro-Kopf-Wachstum des BSP liegt seit Jahrzehnten weit unter dem von *U. Menzel* und *D. Senghaas* angegebenen „Sollwert" von 4%; auch das Agrarwachstum reicht nicht an die postulierten 3% heran, wenngleich in diesem Sektor nach jahrzehntelanger Stagnation in jüngerer Zeit eine gewisse Wiederbelebung zu beobachten ist. Wenn eben von einer weitgehenden Homogenisierung der Produktivität in den verschiedenen Sektoren gesprochen wurde, so ist sogleich hinzuzufügen, daß diese Angleichung auf einem vergleichsweise niedrigen Produktivitätsniveau stattgefunden hat. Entsprechend gering ist die Konkurrenzfähigkeit argentinischer Industrieprodukte auf internationalen Märkten.
3) Hinsichtlich der Breitenstreuung von Bodenbesitz und Einkommen hat Argentinien Werte erreicht, die der „Schwelle" nahekommen. Die Einkommensverteilung war in den vergangenen Jahrzehnten aufgrund der häufig wechselnden Wirtschafts- und Sozialpolitik großen Schwankungen unterworfen. Unter den peronistischen Regierungen (1946–1955; 1973–1976) überwogen die Ausgleichstendenzen, unter Militärregierungen nahm das Gefälle zwischen oberen und unteren Quintilen der Einkommenspyramide wieder zu. Dagegen läßt sich in der Bodenbesitzstruktur ein langsamer, jedoch kontinuierlicher Abbau der extremen Disparitäten feststellen, ohne daß es je zu einer Landreform im engeren Sinn gekommen wäre (hierzu der nächste Abschnitt).
4) Die beschriebene Kombination von Merkmalen hat sich nicht erst in jüngster Zeit herausgebildet, sondern kennzeichnet Argentiniens Wirtschaft schon seit Jahrzehnten. Zwar wurden periodenweise auf der einen oder anderen Teilskala kleinere Fortschritte erzielt, doch kam es nie zu einer Bündelung sämtlicher Wachstums- und Reifeprozesse im Sinne eines kohärenten Entwicklungsschubs. Die verschiedenen Schwellenwerte wurden zu unterschiedlichen Zeitpunkten erreicht, bei einem Indikator („Homogenisierung") ist zwischen 1960 und 1980 sogar ein Rückschritt feststellbar. Insgesamt vermitteln die unkoordinierten Teilentwicklungen den Eindruck einer Drosselung des Wachstumsprozesses, eines strukturellen Engpasses.

Über die rein ökonomische Erklärung dieses Engpasses sind sich die Experten weitgehend einig. Sie gehen davon aus, daß das arg. Sparaufkommen durchaus ausreichen würde, um eine autozentrierte Entwicklung zu tragen. Die Schwierigkeiten ergeben sich aus der chronisch defizitären Handel- und Zahlungsbilanz (*Diaz-Alejandro* 1967; *Mallon, Sourrouille* 1975 : 109; *Flichman* 1981: 65–83; *Pablo* 1977: 7ff; *Ikonicoff* 1980: 159ff; *Braun* 1981: 585ff). Der Prozeß der Importsubstitution durch Aufbau einer eigenen Industrie, dies mußten die argentinischen Wirtschaftsführer und Regierungen früh erkennen, setzt seinerseits, zumindest vorübergehend, eine Intensivierung der Importe voraus. Der zunehmende Bedarf an Importwaren (Grundstoffe, Halbfertigwaren, Investitionsgüter) ließ sich jedoch nicht durch eine entsprechende Steigerung der Exporte auffangen, da der argentinischen Industrie bis heute nicht der Durchbruch zu internationaler Konkurrenzfähigkeit gelungen ist, so daß Devisen allein von dem jahrzehntelang nur magere Wachstumsraten aufweisenden Agrarsektor erwirtschaftet werden mußten. Die Folge dieses Ungleichgewichtes war ein ständiges Außenhandelsdefizit.

Schon *Diaz-Alejandro* zeigte auf, daß Einkommenssteigerungen in Argentinien eine überproportionale Nachfrage nach eingeführten Waren (oder im Lande hergestellten Produkten mit hohem Importanteil) auszulösen pflegen (*Diaz-Alejandro* 1967: 11ff; *Merkx* 1972: 136ff, 157ff; *Braun* 1970: 15ff). In diesem Sachverhalt spiegelt sich sowohl die hohe Außenabhängigkeit der argentinischen Industrie als auch die traditionelle Vorliebe des argentinischen Verbrauchers, vor allem der mittleren und höheren sozialen Schichten, für Konsumwaren aus dem Ausland. Gleichzeitig gilt es aber zu bedenken, daß die Lohnerhöhungen, mit denen die Arbeiter in Phasen wirtschaftlichen Aufschwungs rechnen können, großenteils für mehr Nahrungsmittel ausgegeben werden. Die Zahlungsbilanz gerät folglich in Zeiten wirtschaftlicher Erholung unter einen doppelten Druck: Die wohlhabenderen Schichten kaufen vermehrt eingeführte Waren, während die Unterschichten durch zunehmenden Fleischkonsum die Menge exportierbarer Güter reduzieren (*Merkx* 1972: 160).

Hier liegen die Ursachen für die jeweils 3-4 Jahre dauernden Stop-Go-Zyklen, die den Rhythmus der argentinischen Wirtschaft seit Ende der 40er Jahre bestimmen: Kurzen Prosperitätsphasen folgt nach Erschöpfung des Devisenvorrats ein plötzlicher wirtschaftlicher Kollaps. Angesichts eines drohenden Staatsbankrotts nimmt die Regierung zu einer Abwertung des Peso Zuflucht. Dies führt zu einer verbesserten internationalen Konkurrenzfähigkeit der tierischen und pflanzlichen Erzeugnisse auf dem Weltmarkt, aber auch dazu, daß die argentinischen Unterschichten aufgrund der allgemeinen Preissteigerungen weniger Nahrungsmittel kaufen können. Deshalb läßt der Druck auf die Zahlungsbilanz nach, die Wirtschaft erholt sich, bis dem Aufschwung erneut durch Verknappung der Devisen Grenzen gesetzt werden. Nicht selten fallen wirtschaftliche und politische Krisen zusammen, es kommt zu einem militärischen Putsch oder einem sonstwie erzwungenen Regierungswechsel.

Soweit in verkürzter Form die Interpretation des argentinischen Entwicklungsdilemmas aus ökonomischer Sicht, die jedoch zu einer Reihe von Fragen Anlaß gibt. Wie erklären sich die lange Zeit unverändert geringen Produktionssteigerungen im Agrarsektor, während zur selben Zeit in den USA und Westeuropa große Produktivitätsfortschritte gemacht wurden? Warum hat es die argentinische Industrie, deren Anfänge bereits auf den Beginn dieses Jahrhunderts zurückgehen, bis heute nicht geschafft, auf externe Märkte vorzudringen? Und woher stammt die auffällige Präferenz des argentinischen Verbrauchers für ausländische Produkte? Für Fragen dieser Art reicht eine auf die gegenwärtige Situation beschränkte Analyse nicht aus, sie setzen eine Betrachtung der geschichtlichen Entwicklung der argentinischen Ökonomie, einschließlich der Herausbildung bestimmter Einstellungen, Verhaltensmuster und soziopolitischer Strukturen voraus.

2. Agrarsektor und Agraroligarchie

Die gegenwärtige wirtschaftliche Stagnation Argentiniens steht nicht nur in einem auffälligen Gegensatz zum raschen wirtschaftlichen Aufschwung zwischen 1880 und 1930, zwischen beiden Phänomenen gibt es auch einen inneren Zusammenhang. Deshalb soll kurz auf die Phase der exportorientierten Entwicklung zurückgeblendet werden, die ab 1860, verstärkt dann ab 1880, einsetzte. Bemerkenswert an dieser Entwicklung ist, daß sie nicht durch eine geschichtliche Zufallskonstellation ausgelöst wurde, sondern auf einem Plan beruhte, dem Projekt der „Generation der 80er Jahre" (*Cornblit* 1965: 18ff; *Botana* 1977; *Waldmann* 1974: 33ff). Es handelt sich dabei um eine kleine Gruppe selbstbewußter Agrarherren und städtischer Patrizier, die das Land mit Hilfe europäischer Ressourcen erschließen und an das Fortschrittsniveau der europäischen Industrienationen heranführen wollte. Die Bedingungen für die Realisierung dieses Vorhabens waren außerordentlich günstig: Nach jahrzehntelangen Bürgerkriegswirren war eine gewisse innenpolitische Befriedung erzielt worden, indem die übermächtige Stadt Buenos Aires von der gleichnamigen Provinz abgetrennt und zur Hauptstadt des Landes erhoben worden war. Kurz zuvor waren in einem blutigen Feldzug die Indianer aus der Pampa húmeda, einem 600 km breiten Tieflandstreifen rund um Buenos Aires, vertrieben worden, womit immense Ländereien der landwirtschaftlichen Erschließung zugeführt werden konnten. Auf der anderen Seite des Atlantiks, in den europäischen Industriestaaten, war aufgrund der rasch anwachsenden Bevölkerung ein von der einheimischen Produktion nicht mehr zu befriedigender Nahrungsmittelbedarf entstanden, so daß die argentinische Überschußproduktion an Weizen und Rindfleisch (um nur die beiden wichtigsten Exportgüter zu nennen) gute Absatzmöglichkeiten auf den internationalen Märkten fand. Einige technische Neuerungen, die sich in jenen Jahrzehnten verbreiteten, trugen schließlich sowohl dazu bei, die Qualität und Quantität der in Argentinien erzeugten pflanzlichen und tierischen Rohstoffe zu steigern, als auch ihren Transport über weite Strecken zu ermöglichen[2].

Eine besonders intensive Handelsbeziehung bildete sich zwischen der südamerikanischen Republik und dem britischen Inselreich heraus. Britische Industriewaren überfluteten den argentinischen Markt, britisches Kapital stand hinter dem Ausbau der Hafenanlagen und der raschen Konstruktion eines der weitverzweigtesten Eisenbahnnetze von Lateinamerika, britische Finanzexperten waren beim Aufbau des argentinischen Bankwesens behilflich. England war der bevorzugte Wirtschaftspartner Argentiniens, doch öffnete sich das Land auch dem Einfluß anderer europäischer Nationen. Hinsichtlich der philosophischen Leitbilder, des literarischen Geschmacks und des Luxuskonsums lehnte es sich eng an Frankreich an; rund ein Jahrhundert lang zählte zum unverzichtbaren Pflichtpensum im Curriculum prominenter Mitglieder der argentinischen Oberschicht, einige Jahre in Paris (und einige Sommer in südfranzösischen Badeorten) verbracht zu haben. Deutschland steuerte zur argentinischen Entwicklung kaufmännische und handwerkliche Impulse sowie die Richtlinien zum Aufbau einer professionellen Armee bei. Italien und Spanien stellten das Hauptkontingent eines in die Millionen gehenden Stroms von Einwanderern, die durch den wachsenden Wohlstand und die günstigen Aufstiegsmöglichkeiten in der jungen Republik über den Atlantik gelockt wurden (*Germani* 1962: 179ff; *Klein* 1981: 3ff).

Um die Stimmung des nationalen Aufbruchs, die zu jener Zeit herrschte, nachvollziehen zu können, sei auf zwei mit der Agrarexportwirtschaft zusammenhängende Begleiteffekte hingewiesen. Zum ersten darf der „Trickle-down-Effekt" des aus dem Exporthandel resultierenden Wohlstandes nicht unterschätzt werden. Zwar zog den Hauptprofit daraus die traditionelle Oberschicht, in deren Händen sich binnen kurzem phantastische, einen luxuriösen Lebensstil herausfordernde Vermögen ansammelten. Doch der aufwendige Konsum der reichen Großgrundbesitzer, ihre Bautätigkeit und nicht zuletzt der rasche und großzügige Ausbau der Infrastruktur sowie öffentlicher Institutionen kamen auch der allmählich sich herausbildenden städtischen Mittelschicht zugute. Selbst die Löhne und der Lebensstandard der unteren sozialen Schichten lagen deutlich über dem entsprechenden Niveau in Süd-, teilweise auch in Westeuropa (*Escudé* 1983 : 15f). Seltsamerweise — dies ist der zweite Zug — war sich kaum einer der Zeitgenossen, einschließlich der Ökonomen, über die Voraussetzungen im klaren, die den raschen wirtschaftlichen Wachstumsprozeß ermöglichten. Geht man heute davon aus, daß der entscheidende Faktor die Verfügbarkeit und kontinuierliche Neubewirtschaftung noch ungenutzter Böden war, so war in den 20er Jahren die Mehrzahl der Argentinier der Ansicht, ein Stillstand der expansiven Entwicklung drohe allenfalls von einer Erschöpfung der internationalen Nachfrage. Dementsprechend machte man vor allem die Weltwirtschaftskrise und die daran sich anschließende Rückkehr der Europäer zu einer protektionistischen Wirtschaftspolitik für das Ende des Aufschwungs verantwortlich, ohne zu sehen, daß das Modell der Produktionssteigerung durch Produktionsausweitung mit der Nutzung sämtlicher für Landwirtschaft und Viehzucht geeigneter Böden in den 20er Jahren ohnehin an seine physisch-geographischen Grenzen gestoßen war (*Di Tella* 1982 : 746; *O'Connell* 1979 : 62f.).

Ab 1930 wäre eine Produktionssteigerung im Agrarsektor nur noch durch den Übergang von extensiven zu intensiven Bewirtschaftungsmethoden, d. h. durch eine vermehrte Produktivität zu erreichen gewesen. Doch während in den USA und Westeuropa in den folgenden Jahrzehnten, vor allem nach dem 2. Weltkrieg, beachtliche Produktivitätsfortschritte erzielt wurden, wiesen Landwirtschaft und Viehzucht in Argentinien bis Ende der 60er Jahre nur bescheidene Wachstumsraten auf. Erst in den letzten 10—15 Jahren sind, ausgelöst durch erhebliche technologische Verbesserungen, wieder stärkere Wachstumsimpulse in der Landwirtschaft spürbar (siehe Tabelle 1)[3]. Möglicherweise kommen diese jedoch zu spät, um das Land aus der ökonomischen

Sackgasse herauszuführen, stellt das Indikatorenmodell von *U. Menzel* und *D. Senghaas* doch nicht von ungefähr auf die *Gleichzeitigkeit* von agrarischer und industrieller Expansion in der Frühphase der Industrialisierung ab. Diese Frühphase liegt in Argentinien mittlerweile bereits einige Jahrzehnte zurück.

Auf die Frage, warum der Agrarsektor in den späten 30er, den 40er und 50er Jahren, also während der ersten Periode der Importsubstitution durch Industrialisierung, stagnierte, sind mehrere Antworten gegeben worden (*Sábato* 1983 : 79ff.). Manche Autoren machen für den Mangel an Dynamik die Disparitäten in der Bodenbesitzstruktur verantwortlich, andere führen ihn auf die spezifische Form der Bodenbewirtschaftung in der Pampa zurück, wieder andere sehen seine Ursache im Strukturwandel der internationalen Exportmärkte. Wir gehen hier zunächst auf die beiden ersten Argumente und später auf das dritte ein.

Argentinien bildet keine Ausnahme von der generell für Lateinamerika gültigen Regel, daß ein geringer Prozentsatz der landwirtschaftlichen Betriebe den Löwenanteil der nutzbaren Fläche innehat, während die weit zahlreicheren Klein- und Kleinstbetriebe sich mit einem Bruchteil des verfügbaren Landes begnügen müssen (*Sidicaro* 1982 : 51ff.). Eine Landreform wurde nie durchgeführt. Dieses in groben Zügen zutreffende Bild bedarf jedoch in mehrfacher Hinsicht der Ergänzung: zum ersten liegen Latifundien und Minifundien größtenteils in verschiedenen geographischen Zonen. Während für den Norden, Nordosten und Westen des Landes kleinbäuerliche Parzellenwirtschaft kennzeichnend ist, besteht der zentrale Pampagürtel ausschließlich aus mittleren und großen Gütern. Das Phänomen des „Landhungers", d. h. einer ausgebeuteten, von der Möglichkeit eigenen Bodenerwerbs abgeschnittenen Masse von Kleinpächtern und Landarbeitern, sucht man dort vergebens. Zweitens wird in Argentinien, im Unterschied etwa zu Peru oder Chile vor den Bodenreformen, die dichotomische Struktur der Grundbesitzverteilung aufgelockert durch einen ansehnlichen Prozentsatz mittelständisch-bäuerlicher Betriebe. Schon die zuverlässigste Studie zu dieser Frage, die aus den 60er Jahren stammende CIDA-Untersuchung, stellte fest, in der Pampa befänden sich nicht weniger als 40 % der landwirtschaftlich nutzbaren Fläche im Besitz von Familienbetrieben (*Murmis* 1978). Drittens schließlich gibt es eine über die Jahrzehnte hinweg konstante Tendenz zur Reduzierung der Latifundien nach Zahl und Umfang. Die Hauptursachen dafür sind Erbteilung, verbesserter Pächterschutz und angehobene Grundbesitzersteuern. Entfielen beispielsweise nach dem Agrarzensus von 1914 in der Provinz Buenos Aires rund 50 % des Bodens auf Güter von 5000 ha und mehr, so hatte sich dieser Anteil 1960 auf weniger als 15 % verringert (*Mallon, Sourrouille* 1975 : 44). Insgesamt ist in diesem Jahrhundert also durchaus ein allmählicher Abbau der Disparitäten in der Landverteilung, gekoppelt mit Produktivitätssteigerungen — da Mittelbetriebe nach der CIDA-Studie höhere ha-Erträge erwirtschaften als Großgrundbesitze — zu beobachten, die Frage ist jedoch zu wiederholen, ob sich dieser Abbau nicht zu langsam vollzogen hat, um zur Überwindung des Dauerschwellenstatus des Landes entscheidend beitragen zu können.

Ähnliches gilt für die Methoden der Bodenbewirtschaftung, deren Grundmuster sich im Laufe der Zeit nur zögernd verändert haben. Charakteristisch für den vom Produktionsvolumen her besonders gewichtigen Pampagürtel ist nach wie vor eine Kom-

Tabelle 1: Die wirtschaftliche Entwicklung Argentiniens aus der Perspektive des Indikatorenschemas von U. Menzel u. D. Senghaas

Indikator	Schwellenwert nach Menzel/Senghaas	Argentinien 1930	Argentinien 1950/60	Argentinien 1980
1. *Struktur und Leistungsfähigkeit des Agrarsektors*				
a) Agrarwachstum zu Beginn der Industrialisierung	a) 3% über 20 Jahre	a) 1900/04–1925/29: 3,8%	a) 1950–1960: 2,1%	a) 1970–1981: 2,5%
b) Gini-Index (Boden)	b) 0,5	b) 1914: 0,8467	b) 1952: 0,863	
c) landwirtschaftlicher Input-/Output-Koeffizient	c) jeweils 40% (0,4)		c) 1963: 0,36085	
2. *Homogenisierung*				
a) Summe der Prozentpunkte in der Abweichung der Verteilungsprofile von Entstehung des BIP und Beschäftigung – oder:	a) abnehmend 20	a) 1930/34: 23	a) 1960: 8	a) 1980: 20
b) Gini-Index der sektoralen Ungleichheit	b) 0,2		b) 1960: 0,032	b) 1970: 0,080
3. *Breitenwirksame Binnenmarktschließung*				
a) Pro-Kopf-Wachstum des BSP zu Beginn der Industrialisierung	a) 4% über 20 Jahre	a) 1900/04–1910/14: 2,2% 1910/14–1925/29: 0,7%	a) 1941–1951: 1,59% 1960–1971: 2,6 %	a) 1960–1981: 1,9%
b) Gini-Index (Einkommen)	b) 0,5			b) 1970: 0,5180

4. *Kohärenz*
   a) Anteil der gesamten Vorleistungen am Bruttoproduktionswert — oder: a) 45 %   a) 1963: 0,299 (= 29,9 %)
   b) Anteil der inländischen Vorleistungen   b) 35 %   b) 1963: 0,273 (= 27,3 %)   b) : 0,4502 (= 45 %)

5. *Reife*
   a) Anteil von Maschinenbau, Elektrotechnik und Fahrzeugbau an der verarbeitenden Industrie   a) 18 %   a) 1935–1939: 6,9 %   a) 1948–1950: 11,6 %   1967–1969: 22,3 %   a) 1980: 27 %

6. *Internationale Konkurrenzfähigkeit*
   a) Anteil von Maschinenbau, Elektrotechnik und Fahrzeugbau am Export   a) 20 %   a) 0 %   a) 7 %

Quellen: Banco Central de la República Argentina, Transacciones Intersectorales de la Economía Argentina, Año 1963; in: Suplemento del Boletin Estadístico No. 1, Januar 1974. *Díaz Alejandro, C. F.,* Essays on the Economic History of the Argentine Republic, London 1970; *Di Tella, G./Zymelmann, M.,* Las Etapas del Desarrollo Económico Argentino, Buenos Aires, 1967. *Eßer, K.,* Industrialisierungsstufen und Ländergruppen in Lateinamerika, Berlin 1975. *Mallon, R. D./Sourrouille, J. V.,* Economic Policymaking in a Conflict Society: The Argentine Case, London 1975. *Menzel, U./Sengbaas, D.,* Indikatoren zur Bestimmung von Schwellenländern, 1984 (unveröffentlicht). Naciones Unidas, Análisis y Proyecciones del Desarrollo Económico (Tomo V, 1), Mexico 1959. *Randall, L.,* An Economic History of Argentina in the Twentieth Century, New York 1978. *Russet, B. M./V. Alker, H. R./Deutsch, K. W./Laswell, H. D.,* World Handbook of Political and Social Indicators, Westport/CT 1977. Statistical Abstracts of Latin America, Los Angeles 1983. *Taylor, Cb. L./Jodice, D. A.,* World Handbook of Political and Social Indicators, New Haven/London 1983. *United Nations (CEPAL),* Seventeenth Session, Guatemala 1977. Weltbank, Weltentwicklungsbericht 1983.

bination von Landwirtschaft und Viehzucht. Die Beibehaltung dieser gemischten Produktionsform, ungeachtet der zahlreichen und oft tiefgreifenden Prozesse des Wandels im technologischen und sozialen Bereich, die mittlerweile stattgefunden haben, muß zunächst erstaunen, ließen sich doch durch Spezialisierung auf einen der beiden Produktionszweige höhere Erträge und Gewinne erwirtschaften. Ihr Hauptgrund liegt, wie kürzlich von einem argentinischen Agrarwissenschaftler herausgearbeitet wurde, in einem Kalkül der Risikominderung (Sábato 1983: 87 f). Es ist davon auszugehen, daß in einem Land ohne kalte Winter und mit einem verhältnismäßig hohen Grundwasserspiegel, wie Argentinien, Viehhaltung kaum wirtschaftliche Vorleistungen erfordert, während sie zugleich — Vieh ist jederzeit verkaufbar — ständige Liquidität gewährleistet. Demgegenüber ist der Anbau von Agrarprodukten an bestimmte Voraussetzungen gebunden, die ein Risiko bzw. eine finanzielle Belastung bedeuten. Gegenwärtig besteht diese Belastung in den erforderlichen Investitionen für die Anschaffung landwirtschaftlicher Maschinen, von Saatgut und Schädlingsbekämpfungsmitteln, für die Errichtung von Silos und Speichern. Früher, als das Land zur landwirtschaftlichen Nutzung für mehrere Jahre Pächtern überlassen wurde, war nicht auszuschließen, daß eine pächterfreundliche Regierung (wie die peronistische, 1946-1955) den Pachtzins einfror und Gesetze zum Schutz des Pächters gegen Kündigung erließ. Das größte Unsicherheitsmoment für Argentiniens Großagrarier bilden die je nach der Nachfrage auf dem Weltmarkt und dem wirtschaftspolitischen Kurs der Regierung von Jahr zu Jahr erheblich schwankenden Preise für ihre Erzeugnisse. Sie lassen es wenig ratsam erscheinen, auf eine Produktionsform, etwa die weniger einträgliche Viehwirtschaft zu verzichten, um sich ausschließlich auf bestimmte Agrarerzeugnisse zu spezialisieren, legen vielmehr, als Reaktion des Risikoausgleichs, die Beibehaltung einer diversifizierten Produktpalette nahe.

Wenngleich der Beitrag der Agrarwirtschaft zum BSP heute auf 13 % geschrumpft ist (der Anteil der in diesem Sektor Beschäftigten liegt kaum höher), kann es sich immer noch keine Regierung leisten, das Votum der Sociedad Rural, des Interessenverbandes der Großgrundbesitzer, zu ignorieren. Deren Einfluß und Selbstbewußtsein erklärt sich zum einen aus der bereits erwähnten Tatsache, daß es sich nach wie vor um den einzigen Wirtschaftszweig handelt, der international konkurrenzfähig ist, zum anderen aus ihrer früheren Rolle einer wirtschaftlichen und politischen Führungselite, die dem Land eine mehrere Jahrzehnte anhaltende ökonomische Prosperität und institutionelle Stabilität bescherte. Kaum weniger bedeutsam als das bis in die Gegenwart hinein spürbare ökonomische und politische Gewicht der Agraroligarchie sind indes die sozialpsychologischen Auswirkungen der von ihr geschaffenen Agrarexportwirtschaft als Entwicklungsmodell. Es sind mehrere solcher Wirkungen auszumachen, denen gemeinsam ist, daß sie den Übergang zu einem neuen, auf der Industrialisierung basierenden Wachstumsmodell behindern.

Etwas überspitzt könnte man behaupten, daß es gerade der außerordentliche Erfolg der Agrarexportwirtschaft war, der den Blick für die mit diesem Entwicklungskurs verbundenen mittel- und langfristigen Nachteile versperrte. Dies gilt nicht nur für die traditionelle Führungsschicht, auch die übrigen sozialen Gruppen und Schichten dachten bis zum Zweiten Weltkrieg nicht an eine wirtschaftspolitische Umorientierung. Rund fünfzig Jahre ununterbrochener ökonomischer Aufwärtsentwicklung hatten einen ungeheuren Zukunftsoptimismus, damit aber zugleich eine gewisse Blindheit erzeugt (*Gallo* 1979: 9). In diesem Zusammenhang ist es lohnend, als Vergleichsfall Australien heranzuziehen, das, bei ähnlicher Ressourcenausstattung und wirtschaftlich-demographischer Ausgangslage wie Argentinien gegen Ende des 19. Jahrhunderts, heute zu den relativ wohlhabenden Industrienationen zählt. Das australische Wirtschaftswachstum beruhte zunächst, ebenso wie das argentinische, auf der Ausfuhr von tierischen und pflanzlichen Rohstoffen. Es vollzog sich jedoch, und hier liegt der wesentliche Unterschied zur argentinischen Situation, nicht kontinuierlich, sondern in sukzessiven, durch Rezessionen unterbrochenen Schüben. Deshalb hielt man in der ehemaligen britischen Kolonie frühzeitig nach Alternativen zur Entwicklung über Steigerung der Agrarexporte Ausschau; bereits in die 20er Jahre fällt der Beginn einer protektionistischen Industrialisierungspolitik (*Fogarty* 1979: 29; *Knapp, Vetter* 1983). In Argentinien waren Staat und Gesellschaft zu jenem Zeitpunkt noch weit von einem Umdenken entfernt.

Erst gegen Ende der 20er Jahre, und vor allem nach der Weltwirtschaftskrise investierten die argentinischen Grundherren einen Teil der aus dem Agrarsektor fließenden Gewinne in die aufstrebende Industrie. Bezeichnenderweise geschah dies jedoch mit einer ähnlichen, mehr auf Marktvorteile spekulierenden als auf Steigerung der Produktivität abstellenden Haltung, mit der das Agrargeschäft betrieben wurde. Man kann davon ausgehen, daß die Neigung zur Spekulation, ein Erbe der Agrarexportwirtschaft und des Handels mit Grundstücken, die wirtschaftliche Einstellung des argentinischen Unternehmertums entscheidend geprägt hat (*Sábato* 1983: 91; *Sábato, Schvarzer* 1983: 13ff; *Ikonicoff* 1980: 159f). Nicht systematische Anstrengung, Organisationsfähigkeit, Gewerbefleiß sind seine Leitwerte, sondern die Suche nach der günstigen Gelegenheit, der Chance leichten Gewinns. A. *Boeckh* spricht in diesem Zusammenhang von einer Rentenideologie, die, ausgehend vom Agrarsektor, auf alle sozialen Schichten übergegriffen hätte (*Boeckh* 1982: 47ff, 92f). Spuren dieser Rentenmentalität sind in der Tat in den unterschiedlichsten gesellschaftlichen Bereichen unübersehbar: dem Glück vertrauen, auf mögliche Erbschaften oder Schenkungen, Spiel- oder Wettgewinne setzen, dies sind bis heute Schlüsselkategorien im Denken vieler Argentinier.

Der Abschied vom Agrarexportmodell fiel nicht zuletzt deshalb schwer, weil es dazu beigetragen hatte, daß sich die Argentinier als vollwertige Teilhaber an der europäischen Kultur verstehen konnten, eine Vorstellung, die sie nur ungern aufgaben. *E. Durkheim* hat schon vor rund hundert Jahren darauf hingewiesen, daß sich mit der Zunahme der Arbeitsteilung eine neue Form der Solidarität zwischen den spezialisierten, auf gegenseitigen Leistungsaustausch angewiesenen Funktionsträgern herausgebildet hat (*Durkheim* 1977: 406ff). In diesem Sinn läßt sich die eingewurzelte Vorliebe des Argentiniers für europäische Waren, europäischen Geschmack und Geist durchaus als mentaler Niederschlag der langjährigen symbiotischen ökonomischen Verbindung mit dem alten Kontinent interpretieren. Es dürfte aber ebenfalls klar sein, daß diese Anhänglichkeit, das nostalgische Nachtrauern um eine verflossene Identifikationsmöglichkeit, dem Umschwenken auf einen neuen, der eigenen nationalen Industrie vermehrte Bedeutung zuerkennenden Entwicklungskurs im Wege stehen mußte. Besonders deutlich trat dieser Widerstand gegen eine den veränderten internationalen Rahmenbedingungen Rechnung tragende Politik in den 30er Jahren zutage, als man verzweifelt an der ökonomischen Partnerschaft zu Großbritannien festhielt, obwohl diese mit beträchtlichen Zugeständnissen erkauft werden mußte und sich zum Nachteil der eigenen Industrie auswirkte (*Waldmann* 1983: 181ff, 185f).

3. Industrialisierung aus Verlegenheit

Der Beginn der industriellen Entwicklung in Argentinien fällt in die ersten Jahrzehnte dieses Jahrhunderts; bereits vor dem 1. Weltkrieg waren 20% der Arbeiter im verarbeitenden Gewerbe beschäftigt. Dies erklärt sich daraus, daß das Land an sich gute Voraussetzungen für die Entstehung einer eigenen Industrie aufwies: seine Infrastruktur (insbes. das Verkehrs- und Transportnetz) war gut ausgebaut, es verfügte über ein beträchtliches Potential an qualifizierten Arbeitskräften (vor allem unter den Einwanderern), die im Land erzeugten Rohprodukte bildeten eine günstige Ausgangspasis für industrielle Weiterverarbeitung, und schließlich konzentrierten sich die wesentlichen Ressourcen in nur einer geographischen Zone, dem Großraum von Buenos Aires (*Ikonicoff* 1980: 165ff).

Während der 1. Weltkrieg für die aus eigenen Kräften noch nicht lebensfähige argentinische Industrie einen Rückschlag bedeutete[4], nahm diese in der zweiten Hälfte der 20er Jahre, insbesondere aufgrund nordamerikanischer Direktinvestitionen, einen raschen Aufschwung. Die expansive Entwicklung setzte sich in den folgenden zwei Jahrzehnten fort, wobei nun die Wachstumsimpulse vom einheimischen Unternehmertum ausgingen. Unter der 1943 durch einen Putsch an die Macht gelangten Militärregierung, die 1946 die Regierung an *J. Perón* übergab, überrundete der Beitrag des verarbeitenden Gewerbes zum BSP den des Primärsektors; seiner wachsenden Bedeutung wurde Rechnung getragen, indem erstmals Gesetze zum Schutz und zur Förderung nationaler Industrieunternehmen erlassen wurden. Ab den späten 50er Jahren bestimmten multinationale Konzerne, die zahlreiche Niederlassungen in Argentinien gründeten, die Dynamik des industriellen Wachstums. Unter der letzten Militärregierung (ab 1976) war eine deutliche Schrumpfung des industriellen Sektors zu verzeichnen (*Schvarzer* 1983a, 1983b: 57ff).

Was die Zusammensetzung der Produktion angeht, so bildete die Nahrungsmittel- und Getränkeindustrie (Kühlfleisch, Öl, Mehl, Bier) einen ersten Schwerpunkt, gefolgt von der Textilindustrie in den 30er Jahren, während in der zweiten Hälfte der 50er Jahre die Massenproduktion dauerhafter Konsumgüter (Wasch- und Nähmaschinen, Öfen, Fernseher, Räder, Autos, Motorräder, landwirtschaftliche Maschinen) einsetzte. Zur technologisch anspruchsvolleren Maschinenbau- und Investitionsgüterindustrie ist die argentinische Industrie bis heute nur in Ausnahmefällen vorgestoßen (*Mallon, Sourrouille* 1975: 68ff; *Ferrer* 1971: 107ff).

Vor dem 2. Weltkrieg versuchte die argentinische Industrie auf ausländische Märkte innerhalb Lateinamerikas vorzudringen. Die Militärregierung von 1943 und das peronistische Regime räumten jedoch aus Angst vor inneren Versorgungsschwierigkeiten während des Weltkriegs der Befriedigung der nationalen Nachfrage den Vorrang ein, so daß die Erschließung von Exportmärkten in weniger entwickelten Nachbarländern zum Stillstand kam. Erst 20 Jahre später wurden unter Führung der multinationalen Unternehmen, die sich eben in Argentinien etabliert hatten, erneut Ausfuhrsteigerungen erzielt, die jedoch vom Umfang her begrenzt blieben. Offenbar teilen die argentinischen Niederlassungen der Multis — im Unterschied etwa zu den brasilianischen — mit der einheimischen Unternehmerschaft die primäre Ausrichtung auf den inneren Markt, d.h. eine geringe grenzübergreifende Dynamik. Gegenwärtig liegt der Beitrag der Industrie zum BSP bei rund 33 %, ihr Exportanteil erreicht aber nicht 25 % des Gesamtexports.

Die hinter dem expansiven Schein sich verbergende strukturelle Schwäche der argentinischen Industrie, die am augenfälligsten in ihrer mangelnden internationalen Konkurrenzfähigkeit zum Ausdruck kommt, wird verständlicher, wenn man zwei schon früh auftretende Handicaps berücksichtigt. Das erste liegt in der partiellen Unfreiwilligkeit der industriellen Entwicklung, die dem Land, insbesondere aufgrund der veränderten Haltung der „Metropole" Großbritannien nach 1930, gleichsam aufgezwungen wurde. Nicht eine Unternehmerschaft im Sinne *Schumpeters*, die für neue Produkte neue Märkte erschlossen hätte, verhalf der nationalen Industrie zu ihrem Aufschwung, sondern die Tatsache, daß mit dem jähen Kaufkraftschwund der Rohstoffexporte um 40 % ein durch importierte Güter nicht mehr zu deckender inländischer Nachfrageüberhang nach Industrieprodukten entstanden war (*Wynia* 1978: 29; *Ikonicoff* 1980: 164). Die Kaufbereitschaft des argentinischen Konsumenten mußte also nicht erst erzeugt werden, sondern war bereits vorhanden und drängte nach Befriedigung, wobei die Standards des Geschmacks durch europäische Muster vorgegeben waren. Mit dem halbfreiwilligen Charakter der Industrialisierung dürfte auch das ausgesprochen geringe Sozialprestige der Industrieunternehmer bis in die jüngste Vergangenheit zusammenhängen. Argentinien unterscheidet sich in diesem Punkt auffällig von den ehemaligen Dominions des britischen Commonwealths, etwa Kanada, wo führende Industrielle als nationale Pioniere gelten, die allgemeinen Respekt verdienen. In einem Land wie Argentinien, wo die Großagrarier rund ein Jahrhundert lang die wirtschaftliche und politische Elite gestellt hatten, war es für Industrielle schwierig, sich gesellschaftlich durchzusetzen (*Kenworthy* 1966/67: 463ff). Wer nicht das Privileg hatte, einen alten, durch Großgrundbesitz geadelten Namen zu tragen, der versuchte durch ein Studium der Rechte oder Medizin auf der sozialen Stufenleiter nach oben zu klimmen und dachte nicht daran, sich einer gewerblichen Tätigkeit zuzuwenden. Wirtschaftswissenschaftliche Studiengänge wurden an den Universitäten weder angeboten noch waren sie gefragt. Die Industrieunternehmer waren fast alle Self-made-men. Als vermögenslose Einwanderer — meist aus Italien — nach Argentinien gekommen, hatten sie auf der Basis des mitgebrachten handwerklichen Know-how in langjähriger, zäher Arbeit einen Betrieb aufgebaut (*Klein* 1981: 18; *Schwartzmann* 1973: 67f, 76; *DiTella* 1983: 171ff). War es angesichts der verbreiteten Geringschätzung des Gewerbefleißes zu verwundern, daß sie ihre Gewinne nicht in die Erweiterung und Konsolidierung des Unternehmens investierten, sondern dazu

verwendeten, den Makel ihrer bescheidenen sozialen Herkunft zu tilgen – durch Landkauf? Das zweite Handicap bestand darin, daß die Industriellen, selbst wie wir eben sahen, eine wenig einflußreiche Gruppe, kaum Verbündete in anderen sozialen Schichten und Gruppen fanden. Die neue Mittelschicht, die sich aus den Söhnen der Immigranten gebildet hatte, zog Berufslaufbahnen im privaten und öffentlichen Dienstleistungsbereich vor und zeigte geringes Interesse an einer eigenständigen nationalen Industrialisierung. Als ihre Partei, die Radikale Partei, die alte Agraroligarchie 1916 an der Regierung ablöste, nahm sie keine wirtschaftspolitische Kurskorrektur vor. Ihr „Radikalismus" erschöpfte sich in dem Bestreben, über den Hebel der Staatsmacht eine vermehrte Teilhabe an den Pfründen und Profiten zu erzwingen, die der Export-Importhandel abwarf (*Gallo, Sigal* 1965: 124ff; *Rock* 1975). Auch die schon Ende des 19. Jahrhunderts gegründete Sozialistische Partei und die Gewerkschaften als Vertreter der Arbeiterklasse zeigten sich lange gleichgültig gegenüber dem Wachstum der nationalen Industrie (*Knapp, Vetter* 1983: 24ff; *DiTella* 1983: 174 ff; *Torre* 1974: 531 ff; *Würtele* 1977: 185ff). Eine der Ursachen dafür war, daß die Arbeiterschaft sich mehrheitlich aus Einwanderern zusammensetzte, die noch nicht in die Gesellschaft integriert waren und deshalb wenig Verständnis für das Ziel einer Stärkung der nationalen Volkswirtschaft gegenüber externer Einflußnahme aufbrachten. Soweit sie sich zu Interessenverbänden zusammenschlossen, übernahmen sie die anarchosyndikalistischen und sozialistischen Orientierungsmuster, die sie von ihrer südeuropäischen Heimat her kannten; dies bedeutete ebenfalls eine Aufwertung des Gedankens internationaler Solidarität gegenüber dem nationalstaatlichen Aktionsrahmen. Ihr konkreter Bezug zur nationalen Industrie war ohnedies gering, da sie mehrheitlich in exportnahen Wirtschaftsbranchen (Hafenarbeit, Eisenbahn, Pack- und Kühlfleischindustrie) beschäftigt waren. Weiterhin ist zu bedenken, daß die Löhne in Argentinien, aufgrund des chronischen Arbeitskräftemangels, relativ hoch waren. Nicht der Anspruch auf Lohnsteigerung, sondern auf Eindämmung der Preise für Güter des täglichen Lebensbedarfs stand im gewerkschaftlichen Forderungskatalog an erster Stelle. Dazu schien es wichtig zu verhindern, daß argentinische Industrieunternehmen, durch Ausschaltung der ausländischen Konkurrenz, eine Monopolstellung auf dem einheimischen Markt erlangen könnten. Aus diesem Grund stemmten sich die Gewerkschaften jahrzehntelang gegen die Einführung von Importzöllen für Industriewaren aus Übersee.
Auch in dieser Frage erweist sich ein vergleichender Blick auf den australischen Parallelfall als informativ, wo ebenfalls die Viehzüchter zunächst am mächtigsten, wenngleich nie so dominierend waren wie die Agraroligarchie in Argentinien (*Fogarty* 1979: 31; *Knapp, Vetter* 1983: 35ff).
In Australien trat schon früh eine liberal-protektionistische (liberal in politischer, protektionistisch in wirtschaftlicher Hinsicht) Partei als Vertreterin des nationalen Bürgertums auf den Plan, die der konservativen alten Oberschicht die politische Führung streitig machte. Letztere von der Herrschaft zu verdrängen, wäre ihr allein sicher schwergefallen, sie fand jedoch einen Bündnispartner in der Laborpartei, die sich, entsprechend britischem Vorbild, zur Verteidigung der Interessen der Unterschichten

gebildet hatte. Der Kontrast zur Situation Argentiniens sticht in die Augen: Die argentinische Arbeiterschaft war von der Zusammensetzung her heterogen und bezüglich ihrer ideologischen Orientierung in mehrere Fraktionen gespalten, denen nur eine geringe Einbeziehung in den politischen Prozeß — viele Arbeiter hatten nicht einmal die argentinische Staatsbürgerschaft und waren deshalb nicht wahlberechtigt — und eine distanzierte Haltung gegenüber der Gastnation gemeinsam war. Dagegen begegnen wir in Australien einer durch gemeinsames angelsächsisches Kulturgut geeinten, früh in das politische Geschehen integrierten Arbeiterklasse, die nicht nur imstande ist, eigene Interessen vernehmlich zu artikulieren, sondern darüberhinaus zu den wirtschaftspolitischen Optionen der Zukunft Stellung nimmt. Muß die traditionelle Agrarelite in Argentinien erst im 2. Weltkrieg endgültig die Herrschaftspositionen räumen[5], so bildet sich in Australien bereits um die Jahrhundertwende ein neuer hegemonialer Machtblock, bestehend aus Industriebürgertum und städtischer Industriearbeiterschaft, dem die bis dahin tonangebenden Viehzüchter allmählich weichen müssen.

Das Nachhinken der ideologisch-politischen gegenüber der sozio-ökonomischen Entwicklung verlieh der argentinischen Situation in den 30er Jahren etwas merkwürdig Zwiespältiges: Einerseits war die aufstrebende Industrie im Begriff, den Agrarsektor an volkswirtschaftlicher Bedeutung einzuholen und zu überrunden, waren im Zuge des industriellen Wachstums neue soziale Gruppen, vor allem ein nationales Unternehmertum und ein urbanes Industrieproletariat entstanden, die das gesellschaftliche Gefüge vielschichtiger und komplexer machten. Auf der anderen Seite war diese Verschiebung der ökonomischen Gewichte aber nicht von einem entsprechenden Konsens, etwa einer breite Resonanz findenden industriellen Fortschrittsideologie begleitet und blieb das politische System den neuen gesellschaftlichen Gruppen verschlossen (*DiTella* 1969: 277f; *Wynia* 1978: 256; *Mallon, Sourrouille* 1975: 154ff). In einem Militärputsch hatte die alte Agraroligarchie 1930 erneut die Macht übernommen, die sie, unter Anwendung von Manipulation und Gewalt, zu ihren Gunsten verwaltete, wie sie dies vor dem 1. Weltkrieg praktiziert hatte. Litt darunter auch ihr politisches Ansehen, so blieb doch ihr soziales Prestige weitgehend erhalten, und das von ihr propagierte Agrarexportmodell erfreute sich nach wie vor großer Zustimmung in breiten Bevölkerungsschichten. Wenngleich anschließend, unter der peronistischen Regierung, die Weichen ganz anders gestellt werden sollten — in Richtung Industrieschutz und Sozialgesetzgebung —, konnten dadurch die Versäumnisse der vorangegangenen Jahre nicht mehr wettgemacht werden. Industrialisierungspolitik und Industrialisierungsprozeß behielten etwas Halbherziges, Züge einer von gewichtigen gesellschaftlichen Sektoren abgelehnten und blockierten Verlegenheitslösung. Sie vermochten nicht, die aus der Phase des „Wachstums nach außen" stammenden Haltungen und Strukturen zu überformen und definitiv zu überwinden (*Kenworthy* 1966/67: 470ff).

Die Schwierigkeiten Argentiniens beim Übergang von einer Rohstoffe ausführenden zu einer Industriegesellschaft müssen auch vor dem Hintergrund weltpolitischer Kräfteverschiebungen am Vorabend des 2. Weltkriegs und während desselben gesehen werden (*Escudé* 1983; *Waldmann* 1983: 193ff; *Rapoport* 1981).

Großbritanniens wirtschaftliche Vormachtstellung in Lateinamerika war nach dem 1. Weltkrieg durch das Vordringen nordamerikanischer Industrieunternehmen zunehmend ins Wanken geraten. Diese Entwicklung setzte sich in den 30er Jahren fort, um durch den Weltkrieg eine dramatische Beschleunigung zu erfahren. Für Argentinien brachte dieser Wandel des kontinentalen Kräftegefüges erhebliche Nachteile mit sich. Denn zu dem britischen Inselreich hatte ein ökonomisches Komplementärverhältnis bestanden, während die USA auf den internationalen Weizen-, Maisund Rindfleischmärkten als Konkurrenten Argentiniens auftraten. Die südamerikanische Republik war auf die Einfuhr technologisch hochwertiger Güter aus den Vereinigten Staaten angewiesen, hatte aber nichts anzubieten, was diesen die Handelsbeziehung als lohnend hätte erscheinen lassen können. Zudem war Argentinien auf panamerikanischen Konferenzen jahrzehntelang dem panamerikanischen Hegemonieanspruch der USA entgegengetreten, so daß diese nunmehr keine Gelegenheit versäumten, um den ehemaligen Rivalen zu demütigen. Vor allem während des Weltkriegs und unmittelbar danach nahm der Disziplinierungs- und Diskriminierungsdruck Nordamerikas gegenüber den Regierungen des südamerikanischen Staates, der seine Neutralität bewahren wollte, eine solche Intensität an, daß eine nationalistische Reaktion unvermeidlich war. Das Resultat dieser Reaktion war der Wahlsieg des Peronismus, der eine Abkoppelung Argentiniens von den Welthandelsströmen im Zeichen eines illusionären Autarkieprogramms einleitete, welches fehlschlagen und das Land in seiner industriellen Entwicklung weit zurückwerfen sollte.

4. Probleme politischer Steuerung

Es wurde wiederholt auf politische Brüche und Fehldispositionen als Mitursachen für die stagnierende Wirtschaftsentwicklung hingewiesen. Das Problem, das hier angesprochen ist, läßt sich auch allgemeiner formulieren: warum schufen nicht die politischen Entscheidungsträger die notwendigen Rahmenbedingungen für einen kontinuierlichen, zügigen Übergang von einer exportorientierten Ökonomie zu einem autozentrierten Wirtschaftswachstum. Nachdem die gesellschaftlichen Gruppen, allen voran die traditionelle Agrarelite, die veränderte nationale und internationale Situation und die daraus abzuleitenden Handlungsgebote nicht zur Kenntnis nehmen wollten, wäre es da nicht die Aufgabe des Staates gewesen, die Wende zu einem neuen, industrialisierungsbetonten Entwicklungsmodell zu vollziehen? Doch der Staat ist kein autonomes Gebilde. Gerade im Falle Argentiniens haben wir es, anders als beispielsweise in Brasilien, mit einer äußerst vitalen Gesellschaft und einem vergleichsweise schwachen, mit wenigen eigenen Ressourcen ausgestatteten politischen Steuerungszentrum zu tun (*Beltrán* 1978; *Floria* 1981; *Botana* 1983: 7ff). Die politische Sphäre bildet im wesentlichen nur einen Reflex der jeweiligen gesellschaftlichen Kräfteverhältnisse. Was jedoch das gesellschaftliche Kräftefeld angeht, so ist es seit dem erzwungenen Abtritt der alten Oberschicht keiner sozialen Gruppe oder Organisation gelungen, den freigewordenen Platz an der Spitze des gesellschaftlichen Schichtungsgefüges zu erobern (vgl. *Sidicaro* 1982: 67ff)[6]. Das argentinische Militär, daß am vernehmlichsten einen nationalen Führungsanspruch anmeldet, kann sicher nicht als neue Herrschaftsinstitution gelten, hat sich doch gezeigt, daß Militärregierungen trotz des überlegenen Gewaltpotentials, über das sie verfügen, kaum weniger instabil sind als Zivilregierungen. Wie oben bereits festgestellt wurde, ist auch keine dauerhafte Koalition mehrerer Schichten und Gruppen zustande gekommen, die gemeinsam imstande wären, den Staatsapparat zu kontrollieren und dem politischen Prozeß Kontinuität zu verleihen. Die verschiedenen gesellschaftlichen und politischen Machtfaktoren (wozu wir die wichtigen Interessenverbände, Parteien, staatlichen und halbstaatlichen Institutionen zählen) vertreten jeweils nur ein begrenztes Interessenspektrum und sind allenfalls zu kurzfristigen taktischen Zugeständnissen an die Konkurrenten bereit, um ihre Ziele zu erreichen. Mangels einer übergreifenden Herrschaftskonzeption und -struktur wirkt der politische Geschehensfluß nach außen hin amorph und unüberschaubar, dies sollte aber nicht darüber hinwegtäuschen, daß sich das Grundmuster einer begrenzten Zahl etwa gleichstarker, miteinander rivalisierender und einander blockierender Machtaspiranten im Laufe der letzten Jahrzehnte kaum verändert hat.

Neben dem Fehlen stabiler Mehrheitsverhältnisse wirkt sich auch der partikularistische Geist, in dem Politik betrieben wird, nachteilig auf längerfristige Zielsetzungen und Planungen aus. Der Zugang zu den politischen Entscheidungszentren wird mehrheitlich primär als die Chance verstanden, Eigeninteressen bevorzugt gegenüber konkurrierenden Belangen zur Durchsetzung zu verhelfen. Mag es in der Frage der erlaubten Mittel des politischen Machtkampfes bisher auch zu keiner Einigung gekommen sein — jede Gruppe setzt im Zweifel die ihr zu Gebote stehenden ein, von der Beeinflussung der öffentlichen Meinung bis zur blanken Gewalt —, so hat sich doch ein informeller Konsens herausgebildet, daß die Verfolgung eigener Vorteile ein durchaus legitimer Zweck der Herrschaftsausübung sei (*Kirkpatrick* 1971: 49ff; *Wynia* 1978: 254f). Den verhängnisvollen Präzedenzfall schuf die traditionelle Führungselite vor dem 1. Weltkrieg mit einer Reihe von politischen Maßnahmen, die nur allzu erkennbar der eigenen Schicht zum Vorteil gereichten. An dieses Verhaltensmuster lehnte sich die ihr an der Regierung folgende Radikale Partei als Vertreterin des neuen Mittelstandes an, und es wurde später auch von der Peronistischen Partei und ihren Anhängern übernommen. Während sich aber die Verteilungskämpfe bis 1930 aufgrund der zunehmenden allgemeinen Prosperität innerhalb des durch die Verfassung abgesteckten Rahmens gehalten hatten, nahmen sie danach, als das wirtschaftliche Wachstum zum Stillstand kam, eine die Legalität sprengende Schärfe und Dynamik an (*Merkx* 1972: 160ff). Der Zeitraum, der einer Gruppe an der Herrschaft eingeräumt wurde, um ihren Einfluß geltend zu machen und ihren Vorteil zu suchen, verkürzte sich drastisch. Seit dem Militärputsch von 1930 (dem ersten in der jüngeren argentinischen Geschichte) vermochte nur ein gewählter Präsident (*J. D. Perón*: 1946-1951) sein Mandat regulär, wie es die Verfassung vorsieht, zu Ende zu führen. Alle anderen wurden abgesetzt oder mußten Gewaltdrohungen weichen.

Es wäre indessen verfehlt, aus dem engen Handlungsspielraum argentinischer Regierungen zu schließen, es wären von ihnen keinerlei Vorstellungen entwickelt worden, wie man das Land aus der wirtschaftlichen Sackgasse herausführen könnte. Die meisten dieser Lösungsvorschläge, die allesamt um die Möglichkeit und Notwendigkeit des Aufbaus einer wettbewerbsfähigen Industrie kreisen, lassen sich zwei Grundkonzeptionen zuordnen (*Wynia* 1978: 240). Das eine Lager, bestehend aus Gewerkschaften, nationalistischen Offizieren und Teilen der Unternehmerschaft, plädiert für einen Ressourcentransfer aus der Landwirtschaft in die Industrie, mit dem Ziel, dieser durch die Ausschöpfung des inneren Marktes zu einem beschleunigten Wachstum, und dem Land zu vermehrter Unabhängigkeit gegenüber den westlichen „Industriemetropolen" (insbes. den USA) zu verhelfen. Die Befürworter der Gegenkonzeption, ebenfalls Teile des Militärs, die Vertreter des Großgrundbesitzes, des ausländischen Kapitals und eine Fraktion der nationalen Industriebourgeoisie, sind der Ansicht, es bedürfe einer behutsameren Vorgehensweise, um das schwierige Problem des Übergangs von der Agrarexport- zur Industriewirtschaft zu bewältigen. Ihr Rezept lautet: Aufrechterhaltung bzw. Steigerung der Agrarausfuhren, keine Forcierung des industriellen Wachstums, jedoch Niederhalten der Gewerkschaften, d.h. der Lohnkosten, damit die argentinische Industrie allmählich international konkurrenzfähig wird. Da keines der beiden Entwicklungsprojekte mehrheitsfähig ist, kommen sie nur alternativ zum Zuge, was die Wirtschaftsakteure verunsichert und die Dynamik des wirtschaftlichen Wachstums bremst.

Manche Autoren lasten das Nichtzustandekommen tragfähiger Mehrheiten in erster Linie den politischen Führern und ihrem Stil an. Sie werfen ihnen vor, sie begnügten sich mit rhetorischen Höhenflügen, scheuten jedoch die Kärrnerarbeit, die Betroffenen von der Richtigkeit des eingeschlagenen wirtschaftspolitischen Kurses zu überzeugen und einen tragfähigen Konsens zwischen allen beteiligten Kräften zu schmieden. Argentinische Präsidenten, heißt es etwa bei *G. W. Wynia*, zögen es entweder vor, die bestehenden Verteilungskonflikte überhaupt zu ignorieren und die ihnen „objektiv" richtig erscheinenden Maßnahmen zu treffen, in der Hoffnung, der Erfolg würde ihnen Recht geben und anfängliche Widerstände gegen ihre Politik ausräumen. Oder sie ließen es bei moralischen Ermahnungen, Drohungen und kurzfristigen materiellen Anreizen bewenden, anstatt durch zähes Verhandeln mit allen Verbänden und sonstigen Machtgruppen ihrem Vorgehen ein festes Fundament zu geben (*Wynia* 1978: 16f, 111; *Mallon, Sourrouille* 1975: 66, 154ff).

Diese Charakterisierung ist zwar zutreffend, doch bleibt offen, inwieweit wirklich die Politiker und nicht die schwierigen Rahmenbedingungen, unter denen sie operieren müssen, für die aufgezeigten Steuerungsdefizite verantwortlich zu machen sind. *Wynia* selbst räumt ein, daß es in einer vom Mißtrauen aller gegen alle geprägten Gesellschaft sehr schwierig ist, längerfristige Strukturpolitik zu betreiben. Denn bei sämtlichen Machtorganisationen und -gruppen ist die Bereitschaft, kurzfristige Partikularbelange um allen zugute kommender Langzeitvorteile willen zurückzustellen, minimal, muß doch jede von ihnen davon ausgehen, ihr Opfer zahle sich nicht aus, weil andere, weniger einsichtige Gruppen das fragliche Projekt ohnedies zu Fall bringen würden (*Wynia* 1978: 258ff). Hinzu kommt, daß es in Argentinien an politischen Brückeninstitutionen fehlt, die es dem verantwortlichen Politiker erleichtern würden, politische und gesellschaftliche Willensbildung miteinander zu koordinieren (vgl. *Botana* 1978: 31ff; *DiTella* 1983: 186ff). Die Parteien können diese Funktion nicht erfüllen, da sie von der Struktur her eher „Bewegungen" sind, d.h. lose, in sich heterogene, um einen oder mehrere Führer gescharte Gruppierungen. Die bereits erwähnte Ungeschütztheit des politischen Systems, seine Anfälligkeit für gesellschaftliche Pressionen, macht sich somit auch auf der Out-put-Seite nachteilig bemerkbar. Den Regierungen fehlen die geeigneten Vermittlungsorgane, um ihre Initiativen und Entscheidungen in die gesellschaftliche Sphäre hineinzutragen und ihnen dort den Stempel der Verbindlichkeit zu verleihen.

Die häufigen wirtschaftspolitischen Kurswechsel haben bei den gesellschaftlichen und wirtschaftlichen Akteuren Formen staatsunabhängiger Risikominderung und Gewinnsicherung entstehen lassen, wodurch die Steuerungskapazität der politischen Entscheidungsträger noch weiter reduziert wird. Viele Argentinier sind inzwischen der Ansicht, wichtiger als die Durchsetzung einer bestimmten Wirtschaftspolitik sei, daß irgendeine politische Linie längerfristig durchgehalten werde. Doch auch das ist keineswegs einfach. Langjährige Mißachtung demokratischer Spielregeln hat zur Gewöhnung an rücksichtslose Interessendurchsetzung, an die Normalität anomaler politischer Zustände geführt, eine Haltung, die nicht von einem Tag auf den anderen abgebaut werden kann (*Caputo* 1983: 123ff). Es bleibt abzuwarten, ob es der im November 1983 gewählten Regierung *Alfonsín* gelingen wird, aus diesem Teufelskreis auszubrechen.

5. Schlußfolgerungen

Für eine erfolgreiche autozentrierte Entwicklung kommt der Schwellenphase des Übergangs von der Agrarexport- zur Industriegesellschaft, in der der Primärsektor vom Sekundärsektor überflügelt wird und beide in einem Konkurrenzverhältnis zueinander stehen, besondere Bedeutung zu. In dieser Phase, die in Argentinien in die Jahre 1930-1950 fiel, tauchen mehrere Probleme auf:

1) Der Industrialisierungsprozeß läßt neue soziale Gruppen, vor allem ein Unternehmertum und eine Industriearbeiterschaft entstehen, durch welche der Besitzstand der bislang dominierenden Gruppen gefährdet wird (*Olsen* 1982: 41, 166). Da Verteilungskämpfe über kurz oder lang stets eine politische Dimension gewinnen, stellt sich die Frage, ob das politische System hinreichend gerüstet ist, um mit dieser Herausforderung fertigzuwerden, indem es den neuen Gruppen angemessene politische Artikulations- und Durchsetzungschancen einräumt. Denn wie es in der Schwellenphase aus ökonomischer Perspektive hoher Zuwachsraten sowohl des Agrarsektors als auch der Industrie bedarf, so muß in sozialer und politischer Hinsicht ein Modus der Konvivenz zwischen etablierten und emporstrebenden Kräften gefunden werden. Ob dies gelingen kann, hängt u. a. von den traditionellen politischen Spielregeln, der Festigkeit des Legitimitätskonsenses, aber auch vom Ansehen und der Integrationswilligkeit der neuen Schichten ab.

2) Die Ablösung des Agrarexportmodells ökonomischer Entwicklung gestaltet sich umso schwieriger, je erfolgreicher es war und je geringer deshalb die allgemeine Bereitschaft ist, es mit einem anderen Entwicklungsmodell, dem der Industriali-

sierung, zu vertauschen. Mehrere Gründe erklären diesen Widerwillen gegen eine Umorientierung: die erfolgreiche Agrarexportwirtschaft hat eine selbstbewußte Schicht von Großagrariern hervorgebracht, die nicht bereit ist, rasch abzudanken, sondern einen Teil ihrer Macht (als zunächst einziger Wirtschaftssektor, der Devisen erwirtschaftet) in die neue Struktur hinüberzuretten vermag; sie ließ als geistigen Niederschlag der wirtschaftlichen Arbeitsteilung eine Solidarität mit den Industriemetropolen entstehen, die der Besinnung auf nationale Entwicklungsinteressen im Wege steht, und sie erzeugte eine Rentenmentalität, weckte ein allgemeines Anspruchsdenken, das der Betonung von systematischer Arbeit, langfristiger Planung und zähem Fleiß als neuen Werten nur langsam weicht.

3) Wenn der Übergang von der einen zu anderen Wirtschaftsstruktur nicht im ersten Anlauf bewältigt wird, ist es nicht ohne weiteres möglich, das Versäumte zu einem späteren geschichtlichen Zeitpunkt nachzuholen. „Erfolgreiche Bewältigung" meint, daß alle strategisch wichtigen Prozesse simultan ablaufen, daß das Gesamtzenario stimmt, um mit *U. Menzel* und *D. Senghaas* zu sprechen. Es nützt also nichts, wenn zunächst der industrielle Sektor expandiert, dann ein Produktivitätsschub in der Landwirtschaft einsetzt usf. Daß die einmal verpaßte Gelegenheit später nicht beliebig reproduzierbar ist, leuchtet ein, wenn man bedenkt, daß die in Gang gekommenen Teilprozesse in der Regel irreversibel sind und eine eigene Dynamik entfalten. Ist im Zuge der Industrialisierung einmal eine starke Arbeiterbewegung entstanden, so läßt sich diese später zwar temporär unterdrücken, aber nicht mehr aus dem Machtprozeß ausschalten, so wenig wie eine möglicherweise das industrielle Wachstum behindernde politische Mobilisierung breiter Bevölkerungsschichten beliebig rückgängig gemacht werden kann. Die zeitliche Verschiebung der Schwellenphase schafft andere, im Zweifelsfall schwierigere Rahmenbedingungen. Argentinien liefert das Beispiel einer mißglückten Ablösung der Agrarexportwirtschaft durch eine auf die Industrialisierung gestützte Entwicklungsstrategie. Die Konsequenzen dieses Scheiterns konnten bis heute nicht überwunden werden, sie sind deutlicher sichtbar denn je: ein Mangel an Vertrauen zwischen den gesellschaftlichen Gruppen und gegenüber der Regierung; kurzatmige Interessenpolitik neben periodischen wirtschaftspolitischen Neuorientierungsansätzen; Machtpatt, Stagnation, soziale und politische Anomie. Die Argentinier selbst sind der Überzeugung, sie stellten einen Sonderfall „pathologischer" Entwicklung dar. Es wäre aber zu überlegen, ob wir es hier nicht eher mit dem Regelfall zu tun haben, der uns in ähnlicher oder modifizierter Form noch öfter begegnen wird, und ob nicht die wenigen Nationen, die bisher den Weg zu einer nachholenden autozentrierten Entwicklung erfolgreich absolviert haben, die Ausnahmen bleiben werden. Falls diese Vermutung zutrifft, dann wäre künftig vorrangig zu untersuchen, welche *nicht*ökonomischen Voraussetzungen bei den Ausnahmenationen (zu denken ist vor allem an Taiwan und Südkorea) die Meisterung der Schwellenprobleme ermöglicht haben.

Anmerkungen

1 Allgemein zur ökonomischen Situation und Entwicklung Argentiniens vgl. *DiTella, Zymelman* (1967); *Henggeler* (1974); *Wynia* (1978); *Walsmann* (1982: 84ff).

2 Besonders hervorzuheben ist die Entwicklung der Kühlfleischindustrie, die eine längerfristige Konservierung des Rindfleisches erlaubte, daneben auch eine Verbesserung der Weiden, der Hegebedingungen für das Vieh und der Bau eines Eisenbahnnetzes. Generell dazu: *Beyhaut* (1965: 52-70).
3 Sie hängen vermutlich mit dem erfolgreichen Wirken des schon 1957 gegründeten Instituts für Agrartechnologie zusammen (*Flichman* 1981: 77).
4 Wobei man freilich zwischen den verschiedenen Industriebranchen differenzieren muß, die durchaus unterschiedlich abschnitten (vgl. Tulchin 1970: 901ff).
5 *Kenworthy* vergleicht Argentinien mit den USA, wo die Niederlage des agrarischen Südens im Bürgerkrieg den Weg für die vom Norden ausgehende industrielle Expansion freimachte. In Argentinien seien dagegen die Industrieunternehmer mit einem unfreundlichen Meinungsklima konfrontiert gewesen (*Kenworthy* 1966/67: 463).
6 Es scheint uns symptomatisch, daß die Agraroligarchie in Argentinien nicht durch eine bürgerliche Machtkoalition, sondern durch einen Militärputsch von der Herrschaft verdrängt wurde. Nationales Unternehmertum und die Industriearbeiterschaft waren allein nicht stark genug, sondern bedurften dazu der Unterstützung und Integrationsklammer des Militärs (vgl. *Waldmann* 1974: 153ff).

Literaturverzeichnis

Beltrán, V. R. (Hrsg.), 1978: Futuro Político de la Argentina, Buenos Aires.
Bergmann, C., 1983: Schwellenländer: Kriterien und Konzepte, Köln.
Beyhaut, G., 1965: Von der Unabhängigkeit bis zur Krise der Gegenwart, Fischer Weltgeschichte Bd. 23, Süd- und Mittelamerika II, Frankfurt/Main.
Boeckh, A., 1982: Grundrente und Staat: Argentinien und Venezuela im 19. und 20. Jahrhundert, in: *Hanisch, R.* und *R. Tetzlaff* (Hrsg.), Historische Konstitutionsbedingungen des Staates in Entwicklungsländern, Hamburg.
Botana, N. R., 1983: Habitantes o ciudadanos? La Argentina del Ochenta y el problema de la identidad política, in: *Waldmann, P.* und *E. Garzón Valdés* (Hrsg.), El poder militar en la Argentina (1976–1981), Buenos Aires.
Braun, C., 1970: Desarrollo del capital monopolista en Argentina, Buenos Aires.
Braun, O. und *L. Joy*, 1981: Un Modelo de Estancamiento Económico. Estudio de Caso sobre la Economía Argentina, in: Desarrollo Económico, Bd. 20, Nr. 80.
Caputo, D., 1983: Balance provisorio, in: *Waldmann, P.* und *E. Garzón Valdés* (Hrsg.), Poder militar en la Argentina (1976–1981), Buenos Aires.
O'Connell, A., 1979: Kommentar zu den Referaten von E. Gallo und J. Fogarty, in: *Fogarty, J.* u.a., Argentina y Australia, Buenos Aires.
Cornblit, O. E. u.a. 1965: La Generación del 80 y su Proyecto: Antecedentes y consecuencias, in: *DiTella, T.* u.a. (Hrsg.), Argentina, Sociedad de Masas, Buenos Aires.
Diaz-Alejandro, C. F., 1967: Essays on the Argentine Economy, New Haven/ Conn. .
Di Tella, G. 1982: La Argentina Económica (1943-1982), in: Criterio, Año LX, Nr. 1894/1895.
Di Tella, G. und *M. Zymelman*, 1967: Las Etapas del Desarrollo económico Argentino, Buenos Aires.
Di Tella, T., 1969: Einführung zum 2. Teil des von ihm zusammen mit *Halperin, Donghi, Tulio* herausgegebenen Buches "Los Fragmentos del Poder: De la Oligarquía a la Polarquía Argentina". Buenos Aires.
Di Tella, T., 1983: Argentina: una Australia italiana? in: Crítica y Utopía, Nr. 10/11.
Durkheim, E., 1977: Über die Teilung der sozialen Arbeit, Frankfurt.
Escudé, C., 1983: La Declinación argentina. 1942–1949, Buenos Aires.
Ferrer, A., 1971: El sistema semi-industrial dependiente: Estructura y comportamiento de la economía argentina, in: Comercio Exterior, Bd. 21, Nr. 11.
Flichman, G., 1981: Agriculture et Industrialisation: Articulation et Conflict. Le Cas argentine, in: Notes et Etudes Documentaires. Problèmes d'Amérique Latine, Nr. 4609/10, Paris.
Floria, C. (Hrsg.), 1981: Reflexiones sobre la Argentina Política, Buenos Aires.
Fogarty, J., 1979: Australia y Argentina en el Período de 1914–1933, in: *Fogarty, J.* u.a., Argentina y Australia, Buenos Aires.

Gallo, E., 1979: El Método Comparativo en Historia: Argentina y Australia (1850—1914), in: Fogarty, J. u.a., Argentina y Australia, Buenos Aires.
Gallo, E. und S. Sigal, 1965: La Formación de los Partidos Políticos Contemporaneos: La UCR (1890—1916), in: Di Tella, T. u.a. (Hrsg.), Argentina, Sociedad de Masas, Buenos Aires.
Germani, G., 1962: Política y Sociedad en una Epoca de Transición, Buenos Aires.
Henggeler, P. A., 1974: Die industrielle Entwicklung Argentiniens. Stand und Zukunftsperspektiven, Bern—Stuttgart.
Ikonicoff, M., 1980: La industrializatión y el modelo de desarrollo de la Argentina, in: Trimestre Económico, Bd. 47.
Kenworthy, E. 1966/67: Argentina: The Politics of Late Industrialization, in: Foreign Affairs, Bd. 45, 463—476.
Kirkpatrick, J., 1971: Leader and Vanquard in Mass Society. A Study of Peronist Argentina, Cambridge Mass. .
Klein, H. S., 1981: La Integración de Inmigrantes Italianos en la Argentina y los Estados Unidos Un Analisis Comparativo, in: Desarrollo Económico, Bd. 21, Nr. 81.
Knapp, J. und G. Vetter, 1983: Argentinien und Australien. Ein Vergleich ihrer sozio-ökonomischen Entwicklung, Heidelberg.
Mallon, R. D. und J. V. Sourrouille, 1975: Economic Policymaking in a Conflict Society: The Argentine Case, Cambridge/Mass. .
Menzel, U. und D. Senghaas, 1984: Indikatoren zur Bestimmung von Schwellenländern. Auf dem deutschen Soziologentag in Dortmund vorgelegtes Referat.
Merkx, G. W., 1972: Los conflictos políticos de la Argentina postperonista, in: Marsal, J. F. (Hrsg.), Argentina conflictiva. Seis estudios sobre problemas sociales argentinos, Buenos Aires.
Murmis, M., 1978: Estado y Agro en la Argentina. Notas sobre la estructura del agro pampeano como condicionante de la acción estatal, Manuskript, Toronto.
Olson, M., 1982: The Rise and Decline of Nations. Economic Growth, Stagflation and Social Rigidities, New Haven—London.
Pablo, J. C., 1977: Beyond Import Substitution: The Case of Argentina, in: World Development, Bd. 5, Nr. 1/2.
Rapoport, M., 1981: Gran Bretaña, Estados Unidos y las Clases dirigentes argentinas: 1940—1945, Buenos Aires.
Rock, D., 1975: Politics in Argentina 1890—1930. The Rise and Fall of Radicalism, Cambridge.
Schvarzer, J., 1983a: Martinez de Hoz: La eógica política de la política económica, Buenos Aires.
Schvarzer, J., 1983b: Changement dans la hiêrarchie des entreprises industrielles pendant le ministère Martinez de Hoz (1976—1981), in: Notes et Etudes Documentaires, Problèmes d'Amérique Latine, Nr. 68.
Schwartzmann, S., 1973: Empresarios y Política en el Proceso de Industrialización. Argentina, Brasil, Australia, in: Desarrollo Económico, Bd. 13, Nr. 49.
Sábato, J. F., 1983: Stagnation et progrès de l'agriculture: Le problème de la Pampa, in: Notes et Etudes Documentaires. Problèmes d'Amérique Latine, Nr. 68.
Sábato, J. F. und J. Schvarzer, 1983: Funcionamiento de la Economía y Poder Político en la Argentina: Trabas para la Democracia, Buenos Aires.
Sidicaro, R., 1982: Poder y Crisis de la Gran Burguesía Agraria Argentina, in: Rouquie, A.(Hrsg.), Argentina, hoy, Mexico.
Torre, J. C., 1974: La Democracia Sindical en la Argentina, in: Desarrollo Económico, Bd. 14, Nr. 55.
Tulchin, J. S., 1970: The Argentine Economy During The First World War, in: The Review of the River Plate v. 16.9. .
Waldmann, P., 1974: Der Peronismus 1943—1955, Hamburg.
Waldmann, P., 1982: Argentinien, in: Nohlen, D. und F. Nuscheler (Hrsg.), Handbuch der Dritten Welt, Bd. 2 (Südamerika), 2. Aufl., Hamburg.
Waldmann, P., 1983: Der Zweite Weltkrieg und die Entstehung des Peronismus. Eine Interpretation aus dependenztheoretischer Perspektive, in: Vierteljahreshefte für Zeitgeschichte, Jg. 31, H. 2, 181—201.
Würtele, W., 1977: Determination gewerkschaftlicher Macht in Argentinien — Das wirtschaftliche und organisatorische Potential der arg. Arbeiterorganisationen, in: Vierteljahresberichte Nr. 69, 185—199.
Wynia, G. W., 1978: Argentina in the Postwar Era. Politics and Economic Policy Making in a Divided Society, Albuquerque.

III. „Entwicklungsstaat" und „Entwicklungsverwaltung"

Der periphere Staat: Zum Stand der entwicklungstheoretischen Diskussion

Hartmut Elsenhans

Die entwicklungstheoretische Diskussion über den Staat in den unterentwickelten Ländern der Dritten Welt versucht, dessen dominante Rolle in Wirtschaft und Gesellschaft im Hinblick auf Chancen zur Überwindung von Unterentwicklung durch Entwicklungspolitik zu erklären. Von Entwicklungsländern wird erst gesprochen, seit es Entwicklungs*politik* gibt. Sie hat als wesentlichen Träger den Staat.
Die Ausweitung der staatlichen Kompetenzen für die wirtschaftliche und gesellschaftliche Entwicklung in der Dritten Welt ist unbestritten. Nicht nur, daß die Weltbank dem Staat inzwischen eine besondere Beachtung schenkt (World Development Report 1983: 41–125); unabhängig von ihrem politischen Standort gehen alle Entwicklungspolitiker von dieser besonderen Rolle aus. Die Praktiker der Entwicklungspolitik betreiben die Förderung von Einzelprojekten im güterproduzierenden Bereich mit ausdrücklichen Eingriffen in das Marktgeschehen. Die Rentabilität eines Projekts wird dabei nicht aufgrund von Marktpreisen, sondern von angenommenen „hypothetischen Preisen" (sog. Schattenpreisen) ermittelt; das Projekt erbringt Nutzen, die auf dem Markt nicht oder derzeit nicht bewertet werden. Ein solches System der Bestimmung von Nutzen bleibt politisch administrativ, selbst wenn es basisdemokratisch organisiert sein sollte.
Man kann die neue Dominanz des Staats in Wirtschaft und Gesellschaft in der Dritten Welt wegdiskutieren wollen. *Oshima* (1977) und *Cameron* (1978) zeigen, daß der Anteil des Staats am Bruttosozialprodukt der unterentwickelten Länder häufig niedriger ist als in entwickelten Industrieländern. Sobald aber Entwicklungsanstrengungen unternommen werden, steigt dieser Anteil. Zudem ist der benutzte Indikator nur begrenzt aussagefähig. Sehr arme Länder können keinen hohen Staatsanteil am Bruttosozialprodukt haben, weil die staatlichen Einnahmen nur aus dem gesellschaftlichen Mehrprodukt gespeist werden können, also einen gewissen Stand der Entwicklung der Produktivität voraussetzen. Wichtiger als der Anteil des Staats am Bruttosozialprodukt ist deshalb der Anteil des Staats an den Investitionen. Selbst als eindeutig marktwirtschaftlich betrachtete Länder mit höherem Industrialisierungsgrad (Mexiko, Brasilien, Südkorea) weisen sehr hohe Anteile des Staats an den Investitionen aus.
Ähnlich läßt sich zeigen, daß öffentliche Unternehmen in den Ländern der Dritten Welt einen erheblichen Teil des „modernen Sektors" der Volkswirtschaft darstellen.

Indirekt kontrolliert der Staat aber auch erhebliche Teile der privaten Industrie. In den meisten Ländern der Dritten Welt gibt es staatliche Fördergesellschaften, die durch Verbilligung der Kapital- und anderer Kosten private Investitionen „lenken". Häufig kontrolliert der Staat erhebliche Teile der Banken und kann dann über die Kreditpolitik private Investitionen beeinflussen.

Auch die ausländischen Investoren haben sich den staatlichen Eingriffen nur zum Teil entziehen können. Vor allem während der 70er Jahre kam es zu einer Welle von Verstaatlichungen (*Jodice* 1980), am spektakulärsten in der Erdölindustrie, aber auch in anderen bergbaulichen Bereichen. Gerade im Rohstoffbereich läßt sich beobachten, daß der Anteil der Länder der Dritten Welt an den Investitionen multinationaler Unternehmen abnimmt, obwohl sie weiterhin wichtige Rohstofflieferanten bleiben (*Radetzki* 1982). Multinationale Unternehmen haben sich auf die Möglichkeit der entschädigungslosen Enteignung eingestellt und wählen neue Kooperationsformen, nämlich Verträge über die Lieferung von Technologie und Abkommen über die Lieferung von Rohstoffen ohne eigene Kapitalbeteiligung (*Schanze* et al. 1981).

In der verarbeitenden Industrie überwiegt derzeit die Tendenz der meisten Staaten in der Dritten Welt, ausländische Direktinvestitionen anzuziehen, über die Tendenz zur Verstaatlichung. Nahezu alle Staaten der Dritten Welt haben dazu Förderprogramme, die gleichzeitig als Lenkungsinstrumente dienen können. Selbst sich als sozialistisch definierende Länder der Dritten Welt, auch die VRCh, ermutigen dabei direkte Kapitalbeteiligungen, um Investoren an den Kosten und den Risiken zu beteiligen. Gerade in den Hauptanlagegebieten ausländischen Kapitals in der verarbeitenden Industrie, so in Brasilien (*Tyler* 1981) oder Mexiko (*Grindle* 1981), unterliegen aber solche Auslandsfilialen scharfen Kontrollen. Sie können nicht beliebig Investitionsgüter importieren und dürfen nur Teile ihrer Gewinne ins Ausland zurücküberweisen.

Weitere staatliche Eingriffe sind gegenüber der Landwirtschaft zu beobachten. In vielen Ländern hat der Staat eigene Vermarktungsorganisationen für Vorprodukte, Nahrungsmittel für die eigene Bevölkerung und landwirtschaftliche Exportgüter aufgebaut. Für wichtige Vorprodukte wie Düngemittel bestehen staatliche Handels- und Importmonopole in vielen Ländern (*Mukerjee* 1982).

Strittig in der entwicklungstheoretischen Diskussion ist nicht die Ausweitung der Staatstätigkeit in der Dritten Welt, sondern deren gesellschaftliche und wirtschaftliche Funktion.

1. Die ökonomische Modernisierungstheorie

Die entwicklungstheoretische Staatsdiskussion hat mit der Frage eingesetzt, wie mit dem Mittel der staatlichen Planung der Rückstand der Länder der Dritten Welt bei der Industrialisierung überwunden werden könnte. Fragestellung und Grundansatz aller späteren Lösungen gehen auf *Rosenstein-Rodan* (1943) zurück. Beobachtet wird, daß der geringe Industrialisierungsgrad auf eine geringe Investitionsbereitschaft nationaler Unternehmer zurückzuführen ist. Ausgangspunkt ist ein modifiziertes keynesianisches Modell. Hier hängt die Höhe der Gewinne von den realisierten Investitionen ab, diese

wiederum von den Gewinn- und Absatzerwartungen. Die Gewinnerwartungen sind nicht unabhängig von der erwarteten Gesamtnachfrage.
Im Unterschied zu einem entwickelten Industrieland führt aber eine bloße Anhebung der staatlichen Nachfrage in einer schwach industrialisierten Wirtschaft nicht zu Wachstum, weil keine ausreichend breit gefächerte Industrie vorhanden ist, die auf den Nachfrageimpuls reagieren könnte. Deshalb müssen erst Produktionsanlagen aufgebaut werden. Für einen einzelnen Unternehmer bringen aber eigene Investitionen nicht notwendig Absatz und Gewinn. Ein Schuhfabrikant kann seine Kapazitäten erweitern. Er schafft dabei direkt Einkommen in der Schuhproduktion und indirekt bei seinen Zulieferanten (Vorprodukte und Investitionsgüter). Diese werden aber nicht nur Schuhe nachfragen. Ein Teil seiner Kosten wird zu Einkommen, die für andere Produkte als Schuhe ausgegeben werden. Ein gewinnbringender Absatz der Schuhe ist deshalb nur gesichert, wenn *gleichzeitig* eine ganze Reihe von Unternehmern in einer Vielzahl von Branchen Kapazitäten aufbauen und dabei Einkommen schaffen, die z.T. auch für Schuhe ausgegeben werden.
Private Unternehmen können sich aber nicht für eine solche gleichzeitige Ausweitung der Produktion koordinieren. Hieraus ergibt sich die Notwendigkeit des planenden Staats.
Die späteren Kontroversen über gleichgewichtiges und ungleichgewichtiges Wachstum versuchen nur, dieses Grundmodell handhabbar zu machen. *Nurkse*'s (1953) Theorie des gleichgewichtigen Wachstums erfordert eine allumfassende Planung, *Hirschman*'s (1958) Theorie des ungleichgewichtigen Wachstums traut dem Staat nicht zu, als Planer mit einheitlichem Willen aufzutreten, und versucht deshalb, durch geplante und ungeplante Ungleichgewichte Situationen zu schaffen, in denen Staat und private Unternehmer Entscheidungen treffen, die wiederum zu Wachstum führen.
Aber auch die spätere entwicklungstheoretische Staatsdiskussion kommt an diesem Grundmodell nicht vorbei, wenn sie dem Staat planerische Aufgaben zuweist. Auch ,,alternative" Entwicklungsstrategien, die bisherige zugunsten der ,,Eliten" abgelaufene Industrialisierungsprozesse ablehnen, müssen klären, wie für Massenbedürfnisse wer mit welchen Technologien Produktionskapazitäten aufbaut, wobei private Produzenten aufgrund unkoordinierter Einzelentscheidungen die für die Funktionsfähigkeit dieser alternativen Wirtschaft entscheidenden Verknüpfungen zwischen Produktionsanlagen nur begrenzt herstellen können (am Fall Chiles 1970–73: *Bitar* 1979, *Sideri* 1979).
Dabei hat gerade die Kritik der gelaufenen Industrialisierungsprozesse viele Vereinfachungen der ökonomischen Modernisierungstheorie aufgedeckt. Für den Aufbau eines Produktionsapparats von miteinander verflochtenen Betrieben ist die Wahl der Technologie nicht unerheblich. Je mehr ausländische Technologie eingesetzt wird, desto geringer die Verflechtungen. Je mehr im Land moderne Technologie produziert wird, desto höher die Kosten. Auf moderne Technologie kann aber nur dann zunächst verzichtet werden, wenn nicht modernste Konsumgüter nachgefragt werden; die Einkommensverteilung beeinflußt die Struktur der Nachfrage. Die Technologiewahl beeinflußt aber wiederum die Einkommensverteilung. Je mehr höhere moderne Technologie importiert wird, desto geringer die Zahl der Arbeitsplätze, die bei gegebenen Deviseneinnahmen geschaffen werden können. Je mehr moderne Technologie einge-

setzt wird, desto knapper die entsprechend qualifizierten Arbeitskräfte und desto größer die Einkommensunterschiede.

An den Vereinfachungen der ökonomischen Modernisierungstheorie bei der Frage der Technologiewahl läßt sich zeigen, daß der Erfolg des planenden Staats nur abgeschätzt werden kann, wenn geklärt ist, für wen mit welcher Technologie industrielle Produktion gefördert werden soll.

Vor einer damit verbundenen Überlastung des Staates hatten nicht nur liberale Autoren wie *Bauer* (1959), sondern auch Marxisten wie *Baran* (1952) gewarnt.

2. Die politologische Modernisierungstheorie

Wenn nicht der Markt, sondern der planende Staat die Produktions- und Investitionsentscheidungen koordiniert, stellt sich die Frage nach der Ausrichtung der Eliten. Hier fand die an *Max Weber* anknüpfende politologische Modernisierungstheorie ein reiches Betätigungsfeld (im Überblick *Barnes* 1979, *Weinberg* 1969). Wenn es in den Entwicklungsländern zu wenig Unternehmer gab − zumindest zuwenig, die den gut verdienenden Unternehmern und Managern in den kapitalistischen Ländern ähnelten −, dann mußte man Eliten finden, die Unternehmer ersetzen konnten. Die den Staat kontrollierenden Kader wurden unter dem Gesichtspunkt betrachtet, ob sie Wirtschaftswachstum fördern.

Zwei Personengruppen standen im Mittelpunkt: Die Offiziere und die Beamten. Sie wurden interpretiert als Angehörige einer neuen Mittelklasse, die wirtschaftlich und gesellschaftlich aufsteigen wolle (*Hoselitz* 1960, *Halpern* 1964) und sich im Sinn der *Weber*'schen Idealtypen des sparsamen Unternehmers und des zweckrationalen Bürokraten dem möglichst effizienten Einsatz knapper Mittel für Wirtschaftswachstum verschrieben hätten oder verschreiben könnten, sofern sie nur die richtige Ethik hätten.

Die Folge war eine Aufblähung der Verwaltungshilfe, durch die effiziente, ehrliche und spartanisch lebende Beamte als Träger wirtschaftlicher Entwicklung herausgebildet werden sollten. Man hatte die *Marx*'sche Einsicht vergessen, daß Unternehmer aus Eigeninteresse und nicht aus protestantischer Ethik Kapital investierten, und stellte überrascht fest, daß die Mitglieder der Entwicklungsbürokratien auch in der Planung und im Verwaltungsvollzug ihre eigenen Interessen und die ihrer Bezugsgruppe vorrangig berücksichtigen. Hier setzte eine breite Kritik der Entwicklungsländerverwaltungen ein. Die idealistische Sicht der Entwicklungsbürokratien führte zu einem Industrialisierungsmuster, das durch Technologiewahl und Produktmix die Masse der Bevölkerung ohne Arbeit und ohne Nachfragemöglichkeiten ließ, wie dies häufig anhand der Importsubstitution als Industrialisierungsstrategie kritisiert wird.

Das der ethischen Norm widersprechende Verhalten der zivilen Regierungen und Verwaltungen wurde auf eine zu geringe Ausdifferenzierung des politischen Systems zurückgeführt. Politische Entwicklung erforderte − so wurde behauptet − die Herausbildung von Kontroll- und Regelungsmechanismen, die denen der angelsächsischen Demokratien ähnlich seien. Sie setzten aber einen noch nicht erreichten Stand der wirtschaftlichen Entwicklung voraus.

Daraus leitete man die Notwendigkeit von Entwicklungsdiktaturen ab (*Shils* 1960, *Löwenthal* 1963), die die ungenügende Steuerungs- und Regelungskapazität der politischen Systeme in der Dritten Welt durch hierarchische Befehlswege vorübergehend ersetzen sollten. Die Armee erschien als modernste Institution, die über solche Befehlswege verfügte. Von den zunächst eher weniger privilegierten Offizieren erwartete man eine effizientere und weniger auf die oberen Einkommensschichten ausgerichtete Industrialisierung (*Pye* 1961, *Huntington* 1968, *Nun* 1969).
Die Ressource Organisation erwies sich aber nicht als entscheidend. Militärregime haben keinen größeren Beitrag zu Wirtschaftswachstum geleistet als Zivilregime (*Nordlinger* 1977, *Ravenhill* 1980), häufig sogar die knappen Ressourcen für Militärausgaben statt für Wirtschaftsförderung eingesetzt (*Hill* 1978). Genauso waren die Offiziere nicht durchweg reformfreudiger als zivile Regierungen, obwohl Regimewechsel in ersten Phasen häufig die Durchführung einiger wichtiger Strukturreformen (Agrarreform, Nationalisierung von ausländischem Besitz) erlaubten, und zwar einfach deshalb, weil oft nur solche Gruppen im Militär putschten, die bis zu diesem Zeitpunkt an den Privilegien der Herrschenden nur unvollkommen teilhatten.
Unter dem Eindruck dieser Erfolge glaubten auch marxistische Autoren, sich der Modernisierungstheorie mit dem Begriff des „intermediären Staats" annähern zu können (*Kalecki* 1978). Idealismus als Instrument des eigenen sozialen Aufstiegs ist aber kein Verhalten dauerhaft bestimmendes Merkmal, sondern rechtfertigte nur das Streben dieser der neuen Mittelklasse entstammenden Offiziere und Beamten nach mehr Macht, mehr Einkommen und mehr Prestige.
Immerhin konnte die Modernisierungstheorie frühzeitig die Begleitphänomene des Nepotismus und der Korruption theorieimmanent aus vormodernen Patronagestrukturen erklären. Anstelle der individuellen Patronage sei ohne Änderung der Verhaltensmuster der Staat der Elite als kollektiver Patron getreten (*Singelman* 1975, *Roth* 1968). Ähnlich wurde von der Notwendigkeit synkretistischer Herrschaft gesprochen, in der sich die „verwestlichte" Elite zur Systemstabilisierung traditioneller Mechanismen bedienen müsse (*Miller* 1968, *Le Vine* 1980, *Callaghy* 1980). Solche Ansätze wurden bis zum Konzept eines „organic statism", also eines korporatistischen Staats besonderer Prägung in der Dritten Welt vorangetrieben (*Stepan* 1978).
Das Ausbleiben einer tatkräftigen staatlichen Entwicklungspolitik durch die „neue Mittelklasse" und die aus ihr hervorgegangenen Kader verwies auf die Notwendigkeit, die Klasseninteressen, denen der Staat in den Ländern der Dritten Welt diente, genauer zu definieren.

3. Die Theorie des nichtkapitalistischen Entwicklungswegs

Die Ausweitung des staatlichen Sektors war für die sowjetmarxistische Entwicklungstheorie nicht eine vorübergehende Notwendigkeit bis zur Herausbildung eines nationalen Unternehmertums, sondern stellte die Chance dar, Wirtschaftswachstum (= Entwicklung der Produktivkräfte) durch Überspringen der kapitalistischen Phase zu erreichen. Wie die westliche Modernisierungstheorie sah die sowjetmarxistische Theorie, daß zunehmend Nationalisten als Eliten, die sich aus Verwaltung, Armee und freien Berufen rekrutierten (*Institut für Weltwirtschaft und Internationale Beziehungen* 1969, *Westen* 1964, *Hahn/Rathmann* 1972), den Ton angaben. Außer bei der Machtübernahme durch Guerillabewegungen konnten solche nationalistischen Führer den Zugang für den Ausgangspunkt zu einem solchen Sprung nach oben nur schaffen, wenn sie über eine formale Ausbildung in weiterführenden Schulen verfügten, d. h. ihre Eltern nicht zu den Unterschichten gehörten. Alles, was nach dem Einkommen zwischen der Bourgeoisie, die über moderne Produktionsmittel oder einträglichen Großhandel verfügte, und den Arbeitern und Kleinbauern anzusiedeln war, wurde als „Kleinbourgeoisie" bezeichnet: Ladenbesitzer, Handwerker, Lehrer etc., übrigens in Übereinstimmung auch mit der Modernisierungstheorie und der Theorie des abhängigen Staatskapitalismus.

Im Unterschied zu den Anhängern der Theorie des abhängigen Kapitalismus wurde — in der pragmatischen Absicht, die nichtkapitalistische Entwicklung voranzutreiben — weniger nach den Begrenzungen dieser Klasse, sondern nach den Kräften gefragt, die das nationalistische Kleinbürgertum auf die gewünschte Strategie des nichtkapitalistischen Entwicklungswegs festlegen konnten. Da die Arbeiterklasse zahlenmäßig klein war, sollte sie ein Bündnis mit den Bauern und der nationalistischen fortschrittlichen Intelligenz schließen, das dadurch befestigt werden konnte, daß die betreffende Regierung intensiv mit der Sowjetunion zusammenarbeitete.

Ökonomisch wäre die Sowjetunion überfordert gewesen, die Ansprüche der „Nationalisten" auf Wirtschaftshilfe und Investitionsmittel zu befriedigen. Man rechtfertigte deshalb die Fortdauer wirtschaftlicher Beziehungen zu den kapitalistischen Industrieländern und den MNU (*Rubinstein/Smirnov/Solodnikov* 1976), sofern nur ein allerdings manchmal nuanciert bewerteter (*Szentes* 1971: 318 f.) möglichst starker staatlicher Sektor aufgebaut und die außenpolitische Ausrichtung auf die Sowjetunion gefestigt wurde (*Wünsche* et al. 1971, *Morkus* 1969).

Auch für sowjetmarxistische Autoren wurde Anfang der 70er Jahre klar, daß die Wachstumsdynamik von Staatsbetrieben eher begrenzt war und nicht notwendig zu einer Entwicklung der Produktivkräfte auf nichtkapitalistischem Weg führte. Dann blieb nur noch die außenpolitische Ausrichtung auf die Sowjetunion. Anstelle der Diskussion der Klasseninteressen der kleinbürgerlichen Nationalisten traten theoriefremde, aber richtige Beobachtungen über die Abhängigkeit von Entscheidungen von Gruppeninteressen innerhalb der bürgerlichen Nationalisten und eine Einschränkung der Diskussion über den Charakter des Staats in der Dritten Welt auf die außenpolitische Ausrichtung der jeweiligen Regierungen.

4. Der abhängige Staat in der Kapitalismuskritik der Dependencia-Schulen

Zwar gab es schon in den 60er Jahren vereinzelt kritische Stellungnahmen, die den nationalistischen Kleinbürgern, die den Staat erobert hatten, schlicht den Willen zur Entwicklung absprachen. *Fanon* (1961) warnte vor einer neuen Bourgeoisie. *Myrdal* (1970) kritisierte den „sanften", d. h. korrupten Staat in der Dritten Welt.

Nach dem Scheitern der Entwicklungspolitik der CEPAL und der Enttäuschung der in die Unabhängigkeit Schwarzafrikas gesetzten Erwartungen setzte eine systematische Kritik des Staats in der Dritten Welt von materialistischer Seite ein. Bis weit in die 70er Jahre hatte sich die marxistische Linke im Westen völlig unkritisch mit den nationalen Befreiungsbewegungen in der Dritten Welt (Algerien, später Vietnam, aber auch Schwarzafrika) solidarisiert (*Berque* 1967: 20, *Daniel* 1973: 94), ohne deren Grenzen zu erkennen, auf die schon *Mattick* (1969: 341) verwiesen hatte.

Die Staatskritik der Dependencia-Schule will zeigen, warum der Staat in der Dritten Welt aufgrund von Klasseninteressen nicht den Sozialismus befördern, sondern nur zur Vertiefung des Kapitalismus beitragen kann und dadurch Abhängigkeit vertiefen muß. Zwei Fähigkeiten mußten dazu den Regierungen abgesprochen werden: Sie konnten keinen eigenen Kapitalismus schaffen, weil dann Strukturen entstehen würden, in denen das wachsende Proletariat sich durch Hinwendung zum Reformismus den marxistischen Intellektuellen als erhofftes revolutionäres Subjekt entziehen würde. Sie konnten den Sozialismus nicht aufbauen, weil dann die beobachtbaren Mißstände im Innern und die Bereitschaft zur Kooperation mit den westlichen Industrieländern nur gerechtfertigte taktische Schritte gewesen wären. Bezeichnend ist deshalb der Versuch *Wolpins* (1975), einen Staatskapitalismus von einem Staatssozialismus durch den Grad der Öffnung gegenüber dem Weltmarkt zu unterscheiden.

Die genannten Theorien lassen sich in zwei Gruppen teilen: Definitorische Theorien und Einflußtheorien. Definitorische Theorien leiten aus Einzelmerkmalen den kapitalistischen Charakter der entstandenen Regime ab, Einflußtheorien aus der Abhängigkeit der Regime von Interessen sozialer Gruppen oder Klassen. Zwei definitorische Theorien kritisieren den Staat in der Dritten Welt als kapitalistisch, nämlich die Theorie der Staatsbourgeoisie oder administrativen Bourgeoisie und die Theorie des Staatskapitalismus. Die Bezeichnung der den Staatsapparat kontrollierenden Kader als administrative Bourgeoisien (*Mohan* 1967, *Ledda* 1967, *Lehmann* 1978) hat häufig nur polemischen Wert. Mit der Identifizierung von Privilegiertsein mit Bourgeoisie wird der eigentlichen Bourgeoisie die ihr von Marx zugesprochene historische Rolle der Revolutionierung der Produktivkräfte durch eine Klasse konkurrierender privater Kapitalbesitzer abgesprochen und als kapitalistisch eine Klasse bezeichnet, für die weder Konkurrenz noch Verwertungszwänge bestehen (dazu *Samoff* 1979). Der Begriff Staatsbourgeoisie oder administrative Bourgeoisie ist eine „contradictio in adjecto".

Als staatskapitalistisch wird der Staat in der Dritten Welt auch bezeichnet, weil er in Staatsbetrieben Lohnarbeiter beschäftigt, und Mehrprodukt zum Zweck der Kapitalakkumulation abschöpft. *Bucharin* und *Lenin* hatten unter Staatskapitalismus eine Phase auf dem Übergang zum Sozialismus betrachtet. Diese Qualität wird dem Staatskapitalismus in der Dritten Welt von all seinen hier einzuordnenden Kritikern abgesprochen. Vielmehr wird die Ausbeutung der Arbeiter (und Bauern) kritisiert. Eine solche Theorie ist wenig hilfreich, weil sie die historische Einordnung solcher Systeme nicht erlaubt. Unabhängig, ob das Ziel Sozialismus oder Kapitalismus ist, müssen in den Ländern der Dritten Welt Investitionen vorgenommen werden, die aus dem gesellschaftlichen Mehrprodukt zu finanzieren sind. Aus diesem Grund dürfen die Arbeiter die in den hochproduktiven modernen Betrieben ausgewiesenen Gewinne nicht unter sich verteilen. Hier sind die wichtigsten Quellen, um für andere Arbeitskräfte produktivere Arbeitsmöglichkeiten zu schaffen.

Einflußtheorien versuchen, über eine politische oder ökonomische Abhängigkeit den kapitalistischen Charakter des Staats in der Peripherie zu begründen. Am differenziertesten ist der von *Murray* (1966) vorgetragene Ansatz einer sich herausbildenden noch unbestimmten Klasse, die erst durch ihre Bündnisse ihren Klassencharakter erhalten wird. Allerdings versuchen diese sich herausbildenden Klassen, nach der Machtübernahme vor allem die eigenen Interessen durchzusetzen.

Auf innere Gegensätze *zwischen* Klassen rekuriert die Theorie *Alavis* (1972) des überentwickelten postkolonialen Staats. Er ist — aufgrund des auch von anderen Autoren betonten kolonialen Erbes — überentwickelt, weil er zwischen verschiedenen Klassen vermitteln muß, nämlich feudalen Großgrundbesitzern und Kapitalisten in Landwirtschaft und Industrie.

Auf den Begriff der Vermittlung bestehen auch die meisten Ansätze, die den Staat in der Dritten Welt aufgrund seiner Weltmarktabhängigkeit als kapitalistisch bezeichnen, und sich dabei von bloßen Agententheorien abgrenzen. *Von Freyhold* (1977) bezeichnet die Regierungen in der Dritten Welt als *regierende* Klassen, die im Auftrag der *herrschenden* Klasse, nämlich der Großbourgeoisie im Westen, die Kosten der Kontrolle möglichst senken. Mit *O'Donnell* (1973) sehen andere Autoren in der zunehmenden Abhängigkeit mancher Länder der Dritten Welt von Fertigwarenexporten zur Lösung ihrer Zahlungsbilanzprobleme den kapitalistischen Charakter: Der bürokratisch autoritäre Staat sei Instrument zur Durchsetzung niedriger Löhne im Interesse der Kapitalverwertung für ausländische Unternehmen (*Salama* 1976: 959), wobei *Petras* (1980) die „Weltmarktfabriken" mit den nationalsozialistischen Konzentrationslagern vergleicht.

Diese Theorie findet sich auch in der Vorstellung, daß der Staat in der Peripherie vorkapitalistische Sektoren schütze, weil diese (durch Verbilligung der Nahrungsmittel) den Mehrwert des kapitalistischen Sektors erhöhten (*Bartra* 1974: 83, *Leys* 1975: 197). Der planenden Ausweitung der Staatsfähigkeit kann die Funktion zugeschrieben werden, in einer noch nicht durchkapitalisierten Wirtschaft die Aufgaben wahrzunehmen, die nicht über den Markt geregelt werden können (*Evers* 1977), also zwischen nichtinternationalisiertem und internationalisiertem Sektor der Wirtschaft zu vermitteln.

Dem Befund der Abhängigkeit widersprechende Vorgänge — z.B. entschädigungslose Enteignung von MNU (*Rood* 1976: 438) — lassen sich über den Begriff der Vermittlung als Maßnahmen erklären, die der Stabilisierung dieser Systeme dienen (*Slater* 1977: 759) oder nur eine Neudefinition der Abhängigkeit darstellen (*Quijano Obregón* 1971: 11).

Die behauptete Stützung der nationalen Kapitalisten ist umstritten (*Tyler* 1981: 13, *Trebat* 1978: 299, *Sobhan* 1979: 417). Während *Petras* (1969: 66) zeigt, daß im Gegensatz zu „üblichen" Kapitalisten Unternehmer in der Dritten Welt die Einschränkung der Konkurrenz durch Subventionen wollen, zeigen *Turok* (1980: 460), *Rouquié* (1982: 68), *Philip* (1976), *Fiechter* (1975: 74) und *Bennett/Sharpe* (1980: 186) und *Mahler* (1982: 233), daß sich die nationalen privaten Unternehmen gegen diese

Ausweitung des Staatsinterventionismus wehrten. *Russell/Carballal* (1979: 156—57) sprechen hier zu Recht von einer Zyklizität des Verhaltens der privaten Unternehmer, die in der Krise eine Ausweitung des Staatssektors begrüßen und im Aufschwung den staatlichen Sektor zurückdrängen wollen.
Einflußtheorien zur Begründung des abhängigen kapitalistischen Charakters des Staats in der Dritten Welt sind aufgrund folgender Überlegungen zu kritisieren: Sie führen zu einer inhaltsleeren Aussage, weil sie nicht klären können, wer wann warum Einfluß hat. Der häufige Bezug auf die relative Offenheit des Staats — am besten noch in der Form eines Konflikts zwischen einem linken und einem rechten Bonapartismus (*Dos Santos* 1972: 282—284) — auf *Marx*ens Bonapartismusanalyse ist nur formal: *Marx* sieht diese Offenheit gebunden an eine historisch präzise Situation, in der die Bourgeoisie noch nicht stark genug ist, um sich durchzusetzen. Den Aufstieg einer nationalen Bourgeoisie fördern die Regierungen in der Dritten Welt meist nicht. Eine solche Förderung würde aber zumindest die Aussicht der Überwindung von Abhängigkeit einschließen. *Becker* (1983) zeigt einen solchen Vorgang in Peru. Die Beantwortung der Frage, wem etwas nütze, beantwortet nicht die Frage, in wessen Interesse etwas erfolgt: Kapitalgüterexporte in die UdSSR nutzen westlichen Firmen. Sie erfolgen von Seiten der UdSSR nicht in deren Interesse. Die Kategorie der Vermittlung von Interessen macht die Theorie des abhängigen Staats unangreifbar, aber leer. Entscheidend ist, ob diese Staaten Handlungsspielräume haben und sie nutzen. Verstaatlichung von MNU-Filialen, die Verteuerung verarbeiteter Produkte durch Exportlizenzen oder die Erhöhung von Rohstoffpreisen erhöhen die Kosten zu Lasten des Kapitals. Daß einzelne Kapitalgruppen daraus Vorteile ziehen oder daß das kapitalistische Weltsystem sich an solche Prozesse anpaßt und wie bei der Ölpreissteigerung angesichts der erkannten Unvermeidbarkeit sich so darauf einstellt, daß der Vollzug im Interesse wichtiger Kapitalgruppen liegt (*Elsenhans* 1983a: 34—37), beweist nicht, daß solche Maßnahmen im Interesse von Kapitalgruppen erfolgen. Solche Anpassungsvorgänge zeigen nur, daß kapitalistische Industrieländer mit vielen Strategien der Staaten in der Dritten Welt leben können. Von diesem Befund aus verbietet sich der Begriff einer unvermeidbaren Abhängigkeit der Länder der Dritten Welt vom Westen.

5. Die Staatsklasse als herrschende Klasse in bürokratischen Entwicklungsgesellschaften

Eine Produktionsweise wird bestimmt durch die Aufteilung der Arbeit, die Zuweisung unterschiedlicher Rechte bei Produktion und Konsum, die Form der Aneignung des Mehrprodukts und die Mechanismen, mit denen über seine Verwendung entschieden wird. Niemand bestreitet, daß in den Gesellschaften und Wirtschaften der Dritten Welt eine Schicht von Kadern dominiert (Regierung, Spitzen der zentralen, regionalen und sektoralen Verwaltungen, Führungspersonal von Parteien und kooptierten Massenorganisationen, Führungspersonal der Armee). Diese „Schicht" leitet den Produktionsprozeß und die „ideologischen" Apparate sowie das Repressionssystem. Wie für jede herrschende Klasse außerhalb des Kapitalismus (wo die Zugehörigkeit durch Erbrecht und bürgerliches Eigentum bestimmt ist) gibt es Abgrenzungsprobleme. Wer dies dem

Begriff der Staatsklasse entgegenhält, darf nicht von Staatsbourgeoisie sprechen (die genauso schwierig abzugrenzen ist) und muß Inkareich und Sowjetunion als klassenlose Gesellschaften ansehen. Merkmale der Staatsklassen habe ich an anderer Stelle (*Elsenhans* 1981) ausführlich behandelt.

Die Staatsklasse reproduziert sich zunehmend aus ihren eigenen Reihen über das Bildungssystem, Nepotismus und Patronagewesen. Sie eignet sich das Mehrprodukt mit administrativen Mitteln an: Exportsteuern auf Rohstoffe, die aus Differential- und Monopolrenten stammen, Besteuerung der Bevölkerung, monopolistische Preisbildung für öffentliche Betriebe.

Ihre Selbständigkeit als Klasse ist gegeben, wenn sie eigene Interessen artikuliert. Eine ganze Reihe von Autoren sieht solche Interessen (*Voß* 1971: 13, *Solís* 1981: 101–102, *Cardoso* 1974: 46, *Zylberberg* 1979, *Markovitz* 1970). Selbständige Klassen sind stets nur relativ autonom, wie jedes Teilsystem in Bezug auf das Gesamtsystem. Die Theorie einer relativen Autonomie der Bürokratie verhüllt nur deren Klassencharakter.

Staatsklassen sind segmentiert: Segmente rivalisieren miteinander um Einfluß, Ansehen und Einkommen. Sie unterliegen keiner Kontrolle durch den Markt. Außer der Notwendigkeit, eine ausreichende Repressions- und/oder Legitimationsbasis zu schaffen, unterliegen sie keinen Kontrollen anderer Klassen. Ihre Ressourcen erlauben ihnen den Aufbau von Klientelbeziehungen zu anderen Klassen, durch die sie ihre Herrschaft stabilisieren. Vertikale Beziehungen dominieren (*Sackey* 1979, *Sloan* 1979). Die neuere Diskussion über die orientalische Despotie hat auf die Bedeutung der Dominanz von vertikalen Beziehungen für die Entwicklung der gesellschaftlichen Auseinandersetzungen verwiesen (*Abrahamian* 1975). Die Einbindung anderer gesellschaftlicher Gruppen in vertikale Klientelsysteme und die Weigerung, rivalisierende Ansprüche auf die politische Macht überhaupt zuzulassen (*Mohan* 1967: 236), sind deshalb Charakteristika einer Produktionsweise. Allerdings weist *Berg-Schlosser* (1982: 408) zu Recht auf die im Verhältnis zu orientalischen Despotismen/asiatischen Produktionsweisen viel weiter ausgefächerte Palette der Adressaten für solche Patronage hin.

Patronage kann nicht ohne reale Ressourcenflüsse von oben nach unten durchgeführt werden, selbst wenn lange Zeit bloßer Verbalismus — in der Dritten Welt häufig nationalistische Anklage gegen den ausbeuterischen Westen, dem Sündenbockfunktion zukommt — den Verzicht auf konkrete Verbesserungen der Lebensbedingungen mancher Klientelen erlaubt.

Über die Verwendung des Mehrprodukts wird auf politisch-administrativem Weg entschieden: Investitionen werden im Rahmen von Plänen und nicht aufgrund der derzeitigen Rentabilität vorgenommen. Gerade die Anhänger der Theorie des kapitalistischen Charakters des Staats kritisieren häufig, daß der Staat in der Dritten Welt die unrentablen Investitionen auch im güterproduzierenden Bereich vornehme. Daß staatliche Investitionen für private Investitionen komplementär sein mögen, wird als Beweis für den kapitalistischen Charakter dieser Investitionen behauptet. Ob ausländische Unternehmen nicht lieber importierten Stahl in Brasilien verwenden würden, hat niemand überprüft. Solange private Unternehmen noch existieren, werden sie ihre Entscheidungen auch auf die Marktdaten abstellen, die der staatliche Sektor setzt. So hat die Verfügbarkeit von Ausgangsstoffen für Plastikprodukte in Algerien wegen der Ineffizenz

staatlicher Unternehmen zum Aufschwung einer Vielzahl von kleinen privaten Plastikfirmen geführt. Selbst die Kritiker des algerischen Entwicklungswegs haben aber nie behauptet, daß der algerische Staat die staatliche Petrochemie für das Wachstum dieser Klein- und Mittelbetriebe aufgebaut habe.
Die politische Grundlage des Aufstiegs dieser Staatsklassen ist im erweiterten politischen Handlungsspielraum der Staaten und in den gestiegenen Erwartungen der Masse der Bevölkerung in den Ländern der Dritten Welt zu suchen. Die Zeit direkter europäischer oder amerikanischer Interventionen auf dem Gebiet von Ländern Asiens, Afrikas und Lateinamerikas ist für die Masse der neuen Staaten vorüber. Der Einmarsch in Grenada begründet nicht, daß die USA oder ein anderes westliches Industrieland in der Lage wären, die notwendigen (durchaus vorhandenen) Mittel zu mobilisieren, um zur Abwehr ökonomischer Nachteile in Mexiko oder Indien militärisch zu intervenieren. Der Handel und die Direktinvestitionen folgen nicht mehr der Flagge, sondern müssen ohne deren militärischen Schutz auskommen.
Der Zusammenbruch nahezu aller Oligarchien in Lateinamerika und der Kolonialreiche sowie die Einleitung von Entwicklungsstrategien in fast allen Ländern der Dritten Welt zeigt, daß die Regierenden sich neue wirtschaftliche Ressourcen durch Aufbau von Produktionskapazitäten oder Erschließung neuer Revenuequellen verschaffen müssen, die über Marktprozesse nicht entstünden oder entstanden sind. Dies kann verschiedenen Interessen dienen: Selten der Befriedigung von Massenbedürfnissen, oft der Schaffung einiger sozialer Basen (Arbeiteraristokratie, Konsum- und Beschäftigungsmöglichkeiten für „Mittelklassen") oder der Steigerung der Repressionskapazität.
Die ökonomische Grundlage des Aufstiegs von Staatsklassen ist die im Begriff der strukturellen Heterogenität implizierte Divergenz der Faktorproduktivitäten. In einer entwickelten Wirtschaft müssen bei vollkommener Konkurrenz die Faktorproduktivitäten sich ausgleichen. Ausreichende Gesamtnachfrage vorausgesetzt, „fließt" Kapital aus Sektoren mit unterdurchschnittlicher Faktorproduktivität in Sektoren mit überdurchschnittlicher Faktorproduktivität, bis dort durch Preissenkungen die in Netto-Erlösen gemessene Faktorproduktivität auf das Durchschnittsniveau sinkt. Die Gesamtheit der verfügbaren Produktionsfaktoren ist beschäftigt. Eine unterentwickelte Wirtschaft ist im Unterschied zu einer nicht entwickelten Wirtschaft durch strukturelle Heterogenität als Divergenz der Faktorproduktivitäten gekennzeichnet. Die Profitrate ist in einem Sektor hoch, zieht aber keine zusätzlichen Produktionsfaktoren an. Es kann gezeigt werden, daß dies Folge einer fehlenden eigenen Technologieproduktion und letztlich auf fehlende berufliche Qualifikation in Bezug auf die als Folge der Einkommensverteilung sich herausbildende Nachfrage zurückzuführen ist (*Elsenhans* 1984).
Es gibt also Arbeit, die beim derzeitigen Nachfragemuster nicht beschäftigt wird. Es gibt außerdem Branchen, die beim derzeitigen Wechselkurs schon rentabel sind, und Branchen, die bei einem niedrigeren Wechselkurs rentabel würden. Wird der Wechselkurs entsprechend der Wettbewerbsfähigkeit der weniger produktiven Branchen festgelegt, senken unter Konkurrenz die Produzenten der schon bei höherem Wechselkurs rentablen Branchen ihren Angebotspreis in internationaler Währung um die Verminderung der Arbeitskosten (*Elsenhans* 1982: 12—15).

Produktivitätsvorsprünge aufgrund natürlicher Bedingungen der Produktion führen zu Differentialrenten. Durch den Zusammenschluß von Anbietern können diese Renten erhöht werden. Nicht nur bei Öl, und dort nicht erst seit 1973, sondern auch bei Kupfer seit dem 19. Jh. werden solche Differentialrenten als Steuern angeeignet (*Moran* 1971/72, *Levin* 1960, *Mathew* 1972). Auch Kaffee und Kakao werden in den meisten Produzentenländern besteuert, so daß die bäuerlichen Erzeuger oft weniger als die Hälfte des Weltmarktpreises erhalten.

Der häufig belegte hohe Anteil der Exportzölle an den Staatseinnahmen nicht nur für die Ölländer belegt die Möglichkeit, sich Renten auf dem Weltmarkt anzueignen (*Bahl* 1971, *Goode/Lent/Ojha* 1966, *Wai* 1962, *Chelliah* 1971, *Chelliah/Baas/Kelley* 1975). Dies ist auch teilweise bei den Exporten verarbeiteter Produkte möglich. *Blackhurst* (1972) und *Baldwin/Murray* (1977) zeigen, daß bei unelastischer Nachfrage nach Produkten in Bezug auf den Preis die Entwicklungsländer ein Interesse an Quotenregelungen für die Märkte in den Industrieländern haben, durch die die Preise hoch bleiben, auch wenn die exportierten Mengen dadurch geringer sind als im Fall eines freien Marktzugangs. Wegen des neuen Protektionismus nützt Hongkong diesen Mechanismus dadurch, daß es Exportlizenzen unter seinen Textilexporteuren versteigert (*Morkre* 1979). Solange unterentwickelte Gesellschaften durch die hier definierte Form von struktureller Heterogenität gekennzeichnet sind, gibt es die Möglichkeit der Aneignung von Renten im Export. Solange über den Preismechanismus nicht Vollbeschäftigung erreicht wird, können die Staatsklassen Arbeit mobilisieren, sofern sie die notwendigen Lohngüter (Nahrungsmittel) bereitstellen können.

Die ökonomische und politische Grundlage der Staatsklassen und ihre interne Struktur erlauben, Widersprüche im Verhalten von Staaten in der Dritten Welt zu erklären oder so zu beschreiben, daß praxisrelevante Folgerungen daraus abgeleitet werden können.

Die Selbstprivilegierung, die sich auch in Korruption, Nepotismus und Klüngelwirtschaft zeigt, ist eine der Staatsklasse innewohnende Tendenz. Von Staatsklassen dauerhaft der Weber'schen protestantischen Ethik entsprechendes Verhalten zu erwarten, wäre unrealistisch. Die Rivalität von Segmenten der Staatsklassen hat zur Folge, daß einzelne Segmente ihre Macht nur dadurch steigern können, daß sie versuchen, Klientel- und Patronagebeziehungen zu Unterschichten aufzubauen und die bislang dominierenden Segmente im Namen des Kampfs gegen Korruption zu beseitigen. In der inneren Struktur der Staatsklassen liegt die Grundlage für die Zick-Zack-Bewegung (*Petras* 1977: 13) der Entwicklungspolitik, bei denen Putsche und Komplotte zur Veränderung der Politik führen (*Sklar* 1977, *Rivière* 1978: 140 f., *Huntington* 1962: 33).

Ohne Kontrolle durch den Markt muß über Entwicklungsprojekte nach pseudoökonomischen Kriterien „administrativ" entschieden werden. Es ergibt sich ein Verhandlungsprozeß (*Markovitz* 1976) mit wechselseitigen Konzessionen einflußreicher Gruppen (*Murelius* 1981: 13) und letztlich ein Konflikt der Apparate um Ressourcen (*Abranches* 1978: 47, *Behrendt* 1968: 404). Planung erfolgt als Austarieren von Interessen (*Grindle* 1977a: 525), wobei Überzentralisierung aufgrund von Fragmentierung der Verwaltungen (*Quick* 1978: 26, *Dresang* 1975: 12, *Veliz* 1969: 21, *Wolff* 1982: 115, *Sloan* 1981, *Rondinelli* 1981) bei gleichzeitigem raschem Wachstum spezialisierter Agenturen (*Grindle* 1977: 541) die verwaltungstechnische Effizienz behindert. Hier liegt ein Grund für die Hoffnung, über verstärkte Dezentralisierung Konkurrenz (*Fürst/Hesse* 1982) oder Unternehmensgeist (*Dresang* 1973) zu stärken. Wegen der Bedeutung der Entwicklungspolitik für die Machtinteressen von Segmenten von Staatsklassen spielt der langfristige Nutzen gegenüber der „high visibility" (*Seidman* 1978: 263, *Dresang* 1972) und der Systemerhaltung (*Schaffer* 1969: 203) eine untergeordnete Rolle. Informationen werden manipuliert (*Grindle* 1977b: 473), bis die „Bürokratie" autistisch wird (*Spittler* 1981: 33). Dieser Prozeß vollzieht sich unter Ausschluß der Öffentlichkeit, so daß den Klienten, vor allem aber den Massen realer direkter Einfluß verwehrt ist. Dies erlaubt den Staatsklassen sogar, die Mängel des Systems wie Korruption selbst anzuprangern.

Wo Parteien als Kontrollinstrumente ursprünglich existierten, werden sie dadurch geschwächt, daß Verwaltung und Militär über größere Ressourcen verfügen und bei der Bildung von Klientelen dadurch Vorteile haben.

Staatsklassen sind in ihren Verteilungsspielräumen zu einem erheblichen Teil vom wirtschaftlichen Austausch mit den Industrieländern abhängig. Man kann Renten nur durch den Verkauf von Produkten auf zahlungsfähigen Märkten aneignen, die vorwiegend in den westlichen Industrieländern liegen. Um MNU zu besteuern, muß man sie im Land investieren lassen. Nur durch wirtschaftliche Beziehungen mit den westlichen Industrieländern können die Finanzierungsspielräume auch über Entwicklungshilfe und Verschuldung vergrößert werden. Nur im Fall solcher Beziehungen kann ein internationaler Verteilungskampf in Gang gesetzt werden. Durch solche Beziehungen sind die Staatsklassen genausowenig kapitalistisch wie Arbeiterklassen in den westlichen Industrieländern.

Die Entwicklungsstrategien von Staatsklassen werden Unterschichten eher ausschließen, wenn ihre Finanzmittel vor allem aus den Außenwirtschaftsbeziehungen stammen. Eine starke Abhängigkeit vom internen Mehrprodukt dürfte eine Tendenz auf stärkere Ausrichtung der Entwicklungspolitik auf Massenbedürfnisse zur Folge haben. Die Umorientierung einer stärker auf Selbstprivilegierung ausgerichteten Strategie auf eine auf Massenbedürfnisse ausgerichtete dürfte dann wahrscheinlicher werden, wenn die Rivalität innerhalb der Staatsklassen zunimmt und wenn die Umstrukturierung des Produktionsapparates durchführbar erscheint. Wenn über eine eher auf den Bedarf höherer Einkommensschichten ausgerichtete Strategie Know-how über Metallbearbeitung und den Bau einfacher Maschinen entstanden ist, kann diese technische Basis genutzt werden, um Maschinen für die Herstellung von Massenkonsumgütern zu produzieren. Ähnliches gilt, falls bei einer Umstrukturierung des Produktionsapparats mit ausländischer Unterstützung gerechnet werden kann.

6. Spezifische Ineffizienzen von Staatsklassen selbst im Fall der Orientierung des Entwicklungsprozesses an Massenbedürfnissen

Selbst wenn Staatsklassen ihre Entwicklungsstrategien an den Bedürfnissen von Unterschichten ausrichten, stoßen sie auf Probleme der Durchsetzung, die in ihrer eigenen

Struktur begründet sind. Viele gut gemeinte Entwicklungsstrategien scheiterten auch in Ländern, wo durch eine stark sozialistisch ausgerichtete Partei im „Überbau" Barrieren gegen Selbstprivilegierung vorhanden waren. Aus dem Sozialismus der Unterentwicklung wurde der unterentwickelte Sozialismus (*Teilhac* 1969). Deshalb fordern manche Autoren den Verzicht auf sozialistische Großplanung zugunsten eines Mikrosozialismus, der staatliche Planung einschränkt (*Quick* 1977). Auch die Volksrepublik China hat die widersprüchliche Herausbildung einer hier allerdings stark auf Massenbedürfnisse ausgerichteten Staatsklasse nicht vermeiden können (*Dumont* 1984, *Oksenberg* 1974). Sozialismus erscheint dann Überforderung (*Helleiner* 1972) oder Demagogie (*Benot* 1972: 419).

Staatsklassen haben ein „urban bias". Macht, Prestige und Einkommen werden in den Verwaltungszentren ausgehandelt. Wer zulange in der Provinz bleibt, kommt zu kurz. Provinzposten und Entwicklungsarbeit auf dem Land sind wenig geschätzt. Bei der Agrarentwicklung werden rasche Erfolge angestrebt, um sie in der Stadt vorweisen zu können und auf diese Weise in die Zentrale zurückberufen zu werden. Partner für solche raschen Erfolge sind nicht die Masse der Kleinbauern, sondern eher die „fortschrittlichen" Farmer.

Staatsklassen neigen zum Einsatz modernster Technik. Sie ist prestigereicher (*Winston* 1979). Sie wird von hochqualifizierten Technikern beherrscht, die man als sich gleichwertig ansehen kann, während die zentrale Rolle von Fräsern und Drehern bei der lokalen Produktionsmittelproduktion die Statushierarchie eher gefährdet. Große Betriebe lassen sich von Staatsklassen leichter kontrollieren als eine Vielzahl von Klein- und Mittelbetrieben. Die Folge ist eine sehr niedrige Kapitalproduktivität.

Selbst wenn modernste Technologie die effizienteste Lösung ist, neigen Staatsklassen zu ihrem ineffizienten Einsatz. Über die hinlänglich bekannte Bürokratiekritik hinaus liegt dies an den spezifischen Bedingungen für Planung bei Verfügbarkeit externer Finanzmittel. Geplant werden zwar Produktionsziele, operationalisiert und kontrolliert wird die Planung über Investitionsziele, also Ausgabeermächtigungen und reale Ausgaben. Werden Produktionsziele nicht erreicht, dann erweisen sich geplante Verflechtungen als illusionär. Statt der Integration der nationalen Wirtschaft verstärken sich die Zulieferungen aus dem Ausland. Ohne Devisen würde man lokale Ressourcen nutzen. Solange die Staatsbank — auch über Kredite aus dem Ausland — zahlungsfähig ist, werden Probleme der Erfüllung von Produktionszielen durch verstärkte Importe gelöst (*Elsenhans* 1983b: 134—144). Staatsbetriebe sind wegen der Möglichkeit des Zugangs zu Importen und wegen ihrer Monopolstellung wenig innovativ (*Mytelka* 1979, *Ben Turok* 1979). Brasiliens Maschinenindustrie (*Erber* 1982) ist nicht vom Staatssektor aufgebaut worden. Indiens staatliche Investitionsgüterindustrie ist dort am effizientesten, wo bekannte Technologien übernommen, nicht wo neue Technologien entwickelt werden (*Kremers* 1984).

Wegen der hohen Technologie und der laufend gegebenen Möglichkeit, vom Ausland durch Vergrößerung des Verteilungsspielraums Vorprodukte und Maschinen zu beziehen, fördern Staatsklassen im allgemeinen nicht direkt das Wirtschaftswachstum von kleinen und mittleren Betrieben, auch wenn die Entwicklungspläne dies ausdrücklich vorsehen.

Daß in diesem Bereich erhebliche Möglichkeiten der Produktionssteigerung liegen, beweisen Staatsunternehmen im Regelfall nur unfreiwillig und dann in den konsumnahen Bereichen. Die Ineffizienz von Staatsunternehmen bei der Erreichung geplanter Produktionsziele und die im Regelfall guten Einkommen von Arbeitern und Angestellten in Staatsbetrieben haben zur Folge, daß die Nachfrage rascher als die Produktion wächst. In konsumnahen Bereichen wachsen Klein- und Mittelbetriebe, für die im Lande wegen der Vorliebe für modernste Technologie keine geeigneten Ausrüstungsgüter hergestellt werden. Die Wachstumsmöglichkeiten dieses Sektors werden nicht ausgeschöpft. Inflationäre Spannungen treten auf. Die von *Tetzlaff/Hanisch* (1981: 35) beobachtete zunehmende Vernetzung hat Grenzen.

Hohe Kapitalkosten einer auf moderner importierter Technologie beruhenden Industrialisierung mit hoher Ineffizienz der Nutzung dieser Anlagen sowie die Tendenz, eher zu importieren als lokale Ressourcen zu nutzen, führen zur Verschuldung, die *Frieden* (1981) als Verschuldungsindustrialisierung bezeichnet hat. Gerade nicht die Abhängigkeit von Verwertungszwängen, also nicht ein kapitalistischer Charakter des Staats der Dritten Welt, sondern seine Extraktionskapazität gegenüber den Industrieländern (Fähigkeit, Hilfe, Kredite und Renten zu „erpressen") führt zu einer Industrialisierungsstrategie, an deren Ende die Verschuldung nach Erschöpfung aller anderen Ressourcen steht, wobei das Wachstum des Staatssektors sogar als Folge der Fähigkeit, sich zu verschulden, angesehen werden kann (*Vernon/Levy* 1980).

Auf die Begrenzung des Devisenzuflusses reagieren die Staatsklassen durch begrenzte Reliberalisierung. Dabei werden Marktelemente in der wirtschaftlichen Steuerung beobachtet, die allerdings nicht als Hinwendung zum Kapitalismus interpretiert werden sollten. Innerhalb der Staatsklasse setzen die Segmente in den zentralen Verwaltungen gegenüber den nachgeordneten Stellen das Prinzip größerer Effizienz durch. Der staatliche Sektor wird dezentralisiert. Kostendeckung wird gefordert. Unternehmensleitungen werden gezwungen, sich am Markt zu orientieren. Je schwerer die Belastung der Zahlungsbilanz, mit desto größerem Nachdruck werden diese Maßnahmen verfolgt. Ihre Durchsetzbarkeit darf aber nicht überschätzt werden: Staatsbetriebe haben auch deshalb ein hohes Kostenniveau, weil von ihnen langfristige entwicklungspolitische Ziele erreicht werden sollen, wie die Veränderung der Qualifikation der Arbeiter oder Verbesserungen der Infrastruktur. Hinter diesen notwendigen „Mehrkosten" lassen sich immer auch gesellschaftlich bedingte verstecken (*Hilger* 1980, *Onimode* 1974).

Ob Staatsklassen in Situationen des Rückgangs des Verteilungsspielraums auf die staatliche Kontrolle verzichten, ist zweifelhaft. Sie werden den Bauern eine freie Vermarktung einzelner Agrarprodukte einräumen. Man wendet den Klein- und Mittelbetrieben mehr Aufmerksamkeit zu. Staatsunternehmen werden meist nicht verkauft. Man läßt oft nur private Investitionen in bisher dem öffentlichen Sektor reservierten Bereichen zu. Staatliche Import- und Exportregulierungen werden gerade zur Vergrößerung der Devisenreserven eingesetzt.

Zwar kaufen sich Mitglieder der Staatsklassen privaten Besitz: Sie lassen sich von Töchtern multinationaler Unternehmen Aktienanteile geben. Sie investieren in Wohnungen. Sie werden Handwerkern und Kleinindustriellen Kredite, vielleicht sogar Beteiligungskapital geben. Dies dient der Daseinsvorsorge, falls die Stellung im Staatsapparat gefährdet ist, wobei die sicherste dieser Anlagen das Schweizer Nummernkonto ist. Mit solchen Investitionen wollen die Mitglieder der Staatsklasse aber nicht selbst Unternehmer werden. Die meisten ziehen die Sicherheit des Einkommens als Mitglied der Staatsklasse vor.

Private Unternehmer entwickeln in einer von Staatsklassen dominierten Wirtschaft wenig politische Initiative. Sie laufen Gefahr, bei der Verteidigung ihrer Interessen von den Staatsklassen mit antikapitalistischer Rhetorik ausgeschaltet zu werden. Es ist nicht vorstellbar, daß der Ruf nach Wirtschaftsfreiheit zu einem mehrheitsfähigen Programm in der Dritten Welt wird. Staatsklassen können ihr Entscheidungsmonopol aufrechterhalten. Private Unternehmen sind schnell bereit, ihre private Akkumulation durch spezielle Kontakte mit Mitgliedern der Staatsklasse abzusichern und werden so selbst Teil des von der Staatsklasse dominierten Patronagesystems.

7. Der periphere Staat ist kein Übergangsphänomen — einige Bemerkungen zu Entwicklungsperspektiven

Da die von Staatsklassen betriebene Industrialisierung auf Technologieimport beruht, ist selbst im Fall der Produktion von lokalen Investitionsgütern nicht davon auszugehen, daß die Länder der Dritten Welt die westlichen Industrieländer technisch einholen. Trotz wachsender industrieller Produktion wird strukturelle Heterogenität fortdauern, so daß mit einem entscheidenden Rückzug des Staats aus der Wirtschaftsplanung nicht zu rechnen ist. Von Staatsklassen dominierte bürokratische Entwicklungsgesellschaften sind dann auf absehbare Zeit nicht Übergangsgesellschaften (anders *Evers* 1977: 44). Auch wenn die gesamte Wirtschaft „integriert" sein sollte, wird der Staatsinterventionismus, der die Reproduktion der Staatsklasse sichert, im Namen von mehr Wirtschaftswachstum aufrechterhalten, obwohl gerade dieses zusätzliche Wirtschaftswachstum wieder durch Ineffizienzen in der Staatsklasse behindert wird, so daß Korruption sogar als Instrument zur Bekämpfung von Ineffizienz erscheinen mag (*Leff* 1964: 12).

Marktkonkurrenz ist ein Mittel zur Disziplinierung der Privilegierten. Der Kampf gegen das Monopol der großen Fernhandelskompanien und der Kampf gegen die Zünfte wurde von kleingewerblichen aufsteigenden „Kapitalfraktionen" getragen. Da große Teile der Wirtschaften in der Dritten Welt vom öffentlichen Sektor und in geringerem Umfang von Filialen von MNU besetzt sind, fehlen für Klein- und Mittelbetriebe Möglichkeiten, um wirtschaftlich dominant zu werden. MNU werden sich beim Kampf um die Ordnungspolitik aus Furcht vor Enteignung zurückhalten. Im Fall ihrer Enteignung wird das Erbe nicht von privaten Unternehmen, sondern von öffentlichen angetreten.

In Europa wurde die Konkurrenz gegen parasitäre herrschende Klassen durchgesetzt. Der Vorsprung der Staatsklassen in der Dritten Welt, die nicht nur parasitär sind, sondern sich mit sozialistischer Rhetorik legitimieren können, reicht, um ihr Entscheidungsmonopol aufrechtzuerhalten, so daß der Übergang zu kapitalistischen Produktionsverhältnissen unwahrscheinlich ist, während die Alternative des Sozialismus ein Ende des „Reichs der Knappheit" voraussetzt.

Mit der Frage nach der Qualität des peripheren Staats hat ein Teil der Wissenschaft seine Hoffnung auf Sozialismus mit der Frage der Industrialisierung der Entwicklungsländer verknüpft. Diese wird fortschreiten, auch unter Widersprüchen und mit hohen Ineffizienzen. Die Frage nach der kapitalistischen oder nichtkapitalistischen Natur des „producer-state" (*Cardoso* 1982: 153) ist dabei weniger wichtig als die Frage, inwieweit die Kosten dieses Prozesses begrenzt und die Orientierung auf Massenbedürfnisse verstärkt werden können. Hier scheinen drei Problemkomplexe noch wenig untersucht und für die Einschätzung der Entwicklungsperspektiven wichtig.

1. Wie kann über die Rivalität innerhalb der Staatsklassen die Verknüpfung von Segmenten mit Unterschichteninteressen verstärkt werden, auch durch die Entwicklungspolitik? Es fehlen Untersuchungen, die den politischen Prozeß innerhalb der Staatsklassen zu typisieren suchen.
2. Wie kann der marktgesteuerte klein- und mittelbetriebliche Sektor durch Förderungsmaßnahmen gerade in Zeiten knapper Verteilungsspielräume gestärkt werden, um ein gewisses Gegengewicht gegen den öffentlichen Sektor zu bilden?
3. Wie können Staatsbetriebe zu einer effizienteren Nutzung ihrer Ressourcen angehalten werden und ihre Innovationsfähigkeit vergrößern?

Alle drei Fragen gehen davon aus, daß die Dominanz der Staatsklassen gemildert, nicht aber beseitigt werden kann.

Literaturverzeichnis

Abrahamian, Ervand, 1975: European Feudalism and Middle Eastern Despotism, in: Science and Society, (39–2), 129–156.
de Abranches, Sergio Henrique Hudson, 1978: The Divided Leviathan: State and Economic Policy Formation in Authoritarian Brazil, Cornell University Diss. Ithaca.
Alavi, Hamza, 1972: The State in Post-Colonial Societies: Pakistan and Bangladesh, in: New Left Review, Nr. 74, Juli–Aug., 59–81.
Bahl, Roy B., 1971: A Regression Approach to Tax Effort and Tax Ratio Analysis, in: IMF Staff Papers, (18–3), Nov., 570–612.
Baldwin, Robert E. und *Tracy Murray*, 1977: MFN Tariff Reductions and Developing Trade Benefits Under GSP, in: Economic Journal, (87–345), März, 30–46.
Baran, Paul A., 1952: On the Political Economy of Backwardness, in: The Manchester School of Economic and Social Studies, (20–1), Jan., 66–84.
Barnes, William Arthur, 1979: Development Theory and Ideology: The Triumph of the Modern Middle Class in Theory and Practice, Ann Arbor (Mich.) Univ. of Michigan.
Bartra, Roger, 1974: Estructura agraria y clases sociales en México, Mexiko.
Bauer, Peter T., 1969: International Economic Development, in: Economic Journal, (69–1), März.
Becker, David G., 1983: The New Bourgeoisie and the Limits of Dependency: Mining, Class and Power in „Revolutionary" Peru, Princeton (N.J.).
Behrendt, Richard F., 1968: Soziale Strategie für die Entwicklungsländer. Entwurf einer Entwicklungssoziologie, Frankfurt.
Bennett, Douglas C. und *Kenneth E. Sharpe*, 1975: Transnational Corporations and the Political Economy of Export Promotion, in: International Organization, (28–3), 177–201.
Benot, Yves, 1972: Idéologies des indépendances africaines, Paris.
Berg-Schlosser, Dirk, 1982: Modes and Meaning of Participation in Africa, in: Comparative Politics, (14–4), Juli, 397–416.
Berque, Jacques, 1967: Quelques problèmes de la décolonisation, in: L'homme et la société, (5), Juli–Sept., 17–28.

Bitar, Sergio, 1979: Transición, socialismo y democracia. La experiencia chilena, Mexiko.
Blackhurst, Richard, 1972: General Versus Preferential Tariff Reduction for LDC Exports, in: Southern Economic Journal, (2–3), Jan., 350–362.
Callaghy, Thomas M., 1980: State-Subject Communication in Zaire: Dominants and the Concept of Domain Consensus, in: JMAS, (18–3), 469–492.
Cameron, David R., 1978: The Expansion of the Public Economy, in: APSR, (72–4), Dez., 1243–1261.
Cardoso, Fernando Henrique, 1974: Brasilien. Die Widersprüche der assoziierten Entwicklung, in: Sonntag, Heinz Rudolf: Lateinamerika. Faschismus oder Revolution, Berlin, 32–62.
Cardoso, Fernando Henrique, 1982: Development under Fire, in: Mahler, Harry M., Alberto Martinelli, Neil J. Smelser (Hrsg.): The New International Economy, Beverly Hills/London, 141–168.
Chelliah, Raja J., 1971: Trends in Taxation in Developing Countries, in: IMF Staff Papers, (18–2), Juli, 254–327.
Chelliah, Raja J., Hessel J. Baas, Margaret R. Kelly, 1975: Tax Ratios and Tax Effort in Developing Countries, in: IMF Staff Papers, (22–1), März, 187–205.
Daniel, Jean, 1973: Le temps qui reste. Essai d'autobiographie professionnelle, Paris.
Dominguez, Jorge I. et al. (Hrsg.), 1981: Economic Issues and Political Conflict: US-Latin American Relations, London et al.
Dos Santos, Teotonio, 1972: Socialismo o fascismo. El nuevo carácter dela dependencia y el dilema latinoamericano, Santiago de Chile.
Dresang, Dennis L., 1972: Entrepreneurialism and Development Administration in Zambia, in: The African Review, (1–3), Jan., 91–117.
Dresang, Dennis L., 1973: Entrepreneurialism and Development Administration, in: Administrative Science Quarterly, März, 76–85.
Dresang, Dennis L., 1975: The Zambia Civil Service. Entrepreneurialism and Development Administration, Nairobi.
Dumont, René, 1984: La Chine décollective, Paris.
Elsenhans, Hartmut, 1981: Abhängiger Kapitalismus oder bürokratische Entwicklungsgesellschaft, Frankfurt.
Elsenhans, Hartmut, 1982: Entmystifizierung multinationaler Konzerne, Basel.
Elsenhans, Hartmut, 1983a: Le Monde Arabe et l'Europe dans la nouvelle division internationale du travail, in: Khader, Bichara (Hrsg.): Coopération Euro-Arabe. Diagnostic et Prospective. Bd. 3. Université Catholique de Louvain, Louvain-la-Neuve, 34–123.
Elsenhans, Hartmut, 1983b: Le problème de la libéralisation dans les pays à forte planification illustré par les changements les plus récents en Algérie, in: Heintz, Peter (Hrsg.): Endogene Entwicklung: Wirklichkeit und Ideologie, 127–180.
Elsenhans, Hartmut, 1984: Endettement: Echec d'une industrialisation du Tiers-Monde, in: Tiers-Monde, (25–99), Juli–Sept., 551–564.
Erber, Fabio, 1982: Technology Issues in the Capital Goods Sector: A Case Study of Leading Industrial Machinery Producers in Brazil, UNCTAD, Genf.
Evers, Tilman, 1977: Bürgerliche Herrschaft in der Dritten Welt. Zur Theorie des Staates in ökonomisch unterentwickelten Gesellschaftsformationen, Köln/Frankfurt.
Fanon, Frantz, 1961: Les damnés de la terre, Paris.
Fiechter, George-André, 1975: Brazil since 1964; Modernisation Under a Military Regime. A Study of the Interactions of Politics and Economics in a Contemporary Military Regime, New York/Toronto.
Freyhold, Michaela v., 1977: The Post-Colonial State and its Tanzanian Vision, in: RAPE, (8), Jan./April, 75–89.
Frieden, Jeff, 1981: Third World Indebted Industrialization: International Finance and State Capitalism in Mexico, Brazil, Algeria and South Korea, in: International Organization, (35–3), 407–432.
Fürst, Dietrich und Joachim Jens Hesse, 1982: Bürokratie und Unterentwicklung, in: PVS, 23, SH. 13, 293–308.
Goode, Richard, George E. Lent, P. D. Ojha, 1966: The Role of Export Taxes in Developing Countries, in: IMF Staff Papers, (13–1), Nov., 453–501.
Grindle, Marilee S., 1977a: Policy Change in an Authoritarian Regime. Mexico Under Echeverria, in: Journal of Inter-American Studies and World Affairs, (19–4), Nov., 523–555.

Grindle, Marilee S., 1977b: Power, Expertise and the „Técnico": Suggestions from a Mexican Case Study, in: The Journal of Politics, (39–2), 399–426.
Grindle, Marilee S., 1981: Public Policy, Foreign Investment and Implementation Style in Mexico, in: *Dominguez, J. I.*, 1981, 69–100.
Hahn, Gerhard und *Lothar Rathmann*, 1972: Nichtkapitalistischer Entwicklungsweg. Aktuelle Probleme in Theorie und Praxis. Protokoll einer Konferenz des Zentralen Rates für Asien-, Afrika- und Lateinamerikawissenschaften in der DDR, die in Verbindung mit der Sektion Afrika- und Nahostwissenschaften der Karl-Marx-Universität Leipzig vom 20. bis 22. Mai 1971 in Leipzig veranstaltet wurde, Berlin.
Halpern, Manfred, 1962: Middle Eastern Armies and the New Middle Class, in: *Johnson, John J.*: The Role of the Military in Underdeveloped Countries, Princeton (N.J.), 277–316.
Hanisch, Rolf und *Rainer Tetzlaff* (Hrsg.), 1981: Staat und Entwicklung. Studien im Verhältnis von Herrschaft und Gesellschaft in Entwicklungsländern, Frankfurt.
Helleiner, Gerald K., 1972: Socialism and Economic Development in Tanzania, in: JDS, (8–2), Jan., 183–204.
Hilger, Mary Tharp, 1980: Decision-Making in a Public Marketing Enterprise, CONASUPO in Mexico, in: Journal of Interamerican Studies and World Affairs, (22–4), Nov., 471–494.
Hill, Eduardo und *Luciano Tomassini*, 1979: América Latina y el Nuevo Orden Económico Internacional, Santiago de Chile.
Hill, Kum Quaile, 1978: Military Role vs. Military Rule. Allocations to Military Activities, in: Comparative Politics, (11–1), Okt., 373–377.
von Hirschmann, Albert O., 1958: The Strategy of Economic Development, New Haven.
Hoselitz, Bert F., 1960: Economic Growth in Latin America, in: *Braudel, Fernand, M. M. Postan, E. Söderlund*: Première Conférence International d'Histoire Economique. Stockholm, Aug. 1960. Contribution A: L'industrialisation comme facteur de la croissance économique depuis 1700. Contribution B: Etude comparée du grand domaine depuis la fin de Moyen Age, Paris/ Den Haag, 87–101.
Huntington, Samuel P., 1962: Patterns of Violence in World Politics, in: *Huntington, Samuel P.*: Changing Patterns of Military Politics, New York, 17–50.
Huntington, Samuel P., 1968: Political Order in Changing Societies, New Haven/London.
Jodice, David A., 1980: Sources of Change in Third World Regimes for Foreign Investment, 1968–1976, in: International Organization, (34–1), 178–206.
Jones, Leroy P., 1980: Public Enterprises in Less-developed Countries, Cambridge.
Kalecki, Michael, 1976: Essays on Developing Economics, Hancock/Atlantic Islands (N.J.).
Institut für Weltwirtschaft und internationale Beziehungen, 1969: Klassen und Klassenkampf in Entwicklungsländern, Moskau, Berlin, 3 Bde.
Kremer, Heinz, 1984: Zu Charakter und Funktion der Staatstätigkeit in Entwicklungsländern am Beispiel ausgewählter Staatsunternehmen in Indien. Diss., FB Gesellschaftswissenschaften und Philosophie der Philipps-Universität Marburg, Marburg.
Ledda, Romano, 1967: Classes sociales et lutte politique, in: International Socialist Journal, (4–22), Aug., 594–615.
Leff, Nathaniel H., 1964: Economic Development Through Bureaucratic Corruption, in: The American Behavioral Scientist, (8–3), Nov., 8–14.
Lehmann, David, 1978: The Death of Land Reform: A Polemic, in: World Development, (6–3), März, 339–345.
Leys, Colin, 1969: Politics and Change in Developing Countries. Studies in the Theory and Practice of Development. Institute of Development Studies at the University of Sussex, Cambridge.
Leys, Colin, 1975: Underdevelopment in Kenya. The Political Economy of Neo-Colonialism, 1964–1971, London.
Levin, Jonathan V., 1960: The Export Economies, Their Pattern of Development in Historical Perspective, Cambridge (Mass.).
Le Vine, Victor T., 1980: African Patrimonial Regimes in Comparative Perspective, in: JMAS, (18–4), 657–673.
Löwenthal, Richard, 1963: Staatsfunktionen und Staatsform in den Entwicklungsländern, in: *Löwenthal, Richard*: Die Demokratie im Wandel der Gesellschaft, Berlin, 164–192.
Mahler, Harry M., 1982: Financial Institutions, Credit Allocation and Marginalisation in the Brasilian North-East: The Bahian Case, in: *Mahler, Harry M., Alberto Martinelli, Neil J. Smelser* (Hrsg.): The International Economy, Beverly Hills/London, 231–260.

Mahler, Harry M., Alberto Martinelli, Neil J. Smelser (Hrsg.), 1982: The International Economy, Beverly Hills/London.
Markovitz, Irving Leonard, 1976: Bureaucratic Development and Economic Growth, in: JMAS, (14—2), 183—200.
Markovitz, Irving Leonard, 1970: Traditional Social Structure, the Islamic Brotherhoods and Political Development in Senegal, in: JMAS, (8—1), 73—96.
Mathew, W. M., 1970: Peru and the British Guano Market 1840—1860, in: EHR, (23—1), 112—128.
Mattick, Paul, 1969: Marx und Keynes. Die Grenzen des „gemischten" Wirtschaftssystems, Frankfurt.
Miller, Norman N., 1968: The Political Survival of Traditional Leadership, in: JMAS, (6—1), 183—201.
Mohan, Jitendra, 1967: Nkrumah and Nkrumaism, in: Socialist Register, (4), 191—228.
Moran, Theodore H., 1971—72: New Deal or Raw Deal in Raw Materials, in: Foreign Policy, (5).
Morkre, Morris E., 1979: Rent-Seeking and Hongkong's Textile Quota System, in: The Developing Economies, (17—1), März, 110—118.
Morkus, Elias, 1969: Die Lehren der Erfahrung, in: *Tibi, Bassam*: Die arabische Linke, Frankfurt, 46—68.
Mukerjee, S. K., 1982: Possibilities for Cooperation Among State Trading Organizations, UNCTAD, Genf.
Murelius, Olof, 1981: An Institutional Approach to Project Analysis in Developing Countries, OECD, Paris.
Murray, Roger, 1966: Militarism in Africa, in: NLR, (39), Juli—Aug., 35—48.
Myrdal, Gunnar, 1970: The Soft State in Underdeveloped Countries, in: *Streeten, Paul* (Hrsg.): Unfashionable Economics. Essays in Honour of Lord Balogh, London, 227—243.
Mytelka, Lynn Krieger, 1979: Regional Development in a Global Economy. The Multinational Corporation, Technology and Andean Integration, New Haven/London, 135—137.
Nordlinger, Eric A., 1977: Soldiers in Politics. Military Coups and Governments, Englewood Cliffs (N. J.).
Nun, José, 1969: Lateinamerika: Die Hegemonie-Krise und der militärische Staatsstreich, in: KZSS, Sonderheft 13, 328—366.
Nurkse, Ragnar, 1953: Problems of Capital Formation in Underdeveloped Countries, New York.
O'Donnell, Guillermo A., 1973: Modernization and Bureaucratic-Authoritarianism. Studies in South American Politics. Institute of International Studies, University of California, Berkeley.
Oksenberg, Michel, 1974: Political Changes and Their Causes in China, 1949—1972, in: Political Quarterly, (45—1), Jan./März, 95—114.
Onimode, B., 1974: Economic Methodology and Public Enterprise, in: Indian Journal of Economics, (54—214), Jan., 331—355.
Oshima, Harry T., 1957: Share of National Governments in Gross National Product for Various Countries, in: AER, (47—3), Juni, 381—390.
Petras, James F., 1969: Political and Social Forces in Chilean Development, Berkeley/Los Angeles.
Petras, James F., 1977: State Capitalism and the Third World, in: Development and Change (8—1), 1—17.
Petras, James F., 1980: Neo-Fascism: Capital Accumulation and Class Struggle in the Third World, in: Journal of Contemporary Asia, (10—1/2), 119—129.
Philip, George, 1976: The Limitations of Bargaining Theory: A Case Study of the International Petroleum Company in Peru, in: World Development, (4—3), März, 231—279.
Pye, Lucian W., 1961: Armies in the Process of Political Modernization, in: Archives Européennes de Sociologie, (2—1), 82—92.
Quick, Stephan, 1977: Bureaucracy and Rural Socialism in Zambia, in: JMAS, (15—3), 379—400.
Quick, Stephan A., 1978: Humanism or Technocracy? Zambia's Farming Cooperatives 1965—1972, University of Zambia, Institute of African Affairs, Zambian Papers No. 12, Lusaka.
Quijano Obregón, Aníbal, 1971: Nacionalismo, Neoimperialismo y Militarismo en el Perú, Buenos Aires.
Radetzki, Marian, 1982: Has Political Risk Scared Mineral Investment Away From the Deposits in Developing Countries, in: World Development, (10—1), Jan., 39—48.
Rouquié, Alain, 1982: L'Etat militaire en Amérique latine, Paris.
Ravenhill, John, 1980: Comparing Regime Performance in Africa: The Limitations of Cross-National Aggregate Analysis, in: JMAS, (18—1), 99—126.

Rivière, Claude, 1978: Classes et stratifications sociales en Afrique. Le cas guinéen, Paris.
Rood, Leslie, 1976: Nationalisation and Indigenisation in Africa, in: JMAS, (14—3), 427—447.
Rondinelli, Dennis A., 1981: Government Decentralisation: Theory and Practice in Developing Countries, in: Revue Internationale des Sciences Administratives, (47—2), 133—146.
Rosenstein-Rodan, P. N., 1943: Problems of Industrialization of Eastern and South Eastern Europe, in: Economic Journal, (53—210), Juni—Sept., 202—211.
Roth, Guenther, 1968: Personal Rulership, Patrimonialism and Empire Building in the New States, in: World Politics, (20—2), Jan., 194—206.
Rubinstein, G.; Smirnov, G.; Solodovnikov, K., 1976: A propos de quelques affirmations de Samir Amin, in: L'homme et la société, (39/40), Jan./Juni, 19—28.
Russell, Roberta und *Teresa Carballal*, 1979: América Latina: Hacia Qué Nuevo Orden Económico Internacional?, in: *Hill, Eduardo* und *Luciano Tomassini*: América Latina y el Nuevo Orden Económico Internacional, Santiago de Chile, 139—164.
Sackey, James A., 1979: Dependence, Underdevelopment and Socialist Oriented Transformation in Guyana, in: IAEA, (33—1), 29—50.
Salama, Pierre, 1976: Au-delà d'un faux débat. Quelques réflexions sur l'articulation des Etats/Nations en Amérique latine, in: Tiers-Monde, (17—68), Okt./Dez., 931—960.
Samoff, Joel, 1979: The Bureaucracy and the Bourgeoisie: Decentralisation and Class Structure in Tanzania, in: CSSH, (21—1), 30—62.
Schaffer, Bernard B., 1969: The Deadlock in Development Administration, in: *Leys, Colin*: Politics and Change in Developing Countries. Studies in the Theory and Practise of Development, Institute of Development Studies at the University of Sussex, Cambridge.
Schanze, Erich et al., 1981: Rohstofferschließungsvorhaben in Entwicklungsländern. Teil II: Probleme der Vertragsgestaltung, o. O.
Seidman, Robert B., 1978: The State, Law and Development, London.
Shils, Edward A., 1960: Political Development in the New States, in: CSSH, (2—2), Jan., 381—411.
Sideri, Sandro (Hrsg.), 1979: Chile 1970—1973: Economic Development and its International Setting. Self-Critism of the Unidad Popular Government's Policy, Den Haag/Boston/London.
Singelmann, Peter, 1975: The Closing Triangle: Critical Notes on a Model for Peasant Mobilization in Latin America, in: CSSH, (17—3), 389—409.
Sklar, Richard L, 1967: Political Science and National Integration — A Radical Approach, in: JMAS, (5—1), 1—11.
Slater, Jerome, 1977: The United States and Latin America: The New Radical Orthodoxy, in: EDCC, (25—4), Juli, 747—761.
Sloan, John, 1981: Bureaucracy and Public Policy in Latin America, in: IAEA, (34—4), 17—47.
Sobhan, Rehman, 1979: The Nature of the State and its Implications for the Development of Public Enterprises in Asia, in: Journal of Contemporary Asia, (9—4), 412—433.
Solís, Leopoldo, 1981: Economic Policy Reform in Mexico. A Case Study for Developing Countries, New York et al.
Sonntag, Heinz Rudolf, 1974: Lateinamerika. Faschismus oder Revolution, Berlin.
Spittler, Gerd, 1981: Verwaltung in einem afrikanischen Bauernstaat. Das koloniale Französisch-Westafrika 1919—1939, Zürich.
Stepan, Alfred, 1978: The State and Society. Peru in Comparative Perspective, Princeton (N.J.).
Streeten, Paul (Hrsg.), 1970: Unfashionable Economics. Essays in Honour of Lord Balogh, London, 227—244.
Szentes, Tamás, 1971: The Political Economy of Underdevelopment, Budapest.
Teilhac, Ernest, 1969: Du socialisme de sous-développement au sous-développement du socialisme, in: Tiers-Monde, April/Juni, 335—367.
Tetzlaff, Rainer und *Rolf Hanisch*, 1981: Der Staat in Entwicklungsländern als Gegenstand der Forschung, in: *Hanisch, Rolf* und *Rainer Tetzlaff*: Staat und Entwicklung, Frankfurt/Main—New York.
Trebat, Thomas Joseph, 1978: An Evaluation of the Economic Performance of Public Enterprises in Brazil. Diss. Vanderbilt University, Nashville (Tenn.).
Turok, Ben, 1979: The Penalties of Zambia's Mixed Economy, in: *Turok, Ben* (Hrsg.): Development in Zambia, London.
Turok, Ben, 1980: Zambia's System of State Capitalism, in: Development and Change, (11—3), Juli, 455—478.
Tyler, William G., 1981: The Brazilian Industrial Economy, Lexington (Mass.).

Veliz, Claudio, 1969: Centralismo, Nacionalismo e Integración. Academia de Ciencias Hungara, Centro de Investigaciones Afroasiáticas, Budapest.
Vernon, Raymond und *Brian Levy*, 1980: State Owned Enterprises in the World Economy: The Case of Iron Ore, in: *Jones, Leroy P.*: Public Enterprises in Less-developed Countries, Cambridge, 169—189.
Voß, Joachim, 1971: Der progressistische Entwicklungsstaat. Seine rechts- und verwaltungstechnische Problematik am Beispiel der Republik Guinea, Hannover.
Wai, U Tun, 1962: Taxation Problems and Policies of Underdeveloped Countries, in: IMF-Staff Papers, (9—3), Nov., 428—448.
Weinberg, Jan, 1969: The Problem of the Convergence of Industrial Societies: A Critical Look at the State of a Theory, in: CSSH, (11—1), 1—15.
Westen, Klaus, 1964: Der Staat der Nationalen Demokratie. Ein kommunistisches Modell für Entwicklungsländer, Köln.
Winston, Gordon C., 1979: The Appeal of Inappropriate Technologies: Self-Inflicted Wages, Ethnic Pride and Corruption, in: World Development, (7—8/9), Aug./Sept., 835—845.
Wolff, Jürgen, 1982: Political System and Planning in Developing Countries, in: Law and State, (26), 110—135.
Wolpin, Miles D., 1975: Dependency and Conservative Militarism in Mali, in: JMAS, (13—4), 585—620.
World Development Report 1983, New York et al.
Wünsche, Renate et al., 1971: Die Staaten Afrikas und Asiens. Innere Entwicklung und Außenpolitik, Frankfurt.
Zylberberg, Jacques, 1979: Nationalisme — Intégration — Dépendance — Introduction dialectique au cas latino-américain, in: Revue d'intégration européenne, (2—2), 251—298.

Der Entwicklungsstaat in der Krise

Georg Simonis

1. Einleitung

Die zweite große Weltwirtschaftskrise dieses Jahrhunderts hat für das gesamte System der Nord-Süd-Beziehungen tiefgreifende Folgen: Es verstärken sich die Anzeichen, daß sich das im Zuge der Entkolonialisierung unter der Vorherrschaft der Vereinigten Staaten geschaffene internationale Staatensystem an seiner Peripherie grundlegend wandelt. Und zumindest als Arbeitshypothese kann von einem Strukturbruch ausgegangen werden, der sich empirisch an der nicht mehr zu übersehenden Tatsache festmachen läßt, daß eine immer größer werdende Zahl von Staaten der Peripherie „unregierbar" geworden ist.

Die meisten Staaten der Dritten Welt können aus eigener Kraft ihre nationale Reproduktion nicht mehr gewährleisten. Der Entwicklungsprozeß — im Sinne einer besseren Befriedigung existenzieller Bedürfnisse der Mehrheit der Bevölkerung — ist umgekippt. In dem schnell zunehmenden Lager der 4. Welt findet nur noch Verelendung statt. Viele der neuen Schwellenländer — v. a. diejenigen, die Erdöl importieren müssen — sind in eine Verschuldungskrise geraten, die sie von dem internationalen Finanzsystem sowie den politischen Auflagen des IWF weitgehend abhängig werden ließ. Staatskrisen, politische Unruhen, Kriege, militärische Interventionen gehören zum politischen Alltag der Peripherie.

Ich möchte die These vertreten, daß die Mehrzahl der peripheren Gesellschaften deswegen verstärkt unregierbar wird — wobei von einem Prozeß der abnehmenden nationalen politischen Problemlösungskapazität und entsprechend zunehmenden Legitimationskrisen auszugehen ist —, weil das globale politisch-ökonomische Regulationssystem, das seit dem 2. Weltkrieg Bestand hatte, seine Funktionsfähigkeit, global Wachstum zu garantieren, verloren hat. Das „keynesianische" oder „fordistische" Regulationssystem war nationalzentriert organisiert, da das Wachstum der Hegemonialmacht „autozentriert" erfolgte und von ihr Wachstumsimpulse ausgingen, die günstige internationale Rahmenbedingungen für die erfolgreiche Nachahmung des „amerikanischen Modells" schufen. In den Ländern am Rande des kapitalistischen Weltsystems sind durch die grundlegenden Veränderungen der globalen Wachstumsbedingungen autozentrierte und durch staatliche Interventionen organisierte und stimulierte, sich selbst tragende Wachstumsprozesse nicht mehr herstellbar. Als Folge dieses globalen Strukturwandels wurde dem Entwicklungsstaat, der von sich aus die Modernisierung der Gesellschaft betrieb, seine Existenzgrundlage entzogen.

Diese Krise des Entwicklungsstaates wird in allen politischen und theoretischen Lagern irgendwie konstatiert. V. a. der in den meisten Industriegesellschaften an die Macht gelangte neoliberale Konservatismus hat auf die krisenhafte Entwicklung in der Peripherie zu reagieren begonnen und hat die Grundsätze eines „neoliberalen Projekts" zur Bekämpfung der Krise, zur Wiederherstellung stabiler politischer Verhältnisse und zur Revitalisierung der Akkumulation entwickelt. Daher wird das neoliberale Projekt zum Ausgangspunkt der weiteren Überlegungen genommen, die darauf abzielen, mit zwei unterschiedlichen theoretischen Ansätzen mögliche Deutungsmuster und Lösungsvarianten der politischen Krise der Peripherie zu diskutieren.

2. Das neoliberale Projekt

2.1 Befund

Die Diagnose ist eindeutig: auch in der Dritten Welt sind die Staatsapparate übermächtig geworden; sie würgen die wirtschaftliche Entwicklung ab, ersticken die Privatinitiative, sind überbürokratisiert, ineffizient und häufig korrupt und behindern die Anpassung der Wirtschaftssysteme an die neuen weltwirtschaftlichen Rahmenbedingungen:

„In dem Bestreben, die Entwicklung zu beschleunigen, haben die Regierungen eine zunehmend aktive Rolle übernommen. Dies hat in vielen Fällen zu einer gravierenden Überlastung der Behörden geführt, so daß diese zur Unwirtschaftlichkeit beitrugen" (*Weltentwicklungsbericht* 1983, 150).

Dieses neoliberale Credo — vor wenigen Jahren noch als vorgestriges Glaubensbekenntnis lernunfähiger Ideologen der Marktwirtschaft belächelt — hat sich zur herrschenden Lehre in den dominierenden westlichen Industriestaaten (zur entwicklungspolitischen Wende der USA siehe z. B. *Nuscheler* 1984) und den von ihnen kontrollierten internationalen Institutionen, wie v. a. dem Internationalen Währungsfonds und der Weltbankgruppe, entwickelt und bestimmt zunehmend die internationale Wirtschafts- und insbesondere die Südpolitik dieser Länder und Organisationen.

Im Zentrum der neoliberalen Argumente und strategischen Erwägungen steht der *ineffiziente Entwicklungsstaat*. Während in der entwicklungspolitischen Diskussion und Praxis der vergangenen 20 Jahre die *stimulierende* entwicklungspolitische Rolle des Staates akzeptiert und als historisch unumgänglich, da ökonomisch notwendig, theoretisch begründet worden war, macht der Neoliberalismus den Interventionsstaat und die ihn tragende Bürokratenklasse für die Krise in der Dritten Welt verantwortlich: in der vergangenen Wachstumsperiode, in der sich die Entwicklungsländer leicht verschulden konnten und in der die Mittel der Entwicklungshilfe überreichlich flossen, wuchsen vornehmlich die Staatsadministrationen. Dadurch wurden nicht nur Investitionen fehlgelenkt, sondern auch die initiierenden Kräfte der privaten Wirtschaft in ihrer Entfaltung behindert. Der Entwicklungsstaat überwacht die Wirtschaft, vermindert deren Anpassungsfähigkeit an sich verändernde Weltwirtschaftsbedingungen, fördert durch zu hohe Nachgiebigkeit gegenüber Forderungen die Ausgabenflut und die Inflation, überfordert die Wirtschaft, bewirkt eine zunehmende Kapitalflucht und führt schließlich — korrupt, bürokratisiert und überdehnt — Wirtschaft und Gesellschaft in den Ruin (vgl. z. B. den „Altliberalen" *Bauer* 1984; siehe auch *Donges* 1983; *Giersch* 1984).

2.2 Therapie

Dem klaren Befund entspricht eine einfach formulierbare, aber selbst nach Einschätzung ihrer Protagonisten schwierig durchsetzbare, dennoch unabweisbar notwendige Therapie: dem reformunfähigen und wachsenden Entwicklungsstaat muß Einhalt geboten werden.

Allein in der Bundesrepublik, auf der hier der Akzent liegt, werden sehr unterschiedliche und heterogene Vorschläge ventiliert. Und sicherlich bestehen erhebliche Differenzen zu dem aktuellen politischen Diskurs in den Vereinigten Staaten. Aber der für internationale wirtschaftspolitische Fragen zuständige liberale Bundeswirtschaftsminister *Martin Bangemann* tönt den auch in der Bundesrepublik spätestens seit der Wende herrschenden neokonservativen Konsens ab, wenn er im Handelsblatt (vom. 0.5.11.84) „Zu den längerfristigen und realwirtschaftlichen Möglichkeiten einer dauerhaften Bewältigung der Verschuldungsprobleme" Stellung nimmt:

„Das Ziel aller Bemühungen unter den Mitgliedern des Internationalen Währungsfonds muß es sein, in den Entwicklungsländern zu einem dauerhaften Wachstumsprozeß mit steigendem Realeinkommen (gerade für die ärmeren Bevölkerungsschichten) beizutragen";

und im einzelnen folgende Maßnahmen fordert:

Austerität:
„Erste und wichtigste Voraussetzung für bessere Entwicklungs- und Wachstumsbedingungen in den Entwicklungsländern sind allerdings entsprechende Eigenanstrengungen der Länder selbst. Das Leistungsbilanzdefizit der Nicht-Öl-Entwicklungsländer hat sich von 1981 bis 1984 von ca. 108 Mrd. US-Dollar auf 45 Mrd. US-Dollar mehr als halbiert. V. a. durch Einfuhrdrosselung, in jüngster Zeit aber auch durch erhebliche Exportsteigerungen. Die Wirtschaftspolitik muß in diesen Ländern v. a. darauf gerichtet sein, inflationär wirkende öffentliche Defizite unter Kontrolle zu bekommen, die Inflation zu drosseln, überflüssige bürokratische und meist ineffiziente Regelungen und Eingriffe zu verringern und so die vorhandenen heimischen Ressourcen besser zu nutzen".

Förderung der privaten Wirtschaft:
„Voraussetzung hierfür ist naturgemäß ein günstiges Investitionsklima in den Entwicklungsländern selbst. Auffallend ist, daß sich offenbar in vielen Entwicklungsländern die früher z. T. kritische und sehr zurückhaltende Haltung gegenüber ausländischen Direktinvestitionen deutlich gewandelt hat".

Entwicklung durch Integration in die Weltwirtschaft:
„Dazu gehört als wichtigstes Element vielfach auch ein realistischer Wechselkurs. Er dient nicht nur der besseren Wettbewerbsfähigkeit beim Export heimischer Produkte, sondern auch der Verbesse-

rung und Diversifizierung der heimischen Wirtschaftsstruktur" ... „würde es durch den Abbau von Handelsschranken gelingen, den Anteil der Einfuhren aus den Nicht-Öl-Entwicklungsländern nur um 2 % zu erhöhen, so würde das den Entwicklungsländern Mehreinnahmen von rund 23 Mrd. US-Dollar bringen" ... „eine wichtigere Finanzierungsrolle müssen in Zukunft die Direktinvestitionen in den Entwicklungsländern übernehmen".

Auch die offiziellen Entwicklungspolitiker im engeren Sinne teilen in der Bundesrepublik die strategische Analyse des Wirtschaftsministers (vgl. z. B. *Köhler* 1984), selbst wenn sie — bei aller skeptischen Beurteilung — die Entwicklungshilfe nicht einschränke wollen:

- „Wir wollen Hilfe zur Selbsthilfe leisten, ohne die unsere Entwicklungsförderung zur Weltsozialhilfe verkümmern würde.
  Dazu gehört auch, daß eine solche Ordnung von Wirtschaft und Gesellschaft geschaffen wird, die die schöpferischen Kräfte breiter Bevölkerungsschichten nicht unterdrückt, sondern entfaltet, die Eigeninitiative und die aktive Mitwirkung der Menschen am Entwicklungsprozeß nicht verhindert, sondern anregt" (*Warnke*, Bulletin 14.12.83).
- „Die Erfahrung aus 3 Jahrzehnten hat aber gezeigt, daß marktwirtschaftliche Elemente auch in den Entwicklungsländern einen fruchtbaren Nährboden für jenes Klima abgeben, in dem Menschen ihre Fähigkeiten bestmöglich entfalten können und in dem Leistung heranreift" (*ebda.*).

Gefordert wird daher eine selektive — auf die wirklich bedürftigen Länder konzentrierte — Entwicklungshilfepolitik. Darüber hinaus zielt die „effizienzorientierte Mittelvergabe" darauf ab, „die Entwicklungshilfe von vornherein mit solchen Bedingungen zu verbinden, die für die Wirksamkeit der Hilfe wichtig erscheinen" (*Köhler* 1984, 175). Hierzu werden vom Staatssekretär *Volkmar Köhler* gezählt:

„— Die ausgewogene Berücksichtigung der landwirtschaftlichen Entwicklung, des Handwerks und der Mittel- und Kleinbetriebe, weil hier ein erhebliches Wachstumspotential zu vermuten ist;
- ein Verzicht auf inflationäre Geld- und Fiskalpolitik, weil diese die Sparneigung mindert und die Investitionsstruktur verzerrt;
- der möglichst weitgehende Verzicht auf administrative Eingriffe in die inländischen Faktor- und Gütermärkte; zu diesen Eingriffen zählen Höchstpreisvorschriften für Nahrungsmittel und Treibstoffe, für Dienstleistungen und für Zinsen, weil diese Regulierungen dazu beitragen, chronische Angebotsengpässe aufrechtzuerhalten;
- ein verstärkter Eigentumsschutz für inländische wie auch für ausländische Investitionen, weil dies die Investoren anlockt" (175).

Um eine an diese Vergabekriterien gebundene Entwicklungshilfepolitik durchzusetzen, ist die Einrichtung eines langfristig angelegten *Politikdialogs* notwendig. Dieser soll es gestatten, daß die Entwicklungsländer die gewünschten politischen Rahmenbedingungen schaffen. Über die Durchführung des *Politikdialogs* als wichtigstes Instrument zur Steigerung der Wirksamkeit der Entwicklungshilfe existiert bislang innerhalb des Entwicklungsausschusses (DAC) der OECD noch kein Konsens. Kernpunkt des angestrebten Dialogs ist eine „gemeinsame Überprüfung der Politiken und Programme" (so der UN-Welternährungsrat) einzelner Entwicklungsländer, um die Effizienz der Entwicklungsmaßnahmen sicherzustellen.

Auch die Weltbank setzt sich entschieden für den Politikdialog ein. In ihrem Entwicklungsbericht von 1983 (zu dessen Kritik vgl. *Murray* 1983), der den Zustand der öffentlichen Administration in den Entwicklungsländern analysiert, wird die neoliberale Stoßrichtung dieses neuen politischen Instruments deutlich. Der Politikdialog visiert die Steigerung der Effizienz der Ressourcennutzung an. Reformen sollen in zweierlei Richtung vorgenommen werden: einerseits Reduzierung der Rolle der öffentlichen Verwaltung, andererseits Stärkung der politischen Führungsfähigkeit des Staates. Die Frage ist allerdings, ob ein auf seine „eigentlichen" hoheitlichen Aufgaben reduzierter starker Staat in Entwicklungsgesellschaften die Dynamik der Wirtschaft durch deren Entfesselung tatsächlich wiederherstellen und verstetigen kann. Das chilenische „Experiment" könnte ein hinreichend warnendes Beispiel für neoliberale Reformversuche sein. Doch offensichtlich schreckt es nicht. Der politisch-ideologische Impetus für neoliberale Problemlösungen ist stärker, als daß er durch den Verweis auf Opfer gebremst würde.

2.3 Konsensfähigkeit

Die hohe Konsensfähigkeit des neoliberalen Projekts, die sich auch als Zwang zur Nachahmung und zur Akzeptanz seiner Antikrisenstrategie äußert, resultiert aus den strukturellen Veränderungen des Weltsystems. Krisensituationen sind entstanden, die politische Reaktionen auszulösen drohen, die etablierte politische und ökonomische Herrschaftspositionen gefährden könnten. Dieser Problemdruck, der die neoliberale Wende bewirkt hat, ist gleichzeitig nationaler wie internationaler Natur, d. h. die gleichen strukturellen Verschiebungen artikulieren sich auf nationaler und internationaler Ebene.

In diesem Aufsatz kann es nicht darum gehen, den inneren Zusammenhang der Krise (Veränderungen der Industriestruktur und der Arbeitsteilung durch die 3. industrielle Revolution, Verschiebungen in der internationalen Konkurrenz und dem globalen Machtgefüge) darzustellen. Der Neoliberalismus reagiert nicht auf den Strukturbruch unmittelbar, sondern auf die von ihm hervorgebrachten Krisenphänomene. Allein im Nord-Süd-System haben sich mindestens vier — jeweils eng miteinander verbundene — Krisensyndrome entwickelt, von denen möglicherweise völlig unkontrollierbare Gefährdungen des weltweitvernetzten Akkumulationsprozesses sowie v. a. der amerikanischen Dominanz ausgehen könnten: die Schuldenkrise, die Nahrungsmittelkrise, die Anpassungs- und Wachstumskrise und die politische Krise der Dritten Welt.

Für das vereinigte konservative Lager sowohl der entwickelten Industriegesellschaften als auch der kapitalistischen Staaten der Peripherie gründet sich die spezifische Attraktivität der neoliberalen Strategie auf die durch sie genährte Hoffnung, die Krise zu überleben und aus ihr vielleicht sogar gestärkt hervorzugehen. Die Vermutung dürfte kaum trügen, daß nicht das konservative, sondern auch das bürgerliche Lager insgesamt, das Besitz, Einkommen, Macht und Ordnung zu verteidigen hat, in das neoliberale Projekt einbezogen ist oder werden könnte. Differenzen bestehen — aber nur im Detail. Parteikonflikte existieren — aber nur über die Konsequenz, mit der seine Realisierung betrieben wird:

— Wie sollte auch die Schuldenkrise ohne Zusammenbruch des bestehenden Finanz- und Bankensystems anders bewältigt werden als durch Austerität in den Schuldnerländern, Förderung von deren Exportfähigkeit und von Anreizen für Direktinvestitionen und durch Umschuldungsaktionen?
— Wie sollte die Agrarkrise in der Dritten Welt auf andere Weise eingedämmt werden als durch einen zunehmenden Druck auf deren Regierungen, die Agrarpreise zu liberalisieren, die Produktivität des Agrarsektors zu erhöhen, überflüssigen Konsum einzuschränken, Bevölkerungsplanung zu betreiben?
— Wie sollte auch die Anpassung an neue Weltmarktbedingungen gelingen, ohne die Gewährleistung von besseren Rahmenbedingungen für das internationale Kapital, ohne die Bekämpfung der Inflation, ohne die Einsparung von Energie, ohne die Wiederherstellung der Rentabilität der Staatsunternehmen und ohne Erhöhung der Effizienz der Bürokratie?
— Wie sollte denn schließlich den durch die Krise und die ökonomischen Stabilisierungsprogramme politisch destabilisierten und zumindest potentiell und hin und wieder faktisch von einem steigenden Einfluß des Kommunismus bedrohten Ländern anders beigestanden werden als durch eine je nach Fall dosierte Mischung von ideologischem Appell an die Eigenverantwortlichkeit, von Entwicklungs- und Militärhilfe, von Demonstrationen der Stärke und sporadischen Interventionen?

Abgesehen davon, daß zur Bereinigung der Krise allein die neoliberale Strategie geeignet zu sein scheint, kann sie auch auf Erfolge verweisen: Die Wirtschaftsdynamik des pazifischen Raumes und dort v. a. der jungen Industrieländer Südkorea, Taiwan und Singapur stützt zumindest dem Anschein nach die neue wirtschaftspolitische Doktrin. Starke militarisierte Staaten sichern Disziplin und Sicherheit, garantieren und unterstützen das Privateigentum und fördern die Integration der Wirtschaftssysteme in den Weltmarkt und die internationale Arbeitsteilung. Der Antikommunismus wurde zur herrschenden Staatsideologie erhoben. Was zählen bei dieser Erfolgsbilanz abweichende Fälle? Sie bezeugen bloß, wie schwierig es ist, die neoliberale Medizin konsequent und richtig dosiert anzuwenden.

Schließlich spricht für das neoliberale Projekt noch ein kaum zu überschätzender politisch-taktischer und ideologischer Vorteil gegenüber den entwicklungs- und wirtschaftspolitischen Kooperationsbemühungen der Vergangenheit: gegenüder der Peripherie wird die Offensive zurückerobert. Die Diagnose: die Entwicklungskrise ist selbst verschuldet und die Therapie: Selbsthilfe durch Deregulierung der Unternehmen erlauben die Abwehr aller Forderungen nach einer „neuen internationalen Wirtschaftsordnung", die mit Staatseingriffen, erhöhten Leistungen von Seiten der Industrieländer und mit einer supranationalen Steuerung und Organisation der Weltmärkte verbunden ist. Das neoliberale Projekt befreit von den Folgen der Vergangenheit, entlastet das Gewissen und erlaubt die freie Verfolgung des berechtigten Eigeninteresses:

„Die Regierung Kohl hat Entwicklungshilfe vom schlechten Gewissen befreit, sie entkrampft und entideologisiert. Entwicklungshilfe hat eine moralische Wurzel, aber man darf sie nicht verwechseln mit einer Art Wiedergutmachungspflicht für die Sünden der Kolonialzeit..."
„Wir haben entkrampft. Wir haben die Dinge beim Namen genannt und gesagt, partnerschaftliches Zusammenwirken heißt, daß wir gegenseitig unsere legitimen Interessen berücksichtigen" (*Warnke*, Interview in „Rheinischer Merkur" v. 0.3.08.84).

3. Die modernisierungstheoretische Perspektive

Gut über ein Jahrzehnt — beginnend etwa mit der Krise von 1967/68 — erstreckte sich der Aufstieg des Neoliberalismus. Historisch wurde seine politische Relevanz erstmalig bei der „Bereinigung" des sozialistischen Experiments in Chile 1973 deutlich. Die ideologische Hegemonie eroberte er in der Wendezeit der zweiten Weltwirtschaftskrise dieses Jahrhunderts Anfang der 80er Jahre. Trotz dieses Durchbruchs zur herrschenden politischen Weltanschauung hat seine Umsetzung in die Alltagspraxis und deren Interpretation und Rechtfertigung kaum erst begonnen. Die Handlungsroutinen von großen bürokratischen Organisationen, wie z. B. der nationalen, bilateralen und multilateralen Entwicklungsadministration, die miteinander vielfältig verflochten ihre gegenseitigen Handlungserwartungen stabilisiert haben, lassen sich bekanntlich nur sehr langsam ändern.

Die Hegemonie auf der ideologischen Ebene bildet lediglich die Voraussetzung zu einem umfassenden politischen Wandel. Dieser setzt sich mit Verzögerungen durch, so daß der Verweis auf Kontinuitäten die hier diskutierte Hypothese vom strukturellen Bruch in den Nord-Süd-Beziehungen zumindest im gegenwärtigen Zeitpunkt wohl nicht entkräften kann. Darüber hinaus impliziert die Ablösung eines politisch-ideologischen Regimes durch ein neues nicht, daß alte Praktiken einfach zu bestehen aufhören. Die Mehrzahl der Routinen — insbesondere von Bürokratien — dauert fort oder ändert sich sehr langsam. Entscheidend ist für die Dominanz einer neuen Herrschaftsideologie, daß zwar einerseits Altes durch Neues zu ersetzen ist, das aber v. a. die Praktiken der Vergangenheit einem neuen Bezugssystem integriert werden, wodurch sie ihren gesellschaftlichen Stellenwert ändern.

Erkennbare Verschiebungen ergeben sich offensichtlich auf der theoretisch-ideologischen Ebene. Hier hat ein Bruch stattgefunden. Der modernisierungstheoretische Ansatz, der das Weltbild der westlichen Entwicklungspolitik in den vergangenen Dekaden prägte, steht in seiner ursprünglichen Gestalt, d. h. in den Formulierungen der 50er und frühen 60er Jahre, im Widerspruch zur neoliberalen Konzeption. Später jedoch ergaben sich in der Auseinandersetzung mit der entwicklungspolitischen „Realität" Modifikationen, Kritiken und politische Empfehlungen, die — abgelöst von ihrem theoretischen Ursprung — durchaus mit der neuen Ideologie kompatibel sind. Insbesondere eine auf Politikberatung und Evaluierung abstellende Wissenschaft kann daher den Ideologiewechsel flexibel und als Beweis eines pragmatischen Realitätssinns nachvollziehen.

3.1 Der Staat als Träger des Modernisierungsprozesses

Die neoliberale Konzeption fordert als zentralen politischen Kernpunkt die „Entstaatlichung" — den Rückzug des Staates aus dem Wirtschaftsleben. Dagegen ist in der frühen modernisierungstheoretischen Literatur, die sich auf politisch-strategische Empfehlungen einläßt, die dominante Rolle des Staates für die Initiierung, Organisation und Durchführung des gesellschaftlichen Entwicklungsprozesses, verstanden als Nachahmung des westlichen Industrialisierungsprozesses, unbestritten (vgl. *Galbraith* 1961; *Hirschman* 1958; *Rostow* 1952; *Swerdlow* 1963; *Pye* 1963): Abweichend von den Gesellschaften mit einer autonomen Modernisierungsdynamik vollzieht sich in den dualistischen Entwicklungsgesellschaften der Dritten Welt das Wachstum des modernen Sektors vermittelt durch direktes staatlich-administratives Handeln. Die an den westlichen Werten orientierten Eliten bedienen sich des Staatsapparates, um die rückständige Gesellschaft dem entwickelten Vorbild anzugleichen. Unterstützt werden sie bei dieser Aufgabe von den Entwicklungshilfeprogrammen der Industrieländer, die selbst über staatliche Agenturen abgewickelt werden. Die für die entwicklungspolitischen Aufgaben geschaffenen staatlichen Bürokratien sind selbst wesentlicher Teil des modernen Sektors.

Für die Modernisierungstheoretiker ist der Staatsapparat ein Institutionensystem, das sich im Modernisierungsprozeß entsprechend der Entwicklung der Gesellschaft ausdifferenziert. Die bürokratischen Apparate entstehen und entwickeln sich neben den politischen Institutionen im engeren Sinne. Dieser Differenzierungsprozeß wurde von den ehemaligen Kolonialmächten selbst vorangetrieben, da sie nach *Riggs* (1963) selbst Herrschaft ausübend die Verwaltungssysteme als „rationale" und „effektive" Instanzen gesellschaftlicher und politischer Entwicklung aufgebaut hatten. Nach der Entkolonialisierung wuchsen die Bürokratien als die Hauptträger der Entwicklung verstärkt, da sie einerseits für die neu an die Macht gekommenen jungen politischen Eliten unverzichtbare Instrumente zur Absicherung ihrer Herrschaft und zur Durchsetzung ihrer Entwicklungsziele bildeten und da sie andererseits die Adressaten westlicher Entwicklungshilfeprogramme darstellten (*Pye* 1963).

„Welche anderen Motive auch mitgespielt haben mögen, durchgängig wurde geglaubt, daß der höchste Ausdruck der Aufklärung in Anstrengungen liegen würde, eine Gesellschaft mit effizienten, fähigen und rationalen Verwaltungen zu versehen ... Die Vorstellung, daß ein moderner Nationalstaat zwangsläufig nach der Entwicklung einer kompetenten Verwaltung entstehen würde, bestimmt auch gegenwärtig noch die Philosophie eines Großteils der amerikanischen Entwicklungshilfe" (1963, 28).

Neben dem direkten Einfluß westlicher Politik sieht *Riggs* (1963) die Nachahmung der industriellen Revolution als entscheidenden Faktor für den Bürokratisierungsprozeß an. Die Ausdehnung der Bürokratie wird als „typisches Nebenprodukt" (104) der Industrialisierung und Modernisierung bezeichnet:

„Diese Expansion war sowohl ein gezieltes Ergebnis von Bemühungen administrativer Reformen als auch eine indirekte Folge programmorientierter Anstrengungen, das Erziehungswesen, die Landwirtschaft, den Transport- und Kommunikationssektor, die nationale Verteidigung und den diplomatischen Dienst zu modernisieren, also: das territoriale Verwaltungssystem zu konsolidieren. Die jüngste Popularität der ökonomischen Entwicklung hat diese Trends einfach verstärkt" (*Riggs* 1963, 164).

Savage (1970) analysiert die Bürokratie in den Entwicklungsländern als den institutionellen Ort für die gesellschaftliche Durchsetzung einer modernen Konzeption „rationaler Zeit":

„Das administrative System ist in Entwicklungsländern dazu aufgerufen, die Zeit-Techniken und Zeit-Technologien anzuwenden, die erforderlich sind, um die mit westlichen Zeitbegriffen infiltrierten Entwicklungsziele zu erreichen. ... Die Verbreitung der Planung, eine originäre Technik zur Ordnung und Allokation von Zeit, ist ein Indikator für die Bedeutung der Zeit-Technologie als ein Input in die Kalkulation von Entwicklung" (*Savage* 1970, 35).

Während die politologische und soziologische Modernisierungstheorie die Dominanz der Bürokratie innerhalb des politischen Systems ebenso wie ihre führende Rolle im Modernisierungsprozeß der Gesellschaft mit ihrem rationalen und instrumentellen Charakter und mit ihrer engen – historischen und aktuellen – Verbindung mit den entwickelten Industriegesellschaften erklärt, wird diese zentrale Stellung der Administration von der *ökonomischen* Modernisierungstheorie neben anderen Argumenten v. a. damit als notwendig begründet, daß eine ausreichende private Initiative fehle, die private Sparneigung zu niedrig und der Markt für rentable private Investitionen häufig zu klein sei. Daher müsse in vielen Fällen beim Entwicklungsstaat die Initiative liegen:

„Wir haben argumentiert, daß in unterentwickelten Ländern reine „Kann-Sequenzen' ungeeignet sein können, ein Wachstum zu induzieren, und daß in einigen Fällen die Regierung sehr wohl den ersten Schritt in Richtung auf zwingende Sequenzen, die notwendig sein können, tun muß, zum Beispiel dadurch, daß sie eine aktive Führerrolle bei der Industrialisierung übernimmt" (*Hirschman* 1958, 190).

Mit wie unterschiedlichen Begründungszusammenhängen innerhalb der modernisierungstheoretischen Debatte auch argumentiert wurde (vgl. *Barnes* 1979, *Elsenhans* 1981, 66 f., *Brandt* 1985), über die Notwendigkeit eines interventionistischen Staates – sei es für die Schaffung der Voraussetzungen und für die Stimulierung ökonomischer Akkumulation, sei es für die Erhaltung der politischen Integration – bestand ein Grundkonsens, der sich lediglich über die Frage modifizierte, wieviel Staat zur Erfüllung seiner Modernisierungsfunktion denn unerläßlich sei. Drei Probleme standen im Vordergrund der Diskussion:

(1) Das Verhältnis zwischen Politik und Bürokratie

Die ungleiche Entwicklung der administrativen Apparate und des politischen Willensbildungs- und Führungssystems wurde von *Riggs* (1963, 1964) und *Pye* (1963) als durchgängiges Strukturproblem in Entwicklungsgesellschaften erkannt. Die Koinzidenz von schwachen politischen Systemen – gemessen u. a. am hohen Grad der politischen Fragmentierung, der geringen Fähigkeit zur Interessenartikulation und Interessenhomogenisierung durch die politischen Parteien, der niedrigen Autonomie der Verbände, den schwachen Kontroll- und Einflußmöglichkeiten der Parlamente, der brüchigen Legitimation und Machtbasis der Exekutive, den schwindenden Beteiligungsmöglichkeiten der Wähler – und expansiven Bürokratien hat zwei Konsequenzen: einerseits werden die politischen Führungssysteme (die Regierungen) von den bürokratischen Apparaten zunehmend abhängig, so daß sich die bürokratischen Interessen der Administration gegenüber der Politik zunehmend durchsetzen können, während die politischen Systeme aufgrund ihrer Bürokratisierung ihren Führungsaufgaben – die politische Integration und Modernisierung der Gesellschaft — nicht gerecht werden; andererseits werden die Bürokratien in den Entwicklungsländern immer ineffektiver, da sie politisch unkontrolliert wachsen, so daß sie zumindest ihre spezifischen ökonomischen Funktionen, u. a. die Implementation von Entwicklungsprogrammen und die Organisation von Wachstumsprozessen, ineffektiv, unzureichend oder überhaupt nicht erfüllen. *Myrdal* (1970) hat in dieser gegenseitigen Paralysierung ein Strukturmerkmal von Gesellschaften der Dritten Welt gesehen. Entwicklungsländer verfügen über „schwache Staaten", die aufgrund ihrer politisch-administrativen Ineffizienz den Modernisierungsprozeß nur sehr unzulänglich autonom gestalten können. Bereits zu Beginn der 60er Jahre hatte *Riggs* (1963) daher zur Verbesserung der Funktionsfähigkeit des Entwicklungsstaates die Stärkung des politischen Systems — der Organe der Interessenartikulation und Aggregation — gefordert, um das Primat der Politik gegenüber der Bürokratie strukturell zu ermöglichen.

(2) Das Verhältnis zwischen Bürokratie (Militär) und prätorianischer Gesellschaft

Nach der Analyse von *Huntington* (1968) können Übergangsgesellschaften als prätorianische Gesellschaften beschrieben werden. Da das Integrationspotential des politischen Institutionensystems — v. a. mangels mächtiger Massenparteien — gering ist, kämpfen verschiedene Clans der niedergehenden ländlichen Oligarchie und Fraktionen der aufsteigenden städtischen Mittelklasse ohne Verpflichtung auf das Gemeinwohl und ohne wechselseitige Interessenberücksichtigung um die politische Vorherrschaft. Politische Instabilität ist die Folge. Wegen der Schwäche des politischen Systems fällt der Bürokratie und innerhalb der bürokratischen Apparate dem Militär die politische Führungsaufgabe zu. Zur Sicherung der Stabilität übernimmt der prätorianische Staat seine Mission: Die Organisation eines konservativen Modernisierungsbündnisses; anderenfalls könnten radikalisierte Elemente der neuen städtischen Mittelklasse — rekrutiert aus den Studenten und der Intelligenz — sich leninistisch organisieren und mit einer nationalistischen Ideologie eine revolutionäre Strategie erfolgreich verfolgen. Um die revolutionäre Lösung der politischen Entwicklungskrise zu verhindern und das Ordnungsproblem dennoch zu lösen, ist für eine Übergangsperiode die Errichtung prätorianischer Herrschaftssysteme in Entwicklungsgesellschaften geboten. Mit fortschreitender Modernisierung und gesellschaftlicher Differenzierung werden Militärregime dann wieder entbehrlich; sie werden schließlich dysfunktional, so die hoffnungsvolle Vision von *Huntington*, wenn sie die Artikulation und Durchsetzung gesellschaftlich relevanter Interessen unterdrücken und dadurch das ökonomische Wachstum begrenzen.

(3) Das Verhältnis zwischen ökonomischem System und Bürokratie

Die Gefahren, die von dominanten bürokratischen Apparaten ausgehen, wurden in der modernisierungstheoretischen Literatur schon frühzeitig erkannt. Die Klagen über die wuchernden, sich bereichernden, ineffektiven, korrupten und häufig illegal agierenden Bürokratien in den Ländern der Dritten Welt nahmen mit der Evaluation der ersten Entwicklungspläne kontinuierlich zu (vgl. *Swerdlow* 1963). Einerseits erschien eine wachsende Staatstätigkeit für die Modernisierung der Wirtschaft unvermeidbar; andererseits drohten die sich ausbreitenden bürokratischen Apparate den Wachstumsprozeß zu ersticken. Durch den Entzug von Ressourcen, durch die Nationalisierung von Unternehmen, durch die Attraktion von Personal, durch die Ineffektivität der öffentlichen Dienste (Transport, Kommunikation, Wasser- und Energieversorgung), durch administrative und häufig umständliche Kontrollen von Investitionsvorhaben, Preisen und Warenströmen, durch die Konzentration der Mittel auf industrielle Großprojekte und oftmals auf Prestigeobjekte etc. wurde der Entwicklungsstaat selbst zu einem wesentlichen Hemmfaktor der Privatinitiative und der ökonomischen Entwicklung (vgl. *Hagen* 1963; *Lewis* 1965).

3.2 Der bürokratisierte Staat als Entwicklungshemmnis

An Reformvorschlägen hat es nicht gemangelt. Das theoretisch Vernünftige gewann jedoch in der Praxis kaum Bedeutung. Die zunächst funktional — d.h. modernisierungstheoretisch — begründeten, von der westlichen Entwicklungs- und Militärhilfe unterstützten und später ihr Eigeninteresse ohne wirksame politische und gesellschaftliche Kontrollen verfolgenden bürokratischen Apparate wuchsen trotz des sich seit Anfang der 70er Jahre abzeichnenden Endes des langen Wachstumszyklus der Nachkriegsepoche in den meisten Ländern der Dritten Welt unvermindert. In der Abschwungsphase konnten sie ihre Machtstellung sogar ausbauen — in den Erdöl exportierenden Ländern, weil dort der Devisenreichtum durch die Administration kanalisiert wurde; in den Erdöl importierenden Ländern, weil hier die Anpassung an die neuen Weltwirtschaftsbedingungen durch administrative Maßnahmen erfolgte und aufgrund des „Recycling" der Öldollars internationale Liquidität billig erworben werden konnte.
Politisch artikulierte sich die Dominanz der peripheren Bürokratien in der Forderung nach Errichtung einer „neuen internationalen Wirtschaftsordnung". Die Realisierung der angestrebten finanzpolitischen Ziele würde die Entwicklungs- und Sicherheitsbürokratien kontinuierlich mit internationaler Liquidität zu sehr günstigen Bedingungen versorgt haben — sei es über die „Entwicklungshilfe", über Sonderziehungsrechte, über neue Fazilitäten oder über garantierte und erhöhte Exporteinnahmen. Ein solcher umgekehrter Ressourcentransfer würde mit einiger Wahrscheinlichkeit die gesellschaftliche Machtstellung der Staatsapparate noch gestärkt haben. Notwendige politische und gesellschaftliche Reformen wären nicht gefördert worden. In diesem Punkt sind sich liberale (*Bauer*) und sozialdemokratische (*Myrdal*) Kritik einig.
Die steigende ökonomische Macht des Staates in den Ländern der Dritten Welt wurde von *Elsenhans* in seinem Buch „Abhängiger Kapitalismus oder bürokratische Entwicklungsgesellschaft" (1981) ausführlich dargestellt. Seine Analyse ist insofern besonders interessant, weil sie aus modernisierungstheoretischer Perspektive verfaßt ist, die Grenzen dieses Ansatzes jedoch sprengt und zu politischen Vorschlägen gelangt, die in den politisch-ideologischen Kontext des Neoliberalismus eingebunden werden können.

Elsenhans begründet — damit in der modernisierungstheoretischen Tradition stehend — „die Fortdauer von Unterentwicklung bei gleichzeitig erfolgender partieller Industrialisierung aus den spezifischen Kennzeichen unterentwickelter Gesellschaften" (21). In der Peripherie bilden sich privilegierte Staatsklassen, die das Mehrprodukt bürokratisch aneignen, „weil der Marktmechanismus bei fehlenden Widerstandsmöglichkeiten von unten die peripheren Gesellschaften deformiert und in deformierten Ökonomien Widerstand von unten nicht über die Erhöhung der Masseneinkommen zur Steigerung des Produktionspotentials führt" (9). Zwar steht die Staatsklasse „im Konflikt zwischen Selbstprivilegierung und Legitimationszwang", aber die Tendenz zur Selbstprivilegierung kann sich historisch zunächst durchsetzen, so daß eine umfassende Herrschaft der Staatsklasse über die Ökonomie die Folge ist.

Das Selbstprivilegierungsinteresse der Staatsklasse wird zum Entwicklungshemmnis, da sie ohne „unmittelbar eigenes Interesse an sozialen Reformen" (10) keine echten Agrarreformen zur Erschließung des Massenmarktes durchführt. Wenn aber die Erschließung von Massenmärkten ausbleibt, muß die Industrialisierung in der Peripherie scheitern. Zu Zugeständnissen wird die in sich brüchige Staatsklasse von „Modernisierungsstaaten" durch politischen Druck gezwungen. Doch in der Regel reicht der Legitimationszwang nicht aus, die Nachfrage der ländlichen Massen soweit zu erhöhen, daß durch die intensive Vermaschung mit dem industriellen Sektor ein sich selbst tragender autozentrierter Wachstumspfad erreicht wird.

Trotz Spaltungen und unterschiedlicher politischer Tendenzen innerhalb der Staatsklassen reproduziert sich deren Dominanz über den „Markt" und die ökonomische Entwicklung mindestens so lange, bis ein Niveau der Industrialisierung erreicht ist, das zu größeren Flexibilitäten des Produktionsapparates führt. Diesen Übergangsprozeß abzukürzen, sind die Entwicklungsländer kaum in der Lage: intensive Anstrengungen des Staates zur Förderung einer egalitären Nachfragestruktur verstärken die Position der Staatsklasse; begrenzter Staatsinterventionismus erlaubt eine Beibehaltung der inegalitären Nachfragestrukturen. Aus diesem Dilemma (279) zieht *Elsenhans* eine den modernisierungstheoretischen Rahmen sprengende Konsequenz:

> „Daraus läßt sich folgern, daß das Wachstum der Staatsklasse und die vorübergehende Zunahme der Ungleichheit begrenzt werden können, wenn die Außenwirtschaftspolitik der Industrieländer darauf abzielt, jene Industriesektoren in der Peripherie mit Vorrang zu fördern, die die „Inputs" für eine egalitaristische Strategie liefern bzw. die jene Kräfte fördert, die eine eher egalitaristische Strategie durchsetzen" (279).

Um den Modernisierungsprozeß zu beschleunigen, wird daher empfohlen, Leistungen der Industrieländer (Kapitalhilfe, technische Hilfe, Öffnung der Märkte und höhere Rohstoffpreise) an die doppelte Verpflichtung zu binden, „daß auch Kapazitäten für die Befriedigung von Massenbedürfnissen aufgebaut werden" und „daß durch innere Reformen in der Dritten Welt die Überwindung von Unterentwicklung wenigstens begünstigt wird" (285). Die entwicklungspolitische Initiative würde mit Realisierung dieses Forderungspakets in die Zentren zurückverlagert. Aber der Blockierungsprozeß der Selbstprivilegierung läßt Skepsis ratsam erscheinen.

Als *Ergebnis* der modernisierungstheoretischen Analyse der Entwicklungskrise kann festgehalten werden: Der dysfunktional gewordene Entwicklungsstaat ist in gleicher Weise Kritikpunkt der Modernisierungstheorie wie des Neoliberalismus. Während die frühere Modernisierungstheorie politisch-strategisch noch auf interne politische Reformen durch den Interventionsstaat setzte, beurteilt sie heute bei fortschreitendem Bürokratisierungsprozeß Reformanstöße von außen positiv. Die Differenzen zum neoliberalen Projekt verwischen sich. Die dem Staatsinterventionismus in der Dritten Welt verpflichtete Modernisierungstheorie kritisiert den bürokratischen Entwicklungsstaat als das entscheidende Entwicklungshemmnis und fügt sich damit ein in den politisch-ideologischen und strategischen Rahmen des Neoliberalismus.

Natürlich bleiben Differenzen bestehen. Die Modernisierungstheorie klebt am Nationalstaat als dem autonomen gesellschaftlichen Raum für Entwicklung, wogegen für den Neoliberalismus auf der ökonomischen Ebene der Weltmarkt der Bezugspunkt ist. Dieser Unterschied erlangt jedoch so lange keine praktische Relevanz, wie der Weltmarkt und die Struktur der internationalen Arbeitsteilung als limitierende Faktoren ökonomischer und gesellschaftlicher Enwicklung modernisierungstheoretisch ausgeblendet werden. Diese partielle Blindheit der Modernisierungstheorie ist Folge der prinzipiell antimarxistischen Position ihrer Vertreter sowie deren Überzeugung von der zivilisatorischen Mission der westlichen Industriekultur. Auf den linken Gegner fixiert wird nicht wahrgenommen, daß das hegemonial gewordene neoliberale Projekt die eigene theoretische und politische Basis fortschreitend erudiert: die Möglichkeit autozentrierter Entwicklung im Rahmen des Nationalstaates wird genau durch die globale Offensive des Neoliberalismus unterminiert.

4. Die regulationstheoretische Analyse

Auch nach dependenztheoretischen und marxistischen Untersuchungen befinden sich die peripheren Entwicklungsstaaten in der Krise (siehe *Sonntag* 1973; *Lechner* 1977; *Sellin/Töpper* 1981). Für deren Ursache wird allerdings nicht eine bürokratische Blokkade der Akkumulation verantwortlich gemacht. Die Verbürokratisierung der politischen Systeme und der Wirtschaft wird als Folge der Krise verstanden — als Ergebnis des Versuchs, unter den prekären ökonomischen und politischen Bedingungen unterentwickelter Gesellschaften Klassenherrschaft zu reproduzieren (*Collier* 1979, *Rouquié* 1982).

Seine permanente Krise ist inhärentes Strukturmerkmal des Entwicklungsstaates. Der „vorauseilende" oder „überentwickelte" Staat der Peripherie (vgl. *Alavi* 1973; *Saul* 1974; *Evers* 1977; *Mathias/Salama* 1983) kann seine Funktionen: Modernisierung, Erzeugung von Legitimität nur unzureichend erfüllen. Sein Modernisierungs-„Auftrag" scheitert an seiner strukturellen Abhängigkeit vom internationalen System und der Struktur der Unterentwicklung; die Erzeugung von Legitimität bricht sich an der heterogenen Klassenstruktur und den sozialpolitischen Folgen des Modernisierungsprozesses.

Läßt sich jede Funktion für sich nur unzureichend gewährleisten, so ist ihre gleichzeitige Realisierung während des Industrialisierungsprozesses besonders problematisch: die Modernisierung zerstört alte Legitimationsmuster, ohne unmittelbar neue aufbauen zu können, weil die sozioökonomischen und politischen Gratifikationen erst in einer späteren Phase des Entwicklungsprozesses anfallen. Und die Herstellung von Legitimität reduziert das Wachstum, da die Umstrukturierung langsamer vollzogen werden müßte und ein zu Unzeiten steigender Massenkonsum dazu tendiert, die Investitionsrate zu mindern.

Der Modernisierungs-„Auftrag" wird nicht herrschaftlich erteilt, z. B. durch das internationale Kapital oder die Industrieländer, sondern ist *funktional* gefordert. Er ist das zwangsläufige Resultat der Integration der peripheren Gesellschaften als unabhängige Staaten in das Weltmarktsystem. Lediglich durch Abschottung kann dieser Imperativ ausgeschaltet werden. Denn je dichter die politische, militärische, kommunikative, soziale und ökonomische Integration in das Weltmarktsystem, desto größer ist der Zwang zur modernisierenden Anpassung. Die Modernisierungsfunktion ist doppelt bestimmt: durch die Dynamik des Weltsystems und durch ungesteuerte interne „Wachstumsprozesse", die ihrerseits durch die Integration ausgelöst wurden, wie z. B. das Bevölkerungswachstum oder die fortschreitende Destabilisierung ökologischer Systeme.

Zum politischen Träger der Modernisierungsfunktion wurde der Staat einerseits aus einem strukturellen Grunde: weil er alleine das Innen-Außen-Verhältnis von territorialbasierten politisch unabhängigen Gesellschaften verbindlich reglementieren und den Modus der Integration in das Weltsystem bestimmen kann. Zur Erklärung des historischen Entwicklungsstaates reicht diese strukturelle Bedingung keinesfalls aus. Zum Beispiel haben die unabhängigen Staaten Latein-Amerikas im 19. Jahrhundert die Anpassungsfunktion nur in sehr reduzierter Form und unter weitgehender Kontrolle der britischen Hegemonialmacht wahrgenommen. Ein weiterer Erklärungsstrang muß entwickelt werden, der die historische Konstituierung des Entwicklungsstaates zu deuten vermag.

Die globale Durchsetzung des fordistischen Regulationsmodells kann als das historisch-strukturelle Verursachungsmoment für die Genese des „vorauseilenden" Entwicklungsstaates in der Dritten Welt angenommen werden. Soweit sich diese Hypothese als stimmig erweisen sollte, würde sich eine vertiefte Interpretation der Krise des Entwicklungsstaates ergeben. Bislang werden die Instabilität (strukturelles Legitimationsdefizit, hohe Konfliktintensität) sowie ökonomische Problemlagen (Verschuldungs- und Finanzkrise, Wachstumsstörungen, Inflation) als Merkmale einer permanenten Staatskrise verstanden, die durch bürokratisch-autoritäre, diktatoriale und cäsaristische Herrschaftssysteme (vgl. z. B. *O'Donnell* 1979; *Collins* 1979; *Nuscheler* u. a. 1980; *Rouquié* 1982; *Illy, Sieloff, Werz* 1980; *Eppstein* 1984) zu lösen versucht wird.

Diese inhärente Instabilität des Entwicklungsstaates wird in diesem Aufsatz nicht weiter untersucht. Zur Debatte steht die Strukturkrise des Entwicklungsstaates, da sich seine Konstitutionsbedingungen zu verändern scheinen: Das unter amerikanischer Vorherrschaft nach dem Kriege sich durchsetzende globale Regulationssystem hatte die Entstehung von interventionistischen und modernisierenden Staatsapparaten begünstigt; mit der Krise dieses Systems, die sich im Aufstieg des Neoliberalismus als neuem

Regulationsmodell artikuliert, wandeln sich die internationalen ökonomischen und politischen Rahmenbedingungen in einem Umfang, daß sich die in den Ländern der Dritten Welt dominante Staatsform modifiziert.

Während also der Neoliberalismus und die Modernisierungstheorie die Krise des Entwicklungsstaates mit seiner bürokratischen Blockierung erklären, deutet die regulationstheoretische Interpretation die Krise als eine Dysfunktionalisierung des nationalstaatlichen entwicklungspolitischen Interventionismus. Sie ist eine Folge des Zusammenwirkens von internen und externen Variablen, von denen der unter der Führung der Vereinigten Staaten weltweit durchgesetzte Neoliberalismus keine geringe Bedeutung hat. Die regulationstheoretische Analyse sieht in der vorherrschenden westlichen Antikrisenstrategie selbst ein wesentliches Moment der Veränderung jener politischökonomischen Rahmenbedingungen, die den Fortbestand des nationalen Entwicklungsstaates gefährden.

4.1 Konstitutionsbedingungen des abhängigen Entwicklungsstaates

Die immer einflußreicher werdende regulationstheoretische Schule Frankreichs (*Aglietta* 1976; *Coriat* 1979; *Lipietz* 1981, 1984; *CEPII* 1983) hat die mit der ersten Weltwirtschaftskrise beginnende Entwicklungsphase des zentralen Kapitalismus als die Epoche der Dominanz des fordistischen Regulationsmodells analysiert. Als fordistische Regulation wird von *Aglietta* (1976) in Anschluß an Überlegungen von *Gramsci* das Grundmuster des amerikanischen Herrschafts- und Akkumulationsprozesses bezeichnet. Historisch setzten sich die neuen gesellschaftlichen und politischen Gestaltungsprinzipien mit den Reformen des New Deal in der großen Krise der 30er Jahre durch.

Das fordistische Regulationsmodell entwickelte sich als gesellschaftliche und politische Antwort auf ein historisch neuartiges Strukturproblem kapitalistischer Reproduktion: durch die zweite industrielle Revolution war durch Produkt- (u. a. Automobil und langlebige „braune" und „weiße" Konsumgüter) und Prozeßinnovationen (Band, Taylorisierung) die Möglichkeit zur industriellen Massenproduktion geschaffen worden; doch die Realisierung dieser Möglichkeit setzte einen im Verhältnis zu den Produktionskapazitäten stetig steigenden Massenkonsum voraus. In der Krise der 30er Jahre zeigte sich, daß liberale Regulationsformen nicht in der Lage waren, unter den neuen Produktionsbedingungen die Kompatibilität von Produktion und Konsum zu gewährleisten. Dazu war erforderlich, daß sich die Reformen Fords (u. a. Entlohnung abgestimmt auf die steigende Produktivität, Förderung der leistungs- und konsumorientierten städtischen Kleinfamilie) gesellschaftlich verallgemeinern ließen.

Seine bisher tiefste Krise konnte der Kapitalismus ausgehend von den Vereinigten Staaten durch Reformen überwinden, deren Ergebnis die Institutionalisierung des fordistischen Regulationsmodells war. Vier Regulationsprinzipien seien hervorgehoben:
– Die juristische und politische Anerkennung von Gewerkschaften und deren Funktion, Löhne und Arbeitsbedingungen kollektiv auszuhandeln.

- Die Entwicklung des Staates einerseits zum Wohlfahrtsstaat, der über die kollektive Organisation des Soziallohns die Reproduktion der Arbeitskraft gewährleistet, andererseits zum „keynesianischen" Interventionsstaat, der ein gleichgewichtiges Wachstum durch die Regulation der Massennachfrage herzustellen hat.
- Die gesellschaftliche Akzeptanz einer inflationären Grundtendenz, die es dem Kapital ermöglicht, zu hohe Steigerungen der Löhne bzw. der staatlichen Nachfrage zu kompensieren.
- Die Einfügung des Weltmarktes (für Waren und für Kapital) in das nationalzentrierte (autozentierte) Akkumulationssystem als funktionaler Ausgleich für fehlende oder zu teure Produkte bzw. für überschüssige Waren.

Sein endgültiger historischer Durchbruch gelang dem neuen Regulationsmodell in der Massenproduktion von Destruktionsmitteln während des 2. Weltkrieges. Die florierende Kriegswirtschaft schaffte die Voraussetzungen für den Sieg und stabilisierte die fordistische Ordnung nach innen und außen. Konkurrierende Regulationsmodelle wurden entweder ausgeschaltet, wie der Faschismus, oder nachhaltig geschwächt, wie das sowjetische System. Der Sieg beförderte die Diffusion des erfolgreichen Gesellschaftsmodells. Historisch erfolgte seine Ausweitung durch ein Gemisch von aktiven politischen, propagandistischen, ökonomischen und militärischen Maßnahmen, v. a. aber durch die Nachahmung des leistungsfähigen Modells, durch die ökonomisch-technologischen Sachzwänge der Konkurrenz, schließlich durch die Institutionalisierung inter- und supranationaler Regime und Organisationen (UNO-System, Gatt, Weltbank, IWF).

Für die Argumentation in diesem Aufsatz ist vorrangig ein Strukturmerkmal des fordistischen Regulationsmodells von Belang: die neue Rolle des Staates, der als demokratischer Wohlfahrtsstaat die sozialen Folgekosten individualisierter Massenproduktion gesellschaftlich umverteilt und organisiert und als Interventionsstaat – v. a. über die Kontrolle der Liquidität – das Wirtschaftssystem „keynesianisch" reguliert.

Das Staatsmodell des Spätkapitalismus (vgl. u. a. *Offe* 1972; *O'Connor* 1973), das in den verschiedenen westlichen politischen Regimen je nach dem dominanten Herrschaftsprojekt sehr unterschiedliche Formen angenommen hat (vgl. *Jessop* 1983), konnte von den Ländern der Dritten Welt aufgrund der in ihnen vorherrschenden sozioökonomischen und politischen Strukturen nicht direkt und unvermittelt übernommen werden. Bekanntlich sind die im Zuge des Entkolonialisierungsprozesses unternommenen Versuche der Übertragung des westlichen Demokratiemodells weitgehend gescheitert (siehe z. B. die neuere Untersuchung von *Berg-Schlosser* 1984).

Dagegen läßt sich die Hypothese vertreten, daß das amerikanische Staatsmodell über die hegemoniale Stellung der Vereinigten Staaten und ihren prägenden Einfluß auf die anderen westlichen Industriestaaten die politischen und ideologischen Rahmenbedingungen des Staatenbildungsprozesses in der Dritten Welt ganz wesentlich beeinflußt hat. Dort wurde der demokratische „keynesianische" Leistungsstaat als *bürokratisierter Entwicklungsstaat* institutionalisiert – wobei sich freilich je nach den konkreten Gesellschaftsbedingungen sehr unterschiedliche politische Regimeformen herausbildeten.

Der Entkolonialisierungsprozeß und die Institutionalisierung von autonomen Nationalstaaten in der Peripherie bzw. die Modernisierung der Staaten Latein-Amerikas, die bereits in der Weltwirtschaftskrise mit der ersten Phase der Importsubstitutionspolitik eingeleitet worden war (siehe *Hein, Simonis* 1976), vollzogen sich in der Nachkriegsepoche unter spezifischen historisch strukturellen Bedingungen — eben unter der Hegemonie der Vereinigten Staaten. Deren in der Konkurrenz zum sowjetischen Block zu verteidigende Vorherrschaft beförderte die Entkolonialisierung und determinierte die machtpolitischen, ideologischen und ökonomischen Rahmenbedingungen für die Form des Staatenbildungsprozesses. Der siegreiche und demokratische Fordismus wurde zum Gesellschafts- und Staatsmodell. Er konnte im internationalen System die herrschenden Staatsnormen definieren, denen sich zu entziehen nur durch eine Rückzugsstrategie bzw. durch die Einbindung in das sozialistische Lager möglich war:

(1) Selbstbestimmung und nationale Reproduktion

Mit der Hegemonie des fordistischen Herrschaftsmodells der USA wurde das Recht der Völker auf Selbstbestimmung, also deren Anspruch auf ihre politische Organisation in einem souveränen Staat, endgültig zur universellen Norm. Die Existenz von Kolonien wurde illegitim; deren Entlastung in die „Freiheit" zur politisch-ideologischen und machtpolitischen Notwendigkeit. Das Prinzip der Staatssouveränität verband sich mit dem Prinzip der *nationalen Reproduktion*: die politische Selbstbestimmung implizierte die nationale Zuständigkeit und politische Verantwortlichkeit für die ökonomische Wohlfahrt.

(2) Demokratische Legitimation

Die staatliche Emanzipation gründete sich auf das Prinzip der Volkssouveränität. Unter der Führungsposition der Vereinigten Staaten wurde das westliche Demokratiemodell zur Weltnorm. Die Herrschaftssysteme in der Dritten Welt stehen seit dem unter einem externen demokratischen Legitimationszwang, den sie selbst durch ihren Beitritt zum UN-System anerkannten. Daß aufgrund der globalen Demokratienorm und ihrer nur sehr partiellen nationalen Realisierung die Legitimationsbasis der Herrschaftssysteme der Dritten Welt zwangsläufig brüchig sein mußte, ist evident. Durch die Hegemonie des amerikanischen Gesellschaftssystems wurde die Norm der freiheitlichen Demokratie universalisiert, und genau durch diesen Prozeß bildeten sich national souveräne Staaten, deren Herrschaftssysteme instabil sein mußten, da sie für Übergangsgesellschaften mit vorherrschend traditionellen Legitimationsformen unangemessen waren.

(3) Fordismus als staatliche Entwicklungsnorm

Der Lebensstil des Fordismus, der american way of life, wurde durch ein wohl unauflösliches Faktorenbündel — von Attraktion, Bedarf und Interesse auf Seiten der

Entwicklungsländer, von Werbung und gezielter Beeinflussung durch die Industrieländer – zur herrschenden Entwicklungsnorm. Unter Führung der Vereinigten Staaten propagierte und unterstützte das westliche Lager seine Nachahmung politisch und materiell, um die jungen politischen Eliten in der Peripherie in das westliche System einzubinden. Die aufsteigenden Führungsgruppen in der Dritten Welt wiederum adaptierten sich an das fordistische Zivilisationsmodell einerseits aus Eigeninteresse, andererseits um über die Erzeugung von Wünschen und das Versprechen, sie zu befriedigen, ihre Herrschaft abzusichern. Sowohl für die Industrieländer als auch für die peripheren Modernisierungseliten bildeten die Staatsapparate den entscheidenden organisatorischen Bezugspunkt zur Realisierung der Entwicklungsnorm. Im System souveräner Staaten ist der Staat der legitime Adressat externer Hilfsleistungen. Und für die Modernisierungseliten mußte der Staat als das einzige organisatorische Instrument zur direkten Umsetzung ihrer Pläne gelten.

(4) Der Staat als Agentur der Entwicklung

Im dominierenden fordistischen Staatsmodell war die kompensatorische und regulierende Funktion des Staates für die entwickelten kapitalistischen Industriegesellschaften akzeptiert worden. Im konkurrierenden sozialistischen Modell sowjetischer Prägung stand ohnehin der Staat im Zentrum der ökonomischen Planung und der gesellschaftlichen Modernisierung. In dieser internationalen Konstellation bei gleichzeitig fehlenden internen Voraussetzungen für eine marktgesteuerte Produktion, sich politisch-ideologisch durchsetzenden Entwicklungsnormen und der politischen Notwendigkeit, die häufig willkürlich zurecht geschnittenen jungen Staatswesen zu konsolidieren, wurde der Staat in der Peripherie zur „vorauseilenden" (*Evers* 1977) oder „überentwickelten" (*Mathias, Salama* 1983) Entwicklungsagentur. Die Modernisierungsrolle des Staates war extern und intern legitim, war ökonomisch und politisch funktional und wurde durch die Kooperation zwischen den dominierenden Fraktionen der peripheren politischen Eliten mit den nationalen und multinationalen Entwicklungsagenturen der Industrieländer möglich.

(5) Freiheit als Systemgrenze

Aktives staatliches Handeln ist im fordistischen Staatsmodell gleichzeitig gefordert und begrenzt: es hat marktkonform zu erfolgen. Die Entscheidungen der Unternehmen sollen über die Beeinflussung der Marktdaten gesteuert werden. Ihre Dispositionsfreiheit bleibt prinzipiell unangetastet. Diese relativ enge Grenze für staatliche Interventionen mußte bei der Übertragung des zentralen Staatsmodells auf die Peripherie weiter gefaßt werden. Die staatliche Aufgabe: Organisation der Entwicklung verlangte direkte staatliche ökonomische Aktivitäten zumindest in den Sektoren, die für die nationale ökonomische Reproduktion von Bedeutung waren, in denen aber private Unternehmer nicht in ausreichendem Umfang bereit waren zu investieren. So fungierte der Staat als

Geburtshelfer. Für die Realisierung dieser Funktion bestanden der peripheren Situation entsprechende Handlungsgrenzen: zu respektieren war die Freiheit des in der Peripherie investierenden metropolitanischen Kapitals sowie die politische Möglichkeit der Genese und Expansion eines privaten Sektors. Über die Form der Einhaltung dieser Grenze entschied sich der Grad ihrer Förderungswürdigkeit und letztlich die Frage ihrer Systemzugehörigkeit.

Auf die Genese der peripheren Entwicklungsstaaten wirkte nicht nur die globale macht- und militärpolitische Konfrontation und Konstellation und die politisch-ideologische Hegemonie des fordistischen Gesellschafts- und Staatsmodells ein. Von Bedeutung war natürlich auch die von der marxistisch orientierten Dependenztheorie vielfach untersuchte abhängige Integration peripherer Gesellschaften in den Weltmarkt (vgl. die Beiträge und Literaturhinweise in *Senghaas* 1972, 1974 und den ausgezeichneten Literaturbericht von *Hein* 1981). Wie *Amin* (1972) treffend analysiert hat, bestanden in der Dritten Welt aufgrund ihrer ökonomischen Unterentwicklung nicht die strukturellen Voraussetzungen für eine autozentrierte Kapitalakkumulation. Aber — und hier differiert die regulationstheoretische Analyse von den meisten dependenztheoretischen Interpretationen — der Entwicklungsstaat konnte sich auch im Rahmen seiner Integration in das kapitalistische Weltsystem die Überwindung der Struktur der Unterentwicklung zum Ziel setzen. Von der vorherrschenden Modernisierungstheorie und dem ihr korrespondierenden fordistischen Staats- und Gesellschaftsmodell waren Wachstum und Modernisierung allemal gefordert.

Die gesellschaftlich konkreten Formen der Entwicklungsstaaten konstituierten sich im Spannungsfeld zwischen dem fordistischen Zielmodell, der realen Struktur weltmarktabhängiger Reproduktion und dem jweiligen gesellschaftlichen Entwicklungspotential. Während der Phase des krisenfreien Funktionierens der fordistischen Akkumulation in den Zentren, verfolgten die Staaten der Dritten Welt in ihrer überwiegenden Mehrzahl eine Importsubstitutionsstrategie der Modernisierung. Wesentliche Strukturelemente (nationale Produktion von langlebigen Konsumgütern, Herstellung eines städtischen Milieus, Aufbau der fordistischen Infrastruktur) des zentralen Wachstumsmodells sollten in das jeweilige Volkswirtschaftssystem eingefügt werden.

Der staatlich organisierte, dem herrschenden Regulationsmodell funktional entsprechende und daher von den westlichen Industriestaaten intensiv unterstützte Internalisierungsprozeß des fordistischen Akkumulationsmodells hatte zur Folge, daß strukturell heterogene Gesellschaften (*Cordova* 1973; *Cardoso/Faletto* 1976) entstanden. Der mit der Importsubstitutionspolitik einhergehende Verbürokratisierungsprozeß förderte den Heterogenisierungsprozeß auf der politischen Ebene. Die von *Riggs* (1963) festgestellte Diskrepanz zwischen den „starken" bürokratischen Apparaten und den „schwachen" politischen Aggregations- und Entscheidungssystemen ist die politisch-administrative Erscheinungsform der peripheren Gesellschaftsspaltung. Die traditionellen und schwachen politischen Systeme (Parteien, lokale und regionale Verwaltungen) waren unfähig, dem Wachstum der bürokratischen und repressiven Apparate Einhalt zu gebieten. Deren Expansion wurde durch eine vielfältig vermaschte Interessenkoalition abgesichert: *Extern* von den exekutiven Apparaten der Zentren, der Militär- und Polizeihilfe (Kooperation bei der Ausbildung und Ausrüstung), der Entwicklungshilfe, der wissenschaftlich-technischen Zusammenarbeit, der Außenhandels- und Bankenkooperation sowie den multi- und supranationalen Entwicklungsinstitutionen, wie den UNO-Unterorganisationen, der Weltbankgruppe, der EG-Entwicklungshilfe; *intern* von den heimischen über Eigentum verfügenden Klassen, den lokal ansässigen multinationalen Unternehmen, die sowohl an der Produktion von Sicherheit wie an Aufträgen interessiert sind, und schließlich von der im Zuge des bürokratischen Wachstums immer mächtiger werdenden Bürokratenkaste.

Sicherlich hat diese breite Interessenkoalition nicht durchgängig zu konfliktfreien und dauerhaft stabilen Bündnissen geführt. Von Land zu Land differierten die jeweiligen Machtkonfigurationen, die sich im historischen Prozeß kontinuierlich modifizierten. Trotz dieser Unterschiede wurde im Ergebnis der Entwicklungsstaat international akzeptiert und für die Erfüllung seiner Funktionen mit externen Ressourcen versorgt.

Der den Entwicklungsstaat organisierende Machtblock wurde durch eine Allianz von nationalen und metropolitanen Interessen geformt. Nach den theoretischen Überlegungen von *Poulantzas* (1978) mußten diese häufig auch divergierenden Interessen innerhalb der Staatsapparate zur Geltung gebracht werden, z. B. durch die ausländischen Missionen, die Planungsbehörden oder die Zentralbanken. Tatsächlich ist von vielen Länderstudien bestätigt worden, daß die metropolitanen Interessen in den politisch-administrativen Entscheidungsprozessen der Peripherie, abgesehen von einzelnen Ausnahmen, gut repräsentiert wurden und werden.

In diesem Zusammenhang muß freilich vermerkt werden, daß seit der Konstitutionsphase zwischen den drei Ebenen: dem hegemonialen amerikanischen Modernisierungsvorbild, den für die Reproduktion des fordistischen Weltsystems auf nationaler Ebene zu erbringenden Modernisierungs- und Regulationsleistungen und den konkreten Interessen der verschiedenen Fraktionen des Machtblocks, für deren Verfolgung der Entwicklungsstaat zu instrumentalisieren versucht wird, ein unaufhörliches, von Land zu Land variierendes, Spannungsverhältnis besteht. Staatsfunktionen (z. B. Modernisierungs- und politische Stabilisierungsfunktion oder die Verbindung von nationaler und internationaler Reproduktion) sind inkompatibel; zwischen den verschiedenen Fraktionen des Blocks an der Macht herrschen destabilisierende und den Modernisierungsprozeß lähmende Konflikte; Praktiken einzelner Staatsapparate stehen im Widerspruch zum Modernisierungsziel; etc.

Trotz der kontinuierlichen Konflikte um seine politische Kontrolle, der permanenten politisch-administrativen Reibungen zwischen seinen Apparaten und seiner modernisierungspolitischen Fehlleistungen konnte sich der Entwicklungsstaat stabilisieren, wachsen und wuchern. Seine Expansion war so lange gewährleistet, wie
– die ihm extern zufließenden Ressourcen staatliche Modernisierungsprogramme zu finanzieren erlaubten,
– das zentrale Bankenkapital in ihm einen rentierlichen und vertrauenswürdigen Schuldner sah und
– die von ihm verteilten Finanzmittel und das von diesen induzierte Wachstum ausreichten, seine interne Machtbasis zu sichern und die nationale Reproduktion zu gewährleisten.

Die Existenz des peripheren Entwicklungsstaates, der das fordistische Gesellschaftsmodell zu internalisieren versucht, hängt vom Zufluß externer Ressourcen – v. a. internationaler Zahlungsmittel und Technologie – ab. Mit der Möglichkeit, sie sich zu beschaffen, variiert die Abhängigkeit von seiner externen Klassenbasis und damit der innenpolitische Gestaltungsspielraum. Für die Industrieländer – die USA – stellt diese strukturelle – von Land zu Land durchaus sehr unterschiedliche – Abhängigkeit den ökonomischen Hebel dar, um Regierungen zu unterstützen und interne Machtblöcke zu stabilisieren, die sich den Spielregeln des amerikanischen Weltsystems fügen.
Über ihre ideologische Hegemonie und die durch diese garantierte strukturelle Abhängigkeit dominieren die entwickelten Zentren die peripheren Gesellschaften, ohne sie regieren zu müssen. Der abhängige periphere Entwicklungsstaat ist der Garant für die Reproduktion eines hierarchischen Weltsystems, dessen vorherrschendes Regulationsprinzip die dezentrale Steuerung autozentrierter Akkumulationsstrukturen ist.

4.2 Die Krise des Entwicklungsstaates

Die gegenwärtige akute Krise des Entwicklungsstaates läßt sich nicht einfach auf eine Ursache, wie die bürokratische Verschwendungssucht oder – noch oberflächlicher – die Verschuldungskrise, zurückführen. Anzunehmen ist ein Verursachungssyndrom mit mehreren Kausalketten. Im Zentrum der Erklärung stehen drei jeweils von einer Vielzahl von Faktoren abhängige Prozesse;
– Die Erosion der Hegemonie des US-Fordismus seit Ende der 60er Jahre;
– die Reaktionsformen der Peripherie auf die sich modifizierenden Weltmarktbedingungen;
– die neoliberale Gegenstrategie der Industrieländer – insbesondere der Versuch der Vereinigten Staaten, seit 1980 die geschwächte Hegemonie durch die Durchsetzung eines neuen Regulationsmodelles zurückzugewinnen.
Da im Rahmen dieses Aufsatzes eine angemessene Darstellung und Analyse dieser Prozesse und ihrer Auswirkungen auf die Funktionsbedingungen des Entwicklungsstaates nicht erfolgen kann, sollen in einer synoptischen Betrachtung lediglich die resultierenden Strukturveränderungen angesprochen werden, die den Entwicklungsstaat in Frage stellen.
Der grundlegende Regulationsmechanismus des Fordismus: der national hergestellte Zusammenhang zwischen Massenproduktion und Massenkonsum wird gegenwärtig abgelöst durch die Internationalisierung von Produktion und Konsum. Wachsende Anteile am Bruttosozialprodukt müssen exportiert bzw. importiert werden. Die nationale Regulation des Wirtschaftskreislaufs wird zunehmend erschwert bzw. unmöglich. Vorangetrieben wurde dieser Entnationalisierungsprozeß durch das Zusammenspiel jener Kräfte (multinationale Unternehmen, das japanische Handels- und Industriekapital, die ostasiatischen neuen Industrieländer), die den zentralen Schwachpunkt der fordistischen Regulation, das im Vergleich *relativ* hohe Lohn- und Abgabenniveau in den alten Industrieländern, zu nutzen wußten. Um in der durch Exportoffensiven, neue Produkte und Produktionsmethoden verschärften internationalen

Konkurrenz mithalten zu können, wurde in den alten Industrieländern die keynesianische durch die neoliberale Regulationsform ersetzt:

(1) Angebotsorientierte Wirtschaftspolitik

In diesem System der internationalisierten Konkurrenz um nationale Produktionsstandorte verändert sich gegenüber dem autozentrierten Fordismus die Rolle des Staates: keynesianische Steuerung der Massennachfrage und wohlfahrtsstaatliche Maßnahmen werden dysfunktional, da sie unter den neuen Bedingungen nicht zum Ausgleich und zur wechselseitigen Stimulation von Produktion und Konsum beitragen, sondern als steigende Belastung der Unternehmen im internationalen Konkurrenzkampf wirken. Den staatlichen Instanzen (Parteien, Verwaltung, Gerichten) fällt die neue Funktion zu, die nationalen Verwertungsbedingungen in der globalisierten Konkurrenz zu verbessern — also im nationalen Rahmen die Angebotsseite zu stärken. Die Förderung der Konkurrenzfähigkeit des lokalen Kapitals verlangt einerseits die Entlastung der Unternehmen von der Kostenseite her und andererseits, wegen des sich beschleunigenden Innovationswettlaufs, die Sicherung und Steigerung der wissenschaftlich-technologischen Leistungsfähigkeit. Im neoliberalen Regulationsmodell sind staatliche Interventionen und Verteilungsleistungen gefordert, die im Gegensatz zum keynesianischen Staat unabhängig von der Entwicklung des Masseneinkommens die Rentabilität, Produktivität und technologische Modernität der Unternehmen erhöhen.

(2) Deregulation des Arbeitsmarktes

Der Revitalisierungsfunktion des Staates gegenüber der Kapitalseite entspricht im neoliberalen nach-fordistischen Regulationsmodell die Deregulierungsfunktion gegenüber der Arbeitnehmerseite. Der Staat steht unter dem Zwang, dafür zu sorgen, daß der Wert der Ware Arbeitskraft sich marktgemäß bildet. Die Automatisierung und Informatisierung der Produktion erfordert eine hohe Flexibilität des Faktors Arbeit und die Bereitschaft zur Requalifikation. Die globalisierte Konkurrenz erzwingt tendenziell eine Senkung der Kosten für ungelernte und angelernte Arbeit (u. a. durch den Abbau der Sozialleistungen). Im neoliberalen Regulationsmodell wird daher die Orientierung staatlicher Wirtschaftspolitik am Vollbeschäftigungsziel aufgegeben. An ihre Stelle tritt die Dynamisierung des Arbeitsmarktes. Hohe Arbeitslosigkeit wird zum natürlichen Korrektiv „überzogener" Ansprüche. Im Ergebnis entsteht eine Peripherisierung des Zentrums — eine Spaltung der metropolitanen Gesellschaft.

Für die Staaten und Gesellschaften der Peripherie erzwingt der Politikwechsel im Zentrum die Ablösung des Entwicklungsstaates, da dessen funktionale, politische und ideologische Basis im Schwinden begriffen ist. In der krisenhaften Abschwungsphase während der 70er Jahre hatten die Entwicklungsländer, obwohl sich bei einer Mehrzahl von ihnen aufgrund der Ölverteuerung die Außenwirtschaftsposition enorm verschlechterte, versucht, den Internalisierungsprozeß des Fordismus verstärkt fortzusetzen. Der politische Erfolg des OPEC-Kartells, der zur Nachahmung ermunterte (Forderung nach einer neuen internationalen Wirtschaftsordnung), sowie die nach günstiger Anlage — in den Zentren war zur Stimulierung der Ökonomie das reale Zinsniveau äußerst niedrig — für ihre Petrodollars suchenden Banken schufen dazu das politische Klima und die ökonomischen Voraussetzungen. Die Folge war, daß die Verschuldung der Peripherie, allen voran der Schwellenländer, überaus schnell zunahm (*Lipietz* 1983; *Altvater* 1984, 1985).

Der Zusammenbruch des geliehenen Wachstums erfolgte in dem Moment, als sich in den Vereinigten Staaten das neoliberale Regulationsmodell durchsetzte und dadurch die internationalen Finanzströme umdirigiert wurden. Die Hochzinspolitik und der steigende Wert des Dollars lösten die Krise aus, die ihrerseits die Refinanzierung erschwerte. Seitdem stehen die Staaten der Peripherie unter dem Druck, mehr Kapital an die Industrieländer zurückzahlen zu müssen, als sie sich von diesen über den internationalen Geldmarkt beschaffen können.

Die Defizit- und Hochzinspolitik der Vereinigten Staaten markiert nicht bloß den Versuch, die geschwächte Hegemonie durch die Revitalisierung ihrer Wirtschaft und durch Remilitarisierungsprogramme wieder zu befestigen, sondern gleichzeitig einen Politikwechsel in der Konkurrenz um die besten Angebotsbedingungen im Weltsystem. Der zwischen den Industrieländern entbrannte und durch die neoliberale Angebotspolitik auf der zwischenstaatlichen Ebene ausgetragene Konkurrenzkampf verändert die Funktionen des peripheren Entwicklungsstaats. Auch zu seiner primären wirtschaftspolitischen Aufgabe wird die Verbesserung der Angebotsbedingungen. Ökonomisch ist gefordert:

— Austerität, um die Importe von Waren und den Bedarf an internationaler Liquidität zu senken;
— Exportförderung sowie Verbesserung der Standortbedingungen für internationale Konzerne, um durch die Einnahmen aus dem Export von Gütern und Dienstleistungen und durch den Import von langfristigem privaten Kapital den Schuldendienst bedienen, die Zahlungsbilanz ausgleichen und ein weltmarktinduziertes Wachstum einleiten zu können;
— Reprivatisierung von Unternehmen und Deregulierung des Arbeitsmarktes, damit die private Wirtschaft an die Stelle des durch Austeritäts- und Entschuldungspolitik als modernisierungspolitischer Akteur weitgehend blockierten Staates treten kann.

Dafür, daß die Peripherie die neoliberale Regulation tatsächlich befolgt, stehen die internationale Fraktion des Machtblocks (das internationale Finanzkapital, die neokonservativen Regierungen der Industrieländer, die von beiden gemeinsam dominierten internationalen Organisationen, insbesondere der Internationale Währungsfonds) und jene Fraktionen der Bürokratie und des lokalen Kapitals, die ökonomisch und/oder politisch von dem neuen Regulationsmodell mehr gewinnen oder — häufig genug — weniger verlieren als bei einem Konflikt mit der internationalen Fraktion. Aufgrund dieser Interessenkonfiguration wurden die neoliberalen Auflagen des IWF, wenn auch mit Widerständen und hinhaltend, durchgängig akzeptiert. Das Drohpotential

der internationalen Fraktion der peripheren Machtblöcke ist zur Erzwingung der funktional notwendigen Politik offensichtlich stark genug (vgl. *Ehrke* u. a. 1984; *Körner* u. a. 1984).
Doch die Durchsetzung des neuen Regulationsmodells ist noch keine Garantie für seinen Erfolg. Mögen in den während der fordistischen Phase zu jungen Industrienationen aufgestiegenen Ländern der Semiperipherie ökonomische Potentiale entwickelt worden sein, die eine neoliberale Stabilisierungspolitik zu realisieren erlauben, bestehen in der großen Ländergruppe der vierten Welt kaum Erfolgschancen. Obwohl besonders hart von der Weltwirtschaftskrise getroffen, kann die vierte Welt das neoliberale Wachstumsmodell nicht nachahmen, da die Exportpotentiale zu niedrig, die Binnenmärkte zu klein, die Abhängigkeiten zu groß sind. Darüber hinaus befinden sich viele dieser Länder in einer akuten Repoduktionskrise: im Verhältnis zum Bevölkerungswachstum verringert sich die Nahrungsmittelproduktion. „Für ganz Afrika erhöhte sich die Lücke zwischen Nahrungsmittelbedarf und -produktion seit 1971 um durchschnittlich 1,3 v. H. pro Jahr" (*Melchers* 1985, 16).
Auf diese Krisensituation reagiert der Neoliberalismus mit einem weiteren Regulationsangebot. Offeriert wird der oben bereits dargestellte Politikdialog, in dem die Grundzüge der Wirtschaftspolitik kooperativ festgelegt und die Mittel zum „Überleben" von den Industrieländern bereitgestellt werden. Die krisengeschüttelte vierte Welt dürfte kaum eine andere Wahl haben, als dieses neoliberale Geschenk anzunehmen. Die von der Sowjetunion und ihrem politischen Lager aufgebotenen Unterstützungsleistungen zur Linderung der Katastrophe bedeuten jedenfalls keine Konkurrenz. Es muß davon ausgegangen werden, daß der von den Industrieländern intendierte Politikdialog zu neuen Formen eines indirekten Kolonialismus führt. Im Sinne der strukturellen Imperialismustheorie *Galtungs* (1972) werden „feudale" Kooperationsmuster im Bereich der Politikformulierung vorgeschlagen und weiterentwickelt. Der Politikdialog wird mit einzelnen Nehmerländern von Geberländern organisiert, die sich unter der Leitung der Vereinigten Staaten untereinander koordinieren. Der von den USA geförderte neue Bilateralismus geht sogar so weit, daß das von der Weltbank geplante Sonderprogramm für Afrika nicht unterstützt wird. Die USA erweitern stattdessen ihre konterproduktive Nahrungsmittelhilfe. Mit „Entstaatlichung", „Kontrolle" und „Fürsorge" wird die Peripherie der Pheripherie im westlichen Lager gehalten und wird sichergestellt, daß deren für die Reproduktion des Weltsystems funktionslose Massen ohne dysfunktionale Folgen unter eigener politischer Verantwortung verhungern können. Staatliche Politik in der vierten Welt kann nicht mehr Entwicklung zum Ziel haben. Zu ihrer zentralen Aufgabe wird: das Elend in Grenzen zu halten. Für die Sicherung dieser Staatsfunktion ist selbst der Neoliberalismus bereit, Hilfe zu gewähren.
Im neoliberalen Regulationsmodell wird die internationale Hegemonie weniger durch ideologische Attraktion und solidarische Unterstützung ausgeübt. Es herrscht allein der Markt, modifiziert und unterstützt von den politisch-militärischen Interessen der Weltmächte. Dieses Regulationsmuster fördert die Hierarchisierung und wachsende Differenzierung der Dritten Welt in ökonomisch, sozial, politisch und ideologisch völlig unterschiedliche Ländergruppen. Entsprechend variieren in der nachfordistischen Welt der Peripherie auch die politischen und ökonomischen Staatsfunktionen. Die

ideologische Fixierung auf das westliche Zivilisationsmodell in seiner fordistischen Form kann keinen Orientierungspunkt mehr für das staatliche Handeln bilden. Die neoliberale Regulation und Ideologie verweist damit auf das eigene kulturelle Erbe peripherer Gesellschaften – und somit auf Entwicklungsmöglichkeiten, die sich auch zu Widerstandspotentialen entwickeln könnten.

5. Liberalisierter Autoritarismus?

Wenn sich die Tendenz zur neoliberalen Regulation für längere Zeit durchsetzen sollte, ist damit zu rechnen, daß sich auch die Staatsformen der sich immer stärker differierenden peripheren Gesellschaften wandeln. Die ökonomische Rolle des Staates wird sich im allgemeinen reduzieren müssen, da die Ressourcen für staatliche Projekte fehlen, Entwicklungsplanung weitgehend illusorisch ist und dem privaten und internationalen Kapital verstärkt die Initiative überlassen werden muß. Die ideologische Rechtfertigung staatlichen Handelns dürfte kaum noch über Wachstum, Modernisierung und Entwicklung erfolgen können. Die Staaten und die sie organisierenden Kräfte werden gezwungen sein, die „eigentlichen" staatlichen Leistungen noch intensiver hervorzuheben: Sicherheit und Ordnung nach innen und die Behauptung gegen innere und äußere Feinde.

Da der ökonomische Rückzug Opfer erzwingt, bleiben innenpolitische Konflikte nicht aus. Die Legitimität so mancher wachstumsfixierter bürokratisch-autoritärer Regime zerbröckelt (vgl. *Eckstein* 1984; *Ehrke* u. a. 1984). Zu deren Wiedergewinnung kann die Austeritäts- und Liberalisierungspolitik Demokratisierungsprozesse (wie z. B. in Argentinien, Brasilien und Uruguay) auslösen. Die partielle Öffnung ermöglicht dann den verschiedenen Gruppierungen innerhalb des an Gewicht gewinnenden privaten Sektors, ihre Interessen auf der politischen Bühne besser zur Geltung zu bringen. Dieser Tauschprozeß: Austerität versus ökonomische und politische Liberalisierung dürfte auf die „jungen" Industriestaaten beschränkt bleiben, da er einen relativ hohen industriellen Entwicklungsgrad voraussetzt. In den Ländern der Semiperipherie würde sich mit ihrer partiellen Demokratisierung und Liberalisierung die Tendenz zum Doppelstaat fortsetzen (*Simonis* 1981): für deren besitzende Klassen gelten relativ freie, rechtlich abgesicherte, politische und ökonomische Organisationsformen, während die große Masse der Besitzlosen weitgehend entrechtet durch repressive Strukturen und über den Einsatz von direkter Gewalt kontrolliert wird.

Für die meisten Länder der vierten Welt sind ökonomische Liberalisierungs- und politische Demokratisierungsprozesse kaum vorstellbar. Dort scheinen sich die bereits seit Beginn des weltwirtschaftlichen Abschwungs beobachtbaren Tendenzen zu autoritären und diktaktorialen Herrschaftsformen eher noch zu verstärken (vgl. *Berg-Schlosser* 1984). Die ihrer autonomen Entwicklungsfunktion entledigten Staaten werden zu repressiven Relaisstationen der entwickelten Industriegesellschaften, die für sie bilateral koordiniert im „Dialog" die „Entwicklung" planen und finanzieren. Die Gewährleistung dieser Brückenkopffunktion hat ihren bürokratischen Preis. Ohne die massive externe Unterstützung der Sicherheitsapparate, ohne zentralisierte Bürokratie und ohne lukrative Hilfsmaßnahmen lassen sich die in den kommenden Jahrzehnten anschwellenden Völker nicht dezentral und politisch folgenlos unter Kontrolle halten. Das Sterben der Massen bedarf der politisch-bürokratischen Organisation. Deren Effizienz zu erhöhen, ist auch ein Ziel des Neoliberalismus.

Literaturverzeichnis

Aglietta, M., 1976: Régulation et crise du Capitalisme, Paris.
Alavi, H., 1973: The State in Postcolonial Societies: Pakistan and Bangladesh, in: *K. Goach* und *H. P. Shama* (Hrsg.): Imperialism and Revolution in South Asia, New York, 145—173.
Saul, J., 1974: The State in Post-Colonial Societies — Tanzania, in: The Socialist Register, London.
Altvater, E., 1984: Das Ende vom Anfang der Verschuldungskrise, in: WSI-Mitteilungen 4, 198—207.
Altvater, E., 1985: Kredit und Hegemonie. Über die Aussichten für einen baldigen Aufschwung des kapitalistischen Weltmarktes, in: *M. Jänicke* (Hrsg.): Vor uns die goldenen neunziger Jahre?, München/Zürich, 79—118.
Bauer, P. T., 1984: Reality and Rhetoric — Studies in the Economics of Development, London.
Berg-Schlosser, D., 1984: African Political Systems — Typology and Performance, in: Comparative Political Studies Vol 17, April, 121—151.
Cardoso, F. H. und *E. Faletto*, 1976: Abhängigkeit und Entwicklung in Lateinamerika, Frankfurt.
CEPII, 1983: Économie mondiale: la montée des tensions, Paris (Econimica).
O'Connor, J., 1974: Die Finanzkrise des Staates, Frankfurt.
Cordova, A., 1973: Strukturelle Heterogenität und wirtschaftliches Wachstum, Frankfurt.
Coriat, B., 1979: L'Atelier et le Chronométre, Paris.
Donges, J. B., 1983: Neue Wege im Verhältnis zu den Entwicklungsländern, in: *H. Giersch* (Hrsg.): Wie es zu schaffen ist: Agenda für die deutsche Wirtschaftspolitik, Stuttgart, 59 ff.
O'Donnell, G., 1979: Tensions in the Bureaucratic — Authoritarian State and the Question of Democracy, in: *D. Collier* (Hrsg.): The New Authoritarianism in Latin America, Princeton, 285—318.
Ebrke, M. u. a. (Hrsg.), 1984: Lateinamerika — Analysen und Berichte 8, Volkssouveränität und Staatsschuld, Hamburg.
Elsenhans, H., 1981: Abhängiger Kapitalismus oder bürokratische Entwicklungsgesellschaft — Versuch über den Staat in der Dritten Welt, Frankfurt.
Epstein, E. C., 1984: Legitimacy, Institutionalization, and Opposition in Exclusionary Bureaucratic — Authoritarian Regimes — The Situation of the 1980s, in: Comparative Politics, Oktober, 37—54.
Evers, T., 1977: Bürgerliche Herrschaft in der Dritten Welt, Köln/Frankfurt.
Galbraith, J. K., 1961: A Positive Approach to Economic Aid, in: Foreign Affairs Vol. 39/3.
Galtung, J., 1972: Eine strukturelle Theorie des Imperialismus, in: *D. Senghaas* (Hrsg.): Imperialismus und strukturelle Gewalt. 29—104.
Giersch, H., 1984: Korruption als Hindernis — Nichtstaatliche Entwicklungshilfe hätte größere Erfolgschancen, in: Rheinischer Merkur/Christ und Welt 13.01.84.
Hagen, E. E., 1963: Public Administration and the Private Sector in Economic Development, in: *J. Swerdlow* (Hrsg.): Development Administration — Concepts and Problems, Syracuse, 124—140.
Hein, W., 1981: Fachübersicht: Zur Theorie der Unterentwicklung und ihrer Überwindung, in: Peripherie 5/6, 64—91.
Hirschman, A. O., 1958: The Strategy of Economic Development, New Haven.
Huntington, S., 1969: Political Order in Changing Societies, New Haven.
Hurtienne, Th., 1974: Zur Ideologiekritik der lateinamerikanischen Theorien der Unterentwicklung und Abhängigkeit, in: Prokla 14/15, 213—283.
Illy, H. F., *R. Sielaff*, *N. Werz*, 1980: Diktatur — Staatsmodell für die Dritte Welt?, Freiburg/Würzburg.

Köhler, V., 1984: Neuer Begründungszwang: Dritte-Welt-Politik zwischen Hilfspessimismus und Notwendigkeit, in: Außenpolitik, 2, 163—176.
Körner, P., G. Maaß, T. Siebold, R. Tetzlaff, 1984: Im Teufelskreis der Verschuldung — Der internationale Währungsfonds und die Dritte Welt, Hamburg.
Lechner, N., 1977: La Crisis del Estado en América Latina, Caracas.
Lewis, W. A., 1965: A review of economic development, in: American Economic Review, Vol. 55/2, 1—16.
Lipietz, A., 1983: Le fordisme périphérique étranglé par le monétarisme central, in: Amerique Latine, 16, 32—44.
Lipietz, A., 1984: La Mondialisation de la Crise du Fordisme 1967—1984, in: Les Temps Modernes, 459, 696—736.
Mathias, G. und P. Salama, 1983: L'Etat surdéveloppé, Paris.
Melchers, K., 1985: Ungewisse Hoffnung für Afrika, in: Vereinte Nationen 1, 16—19.
Murray, D. J., 1983: The World Bank's Perspective on How to Improve Administration, in: Public Administration and Development, Vol. 3/4, 291—298.
Myrdal, G., 1970: The „Soft" State in Underdeveloped Countries, in: *P. Streeten* (Hrsg.): Unfashionable Economics, Essays in Honor of Lord Balogh, London, 226—243.
Nuscheler, F., u. a., 1980: Politische Herrschaft in Schwarzafrika. Geschichte und Gegenwart, München.
Nuscheler, F., 1983: Reaganism und Dritte Welt: Neue Rhetorik oder entwicklungspolitische Wende?, in: Jahrbuch Dritte Welt 1, München, 73—86.
Nuscheler, F., 1984: Entwicklungspolitische Wende in den USA — Kontinuität und Wandel in der US-amerikanischen Dritte Welt-Politik: Von Carter zu Reagan, FES (Analysen aus der Abteilung Entwicklungsländerforschung Nr. 114).
Offe, C., 1972: Strukturprobleme des kapitalistischen Staates, Frankfurt.
Polantzas, N., 1978: Staatstheorie, Hamburg.
Pye, L. W., 1963: The Political Context of National Development, in: *J. Swerdlow* (Hrsg.): Development Administration, Syracuse, 25—43.
Riggs, F. W., 1963: Bureaucrats and Political Development: A Paradoxical View, in: *J. La Palombara* (Hrsg.): Bureaucracy and Political Development, Princeton, 120—167.
Riggs, F. W., 1964: Administration in Developing Countries: The Theory of Prismatic Society, Boston.
Rostow, W. W., 1952: The Process of Economic Growth, New York.
Rouquié, A., 1982: L'Etat militaire en Amérique latine, Paris.
Salama, P., 1983: Violence et précarisation de l'emploi: Rôle de l'état périphérique, in: Revue Tiers Monde, Jahrgang 24/93, 75—90.
Savage, P., 1970: Of Time and Change: Temporal Perspectives in Development Administration, in: *D. Waldo* (Hrsg.): Temporal Dimensions of Development Administration, Durham, 23—46.
Sellin, H. und B. Töpper, 1981: Die Rolle des Staates im peripheren Kapitalismus Lateinamerikas als Gegenstand sozialwissenschaftlicher Forschung, in: *R. Hanisch, R. Tetzlaff* (Hrsg.): Staat und Entwicklung, Frankfurt, 94—110.
Senghaas, D. (Hrsg.), 1974: Peripherer Kapitalismus. Analysen über Abhängigkeit und Unterentwicklung, Frankfurt.
Sengkhaas, D. (Hrsg.), 1974: Peripherer Kapitalismus. Analysen über Abhängigkeit und Unterentwicklung, Frankfurt.
Simonis, G., 1981: Staat und politische Integration im peripheren Kapitalismus, in: *R. Hanisch, R. Tetzlaff* (Hrsg.): Staat und Entwicklung, Frankfurt, 111—143.
Simonis, G., 1982: Fordismus — Entstehung und Krise der amerikanischen Hegemonie, Konstanz, Manuskript.
Sonntag, H. R., 1973: Der Staat des unterentwickelten Kapitalismus, in: Kursbuch 31, 157—183.
Swerdlow, J., 1963: Economics as Part of Development Administration, in: *J. Swerdlow* (Hrsg.): Development Administration. Syracuse.
Weltentwicklungsbericht, 1983: Weltbank, New York/Paris.

„Entwicklungsverwaltung": Wandlungen im Selbstverständnis eines Forschungsbereiches

Hans F. Illy und *Eugen Kaiser*

1. Forschungsgebiet und Forschungsstand

Im Spektrum der Disziplinen, die sich in der Bundesrepublik Deutschland mit außereuropäischen Ländern beschäftigen, ist die *entwicklungsländerbezogene Verwaltungswissenschaft* sicher eine der marginalsten. Dies hat u. E. verschiedene Gründe:
(1) Die deutsche Verwaltungswissenschaft, die traditionell institutionell-juristisch ausgerichtet ist, hat die Dritte Welt als Untersuchungsobjekt noch nicht systematisch entdeckt.
(2) Auch die Unterdisziplin der „Vergleichenden Verwaltungswissenschaft" greift erst in neuerer Zeit auch auf Entwicklungsländer aus (*Siedentopf* 1976[1]; *Wimmer* 1983).
(3) Die seit über zwei Jahrzehnten in den U.S.A. erarbeiteten Ergebnisse einer sozialwissenschaftlich geprägten „Comparative Administration" (vgl. *Henderson* 1971 als Zwischenbilanz) konnten deshalb bei uns nicht auf ein offenes Rezeptionsklima stoßen[2]. Lediglich einige Politikwissenschaftler nahmen sich des Themas an, ohne daß sich ein Dialog entwickelt hätte (vgl. *Oberndörfer* 1981 und den Überblick bei *Frey/Schneider* 1984).
(4) Auch die sich in den letzten Jahren mehrenden Beiträge von Verwaltungswissenschaftlern aus der Dritten Welt (z. B. *Arora* 1970, UNESCO 1982) sind bisher noch nicht adäquat gewürdigt und in das Diskussionsfeld integriert worden.
Es erscheint deshalb dringlich, einmal eine Standortbestimmung der entwicklungsländerbezogenen Verwaltungswissenschaft zu versuchen, die von folgenden Prämissen ausgeht:
a) Brückenschlag zwischen den beteiligten Disziplinen, deren Kooperationswilligkeit bisher begrenzt ist
b) Überbrückung der Diskrepanz zwischen theoretischen Entwürfen, deren empirische Basis oftmals beschränkt ist (vgl. *Kasfir* 1969), und empirischen (Teil-)Ergebnissen, denen häufig die theoretische Fragestellung abgeht.
In der Tat ist das Wissen über die Realität der öffentlichen Verwaltung in Ländern der Dritten Welt, quantitativ gesehen, gar nicht so unbeachtlich. Dieses Wissen müßte jedoch gebündelt und komparativen Fragestellungen zugeordnet werden; damit würden auch Forschungslücken klarer erkennbar. Dies ist jedoch nur möglich und sinnvoll, wenn man sich für einen zentralen Forschungsansatz (vor-)entschieden hat, dem die vorhandene Literatur subsumiert wird.

Dies ist das Konzept der „Verwaltungskultur", das zwar selbst noch im Prozeß der Konturierung und Akzeptanz begriffen ist, aber doch umfassend und flexibel genug erscheint, um die angestrebte Synthese und Synopsis zu erreichen. Da dieses Konzept gerade nicht von Spezialisten der Entwicklungsländerforschung erarbeitet wurde, ist gleichzeitig die Hoffnung gegeben, daß sich ein fruchtbarer Dialog zwischen der (binnenzentrierten) Verwaltungswissenschaft, der Vergleichenden Verwaltungswissenschaft und der entwicklungsländerbezogenen Verwaltungswissenschaft entwickeln möge. Allerdings ist jetzt schon abzusehen, daß die Vorstellung von einem unitarischen Verwaltungsmodell aufgegeben werden sollte, da die in der Welt vorfindbaren verschiedenen kulturellen Organisations- und Handlungsmuster auch zu graduell verschiedenen Verwaltungssystemen geführt haben bzw. führen werden. „Jede Gesellschaft muß sich daher ihre eigene Verwaltung erarbeiten, auch auf die Gefahr hin, daß diese zunächst nicht dem letzten Stand der Organisationslehre entspricht" (*Wimmer* 1983: 422). Ziel dieser Bemühungen ist denn auch letztlich die Erarbeitung regional differenzierter Modelle von öffentlicher Verwaltung, die empirisch getestet sind: asiatische, afrikanische, arabische und lateinamerikanische Verwaltungssysteme – Divergenzen und Konvergenzen[3]. Da der Weg dorthin aber noch weit ist – und auch Einblicke in benachbarte Disziplinen, z. B. die vergleichende Managementforschung, erforderlich sind – und selbst verläßliche Aussagen über Teilphänomene öffentlicher Verwaltung, wo die sozio-kulturelle Determinierung recht evident ist[4], noch nicht vorliegen, ist ein behutsames Vorgehen angeraten.

Im folgenden wird zunächst ein geraffter Überblick zur Evolution der entwicklungsländerbezogenen Verwaltungswissenschaft präsentiert, der die Such- und Lernprozesse einer jungen Subdisziplin nachzeichnet, die noch um ihr wissenschaftliches Selbstverständnis ringt. Darauf werden neuere Ansätze und Diskussionsfelder dargestellt, die in einem engen Bezug zur entwicklungspolitischen Diskussion stehen und daraus normative Prämissen für eine Reorientierung schöpfen. Im letzten Abschnitt schließlich soll – auf der Basis vorliegender Erkenntnisse über die Realität der öffentlichen Verwaltung in der Dritten Welt – eine Programmskizze für zukünftige Forschungen und die entwicklungspolitische Verwaltungsförderung entworfen werden.

2. Von der Entwicklung der Verwaltung über die Entwicklungsverwaltung zur basisorientierten Verwaltung: Drei Jahrzehnte der Lernprozesse in der Vergleichenden Verwaltungswissenschaft

Die vergleichende Verwaltungswissenschaft nahm ihren Aufschwung in der ersten Hälfte der fünfziger Jahre in den U.S.A. 1956 erschien unter dem Titel: „Toward the Comparative Study of Public Administration" das erste Buch zum Thema (*Siffin* 1956). Die Ausrichtung auf empirische Forschung sowie das Bestreben, über Vergleiche zu Gesetzmäßigkeiten des sozialen Geschehens vorzustoßen, kennzeichneten das Selbstverständnis der damaligen Sozialwissenschaften. Das Erkenntnisinteresse richtete sich dabei besonders auf die neuen, im Zuge des Entkolonialisierungsprozesses in die formelle Unabhängigkeit entlassenen Staaten. Gefördert wurde dieses Interesse durch die

Nachfrage der Politik, die im Zeichen sich verhärtender Fronten des „Kalten Krieges" von der Verwaltungswissenschaft praktisch verwertbare Erkenntnisse zur Unterstützung des „nation-building"-Prozesses in diesen Ländern erwartete. Verwaltungshilfe war über Jahre hinweg ein Hauptpfeiler der US-Hilfsprogramme, sie wurde zum „big business" (*Siffin* 1976: 66).

a) Der modernisierungstheoretische Ansatz:

Die öffentliche Verwaltung wurde als Entwicklungsagentur angesehen, die durch die Übertragung vor allem in Nordamerika erprobter Techniken zu einem professionellen, technisch kompetenten und politisch neutralen bürokratischen Instrument in der Hand modernisierender Eliten ausgebaut werden sollte (*Dwidevi, Nef* 1982: 60). Zwanzig Jahre später war die Ernüchterung groß. Selbstkritisch äußerte *Siffin*, Autor des oben erwähnten grundlegenden Werkes, im Jahre 1976: „The radical differences between the U.S. administrative context and various overseas situations were substantially ignored" (*Siffin* 1976: 66).
Die Hintergründe dieser „optimistisch-imitativen Ära" (*Islam, Henault* 1979: 254) werden deutlich bei einer näheren Betrachtung des zugrundeliegenden Entwicklungsbegriffs. Entwicklung wurde gleichgesetzt mit Modernisierung als „induced and predictable social change following Western prescriptions" (*Dwivedi, Nef* 1982: 60, 62). Im einzelnen bedeutete dies die Errichtung eines Nationalstaates, moderne Wissenschaft und Technologie, große und funktionsspezifisch gegliederte Organisationen sowie Industrialisierung und Verstädterung (*Waldo* 1969: 296).
Maßstab des Entwicklungsprozesses wurde das Bruttosozialprodukt. Hohe Wachstumsraten und Industrialisierung sollten zur Steigerung des Pro-Kopf-Einkommens und damit zur Einleitung der „take off-Phase" (*Rostow* 1971) führen. Soziologie und Politikwissenschaft trugen das ihre zur Konzeptualisierung dieses Transformationsprozesses von traditionalen Gesellschaften in industrialisierte Volkswirtschaften bei, womit auch in diesen Bereichen die Zielvorgaben klar waren: leistungsorientiertes, weltoffenes und funktional spezifisches Verhalten sowie moderne demokratische, d. h. an anglo-amerikanischen Vorbildern orientierte politische Institutionen.
Die nationale Leitung dieses Prozesses sollte in der Hand „modernisierender Eliten" liegen, Mitgliedern u. a. der aufwärtsstrebenden Mittelschichten, die durch ihren Bildungsweg westliche Werte, Institutionen und Technologien kennen und ihre Vorteile schätzen gelernt hatten. Es wurde erkannt, daß dies die Verdrängung traditionaler ökonomischer und sozialer Interessen bedeuten würde: „Nation building and socioeconomic development require shifts in centers of power in order that new technologies may be successfully introduced and institutionalized, resources may be mobilized and allocated to development functions, and the population may be brought into an effective pattern of communication with national political and administrative authorities (*Esman* 1963: 5).

Ließen sich traditionale Sozialstrukturen weder durch die Zeit austrocknen noch durch Anreize aufweichen, blieb immer noch die Möglichkeit, daß „they may be deliberately attacked by modernizing elites through direct political and economic assault" (*ebd.*: 6). Einheimische und ausländische Promotoren der Modernisierung betrachteten das Fehlen geeigneter administrativer Strukturen und Instrumente als Haupthindernis auf dem Weg zur wirtschaftlichen Entwicklung[5]. Und da deren Ziele direkt westlichen Vorbildern entlehnt waren, lag es nur nahe, auch die entsprechenden Techniken zur Entwicklung der Verwaltung zu übernehmen. Deren Schlüsselelemente kamen aus den U.S.A. und konzentrierten sich auf die Errichtung und den Ausbau von Planungskapazitäten, die Reorganisation der Zentralverwaltung sowie die Verbesserung der Finanzkontrolle und des Budget- und Personalwesens (*Islam, Henault* 1979: 255 ff.). Um die Verbreitung „moderner" Verwaltungsmethoden zu fördern, wurde eine große Anzahl nationaler und regionaler Verwaltungsinstitute gegründet[6], wobei entsprechend obiger Anschauung kaum Anstrengungen unternommen wurden, Inhalte und Techniken der Ausbildungsprogramme den speziellen Bedürfnissen der jeweiligen Länder anzupassen. Die ausgesprochene „tool orientation" (*Siffin* 1976: 62) der frühen Ansätze zur Reform der öffentlichen Verwaltung in Entwicklungsländern geriet jedoch in vielen Fällen zum Selbstzweck. Irrelevante Pläne, überflüssige Prozeduren, unbenötigte Informationsberge, Formalismus waren die Folge. Zudem wurden die Techniken, die durchaus zur Lösung von Problemen bei administrativen Querschnittsaufgaben dienen konnten, überbeansprucht: „Technologies which are at best instruments for solving problems, have been used as a means of ‚defining‘ problems" (*Siffin* 1976: 67). Damit wurden Aufmerksamkeit und Ressourcen von den eigentlichen Problemen auf derart identifizierte „Verwaltungsprobleme" umgeleitet. Unter Hinweis auf die Planungssysteme von Indien und Pakistan, Brasilien und Chile in den sechziger Jahren konstatieren denn auch *Dwivedi/Nef* als Ergebnis solcher Anstrengungen „bureaucratic efficiency combined with ineffective results" (1982: 65). Dies entsprach aber durchaus den Interessen der lokalen Eliten: „Technical solutions about means were more palatable than much-needed substantive political decisions to bring about real socio-economic change" (*ebd.*).

b) Der Begriff der „Entwicklungsverwaltung":

Mehr und mehr zeichnete sich aufgrund offensichtlicher Mängel des ursprünglichen Ansatzes die Notwendigkeit einer konzeptuellen Erweiterung ab. Mit der Einführung des Begriffes der „Entwicklungsverwaltung" wurde daher eine engere Anbindung der administrativen Mittel an die angestrebten Modernisierungsziele versucht. *Weidner* definierte „development administration" zuerst, und zwar als „the process of guiding an organization toward the achievement of progressive political, economic and social objectives that are authoritatively determined in one manner or another" (*Weidner* 1960: 98).
Das Konzept wurde in den folgenden Jahren Grundlage zahlreicher empirischer Untersuchungen und erfuhr schließlich so unterschiedliche Auslegungen, daß die Suche

nach seinen Grenzen („Frontiers of Development Administration"[7]) in der eher ernüchternden Erkenntnis seiner begrenzten Brauchbarkeit endete[8].
Immerhin brachte das Konzept einige neue Elemente in die wissenschaftliche Beschäftigung mit der Rolle der Verwaltung in Entwicklungsländern. Die Einbeziehung der „output"-Seite des Verwaltungssystems führte zu der Erkenntnis, daß die Erfüllung von Entwicklungsaufgaben andere, unternehmerisch orientierte Funktionen (*Weidner* 1960: 100 ff.) und damit andere Techniken erforderte als die Aufrechterhaltung von „law and order" oder die Durchführung von Routineleistungen. Vor allem aber hatte die mit dem Systemansatz verbundene Einbeziehung des Umweltrahmens der Verwaltung den „highly salutary effect of alerting both researchers and administrators that the accepted doctrines of American administration are not directly transferable to nations pursuing development goals in different cultural settings" (*Gable* 1976: 5, 6).
Dennoch kennzeichnet auch die meisten Autoren dieser Richtung „ein gewisses rational-technisches Verständnis der Entwicklungsverwaltung" (*Steiffert* 1981: 39). Deutlich wird der fortgesetzte Ethnozentrismus v. a. in den verschiedenen Versuchen, mit Typologien und Modellen eine Relation zwischen bestimmten Formen und Funktionen der Verwaltung und den Charakteristika anderer Systemvariablen herzustellen.[9] Auch wenn *La Palombara* (1965), der einer direkten Relation von Entwicklungspotential und Verwaltungstyp eher skeptisch gegenübersteht, in seinem Vorschlag einer „Profil-Analyse" allgemein nach den Bedürfnissen, Ressourcen und Hindernissen fragen will, mit denen ein Verwaltungssystem bei der Verfolgung seiner Aufgaben zu rechnen hat, so werden Traditionen doch unter dem Gesichtspunkt ihrer Modernisierungsfeindlichkeit bei den Hindernissen eingeordnet.
Cochrane betont denn auch im Rückblick, daß „two decades ago, culture was seen as an obstacle, a barrier to be overcome" (1979: 11). Und andere Autoren stellen Auswirkungen der „development administration"-Diskussion auf die Praxis in Frage: „Despite pleas for contextualism and the recognition of culture as a variable, the universality of modernization was accepted as an article of faith. Context and culture at best became analytical variables for detached academic analyses. They were ignored as operational factors in the prescriptive side of the discipline." (*Dwivedi, Nef* 1982: 66).

c) Die Kritik des Konzeptes:

Die Warnungen vor einer Vernachlässigung soziokultureller Faktoren bei der Diskussion um Entwicklungsziele und Verwaltungsmodelle hatten früh eingesetzt. So kritisierte *Presthus* bereits 1959 den begrenzten kulturellen Horizont, der die Einsicht in die soziale und kulturelle Bedingtheit bürokratischer Organisations- und Verhaltensmuster behindere (1959: 27). Mit einer kurzen Darstellung neuerer Forschungsergebnisse der Anthropologie („ ... values are premises of action ... and values are culture-based") verweist *Storm* 1961 auf den möglichen Nutzen solcher Erkenntnisse für die vergleichende Verwaltungswissenschaft: „Through the identification of pertinent values a predictive tool might be evolved, which would allow a fair estimate of the potential applicability and usefulness of a program, a management device or both" (*Storm* 1981: 31).

Und *Waldo*, ein ausdauernder Mahner für einen kulturalistischen Ansatz, stellt 1969 fest: „Administrative means, it is clear, are not neutral. They are infused, saturated with value implications". Zwar sieht er (noch) keine Alternative zu den modernisierenden Entwicklungsmodellen, die ihr historisches Vorbild nur aus den westlichen Industrieländern beziehen könnten, er plädiert aber für ein intelligentes Bewußtsein über diese Wertimplikationen, wenn Entscheidungen über den Einsatz bestimmter administrativer Mittel anstehen (*Waldo* 1969: 308).

Auch *Huntington* zielt in diese Richtung, wenn er in seinen Versuch einer Revision des Modernisierungsbegriffs in die Reihe der sozialen Entwicklungsakteure ausdrücklich ethnische, religiöse, territoriale, ökonomische und Status-Gruppen mit einbezieht (*Huntington* 1970: 8).

Die Bedeutung von symbolischen, kulturell bedingten Ressourcen, welche als Orientierungsmuster („codes") die Kontinuität einer sozialen Organisation gewährleisten, unterstreicht *Eisenstadt* (1973). Entwicklung kann demnach nicht an diesen „codes" vorbei erfolgen, vielmehr müssen sie für die Bestimmung des jeweiligen Modernisierungspotentials herangezogen werden.

Die Dependencia-Diskussion förderte in den siebziger Jahren auch eine wachsende Kritik aus der Dritten Welt an überkommenen oder importierten Problemlösungsmustern: „El caracter dependiente de los paises latinoamericanos se refleja en todas las esteras. El campo de la administración pública no se ha escapado a esta tendencia" (*Crowther, Flores* 1970: 1). Und *Dubsky* stellt, auf der Grundlage von Erfahrungen in Asien, die Brauchbarkeit des *Weber*schen Bürokratiemodells grundsätzlich in Frage und setzt sich für die Einführung einer „New Development Administration" ein: „The novelty of the new scheme would then rest in that it would meaningfully combine the physical aspects of development with the spiritual aspects – the latter including respect for traditional native values and a more humanistic general outlook, which go beyond Weber's preoccupation with bureaucratic efficiency and technical competence" (*Dubsky* 1979: 16).

Auch *Deva*, ein Verwaltungswissenschaftler aus Indien, argumentiert für ein alternatives Verwaltungsmodell ausgehend von der Feststellung: „Unless we are willing to accept the Western society as the desired model, how can we accept the characteristics of its bureaucracy as the variables for measuring administrative development?" (*Deva* 1979: 60) In der Förderung einer eigenständigen Sozialwissenschaft sieht schließlich *Balogun*, Direktor eines verwaltungswissenschaftlichen Instituts in Nigeria, eine wichtige Voraussetzung für die Herausbildung angepaßter Managementmethoden: „ ... in order to have maximum impact on management practices in the public sector, we must replace existing social science with a science of our own society" (*Balogun* 1981: 145).

Die zunehmende Kritik aus der Dritten Welt verstärkte noch die Zweifel an der Tauglichkeit von am Vorbild der industrialisierten westlichen Länder orientierten Entwicklungs- und Verwaltungsmodellen, die sich im Zeichen der weltwirtschaftlichen und weltpolitischen Situation Mitte der zweiten Entwicklungsdekade besonders bei den

Vertretern der nordamerikanischen Verwaltungswissenschaft geradezu zu einer Identitätskrise (*Esman* 1980: 428) ausweitete. Inzwischen war deutlich geworden, daß der wirtschaftliche und technologische Abstand zwischen Nord und Süd sich trotz aller anderslautenden Absichtserklärungen vergrößert hatte und daß die erhofften „Durchsickerungseffekte" selbst da, wo relative wirtschaftliche Fortschritte in einzelnen Entwicklungsländern zu verzeichnen waren, ausgeblieben waren. Die induzierten „nation-building"-Prozesse griffen nicht, im Gegenteil, es nahmen Unruhen und Bürgerkriege zu, eine Tendenz, die durch die Verlagerung des Ost-West-Gegensatzes von Europa auf die Dritte Welt verschärft wurde.

Zudem war das Standardmodell der industrialisierten kapitalistischen Gesellschaften in seinen Ursprungsländern selbst fragwürdig geworden: Energiekrise, Wachstumskrise, steigende Arbeitslosigkeit, Umweltzerstörung und wachsende Staatsverschuldung zeigten seine Grenzen auf.

Mit diesen Krisen einher ging ein verbreiteter Vertrauensschwund in die öffentlichen Institutionen, der von einem grundsätzlichen Wandel der Einstellungen gegenüber rational-legaler Autorität in diesen Gesellschaften zeugte (*Peters* 1978: 64).

Neben diesen eher externen Ursachen, die sicher auch ihren Anteil an der Identitätskrise der handlungsorientierten vergleichenden Verwaltungswissenschaft hatten, machen *Dwivedi* und *Nef* eine Hauptursache in dem grundlegenden Widerspruch aus, der in den Zielsetzungen der Entwicklungstheorie und Entwicklungsverwaltung eingebaut war: einerseits wurde, offen deklariert, ein forcierter sozioökonomischer Wandel angestrebt, latent war man aber immer bemüht, den sozialen Wandel zu bremsen, besonders qualitative und tiefergehende Veränderungsprozesse zu verhindern (*Dwivedi, Nef* 1982: 62). Am krassesten manifestierte sich das Scheitern dieser Doppelstrategie in Vietnam[10] und im Iran[11]. *Seitz* kritisiert aufgrund der iranischen Erfahrung die Ignoranz der US-Verwaltungsexperten hinsichtlich der politischen Implikationen ihrer Tätigkeit und des historischen und kulturellen Umfeldes der iranischen Verwaltung und kommt zu dem Schluß „that we do not know how to help developing nations reform their administrative structures" (*Seitz* 1980: 409 ff.).

Andere Autoren gingen in ihrer Kritik noch weiter und warfen den an der Konzeption und Ausführung von Verwaltungshilfeprogrammen beteiligten Wissenschaftlern und Experten vor, letzten Endes „counterinsurgency" betreiben (*Dwivedi, Nef* 1982: 60 ff.) und „Antientwicklung" (*Loveman* 1976: 620) gefördert zu haben. Selbst der Vorwurf, der Ansatz der „Entwicklungsverwaltung" sei nur zur Anbiederung an die reichlich gefüllten Fleischtöpfe der Ford Foundation geschaffen worden, tauchte in diesem Zusammenhang auf (*Jones* 1976).

Es war nicht verwunderlich, daß solche Bezichtigungen und Selbstkritik zu einem „sharp decline in enthusiasm and in morale" unter den Beteiligten führte und den Eindruck vieler verfestigte, „that the field of public administration has little to offer, and that technical assistance may be a morally impermissable intervention in weaker and dependent societies, producing more harm than good" (*Esman* 1980: 428).

d) Ansätze zu einer Reorientierung:

Andere aber sahen in diesem „Ende der Unschuld" die Chance für eine Erneuerung, die von der Erkenntnis ausgehen müsse, „that neither economic growth nor institutional modernization are unilinear or historically inevitable", und die vor allem zu berücksichtigen haben, daß „public administration is a profoundly plural, not a universal phenomenon" (*ebd.*: 427).
Auf der Suche nach neuen Einstiegen verwiesen verschiedene Autoren (*Jun, Tapia Videla* 1976) auf die in der vergleichenden Verwaltungswissenschaft bis dahin kaum rezipierten Forschungsergebnisse der kulturvergleichenden Organisationslehre.[12]
Andere wiederum lenkten die Aufmerksamkeit auf Entwicklungsalternativen, die in der Dritten Welt selbst entwickelt wurden, nicht selten gegen den Widerstand innerer und äußerer Kräfte. Gemeinsam ist nach *Dwivedi/Nef* solchen Ansätzen, wie sie an den Beispielen China, Guinea-Bissau, Indien, Tanzania und Libyen zeigen (wobei auch eine starke Prise von „wishful thinking" mitwirkt), u. a. ihre Bedürfnisorientierung, die Betonung von Verteilungsaspekten, die Einbindung von Zielen und Methoden der Entwicklung in normative und ideologische Überlegungen sowie das bewußte Ausgehen von der Einheit von Politik und Verwaltung (*Dwivedi, Nef* 1982: 67).
Insgesamt kann festgestellt werden, daß die entwicklungsländerbezogene Diskussion heute Abstand genommen hat von den großen theoretischen Entwürfen der Entwicklung und Entwicklungsverwaltung sowie darauf aufbauender universeller Strategien. „The quest for some magic breakthrough in theory is beginning to loose its allure", stellt *Heady* (1978: 364) fest, während *Dwivedi* und *Nef* betonen: „As the cultural and socio-political nature of countries differ, Third World Countries cannot rely upon one single model of development" (1982: 74). Stattdessen wird für ein vorsichtiges Experimentieren (*Esman* 1980: 430) plädiert, für einen Prozeß „of social interaction, trial and error, successive approximation and social learning" (*Rondinelli* 1982: 63).
Differenziertes Vorgehen wird auch beim Einsatz von Organisations- und Managementmethoden verlangt. So wird verschiedentlich anerkannt, daß für die erfolgreiche Einführung und Aufrechterhaltung komplexer kapital- und technologieintensiver Projekte wie Energieerzeugungsanlagen und Bewässerungs- und Transportsystemen weiterhin die Übernahme westlicher Verwaltungstechniken angebracht sein wird, allerdings mit den nun als notwendig erkannten Anpassungen. (*Islam, Henault* 1979: 267; ebenso *Esman* 1980: 429).
Mindestens ebenso wichtig aber ist die Identifizierung und Entwicklung von autochthonen Managementpraktiken (*Ozgediz* 1983: 65). Wie die Erfahrung der letzten drei Jahrzehnte in Afrika gezeigt hat, genügt dazu nicht der bloße Austausch von Kolonialbeamten gegen einheimisches Verwaltungspersonal. „The real goal, in point of fact, should not only be the employment of indigenous administrative personnel, but also the „endogenization" of administration in terms of attitude and behaviour" (*Huynh* 1982: 4). Dies trifft besonders auf jene Problembereiche zu, die unter dem Mitte der siebziger Jahre von verschiedenen internationalen Entwicklungsagenturen (ILO, FAO, Weltbank) formulierten Grundbedürfnis-Ansatz zusammengefaßt werden. Angesichts des erschreckenden Ausmaßes absoluter Armut, in der weite Teile der Bevölkerung in

der Dritten Welt leben, stellt dieser Ansatz die Befriedigung der grundlegenden Bedürfnisse nach Ernährung, Kleidung, Wohnung, Gesundheitsversorgung und Bildung in den Mittelpunkt jeglicher Entwicklungsbemühungen. Diese Bemühungen zielen ab auf die Verbesserung der Lebensverhältnisse der armen Bevölkerungsschichten, besonders in den ländlichen Gebieten.

Preiswerk hat den Zusammenhang zwischen kultureller Identität, Self-Reliance und Grundbedürfnissen herausgearbeitet, indem er betonte, daß letztere „im Rahmen bestimmter kultureller Zusammenhänge definiert" sein müssen und „am besten befriedigt werden (können), wenn die Menschen von ihren eigenen Fähigkeiten und Ressourcen Gebrauch machen" (*Preiswerk* 1980: 177). Ohne an dieser Stelle die Reichweite der von *Preiswerk* als notwendig erachteten Loslösungsstrategien näher diskutieren zu wollen, kann doch mit dem Autor über den grundlegenden Zusammenhang zwischen Grundbedürfnissen und Beachtung der sozio-kulturellen Eigenständigkeit jeder Gesellschaft übereingestimmt werden. Dies hat auch für die Diskussion um die entwicklungsadäquaten Formen und Techniken der Verwaltung weitreichende Konsequenzen. An die Stelle des zentralistischen, elitenorientierten und technokratisch ausgerichteten Verwaltungsmodells der Modernisierungsideologie tritt nun der Entwurf einer „basisorientierten Verwaltung" (*Oberndörfer* 1982: 450), welche bei der Gestaltung der sozialen und politischen Ordnung auf die eigenen kulturellen Traditionen zurückgreifen und diese produktiv weiterentwickeln kann. Dezentralisierung der Verwaltung soll dabei die Partizipation besonders der ländlichen, bislang von politisch-administrativen Entscheidungsabläufen weitgehend ausgeschlossenen Bevölkerung an der Definition von Maßnahmeprioritäten sowie an deren Umsetzung ermöglichen. Letzten Endes geht es, wie *Timsit* formuliert, darum, die Voraussetzungen dafür zu schaffen, daß die öffentliche Verwaltung in der traditionalen Gesellschaft Wurzeln schlagen kann (1982: 48).

3. Die neuere Dezentralisierungsdiskussion: Modetrend oder Ansatz für „Decision-Making from Below"?

Die IASIA (International Association of Schools and Institutes of Administration) schloß unlängst eine Untersuchung ab (*Edmunds* 1984), in der sie auf der Grundlage der Auswertung von Beobachtungen aus 33 internationalen Entwicklungsprojekten und von 34 einschlägigen Veröffentlichungen der Frage nachging, wo die Hauptprobleme bei der Verwaltung von Entwicklungsprojekten gesehen und welche Ansatzpunkte zur Überwindung dieser Probleme hervorgehoben werden. Neben fünf anderen kritischen Bereichen (Planung, Führung, Management-Methoden, strukturellen und organisatorischen Aspekten, Reformmaßnahmen) wurde mit Abstand der „implementation gap", d. h. der Abstand zwischen erwarteten und tatsächlichen Ergebnissen der Projekte, als Hauptproblem genannt.

Zur Abhilfe in diesem Punkt haben sich den Untersuchungsergebnissen zufolge zwei wichtige Instrumente herausgeschält: zum einen die finanzielle Mitbeteiligung der Empfängerseite und zum anderen die Dezentralisierung der Entscheidungen über Projektziele sowie die Mittel und Wege zu deren Erreichung. Die Partizipation der be-

troffenen Bevölkerung soll die Ausrichtung der Projektziele an deren Bedürfnissen ermöglichen, sie damit zu einer fortdauernden Anteilnahme an deren Umsetzung motivieren und so zur Stabilisierung der Projekte beitragen (*ebd.*: 3).
Nicht zuletzt die Erkenntnis, daß der Nutzen vieler Entwicklungsprojekte an die „falschen Empfänger" gegangen war und sich dadurch die ungleiche Einkommensverteilung in vielen Entwicklungsländern weiter polarisiert hatte, führten zur Abkehr von der früheren Maxime einer möglichst zentralisierten Entscheidungsfindung und -durchführung: „Scarce resources must be concentrated, and sub-national groupings must be resisted" (*Mawhood* 1974: 22).
Demgegenüber stellt *Mawhood* im Hinblick auf das tropische Afrika fest, daß die daraus resultierenden Bemühungen zur administrativen Zentralisierung gerade im Gefolge des Unabhängigkeitsprozesses oft nur zu einer formellen Machtkonzentration führten, in Wirklichkeit aber durch diesen Prozeß eine Machtverlagerung von den Zentren auf die lokale Ebene begünstigt wurde (*ebd.*: 23). Folgen dieses Auseinanderklaffens von Anspruch und Wirklichkeit waren mangelnde Integration, schwerwiegende Kommunikationsprobleme zwischen den Regierungen und insbesondere der ländlichen Bevölkerung sowie große Restriktionen bei der Ausschöpfung staatlicher Finanzmittel. Zur Überwindung dieser Situation genügt es nach Ansicht des Autors nicht, das Angebot staatlicher Dienstleistungen auf der lokalen Ebene sicherzustellen, vielmehr muß die Verwaltung dem Verlangen der Bewohner nach Einfluß auf die lokalen Angelegenheiten nachkommen.
Conyers sieht denn auch hierin den wesentlichen Unterschied zwischen der in den siebziger Jahren verstärkt wiederaufgelebten Dezentralisierungsdiskussion gegenüber einer ähnlichen Schwerpunktbildung Ende der fünfziger/Anfang der sechziger Jahre (1983: 99). Wurde Dezentralisierung in der ersten Phase v. a. als ein Mittel zur Verbesserung des staatlichen Dienstleistungsangebotes auf lokaler Ebene sowie als Instrument zur politischen Erziehung und Integration angesehen, so erfährt der Begriff nun, wie die Autorin anhand einer systematischen Literaturübersicht feststellt, eine viel weitergehende Auslegung:
— Planung und Durchführung von Projekten, besonders im Rahmen der ländlichen Entwicklung, sollen durch die Dezentralisierung verbessert werden und
— die Partizipation der Zielgruppen, besonders der armen ländlichen Bevölkerung, am Entwicklungsprozeß soll gestärkt werden.
In einer kritischen Würdigung meldet die Verfasserin allerdings Zweifel an den Ergebnissen mancher Dezentralisierungsprogramme an: Zentralregierungen bzw. die dahinter stehenden Machteliten benutzen die Dezentralisierung nur als ein Mittel zur nach wie vor angestrebten Rezentralisierung (*Apthorpe, Conyers* 1982), d. h. über die mehr oder weniger weitgehende Harmonisierung nationaler und lokaler Interessen soll vor allem die nationale Einheit gefördert werden. Besonders in Ländern, wo die Dezentralisierungsbemühungen nicht auf den Druck starker lokaler Gruppen zurückgehen, sondern von oben initiiert werden, können sie deshalb nur gesehen werden „as attempts to decentralize the national government rather than to establish a second tier of government" (*Conyers* 1983: 105).

Neben politischen Gründen werden auch fehlende gesetzliche Absicherung, infrastrukturelle Mängel sowie die ungenügende finanzielle und personelle Ausstattung der unteren Verwaltungsinstanzen als Hindernisse für eine effektive Umschichtung von Entscheidungsbefugnissen auf die lokale Ebene genannt.[13] Ebenso wird verwiesen auf die Einstellungsmuster der Beamten von Zentralregierungen, die oft von einer „centrist mentality"[14] bzw. „centrist attitude" (*Rondinelli* 1981: 140) geprägt sind. Besonders die nicht überwundene Erfahrung mit der Kolonialverwaltung bildet heute noch den Rahmen für paternalistisches, autoritäres und zentralistisches Verwaltungshandeln (*Rondinelli, Nellis, Cheema* 1984: 52) und macht damit jegliches Verständnis der „Planistratoren" (Verkörperung planerischer und administrativer Funktionen im Repräsentanten der Zentralregierung) für die Situation und die Probleme der armen Bauern unmöglich (*Apthorpe* 1976).

Einer Aktivierung der Partizipation steht in vielen Fällen die von Mißtrauen geprägte Haltung der ländlichen Bevölkerung gegenüber Regierungsbeamten und deren Vorhaben entgegen, nicht selten Ergebnis von negativen Erfahrungen mit früheren Projekten. Auch die bisweilen starke Abhängigkeit dieser Bevölkerung von traditionalen lokalen Führern, die einer Selbstbestimmung ihrer Gefolgsleute ablehnend gegenüberstehen, ist nicht einfach durch die Schaffung neuer Institutionen und Entscheidungsabläufe zu brechen (*Rondinelli* 1983: 56). Wahrscheinlicher ist, daß in diesem Fall Dezentralisierungsansätze bei eben diesen lokalen Eliten hängenbleiben, „that powers have been decentralized to the wrong people" (*Conyers* 1983: 106).

Eine Reduzierung zentraler Machtpositionen zugunsten der lokalen Partizipation kann aber auch auf Widerstände — oder Unterstützung — in den *Werthaltungen der* „richtigen" *Zielgruppe* stoßen. So verweist *Mawhood* (1974: 21) darauf, daß im Gegensatz zu den Ländern des tropischen Afrika in Indien und Pakistan religiöse Einstellungen, soziale Schichtung, Produktionsformen sowie die obrigkeitsstaatliche Tradition eher eine weiträumige Planung, distanzierte Verwaltungsstrukturen und zentralisierte Entscheidungsfindung favorisieren. Von anderer Seite wird dargelegt, daß eine spezifische Erscheinungsform der Dezentralisierung, die autonomen Institutionen, ihre starke Verbreitung in Lateinamerika nicht zuletzt der Tatsache verdanken, daß sie „gut in das Wertemuster vorherrschender Patronatsbeziehungen passen und dem „machismo"-Kult entgegenkommen" (*Fürst, Hesse* 1982: 303).

Abschließend kann festgehalten werden, daß das Interesse an der Frage, ob und wie über Dezentralisierung die Partizipation insbesondere der ländlichen Bevölkerung gesteigert und damit eine bessere Anpassung und Durchsetzung von Projektzielen erreicht werden kann, quantitativ in den vergangenen zehn Jahren stark zugenommen hat[15]. Allerdings belegen Untersuchungen die oft großen Unterschiede zwischen den Erwartungen, welche v. a. internationale und bilaterale Entwicklungsorganisationen in dieses Instrument setzen, und den tatsächlichen Ergebnissen entsprechender Ansätze. Die neuere Diskussion um Dezentralisierung wird dann nicht als bloße Modeerscheinung steckenbleiben, wenn die zutage getretenen Erkenntnisse über die politischen, ökonomischen und *kulturellen Bedingungsfaktoren* von Wissenschaftlern und Praktikern ernstgenommen und weiterverfolgt werden. *Rondinelli* warnt in diesem Zusammenhang vor der „anmaßenden Rationalität" vieler Entwicklungsprojekte: „International requirements for project planning and implementation not only impose on developing nations a set of ‚rational' procedures that are often unrelated to political, administrative and cultural constraints, but the attempts of Third World countries to conform may be adverse to their own interests" (*Rondinelli* 1976: 573).

4. *„Verwaltungskultur" — ein neues Konzept*

Wie in den vorausgegangenen Abschnitten gezeigt, hat der kulturalistische gegenüber dem universalistischen Ansatz in den vergleichenden Verwaltungswissenschaften fortschreitend Boden gewinnen können. Es gibt eine zunehmende Anzahl von Einzelfalluntersuchungen, die auf mehr oder weniger empirischer Grundlage der Bedeutung sozio-kultureller Faktoren für das Verwaltungshandeln nachgehen. Andererseits beschäftigen sich verschiedene Autoren, nicht zuletzt unter dem Druck der entwicklungspolitischen Wirklichkeit, mit der eher auf die Praxis ausgerichteten Frage, wie dieser Bedeutung in der Organisationsstruktur oder bei der Implementierung von Projekten Rechnung getragen werden könne. Mit dieser wachsenden Beachtung steigt aber, wie auch in anderen kulturvergleichenden Wissenschaften festgestellt wird (*Reichard* 1982: 4), der Bedarf nach Eingrenzung des Forschungsgegenstandes und nach Instrumenten zur analytischen Aufbereitung der Erkenntnisse und Daten. Zu diesem Zwecke hatte D. *Waldo* in einem Aufsatz bereits 1965 unter Verweis auf anthropologische Theoriebildungen die Einführung des Begriffs der „Verwaltungskultur" bzw. „Verwaltungssubkultur" vorgeschlagen (1965: 44). Er sah darin die Möglichkeit, unter Betonung des Systemcharakters und der Umweltbedingtheit der Verwaltung, einen Rahmen für die interdisziplinäre Synthese von Forschungsansätzen bilden zu können, gleichzeitig aber auch wegzuführen von der Rigidität und dem Determinismus einer rein instrumentellen Betrachtungsweise der Verwaltung.

Andere Wissenschaftszweige haben den heuristischen Wert des Kulturbegriffs ebenfalls erkannt und versucht, ihn für ihre jeweiligen Erkenntnisziele zu operationalisieren, so besonders im Falle der „Organisationskultur"[16] oder der „Rechtskultur" (*Ehrmann* 1976).

Der Begriff der Verwaltungskultur wird in den bislang relativ seltenen Fällen seiner Verwendung in der Literatur vom Begriff der politischen Kultur hergeleitet (vgl. *Jann* 1983: 10 ff.). Um letzteren ist in den vergangenen Jahren in der deutschen Politikwissenschaft eine heftige Diskussion entbrannt, die u. a. zu dem Schluß führte, daß der Begriff „als das allseits akzeptierte, theoretisch abgesicherte und empirisch bestens bewährte Konstrukt" ausgedient habe, daß ihm aber nach wie vor eine heuristisch „anstoßende und manchmal anstößige, über Fachzäune und Gegenstandsgrenzen hinausweisende"[17] Aufgabe zukommen könne.

Angesichts seiner inhaltlichen Nähe überträgt sich diese konstruktive Skepsis natürlich auch auf den Begriff der Verwaltungskultur, weshalb eine nähere Beleuchtung seiner Reichweite und einiger theoretischer und methodischer Implikationen besonders im Hinblick auf seine Anwendung auf die öffentliche Verwaltung in Entwicklungsländern angebracht erscheint.

a) Politische Kultur und Verwaltungskultur

Mit ihrer vergleichenden Studie über die politische Kultur in fünf Nationen hatten *Almond* und *Verba* (1965) das Konzept in die vergleichende Politikwissenschaft eingeführt. Aus einer Vielzahl anthropologischer Kultur-Begriffe mit unterschiedlicher Bandbreite hatten sie eine relativ enge Version ausgewählt. Danach bezeichnet politische Kultur die vorherrschenden Meinungen, Einstellungen und Werte gegenüber dem politischen System, die in einer gegebenen Gesellschaft zu einem gegebenen Zeitpunkt anzutreffen sind (*Berg-Schlosser* 1972), wobei in der Reihenfolge der drei Dimensionen der Grad ihrer zunehmenden psychischen Verankerung angedeutet werden soll.
Der Schwerpunkt des Interesses liegt also auf einem bestimmten Ausschnitt der allgemeinen Kultur einer Gesellschaft, d. h. der Systemkultur (*Hofstede* 1980), und zwar auf dem Teil, der sich auf die jeweiligen politischen Strukturen und Prozesse richtet und die persönliche Einschätzung gegenüber diesen, also das politische Verhalten der Mitglieder der Gesellschaft, bestimmt.
Dieses ursprüngliche Konzept der politischen Kultur, das die inhaltliche Trennung von den politischen Strukturen betonte, hat im Laufe der Zeit verschiedene Erweiterungen erfahren und wurde sogar zur Beschreibung des politischen Systems als Ganzen herangezogen (*Jann* 1983: 14). Eine ähnliche Entwicklung läßt sich in der Handhabung des Begriffs der Verwaltungskultur nachzeichnen.[18]
So definiert *Abueva* unter Bezugnahme auf *Almond/Verba* Verwaltungskultur als „an aspect of the policical culture, which ... along with other values and norms of the society, shapes the policy and organizational, procedural and technological preferences for the administrative system" (*Abueva* 1970: 135, 136). Faßt man dagegen unter dem Begriff die Orientierungsmuster zusammen, die sowohl private als auch öffentliche Verwaltungsorganisationen und -prozesse betreffen, dann muß konsequenterweise von der Kultur der öffentlichen Verwaltung als einer Subkultur dieses Konzeptes ausgegangen werden (*Waldo* 1965: 54).
Eine Synthese der beiden voranstehenden Definitionen versucht implizit *Peters*, der in den Begriff der (öffentlichen) Verwaltungskultur sowohl Elemente der allgemeinen Verwaltungskultur als auch der politischen Kultur eingehen sieht (*Peters* 1978: 8, 9 u. 40, 41).
Während die bisher genannten Konzepte v. a. die Werte und Einstellungen ins Auge fassen, die in einer Gesellschaft gegenüber der öffentlichen Verwaltung bestehen, verweist v. a. die Organisationstheorie auf einen weiteren Aspekt der Verwaltungskultur, nämlich die *in* einer Organisation bzw. Verwaltung bestehenden und teilweise ebenda entstehenden Orientierungsmuster.[19] Diese Orientierungsmuster können auf zwei Arten zum Tragen kommen, zum einen in den Beziehungen der Mitarbeiter untereinander, und zwar sowohl vertikal als auch horizontal, zum anderen in der Beziehung der Mitarbeiter zu ihrer Arbeit (*Webber* 1969: 517 ff.).
Schließlich findet sich, parallel zu der zuvor erwähnten Ausdehnung des Begriffs der politischen Kultur auf das gesamte politische System, eine Ausformung des Konzepts der Verwaltungskultur als „a term summarizing patterns of behavior and configurations of societal institutions" (*Blankenburg* 1979: 295). *Jann* verweist mit Recht darauf,

daß der Begriff hier eine völlig andere Dimension erhält, Verwaltungskultur ist „nicht mehr Teilmenge der gesellschaftlichen Kultur, sondern der gesellschaftlichen Struktur" (1983: 29).

Zusammenfassend können also drei Konzepte der Verwaltungskultur unterschieden werden (*ebd.*: 28):
1. als die Orientierungsmuster einer Gesellschaft gegenüber der öffentlichen Verwaltung,
2. als die in der öffentlichen Verwaltung bestehenden Orientierungsmuster,
3. in einem erweiterten Verständnis, das als Elemente sowohl Verhaltensmuster als auch die spezifische Form gesellschaftlicher Institutionen beinhaltet.

b) Ökologie der Verwaltung und Verwaltungskultur

Für die vergleichende Untersuchung von Verwaltungskulturen sind vor allem die beiden erstgenannten Definitionen brauchbar. Sie erlauben es, die Auswirkungen von kulturell unterschiedlichen Meinungen, Einstellungen und Werten (unabhängige Variable) auf das jeweilige Verwaltungssystem einer Gesellschaft (abhängige Variable) zu untersuchen und die Ergebnisse unter bestimmten Bedingungen zu vergleichen. Zu diesen Bedingungen zählt v. a. die Beachtung und Einbeziehung der sozialen, ökonomischen und politischen Faktoren, welche einen Einfluß auf administrative Strukturen und Prozesse ausüben:[20]

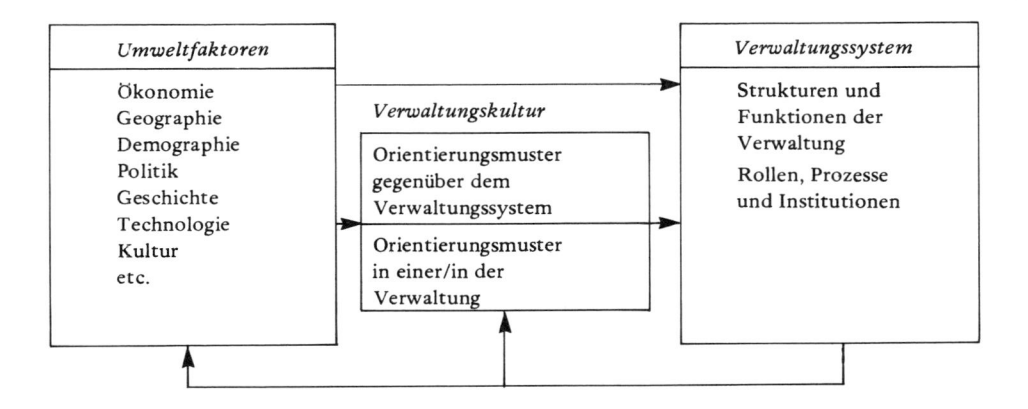

Umweltfaktoren		*Verwaltungssystem*
Ökonomie Geographie Demographie Politik Geschichte Technologie Kultur etc.	*Verwaltungskultur* Orientierungsmuster gegenüber dem Verwaltungssystem Orientierungsmuster in einer/in der Verwaltung	Strukturen und Funktionen der Verwaltung Rollen, Prozesse und Institutionen

Es war zweifellos das Verdienst von *Riggs*, durch die Verbindung von strukturfunktionaler Methode und ökologischem Ansatz (*Riggs* 1961) einen wesentlichen Beitrag zum besseren Verständnis von Verwaltungssystemen in den Ländern der Dritten Welt geleistet zu haben. Er erlaubte die Herausarbeitung der multifunktionalen Rolle dieser Systeme, besonders ihrer überragenden Stellung im politischen Prozeß dieser Länder. *Riggs* verweist darauf, daß es nicht so sehr die Institutionen und bürokratischen Prozeduren sind, worin sich die Verwaltungssysteme der Entwicklungsländer von denen der Industrieländer unterscheiden, im Gegenteil: auf dieser Ebene finden sich durch den Transfer von Technologien und Modellen mehr und mehr „westliche" Formen, aber eben nur Formen:

„There are, however, great differences in the way these institutions work, and hence in the functions which they actually perform. Moreover, the reasons for these functional differences, for variations in achievement or performance levels, are to be found in ecological variables" (*Riggs* 1972: 141).

So üben demographische und geographische Merkmale eines Landes ohne Zweifel einen direkten Einfluß auf die Gestaltung bürokratischer Strukturen und Prozesse aus[21]. Geringe Wirtschaftskraft behindert über mangelnde finanzielle Ressourcen die öffentliche Verwaltung bei der Erreichung gesetzter Ziele und beim Aufbau effektiver Institutionen (*Peters* 1978: 9). Steigende soziale Mobilität aufgrund eines Ausbaus des Erziehungssystems kann zur Folge haben, daß die öffentliche Verwaltung als Auffangbecken des erhöhten Ausstoßes von Universitätsabsolventen herhalten muß (*Oberndörfer* 1982: 452, 456).

Auch die Verwaltungskultur selbst steht, wie die Graphik verdeutlicht, unter dem Einfluß des ökologischen Kontextes. *Hofstede* hat z. B. anhand umfangreicher empirischer Untersuchungen nachgewiesen, daß der Grad individualistischer Einstellungsmuster einer Gesellschaft abhängt von deren ökonomischen Bedingungen: „Individualism follows wealth" (*Hofstede* 1983: 14). Auch *Reichard* betrachtet die Antwort auf die Frage zumindest als offen, „whether the authority orientation of workers in developing countries is higher because of cultural traditions or because workers must accept the authority of their superiors because of the economic situation" (*Reichard* 1982: 4).

Wie schon ausgeführt wurde, geht jedoch die „culture bound"-These davon aus, daß es kulturelle Faktoren gibt, welche neben ökonomischen, sozialen u. a. Faktoren direkten und relativ autonomen Einfluß auf die Strukturen und Funktionen von Verwaltungen ausüben, ja „daß kulturelle Faktoren auch die Beziehungen zwischen strukturellen Charakteristika und Kontextfaktoren beeinflussen" (*Jann* 1983: 31). Eine der Ursachen dafür kann in der im folgenden aufzuzeigenden Eigenschaft von kulturellen Werten und Einstellungen angenommen werden, die spezifischen sozialen und ökonomischen Bedingungen, denen sie ihre Existenz ursprünglich verdanken, zu überleben.

Wichtig scheint für die vergleichende Untersuchung von Verwaltungen in Entwicklungsländern, daß es zur Erklärung von deren Umweltbedingtheit und zur Herausarbeitung der spezifischen kulturellen Einflußfaktoren eines selektiven Vorgehens bedarf, wie *Riggs* betont:

„The mere enumeration of environmental and cultural conditions as an exploration of development or administration in a particular country is not an ecological approach. What is required, and what makes a study ecological, is the identification of sensitive variables in the environment — whether they form a part of the culture or not — and the demonstration of at least plausible patterns of correlation between these variables and the administrative items which are the focus of analysis" (*Riggs* 1964: 428).

Die Einsicht in den engen Zusammenhang zwischen Systemumwelt und öffentlicher Verwaltung verweist auch auf die Notwendigkeit eines umfassenden Ansatzes in der Verwaltungsforschung (*Chi-Yuen* 1969: 125).
Ähnlich verlangt *Hofstede* nach einem konsequent interdisziplinären Vorgehen in der kulturvergleichenden Forschung: „The existing border lines between anthropology, economics, political science, psychology and sociology are irrelevant and dysfunctional" (1979: 8).

c) Wandel und Persistenz der Verwaltungskultur

Einstellungen und Werte gegenüber der öffentlichen Verwaltung bilden einen Teil jenes kulturellen Erbes, das in einer Gesellschaft durch Erziehungs- und Sozialisationsprozesse von Generation zu Generation weitergegeben wird. Verschiedene Gesellschaften weisen daher unterschiedliche Orientierungsmuster und in deren Gefolge spezifische politische und administrative Handlungsmuster auf (*Hofstede* 1980: 373).
Wie obiges Schaubild zu verdeutlichen versucht, verlaufen die Beziehungen jedoch durchaus nicht nur in einer Richtung, d. h. administrative Strukturen und Prozesse können auch verstärkend und ändernd auf die Verwaltungskultur zurückwirken. So können Überzentralisierung und Überbetonung der Rolle der öffentlichen Verwaltung in manchen Entwicklungsmodellen die Tendenz zu paternalistischen Orientierungen noch erweitern.[22]
Zusammenfassend darf man annehmen, daß derartige Verstärkungseffekte in Verbindung mit der politischen und kulturellen Sozialisation eine geographische und historische Stabilisierung von Verwaltungskulturen bewirken.
Andererseits beinhaltet eben die Erlernbarkeit von Einstellungen und Wertorientierungen sowie ihre Einbettung in den sozialgeschichtlichen und ökonomischen Kontext einer Gesellschaft, daß sie für Wandlungen offen sind. *Behrendt* hat auf diesen Aspekt der Veränderung überlieferter Vorstellungen und Verhaltensweisen in den verschiedenen kulturellen Teilbereichen hingewiesen, wobei er unterscheidet zwischen endogen und exogen bedingter Auslösung. Der Kulturkontakt mit „einer anderen, ursprünglich mehr oder weniger fremdartigen Kultur vollzieht sich im Prozeß der Nachahmung und Übernahme ursprünglich fremder Kulturelemente in die eigene Kultur..., die ... unter Umständen tiefgreifende und umfassende Wandlungen durchmachen kann" (*Behrendt* 1965: 116). Dieser Prozeß der exogen verursachten Akkulturation kann gewaltsam erfolgen (Kolonialismus) oder durch freiwillige Übernahme von Werthaltungen, Technologie- und Organisationsformen.
Diese Aspekte sind von zentraler Bedeutung für die Untersuchung von Verwaltungssystemen und Verwaltungskultur in den Entwicklungsländern. Besonders in Afrika prägt die Erfahrung mit dem kolonialen Verwaltungsapparat bis heute die bürokratische Wirklichkeit: „The resulting variations (of their internal structures) emerged from the particular forms of external capitalist penetration, the heterogeneous structures and responses of the indigeneous societies, and the diversity of local ecology and resource endowments" (*Berman* 1984: 166).

Und wenn heute noch, nach der formalen Unabhängigkeit, weiter ohne Hinterfragung Modelle der früheren Kolonialmacht übernommen werden — ein Autor spricht vom „mimétisme administratif en Afrique" (*Langrod* 1973; vgl. *Illy* 1983) —, so vollzieht sich dies weniger im Zeichen der Freiwilligkeit als vielmehr in dem Fortbestehen der ökonomischen und technologischen Abhängigkeit.

5. Die Realität der Öffentlichen Verwaltung in der Dritten Welt und entwicklungspolitische Verwaltungsförderung — eine Programmskizze

Aus den bisherigen Erörterungen dürfte evident geworden sein, daß eine Verwaltungswissenschaft, die sich mit administrativen Systemen in der Dritten Welt befaßt, einen umfassend sozialwissenschaftlichen Ansatz verfolgen muß, will sie die komplexe Realität in den Griff bekommen. Die dargestellten Such- und Lernprozesse innerhalb des Forschungsfeldes haben gezeigt, daß das erkenntnisleitende Interesse, das die Forschung über Verwaltungssysteme prägt, von zwei Einflußsträngen stark beeinflußt ist: vom jeweils herrschenden „Entwicklungsparadigma" und von den daraus abgeleiteten — sich auch oftmals verselbständigenden — entwicklungspolitisch-pragmatischen Überzeugungen und Instrumenten.

Es ist immer relativ leicht, eine verflossene Periode und ihre Literatur einer Kritik zu unterziehen, wenn sich im wissenschaftlichen Diskurs ein Kontrakonzept entwickelt hat, das nun Allgemeingut zu werden beginnt. So dürfte heute kaum jemand die Überzeugungskraft aufbringen, die Notwendigkeit der Betrachtung sozio-kultureller Faktoren im Entwicklungsprozeß und die besondere Berücksichtigung der unteren Bevölkerungsschichten in Frage zu stellen. Aber es ist ungleich schwieriger, nach dem Erklimmen einer höheren Stufe des Bewußtseins das bisher gebräuchliche Instrumentarium den neu gewachsenen Überzeugungen anzupassen, insbesondere dann, wenn die Diskrepanz zwischen Bewußtsein und Aktion durch Prozesse der Differenzierung und Vermittlung noch nicht überbrückt ist.

So mag es sein — nur in produktiver Neugierde kann Wissenschaft voranschreiten —, daß sich mit dem Begriff der „Verwaltungskultur" in den nächsten Jahren umfassendere und strukturiertere Erkenntnisse über Verwaltungssysteme in der Dritten Welt gewinnen lassen werden. Aber die (entwicklungspolitische) Praxis wird auf diese Ergebnisse nicht warten können, zumal ihre Aufbereitung für eben diese Praxis noch ein Problem eigener Art darstellt.

Gleichwohl dürften sich die Konturen dieses Vermittlungsprozesses heute schon in groben Umrissen abzeichnen. Auf der Basis bisheriger Forschungsergebnisse soll dies im folgenden versucht werden, gleichsam als in die Zukunft greifendes Gerüst von Vermutungen über die Wirklichkeit und daraus abgeleiteten Handlungsanweisungen.

(1) Was unterscheidet die öffentliche Verwaltung in Ländern der
Dritten Welt von unserer Verwaltung?

a) Die Verwaltung in einem Entwicklungsland ist ein soziales Subsystem neben anderen (Wirtschaft, Politik, Interessengruppen, Ethnien etc.). Sie ist geprägt durch die anderen Subsysteme, wie sie auch ihrerseits diese beeinflußt. Viele Charakteristika der Verwaltung sind also nicht typisch allein für diese, sondern für das gesamte soziale System. Wenn wir in der neueren entwicklungspolitischen Diskussion stärker die sozio-kulturelle Identität der Entwicklungsländer betonen, dann muß dieses Verständnis einschließen, daß ein Verwaltungssystem nicht nur anders sein kann, sondern (zumindest partiell) anders sein muß als das unsrige.

b) Die jeweiligen sozialen Werte (z. B. Konfliktvermeidung, Prestige des Alters, familiärer Zusammenhalt, rituell-ostentatorischer Konsum vs. individuelle Akkumulation etc.) beeinflussen notwendigerweise die Verhaltensweisen der Beamtenschaft und ihrer Klientel. Was wir schlankweg „Nepotismus" oder „Korruption"[23] nennen, kann durchaus gesellschaftlich legitim und üblich sein und kann deshalb nicht von den Akteuren als Unrecht begriffen werden. In vielen Gesellschaften wird geradezu erwartet, daß jemand, der viel Macht hat, auch seine materielle Situation verbessert, auch deshalb, weil er davon wieder abgeben muß (eine spezifische Form sozialen Ausgleichs).

c) Über dieses Wertesystem ist nun in den Entwicklungsländern das westliche Wertesystem überstülpt worden, sei es durch die Penetration des Kolonialismus oder durch die Diffusion westlicher Technologie, die ja gleichzeitig auch Kulturtransfer ist. Dies schafft gesellschaftliche und individuelle Identitätskonflikte, die sich auch in der Beamtenschaft manifestieren: der Beamte wird auf westliche rationalbürokratische Regeln verpflichtet, aber gleichzeitig soll er auch der Gesellschaft dienen, der er selbst ja auch angehört.[24]

d) Zentral für das Verständnis einer Bürokratie ist ihr *Verhältnis zur Politik*. Wir sind vom Wert des instrumentellen Charakters der Verwaltung überzeugt, d. h. es gilt die Annahme, daß die Verwaltung das verwirklicht, was Volksvertretung und Regierung definiert haben. Gilt dies auch für die Entwicklungsländer? Daß die Unterscheidung zwischen Politik und Verwaltung auch für unseren Bereich nicht eindeutig zu treffen ist (man denke z. B. an den politischen Einfluß der Ministerialbürokratie), ist längst gesichert, was jedoch die Verwaltungen in Entwicklungsländern von denen der Industrieländer unter diesem Blickwinkel unterscheidet, ist das *Ausmaß der nicht der Politikimplementierung gewidmeten Aktivitäten*. So kann es sein, daß die Verwaltung ein so hohes Eigenleben entwickelt, daß sie politisch nicht mehr steuerbar wird. Selbst wenn ein politischer Wille klar erkennbar ist, z. B. in den Prioritäten des Entwicklungsplanes, kann die Realität vollkommen anders sein. Der Kampf um die knappen Haushaltmittel wird nicht von den Politikern entschieden, sondern ihre Verteilung unterliegt innerbürokratischen Kräftekonstellationen.[25]

Umgekehrt kann es sein, daß der Autonomiegrad der Verwaltung gegenüber der Politik sehr gering ist und sie (wie etwa auch Militär und Polizei und zum großen Teil auch schon die Justiz) voll in die politischen Machtverhältnisse eingebunden ist. Dies trifft auf viele autoritär regierte Länder zu, wo (wie etwa im frankophonen Afrika) die Verwaltung als Instrument der Herrschaftssicherung bis in die letzten Winkel des Landes aufgebaut und benutzt wird, um so von oben „Nationbildung" zu betreiben (vgl. *Illy* 1983).

e) Nicht weniger facettenreich kann das *Verhältnis der Verwaltung zur Wirtschaft* eines Landes sein. In vielen Ländern ist die Unabhängigkeit der Beamtenschaft dadurch begrenzt, daß sie auf eine zweite Tätigkeit aus finanziellen Gründen angewiesen ist, wodurch sich konfligierende Interessenkonfigurationen ergeben. Ein Beispiel: Ein Architekt arbeitet vormittags in einer staatlichen Wohnungsbaubehörde, nachmittags als Teilhaber eines Planungsbüros, das auf staatliche Aufträge angewiesen ist. Oder: Ein Abteilungsleiter im Gesundheitsministerium unterhält (formal über seine Frau) eine pharmazeutische Produktions- oder Handelsfirma, die dann auch prompt bei staatlichen Aufträgen bevorzugt wird. Es kann füglich vermutet werden, daß in solchen Fällen das Profitinteresse über die Interessen des Staates (optimale Allokation der knappen Mittel, qualitativ höchstmögliche Aufgabenerfüllung) die Oberhand gewinnt. Hinzu kommen jene unwägbaren Querverbindungen zur Wirtschaft (die es ja auch bei uns gibt), die in starkem Maße auch durch familiäre und persönliche Loyalitäten bestimmt sind und die deshalb den administrativen Handlungsspielraum einengen (etwa indem potentiell ertragreiche Steuerzahler verschont werden). Schließlich ist im höheren Dienst ein häufiger Stellungswechsel zwischen Verwaltung und Wirtschaft festzustellen (letztere lockt mit besserer Bezahlung), wodurch sich eindeutig ein Kompetenzgefälle zuungunsten der Verwaltung ergibt (typisch etwa für die Zollverwaltung).[26]

f) Darüber hinaus ist festzuhalten, daß sich in vielen Entwicklungsländern eine Verzerrung der Beschäftigungsstruktur dadurch ergibt, daß der *Staat* eindeutig *zum größten Arbeitgeber geworden* ist. Dies hat zu tun mit einer rapiden Expansion des Erziehungssystems (*Hanf* 1980), dem hohen Status einer Beamtenposition und dem Stabilisierungsinteresse der Herrschaftsträger (manifeste oder latente Oppositionelle werden so kooptiert und mundtot gemacht). Dies macht die *Beamtenschaft* zur *wichtigsten Interessengruppe des Landes*, die ihre Attribute mit Zähnen und Klauen verteidigt und gegen Kontrolle und Kritik immunisiert.

Fassen wir zusammen: Während wir in unserem System von der Vorstellung einer relativen Autonomie der gesellschaftlichen Subsysteme und einem Gleichgewicht zwischen ihnen ausgehen (Funktionsteilung, gegenseitige Kontrolle, Legitimation durch optimale Aufgabenerfüllung), ist die *Multifunktionalität*[27] *der öffentlichen Verwaltung in der Dritten Welt* nicht nur viel ausgeprägter, sie ist auch oft so strukturiert, daß die Verwaltungsinteressen am ehesten beeinträchtigt sind. Der von außen kommende Beobachter wird dann vielfältige technische Mängel und Engpässe offenlegen können, die jedoch nur unter einem eng technischen Sinne als solche zu erkennen sind, während sie für die Akteure durchaus funktional sind, da sie der Erfüllung anderer Aufgaben und Anforderungen dienen, die aus dem gesellschaftlich-ökonomischen System an die Verwaltung herangetragen werden und denen sich der einzelne Beamte nicht entziehen kann.

Vor dem Hintergrund dieser spezifischen Konstellation ist nun die Frage zu stellen:

(2) Wie sollte eine angepaßte Verwaltungsförderung konzipiert sein?

Im Rahmen der Entwicklungspolitik westlicher Geberländer ist recht früh erkannt worden, daß der öffentlichen Verwaltung im Entwicklungsprozeß eine besondere Rolle zukommt. In der Rückschau ist jedoch festzustellen, daß man dabei von inadäquaten Prämissen ausging:

a) Die angestrebte Verwaltungsförderung ging nicht von einer Realanalyse der Verwaltung im jeweiligen Land aus, sondern von einem vorgegebenen Verwaltungsmodell, das unserem Kulturkreis entnommen war (vgl. *Siffin* 1976; *Rudolph, L. I., Rudolph, S. H.* 1979; *Diamant* (1962). Dieses Modell ist der von *Max Weber* beschriebene Idealtypus einer Bürokratie, die auf objektive Regeln und rationales Handeln gegründet ist (z. B. Arbeitsteilung, Hierarchie, formalisierte Entscheidungsprozesse, Aktenführung und -überprüfung). Es wurde dabei übersehen, daß dieses Modell lediglich die Beschreibung eines Endzustandes in der Entwicklung verschiedener Herrschaftsstrukturen (z. B. auch traditional und charismatisch geprägte Formen) darstellt und kein normatives Modell einer unter allen Systembedingungen optimalen Verwaltungsstruktur. Mit einiger Distanz zum Gegenstand hätte man auch erkennen müssen, daß dieses Modell in seiner Karikierung geradezu als Warnung vor einer seelenlosen, unmenschlichen Bürokratie begriffen werden kann. Gleichwohl wurde ihm ein Vorbildcharakter unterstellt, der eigentlich unhaltbar ist: gerade die Trennungen von Person und Funktion, Regel und Regelausführung verstellen den Blick für die Multifunktionalität der Verwaltung in der Dritten Welt, die intensiv von der Komplexität menschlichen Verhaltens geprägt ist.

b) Daß ein so enges Modelldenken vorherrschen konnte, wird verständlich, wenn man seine Grunddimensionen mit berücksichtigt: es sind dies die Überzeugung vom instrumentellen Charakter der öffentlichen Verwaltung und von der Herrschaft des Rechts als nicht zu hinterfragende, vorgegebene Wertvorstellungen.

Eine solche Sicht blendet die politischen Implikationen der Verwaltung aus, sie verbietet eine Erkenntnis der Bürokratie als Interessengruppe, die in Osmose zu einer durch andere Werte charakterisierten Gesellschaft steht und unter Umständen eigene Ziele verfolgt, die außerhalb vorgegebener Aufgaben stehen.

c) Es herrschte eine tief verwurzelte Überzeugung, daß dieses Modell und seine eingebauten Voraussetzungen – das den fachlich gebildeten und sozial agierenden Beamten postuliert – durch ein Bündel von *Ausbildungsmaßnahmen und technischen Reformen* auf die Entwicklungsländer übertragen werden müsse, um dann dort „Entwicklung" (nach unserem Muster) einzuleiten. Ein solcher Ansatz, der primär auf den Erwerb von Kenntnissen durch den einzelnen Beamten und die Ausstattung der Verwaltung mit westlichen Verwaltungsmitteln (z. B. Datenverarbeitung) und Verwaltungsverfahren (PPBS, Wachstumsmodell für den Fünfjahresplan etc.) gerichtet ist, führte jedoch in der Regel dazu, daß sich der Frustrationsgrad der Beamten erhöhte, d. h. die Diskrepanz zwischen fachlichem Wissen und einer nach wie vor unveränderten Umwelt wächst anstatt sich zu vermindern.

(3) Ausgehend von den spezifischen Bedingungen der Verwaltungssysteme in der Dritten Welt und den bisher mit Verwaltungsförderung gemachten Erfahrungen lassen sich nun Forderungen für eine Neuorientierung aufstellen, die sich an gewandelten Zielvorstellungen orientieren, aus denen konkrete Maßnahmen für das jeweilige Land bzw. den jeweiligen Verwaltungsteilberech abzuleiten sind.

Zielvorstellungen:

a) Die Verwaltungsförderung muß daran gemessen werden, ob sie der allgemeinen Konzeption der Entwicklungspolitik entspricht, d. h. z. B. nicht Stärkung des Aktions- und Repressionsapparates eines autoritären Staates, sondern Erweiterung des Existenz- und Freiheitsspielraumes der Masse der Bevölkerung. Der Entwurf, daß Verwaltungshilfe per definitionem systemstabilisierend sein müsse[28], ist nicht stichhaltig, da
b) Verwaltungsförderung auch eine gesellschaftspolitische Aufgabe ist[29], d. h. erweitert werden muß um eine zusätzliche Perspektive: Stärkung der Menschen, die von der Verwaltung betroffen sind bzw. an sie legitime Ansprüche stellen. Bisher war die Verwaltungshilfe wie selbstverständlich der unmittelbarste Ausfluß einer von Regierung zu Regierung vereinbarten Entwicklungspolitik: Beamte von hier bilden Beamte von dort aus. Daß Verwaltung Entwicklungsaufgaben erfüllen soll, wurde zwar deklamiert, aber nicht bei denen gemessen, für die eine Verwaltung tätig sein sollte: den Menschen auf dem Lande und in den Städten. Wenn es gelingt, durch Informationen, Aufklärung und Motivation die breite Bevölkerung im Umgang mit der Verwaltung einzuüben, wird diese einer öffentlichen Kritik unterzogen, unter Leistungszwang gesetzt und letztlich auch in ihrem Privilegierungsgrad beeinträchtigt.
c) *Die Verwaltungsförderung kann keinem spezifischen Verwaltungsmodell verpflichtet sein*, sondern muß sich an der sozio-kulturellen Identität des jeweiligen Landes orientieren. Dies ist, wie sich aus der dargestellten Kritik ergibt, ein radikaler Bruch mit der bisherigen Praxis und deshalb nur schrittweise zu implementieren.

Aus diesen Zielvorstellungen ergeben sich *konkrete Forderungen*:
a) Bevor eine Verwaltungsförderungsmaßnahme konzipiert werden kann, muß eine Profilstudie des jeweiligen Verwaltungssystems erstellt sein (vgl. *Oberndörfer* 1981: 25). Diese Studien müssen von einem interdisziplinären Forschungsteam erstellt werden, dem natürlich auch ein traditioneller Verwaltungsjurist angehören sollte. Wichtig sind jedoch mit sozialwissenschaftlichen Methoden erhobene Informationen über den Autonomiegrad des Verwaltungssystems, Attitüden und Wertvorstellungen der Beamtenschaft, Veränderungspotential und -hindernisse, die weit über eine intern-technische Ist-Analyse hinausgehen.
b) Ein solchermaßen anwendungsbezogen gestaltetes Grundlagenmaterial dient der Entscheidungsfindung, in welchem Land in welchem Verwaltungszweig mit welchen Instrumenten Verwaltungsförderung prioritär angeboten werden sollte. Dies bedeutet, daß regional oder kontinental orientierte Maßnahmen keinen hohen Stellenwert

haben können bzw. unter einen Begründungszwang gestellt werden müssen (*Wolff* 1978: 362) (wie will man z. B. die Effekte einer Ausbildungsmaßnahme für Beamte der Arbeitsverwaltung aus 10 westafrikanischen Ländern messen, wenn man nicht auf die Unterschiede eingeht?).

c) *Ausbildungsmaßnahmen in der westlichen Welt müssen zur begründeten Ausnahme werden* denn zur Regel, d. h. es muß nachgewiesen werden, daß ein Defizit nur so zu füllen ist. Dies kann für den Erwerb von Spezialkenntnissen gelten oder für ein Aufbaustudium (wie etwa in Speyer) (*Reinermann* 1984) für Beamte mit Praxiserfahrung. Aber auch hier ist es wichtig, die psychologische Dimension des Verwaltungshandelns gleichgewichtig zu berücksichtigen, d. h. den technisch gut ausgebildeten Beamten in die Lage zu versetzen, sein Umfeld zu analysieren, sein Handlungspotential auszuloten und damit auch letzten Endes Beiträge zur Effizienzsteigerung seiner Verwaltung leisten zu können. Nur so ergibt sich und stabilisiert sich eine Leistungsmotivation, deren Abwesenheit wir in vielen Entwicklungsländern beklagen.

d) Gerade weil Verwaltungssysteme Teil des politischen Systems sind, haben von außen herangetragene *Versuche einer Generalreform wenig Aussicht auf Erfolg*. Eine ausländische Verwaltungshilfe muß die politisch akzeptablen Teilbereiche ausfindig machen, wo durch eine Unterstützung ein positiv zu bewertender entwicklungspolitischer Prozeß befördert werden kann (z. B. Revision des Besteuerungsverfahrens, Reform der Landreformbehörde, Ansatz bei unteren Verwaltungsgliederungen etc.). Hier liegen noch größere Möglichkeiten einer Flexibilisierung und Leistungssteigerung der Verwaltung.[30]

e) Im übrigen hängt der Erfolg von Verwaltungsförderungsmaßnahmen von der *Fähigkeit ausländischer Experten ab, ihr Fachwissen mit den örtlichen Verhältnissen in Einklang zu bringen*. Dies dürfte ein höchst problematischer Engpaß sein, da der hierzu erforderliche neue Typ von Fachmann bisher auch bei uns nur selten vorfindbar ist und ein solches Defizit auch durch eine ergänzende länderkundliche Ausbildung kaum zu beheben sein wird. Gleichwohl sollte natürlich nicht ausgeschlossen werden, daß sich in Einzelfällen das unerläßliche Einfühlungsvermögen entwickelt.

f) Die oben skizzierte konzeptionelle *Erweiterung der Verwaltungsförderung um eine gesellschaftspolitische Komponente* muß in den Geberländern Eingang in die Diskussion um die Verteilung entwicklungspolitischer Aufgaben gewinnen. Unseres Erachtens kann dies nur von den freien Trägern[31] geleistet werden, deren Ziel es ist, die gesellschaftlichen Kräfte in der Dritten Welt zu stärken, die einen Gegenpol zur geballten Macht von Zentralregierungen darstellen (können). Nur so kann es möglich erscheinen, die „Ökologie der Verwaltung" zu verändern und letztere zu einer sinnvollen Aufgabenerfüllung in die Pflicht zu nehmen.

Anmerkungen

1 Dort ist lediglich der verdienstvolle Aufsatz „Über Vergleichende Verwaltungswissenschaft" von *Roman Schnur* (Verwaltungsarchiv, 52, 1961: 1—24) wieder abgedruckt, wohl einfach deshalb, weil sich kein neuerer Text aufdrängte.

2 So entdeckt selbst der Verwaltungssoziologe *Luhmann* (Besprechung in: Verwaltungsarchiv, 1966: 286—88) in dem bahnbrechenden Werk von *Riggs* (1964) lediglich „negativen Funktionalismus" und „Fatalismus".
3 Obwohl die Bestimmung von Divergenzen im Vordergrund stehen sollte, bringt es der Forschungsprozeß mit sich, daß immer wieder „déjà vu"-Erlebnisse auftreten (*Riggs* 1972).
4 Wir denken insbesondere an das, was gemeinhin als „Korruption" bezeichnet wird (vgl. *Werner* 1983).
5 So *Stone* (1965: 53): „The primary obstacles to development are administrative rather than economic".
6 *Siffin* (1976: 69) bedauert v. a. die mangelnden Forschungsaktivitäten an diesen Instituten, von denen einige beschrieben werden könnten als „little more than disasters". Für eine kritische Untersuchung der Arbeit von Verwaltungsinstituten siehe *Schaffer* (1974).
7 So der Titel eines von *Riggs* (1971) herausgegebenen Sammelbandes.
8 Für einen Überblick über Entstehung und Fortentwicklung des Begriffs sei verwiesen auf:
König (1983),
Gant (1979) und
Gable 1976).
Gable (1976: 12) kommt zu dem Schluß: „Thus far, the concept does not have great distinguishing power. Viewed simply as the administration of development goals, it lacks specificity. Qualified as administration which has the capacity to utilize available resources to achieve successfully development goals, it is indistinguishable ... from what has been called ‚good', ‚effective' ... public administration."
9 So geht *Esman* (1963) mit seiner „theory of action" der Frage nach, welche Entwicklungsträger, Entwicklungsdoktrin und Aktionsinstrumente am besten zur Durchsetzung von Entwicklungszielen geeignet sind.
Weidner (1960) untersucht den Zusammenhang zwischen bestimmten Typen von politischen Regimen und Verwaltungssystemen im Hinblick auf bestimmte politisch-ökonomische Zielsetzungen.
Auch *Riggs'* (1964) Theorie der „prismatic society" kann sich trotz Zurückweisung entsprechender Absichten durch den Autor dem Vorwurf der idealtypischen Ausrichtung an westlichen Wertmustern nicht entziehen.
10 *Dwivedi/Nef* (1982: 67) sehen im Vietnamkrieg „a watershed in the criticism of conventional development theory and administration".
11 Zur ex post-Kritik des Engagements der nordamerikanischen Verwaltungshilfe und Verwaltungswissenschaft für das Schah-Regime siehe die Beiträge von *Seitz* und *Sherwood* (1980).
12 Inzwischen liegt mit der Arbeit von *Keller* (1981) eine umfassende Untersuchung zum Thema „Kultur und Management" vor, die mit knapp 800 Veröffentlichungen praktisch die gesamte bis dato erschienene Literatur systematisch erfaßt.
Einen guten Überblick verschaffen auch die Artikel in dem ganz dem Zusammenhang zwischen Kultur und Organisationsforschung gewidmeten Heft 3, Band 28 (1983) von Administrative Science Quarterly.
13 *Rondinelli* (1981: 139) aufgrund von Beobachtungen in ostafrikanischen Staaten.
14 *Harris* (1983) stellt dies für lateinamerikanische Verwaltungssysteme fest.
15 Siehe dazu die detaillierte Literaturübersicht von *Conyers* (1984).
16 Administrative Science Quarterly widmete dem Thema ein besonderes Heft; siehe darin den Überblicksartikel von *Smircich* (1983: 339—358).
17 Bericht *von Alemann* über das Symposium „Politische Kultur", in: Politische Vierteljahresschrift (1982: 251, 252).
18 Für den Bereich der Organisationstheorie gelten dieselben Beobachtungen. Siehe *Smircich* (1983).
19 Literaturhinweise finden sich bei *Smircich* (1983: 343, 344).
20 Schaubild erstellt in Anlehnung an *Jann* (1983: 25).
21 Siehe z. B. zur Problematik von Verwaltungen in Kleinstaaten der Dritten Welt den Aufsatz von *Fanger, Illy* (1981).
22 *El Salmi* trifft diese Feststellung für arabische Länder (1981: 25, 29).
23 Die Literatur zum Thema ist kaum noch überschaubar; statt vieler vgl. den Sammelband *Heidenheimer* (1970).

24 *Riggs* (1964) nennt dies „Polynormativismus" und vermutet, daß dies zu „normlessness" führen kann.
25 Vgl. die Fallstudie bei *Wolff* (1984).
26 Die gewählten Beispiele entstammen persönlicher Anschauung der Verfasser.
27 Der Begriff ist näher entwickelt bei *Oberndörfer* (1981: 16–21).
28 So argumentieren häufig die Vertreter programmführender Institutionen.
29 Stellvertretend für neuere Überlegungen *Thomas* (1983).
30 Vgl. auch die Anregungen im Weltentwicklungsbericht 1983 der Weltbank.
31 Vgl. z. B. im Überblick: Die Verwaltungsförderung der Politischen Stiftungen in der Dritten Welt, Verwaltungswissenschaftliche Informationen, Sonderheft 6, 1983.

Literaturverzeichnis

Abueva, José Veloso, 1970: Administrative Culture and Behavior and Middle Civil Servants in the Philippines, in: *Weidner, Edward* (Hrsg.), Development Administration in Asia, Durham, N. C., 132–186.
Alemann, Ulrich von, 1982: Symposium „Politische Kultur", Tagungsbericht, in: Politische Vierteljahresschrift, Bd. 23, Nr. 2, 251 f.
Almond, Gabriel und *Sidney Verba*, 1965: The Civic Culture. Political Attitudes and Democracy in Five Nations, Boston/Toronto.
Apthorpe, Raymond, 1976: Peasants and Planistrators in Eastern Africa 1960–1970, in: *Pitt, David C.* (Hrsg.), Development from Below. Anthropologists, and Development Situations, The Hague/Paris, 21–55.
Apthorpe, Raymond und *D. Conyers*, 1982: Decentralization, recentralization and popular participation/Towards a framework for analysis, Discussion Paper, Institute of Social Studies, The Hague.
Arora, Ramesh K. (Hrsg.), 1979: Perspectives in administrative theory, New Delhi.
Balogun, M. J., 1981: Social Science and the Myth of Administrative Modernization, in: The Quarterly Journal of Administration, Bd. XV, Nr. 3, 145–161.
Behrendt, R. F., 1965: Soziale Strategie für Entwicklungsländer, Frankfurt.
Berg-Schlosser, Dirk, 1972: Politische Kultur. Eine neue Dimension politikwissenschaftlicher Analyse, München.
Berman, Bruce, 1984: Structure and Process in the Bureaucratic States of Colonial Africa, in: Development and Change, Bd. 15, 161–202.
Blankenburg, Erhard, 1979: Comparing the Incomparable – Study of Employment Agencies in five Countries, in: *England, G., A. Negandi, B. Wilpert*, (Hrsg.), 273–297.
Chi-Yuen, Wu, 1969: Public Administration for National Development. An Analysis of the UN-Public Administration Programme in the Past Two Decades and the Major Problems in the 1970s, in: Intern. Social Science Journal, Bd. 21, Nr. 1, 116–134.
Cochrane, Glynn, 1979: The Cultural Appraisal of Development Projects, New York.
Conyers, Diana, 1983: Decentralization: the latest fashion in development administration?, in: Public Administration and Development, Bd. 3, 97–109.
Conyers, Diana, 1984: Decentralization and development: a review of the literature, in: Public Administration and Development, Bd. 4, 187–197.
Crowther, Win und *Gilberto Flores*, 1970: Problemas latinoamericanos y soluciones estado-unidenses en administración pública, (Instituto de Administración, Universidad de Chile) Santiago de Chile.
Deva, Satya, 1979: Western Conceptualisation of Administrative Development: A Critique and an Alternative, in: International Review of Administrative Sciences, Bd. 45, Nr. 1, 59–63.
Diamant, Alfred, 1962: The bureaucratic model: Max Weber rejected, rediscovered, reformed, in: *Heady, Ferrel* und *Sybil L. Stokes* (Hrsg.), Papers in Comparative Public Administration, Ann Arbor, 59–96.
Dubsky, Roman, 1979: Max Weber and Development Administration: Conflicts and Identities in Administrative Thought – Toward a New Development Administration, Occasional Paper Nr. 79–2, University of the Philippines, Manila.

Dwivedi, O. P. und *J. Nef*, 1982: Crises and continuities in development theory and administration: First and Third World Perspectives, in: Public Administration and Development, Bd. 2, 59—77.
Edmunds, Stahrl W., 1984: The Implementation of International Development Projects: Four Illustrative Case Studies, in: Intern. Review of Administrative Sciences, Bd. 50, Nr. 1, 1—9.
Ehrman, Henry W., 1976: Comparative Legal Cultures, Englewood Cliffs, N. Y. .
Eisenstadt, Samuel N., 1973: Varieties of Political Development: The Theoretical Challenge, in: *Eisenstadt, S. N.* und *S. Rokkan* (Hrsg.), Building States and Nations, Bd. 1, Beverly Hills, 41—72.
El Salmi, Aly M., 1981: Methodological Aspects of Adaption of Public Administration and Management for Development to socio-cultural contexts in the Arab Region (published by UNESCO/ Division for the Study of Development), Paris.
England, Georg W., Anant R. Negandi, Bernhard Wilpert (Hrsg.), 1979: Organizational functioning in a cross-cultural perspective, (Comparative Administration Research Institute), Kent, Ohio.
Esman, Milton J., 1963: The Politics of Development Administration, (CAG Occasional Paper), Boston.
Esman, Milton, 1980: Development Assistance in Public Administration: Requiem or Renewal, in: Public Administration Review, Bd. 40, 426—431.
Fanger, U. und *H. F. Illy*, 1981: Entwicklung und Verwaltung in der Karibik — Kleinstaaten und ihre administrativen Probleme, in: *Oberndörfer, D.* (Hrsg.), Verwaltung und Politik in der Dritten Welt — Problemskizze, Fallstudien, Bibliographie, Berlin, 235—272.
Frey, Rainer und *Hans-Peter Schneider*, 1984: Öffentliche Verwaltung in Entwicklungsländern. Überlegungen, Fragestellungen und Perspektiven der Verwaltungsförderung, in: Anuario (Jahrbuch für Bildung, Gesellschaft und Politik in Lateinamerika), 12, 87—215.
Fürst, Dietrich und *Joachim Jens Hesse*, 1982:Bürokratie und Unterentwicklung, in: *Hesse, J. J.* (Hrsg.), Politikwissenschaft und Verwaltungswissenschaft, Politische Vierteljahresschrift-Sonderheft 13, 293—308.
Gable, Richard W., 1976: Development Administration: Background, Terms, Concepts, Theories and a new Approach, (SICA Occasional Paper), o. O. .
Gant, Georg F., 1979: Development Administration: Concepts, Goals, Methods, Madison, Wisc. .
Hanf, Theodor, 1980: Die Schule der Staatsoligarchie. Zur Reformunfähigkeit des Bildungswesens in der Dritten Welt, in: Bildung und Erziehung, 33, 407—432.
Harris, R., 1983: Centralization and Decentralization in Latin America, in: *Cheema, G. S.* und *D. A. Rondinelli* (Hrsg.), Decentralization and Development: Policy Implementation in Developing Countries, Beverly Hills, 183—202.
Heady, Ferrel, 1978: Comparative Administration: A Sojourner's Outlook, in: Public Administration Review, Bd. 38, 358—365.
Heidenheimer, Arnold (Hrsg.), 1970: Political corruption: readings in comparative analysis, New York.
Henderson, Keith M., 1971: Comparative public administration, in: *Marini, Frank* (Hrsg.) Toward a new public administration. The Minnowbrook perspective, New York 234—250.
Hofstede, Geert, 1979: Heretical Propositions on culture and organizations, Working Paper, European Institute for Advanced Studies in Management, Brussels.
Hofstede, Geert, 1980: Culture's Consequences. International differences in work-related values, Beverly Hills.
Hofstede, Geert, 1983: Culture and Management Development, ILO-Discussion Paper, (UNDP/ ILO Interregional Project „Co-operation among management development institutions"), Geneva.
Huntington, Samuel Phillips, 1970[4]: Political Order in Changing Societies, New Haven, London.
Huynh, Cao Tri, 1982: Introduction, in: UNESCO, Public Administration and Management: Problems of Adaptation in Different Socio-Cultural Contexts, Paris/New Delhi 1—11.
Illy, Hans F., 1983: Mythos und Realität der öffentlichen Verwaltung in Afrika, in: Die Verwaltung, 4, 447—464.
Islam Nasir und *Georges M. Henault*, 1979: From GNP to Basic Needs: A Critical Review of Development and Development Administration, in: Internat. Review of Administrative Sciences, Bd. 45, Nr. 3, 253—267.
Jann, Werner, 1983: Staatliche Programme und Verwaltungskultur. Bekämpfung des Drogenmißbrauchs und der Jugendarbeitslosigkeit in Schweden, Großbritannien und der Bundesrepublik Deutschland im Vergleich, Opladen.

Jones, Garth N., 1976: Frontiersmen in Search of the „Lost Horizon": The State of Development Administration in the 1960s, in: Public Administration Review, Bd. 36, 99—110.
Jun, Jong S., 1976: Renewing the Study of Comparative Administration: some Reflections on the Current Possibilities, in: Public Administration Review, 36, 641—647.
Kasfir, Nelson, 1969: Prismatic theory and African administration, in: World Politics, Bd. 21, Nr. 2, 295—314.
Keller, Eugen von, 1981: Die kulturvergleichende Managementforschung — Gegenstand, Ziele, Methoden, Ergebnisse und Erkenntnisprobleme einer Forschungsrichtung, Bern.
König, Klaus, 1983: Zum Konzept der Entwicklungsverwaltung, (Speyerer Forschungsberichte Nr. 33), Speyer.
Langrod, Georges, 1973: Genèse et conséquences du mimétisme administratif en Afrique, in: Internat. Review of Administrative Sciences, Bd. 39, Nr. 2, 119—132.
La Palombara, Joseph, 1965: Alternative Strategies in Development Administration, (Comparative Administration Group: Occasional Paper), Bloomington.
Loveman, Brian, 1976: The Comparative Administration Group, Development Administration and Antidevelopment, in: Public Administration Review, Bd. 36, 616—621.
Mawhood, Philip, 1974: Negotiating from Weakness: the Search for a Model of Local Government in Countries of the Third World, in: Planning and Administration, Bd, 1, Nr. 1, 17—32.
Oberndörfer, Dieter (Hrsg.), 1981: Verwaltung und Politik in der Dritten Welt, Berlin.
Oberndörfer, Dieter, 1982: Politik und Verwaltung in der Dritten Welt — Überlegungen zu einer neuen Orientierung, in: *Hesse, Joachim Jens* (Hrsg.), Politikwissenschaft und Verwaltungswissenschaft, Politische Vierteljahresschrift-Sonderheft 13, 447—457.
Ozgediz, Selcuk, 1983: Managing the Public Service in Developing Countries: Issues and Prospects, (World Bank Staff Working Paper No. 583), Washington D. C. .
Peters, B. Guy, 1978: The Politics of Bureaucracy — A Comparative Perspective, New York/London.
Preiswerk, Roy, 1980: Kulturelle Identität, Self-Reliance und Grundbedürfnisse, in: Das Argument, Bd. 22, Nr. 120, 167—178.
Presthus, Robert V., 1959: Behavior and Bureaucracy in Many Cultures, in: Public Administration Review, Bd. 19, 25—35.
Reichard, Christoph, 1982: Socio-cultural Influences in Management Concepts, (Seminardokument DSE und Deutsches Kultur-Institut), Colombo, Sri Lanka, Berlin.
Reinermann, Heinrich, 1984: Ausländerstudium und -ausbildung an der Hochschule für Verwaltungswissenschaften Speyer, in: Verwaltungsarchiv, 2, 143—161.
Riggs, F. W., 1961: The Ecology of Public Administration, London.
Riggs, F. W., 1964: Administration in developing countries. The theory of prismatic society, Boston.
Riggs, F. W. (Hrsg.), 1971: Frontiers of Development Administration, Durham, N. C. .
Riggs, F. W., 1972: The Myth of Alternatives: Underlying Assumptions about Administrative Development. in: *Rothwell, Kenneth J.* (Hrsg.), Administrative Issues in Developing Economies, Lexington, Mass., 133—148.
Rondinelli, Dennis A., 1976: International assistance policy and development project administration: the impact of imperious rationality, in: International Organization, Bd. 30, Nr. 4, 573—605.
Rondinelli, Dennis A., 1981: Government Decentralization in Comparative Perspective: Theory and Practice in Developing Countries, in: International Review of Administrative Sciences, Bd. 47, Nr. 2, 133—145.
Rondinelli, Dennis A., 1982: The Dilemma of Development Administration: Complexity and Uncertainty in Control-Oriented Bureaucracies, in: World Politics, Bd. 35, Nr. 1, 43—72.
Rondinelli, Dennis A., John R. Nellis, G. S. Cheema, 1984: Decentralization in Developing Countries. A Review of Recent Experience, The World Bank, (World Bank Statt Working Paper No. 581), Washington D. C. .
Rostow, Walt Whitman, 1971: Politics and the Stages of Growth, Cambridge.
Rudolph, Lloyd I. und H. Susanne, 1979: Authority and power in bureaucratic and patrimonial administration: a revisionist interpretation of Weber on bureaucracy, in: World Politics, 31 (2), 195—227.
Schaffer, Bernard, 1974: Administrative Training and Development: A Comparative Study of East Africa, Zambia, Pakistan and India, New York.
Seitz, John L., 1980: The Failure of U. S. Technical Assistance in Public Administration: The Iranian Case, in: Public Administration Review, Bd. 40, 407—413.

Sherwood, Frank P., 1980: Learning from the Iran Experience, in: Public Administration Review, Bd. 40, 413–418.
Siedentopf, Heinrich (Hrsg.), 1976: Verwaltungswissenschaft, Darmstadt.
Siffin, W. J. (Hrsg.), 1956: Toward the Comparative Study of Public Administration, Bloomington, Ind.
Siffin, W. J., 1976: Two Decades of Public Administration in Developing Countries, in: Public Administration Review, Bd. 36, Nr. 1, 61–71.
Smircich, Linda, 1983: Concepts of Culture and Organizational Analysis, in: Administrative Science Quarterly, Bd. 28, 339–358.
Steiffert, Hans-Georg, 1981: Forschungsansätze zu „Verwaltung und politische Entwicklung" in: *Oberndörfer, D.* (Hrsg.), Verwaltung und Politik in der Dritten Welt, Berlin, 29–57.
Stone, Donald C., 1965: Government Machinery Necessary for Development, in: *Kriesberg, M.* (Hrsg.), Public Administration in Developing Countries, Washington D. C..
Storm, William B., 1961: Anthropology and Comparative Administration, in: Public Administration Review, Bd. 21, 30–33.
Tapia-Videla, Jorge I., 1976: Understanding Organizations and Environments: A Comparative Perspective, in: Public Administration Review, Bd. 36, 631–636.
Thomas, Theodore, 1983: Reorienting bureaucratic performance: a social learning approach to development action, NASPAA Working Paper No. 8, Washington.
Timsit, Gérard, 1982: Public Administration and Socio-Cultural Environment in the Developing Countries, in: UNESCO, Public Administration and Management: Problems of Adaptation in Different Socio-Cultural Contexts, Paris/New Delhi, 37–53.
UNESCO, 1982: Public administration and management: problems of adaptation in different socio-cultural centexts, Paris/New Delhi.
Waldo, Dwight, 1965: Public Administration and Culture, in: *Martin, Roscoe C.* (Hrsg.), Public Administration and Democracy: Essays in Honor of Paul H. Appleby, Syracuse, N. Y., 39–61.
Waldo, Dwight, 1969: Reflections on public administration and national development, in: International Social Science Journal, Bd. 21, Nr. 2, 294–309.
Webber, R. A., 1969: Convergence in managerial philosophy and practice, in: *Webber, R. A.* (Hrsg.), Culture and Management, Homewood, Ill, 517–27.
Weidner, Edward W., 1960: Development Administration: A New Focus for Research, in: *Heady, F.* und *S. L. Stokes* (Hrsg.), Comparative Public Administration, Ann Arbor.
Werner, Simcha B., 1983: New directions in the study of administrative corruption, in: Public Administration Review, 43 (2), 146–154.
Wimmer, Norbert, 1983: Grundtypen der Verwaltung im internationalen Vergleich – ein Beitrag zur Vergleichenden Verwaltungswissenschaft, in: Die Verwaltung, 16 (4), 417–445.
Wolff, Jürgen H., 1978: Deutsche Verwaltungshilfe: Überlegungen zur Praxis, in: Die Verwaltung, 3, 349–368.
Wolff, Jürgen H., 1984: Bürokratische Politik: der Fall Kolumbien, Berlin.

IV. „Entwicklungsdiktatur" und Bedingungen von Demokratie

Von der „Entwicklungsdiktatur" zu den Diktaturen ohne Entwicklung — Staat und Herrschaft in der politikwissenschaftlichen Dritte Welt-Forschung

Jürgen Rüland und *Nikolaus Werz*

„Jeder Grad an Freiheit wird mit etwas Verlangsamung der Entwicklung, jeder Grad an Beschleunigung mit etwas Verlust an Freiheit bezahlt" (*Löwenthal* 1963: 187). Diese Feststellung von *Richard Löwenthal* aus dem Jahre 1962 fiel in eine Epoche der noch jungen postkolonialen Geschichte vieler Staaten der Dritten Welt, die dadurch gekennzeichnet war, daß an die Stelle der nach westlichem Muster errichteten parlamentarischen Regierungssysteme in zunehmendem Maße autoritäre Ordnungen traten. Die These *Löwenthals* schien umso mehr an Gewicht zu gewinnen, als die teils gewaltsame, teils unblutige Ausschaltung parlamentarischer Verfassung von den neuen Machthabern mit der Zielsetzung verknüpft wurde, in möglichst kurzer Zeit eine umfassende Modernisierung ihrer Gesellschaften voranzutreiben und die Nationenbildung zu erzwingen. Die parlamentarisch-demokratische Ordnung, die sie als den Inbegriff schwerfälliger und die Korruption begünstigender Entscheidungs- und Implementationsprozesse ansahen, erschien ihnen zur Bewältigung dieser Aufgaben ungeeignet.
Vor allem in Kreisen der Publizistik (vgl. *Allemann* 1960: 21) wurde dieser Legitimationsversuch der Machthaber weitgehend kritiklos übernommen und deshalb der Ruf nach der Entwicklungsdiktatur oder allgemeiner: dem autoritären Staat als der den Problemen der Dritten Welt angemessenen Herrschaftsform popularisiert. Bestärkt wurden solche Auffassungen durch ethnozentrische und volkspsychologische Vorurteile, die den Völkern der Dritten Welt fehlende politische „Reife" unterstellten.
Damit aber war eine Diskussion in Gang gekommen, in deren Mittelpunkt die Rolle des Staates in Prozessen nachholender Entwicklung stand. Ziel des vorliegenden Aufsatzes ist es, die wichtigsten Positionen dieser Debatte nachzuzeichnen und kritisch zu beleuchten, die Frage nach den Leistungen der sog. Entwicklungsdiktatur bzw. des starken Staates zu erörtern, um abschließend eine Einschätzung der bisherigen wissenschaftlichen Auseinandersetzung zu versuchen.

1. Etatismus und Entwicklungsdiktatur:
Zu den Anfängen der politikwissenschaftlichen Entwicklungsforschung in der Bundesrepublik

Beiträge zur Staatsform der Entwicklungsländer waren in den 50er und frühen 60er Jahren in der bundesdeutschen Politikwissenschaft selten. Dies lag nicht zuletzt daran, daß sich die deutsche Politikwissenschaft damals in ihrer konstituierenden Phase als eigenständige Disziplin befand und infolgedessen weitgehend mit sich selbst bzw. der Aufarbeitung der noch unbewältigten, jedoch weit näherliegenden Ereignisse der eigenen Zeitgeschichte befaßt war (*Mols* 1981: 14—17). Dennoch begann die im publizistischen Bereich erkennbare Präferenz für autoritäre politische Lösungen in den Entwicklungsländern angesichts des Scheiterns parlamentarischer Regierungssysteme und des — alles in allem — geringen ökonomischen Wachstums Anfang der 60er Jahre auch in der deutschen Politikwissenschaft Fuß zu fassen (*Ronneberger* 1965: 14 f.). Eine Tendenz zu mehr Pragmatismus trat an die Stelle des zunächst — vor allem aus dem angelsächsischen Bereich übernommenen — unbefangenen Optimismus hinsichtlich der Universalität und Überlegenheit der westlichen Demokratie. Beeinflußt durch die zu jener Zeit noch immer vorhandene etatistische Tradition der deutschen Staatsrechtslehre beriefen sich mehrere Beiträge auf die Verfassungsgeschichte des kontinentaleuropäischen Nationalstaates und gelangten vor diesem Hintergrund zu der Schlußfolgerung, daß am ehesten ein starker Staat in Gestalt einer „Entwicklungs-" oder „Erziehungsdiktatur" die unterentwickelten Länder in die Moderne führen könne (*Herrfahrdt* 1966: 573). Diese Auffassung kommt etwa bei *Herrfahrdt* zum Ausdruck, wenn er die „gelenkte Demokratie" indonesischen (unter *Sukarno*) und pakistanischen Musters (unter *Ayub Khan*) mit dem Staatsbild des *Freiherrn vom Stein* vergleicht, das durch ein „starkes Eigenleben in den natürlichen Gliedern des Volkes" gekennzeichnet sei, „die durch eine unabhängige, nicht an Mehrheit oder Minderheit gebundene Staatsgewalt zu einem Ganzen zusammengehalten werden"[1].

Fast all diesen Arbeiten fehlte jedoch ein angemessenes methodisches und analytisches Instrumentarium. Der Begriff der Entwicklungsdiktatur blieb so in den meisten Abhandlungen vage und theoretisch ungesichert. Dies erklärt auch die breite Palette synonym gebrauchter Begriffe, die von der Entwicklungs- oder Erziehungsdiktatur über Entwicklungs- und autoritäre Regime bis hin zu Militärdiktaturen reicht. Der umfassendste und wohl auch geschlossenste Versuch einer Begründung der Entwicklungsdiktatur stammt von *Richard Löwenthal* (1963: 164—192). Im Gegensatz zu der staatsrechtlich-ideengeschichtlich argumentierenden Richtung steht nicht mehr die Staatsform allein im Mittelpunkt der Überlegungen. Vielmehr tritt sie in ihrer Bedeutung hinter die Frage zurück, wie in den Entwicklungsländern die gesellschaftliche Modernisierung rasch und wirkungsvoll herbeigeführt werden könne. Aber auch in *Löwenthals* Argumentation ist ein etatistischer Grundzug unverkennbar. Diese Tendenz läßt sich aus seiner intensiven Auseinandersetzung mit dem Sowjetstaat erklären, den er als „gigantische Entwicklungsmaschine" beschrieb (*ebda.*: 182) und der seine Vorstellungen von den Prozessen nachholender Entwicklung offenbar maßgeblich prägte.

Im Gegensatz zu den zuvor erwähnten Beiträgen verweist *Löwenthal* jedoch auf die grundverschiedenen historischen Ausgangsbedingungen für die Modernisierung in Europa und den Entwicklungsländern. Während die Dynamik der (nordwest-)europäischen Modernisierung auf dem von *Max Weber* erkannten spezifisch okzidentalen Rationalisierungsprozeß beruhe, seien die Entwicklungsländer durch „traditionell nicht-dynamische Gesellschaftsordnungen" gekennzeichnet. Anstöße zur Modernisierung seien hier allenfalls von außen in Gestalt der kolonialen Durchdringung erfolgt, die jedoch eine deformierende Wirkung auf die traditionellen Sozial- und Autoritätsstrukturen ausgeübt habe (*ebda.*: 167–173). Die Aufgaben, die vor den Entwicklungsländern liegen (Kapitalakkumulation durch Extraktion aus den Volksmassen, entwicklungsrelevante Ressourcenverteilung, Durchführung einer „kulturellen Revolution"), seien infolgedessen gewaltig, zumal sie durch das Fehlen entsprechender politischer Institutionen weiter erschwert würden (*ebda.*: 177–179). Eine rasche Modernisierung dieser Gesellschaften erfordere „Machtkonzentration", die „Ausübung von staatlichem Zwang" und „ungewöhnliche Führerqualitäten" (*Löwenthal* 1963: 191) sowie „die Schaffung eines neuen Typs von Staatsmacht" durch eine innovationswillige nationalistische Intelligenz (*ebda.*: 175). Der Staat müsse zum Träger einer Modernisierung von oben heranwachsen. Für eine parlamentarisch-demokratische Ordnung westlicher Prägung sei deshalb in den Entwicklungsländern kaum Platz. Vielmehr bestehe in den Entwicklungsländern innerhalb gewisser Grenzen eine „(graduelle) Autonomie" zwischen dem Ausmaß pluralistischer Freiheit und dem Tempo der Entwicklung (*ebda.*: 187). Dieser Gegensatz erkläre denn auch die weitverbreitete Tendenz zu autoritären Regierungssystemen, „die zwischen den Extremen der rechtsstaatlichen, pluralistischen Demokratie und der totalitären kommunistischen Weltanschauungsdiktatur liegen" (*ebda.*: 187). Ähnlich argumentiert *Carl Joachim Friedrich*, der die nicht-totalitären Militärdiktaturen und Einparteienstaaten als „funktionale Diktaturen" bezeichnet. Die Funktionalität dieser Diktaturen bemesse sich dabei nach ihrer Fähigkeit, Leistungen der Daseinsvorsorge zu erbringen. Dementsprechend gilt als „legitim, was den Lebensstandard erhöht". Wie bei der „Entwicklungsdiktatur" handelt es sich auch bei der „funktionalen Diktatur" lediglich um einen befristeten Übergangszustand (*Friedrich* 1966: 1242 u. 1247).

Diese Thesen blieben jedoch nicht unwidersprochen. So unterzog *Richard Behrendt* (1965: 444–448) jedwede Form der Entwicklungsdiktatur einer scharfen Kritik, wobei allerdings seine entwicklungsgeschichtlich positive Würdigung des Kolonialismus als „Motor der Dynamik und Mobilität" (*ebda.*: 86) vor dem Hintergrund seines Plädoyers für eine liberale demokratisch-pluralistische Staatsform überraschen muß. Denn es war der Kolonialismus, der nicht nur interne gesellschaftliche Strukturdefizienzen in den beherrschten Ländern vertiefte, sondern als autokratische Herrschaftsform Ansätze einer demokratischen Willensbildung weitgehend im Keime erstickte. So gesehen könnte man auch bei *Behrendt* von einer – zeitlich allerdings vorgelagerten – „verkappten entwicklungsdiktatorischen" Phase sprechen, die bei der Rezeption seines Hauptwerkes meist unberücksichtigt blieb. Andererseits wies er bereits auf Fehlentwicklungen in autoritären Herrschaftssystemen hin, denen sich eine kritischere Dritte-Welt-Forschung erst ein Jahrzehnt später systematisch zuwandte. *Behrendt* sieht in

Entwicklungsdiktaturen eine Quelle politischer Instabilität, die gewaltsame Opposition geradezu provoziere (ähnlich auch *Newman* 1963). Stabilitätsmindernd wirke zudem die meist ungeregelte Nachfolgefrage, die eine gewaltlose Elitenzirkulation verhindere. Freiheitsbeschränkung begünstige Machtmißbrauch und Korruption; nicht Modernisierung, sondern Stagnation kennzeichneten deshalb autoritäre Herrschaftsformen (*Behrendt* 1965: 445). Der Entwicklungsdiktatur setzt *Behrendt* sein Konzept der „Fundamentaldemokratisierung" (*ebda.*: 520) entgegen. Darunter verstand er die Mobilisierung von Entwicklungsimpulsen auf allen Ebenen der Gesellschaft mit Hilfe des Subsidiaritätsprinzips, pluralistischer und dezentralisierter Entscheidungsmuster und einer integrierten Lokalentwicklung. Die Förderung von Lernprozessen und kritischem Denken könne eine „Entwicklung von unten" in Gang setzen, die auf Sozialreformen, Nachbarschaftshilfe, Gemeindeautonomie, starken Interessenverbänden, Gewerkschaften und einer verbesserten Kommunikation zwischen den verschiedenen gesellschaftlichen Ebenen beruhen sollte (*ebda.*: 520—627).

2. Die nordamerikanischen Modernisierungstheorien: Stabilität als Parameter der politischen Entwicklung

Ab Mitte der 60er Jahre wurde die bundesdeutsche Diskussion von einer intensiven Rezeption der nordamerikanischen Modernisierungstheorien überlagert, die bis zum Ende der Dekade das entwicklungspolitische Denken weitgehend prägte. Wenngleich in der einschlägigen Literatur der Begriff der Entwicklungsdiktatur nicht explizit auftaucht, setzt sich jedoch auch hier die Auffassung durch, daß eine starke Zentralgewalt das geeignete Instrument für eine rasche Modernisierung sei. Zwei Hauptlinien der Argumentation lassen sich dabei unterscheiden.

Die erste Forschungsrichtung ist gekennzeichnet durch den Primat der ökonomischen Entwicklung. Entsprechend wird die Staatsform während der wirtschaftlichen Wachstumsphase lediglich als sekundäre Größe betrachtet, der einzig die Aufgabe zukomme, das Wirtschaftswachstum in optimaler Weise zu fördern, wozu autoritäre Regime die besten Voraussetzungen böten. So findet die *Löwenthal*sche Antinomie zwischen Freiheit und Entwicklung ihr Äquivalent bei *Heilbronner* (1963), der die Wahl zwischen politischer Demokratie oder ökonomischer Entwicklung als unausweichliche Notwendigkeit bezeichnet. Ähnlich argumentiert *Horowitz*, der eine „relativ hohe Kongruenz" zwischen „Zwang, ja sogar Terror" — d. h. „starkem Autoritarismus" — und Entwicklung glaubt nachweisen zu können, die wesentlich größer sei als diejenige „zwischen Konsensus und Entwicklung" (*Horowitz* 1975: 131).

Im Gegensatz dazu erhebt eine zweite Hauptströmung die politische Entwicklung[2] zur Schlüsseldeterminanten, der alle übrigen Aspekte der Modernisierung nachgeordnet werden. Innerhalb dieser Forschungsrichtung vollzog sich in den 60er Jahren eine Verlagerung der teleologischen Prioritäten hin zu einer Präferenz stabiler politischer Institutionen[3]. Das noch bei *Almond* vorhandene Gleichgewicht zwischen Autorität und Freiheit verschob sich zugunsten von Stabilität, Hierarchie und bürokratischer Ordnung. Zur Realisierung dieses Zieles und zur Vermeidung der disruptiven Begleiterscheinungen sozialen Wandels wurden selbst ökonomische Stagnation und die Beschränkung sozialer Reformen auf reine counter-insurgency-Maßnahmen in Kauf genommen. Ein parlamentarisch-demokratischer Weg erschien damit zunächst ausgeschlossen. Stattdessen wurde einer modernisierungswilligen politischen Elite die Aufgabe zugedacht, von oben her Institutionen aufzubauen, die eine stabile (gleichwohl partizipationsfeindliche) politische Ordnung gewährleisten sollten (*Shils* 1962: 7–11). Umstritten blieb letztlich allein die Frage nach den institutionellen Trägern einer solchen politischen Entwicklung. Dabei lassen sich drei Argumentationsvarianten unterscheiden, wonach entweder der Armee, den politischen Parteien oder der Bürokratie Vorreiterfunktionen zugeschrieben wurden.

Eine erste Gruppe von Arbeiten beruhte auf der Vorstellung, die Armee sei die geeignetste Institution, um Modernisierungskrisen zu meistern und den Entwicklungsprozeß zu steuern und zu beschleunigen. Begründet wurden diese Überlegungen mit dem Gewaltmonopol der Armee, ihrem Symbolwert für die nationale Souveränität und ihrer Eigenschaft als der modernsten staatlichen Institution (*Pye* 1962: 74). In zahlreichen Studien[4] wird die Armee als nationaler Integrationsfaktor (*Horowitz* 1975: 119), Sozialisationsfaktor (*La Palombara* 1963: 31 f.) und Mobilitätskanal (*Pye* 1962: 83) beschrieben. Eine Avantgardefunktion wird der Armee auch mit dem sog. „Mittelklasse-Theorem" (*Halpern* 1965) zugewiesen, wonach die Mittelklasse, aus der viele Militärs entstammten, als fortschrittlichste soziale Kraft in Entwicklungsgesellschaften zu gelten habe. Aus dem Ost-West-Gegensatz abgeleitete geopolitische und bündnisstrategische Überlegungen bestärkten diese bis weit in die 60er Jahre gültigen Vorstellungen über das Modernisierungspotential der Armee[5].

Eine zweite Gruppe von Forschern, für die vor allem der Name *Samuel Huntington* steht, betont die zentrale Bedeutung der Parteien im Entwicklungsprozeß. Er betrachtet jede allzu rasche Ausweitung politischer Partizipation als Bedrohung für die Funktionsfähigkeit des politischen Systems. Dort, wo Massenpartizipation einhergehe mit einem niedrigen Grad an politischer Institutionalisierung, rufe sie Chaos, Instabilität und Militärcoups hervor. Nicht politische Entwicklung, sondern politischer Verfall, die Entstehung prätorianischer Gesellschaften sei die Folge (*Huntington* 1968: 398). Anders als die Militärsoziologen billigt *Huntigton* der Armee allenfalls in Ländern mit einem sehr geringen Entwicklungsstand Modernisierungsfunktionen zu. Vielmehr sieht er in einem starken Parteisystem die Voraussetzung dafür, politischen Verfall aufzuhalten und Stabilität zu gewährleisten. Daß *Huntington* dabei wesentliche Elemente der leninistischen Parteitheorie übernimmt, ergibt sich aus der Neubewertung der kommunistischen Regime im Lichte der Konvergenztheorie, die die Entwicklungsleistungen dieser Gesellschaften und ihre bemerkenswerte politische Stabilität ins Bewußtsein westlicher Politikwissenschaftler rückte (*Huntington* 1970: 3). Unter Verweis auf die Erfolge des leninistischen Parteityps in der Sowjetunion, der VR China und Nordkorea entwirft *Huntington* seine eigene Konzeption für die Staaten der Dritten Welt. Danach sind zumindest in der frühen und mittleren Phase der Modernisierung Einparteien- oder Parteisysteme mit einer dominanten Gruppierung am besten geeignet, die Kontrolle über heterogene und zentrifugale soziale Kräfte auszuüben, Macht zu akkumulieren; kurz, politische Stabilität zu gewährleisten (*Huntington* 1968: 422). Die Einheits-

partei übe damit die gleichen Funktionen aus wie die absolute Monarchie im vormodernen Europa des 17. Jahrhunderts (*Huntington* 1970: 12). Erst in einem späteren Stadium der Modernisierung — als Folge sozialer Differenzierung und wachsenden Partizipationsdrucks — ergebe sich die Notwendigkeit einer Fortentwicklung des Einparteiensystems in ein Zweiparteiensystem (*Huntington* 1968: 426 ff.).
Eine dritte Variante dieses Stabilitätsdenkens findet sich bei *La Palombara* (1963) und insbesondere *Eisenstadt* (1960), die beide die integrative Funktion der Bürokratie bei der Schaffung und Erhaltung der staatlichen Einheit hervorheben. Für *La Palombara* ist die Bürokratie in postkolonialen Staaten „der einzige Sektor des politischen Systems, der ausreichend kohärent und damit fähig ist, politische Führung und Macht auszuüben"[6].
Die modernisierungstheoretischen Begründungen des autoritären Staates unterliegen somit auch der allgemeinen gegen die Modernisierungstheorien vorgetragenen Kritik. Unverkennbar ist in den meisten Arbeiten eine Tendenz zu spekulativer Abstraktion, wobei empirische Belege meist unsystematisch und regional selektiv zur Verifizierung dieser ethnozentrisch befrachteten Theorien herangezogen wurden. Die anfangs noch sehr rudimentären empirischen Erfahrungen, die in der Regel nur Einblick in Oberflächenphänomene der untersuchten Staaten gestatteten, förderten die Neigung, komplexe gesellschaftliche Strukturen auf schlichte Dichotomien zu reduzieren und zugleich auch die weitverbreitete Ansicht, daß es sich bei den Entwicklungsländern um eine einheitliche Welt mit ähnlichen Strukturmerkmalen handele, die — zeitversetzt — denselben Enwicklungsgesetzen unterliege wie die industrialisierten Staaten. Damit schien auch gerechtfertigt, generalisierende Aussagen für alle Staaten der Dritten Welt, ihren Entwicklungsweg und die dafür erforderlichen Entwicklungsträger zu machen[7].

3. Staatsvorstellungen in der Dritten Welt und die Theorie des nichtkapitalistischen Entwicklungsweges

Die Vorstellung, daß nur eine straffe Regierungsführung den Entwicklungsländern zum Anschluß an die Moderne verhelfen könne, beruht jedoch keinesfalls nur auf Projektionen von politischen Beobachtern und Wissenschaftlern aus den Industriestaaten. Auch in den Gesellschaften der Dritten Welt waren und sind Überlegungen, die von einer Führungsrolle der Intellektuellen und der Notwendigkeit eines starken Staates ausgehen, weit verbreitet. So bildet das Konzept eines paternalistischen und entwicklungsfördernden Staates eine Konstante des politischen Denkens Lateinamerikas im 20. Jahrhundert (vgl. *Rama* 1982). Verschiedene Autoren in der ersten Hälfte des Jahrhunderts sahen in der Ausweitung der staatlichen Zentralgewalt und in einem „guten Tyrannen", der mit Hilfe eines „demokratischen Caesarismus" (*Lanz* 1961) erzieherisch für das noch zu konstituierende Staatsvolk wirken sollte, eine autoritäre Zwischenlösung auf dem Weg zu demokratischen Herrschaftsformen. Während die traditionellen, personalistischen Diktaturen soziale Veränderungen erst für die demokratische Zukunft ankündigten, begannen die seit Mitte der 40er Jahre in Südamerika an die Macht gelangten populistischen Regierungen soziale Reformen umzusetzen.

Populistische Regime bezeichneten ihre von einem antiimperialistischen Nationalismus geprägten Konzepte auch als eine Art „Dritter Weg" zwischen Kapitalismus und Sozialismus (vgl. *Mansilla* 1974/1977). Der Staat sollte als Hebel der Modernisierung wirken, zum Aufbau einer nationalen Industrie beitragen und eine gewisse Umverteilung des Einkommens zugunsten der ärmeren Bevölkerungsschichten durchführen.

Das von den populistischen Regimen verfolgte Konzept einer autonomen nationalen Entwicklung mit einem gemäßigt dirigistischen Staat tauchte auch bei der sog. nationalistischen Richtung der Dependencia-Ansätze auf (vgl. *Evers, von Wogau* 1973: 404—454, hier 434 f.). Die Ausprägung dieser Staatsform wurde nicht näher präzisiert, wie überhaupt die Analyse von Machtausübung und Herrschaftsformen eine untergeordnete Rolle in der Dependencia-Literatur spielte.

Die seit den 60er Jahren in mehreren südamerikanischen Groß- und Mittelstaaten nach der Krise der populistischen Systeme an die Macht gelangten neueren Militärdiktaturen stellten das Problem einer schnellen ökonomischen Entwicklung in den Mittelpunkt ihrer Herrschaftslegitimation. Ein rasches Wirtschaftswachstum könne im lateinamerikanischen Kontext nur durch eine Allianz von qualifizierten Technokraten und bewaffneter Ordnungsmacht erzielt werden, weshalb man diese Militärregierungen auch als „bürokratisch-autoritäre" Regime bezeichnete (*O'Donnell* 1973; vgl. *Sotelo* u. a. 1975). Im Unterschied zu den populistischen Regimen ging es den konservativen Generälen vor allem um die Entpolitisierung und Demobilisierung der politisch aktiven Gruppen und um eine Öffnung der bis dahin protektionistisch geschützten Inlandsmärkte gegenüber dem Ausland.

In den weit weniger industrialisierten afrikanischen Ländern bestanden nach der Entkolonialisierung Ende der 50er Jahre ganz andere Bedingungen als in Lateinamerika. Bei den Modernisierungskonzepten und ordnungspolitischen Vorstellungen gab es jedoch durchaus einige Ähnlichkeiten. So sahen die Führer der Befreiungsbewegungen nach der Unabhängigkeit ihre Aufgabe vor allem darin, mit Hilfe eines starken Staates eine rasante Modernisierung einzuleiten. *Frantz Fanon* etwa hielt eine bürgerlich-demokratische Phase für überflüssig. Die Führungsrolle sollte seiner Meinung nach der kleinen „Zahl von anständigen Intellektuellen" (*Fanon* 1966: 136) zufallen, wobei er jedoch frühzeitig vor den Gefahren einer verselbständigten Parteidiktatur warnte (*ebda.*: 140). *Amilcar Cabral* sah die „Möglichkeit eines solchen Sprungs im Geschichtsprozeß" (1983: 254) zum einen in den weltweit vorhandenen technischen Mitteln des Menschen zur Beherrschung der Natur, zum anderen in der Existenz des sozialistischen Lagers. Innenpolitisch sei eine Einheitsfront unter der Leitung einer revolutionären Avantgarde die notwendige Voraussetzung für den Aufbau eines neuen Staates.

Bei vielen vom Marxismus-Leninismus beeinflußten Intellektuellen und politischen Führern in der Dritten Welt stand die Frage nach der Rolle des Staates meistens im Zusammenhang mit der Wahl des richtigen Zeitpunktes für den Übergang zum Sozialismus. *Mao Tse-Tung* propagierte zunächst den Aufbau einer „neudemokratischen Staatsmacht", die u. a. eine von der kommunistischen Partei geführte „bürgerlich-demokratische Revolution neuen Typus" (1969: 273) ermöglichen sollte. Die wenige Jahre später als „Demokratische Diktatur des Volkes" bezeichnete Staatsform sollte aus

einer „Demokratie für das Volk" und einer „Diktatur über die Reaktionäre" (1969: 445) bestehen, um so die Umerziehung der konservativen Schichten durchzusetzen.
Anknüpfend an solche etatistischen Grundmuster in der Dritten Welt haben sowjetische Wissenschaftler die Theorie eines „nichtkapitalistischen Entwicklungsweges" vorgetragen: Aufgabe des „Staates der nationalen Demokratie" sei es, in wirtschaftlich-organisatorischer und kulturell-erzieherischer Hinsicht die notwendigen Bedingungen für die Modernisierung der Entwicklungsländer zu schaffen (vgl. *Westen* 1964: 41) Angesichts der Schwäche der nationalen Bourgeoisie wurde eine „historische Rolle des national-demokratischen Übergangsstaates" (*Iskenderow* 1972: 227) hin zu sozialistischen Produktionsverhältnissen postuliert. Über die Form dieses Übergangsstaates werden in der einschlägigen Literatur widersprüchliche Aussagen gemacht. Grundsätzlich soll er auf einer nationalen Front aller progressiven Kräfte beruhen, zu deren Aufgaben es gehöre, den Einfluß der reaktionär-feudalen Minderheit im Lande zu brechen (vgl. *Ibrahim, Metze-Mangold* 1976: 91 und *Westen* 1964: 41). Der Staat soll mobilisierende und organisierende Funktionen übernehmen, wozu die Erhöhung der „Zwangsgewalt" notwendig sei, um dadurch die Industrialisierung voranzutreiben.
Aus der Sicht der sowjetmarxistischen Wissenschaftler weist der nichtkapitalistische Weg der Entwicklungsländer damit Ähnlichkeiten mit dem Geschichtsverlauf der sozialistischen Staaten auf. Auch der teilweise noch in dieser Tradition stehende *Rudolf Bahro* betonte die Notwendigkeit einer „in vieler Beziehung despotischen Staatsmacht" (1977: 69) zum Aufbau einer neuen Gesellschaft und zur „Neuformierung der vorkapitalistischen Länder für ihren eigenen Weg der Industrialisierung" (*ebda.*: 148). Er kritisierte die „antietatistische und antiautoritäre Ideologie vieler Linksintellektueller im Westen" und verwies auf die zivilisatorische Rolle des Staates „als Zuchtmeister der Gesellschaft für ihre technische und soziale Modernisierung" in der Weltgeschichte (*ebda.*: 150). Gerade die Länder, die noch am Anfang der Industrialisierung stehen, „können nicht auf dieses Instrument verzichten, und ihr Staat kann, ja darf zunächst gar nicht anders als bürokratisch sein" (*ebda.*: 150). Damit klammert *Bahro* die Bürokratie in den Entwicklungsländern aus seiner Kritik an den Staatsapparaten im real existierenden Sozialismus aus; die sozialrevolutionäre „Intelligentsia" erhält — ähnlich wie bei *Löwenthal* — in der Dritten Welt eine politische Führungsrolle zugewiesen (*ebda.*: 152 f.).
Gegen die Theorie eines nichtkapitalistischen Entwicklungsweges der nationaldemokratischen Revolution sind zahlreiche Einwände erhoben worden: Es handle sich um eine unhistorische Übertragung des sowjetischen Weges auf die Gesellschaften der Dritten Welt. Als sowjetmarxistische Entwicklungstheorie diene sie darüber hinaus zur Legitimation bürokratischer Herrschaft (*Tibi* 1975: 64—86). Deshalb sei der wissenschaftliche Erklärungswert dieses Ansatzes gering, zumal er zur Rechtfertigung von „linken Entwicklungsdiktaturen" geführt habe (*Leggewie* 1982: 406).

4. Die Konzeption der „autozentrierten Entwicklung" und die neuere Staatsdiskussion in der Bundesrepublik

Bei den hauptsächlich in der Bundesrepublik entstandenen Studien, die das Modell einer autozentrierten Entwicklung für die Länder der Dritten Welt postulieren, wird eine direkte Bezugnahme auf den sowjetischen Weg zur Industrialisierung vermieden. Die Vertreter dieser Forschungsrichtung plädieren vielmehr dafür, die Funktion des Sozialismus bei der „gesellschaftlichen Roßkur" nachholender Entwicklung nicht unter geschichtsphilosophischen oder ordnungspolitischen, sondern unter entwicklungstheoretischen Gesichtspunkten zu diskutieren (*Senghaas* 1980: 10—41; *ders.* 1979: 436). So gelangt *Dieter Senghaas* auf der Grundlage historisch-empirischer Länderstudien seiner Mitarbeiter zu der Feststellung: „Wo Sozialismus gesamtgesellschaftlich bestimmend wurde ..., war er Grundlage und Motor beschleunigter nachholender Entwicklung unter widrigen internen und internationalen Bedingungen, die in der Regel eine nachholende Entwicklung unter kapitalistischen Vorzeichen unwahrscheinlich machen" (*Senghaas* 1980: 23). Angesichts der herrschenden Weltmarktbedingungen erscheint der Sozialismus als eine geeignetere Entwicklungsstrategie als kapitalistische Modernisierungskonzepte (*ebda.*: 16). Auf die Gefahr, daß bei dieser nachholenden Modernisierung eine Verselbständigung der politischen Führung und ihrer bürokratischen Apparate eintreten könnte, wird zwar hingewiesen (*Senghaas* 1980: 23); dennoch spielen diese Aspekte in den Analysen der *Senghaas*-Schule eine untergeordnete Rolle: es geht in ihnen nicht um eine umfassende Analyse von Gesellschaft und Herrschaftsform in dem jeweiligen Land, sondern um die Darstellung verschiedener ökonomischer Entwicklungsstrategien[8]. Damit hat sich der Ansatz der autozentrierten Entwicklung von einer globalen und eher idealtypischen Ausgangsposition im Zuge der Beschäftigung mit nichtkapitalistischen Ländern einer sozialistischen Version der Modernisierungstheorie angenähert (*Hurtienne* 1982: 307—358). Aufgrund der ökonomistischen Selbstbeschränkung der in dieser Tradition stehenden Untersuchungen werden die Formen der Machtausübung und die Frage gesellschaftlicher Partizipation nur am Rande behandelt.

Zu dem primär entwicklungstheoretischen Ansatz der *Senghaas*-Schule gibt es einige Gegenpositionen. So bezeichnet *Hartmut Elsenhans* (1981) in seinen neueren Studien die im Zuge nachholender Entwicklung entstandenen „bürokratischen Staatsklassen" als das zentrale Hindernis. Die Bekundungen von Dritte-Welt-Regierungen für den Sozialismus dienten demnach vor allem zur eigenen Herrschaftslegitimation. Auch eine größere Beteiligung der armen Länder an der Weltwirtschaft könne nicht automatisch zur Überwindung von Unterentwicklung führen, sondern würde lediglich die Einnahmen der Staatsklassen vermehren. Die Fähigkeiten der staatstragenden Bürokratien, eine selbstlose Politik zugunsten ihrer Heimatländer durchzuführen, seien nur schwach ausgeprägt. Allerdings stehen die Staatsklassen in der Dritten Welt „im Konflikt zwischen Selbstprivilegierung und Legitimationszwang" (*Elsenhans* 1981: 144) gegenüber der Bevölkerung und bemühen sich deshalb darum, durch eine korporatistische Einbindung der Unterschichten das soziale und politische Konfliktpotential einzudämmen. Auch *Andreas Buro* (1981) geht davon aus, daß ein starker Staat noch kein Garant dafür ist, um „eine Entwicklung jenseits von Peripherisierung zu sichern". Es handle sich bei den Staaten mit sozialistischen Zielsetzungen nicht um bloße Übergangsphänomene, sondern „zunächst um eine (tendenziell) nichtkapitalistische Klassengesellschaft, in der das modernistische Kleinbürgertum eine hervorragende Rolle aufgrund seiner spezifischen Fähigkeiten spielen kann" (ebda.: 280).

Die Chancen für eine autozentrierte Entwicklung sind in diesen Gesellschaften durch die Gefahr interner Bürokratisierung und anhaltender äußerer Abhängigkeit von „bürokratischen Metropolen" (ebda.: 280) in doppelter Hinsicht begrenzt. Das in Vietnam u. a. Staaten „explizit oder implizit verfolgte Prinzip ‚Erst Einheit und Durchsetzung, dann Demokratie'" (ebda.: 287) gerät zu einem Hindernis für eine selbstbestimmte Entwicklung. Nur durch die — allerdings von Buro nicht näher präzisierte — Einübung demokratischer Verhaltensweisen in den sozialrevolutionären Bewegungen und Gesellschaften könne ein Gegengewicht zu einer zentralistischen Machtausübung geschaffen werden.

In den Studien, die in der Tradition der marxistischen Staatsdiskussion stehen, wird die Frage der Machtausübung meist im Zusammenhang mit wirtschaftlicher und außenpolitischer Abhängigkeit analysiert. Die Handlungsspielräume und Entwicklungsmöglichkeiten des peripheren Staates erscheinen durch den kapitalistischen Weltmarkt konditioniert, die Berufung auf „Wachstum" und „Integration" werden als Bestandteile der Staatsideologie von Militärregimen gewertet (Evers 1977: 168). Einige Autoren bezeichnen den Staat des peripheren Kapitalismus aufgrund seiner spezifischen und konfliktiven Ausgangsbedingungen als „Ausnahmestaat in Permanenz" (Sonntag 1973: 157—183). Die Ausnahmesituation wird mithin nicht mit den vermeintlichen Entwicklungsleistungen in Zusammenhang gebracht, die diese Regime nach eigenen Bekundungen erbringen wollen, sondern auf die strukturelle Auslandsabhängigkeit und die politischen Spannungen in diesen Ländern zurückgeführt.

Innerhalb der Diskussion über den Staat in der Dritten Welt hat in den letzten Jahren eine gewisse Anwendung von übergreifenden Ansätzen begonnen[9]. Dies liegt zum einen an der oben beschriebenen Einsicht, daß schnelle Modernisierungsprozesse nicht notwendigerweise die Grundlage für eine spätere Demokratisierung schaffen, sondern vielerorts zur Entstehung einer neuen, autoritär herrschenden Staatsbürokratie beitrugen. Von den Studien zur Modernisierung ist man daher zu Untersuchungen über die Bürokratisierung übergegangen. Zum anderen haben die Bemühungen, zu einer Theorie des peripheren Kapitalismus und des Staates in der Dritten Welt zu gelangen, bisher nicht zu überzeugenden Erklärungsansätzen geführt. Als ein Hindernis erwies sich dabei der globale Zugriff, bei dem weltweite Abhängigkeits- und Ausbeutungsverhältnisse im Mittelpunkt des Interesses standen, während die Untersuchung von Staat und Herrschaft in einzelnen Ländern in den Hintergrund gerieten.

5. Die Autoritarismus- und Korporatismus-Ansätze

Während die frühen Ansätze die Entwicklungsdiktaturen als eine rationalbürokratische Herrschaftsform mit dem Ziel der Industrialisierung ökonomisch unterentwickelter

Länder ansahen, rückten in den jüngeren Arbeiten zum Autoritarismus die politischen Faktoren und die Allianzen zwischen verschiedenen Macht- und Interessengruppen in den Vordergrund. In ihnen geht es folgerichtig weniger um die hochgesteckten Modernisierungsziele der Regime, als um die Analyse der Herrschaftspraxis.
Eine Beschäftigung mit dem Zusammenhang von Herrschaft und nachholender wirtschaftlicher Modernisierung hat traditionell in den Faschismustheorien stattgefunden. Aussagen über die komplexe Ausprägung dieses Verhältnisses in den Staaten der Dritten Welt und der europäischen Peripherie sind jedoch eher beiläufiger Natur. Einzelne Regime, wie der argentinische Peronismus und Phasen der Franco-Diktatur in Spanien, sind auch als faschistische Entwicklungsdiktaturen bezeichnet worden.[10] In der Literatur wird jedoch darauf hingewiesen, daß die Existenz und die Wirkung von faschistischen Entwicklungsdiktaturen „nur im Rahmen einer vergleichenden Untersuchung des Modernisierungsprozesses allgemein geklärt" (*Wippermann* 1976: 96) werden könne.
Auch in neueren zeithistorischen Werken tauchen unterschiedliche Begriffe (zur Charakterisierung solcher Regime) auf. So spricht *Karl-Dietrich Bracher* (1981: 131) einmal von „national-autoritären Diktaturen der Dritten Welt", ein anderes Mal von „halbautoritären Entwicklungsländern", aber auch von regelrechten „Entwicklungsdiktaturen". Insgesamt ordnet er die Regime der Dritten Welt in einer mittleren Position zwischen westlicher Demokratie und totalitären Systemen ein (*Bracher* 1982).
Verschiedene in Lateinamerika entwickelte und in der marxistischen Tradition stehende Faschismus-Interpretationen besitzen dagegen nur einen geringen wissenschaftlichen Erklärungswert. Das Vorhandensein faschistischer Militärregime wird dabei nicht aus der länderspezifischen Entwicklung, sondern aus den weltweiten Krisentendenzen des Kapitalismus abgeleitet.[11]
Die neuere Autoritarismus-Diskussion knüpft nicht mehr unmittelbar an die Faschismustheorien oder die Totalitarismus-Forschung an, sondern entstand aus der Analyse der Staaten der europäischen Peripherie (Spanien, Griechenland) und der Dritten Welt. Am bekanntesten ist der Interpretationsansatz von *Juan Linz*. Die von ihm entworfene Typologie zur Klassifikation autoritärer Regime behandelt die Problematik von ökonomischer Modernisierung und deren Auswirkung auf die politischen Strukturen allerdings nur am Rande. Deshalb sind die von *Linz* benannten vier Merkmale autoritärer Regime (begrenzter Pluralismus, Fehlen einer ausgearbeiteten Ideologie, keine umfassende politische Mobilisierung, Machtausübung durch eine zahlenmäßig kleine Gruppe) zwar zur allgemeinen Einordnung von Regimen geeignet, sie enthalten jedoch keinerlei Angaben über deren mögliche wirtschaftliche Leistung und Entwicklungsrichtung (*Linz* 1975).
Um das Zusammenwirken des Ausmaßes der Industrialisierung, gesellschaftlicher Struktur und externer Abhängigkeit geht es in den Studien von *Guillermo O'Donnell* (1973), die er am Beispiel von Argentinien und Brasilien erarbeitet hat. Seine Überlegungen stehen sowohl im Gegensatz zu den Demokratieoptimisten, die aus einer wachsenden Industrialisierung einen gleichsam automatischen Trend zu demokratischen Regierungsformen ableiten, als auch zu der Vorstellung von der Entwicklungsdiktatur als transitorischem Hilfsmittel auf dem Weg in die Moderne. Die Ausgangsthese lautet:

Eine rasche soziale und ökonomische Modernisierung führt im Kontext nachholender Entwicklung eher zum Autoritarismus als zur Demokratie. Durch die gestiegene Partizipation breiter Bevölkerungsschichten an der Politik, die in Südamerika unter den populistischen Regimen der 40er und 50er Jahre einsetzte, hätten sich neue Konfliktkonstellationen herausgebildet. Die seit Mitte der 60er Jahre in zahlreichen Staaten an die Macht gelangten Militärdiktaturen versteht *O'Donnell* als eine Reaktion auf diese starke Polarisierung. Zugleich sei es das Ziel dieser Regime gewesen, die politisch aktiven Bevölkerungsgruppen von der Willensbildung auszuschließen, um frei von internen Widerständen einen wirtschaftspolitischen Kurswechsel von einem binnenmarkt- zu einem weltmarktorientierten Industrialisierungskonzept durchzusetzen. Das Ergebnis war ein autoritär-bürokratisches Entwicklungsmodell, wobei der Zusatz „bürokratisch" auf die hohe Bedeutung hinweisen soll, die einer Schicht von militärischen und zivilen Technokraten in diesen Regimen zukommt. Zeitgenössische Ausprägungen des bürokratisch-autoritären Staates sieht *O'Donnell* vor allem in den südamerikanischen Groß- und Mittelstaaten, aber auch in verschiedenen europäischen und asiatischen Ländern seien Regime mit ähnlichen Merkmalen aufgetreten.[12] Die Studie von *O'Donnell* hat die lateinamerikanische und nordamerikanische Diskussion über Herrschaftsformen in Südamerika in starkem Maße geprägt (*Malloy* 1977; *Collier* 1979; *Canak* 1984: 3—36). Noch Ende der 70er Jahre sahen eine Reihe von Forschern in dem bürokratisch-autoritären Modell den vielversprechendsten Interpretationsansatz zur Analyse politischer Systeme in Südamerika. Hinzu trat eine Wiederbelebung der Diskussion über autoritäre Strukturen und zentralistisch-korporatistische Traditionen, die unterdessen auch in anderen Regionen eingesetzt hat (*Stauffer* 1977: 393—407). Während einzelne Autoren eine spezifisch iberische Tradition zugrundelegen (*Wiarda* 1974), versuchen andere das von *Juan Linz* entwickelte Autoritarismus-Konzept im Sinne einer vergleichenden Regierungslehre anzuwenden (*Collier* 1979; *Werz* 1983: 12—21). Ausschlaggebend dafür war u. a. die Erkenntnis, daß den Militärregimen offensichtlich verschiedene Entwicklungsmöglichkeiten im Hinblick auf eine demokratische Öffnung oder diktatoriale Verhärtung innewohnen. Mit dem Redemokratisierungsprozeß in Argentinien und ähnlichen Tendenzen in den Nachbarstaaten hat die Vorstellung von einer länger andauernden, bürokratisch-autoritären Entwicklungsphase als einem schlüssigen Konzept zur Erklärung politischer Prozesse in Lateinamerika an Aussagekraft verloren. Stattdessen wurde wiederum auf ein schon beinahe klassisches Kreislaufmodell lateinamerikanischer Politik verwiesen (Demokratie-Diktatur-Demokratie), das nicht von einem direkten Zusammenhang zwischen wirtschaftlicher und politischer Entwicklung ausgeht (*Huntington* 1979: 231—243; *Nohlen* 1982: 63—86).

Insgesamt hat eine Abkehr von generalisierenden Theorien über die politische Entwicklung begonnen. An ihre Stelle treten nun Einzeluntersuchungen über diktatorische Regime bzw. Vergleiche zwischen verschiedenen autoritären Situationen (*Linz* 1978; *Dix* 1982: 554—586; *Philip* 1984: 1—20).

6. Entwicklung durch Diktatur?
   Zu den Folgen autoritärer Herrschaft

Neben der theoretischen Diskussion über den Staat in der Dritten Welt erschienen seit den 70er Jahren eine Reihe von Studien, deren Erkenntnisinteresse sich auf die Auswirkungen autoritärer Regime und deren Entwicklungsleistungen konzentrierte. Dieser „Paradigmenwechsel der Forschung" (*Nuscheler* 1979: 174) vollzog sich zunächst mit Blick auf die Militärregime als der häufigsten Form autoritärer Herrschaft in der Dritten Welt. Die schon zuvor vereinzelt geäußerte Skepsis gegenüber dem Entwicklungspotential der Streitkräfte — man denke etwa an *Finer*s (1962) klassische Militärstudie — wurde nun durch Länderanalysen und vergleichende empirische Untersuchungen untermauert (*Nordlinger* 1970: 1131—1148). Mit längerandauernder Ausnahmeherrschaft wurde immer deutlicher, daß die Armee nicht nur ein Spiegelbild innergesellschaftlicher Konflikte ist, sondern darüber hinaus Disziplinlosigkeit, Korruption und begrenzte organisatorische Fähigkeiten die Politik des Militärs kennzeichnen. Der Kampf gegen die Massenarmut beschränkte sich zumeist auf reine Absichtserklärungen; stattdessen verfolgten die Militärs um so zielstrebiger ihre Korporativinteressen. Die der Armee zugeschriebenen Integrations-, Sozialisations- und Mobilitätsfunktionen konnten einer kritischen Überprüfung nicht standhalten (vgl. *Bienen* 1971: 1—33; *Tibi* 1973: 11—97). Dasselbe gilt für das „Mittelklasse-Theorem", gegen das zu Recht eingewandt wurde, daß es eine homogene Mittelklasse voraussetze und auch die Verknüpfung der sozialen Herkunft mit klassenspezifischen politischen Normen und Verhaltensweisen höchst fragwürdig sei (*Ball* 1981: 572).

Trotz dieser Erkenntnisse blieb das Thema kontrovers[13]; die fällige Neueinschätzung der Militärregime vollzog sich nur sehr vorsichtig. Unter dem Einfluß einer von *Mc Kinlay* und *Cowan* (1975) vorgelegten vergleichenden Studie herrschte Mitte der 70er Jahre mehrheitlich die Auffassung vor, daß mit Ausnahme von Lateinamerika, wo Militärregime etwas besser abschnitten als zivile Regierungssysteme, signifikante Unterschiede in den Entwicklungsleistungen dieser beiden Regimetypen nicht erkennbar seien.[14] Letztlich jedoch konnten die von *Mc Kinlay* und *Cowan* unter großem statistischen Aufwand gewonnenen Einsichten nur wenig überzeugen. Die Dichotomie von Militär- und Zivilregimen erwies sich als analytisch unfruchtbar. Bei dem Begriff „Zivilregime" handelt es sich um eine weit gefaßte Residualkategorie, die auch autoritäre Herrschaftsformen mit einschließt. Der wiederholt erhobenen Forderung, daß Militärregime stattdessen als eine gesonderte Kategorie im Spektrum autoritärer Regierungsformen analysiert werden sollten, ist deshalb nur zuzustimmen (*Sundhaussen* 1979: 374).

Ebenso trug der aus den 60er Jahren übernommene, wachstumsorientierte Entwicklungsbegriff zu diesen anfänglich unergiebigen Forschungsergebnissen bei. Die Anwendung dieses Entwicklungsbegriffs führte zur Auswahl ungeeigneter makroökonomischer Indikatoren sowie zur Verwendung von Aggregatdaten, die allenfalls grobe Aussagen über Verteilungsaspekte und regionale Disparitäten zuließen.

Die Beschäftigung mit den oben erwähnten konzeptuellen und methodischen Fragen brachte zunehmend differenzierte Ergebnisse hervor. So übernahmen *Illy* et al. (1980)

Nuschelers Entwicklungsbegriff, der auf die seit Mitte der 70er Jahre in Gang gekommene Grundbedürfnisdiskussion verweist. Entwicklung wird verstanden als „Abbau von Unterdrückung und Ausbeutung auf internationaler und nationaler Ebene, sozialer und politischer Strukturwandel hin zu mehr Gerechtigkeit und Partizipation, Humanisierung der gesellschaftlichen Verhältnisse" (*Nohlen, Nuscheler* 1974: 9).

Die Autoren der einzelnen Regionalbeiträge gelangen mit diesem qualitativ definierten Entwicklungsbegriff zu einer negativen Bewertung der Entwicklungsleistungen autoritärer Regime (*Büttner* et al. 1976: 355—358; *Nuscheler* 1979: 203—205, 209—212; *Bell* 1981: 580).

Diese Einschätzungen werden auch durch *Kings* (1981: 477—504) vergleichende Untersuchung in sechs asiatischen Staaten gestützt. Die Studie *Kings* kann als gelungener Versuch betrachtet werden, Indikatoren zu erarbeiten, die die Lebensbedingungen der Bevölkerung realistischer wiedergeben als dies die bislang vorwiegend herangezogenen Makrodaten vermochten. Besondere Bedeutung mißt der Autor den Lebensumständen in ländlichen Gebieten zu, da hier erfahrungsgemäß Armut am weitesten verbreitet ist. Als Indikatoren für ländliche Entwicklung wählte er einen „physical quality of life index", den er durch qualitative Aspekte wie die staatliche Agrarpolitik oder das Verhalten der jeweiligen Regierung im Hinblick auf Partizipation, Dezentralisierung und Pluralismus erweiterte (*ebda.*: 479).

King konstatiert in den von ihm als „bürokratisch-autoritär" bezeichneten Regimen Indonesien, Philippinen und Thailand wesentlich größere soziale Ungleichheiten als in den „demokratischen" Regierungssystemen Sri Lanka und Malaysia. Ausschlaggebend für diese Tendenz sei eine ungleichgewichtige Entwicklungsstrategie, deren Schwerpunkt auf dem industriellen Sektor liege und die die Masse der Agrarbevölkerung stark vernachlässige. Auch die „Grüne Revolution" habe daran nichts zu ändern vermocht, zumal diese mehr als counter-insurgency- denn als soziale Reformmaßnahme eingeführt worden sei (*ebda.*: 488—492). Die „demokratisch" verfaßten Staaten hingegen betrieben *King* zufolge in weit größerem Umfange eine Umverteilungspolitik und maßen sozio-ökonomischer Gleichheit (durch ländliche Entwicklung) wesentlich höhere Bedeutung zu. Dergleichen gelte für nicht-materielle Aspekte wie Partizipation, Dezentralisierung, kulturellen und politischen Pluralismus (*ebda.*: 493—496).

In einer kürzlich vorgelegten Studie geht *Berg-Schlosser* (1984: 5—14) über die stark vereinfachende Dichotomisierung politischer Regime — wie dies noch in *Kings* Unterscheidung zwischen „bürokratisch-autoritären" und „demokratischen" Regierungssystemen zum Ausdruck kam — hinaus und entwickelte für Afrika eine vierstufige Typologie, in der er Polyarchien, sozialistische Regime, zivil-autoritäre und Militär- bzw. prätorianische Regime unterscheidet. Um die Leistungen dieser Regimetypen vergleichen zu können, arbeitete der Autor drei Indikatorengruppen heraus, die die wirtschaftliche Kapazität, die Verwirklichung normativer Zielsetzungen (etwa Menschenrechte) und den Grad ökonomischer Außenbestimmung zu messen suchten. Die Ergebnisse decken sich dabei weitgehend mit denen *Kings*: autoritäre Regime bevorzugen die Förderung des Wirtschaftswachstums, die sozialistischen und die demokratischen Systeme hingegen räumen Verteilungsaspekten größeren Stellenwert ein. Besonders ungünstig fielen die Ergebnisse bei den prätorianischen Systemen aus, und zwar sowohl in wirtschaftlicher Hinsicht als auch in Hinblick auf die Respektierung bürgerlicher Freiheitsrechte. Am dürftigsten scheinen die Entwicklungsleistungen „starker" Regierungsapparate jedoch dort zu sein, wo die Aktivitäten der Bevölkerung noch weitgehend von der Subsistenzwirtschaft geprägt werden, die Besiedlung dünn und weit verstreut ist und Landreserven noch in großem Umfang verfügbar sind. Je mehr diese Bedingungen erfüllt sind, „desto schwieriger ist es, durch außerökonomischen Zwang hoheitliche Anordnungen durchzusetzen und ihnen Geltung zu verschaffen" (*Hanisch* 1983: 9).

Ein weiterer Grund für die gewandelte Einschätzung von Diktaturen ist die Menschenrechtsdiskussion. Medienberichte sowie die Dokumentationen von Amnesty International haben das erschreckende Ausmaß von Menschenrechtsverletzungen in der Dritten Welt bekannt gemacht. Damit wurde in den 70er Jahren nicht nur die Frage, inwieweit die grundlegenden materiellen Bedürfnisse breiter Bevölkerungsschichten befriedigt, sondern auch die Art und Weise, wie essentielle politische Grund- und Menschenrechte durch eine Modernisierung von oben berührt werden, zum Beurteilungskriterium für autoritäre Regime. Einige Autoren verweisen hierbei auf die universale Gültigkeit der politisch-sozialen Grundrechte, wie sie aus der liberalen Tradition westlicher Demokratien hervorgegangen sind: persönliche Integrität, Selbstbestimmung und Minderheitenschutz. Rechtsstaatlichkeit, Pluralismus und Gewaltenteilung sollen den Schutz dieser Grundrechte gewährleisten (*Oberndörfer* 1982: 271—279). Zugleich jedoch impliziert diese Position — ungeachtet der Tatsache, daß die Wahrung des kulturellen Erbes der Entwicklungsländer eindeutig befürwortet wurde — eine strikte Ablehnung jeder Art von Kulturrelativismus, der die Ausschaltung politischer Grundrechte unter Berufung auf die nationale „kulturelle Identität" zu legitimieren sucht und jede Kritik an diesen Herrschaftspraktiken mit dem Vorwurf des „Kulturimperialismus" belegt. Was dabei die „Substanz der eigenen ‚wahren' kulturellen Identität bildet", werde vornehmlich durch die Herrschaftsinteressen der jeweiligen Regierung bestimmt (*Oberndörfer* 1981). In diesem Zusammenhang wird auch darauf aufmerksam gemacht, daß autoritäre Systeme in der Dritten Welt nicht auf eigenständiger kultureller Tradition beruhen, sondern vielmehr „importierte autoritäre Systeme" seien (*Hanf* 1980: 19).

Zu dieser Kritik an diktatorischen Regimen tritt die Sorge um die Zerstörung der ohnehin äußerst fragilen demokratischen Infrastruktur vieler Entwicklungsländer, die durch autokratische Herrschaft auf lange Sicht hin ausgehöhlt wird. In jüngster Zeit wurde verstärkt der Ruf nach einer Entwicklungspolitik laut, die durch Selbsthilfe, Partizipation und Pluralismus zu einer Stärkung vorhandener demokratischer Institutionen und Potentiale beitragen soll.

Vor diesem Hintergrund ist die Feststellung nicht zu umgehen, daß in den meisten Fällen die langfristige Wirkung von Ausnahmeherrschaft nicht in der Verbesserung der Lebensbedingungen für die Bevölkerung, sondern im weiteren Auseinanderklaffen regionaler Entwicklungsdisparitäten, einer Zunahme der Massenarmut und der Mißachtung der Menschenrechte besteht. Der Mythos von der Entwicklungsdiktatur dürfte damit widerlegt sein. Demgegenüber ist auch der beachtliche wirtschaftliche Aufschwung in den ostasiatischen Ländern Südkorea und Taiwan, der immer wieder als

Beleg für die größere Entwicklungseffizienz autoritärer Regime herangezogen wird, kein überzeugendes Gegenbeispiel. Südkorea und Taiwan sind infolge günstiger Voraussetzungen Sonderfälle nachholender Entwicklung. Dazu gehörten eine weniger ausbeuterische Politik der Kolonialmacht, eine relativ ausgewogene (ländliche) Besitzverteilung und eine günstige weltwirtschaftliche Konstellation zu Beginn ihrer exportorientierten Industrialisierung (*Menzel* 1983).

Damit stellt sich die Frage nach den Ursachen der Modernisierungsschwäche autoritärer Regime. Auch diese Thematik ist äußerst kontrovers; je nach politischem Standort wurde sie lange Zeit entweder mit dem Vorherrschen sog. „endogener" oder „exogener" Faktoren beantwortet. Bei dem heute erreichten Erkenntnisstand wird deutlich, daß monokausale Erklärungen zu kurz greifen. In aller Regel handelt es sich um eine Kombination innergesellschaftlicher und externer Determinanten, wobei die einzelnen Wirkungskräfte in ihrer Gewichtung entsprechend der historischen, politischen, ökonomischen und sozio-kulturellen Rahmenbedingungen eines Landes in Fallstudien gesondert zu bestimmen sind. Als endogene Faktoren wurden dabei die Korporativinteressen (*Nordlinger* 1977) sowie die Reformunwilligkeit militärischer und ziviler Autokraten genannt (*Nuscheler* 1979: 206), deren obrigkeitsstaatliche Werthaltungen und Verhaltensmuster (*Albrecht* u. a. 1976: 21), eine schwache Legitimationsbasis, die der Mobilisierung und Partizipation der Bevölkerung für Entwicklungsvorhaben enge Grenzen setzt, sowie administrative Engpässe (*Sielaff* 1976: 358).

Hinzu kommt eine in der Repression alternativer Eliten und im Fehlen von Nachfolgeregelungen angelegte politische Instabilität, die durch die Neigung der Herrschaftszirkel noch verstärkt wird, das institutionelle Gefüge um machtpolitischer Vorteile willen ständig in Fluß zu halten. Eine kontinuierliche entwicklungspolitische Aufbauarbeit ist unter solchen Vorzeichen weitgehend ausgeschlossen (*Rüland* 1982: 240).

Diese Entwicklungshemmnisse werden durch externe Faktoren verstärkt, die aus der Abhängigkeit der Dritte-Welt-Staaten von den Industrienationen und den von ihnen dominierten internationalen Organisationen wie der Weltbank oder dem Internationalen Währungsfond resultieren (*Tetzlaff* 1977: 73; *Payer* 1982). Als Folge dieser Abhängigkeitsstrukturen habe sich eine parasitäre Interessenkoalition zwischen einheimischer Staatsklasse mit transnationalen Konzernen und den internationalen Entwicklungsbürokratien herausgebildet, die angesichts knapper Ressourcen eine breit angelegte Wohlfahrtspolitik von vornherein zum Scheitern verurteile (*Stauffer* 1979).

7. Fazit und Ausblick

Anders als in den 60er Jahren taucht der Begriff Entwicklungsdiktatur heute nur noch selten in der sozialwissenschaftlichen Literatur auf. Dies mag auch daran liegen, daß einige Annahmen, die diesem Begriff zugrundelagen, seitdem an Einfluß verloren haben. Dies gilt einmal für die Elitengläubigkeit, auf der fast alle Begründungsversuche der Entwicklungsdiktatur in irgendeiner Weise beruhten. Die Fähigkeit der Führungsschichten in der Dritten Welt, sich uneigennützig und rational für das Wohl der Nation zu engagieren, war offensichtlich erheblich überschätzt worden. Zum anderen haben sich die meisten theoretischen Begründungen des „starken" Staates vor allem mit der zentralstaatlichen Ebene, d. h. den nationalen Entscheidungsgremien, den bürokratischen Organisationen und dem Vollzugsapparat befaßt. Dagegen blieben die lokalen politischen und wirtschaftlichen Strukturmerkmale weitgehend unberücksichtigt. In den letzten Jahren hat jedoch ein Wandel eingesetzt. Regionale Aspekte und lokale Besonderheiten werden stärker beachtet und die Frage nach einer breiteren Trägerschicht von Entwicklungsstrategien aufgeworfen (*Hanisch* 1983).

Im Rückblick kann man feststellen, daß der Begriff „Entwicklungsdiktatur" gerade in einer Zeit populär war, als man glaubte, generalisierende Aussagen für alle Staaten in der Dritten Welt und über deren künftigen Weg machen zu können. Seine Anziehungskraft resultierte sicherlich auch daraus, daß er scheinbar eine Handlungsorientierung anbot: Wachstum und Modernisierung sollten durch eine vorübergehende, gleichsam kommissarisch und sachorientiert wirkende Diktatur in Gang gesetzt werden. Nachdem die drängendsten Probleme einmal gelöst und die Entwicklungsziele erreicht worden seien, sollte die Ausnahmeherrschaft wieder verschwinden. Im Mittelpunkt dieser Vorstellung standen mithin wirtschaftliches Wachstum und technischer Fortschritt, Politik und Machtausübung erschienen dagegen als untergeordnete Größen. Auch wenn die einzelnen Ansätze von unterschiedlichen politischen Ordnungsvorstellungen ausgingen, so war ihnen doch ein etatistischer Grundzug gemeinsam, der auf eine Stärkung der Staatsmacht hinauslief. Zum wichtigsten Beurteilungskriterium von Regimen avancierten deren Zielsetzungen, die ganz auf die Zukunft ausgerichtet waren, und weniger ihre alltägliche Herrschaftspraxis. Aus diesem Grunde ist es nicht überraschend, daß die „Entwicklungsdiktatur" bei keinem Autor zu einem theoretisch und historisch fundierten wissenschaftlichen Konzept heranreifte. Schließlich konnte der Begriff allenfalls vorübergehend Verwendung finden, was aus den bald sichtbar gewordenen unterschiedlichen Phasen der Diktaturen in der Dritten Welt resultierte. Schon nach wenigen Jahren wurde deutlich, daß die hochgesteckten Modernisierungsziele der Regime nicht eingelöst wurden, womit der Begriff zunächst jegliche wissenschaftliche Relevanz, bald aber auch seine ohnehin prekäre legitimatorische Funktion in den jeweiligen Gesellschaften verlor. Der Niedergang von „Entwicklungs-"Regimen in Südamerika und dem Iran sind anschauliche Beispiele für diesen Vorgang. Auch in Hinblick auf solche Ansätze, die nicht direkt von einer „Entwicklungsdiktatur" sprachen, gleichwohl einen autoritären Grundzug aufwiesen, setzte ein Umdenken ein.

In neueren politikwissenschaftlichen Studien zeichnet sich nun die Tendenz ab, die Problematik von Herrschaft und Entwicklung getrennt zu analysieren. Dies gilt um so mehr, als auch Begriffe wie „Weltmarktdissoziation", „Abkopplung", und „autozentrierte Entwicklung", mit denen sich die entwicklungstheoretische Diskussion in der Bundesrepublik ausführlich beschäftigte, keine schlüssige Interpretation politischer Entwicklung oder gar eine Handlungsanleitung zur Überwindung von Unterentwicklung zu liefern vermochten. Zum einen rangierten in den meisten dieser Konzepte die ökonomischen vor den politischen Faktoren, zum anderen wurden ihre inhaltlichen Annahmen zum Teil von der historischen Entwicklung überholt und in Frage gestellt, wofür China das jüngste Beispiel bildet.

Angesichts der Schwierigkeiten, die widersprüchlichen Beziehungen zwischen politischen Institutionen, wirtschaftlicher Abhängigkeit und sozialen Bewegungen in den Staaten der Dritten Welt politikwissenschaftlich zu erklären, zeichnet sich eine Abkehr von übergreifenden Theorien ab. Ein Beleg dafür ist die neuere Autoritarismus-Diskussion, die der politischen Sphäre wieder einen höheren Stellenwert einräumt und sie nicht dem Primat ökonomischer Entwicklung unterordnet. Autoritäre Regime werden nicht mehr nur als transitorische Zwischenlösung auf dem Weg zu einer modernen demokratischen Gesellschaft aufgefaßt, sondern als eigenständige Herrschaftsformen, zu deren Entstehung sowohl historische und interne Wirkkräfte als auch externe wirtschaftliche Abhängigkeiten beigetragen haben. Diese Ausrichtung bedeutet nicht, daß man sich mit der Existenz von Ausnahmeregimen und antidemokratischen Strukturen in den Staaten der Dritten Welt abgefunden hätte. Vielmehr zeigt die neuere entwicklungstheoretische Diskussion sowohl in einigen Staaten der Dritten Welt als auch in der Bundesrepublik, daß die Suche nach demokratischen Alternativen und partizipatorischen Entwicklungsmodellen einen höheren Stellenwert besitzt als in der Vergangenheit, in der vor allem die Frage des wirtschaftlichen Wachstums die Auseinandersetzung bestimmte.

Anmerkungen

1 Sowohl *Herrfahrdt* als auch *Scupin* übersahen die rein legitimatorische Funktion der Experimente *Sukarnos* und *Ayub Khans* mit Formen der „traditionellen Dorfdemokratie" (gotong royong, basic democracies) und bezeichneten sie als ein ‚gewisses Leitbild für eine der pluralistischen Gesellschaft entsprechende Staatsordnung" (*Herrfahrdt* 1966: 567 ff.) oder „Demokratien sui generis". Siehe hierzu *Scupin, Hans-Ulrich* (1965: 26).
2 Zum Begriff der politischen Entwicklung siehe *Nuscheler, Franz* (1969: 67—103) und *Franz-Wilhelm Heimer* (1971: 449—515).
3 *O'Brien, Donal Cruise* in seinem brillanten Aufsatz: Modernization, Order, and the Erosion of a Democratic Ideal: American Political Science 1960—1970 (1972: 315—377); *O'Brien* macht dafür drei Aspekte verantwortlich: Die Instabilität der Regierungssysteme in der Dritten Welt, den Kurswechsel in der amerikanischen Außenpolitik von einer reformistischen zu einer konservativen, antirevolutionären Containment-Politik und die Erfahrung innenpolitischer Gärungsprozesse in den USA selbst.
4 Zu nennen sind hierzu vor allem *Johnson, John J.* (Hrsg.) (1962), *Janowitz, Morris* (1964), *Doorn, Jacques van* (1968).
5 So betont *Pye* die Funktion von Militärregimen als Bollwerk gegen den Kommunismus und ihre im allgemeinen größere Bereitschaft, außenpolitisch mit den USA zu kooperieren (*Pye* 1962: 87—88). Ähnlich argumentieren auch *Pauker, Guy J.* (1959: 325—345) und *J. Kirkpatrick* (1982).
6 *La Palombara* (1963: 23). Diese der Bürokratie zugeschriebene Rolle als Garant der politischen Ordnung im Entwicklungsprozeß wird von *Riggs* bezweifelt. Unter Berufung auf seine vor allem in Thailand und den Philippinen durchgeführten Studien hält *Riggs* einer allzu optimistischen Einschätzung der Bürokratie die Funktionsweise der „Sala-Verwaltung" entgegen, die politische Spannungen und Instabilität geradezu begünstige (*Riggs, Fred W.* 1964).
7 Zur Kritik der Modernisierungstheorien siehe u. a. *Riegel, Klaus-Georg* (1976: 55—75).
8 Kritische Anmerkungen zu den Studien mit dem Ansatz autozentrierter Entwicklung bei *Kößler, Reinhart* (1982: 50—82) sowie in dem Artikel von *Hein, Wolfgang* (1982: 6—24).
9 In dem umfangreichen Sammelband von *Hanisch, Rolf* und *Rainer Tetzlaff* (Hrsg.) (1981) kommt dieses Problem recht deutlich zum Ausdruck. Die allgemeinen Beiträge zur Staatsdiskussion stehen weitgehend losgelöst von den Länderuntersuchungen und Fallbeispielen im zweiten Teil.

10 Vgl. *Lipset, S. M.* (1954: 401–444); kritisch dazu: *Waldmann, Peter* (1974: 295), der den Peronismus zu den autoritären Regimen zählt. Für Spanien wird der Begriff diskutiert in: *Beyme, Klaus von* (1971).
11 Besonders ausgeprägt bei *Dos Santos, Theotonio* (1977: 173–193), der von einem „abhängigen Faschismus" spricht. Kritisch dazu: *Mires, Fernando* (1979: 22–50).
12 *O'Donnell* erwähnt Spanien, Mexiko, Griechenland, Südkorea, die Philippinen, Polen, Ungarn und Österreich. Kritische Anmerkungen dazu sowie zum gesamten Ansatz von *O'Donnell* in: *Remmer, Karen L.* und *Gilbert W. Merkx* (1982: 3–50, hier 7).
13 Zum Ergebnis einer größeren Entwicklungseffizienz des Militärs gelangen u. a. *Sundhaussen* (1979: 371); *Zimmermann, Ekkart* (1981: 81); ebenso *Kim, C. I. Eugene* (1981: 53), der sogenannte „civilisized military regimes" (Südkorea, Indonesien, Taiwan) für entwicklungspolitisch effizienter als „military dominant regimes" (Bangladesh, Birma, Pakistan) und „civilian regimes" (VR China, Nordkorea, Vietnam) hält.
14 So auch die wohl materialreichste Untersuchung zu diesem Thema: *Büttner, Friedemann, Klaus Lindenberg, Ludger Reuke, Rüdiger Sielaff* (1976).

Literaturverzeichnis

Albrecht, Ulrich, 1976: Rüstung und Unterentwicklung – Iran, Indien, Griechenland/Türkei: Die verschärfte Militarisierung, Reinbek.
Allemann, Fritz René, 1960: Staatsstreich als Regulativ. Militär und Politik in den Entwicklungsländern, in: Der Monat, Bd. 12, (142), 21–31.
Apter, D. E., 1965: The Politics of Modernization, Chicago.
Bahro, Rudolf, 1977: Die Alternative. Zur Kritik des real existierenden Sozialismus, Köln.
Ball, Nicole, 1981 The Military in Politics: Who Benefits and How, in: World Development, Bd. 9, (6).
Behrendt, Richard F., 1965: Soziale Strategie für Entwicklungsländer, Frankfurt.
Berg-Schlosser, Dirk, 1984: Afrika zwischen Despotie und Demokratie, in: Aus Politik und Zeitgeschichte, 7.
Beyme, Klaus von, 1971: Vom Faschismus zur Entwicklungsdiktatur – Machtelite und Opposition in Spanien, München.
Bienen, Henry, 1971: The Background to Contemporary Study of Militaries and Modernization, in: *Henry Bienen* (Hrsg.), The Military and Modernization, Chicago-New York.
Bracher, Karl Dietrich, 1981: Geschichte und Gewalt. Zur Politik im 20. Jahrhundert, Berlin.
Bracher, Karl Dietrich 1982: Zeit der Ideologien. Eine Geschichte politischen Denkens im 20. Jahrhundert, Stuttgart.
O'Brien, Donal Cruise, 1972: Modernization, Order, and the Erosion of a Democratic Ideal American Political Science 1960–1970, in: Journal of Development Studies, Bd. 8, 315–377.
Buro, Andreas, 1981: Autozentrierte Entwicklung durch Demokratisierung? Lehren aus Vietnam und anderen Ländern der Dritten Welt, Frankfurt.
Büttner, Friedemann, Klaus Lindenberg, Ludger Reuke, Rüdiger Sielaff, 1976: Reform in Uniform? Militärherrschaft und Entwicklung in der Dritten Welt, Bonn.
Cabral, Amilcar, 1983: Die Theorie als Waffe. Schriften zur Befreiung in Afrika, Bremen.
Canak, William L., 1984: The Peripheral State Debate: State Capitalist and Bureaucratic Authoritarian Regimes in Latin America, in: Latin America Research Review, Bd. XIX, (1), 3–36.
Collier, David (Hrsg.), 1979: The New Authoritarianism in Latin America, Princeton.
Dix, Robert H., 1982: The Breakdown of Authoritarian Regimes, in: The Western Political Quarterly, 35. (4) 554–573.
O'Donnell, G. A., 1973: Modernization and Bureaucratic Authoritarianism. Studies in South American Politics, Berkeley.
Doorn, Jacques van, 1968: Armed Forces and Society. Sociological Essays, The Hague-Paris.
Dos Santos, Theotonio, 1977: Socialismo y Fascismo en América Latina hoy, in: Revista Mexicana de Sociologia, 1, 173–190.
Eisenstadt, Samuel N., 1960: Problems of Emerging Bureaucracies in Developing Areas and New States, Chicago.
Eisenstadt, Samuel N., 1960a: Modernization: Protest and Change, Englewood Cliffs.

Elsenhans, Hartmut, 1981: Abhängiger Kapitalismus oder bürokratische Entwicklungsgesellschaft: Versuch über den Staat in der Dritten Welt, Frankfurt.
Evers, Tilman, 1977: Bürgerliche Herrschaft in der Dritten Welt. Zur Theorie des Staates in ökonomisch unterentwickelten Gesellschaftsformationen, Frankfurt.
Evers, Tilman und *Peter von Wogau*, 1973: „dependencia": lateinamerikanische Beiträge zur Theorie der Unterentwicklung, in: Das Argument 15 (79), 404—452.
Fanon, Frantz, 1966: Die Verdammten dieser Erde, Frankfurt.
Finer, Samuel E., 1962: The Man on Horseback. The Role of the Military in Politics, Harmondsworth.
Friedrich, Carl Joachim, 1966: Sowjetsystem und Demokratische Gesellschaft, Bd. 1, Freiburg.
Hanf, Theodor, 1980: Überlegungen zu einer demokratieorientierten Dritte-Welt-Politik, in: Aus Politik und Zeitgeschichte, 7.
Hanisch, Rolf, 1983: Der Staat, ländliche Armutsgruppen und legale Bauernbewegung in den Philippinen, Baden-Baden.
Hanisch, Rolf und *Rainer Tetzlaff* (Hrsg.), 1981: Staat und Entwicklung. Studien zum Verhältnis von Herrschaft und Gesellschaft in Entwicklungsländern, Frankfurt.
Heilbronner, R., 1963: The Great Ascent, New York.
Heimer, Franz-Wilhelm, 1971: Begriffe und Theorien der „politischen Entwicklung". Bilanz einer Diskussion und Versuch einer Ortsbestimmung G. A. Almonds, in: *Oberndörfer, Dieter* (Hrsg.), Systemtheorie, Systemanalyse und Entwicklungsländerforschung, Berlin, 449—515.
Hein, Wolfgang, 1982: Globale Vergesellschaftung im kapitalistischen Weltsystem und die Grenzen eigenständiger nationaler Entwicklung, in: Peripherie Nr. 10/11, 6—23.
Halpern, M., 1965: The Politics of Change in the Middle East and North Africa, Princeton.
Herrfahrdt, Heinrich, 1966: Entwicklung der Staatsordnung, in: *Besters, Hans* und *Ernst E. Boesch* (Hrsg.), Entwicklungspolitik. Handbuch und Lexikon, Stuttgart-Berlin-Mainz.
Horowitz, Irving Louis, 1975: Militarisierung, Modernisierung und Mobilisierung, in: *Horowitz, Irving Louis*, Grundlagen der politischen Soziologie, Bd. III, Formen gesellschaftlichen und politischen Wandels, Freiburg.
Huntington, Samuel P., 1968: Political Order in Changing Societies, New York-London.
Huntington, Samuel P., 1970: Social and Institutional Dynamics in One-Party-Systems, in: *Huntington, Samuel P.* und *Clement H. Moore* (Hrsg.), Authoritarian Politics in Modern Society. The Dynamics of Established One-Party-Systems, New York-London.
Huntington, Samuel P., 1979: Politischer und wirtschaftlicher Wandel in Südeuropa und Lateinamerika, in: Europa Archiv, April, 231—243.
Hurtienne, Thomas, 1982: Sozialismus und autozentrierte Entwicklung. Zur Korrektur eines entwicklungspolitischen Modells anhand der Beispiele China, Nordkorea, Albanien und Kuba, in: *Reiner Steinweg* (Redaktion), Hilfe + Handel = Frieden? Die Bundesrepublik in der Dritten Welt, Frankfurt, 307—358.
Ibrahim, Salim und *Verena Metze-Mangold* 1976: Nichkapitalistischer Entwicklungsweg. Ideengeschichte und Theorie-Konzept, Köln.
Illy, Hans F., *Rüdiger Sielaff*, *Nikolaus Werz*, 1980: Diktatur — Staatsmodell für die Dritte Welt?, Freiburg-Würzburg.
Iskenderow, Achmed, 1972: Die nationale Befreiungsbewegung. Probleme, Gesetzmäßigkeiten, Perspektiven, Frankfurt.
Janowitz, Morris, 1964: The Military in the Development of New Nations, Chicago.
Johnson, John J. (Hrsg.), 1962: The Role of the Military in Underdeveloped Countries, Princeton.
Kim, C. I. Eugene, 1981: Asian Military Regimes: Political Systems and Styles, in: *Janowitz, Morris* (Hrsg.), Civil-Military Relations. Regional Perspectives, Beverly Hills-London.
King, Dwight Y., 1981: Regime Type and Performance: Authoritarian Rule, Semi-Capitalist Development, and Rural Inequality in Asia, in: Comparative Political Studies, Bd. 13, (4), 477—504.
Kirkpatrick, Jeane, 1982: Dictatorships and Double Standards. Rationalism and Reason in Politics, New York.
Kößler, Reinhart, 1982: „Sozialistische Entwicklungsländer": Entwicklung des Sozialismus? in: Peripherie, Nr. 10/11, 50—81.
La Palombara, Joseph, 1963: Bureaucracy and Political Development, Princeton.
Lanz, L. Vallenilla, 1961: Cesarismo Democrático. Estudio sobre las bases sociológicas de la Constitución efectiva de Venezuela, Caracas (Erstausgabe 1919).

Leggewie, Claus, 1982: Nichtkapitalistischer Entwicklungsweg — Alternative, Bluff oder Herrschaftsideologie, in: *Nohlen, Dieter* und *Franz Nuscheler* (Hrsg.), Handbuch der Dritten Welt 1, Hamburg.
Linz, J. J., 1975: Totalitarian and Authoritarian Regimes, in: *Greenstein, F. J.* und *N. W. Polsby* (Hrsg.), Handbook of Political Science, Bd. 3, Reading (Mass.).
Linz, J. J. und *Alfred Stephan*, 1978: The Breakdown of Democratic Regimes, Baltimore.
Lipset, S. M., 1954: Der „Faschismus", die Linke, die Rechte und die Mitte, in: Kölner Zeitschrift für Soziologie und Sozialpsychologie, Jg. 11, 401—444.
Löwenthal, Richard, 1963: Staatsfunktion und Staatsform in den Entwicklungsländern, in: *Löwenthal, Richard* (Hrsg.), Die Demokratie im Wandel der Gesellschaft, Berlin, 164—192.
Malloy, James M. (Hrsg.), 1977: Authoritarianism and Corporatism in Latin America, Pittsburgh.
Mansilla, H. C. F. (Hrsg.), 1974: Probleme des Dritten Weges, Darmstadt.
Mansilla, H. C. F., 1977: Der südamerikanische Reformismus. Nationalistische Modernisierungsversuche in Argentinien, Bolivien und Peru, Rheinstetten.
Mansilla, H. C. F., 1978: Entwicklung als Nachahmung. Zu einer kritischen Theorie der Modernisierung, Meisenheim.
Mao Tse-Tung, 1969: Über die Koalitionsregierung (1945), in: *Mao Tse-Tung*, Ausgewählte Werke, Bd. III, Peking.
Mao Tse-Tung, 1969: Über die Demokratische Diktatur des Volkes (1949), in: *Mao Tse-Tung*, Ausgewählte Werke, Bd. IV, Peking.
McKinlay, R. D. und *A. S. Cohen*, 1975: A Comparative Analysis of the Political and Economic Performance of Military and Civilian Regimes, in: Comparative Politics, Bd. 8, 1—30.
Menzel, Ulrich, 1983: Schwellenländer und internationales System: Zum Einfluß von Imperialismus, Ost-West-Konflikt und Neoimperialismus im Prozeß nachholender Entwicklung Ostasiens, in: Internationales Asienforum, Heft 2/3, 149—173.
Mires, Fernando, 1979: Para una Critica a la teoria de Fascismo Latinoamericano, in: Nueva Sociedad, 45.
Mols, Manfred, 1981: Politikwissenschaft und Entwicklungsländerforschung in der Bundesrepublik Deutschland, in: *Bracher, Karl-Dietrich* u. a., Entwicklungslinien der Politikwissenschaft in der Bundesrepublik Deutschland, Sankt Augustin.
Newman, Karl J., 1963: Die Entwicklungsdiktatur und der Verfassungsstaat, Frankfurt.
Nohlen, Dieter, 1982: Regimewechsel in Lateinamerika? Überlegungen zur Demokratisierung autoritärer Regime, in: *Lindenberg, Klaus* (Hrsg.), Lateinamerika: Herrschaft, Gewalt und internationale Abhängigkeit, Bonn, 63—86.
Nohlen, Dieter und *Franz Nuscheler* (Hrsg.), 1974: Handbuch der Dritten Welt, Bd. 1, Hamburg.
Nordlinger, Eric A., 1970: Soldiers in Mufti: Impact of Military Rule upon Economic and Social Change in Non-Western States, in: American Political Science Review, Bd. 64, 1131—1148.
Nordlinger, Eric A., 1977: Soldiers in Politics: Military Coups and Governments, Englewood Cliffs.
Nuscheler, Franz, 1969: Theorien der politischen Entwicklung, in: Civitas, Jahrbuch für Sozialwissenschaften, Bd. VIII, 67—103.
Nuscheler, Franz, 1979: Erscheinungs- und Funktionswandel des Prätorianismus in der Dritten Welt, in: Civitas, Jahrbuch für Sozialwissenschaften, Bd. 16, 171—213.
Oberndörfer, Dieter, 1981: Grundrechte und die Dritte Welt. Aspekte der Entwicklungspolitik, in: Evangelische Kommentare, Heft 11, 642—644.
Oberndörfer, Dieter, 1982: Menschenrechte, Grundbedürfnisse und kulturelle Identität, in: *Wissenschaftlicher Beirat beim Bundesminister für wirtschaftliche Zusammenarbeit* (Hrsg.), Herausforderungen für die Entwicklungspolitik in den 80er Jahren, München-Köln-London.
Pauker, Guy, J., 1959: Southeast Asia as a Problem Area in the Next Decade, in: World Politics, Bd. 11, (3), 325—345.
Payer, Cheryl, 1982: The World Bank, A Critical Analysis, London.
Philip, George, 1984: Military — Autoritarianism in South America: Brazil, Chile, Uruguay and Argentina, in: Political Studies 23.
Pye, Lucian W., 1962: Armies in the Process of Political Modernization, in: *John J. Johnson* (Hrsg.), The Role of the Military in Underdeveloped Countries, Princeton.
Rama, Angel (Hrsg.), 1982: Der lange Kampf Lateinamerikas, Texte und Dokumente von José Martí bis Salvador Allende, Frankfurt.
Remmer, Karen und *Gilbert W. Merkx*, 1982: Bureaucratic Authoritarianism Rivisited, in: Latin American Research Review, Bd. XVII, (2), 3—50.

Riegel, Klaus-Georg, 1976: Politische Soziologie unterindustrialisierter Gesellschaften: Entwicklungsländer, Wiesbaden.
Riggs, Fred W., 1964: Administration in Developing Countries. The Theory of Prismatic Society, Boston.
Ronneberger, Franz, 1965: Militärdiktaturen in Entwicklungsländern. Ein Beitrag zur politischen Formenlehre, in: Jahrbuch für Sozialwissenschaften 1/16, 13–49.
Rüland, Jürgen, 1982: Politik und Verwaltung in Metro Manila. Aspekte der Herrschaftsstabilisierung in einem autoritären politischen System, München.
Scupin, Hans-Ulrich (Hrsg.), 1965: Unvollendete Demokratie, Köln-Opladen.
Senghaas, Dieter, 1979: China 1979, in: *Habermas, Jürgen* (Hrsg.), Stichworte zur ‚Geistigen Situation der Zeit', Bd. 1, Frankfurt.
Senghaas, Dieter, 1980: Sozialismus. Eine entwicklungstheoretische, geschichtliche und entwicklungstheoretische Betrachtung, in: Leviathan 1, 10–40.
Shils, Edward, 1962: Political Development in New States, The Hague.
Sielaff, Rüdiger, 1976: Militärregime und Entwicklungspolitik in Süd- und Südostasien, in: *Büttner, F.* et al., Reform in Uniform? Militärherrschaft und Entwicklung in der Dritten Welt, Bonn.
Sotelo, I., K. Eßer, B. Moltmann, 1975: Die bewaffneten Technokraten. Militär und Politik in Lateinamerika, Hannover.
Sonntag, Karl R., 1973: Der Staat des unterentwickelten Kapitalismus, in: Kursbuch, Nr. 31, 157–183.
Stauffer, Robert B., 1977: Philippine Corporatism: A Note on the „New Society", in: Asian Survey, Bd. XVII, (4).
Stauffer, Robert B., 1979: The Political Economy of Refeudalization, in: *Rosenberg, David A.* (Hrsg.), Marcos and Martial Law in the Philippines, Ithaca-London.
Sundhaussen, Ulf, 1979: Die Militärregime-Forschung. Betrachtungen zum Stand einer neuen Forschungsrichtung, in: Zeitschrift für Politik, N. F. 26, 362–377.
Tetzlaff, Rainer, 1977: Staat und Klasse in peripher-kapitalistischen Gesellschaftsformationen: Die Entwicklung des abhängigen Staatskapitalismus in Afrika, in: Verfassung und Recht in Übersee, Bd. 10, 43–77.
Tibi, Bassam, 1973: Militär und Sozialismus in der Dritten Welt, Frankfurt.
Tibi, Bassam, 1975: Zur Kritik der sowjetmarxistischen Entwicklungstheorie, in: *Tibi, B.* und *V. Brandes* (Hrsg.), Handbuch 2/Unterentwicklung, Frankfurt.
Waldmann, Peter, 1974: Der Peronismus 1943–1955, Hamburg.
Werz, Nikolaus, 1983: Parteien, Staat und Entwicklung in Venezuela, München.
Westen, Klaus, 1964: Der Staat der nationalen Demokratie. Ein kommunistisches Modell für Entwicklungsländer, Köln.
Wiarda, Howard (Hrsg.), 1974: Politics and Social Change in Latin America: The Distinct Tradition, Amherst: Massachussetts.
Wippermann, Wolfgang, 1976: Faschismustheorien. Zum Stand der gegenwärtigen Diskussion, Darmstadt.
Zimmermann, Ekkart, 1981: Krisen, Staatsstreiche und Revolutionen. Theorien, Daten und neuere Forschungsansätze, Opladen.

Zu den Bedingungen von Demokratie in der Dritten Welt

Dirk Berg-Schlosser

I. Einführung

Die Frage nach den Konstitutionsbedingungen demokratischer politischer Systeme zählt zu den zentralsten Anliegen der Politikwissenschaft. Von *Aristoteles* über *Locke*, *Rousseau* und *Tocqueville* bis hin zu vielfältigen Ausprägungen der Gegenwart ist sie immer neu gestellt, bei näherem Hinsehen stets aber auch nur sehr partiell beantwortet worden. Das ist bei der Komplexität dessen, was alles in den Demokratiebegriff einfließt, auch nicht verwunderlich. Dies beginnt, auf der „Mikro"-Ebene, mit Fragen nach der „demokratischen Persönlichkeit" (vgl. a. *Sniderman* 1975, *Berg-Schlosser* 1982 a) und den Prämissen „rationalen Handelns" (auch im Sinne des Demokratiemodells von *Downs* 1957). Es setzt sich fort mit Aspekten einer allgemeineren partizipatorischen, toleranten, auf akzeptierten Konfliktregelungsmechanismen ruhenden politischen Kultur (vgl. hierzu auch das „Forum" der PVS 1980/81) und den auf sie einwirkenden Faktoren. Zu den wesentlichen gesellschaftlichen Grundlagen gehören dann auch Aspekte der Sozialstruktur und ihrer spezifischen Dynamik (vgl. z. B. *Moore* 1966). Nicht zuletzt Fragen der Produktionsweise, der ökonomischen Verteilungsmechanismen usw. fließen hier ein (nahezu bereits „klassisch" hierzu auch *Schumpeter* 1943). Auf der Ebene der „intermediären" Strukturen stehen die „Pluralität" der Interessenvermittlung (vgl. a. *Dahl* 1982), die konkreten Ausprägungen des Parteiensystems (für die westeuropäische Entwicklung grundlegend hierzu insbesondere *Lipset, Rokkan* 1967) und „neue soziale Bewegungen" (vgl. z. B. *Guggenberger* 1980) im Vordergrund. Im zentralen politischen System schließlich werden vor allem Fragen der Gewaltenteilung in „präsidialen" oder „parlamentarischen" Systemen (vgl. *Loewenstein* 1957), des „Konsens"- oder „Westminster"-Modells (*Lijphart* 1977), des Wahlrechts, der Rechtstaatlichkeit, der Unabhängigkeit der Justiz und der Medien usw., aber auch allgemeine organisationssoziologische Fragestellungen (vgl. z. B. *Etzioni* 1968, *Naschold* 1969) erörtert. Ein Kompromisse ermöglichender politischer Stil, Respektierung von Opposition, die Überprüfbarkeit und Verantwortbarkeit von Entscheidungen, eine offene „bürgernahe" und bürgerfreundliche Administration, Vermeidung von Nepotismus und Korruption sind weitere Attribute eines solchen Systems und der in ihm Handelnden. Zwischen allen diesen Ebenen entstehen Probleme der „Kongruenz" (*Eckstein* 1966) und, über vielfältige Rückkopplungsmechanismen, der dynamischen Anpassung und Entwicklung im Zeitablauf. Darüber hinaus ist in vielen Fällen die Frage externer Einwirkungen (durch militärische Okkupation, Immigration, ökonomische Abhängigkeiten, usw.) und die Einbettung in globale Zusammenhänge des

„Weltsystems" (vgl. z. B. *Thompson* 1983) nicht zu vernachlässigen. All dies ist dann auch normativ im Sinne der zentralen Fragen der politischen Philosophie nach einer „guten" politischen Ordnung, einer im materiellen und immateriellen Sinne „würdigen" Existenz des Menschen, seiner grundlegenden Rechte und Freiheiten, der Chancen seiner dynamischen Entfaltung, des Minderheitenschutzes usw. zu beurteilen (vgl. z. B. a. *Pateman* 1970, *Scharpf* 1972).

An dieser Stelle kann selbstverständlich ebenfalls nur ein begrenzter Ausschnitt aus dieser komplexen Problematik behandelt werden. Wir werden uns dabei auf die makroquantitative Analyse einiger sozialstruktureller und ökonomischer Faktoren beschränken, die in der Diskussion von Demokratie und „Entwicklung" in den letzten Jahrzehnten eine herausragende Rolle gespielt haben. In geographischer Hinsicht beziehen wir uns ausschließlich auf die wichtigsten Regionen der „Dritten Welt" (zur begrifflichen Diskussion vgl. a. *Nohlen, Nuscheler* 1982, Bd. 1). Auf diese Weise können in der vorliegenden Literatur häufig vorgenommene Vermengungen zwischen ökonomischer und politischer Entwicklung bei globalen Querschnittsuntersuchungen vermieden werden. Im zeitlichen Sinne ist die Untersuchung aufgrund der verfügbaren Datenbasis im wesentlichen auf den Zeitraum von 1960–1980 beschränkt. Dies ist in historischer Perspektive sicher nur eine kurze Zeitspanne. Für die meisten Staaten Afrikas, Asiens oder des Nahen Ostens lassen sich aber die Bedingungen und Verwirklichungschancen von Demokratie erst sinnvoll in der post-kolonialen Ära untersuchen. Hierfür ist das Jahr 1960, das einen Höhepunkt der Dekolonisierungsphase, vor allem in Afrika, darstellte, ein angemessener und von der Datenlage her vertretbarer Ausgangspunkt. Lediglich für Lateinamerika, dessen politische Dekolonisierung in den ersten Jahrzehnten des 19. Jahrhunderts einsetzte, wäre eine längerfristige Perspektive sinnvoll (vgl. z. B. *Banks* 1972). Wegen der in vielfacher Hinsicht sehr unzureichenden Quellenlage für diesen längeren Zeitraum und aus Gründen der aktuellen Vergleichbarkeit mit anderen Regionen beschränken wir uns hier aber ebenfalls auf die Entwicklungen der beiden letzten Jahrzehnte.

Diese Eingrenzungen sollen aber auch die Relativität der zu gewinnenden Erkenntnisse verdeutlichen und erneut auf die Komplexität des Gesamtzusammenhangs verweisen. Nur unter sorgfältiger Beachtung dieser Grenzen lassen sich schrittweise auch kumulative Erkenntnisse gewinnen und die leider nach wie vor allzu häufig anzutreffenden Pauschalierungen vermeiden. Hierfür ist es zunächst erforderlich, sich mit den für unsere Thematik relevanten politikwissenschaftlichen Arbeiten der letzten Jahrzehnte kritisch auseinanderzusetzen. Auch hierbei kann allerdings, schon aus Raumgründen, kein Anspruch auf Vollständigkeit erhoben werden. Es geht vielmehr um das exemplarische Herausgreifen der für die Diskussion in diesem Bereich wichtigsten Thesen. Im Anschluß hieran sollen diese anhand des mittlerweile vorliegenden umfassenderen und neueren Datenmaterials überprüft werden. Ein abschließender Abschnitt wird dann versuchen, einige Konsequenzen für die demokratietheoretische Debatte zu ziehen, aber auch auf weiterbestehende Forschungsdefizite und Desiderate aufmerksam zu machen.

II. Zum Stand der Literatur

Grundlegend für die neuere demokratietheoretische Diskussion unter makro-quantitativen Aspekten war in erster Linie *Seymor M. Lipset*s „Political Man – The Social Bases of Politics" (1960), insbesondere Kapitel 2 über „Economic Development and Democracy" (in deutscher Sprache erschien dieser Band 1962 unter dem noch anspruchsvolleren Titel „Soziologie der Demokratie"). *Lipset* hatte in dieser Arbeit Daten über wirtschaftlichen Wohlstand, Industrialisierung, Bildungsniveau und Urbanisierung für die europäischen, angelsächsischen und lateinamerikanischen Staaten der Nachkriegsperiode der Art ihres politischen Systems („demokratisch" oder „diktatorisch") gegenübergestellt. Die Ergebnisse dienten ihm als Beleg für seine zentrale These: „The more well-to-do a nation, the greater the chance that it will sustain democracy" (31). *James S. Coleman* dehnte diesen Ansatz in dem ebenfalls grundlegenden, zusammen mit *Gabriel Almond* herausgegebenen Band „The Politics of the Developing Areas" auf weitere Regionen der Dritten Welt aus (1960, 532 ff.). Er unterschied hierbei zwischen „kompetitiven", „semi-kompetitiven" und „autoritären" politischen Systemen und untersuchte diese auf ihre jeweiligen sozio-ökonomischen Grundlagen. Im wesentlichen fand er *Lipset*s These, daß ein hohes Maß wirtschaftlicher Entwicklung und ein deutlich ausgeprägter Wettbewerbscharakter des politischen Systems stark positiv korreliert sind, bestätigt. Er machte jedoch auch auf bedeutsame regionale Variationen und abweichende Einzelfälle aufmerksam.

Phillips Cutright (1963) verfeinerte die im statistischen Sinne insgesamt sehr krude Vorgehensweise *Lipset*s und *Coleman*s. Statt bloßer arithmetischer Mittelwerte für die verschiedenen Kategorien, die die tatsächlich vorhandene Variationsbreite der Einzelfälle verschleierten, berechnete er Korrelationsmaße für die einzelnen sozio-ökonomischen Indikatoren und einen durchgängig konstruierten Index „nationaler politischer Entwicklung". In einer multiplen Regressionsanalyse bestätigte er aber insgesamt *Lipset*s These starker und hochsignifikanter Zusammenhänge zwischen diesen Variablen. *Karl W. Deutsch* (1961) hatte mittlerweile diesen Ansatz insoweit „dynamisiert", daß er nicht nur bestimmte Entwicklungsniveaus erfaßte, sondern auch die Veränderungsraten ausgewählter Indikatoren über längere Zeiträume berücksichtigte. Diese faßte er in einem „Index sozialer Mobilisierung" zusammen. Auch für ihn lag in diesen (positiv gerichteten) Veränderungen eine der wesentlichen Ursachen für „politische Entwicklung" insgesamt.

Durch die von *Arthur S. Banks* und *Robert B. Textor* (1963) und *Bruce M. Russett* et al. (1964) zusammengestellten ersten globalen Datenhandbücher erhielt dieser auf Sozialindikatoren fußende Ansatz eine breitere und systematischere komparative Basis. Auf dieser Grundlage wurden dann auch komplexere Untersuchungen z. B. faktoranalytischer Art hinsichtlich unterschiedlicher Dimensionen politischer Systeme durch *Phillip M. Gregg* und *Arthur S. Banks* (1965) und der Beziehungen zwischen verschiedenen sozialen und politischen Variablen und der Wachstumsrate des Bruttosozialprodukts pro Kopf durch *Irma Adelmann* und *Cynthia T. Morris* (1965) vorgenommen. *Marvin E. Olsen* (1968) unterzog den Prozeß „nationaler politischer Entwicklung" ebenfalls einer umfassenden multi-variaten Analyse. Zu seinen etwas kurioseren Resul-

taten gehört, daß sich insbesondere die Zahl der Kraftfahrzeuge pro 1 000 Einwohner als stärkster Prädiktor politischer Entwicklung herausschält. Er selbst muß allerdings feststellen: „Beyond these observations, however, little theoretical interpretation of any of the combinations of socio-economic variables seems possible" (709).
Über solche „fishing operations" bloßer Korrelationsanalysen hinaus schien es jedoch nötig, zu expliziteren theoretischen Formulierungen und Begründungen der beobachteten Phänomene zu kommen. Bereits *Daniel Lerner* (1958) hatte hierzu eine explizite Hypothese aufgestellt: „The secular evolution of a participant society appears to involve a regular sequence of three phases" (60). Diese bestehen aus der Urbanisierung, der Alphabetisierung und der Entwicklung der Massenmedien, aus der dann die Entwicklung der partizipatorischen Gesellschaft auch im politischen Sinne hervorgeht. Dies wird als zwangsläufig angesehen: „This ... suggests that the model of modernization follows an autonomous historical logic – that each phase tends to generate the next phase by some mechanism which operates independently of cultural or doctrinal variations" (61). Hier haben wir also die modernisierungstheoretische Prämisse in Reinkultur: Die beobachtete Entwicklung ist ein vollständig determinierter, linearer, positiv gerichteter Vorgang. Bei Unterschieden in den Entwicklungsniveaus verschiedener Staaten handelt es sich lediglich um Phasenverschiebungen desselben Prozesses. Interaktionen zwischen ihnen finden nicht statt oder können vernachlässigt werden.
Diese lineare Sequenz, die *Lerner* mit eigenen empirischen Befunden nur unzureichend stützen konnte, wurde von *Donald J. McCrone* und *Charles F. Cnudde* (1967) einem systematischen Test unterworfen. Unter erneuter Verwendung der *Cutright*-Daten kamen sie zu folgendem Modell (mit Angabe pfadanalytischer Koeffizienten):

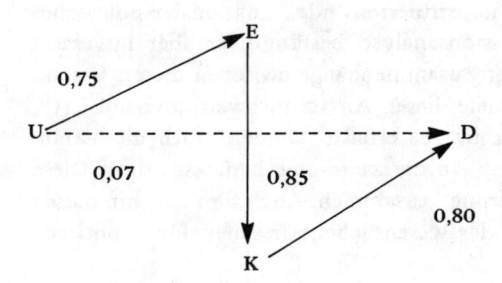

U = Urbanisierung
E = Erziehung
K = Kommunikation
D = Demokratisierung

Der Wirkungszusammenhang war also, wenn auch in dieser Darstellungsform probabilistisch etwas abgeschwächt, eindeutig.
Arthur K. Smith (1969) griff das *McCrone / Cnudde*-Modell erneut auf und testete es mit neueren Daten für eine größere Zahl von Fällen (110 statt ursprünglich 76 bei *Cutright*). Weiterhin legte er Wert auf die Verwendung unstandardisierter Regres-

sionskoeffizienten und einige weitere statistische Verfeinerungen. Er kam hierbei zwar auch zu Aussagen wie „a unit change in urbanization seems to produce approximately 0.5 units of change in democratic development" (120), blieb aber seinen eigenen Resultaten gegenüber deutlich skeptisch: „The findings suggest that a single consistent set of general causal laws may not be in operation" (124) und „given the complexity of democratic political development, the necessary assumptions that causal relationships are linear and unidirectional are especially dissatisfying" (ibid.). Bereits eine solche immanente Kritik verweist also auf die Mängel dieser Modelle und damit implizit auf die Unzulänglichkeiten der „modernisierungstheoretischen" Ansätze der empirischen Demokratie-Theorie à la *Lipset* und *Lerner* im allgemeinen.

Eine entscheidende Schwäche dieses Vorgehens lag darin, „politische Entwicklung" und „Demokratisierung" weitgehend gleichzusetzen. So stellt auch *Betty A. Nesvold* (1971) fest: „The use of the concept of political development has been thoroughly muddled. In early analyses, cross-national researchs often made the hypothesis and conclusion, which for some became a kind of natural law of politics, that economic development leads to pluralistic, competitive political structures. The difficulty with this naive and culturally biased outlook is that it confuses political development with political democratization" (283/84). In der Folge wurde der Begriff „politische Entwicklung" daher vorwiegend auf die Entwicklung der politischen Institutionen im engeren Sinne und ihre zunehmende Komplexität bzw. die administrative Kapazität von Regimen insgesamt bezogen. In *Nesvold*s Worten: „Political development refers to the degree to which the political system exhibits modern management methods, its degree of bureaucratization, governmental employment, and expenditure patterns" (284). Bei einer solchen Verwendung wird auch deutlich, warum bestimmte „Modernisierungs"-Faktoren im sozio-ökonomischen Bereich auf fast schon tautologische Weise mit „modernen" Aspekten staatlicher Verwaltung stark korrelieren. Letzteres trifft z. B. auch für die kommunistischen Staaten Osteuropas zu, ohne daß dort von einer Demokratisierung im Sinne breiter, aktiver Partizipation der Bevölkerung, pluralistischer Willensbildung usw. gesprochen werden kann. Dies war auch schon *Deane E. Neubauer* (1967) aufgefallen, als er *Cutright*s Index politischer Entwicklung einer Skala von „democratic performance" gegenüberstellte und in dieser Hinsicht, aber auch in bezug auf die unabhängigen Variablen Urbanisierung, Erziehung und Industrialisierung, nur noch geringe und z. T. sogar negative Korrelationsmaße verzeichnen konnte. Wenn auch der Begriff der „politischen Entwicklung" in der Literatur nach wie vor nicht einheitlich ist und häufig diffus bleibt (vgl. a. *Huntington, Dominguez* 1975; *Eckstein* 1981), so bleibt die analytische Trennung von „Demokratisierung" als einer separaten Dimension doch wesentlich.

In der bislang umfassendsten Studie dieser Art versuchte *Philip Coulter* (1975) daher, Aspekte „sozialer Mobilisierung" und „liberaler Demokratie" zu trennen und die Abhängigkeit der letztgenannten von den ersteren zu messen. Er benutzte hierfür Daten für 85 Staaten in vier Regionen („anglo-europäisch", „ibero-lateinisch", afrikanisch und „nah- und fernöstlich"), die im wesentlichen auf dem von *Banks* und *Textor* zusammengestellten Handbuch (1963) und den Materialien des 1972 in 2. Auflage erschienenen „World Handbook of Social and Political Indicators" (*Taylor, Hudson*

1972) beruhten. Als Indizes sozialer Mobilisierung verwendete er jeweils mehrere Indikatoren aus den Bereichen Urbanisierung, Erziehung, Kommunikationsmittel, Industrialisierung und wirtschaftliche Entwicklung. Diese analysierte er sowohl hinsichtlich ihres absoluten Niveaus (im Jahre 1960) als auch in bezug auf ihre Veränderungsraten (zwischen 1946 und 1966). „Liberale Demokratie" operationalisierte er durch die Dimensionen „Wettbewerb" (von Parteien und Kandidaten bezogen auf den Index von *Cutright* 1963), „Partizipation" (Beteiligung an nationalen Wahlen nahe dem Stichjahr 1960) und „Freiheiten" (Pressefreiheit u. ä. nach Angaben von *Banks, Textor* 1963). Auf der Ebene des globalen Vergleichs ergaben sich auch hier zunächst starke Korrelationen zwischen den untersuchten Variablen sowohl in bezug auf die absoluten Werte sozialer Mobilisierung als auch hinsichtlich ihrer Veränderungsraten. Aber bereits die regionale Differenzierung ließ die Vermischung wichtiger Zusammenhänge bei einer globalen Aggregierung der Daten deutlich werden. Für Afrika (südlich der Sahara) und die ibero-lateinamerikanische Region (einschließlich Spanien und Portugal) ergaben sich keinerlei signifikante Beziehungen mehr zwischen sozialer Mobilisierung und Demokratisierung. Für die Region „Naher und Ferner Osten" konnte er diese zwar bestätigen, die Zusammenfassung von so heterogenen Staaten wie Tunesien und Ägypten einerseits und Japan andererseits in derselben Region läßt aber auch diese Aggregierung fragwürdig erscheinen. Lediglich für die anglo-europäischen Staaten (zu denen er auch die osteuropäischen zählt) ergaben sich starke und eindeutige Korrelationen. Gerade für den hier in erster Linie interessierenden Bereich der „Dritten Welt" konnten also die modernisierungstheoretischen Thesen erneut nicht bestätigt werden. Die Erklärungen, die *Coulter* bezogen auf „geo-kulturelle regionale Einflüsse" hierfür anbietet, bleiben allerdings sehr pauschal und klischeehaft („afrikanischer Kommunalismus", „lateinamerikanischer Korporatismus", usw.). Bei näherem Hinsehen erweist sich auch die konkrete Kodierung einer Reihe von Fällen (z. B. Kenia als mit Abstand am wenigsten „freier Staat", Somoza's Nicaragua rangiert hinsichtlich seines Demokratisierungsgrades noch vor Costa Rica und nur knapp hinter Frankreich, usw.) als fragwürdig. Die Zusammenfassung zu bestimmten „Typen" politischer Systeme (z. B. Elfenbeinküste und Haiti zusammen mit den osteuropäischen Staaten als „modern-hegemonische Regime", Ghana, die Vereinigte Arabische Republik und Kenia als „traditional-hegemonische Regime", und Bolivien als „Beinahe-Demokratie", „putative democracy") muß Landeskennern kurios vorkommen. Die Operationalisierung einiger Variablen (z. B. Partizipation ausschließlich bezogen auf Wahlbeteiligung auch bei rein demonstrativen Akten mit den bekannten „100 %"-Ergebnissen) erweist sich als irreführend. Letzteres ergibt u. a. für Staaten wie die UdSSR und Bulgarien die absolut höchsten Werte, was dann, im Verhältnis zu ihrem Niveau sozialer Mobilisierung, als „optimal demokratisiert" (40) bezeichnet wird. Das Verdikt von *Juan Linz* erscheint auch in diesem Fall gerechtfertigt: „Lately the quantitative global studies based on the data, of dubious quality for these types of political systems and societies, accumulated in the data banks have tended to ignore the differences between types of political systems by treating them all on a single continuum of social-economic development, political development and democratization used in a very loose sense of the term, leading to findings of specious scientific accuracy" (1975: 284).

Auch auf der „Mikro"-Ebene konnte der Einfluß einzelner sozio-ökonomischer Variablen auf partizipatorisches Verhalten nicht bestätigt werden. So kamen *Nie* et al. (1969) bei einer Re-Analyse der Daten von *Almond* und *Verba* (1963) hinsichtlich des Einflusses von Urbanisierung (der zentralen Ausgangsvariable bei *Lerner*!) zu dem Ergebnis: „It is clear that moving to a larger community *reduces* the average citizen's sense of involvement, his feelings of efficacy, and his actual participation in local affairs" (819, Hervorhebung im Original). Dies wurde auch in einer separaten Erhebung von *Inkeles* (1969) deutlich: „Despite what we were tempted to conclude earlier, the city does *not* seem the place to learn participant citizenship, the *big* city least of all" (1138, Hervorhebungen im Original). Ähnliches gilt auch für den Faktor Alphabetisierung. So ergaben Untersuchungen in Afrika, daß formale Schulbildung für sich genommen keinen signifikanten Einfluß auf politische Partizipation hat und daß ländliche „Analphabeten" sehr wohl in der Lage sein können, in ihrem Wahlkreis eine gut informierte und sinnvolle Entscheidung zwischen verschiedenen Kandidaten bei Parlamentswahlen zu treffen (vgl. z. B. *Hayward* 1976; *Berg-Schlosser* 1982 b).

Ein weiterer wesentlicher Mangel der *Lipset*-Ansätze liegt in ihrer Anlage als Querschnitts-(„cross-sectional")Untersuchung. Sie setzen zu einem einzelnen Zeitpunkt erhobene Daten verschiedener Länder miteinander in Zusammenhang und wollen daraus auf *Entwicklungs*sequenzen (U → E → K → D bei *Lerner*, s. o.) schließen. Dies ist nicht nur von der Logik her widersprüchlich, sondern in der Tat ergeben durchgeführte Längsschnitt-(„longitudinal")Analysen ein gänzlich anderes Bild. So untersuchten *William Flanigan* und *Edwin Fogelman* (1971a und b) 44 Länder in dem Zeitraum zwischen 1800 und 1960, um Zusammenhänge zwischen Dekaden demokratischer Regierungsformen und sozioökonomischen Faktoren (u. a. Urbanisierung und Prozentsatz der Beschäftigten in der Landwirtschaft) zu überprüfen. Hierbei stellte sich heraus (und dies hätte *Lipset* als Autor einer soziologisch-historischen Studie über die USA, 1962, bereits früher zu denken geben sollen), daß „the four countries that are consistently democratic (Canada, Switzerland, United Kingdom und United States) do not become even moderately developed until at least 50 years after the introduction of democracy" (1971a: 466). In der Umkehrung fanden sie aber auch: „The combination of conditions which throughout the nineteenth century is consistently associated with democracy and which in twentieth century Europe continues most highly associated with democracy produces in South America not one decade of democracy" (1971b: 483). Sie schlossen hieraus: „These variations mean, simply that the discovery of a strong correlation between democracy and agricultural employment through *cross-sectional* analysis in any particular time-period provides no assurance that the observed relationship will, in fact, persist *through time*" (1971b: 490, Hervorhebungen durch den Verf.). Als Konsequenz ergibt sich also: „Granted that we are interested in the likelihood of the introduction and persistence of democracy in particular countries at different periods of time: the most important information for such a study must come from a *longitudinal* analysis of relationships *within* those particular countries" (1971b: 493, Hervorhebungen durch den Verf.). Die noch differenzierteren Untersuchungen von *Richard A. Pride* (1970) über Demokratisierungsprozesse in 26 Staaten im 19. und 20. Jahrhundert auf der Basis derselben Materialien unterstreichen diesen Befund.

In einer ebenfalls longitudinal angelegten Studie untersuchte *Banks* (1972) den zeitlichen Zusammenhang zwischen Demokratisierung und den „modernisierenden" Variablen im sozio-ökonomischen Sinne näher. Für die von ihm berücksichtigen 36 Fälle mit ausreichenden Daten für den Zeitraum 1819—1963 in Europa, Nord- und Lateinamerika ergab sich *kein* Demokratisierungseffekt aufgrund vorangegangener Modernisierung. Der kausale Zusammenhang ist vielmehr eher umgekehrt: „Given the results of the time-lag analyses, it is not evident that the ecological variates really ‚explain' anything at all in a deterministic sense. Indeed, it is more plausible to hypothesize that variation in democratic performance is (or *has been*, historically) a major determinant of change in the ecological variates" (230, Hervorhebung im Original).

Auch *Dankwart A. Rustow* (1970) hebt die Bedeutung einer genetischen auf vergleichbare Einzelfälle gerichteten Perspektive gegenüber als Querschnittsuntersuchung angelegten, funktional argumentierenden Betrachtungsweisen hervor. Er betont die Unterscheidung von *Vor*-Bedingungen („pre-conditions", auch im historischen Sinn) gegenüber funktionalen Erfordernissen („requisites") zur Aufrechterhaltung eines bestimmten Systems. Im einzelnen glaubt er den Prozeß der Herausbildung eines demokratischen politischen Systems in vier Aspekte unterteilen zu können: Eine „Hintergrundbedingung", die für ihn in der Gewährleistung der nationalen Einheit besteht, eine „Vorbereitungsphase", in der soziale Konflikte, in erster Linie Klassenkonflikte, Veränderungen anbahnen, eine „Entscheidungsphase", in der bewußt durch Elitenkonsens eine institutionell geregelte und in Grenzen gehaltene Austragung von Konflikten im Rahmen eines parlamentarischen Systems vereinbart wird, und schließlich eine „Gewöhnungsphase", in der Wähler und Gewählte lernen, die Spielregeln des neuen Systems zu akzeptieren und seine bei allen weiterempfundenen Unzulänglichkeiten für die meisten überwiegenden Vorzüge als neue Legitimitätsbasis zu „verinnerlichen".

Dieses Modell erscheint im großen und ganzen plausibel, wenn auch die Erfüllung der einzelnen Tatbestände im Einzelfall jeweils kritisch überprüft werden muß und, zumindest was den jeweiligen Grad der Verwirklichung angeht, eindeutige Befunde wohl jeweils erst post hoc möglich sind. Zurecht weist *Rustow* auch auf die sehr viel prekäreren Lösungsmöglichkeiten ethnisch oder religiös artikulierter Konflikte (359) hin. Die Folgen von Außeneinwirkungen klammert er aber weitgehend aus (348). Gerade die beiden letztgenannten Aspekte besitzen aber für die meisten Staaten der Dritten Welt einen erheblichen Stellenwert.

Der umfassendste Versuch, Bedingungen demokratischer politischer Systeme zu ermitteln, stammt von *Robert A. Dahl* (1971). Unter dem bewußt nicht so anspruchsvollen und mit weniger vielschichtigen Bedeutungen befrachteten Begriff der „Polyarchie" faßt er Systeme zusammen, die sich in bezug auf zwei Dimensionen auszeichnen: Ein hohes Maß institutionell gewährleisteten politischen Wettbewerbs und die Beteiligung eines möglichst großen Teils der Bevölkerung an den Prozessen des politischen Systems. Die Bedingungen die die Herausbildung und Aufrechterhaltung eines solchen Systems begünstigen oder behindern, faßt er in Tabellenform wie folgt zusammen:

Conditions Favoring Polyarchy

	Most favorable to polyarchy	Least favorable to polyarchy
I. Historical sequences	Competition precedes inclusiveness	Inclusiveness precedes competition Shortcut: from closed hegemony to inclusive polyarchy
II. The socioeconomic order: A. Access to		
1. Violence	Dispersed or neutralized	Monopolized
2. Socioeconomic sanctions	Dispersed or neutralized	Monopolized
B. Type of economy		
1. Agrarian	Free farmers	Traditional peasant
2. Commercial industrial	Decentralized direction	Centralized direction
III. The level of socioeconomic development	High: GNP per capita over about $ 700–800	Low: GNP per capita under $ 100–200
IV. Equalities and inequalities		
1. Objective	Low or parity and dispersed inequalities	High: Cumulative and extreme
2. Subjective: relative deprivation	Low or decreasing	High or increasing
V. Subcultural pluralism		
1. Amount	Low	High
2. If marked or high	None a majority None regional None indefinitely out of government Mutual guarantees	One a majority Some regional Some permanently in opposition No mutual guarantees
VI. Domination by a foreign power	Weak or temporary	Strong and persistent
VII. Beliefs of political activists		
1. Institutions of polyarchy are legitimate	yes	no
2. Only unilateral autority is legitimate	no	yes
3. Polyarchy is effective in solving major problems	yes	no
4. Trust in others	high	low
5. Political relationships are:		
strictly competitive	no	yes
strictly cooperative	no	yes
cooperative-competitive	yes	no
6. Compromise necessary and desirable	yes	no

Quelle: Dahl 1971

Einige dieser Bedingungen erscheinen allerdings ebenfalls noch stark an europäischen, insbesondere angelsächsischen Vorbildern orientiert zu sein. Dies gilt z. B. für die günstigste historische Sequenz der Ermöglichung geregelten politischen Wettbewerbs vor einer Ausweitung des Stimmrechts. Die differenzierteren Bedingungen bei der Ablösung von Kolonialregimen sind hierunter kaum zu fassen. Auch die Klassifikationen der Wirtschaftsordnung (z. B. „free farmers" gegenüber „traditional peasants" im Agrarbereich) erscheinen unzureichend. Die Übergänge von feudalistischen und anderen vorkolonialen Produktionsweisen (vgl. z. B. a. *Coquéry-Vidrovitch* 1976, *Sofri* 1969) zu kommerzialisierteren Formen ergeben jedenfalls, auch jeweils regional sehr unterschiedlich, sehr viel differenziertere Muster. *Dahl*s Faktor III greift in pauschaler Form die *Lipset*sche Einkommensvariable wieder auf (ohne allerdings auf die weiteren Aspekte von Urbanisierung, Bildungsgrad, Kommunikationswesen und die jeweils postulierten Kausalbeziehungen einzugehen). Insgesamt bedürfen diese wie auch einige der anderen vorstehend aufgeführten Bedingungen sicher einer weiteren Überprüfung.

Die Diskussion hat sich dann, soweit sie die Dritte Welt betrifft, stärker verlagert. Die in vielen Aspekten reichlich naive „modernisierungstheoretische" Betrachtungsweise wurde zunehmend durch die Betonung externer „dependenztheoretischer" Argumente verdrängt. Erst in jüngerer Zeit wird wieder verstärkt die gegenseitige Verschränkung externer und interner Faktoren in den Blick gerückt (als wissenschaftsgeschichtlichen Abriß des letzten Jahrzehnts vgl. z. B. a. *Migdal* 1983). Bereits relativ früh hatte u. a. *Franz Nuscheler* (1974) darauf hingewiesen, daß viele der *Fragen*, die in den modernisierungstheoretischen Ansätzen aufgeworfen wurden, keineswegs obsolet geworden sind und auch aus ausschließlich dependenztheoretischer Sicht nicht oder nur sehr unzureichend beantwortet werden können. Einige der angeführten Kritikpunkte, so z. B. die Notwendigkeit longitudinal angelegter Studien treffen mittlerweile auf breitere Zustimmung (vgl. z. B. a. *Olsen* 1981). Andererseits sieht z. B. *Lipset* (1981) im Nachwort zu einer erweiterten Neuauflage seiner Studie seine ursprünglichen Thesen nach wie vor als bestätigt an.

Im folgenden soll daher ein bewußt eingegrenzter Ausschnitt der demokratietheoretischen Problematik in bezug auf die Dritte Welt noch einmal mit Hilfe neuerer, jetzt verfügbar gewordener empirischer Materialien einer kritischen Überprüfung unterzogen werden. Viele der bisher vorliegenden Studien hatten, zumindest implizit, die Tendenz, die Schwierigkeit oder gar Unmöglichkeit demokratischer politischer Systeme in der Dritten Welt hervorzuheben. Eine allzu anspruchsvolle Meßlatte hinsichtlich ihrer Konstitutionsbedingungen wird dann nicht selten zu einer „self-fulfilling prophecy" und kann dann nur allzu leicht als Rechtfertigung für die Notwendigkeit autoritärer Systeme und ihrer repressiven Praktiken herangezogen werden. Auch in dieser Hinsicht kann die nachstehende Analyse vielleicht zu einer realistischeren Einschätzung und, so ist zu hoffen, verstärkten Wahrnehmung der bestehenden Chancen beitragen.

III. Neuere empirische Befunde

Anstatt aufgrund fragwürdiger methodischer Ansätze und empirischer Evidenz weitreichende Postulate hinsichtlich der Konstitutionsbedingungen demokratischer Systeme in der Dritten Welt aufzustellen, soll hier der umgekehrte, eher induktive Weg gegangen werden. Wir stimmen dabei *Juan Linz* zu, der in einem ähnlichen Zusammenhang bemerkt: „Only a case-by-case sifting of the evidence for which the monographic research is often unavailable would allow us to make intelligent use of such operational criteria" (1975: 352). Denn: „elegant statistical operations built on weak foundations seem to us more misleading than a frankly qualitative judgement based on a mental and hopefully intelligent summation of a large amount of information" (1975: 353).

Daher sollen im folgenden erst einmal die „real existierenden" Staaten der Dritten Welt, die ein gewisses Maß an „Demokratisierung" aufweisen, hinsichtlich ihrer jeweiligen historisch-regionalen Ausgangsbedingungen, einiger sozial-struktureller Aspekte und allgemeinerer sozio-ökonomischer Faktoren im summarischen Überblick kurz vorgestellt werden. Auch dies kann einige der allzu pauschalen Annahmen widerlegen. Erst in einem zweiten Schritt sollen dann einige vorsichtige quantifizierende Analyseschritte angeschlossen werden, die zumindest zu einer konkreteren Hypothesenbildung in diesem Bereich beitragen und zu einer differenzierteren Betrachtung der Bedingungen von Demokratie und der Wege dorthin führen können.

1. Fallauswahl

Das erste Problem hierbei bezieht sich auf die Fallauswahl. Diese hängt von der Art der operationalen Definition von „Demokratie" und dem betrachteten Zeitraum ab. Legt man wie *Lijphart* (1984) die Meßlatte relativ hoch (basierend auf dem „Freedom House" Index für das Jahr 1980) und wählt einen relativ langen Zeitraum („kontinuierlich demokratisch seit etwa dem Zweiten Weltkrieg"), so findet man unter den 21 stabilen Demokratien keinen einzigen Staat der Dritten Welt. *Lijphart* stellt aber selbst fest, daß zumindest Indien (seit 1947) und Costa Rica (seit 1948) als Grenzfälle betrachtet werden müssen (39). *Powell* (1981) listet für die Periode 1967–1976 28 Demokratien auf. Von diesen gehören 10 zur Dritten Welt. Nur 5 davon erwiesen sich allerdings auch in der Folge als stabil (neben Costa Rica und Indien noch Jamaika, Ceylon/Sri Lanka und Venezuela). *Dahl* (1971) hatte noch, bezogen auf die Banks/Textor-Daten, Trinidad/Tobago, Kolumbien, die Dominikanische Republik und Malaysia (die letzteren als „near-polyarchies") hinzugefügt. Dies entsprach in etwa der Liste von *Rustow* (1967), die auch Mexiko noch als demokratisch einstufte. In dieser Hinsicht läßt sich also ein gewisser Konsens für die Periode etwa der Jahre 1960– 1975 zumindest in bezug auf die genannten 10 Staaten erkennen. Andere in diesen Aufstellungen als demokratisch aufgeführte Länder (wie z. B. Chile, Libanon, Philippinen, Türkei, Uruguay) gehören aufgrund eindeutiger Regimewechsel nicht mehr zu dieser Kategorie. *Dahl* merkte aber auch an, daß einige „Mikro-Staaten" seiner Liste noch hinzuzufügen seien (247). Auch ist in all diesen Aufstellungen kein einziger afrikanischer Staat enthalten.

Für unsere Zwecke, die ja die breiteren Bedingungen von Demokratie in der Dritten Welt erfassen sollen, haben wir eine relativ „großzügige" Definition gewählt. Ausgehend vom *Dahl*schen Begriff der Polyarchie („a regime in which opportunities for public contestation are available to the great bulk of the population", 202) haben wir auch „near-polyarchies" und „semi-kompetitive" Systeme (für diesen Begriff vgl. a. *Hermet* 1978) noch in die Untersuchung einbezogen, die im Jahre 1980 seit mehr als 10 Jahren diese Staatsform beibehalten hatten (die genaue Operationalisierung ist in *Berg-Schlosser* 1984a enthalten). Dies führt zur Berücksichtigung weiterer 12 Staaten (Ägypten, Bahamas, Barbados, Botswana, Fiji, Gambia, Kenia, Malediven, Mauritius, Papua/Neu Guinea, Senegal und Singapur), von denen einige allerdings auch als Grenzfälle (Bahamas und Papua/Neu Guinea wurden erst in den 70er Jahren formal unabhängig, praktizierten aber bereits seit längerem eine weitgehend autonome innere Selbstverwaltung; Ägypten ist der Fall eines „allmählichen" Übergangs von autoritären zu eher „semi-kompetitiven" Strukturen) anzusehen sind.

2. Größenordnung

Ein äußerlicher Faktor der Konstitutionsbedingungen demokratischer politischer Systeme liegt bereits in ihrer Größenordnung. Nach „klassischen" Vorstellungen von *Aristoteles* bis *Rousseau* erschien Demokratie im Sinne der direkten Teilnahme des größten Teils der mündigen Staatsbürger am politischen Prozeß nur in kleinräumigen, überschaubaren politischen Einheiten, die den unmittelbaren persönlichen Kontakt gestatteten, möglich zu sein. Schon ein, nach heutigen Maßstäben, westeuropäischer Kleinstaat wie Luxemburg mit seinen ca. 0,4 Millionen Einwohnern wäre demnach ein riesiges Gebilde. Bereits *Madison* hatte aber erkannt, daß „the introduction of the representative principle into modern Governments ... has shown the practicability of popular governments in a larger sphere, and that the enlargement of the sphere was a cure for many of the evils inseparable from the popular forms in small communities" (nach *Padover* 1965: 9).

In der Tat sind alle heute bestehenden Demokratien, ob in der Dritten Welt oder anderswo, auf der gesamtstaatlichen Ebene überwiegend repräsentativer Art. Dennoch ist es auffällig, daß von den hier betrachteten Fällen ein deutlich überproportionaler Anteil Kleinststaaten mit weniger als 1 Million Einwohner umfaßt (von den seit mehr als 10 Jahren unabhängigen 103 Staaten der Dritten Welt im Jahre 1980 waren 13, also 12,6 %, Kleinststaaten, davon 6 Polyarchien, also 27 % der hier betrachteten Fälle, vgl. *Berg-Schlosser* 1984a). Weitere 7 hier behandelte Länder sind, im weltweiten Vergleich, Kleinstaaten mit weniger als 10 Millionen Einwohnern, auch dies ein verhältnismäßig hoher Anteil. Umgekehrt stellen bei den Staaten zwischen 10 und 100 Millionen Einwohnern, die weltweit das Gros ausmachen, die hier betrachteten Fälle nur einen relativ geringen Prozentsatz dar. Von diesen ist zudem die Mehrzahl (Ägypten, Kolumbien, Kenia, Mexiko) „semi-kompetitiver" Art. Andererseits fällt aber auch die „größte Demokratie der Welt", Indien, in unser Sample.

Es ist müßig, an dieser Stelle über die geschilderten rein deskriptiven Beobachtungen hinaus Spekulationen über kausale Zusammenhänge zwischen der Größenordnung der Bevölkerung eines Landes und seinem Demokratisierungsgrad anzustellen. Eine derartige Fragestellung umfaßt zahlreiche Facetten, z. B. a. spezifisch politisch-kulturelle Ausprägungen, detaillierte institutionelle Regelungen usw., die mit den uns vorliegenden Materialien nicht adäquat zu erfassen sind. Wie auch *Dahl* und *Tufte* (1973) feststellen, gibt es gute Gründe, die unter jeweils bestimmten Voraussetzungen für die Funktionsfähigkeit sowohl kleinräumiger sozial relativ homogener als auch großräumiger und u. U. sehr heterogener Demokratien sprechen. Unter den letzteren dürften allerdings, wie auch in dem hier betrachteten in dieser Hinsicht bemerkenswerten Fall Indien, die Vorzüge föderativer Regelungen überwiegen. Ansonsten ist der Schlußfolgerung von *Dahl* und *Tufte* wohl zuzustimmen: „Citizens of democratic countries face a rather similar situation whatever the size of their country: they need to adapt democratic ideas and institutions to the fact that different problems are best met by units of different sizes" (135).

3. Historisch-regionale Bedingungen

Ebenfalls an dieser Stelle nur in groben Zügen einzugrenzende Faktoren sind regionaler und historischer Art. Von den hier betrachteten Staaten gehören 9 zur, im weitesten Sinne, lateinamerikanischen Region, 7 sind in Asien, 5 in Afrika und 1 liegt im Nahen Osten (vgl. Tabelle 1). Von den 9 „lateinamerikanischen" Staaten sind allerdings 4 (Bahamas, Barbados, Jamaika und Trinidad/Tobago) ehemals unter britischer Kolonialherrschaft stehende Inselstaaten. Von der deutlichen „Unterrepräsentierung" des Nahen Ostens (einschließlich der nordafrikanischen Staaten) abgesehen, auch der bis 1975 „konkordanzdemokratische" Libanon stellte ja einen Sonderfall dar, erstreckt sich die geographische Verbreitung der hier betrachteten Fälle also auf alle Regionen der Dritten Welt.

Einen möglichen kulturellen Faktor in diesem Zusammenhang stellen die jeweils dominanten Religionsgemeinschaften dar. Auch in dieser Hinsicht zeigt sich eine breit gestreute Verteilung: 5 Länder haben eine überwiegend katholische Bevölkerung, 4 sind protestantisch, 2 weitere „gemischt-christlich", 4 islamisch, 1 hinduistisch, 1 buddhistisch, in einem überwiegen einheimisch-traditionale Religionsvorstellungen und 4 weisen keine dominante Religionsgemeinschaft auf. Die spezifisch demokratiefördernden oder -ablehnenden Wirkungen dieser religiösen Orientierungen können an dieser Stelle ebenfalls nicht im Detail behandelt werden. Dies würde neben einer Analyse der Inhalte der jeweiligen Doktrinen, die ja u. a. im Luthertum, im Katholizismus, im Islam usw. auch bedeutsame „Minderheiten"-Positionen beinhalten, auch repräsentative Umfragen über ihre tatsächliche Verbreitung und Praktizierung und ihre Auswirkungen auf politische Einstellungen in den heutigen Bevölkerungen erfordern. Festzustehen scheint aber, daß von einem ungebrochenen Konnex zwischen traditional-religiösen Vorstellungen und der jeweiligen politischen Ordnung allenfalls in den heute noch anzutreffenden monarchischen Systemen in der Dritten Welt die Rede sein

Tabelle 1: Historisch-regionale Ausgangsbedingungen

Land	Region	vorkol. Sozial-struktur	ehemal. Kolon.-macht	Kolon. „mise en valeur"	Unab-häng.	pol. Syst. seit	domin. Religion	ethn. Zusammen-setzung	dominante Agrar-struktur
Bahamas	Lat.		GB	Stützp.	1973	1964	prot.	80 % negr., 10 % Mul. 10 % W.	kleinbäuerl.
Barbados	Lat.		GB	Plant.	1966	1966	prot.	90 % negr., 6 % Mul. 4 % W.	Plant.
Botswana	Afrika	hierarch.	GB	Arb.	1966	1966	trad.	80 % Botsw. 12 % Bakalanga	kleinbäuerl.
Kolumbien	Lat.	(hier.)	Span.	Plant.	1810	1968	kath.	66 % Mest., 20 % W., 7 % Ind.	Latif./Minif.
Costa Rica	Lat.		Span.	Plant.	1821	1949	kath.	80 % W., 15 % Mest., 4 % negr.	mittelbäuerl.
Domin. Rep.	Lat.		Span.	Stützp.	1844	1966	kath.	60 % Mul., 28 % W., 11 % negr.	Latif./Minif.
Ägypten	Nahost	„hydraul."	GB	Rohst.	1922	ca. 1970	Islam	93 % Ägypt.	kleinbäuerl.
Fiji	Asien	hier.	GB	Rohst.	1970	1970	christ./Hindu	50 % Inder 44 % Fidschi.	kleinbäuerl.
Gambia	Afrika	hier.	GB	Stützp.	1965	1965	Islam	41 % Mand., 14 % Fulbe, 13 % Wolof.	kleinbäuerl.
Indien	Asien	hier.	GB	Rohst.	1947	1947	Hindu	72 % Nordin. 25 % Südinder	Großgrundb./ kleinbäuerl.
Jamaica	Lat.		GB	Plant.	1962	1962	prot.	77 % Negr., 18 % Mul.	Großgrundbes.

Kenya	Afrika	egal.	GB	Siedl.	1963	1963	gem. christl.	20 % Kikuyu, 14 % Luo, 13 % Luyia	kleinbäuerl.
Malediven	Asien	hier.	GB	Stützp.	1965	1965	Islam	singhal. Mischbev.	(Fischer)
Malaysia	Asien	hier.	GB	Plant./Bergbau	1957	1957	Islam/Hindu/buddh.	47 % Malayen, 33 % Chines., 9 % Inder	Plantagen/kleinbäuerl.
Mauritius	Afrika	–	GB	Plant.	1968	1968	Hindu/christl.	70 % Indo-Maurit., 26 % Kreolen	kleinbäuerl./Plantagen
Mexiko	Lat.	hier.	Span.	Bergbau	1810	1917	kath.	97 % Mest., 2 % Indios, 1 % W.	genossensch./kleinbäuerl.
Papua/N.G	Asien	egal.	GB	Rohst.	1975	1964	prot.	99 % melanes. Urbevölker.	kleinbäuerl.
Senegal	Afrika	hier.	Frankr.	Rohst.	1960	1960	Islam	36 % Wolof, 16 % Seser, 17 % Fulbe	kleinbäuerl.
Singapur	Asien	–	GB	Stützp.	1965	1965	buddh./Islam	76 % Chines., 15 % Malay. 7 % Inder	–
Sri Lanka	Asien	hier.	GB	Rohst.	1948	1948	buddh.	72 % Sinhalesen 20 % Tamilen	Plantagen/kleinbäuerl.
Trinidad/Tobago	Lat.	–	GB	Stützp.	1962	1962	gem. christl.	43 % negr., 41 % Inder	Plantagen/kleinbäuerl.
Venezuela	Lat.	(hier.)	Span.	Plant.	1811	1961	kath.	67 % Mest./Mul. 21 % Weiße, 10 % negr.	Latif./Minif.

Quellen: *Banks* und *Overstreet* 1983; *Dragubn* 1980; *Hofmeier* 1984; *Kurian* 1982; *Noblen* und *Nuscheler* 1982 ff., Bd. 2–8; *Steinbach* 1979; *Waldmann* 1982.

kann. Und auch diese sehen sich ja, wie *Huntington* (1966) deutlich herausgearbeitet hat, bei einer zunehmenden Säkularisierung der politischen Vorstellungen einem wachsenden Legitimitätskonflikt ausgesetzt.

Angesichts dieses Befundes bedeutsamer erscheint die jeweilige politisch-kulturelle Prägung durch die ehemaligen Kolonialmächte zu sein. In dieser Hinsicht ergibt sich ein klares Bild: 16 der hier behandelten 22 Staaten sind britisch geprägt, 5 gehörten ehemals zum spanischen Kolonialreich und ein einziger (Senegal) war Teil der französischen Überseegebiete. Trotz seines Scheiterns in einer Reihe weiterer Fälle scheint das „Westminster-Modell" noch am ehesten Wurzeln geschlagen zu haben. Unter diesen befindet sich allerdings auch die überwiegende Mehrzahl der Kleinst- und Kleinstaaten (12 von 14). Nur Ägypten, Indien, Kenia und Malaysia fallen aus diesem Rahmen. Neben der Art der Prägung spielt selbstverständlich auch die Dauer eine erhebliche Rolle. Indien hat in dieser Hinsicht die intensivste Kolonisierung erfahren, Ägypten ist der Fall mit der kürzesten Phase kolonialer Fremdherrschaft. Die Staaten, die zum ehemaligen spanischen Kolonialreich, also einer selbst durchaus undemokratischen Macht, gehörten, haben ihre heutigen demokratischeren Institutionen durchweg erst zu einem sehr viel späteren Zeitpunkt dauerhafter begründet. Senegal, mit 4 Kommunen, denen bereits relativ früh demokratische Rechte zugestanden wurden (vgl. z. B. *Ziemer* 1984), stellte auch innerhalb des französischen Kolonialreichs einen Sonderfall dar. *Rustows* These von der notwendigen „Gewöhnungsphase" an demokratische Institutionen und Verhaltensweisen (s. o.) findet hier also eine gewisse Unterstützung.

Auch die Art der kolonialen Inwertsetzung („mise en valeur") führte zu einer gewissen Differenzierung (vgl. Tabelle 1, Spalte 4). Einige insbesondere der kleineren Staaten (wie z. B. Gambia, Singapur, Trinidad/Tobago) dienten vorwiegend als strategische oder Handelsstützpunkte. Botswana nimmt als Arbeitskräftereservoir für das benachbarte Südafrika eine Sonderstellung ein. Bei weitem überwog jedoch die Erschließung zur Gewinnung mineralischer oder agrarischer Rohstoffe. In Staaten, in denen der Bergbau im Vordergrund stand (unter den hier behandelten Fällen z. B. Mexiko und in einem gewissen Maß Malaysia), führte dies relativ früh zur Herausbildung eines industriellen Proletariats mit Ansätzen zu gewerkschaftlicher Organisation (vgl. z. B. a. *Tetzlaff* 1977). Die sozialstrukturellen Konsequenzen der agrarischen Rohstoffgewinnung hingen von der jeweiligen Organisationsform ab. In einer Reihe von Fällen (z. B. Barbados, Jamaika, Sri Lanka u. ä.) handelte es sich um die Errichtung großflächiger Plantagen durch ausländische Kapitalgesellschaften, die ein abhängiges Proletariat beschäftigten. In anderen Ländern (z. B. a. Kolumbien, Venezuela und Kenia) wurde die Exportproduktion vorwiegend durch in Kolonialzeiten eingewanderte einheimische Großgrundbesitzer betrieben, die ansässige Arbeitskräfte in unterschiedlichen Lohn- und Pachtverhältnissen beschäftigten. Ein drittes Muster bestand schließlich in einer in Teilbereichen zunehmend kommerzialisierten klein- und mittelbäuerlichen Landwirtschaft, wie z. B. in Papua-Neu Guinea, Senegal, Ägypten (unter den besonderen Bedingungen einer ursprünglich „hydraulischen" Gesellschaftsformation, vgl. *Büttner* 1983, *Wittfogel* 1957), später auch Kenia und, als für Lateinamerika atypischer Fall einer mittelbäuerlichen Einwandererschaft, Costa Rica. Die letztgenannte Kategorie ist auch für die Überprüfung spezifischer sozialstruktureller Hypothesen von besonderer Bedeutung.

4. Sozialstrukturelle Faktoren

In sozialstruktureller Sicht sind zunächst horizontale (bezogen auf das soziale Nebeneinander) und vertikale Differenzierungen (bezogen auf das soziale Höher und Tiefer) zu unterscheiden (vgl. z. B. a. *Blau* 1976). Horizontale Differenzierungen bestehen aus nominal unterschiedenen, nach gewissen objektivierbaren Kriterien bestimmten z. B. ethnischen, rassischen, religiösen o. ä. „kommunalistischen" Gruppen, die in der Regel auch ein Bewußtsein ihrer spezifischen Identität aufweisen (zur näheren Definition vgl. z. B. a. *Melson, Wolpe* 1970). In den hier untersuchten Staaten handelt es sich zum einen um ethnisch (d. h. auch sprachlich-kulturell) heterogene Fälle, zum zweiten um rassisch unterschiedene Gruppen mit verschiedenen Mischformen und schließlich um religiöse Gemeinschaften.

Zu den ethnisch fraktionalisierten Ländern zählen unter den hier betrachteten Fällen vor allem die Staaten der afrikanischen und asiatischen Region (vgl. Tabelle 2, Spalte 1). An der Spitze stehen in dieser Hinsicht Länder wie Indien, Kenia, Senegal und Malaysia. „Verwandte" ethnische Gruppen können aber durchaus auch, angesichts gemeinsamer perzipierter Konkurrenten, ein übergreifendes Zusammengehörigkeitsgefühl entwickeln. Eine eindeutige und dauerhafte konflikttheoretische Grenzziehung ist so nicht in jedem Fall möglich (vgl. z. B. a. die Gruppen der „Kalenjin", „Abaluyia" und „Gikuyu/Embu/Meru" in Kenia, *Berg-Schlosser* 1984b). Entscheidend sind hierbei letztlich nicht objektivierbare (z. B. linguistische) Kriterien, sondern die jeweiligen subjektiven Wahrnehmungen.

Die lateinamerikanischen Staaten sind dagegen ethnisch homogener und „horizontal" eher nach der rassischen Herkunft ihrer Bewohner differenziert. Mit der Ausnahme von Costa Rica handelt es sich hierbei jedoch überwiegend um allenfalls graduell zu unterscheidende rassische Mischformen (Mestizen und Mulatten). In sprachlicher Hinsicht sind sie ebenfalls, von Teilen der jeweiligen Indio-Bevölkerung abgesehen, meist homogener. Auch Ägypten, als einziger hier behandelter Staat des Nahen Ostens, weist eine ethnisch und sprachlich weitgehend homogene Bevölkerung auf. Mit dieser Verteilungsbreite unterscheiden sich die hier behandelten Fälle nicht wesentlich vom Durchschnitt aller Drittweltstaaten und ihrer Standardabweichung.

Konflikttheoretisch ist aber nicht nur der jeweilige Durchschnittsindex, sondern auch die konkrete Größenordnung der jeweiligen Gruppen von Interesse (vgl. z. B. *Nordlinger* 1972). Potentiell am konfliktträchtigsten sind dabei „bi-kommunale" Gesellschaften, in denen eine Gruppe eine deutliche und dauerhafte Hegemonie ausübt (vgl. *Milne* 1981). Zu dieser Kategorie muß unter den hier betrachteten Fällen Sri Lanka gerechnet werden. Auch Botswana, Mauritius und Singapur weisen jeweils eine deutlich dominante ethnische Gruppe auf (vgl. Tabelle 1, Spalte 8). Unter solchen Bedingungen liegen konkordanzdemokratische Lösungen nahe (vgl. *McRae* 1974, *Lijphart* 1977). In Botswana und Singapur gibt es unter den Vorzeichen einer hegemonialen Partei hierfür gewisse Ansätze. Ein nahezu gleichgewichtiges Verhältnis zwischen den jeweils größten ethnischen Gruppen besteht in Malaysia, Fiji und Trinidad/Tobago, ohne daß eine einzelne numerisch dominiert. In Gambia, Kenia und dem Senegal handelt es sich vorwiegend um eine begrenzte Zahl von Gruppen mittlerer Größenordnung. In diesen

Tabelle 2: Sozialstrukturelle Indikatoren

Land	ethn. Frakt. ca. '60	relig. Frakt. '75	Gini-Land ca. '60–70	Klass.-Frakt. '60	Klass.-Frakt. '77	gewerkschaftl. Organ. (%) '75	Gini-Eink. ca. '70	Eink. ob. 5 %	Eink. unt. 40 %	Anteil Auslandskapital ca. '73
Bahamas	0.22	0.42				25	46.7	20.7	12.2	
Barbados	0.51	0.25		0.38		32	36.9	19.8	18.6	
Botswana	0.06	0.62	59.8	0.15		2	57.4	28.1	7.6	52
Kolumbien	0.07	0.06	86.4	0.5	0.43	13	56.2	33.7	10.0	152
Costa Rica	0.04	0.17	80.3	0.5	0.42	12	44.5	23.0	12.0	145
Domin. Rep.	0.04	0.06	80.3	0.44	0.49	12	49.3	26.3	12.4	36
Ägypten	0.73	0.20	67.4	0.49	0.50	20	43.4	19.2	14.1	
Fiji	0.89	0.65		0.16		50	42.3	19.0	14.8	
Gambia	0.05	0.26	64.0	0.25		25				7
Indien	0.83	0.36	78.4	0.38	0.39	3	47.8	25.0	17.2	167
Jamaica	0.18	0.43	69.2	0.48	0.36	25	57.7	30.2	8.2	53
Kenya	0.72	0.78		0.24	0.33	8	63.7	46.2	9.5	
Malediven	0.58	0.0	47.3	0.47	0.49	15	51.8	28.3	10.6	149
Malaysia	0.30	0.67		0.48	0.45	35				
Mauritius	0.42	0.66	73.2	0.49	0.27	20	58.3	37.8	10.3	49
Mexiko	0.72	0.08		0.20	0.35					169
Papua/N. G.	0.42	0.50		0.27	0.04		58.7	36.8	9.4	140
Senegal	0.47	0.17		0.15	0.50	43				160
Singapur	0.56	0.60	69.1	0.49	0.23	30	35.3	18.6	19.2	31
Sri Lanka	0.11	0.51	93.2	0.34	0.33	45	54.5	27.2	10.3	170
Trinid./Tob.		0.71		0.45						156
Venezuela		0.10								
Durchschnitt	0.39	0.38	69.8	0.36	0.36	20.47	50.8	27.5	12.3	107.1
Stand.abw.	0.28	0.25	15.1	0.14	0.13	13.06	8.3	7.9	3.6	64.6
Zum Vergleich:										
Durchschnitt aller Staaten der Dritten Welt	0.44	0.41	64.2	0.36	0.37	19.1	48.6	27.0	13.4	72.5
Stand.abw.	0.30	0.21	18.4	0.14	0.12	18.6	9.7	8.2	4.3	55.1

Quellen: Taylor und *Jodice* 1983; *Bornschier* und *Heintz* 1979.

Tabelle 3: Sozio-ökonomische Indikatoren 1960–80

Land	Bev. '80	Bev.-Wachst. 60–80	BSP/K. '80	BSP/K. Wachst. 60–80	Ind. '80	Ind.-rate 60–80	Urb. '80	Urb.-rate 60–80	Alph. '80	Alph.-rate 60–80	Radios '79	Radios Veränd. 60–79	PQLI '80	PQLI-Veränd. 60–80
Bahamas	0.2	3.4	3.790	−0.8							442			
Barbados	0.2	0.8	3.040	4.5							524	19.68		
Botswana	0.8	1.7	910	9.2							82	4.00		
Kolumbien	26.7	2.7	1.180	3.0	21	0.10	70	1.10	81	0.80	114	−1.32	77	2.8
Costa Rica	2.2	2.4	1.730	3.2	23	0.20	90	0.30	90	0.15	82	0.84	89	3.5
Domin. Rep.	5.4	3.0	1.160	3.4	18	0.30	51	1.05	67	0.30	41	0.37	69	0.9
Ägypten	39.8	2.1	580	3.4	30	0.90	45	0.35	44	0.10	132	3.89	54	0.9
Fiji	0.6	2.0	1.850	3.3					75	0.70	485			
Gambia	0.6	2.6	250	1.7					15		109	5.42		
Indien	673.2	2.2	240	1.4	13	0.10	22	0.20	35	0.25			45	1.4
Jamaica	2.2	1.5	1.040	0.6	25	0.00	41	0.35	90	0.35	332	12.84	90	3.6
Kenya	15.9	3.5	420	2.7	10	0.25	14	0.35	47	0.25	35	1.37	55	1.8
Malediven	0.2	3.8	260	1.3					82	1.20	28			
Malaysia	13.9	2.8	1.620	4.3	16	0.20	29	0.20	60	0.85	150	5.95	73	2.3
Mauritius	0.9	1.5	1.060	2.3					85	1.25	196	7.11		
Mexiko	69.8	3.6	2.090	2.6	26	0.30	69	0.80	83	0.90	288	10.16	79	2.6
Papua-N.G.	3.0	2.2	780	2.8	8	0.20	18	0.75	32	0.15	52	0.37	45	1.2
Senegal	5.7	2.6	450	−0.3	10	0.25	25	0.10	10	0.10	54	4.84	25	1.0
Singapur	2.4	1.5	4.430	7.5	39	0.80	100	0.00	83	1.15	179	4.84	89	4.3
Sri Lanka	14.7	1.6	270	2.4	14	0.00	27	0.45	85	0.50	47	0.58	82	2.0
Trinid./Tob.	1.2	1.6	4.370	3.0	39	0.25	21	−0.05	95	0.75	263	9.32	92	0.5
Venezuela	14.9	3.0	3.630	2.6	27	0.25	83	0.80	82	0.10			82	2.0
Durchschn.			1.532.73	3.04	20.19	0.26	41.75	0.45	65.64	0.55	158.65	5.08	67.78	2.32
Stand. abw.			1.403.03	2.31	10.48	0.25	26.24	0.35	27.32	0.39	143.20	5.48	19.81	1.25
Zum Vergleich:														
Monarchien/Olig.			4.116	3.2	15.6	0.20	38.4	0.70	47.7	0.80	151.5	3.80	54.50	1.80
Soz./komm. Syst.			566	2.3	18.2	0.30	36.3	0.60	59.4	1.10	109.2	4.00	58.10	2.40
Mil./praet. Syst.			1.005	2.1	15.2	0.20	34.4	0.60	48.2	0.80	114.2	4.30	50.10	1.60
Dritte Welt insges.			1.982*	2.6+	16.7+	0.20+	37.3+	0.60+	53.5*	0.80+	139.9+	4.40+	55.60*	1.90

Signifikanzniveau: + nicht signifikant, *p < 0.05

Quellen: Taylor und Jodice 1983; Weltbank 1983.

Fällen sind z. T. auch konkordanzdemokratische Ansätze zu beobachten (z. B. Malaysia und Kenia). Die übrigen Staaten sind entweder ethnisch sehr stark fraktionalisiert, weisen eine eher graduell abgestufte Mischbevölkerung auf oder sind weitgehend homogen zusammengesetzt. In all diesen Fällen überwiegen konkurrenzdemokratische Mechanismen bzw. z. T. semi-kompetitive Formen wie in Ägypten oder Mexiko (vgl. Tabelle 4, Spalte 6).

In einigen der hier betrachteten Staaten fallen ethnisch-linguistische Differenzierungen mit religiösen zusammen. In den Fällen, in denen es sich hierbei um jeweils autochthone traditionale religiöse Vorstellungen handelt (wie z. B. in Botswana oder für Teilgruppen der Bevölkerung in Kenia und Papua-Neu Guinea), bedeutet dies kein zusätzliches Konfliktelement. In anderen, in denen ethnische Unterschiede mit der Zusammengehörigkeit zu übergreifenden Religionsgemeinschaften übereinstimmen (wie z. B. in Indien, Malaysia, Mauritius, Sri Lanka), kann dies eine Verstärkung („reinforcement") der vorhandenen cleavages bedeuten. Konflikte nehmen dann leicht sehr grundsätzliche und nicht selten gewalttätige Formen an. Umgekehrt tendiert ein Überschneiden („cross-cutting") ethnischer und religiöser Gruppen und ein hohes Ausmaß an religiöser Fraktionalisierung (vgl. Tabelle 2, Spalte 2) dazu, dämpfend auf mögliche kommunalistische Konflikte zu wirken. Letzteres gilt z. B. für Gambia, Kenia und Trinidad/Tobago. In einer weiteren Zahl von in bezug auf die Zusammensetzung nach Religionsgemeinschaften eher homogenen Fällen spielen sich Konflikte auf religiöser Basis eher zwischen religiös stärker gebundenen kirchlich organisierten, z. T. auch fundamentalistischen Gruppen und stärker säkularisierten Teilen der Bevölkerung ab. Dies trifft in unserem Sample z. B. für Ägypten und den Senegal, aber auch einige der lateinamerikanischen Staaten zu.

In vertikaler Hinsicht beziehen sich sozialstrukturelle Ausprägungen in erster Linie auf die 3 „Sphären" (*M. Weber*) politische Macht, wirtschaftliche Position und, als „subjektives" Element, „Ehre", bzw. „power", „privilege" und „prestige" (*Lenski* 1966). Unter den hier betrachteten Ländern sind in einer Reihe von Fällen vorkoloniale Traditionen in bezug auf einige dieser Aspekte noch von einer gewissen Bedeutung. Eine Grundform traditionaler gesellschaftlicher und politischer Strukturen findet sich in sogenannten „akephalen" (also herrscherlosen, aber nicht herrschaftsfreien!) Gesellschaften (vgl. z. B. a. *Middleton, Tait* 1958; *Sigrist* 1967). Auf grundsätzlich egalitärer Basis werden in solchen Fällen für die jeweilige Gemeinschaft relevante Entscheidungen in kollektiver Weise (z. B. durch „Ältestenräte" u. ä. Gremien) getroffen. Das Ausmaß der Partizipation der jeweiligen Bevölkerungsgruppen am Zustandekommen solcher Entscheidungen, aber auch der Grad des erzielten Konsenses war in der Regel hoch. Ökonomische Differenzierungen zwischen einzelnen Familien und Personen spielten hierbei unter den Bedingungen der Subsistenzwirtschaft bei weitgehend gleichartigen Nutzungsrechten an Grund und Boden keine Rolle. „Prestige" wurde individuell erworben und führte nicht zu dauerhafteren Formen der Abstufung zwischen sozialen Gruppen. Unter unseren Fällen wiesen in Kenia, Fiji und Papua-Neu Guinea die Mehrzahl traditionaler Gemeinschaften solche akephalen Organisationsformen auf. In anderen Staaten gab es zumindest Minderheiten solcher Gruppen. Wie neuere Untersuchungen zeigen, können vorkoloniale Traditionen dieser Art

Tabelle 4: Systemcharakteristika

	Parteiensystem			parteipolitisch artikulierte cleavages	Spitze der Exekutive		Gewaltenteilung				Regierungsbildung		Wahlbeteiligung %
	Einp.syst. mit komp. Elementen	begrenztes Mehrparteiensystem	offenes Mehrparteiensystem		Präsident	Premier	vertikal vollständig	vertikal begrenzt (mit unabhäng. Justiz)	horizontal föderativ	horizontal zentralistisch	konkurrenz-	konkordanz-demokratisch	
Bahamas			X	Klassen (ethn.)		X		X		X	X		79
Barbados			X	Klassen		X		X		X	X		
Botswana			X	Klassen (ethn.)	X			X		X		X (hegem.)	36
Kolumbien		X		Klassen (rel.)		X			X		X	(X) (bis '74)	70
Costa Rica			X	Klassen	X		X			X	X		81
Dominik. Rep.		X		Klassen	X		X			X	X		
Fiji			X	Klassen (ethn.)		X		X	X			X (im Parl.)	63
Ägypten		X		Klassen (rel.)	X			X				X (hegem.)	21
Gambia			X	Klassen (ethn.)	X			X	X		X		70
Indien			X	Klassen (rel.)		X		X		X	X		67
Jamaica			X	Klassen (ethn.)		X		X		X	X		85
Kenya	X			Klassen (ethn.)	X			X		X		X	
Malediven	X			regional	X			X		X		X	60
Malaysia			X	Klassen (ethn.)	X			X	X			X	41
Mauritius			X	Klassen (ethn.)		X		X		X	X		
Mexiko		X		Klassen	X		X		X			X (hegem.)	63
Papua/N.G.			X	ethn./rel. Kl.		X		X		X	X		
Senegal			X	ethn./rel. Kl.	X		X			X	X		65
Singapur		X		Klassen (ethn.)		X		X		X		X (hegem.)	67
Sri Lanka			X	Klassen (ethn.)	X		X			X	X		71
Trinidad/Tob.			X	Klassen (ethn.)		X		X		X	X		64
Venezuela			X	Klassen (rel.)	X		X		X		X		80

Quellen: s. Tab. 1; Taylor und Jodice 1983.

auch für zeitgenössische demokratische Entscheidungsprozesse von Bedeutung sein (vgl. z. B. *Barkan, Okumu* 1978; *Berg-Schlosser* 1982b).
In der Mehrzahl der hier betrachteten Fälle überwogen traditionell hierarchisch strukturierte Gesellschaftsformen. Diese gründeten sich z. T. auf feudalistische Produktionsverhältnisse, wie z. B. in erheblichen Teilen Indiens und Malaysias, z. B. basierten sie (z. B. in Botswana und im Senegal) auf einer „afrikanischen Produktionsweise" (*Coquéry-Vidrovitch* 1976) mit gemeinschaftlichen Eigentums- und individuellen Nutzungsrechten an Grund und Boden. Die „asiatische" Produktionsweise bzw. „hydraulische" Gesellschaft Ägyptens (*Wittfogel* 1957) mit staatlichen Eigentumsformen, bürokratischen Regelungen der Bewässerungswirtschaft und kleinbäuerlicher Nutzung auf Familienbasis stellt in dieser Hinsicht einen Sonderfall dar. In vielen Fällen fanden solche Verhältnisse auch eine Entsprechung auf der spirituell-transzendentalen Ebene der jeweiligen Religionsvorstellungen. Diese wirken häufig, auch wenn die ursprüngliche Produktionsweise mittlerweile Veränderungen unterworfen worden ist, in gewissen Formen auf der politisch-kulturellen Ebene bis zum heutigen Tage fort. Dies gilt z. B. für einige der traditionell hierarchisch organisierten Gesellschaften Afrikas, die spirituelle Funktionen des jeweiligen „Häuptlings" oder Königs einschlossen, wie auch in den vom Islam und Hinduismus beeinflußten Gebieten (vgl. z. B. *Packard* 1981; *Paden* 1973). In Lateinamerika sind aufgrund der weitgehenden Ausrottung oder Vertreibung der ursprünglichen Bevölkerung in einer Vielzahl der heutigen Staaten keine weiter wirkenden vorkolonialen Relikte mehr anzutreffen. Lediglich dort, wo noch ein nennenswerter Anteil von ursprünglicher Indio-Bevölkerung erhalten blieb, könnte dies der Fall sein (unter den hier betrachteten Staaten also in geringem Maße in Kolumbien und Mexiko). Auf der gesamtstaatlichen Ebene spielen derartige Einflüsse allerdings keine Rolle. Die Gesellschaftsstruktur wurde vielmehr in erster Linie durch die in der Kolonialzeit eingeführten „neo-feudalistischen" Verhältnisse im Agrarbereich geprägt (vgl. z. B. *Carroll* 1961; *Sotelo* 1973).
Die heutigen Agrarstrukturen sind in der überwiegenden Mehrzahl der hier betrachteten Staaten kleinbäuerlich geprägt (vgl. Tabelle 1, Spalte 2). Dies gilt für die afrikanischen Länder, aber auch Teile der Karibik, mehrere asiatische Staaten (einschließlich dem Sonderfall der Fischer auf den Malediven) und das heutige Ägypten. Costa Rica mit seinem erheblichen Anteil an mittelbäuerlichen Einwanderern und Mexiko mit dem starken genossenschaftlichen Element („ejidos") nach den Landreformen in der post-revolutionären Phase stellen gewisse Ausnahmefälle für den lateinamerikanischen Kontinent dar. Im übrigen überwiegt dort nach wie vor die charakteristische Latifundien-Minifundien-Struktur. Dies gilt auch für Kolumbien, Venezuela und die Dominikanische Republik. Eine Reihe weiterer Staaten weist Mischformen zwischen z. T. traditionellen (wie in Indien) oder durch die Kolonialmächte als Plantagenwirtschaft eingeführten (und heute häufig noch durch multinationale Konzerne betriebenen) Formen des Großgrundbesitzes und kleinbäuerlichen Strukturen auf Familienbasis auf.
Es kann kaum ein Zweifel daran bestehen, daß kleinbäuerliche Formen der Landwirtschaft in überwiegend agrarischen Staaten einen begünstigenden Faktor für die Herausbildung demokratischer Entscheidungsstrukturen darstellen. Dies entspricht sowohl den „klassischen" Mittelstandsargumenten von Autoren wie *Aristoteles* über

Tocqueville bis hin zu *Dahl* als auch der konkreten Erfahrung in einer Reihe heutiger Staaten der „Ersten Welt" (z. B. der frühen USA, der Schweiz, den skaninavischen Staaten, usw.). Die Kommerzialisierung der Landwirtschaft unter neuzeitlichen Bedingungen bringt dann allerdings auch einen Differenzierungsprozeß in diesem Bereich in Gang. Umgekehrt kann als erwiesen gelten, daß Formen des Latifundismus sowohl für ökonomische als auch demokratische Entwicklungen hemmend oder gar blockierend wirken können (vgl. z. B. die historischen Fälle Ungarns und Rumäniens, s. a. *Senghaas* 1982 oder die wechselvolle Geschichte der Versuche der Etablierung demokratischerer Staaten in Lateinamerika). Aufgrund der bisherigen Datenlage ist es allerdings schwierig, diesen Faktor adäquat quantitativ zu erfassen. Die zur Verfügung stehenden Gini-Koeffizienten der Landverteilung (Tabelle 2, Spalte 3) sind lückenhaft und beruhen z. T. auf sehr unterschiedlichen Quellen und jeweils zugrunde gelegten Kategorien (*Taylor* 1981: 182). Dennoch tritt hier das erhebliche Ausmaß ungleicher Verteilung in den lateinamerikanischen Staaten deutlich hervor.

Die soziale Differenzierung und potentielle Konfliktgruppenbildung im nicht-agrarischen Bereich ist noch schwieriger zu fassen. In „objektiver" Hinsicht käme es hier zunächst darauf an, in einem historisch-materialistischen Sinne die Größenordnungen verschiedener Gruppen in bezug auf ihr Verhältnis zu den Produktionsmitteln und die hierauf resultierende Dynamik im Entwicklungsprozeß zu ermitteln. Dieses Verhältnis bezieht sich aber nicht ausschließlich auf das jeweilige Eigentum bzw. Nicht-Eigentum, sondern auch auf Aspekte der tatsächlichen Verfügungsgewalt (z. B. bei Managern) und Möglichkeiten der politischen Kontrolle. Hieraus läßt sich ein differenziertes Klassenmodell entwickeln, das zumindest die Eingrenzung potentieller sozialer und politischer Konfliktgruppen auf dieser Basis ermöglicht (vgl. z. B. *Berg-Schlosser* 1979). Bei Drittwelt-Staaten ist wegen ihrer „peripher-kapitalistischen" Prägung auch der jeweilige Anteil des Auslandskapitals besonders zu beachten. Über diese objektivierbare Ebene hinaus sind dann aber auch die jeweiligen Bewußtseinslagen (also „Klassen für sich") und ihre Tendenz zur sozialen Abschließung („closure", vgl. z. B. *Parkin* 1979) von Bedeutung. Für derartige Analysen gibt es aber derzeit, über einzelne und partielle Fallstudien hinaus, keine verfügbaren vergleichenden Daten.

Eine sehr grobe Annäherung in dieser Hinsicht stellt die Ermittlung der Klassenfraktionalisierung durch einen Index dar, der zumindest die Anteile der jeweils in der Landwirtschaft und in nicht-agrarischen Berufen Beschäftigten ermittelt (vgl. *Lijphart* 1977: 71 ff.). Dieser Index zeigt, wegen des Überwiegens ländlicher Elemente, relativ niedrige Werte für die hier betrachteten afrikanischen und einige der asiatischen Staaten. Die lateinamerikanischen Länder und Ägypten weisen demgegenüber ein nahezu ausgeglichenes Verhältnis auf. Ein Stadtstaat wie Singapur hat dann in der Umkehrung dieser Relationen wiederum einen sehr niedrigen Wert (vgl. Tabelle 2, Spalte 4 und 5). Ein gewisses Indiz für die Ausprägung von Klassenstrukturen stellt auch der Grad der gewerkschaftlichen Organisation dar. Dieser variiert mit dem Anteil der nicht in der Landwirtschaft Beschäftigten, er ist aber auch von der „Offenheit" des Systems insgesamt und spezifischen bewußtseinsbildenden Faktoren abhängig. Unter den hier betrachteten Staaten ist der gewerkschaftliche Organisationsgrad in Venezuela, Sri Lanka, Mauritius und Barbados verhältnismäßig hoch. Relativ niedrig ist er in Botswa-

na, Indien und Kenia, aber auch, im Verhältnis zum hohen Industrialisierungsgrad, in Singapur (vgl. Tabelle 2, Spalte 6).
Der Anteil des Auslandskapitals ist in einer Reihe der hier betrachteten Staaten außerordentlich hoch (vgl. Tabelle 2, Spalte 10). Dies gilt insbesondere für Trinidad, Papua, Jamaika, Singapur, Venezuela, Costa Rica, Malaysia, die Dominikanische Republik und Senegal. Andererseits weisen Staaten wie Indien, Sri Lanka und Ägypten relativ niedrige Werte auf. Die Streubreite ist also auch in bezug auf diese Variable erheblich. Dennoch weicht der Durchschnitt aller semi-kompetitiven und polyarchischen Systeme signifikant vom Mittelwert für alle Drittwelt-Staaten ab. Eine gewisse „Affinität" des Auslandskapitals zu polyarchischeren Systemen scheint also dort, wo sie sich als dauerhafter erwiesen haben, zu bestehen.
Als „gradierter Parameter" sozialstruktureller Differenzierung im *Blau*schen Sinne (1976: 223) können auch Einkommensverteilungsdaten herangezogen werden. Auf international vergleichender Basis wird hierfür vor allem der „Gini-Index" verwendet. Dieser beruht allerdings unvermeidlicherweise auf rein monetären Größen und kann so z. B. Aspekte des Subsistenzeinkommens nicht oder nur aufgrund sehr grober Schätzungen erfassen. Für Länder mit einem hohen Subsistenzanteil in der Landwirtschaft, aber auch für Staaten mit einem erheblichen Ausmaß an „Schattenwirtschaft" in „informellen" Sektoren liefert er daher nur sehr unzulängliche Werte. Darüber hinaus sind die verfügbaren international vergleichenden Daten sehr lückenhaft und von ihrer jeweiligen Erhebungsbasis her (z. B. aufgrund der für Besteuerungszwecke erfaßten Einkommen) häufig mit einem erheblichen Maß an Unsicherheit belastet. Dies gilt sogar für eine Reihe von „Erstwelt"-Staaten und umso mehr für die hier betrachteten Länder. Unter diesen weisen Sri Lanka und Barbados, Ägypten und Costa Rica relativ günstige Werte auf (vgl. Tabelle 2, Spalte 7 bis 9). Die übrigen Staaten des lateinamerikanischen Kontinents und die hier behandelten afrikanischen Fälle zeigen dagegen krasse Verteilungsdiskrepanzen. Bei den letzteren ist allerdings die stärkere Verzerrung wegen des relativ hohen Subsistenzanteils in Rechnung zu stellen. Die Abweichungen zu den Mittelwerten für andere Systemtypen und zum Durchschnitt für alle Staaten der Dritten Welt insgesamt sind nicht signifikant.
Für die politische Konfliktgruppenbildung letztlich ausschlaggebend ist das konkrete Zusammenwirken horizontaler und vertikaler Aspekte sozialer Differenzierung und die spezifische Abfolge historisch relevanter cleavages (dies ist modellhaft für die westeuropäischen Staaten z. B. von *Lipset* und *Rokkan* 1967 dargestellt worden). Besonders konfliktträchtig sind in dieser Hinsicht wiederum zusammenfallende, sich gegenseitig verstärkende („reinforcing") Konfliktebenen, während ein Überschneiden unterschiedlich gelagerter Konfliktgruppen („cross-cutting") tendenziell soziale Spannungen dämpfen kann. Hierbei ist es wichtig festzuhalten, daß es sich im erstgenannten Fall nur sehr selten um ethnische, religiöse o. a. kommunialistische Konflikte *per se* (z. B. um bestimmte religiöse Glaubensinhalte o. ä.) handelt, sondern daß diese in aller Regel erst jeweils ökonomisch oder politisch vermittelt werden. Es geht hierbei also auch um Verteilungskämpfe in bezug auf ökonomische Privilegien und politische Macht, die allerdings auf der Bewußtseinsebene dann meist zu einer Abgrenzung entlang der Identifikationslinien mit den jeweiligen kommunialistischen Gemeinschaften führen.

Die Analyse der konkreten Konfliktgruppenüberschneidungen in den hier behandelten Staaten entzieht sich aufgrund der gegebenen Datenlage ebenfalls einer exakten Quantifizierung (vgl. hierzu z. B. *Rae, Taylor* 1970). Wie wir gesehen haben, handelt es sich bei der Mehrzahl der hier betrachteten Fälle, schon aufgrund der meist willkürlichen Grenzziehungen durch die Kolonialmächte, um im horizontalen Sinne stark pluralistische Staaten. In allen ist in der Gegenwart auch ein unterschiedliches Maß vertikaler Differenzierung zu beobachten. Ein wichtiges Indiz für das Zusammenwirken beider Ebenen und ihre politische Artikulierung ist ihre jeweilige „Abbildung" in der konkreten Parteienlandschaft. Für die Mehrzahl der betrachteten Staaten (17 von 22) ist in dieser Hinsicht das Überwiegen von Klassenaspekten festzustellen, in 12 von diesen allerdings gepaart mit auch religiös bzw. ethnisch oder regional artikulierten Parteien (vgl. Tabelle 4, Spalte 2). In 4 Fällen (Fiji, Kenia, Malaysia, Sri Lanka) kann man wohl von einem Überwiegen der jeweiligen horizontalen Konfliktdimension sprechen. Dies gilt potentiell auch für die parteilose Situation in den Malediven.

5. Sozio-ökonomische Indikatoren

Wie eingangs erörtert, bezieht sich die Mehrzahl der „empirisch-demokratietheoretischen" Ansätze auf diesen Bereich. Die uns zur Verfügung stehenden Daten erlauben eine vergleichende Überprüfung einiger der dort entwickelten Hypothesen für den Zeitraum 1960–1980 (vgl. Tabelle 3). Betrachtet man die vier wesentlichen Aspekte des *Lipset*schen Ansatzes (Reichtum, Urbanisierung, Bildung und Teilnahme an Massenkommunikationsmitteln), so fällt zunächst die erhebliche Streubreite unter den hier betrachteten Fällen auf. 4 Staaten (Gambia, Indien, Malediven, Sri Lanka) gehören eindeutig zu den „low income countries" in der UN-Terminologie. 9 weitere (darunter insbesondere die übrigen afrikanischen Staaten, Ägypten und Papua) haben mittlere Einkommenswerte (bis U.S. $ 1.600). Die 9 übrigen (vor allem die Mehrzahl der lateinamerikanischen Staaten sowie Malaysia und Singapur) liegen darüber. Die Industrialisierungsdaten (mit sehr geringen Werten für Papua, Senegal, Kenia, Indien und Sri Lanka) zeigen ein ähnliches Bild. Die Urbanisierungsraten sind in diesen Ländern ebenfalls recht niedrig, während sie für die Staaten des lateinamerikanischen Kontinents vergleichsweise hoch sind. Bildungsmäßig zeigt sich ein ähnliches Gefälle von den geringen Alphabetisierungsraten Gambias, Senegals, Papuas, Indiens und Botswanas über mittlere Werte für Ägypten und Kenia bis hin zum hohen Stand in der Mehrzahl der hier betrachteten lateinamerikanischen Staaten, aber auch in Malaysia, Singapur und Sri Lanka. Die Teilnahme an Massenkommunikationsmitteln (als für die Dritte Welt wichtigster Indikator wurde hier die Verbreitung von Radioapparaten herausgegriffen) variiert von den sehr geringen Werten der Malediven, Kenias, Sri Lankas, Indiens, Papuas und des Senegal, aber auch der Dominikanischen Republik bis hin zu relativ hohen Sättigungsgraden in der Mehrzahl der Staaten der Karibik und des lateinamerikanischen Kontinents, aber auch in Malaysia, Mauritius und Singapur. Die statistischen Standardabweichungen sind jeweils entsprechend hoch und ergeben eine erhebliche Überlappung zu den entsprechenden Verteilungsmaßen für andere Systemtypen und reichen teilweise in Bereiche der Staaten der „Ersten" und „Zweiten" Welt hinein. Die Interkorrelationen dieser „Modernisierungs"-Variablen bewegen sich zwischen 0,48 und 0,82 und sind statistisch deutlich signifikant ($p < 0,01$). Die einzige Ausnahme stellt die Beziehung zwischen der Urbanisierungsrate und der Verbreitung der Massenkommunikationsmittel dar, die einen Wert von nur 0,31 aufweist und nicht signifikant ist. Diese Werte sind im Durchschnitt höher als für die Staaten der Dritten Welt insgesamt (dort variieren sie zwischen 0,45 und 0,73, wobei allerdings die Beziehung zwischen Pro-Kopf-Einkommen und Alphabetisierungsrate mit nicht signifikanten 0,14 deutlich herausfällt). Die Interkorrelationen für die Erstweltstaaten liegen aber deutlich über diesen Werten.

Die Veränderungsraten der Modernisierungsindikatoren für die Jahre 1960—1980, anknüpfend an die „Mobilisierungsthese" von *Deutsch*, vermitteln einen ähnlichen Eindruck. Hohen durchschnittlichen Raten des Wirtschaftswachstums in Singapur, Malaysia, Botswana und Barbados stehen weitgehende Stagnation und teilweise sogar ein Rückgang auf den Bahamas, in Jamaika und dem Senegal entgegen. Die Industrialisierung hat in Ägypten und Singapur stark zugenommen, in Jamaika und Sri Lanka stagniert sie und nahm in Kolumbien und Indien nur geringfügig zu. Kolumbien, die Dominikanische Republik, Mexiko, Venezuela und Papua zeigten eine hohe Zunahme der städtischen Bevölkerung, im Senegal, Malaysia und Indien blieben die Zuwächse gering. Der Bildungsstand verbesserte sich am raschesten in Kenia, Mauritius und Singapur, in Senegal und Papua stagnierte er eher auf relativ niedrigem, in Barbados und Venezuela auf relativ hohem Niveau. Radioapparate verbreiteten sich am schnellsten in Barbados, Jamaika, Mexiko und Trinidad/Tobago, in der Dominikanischen Republik, dem Senegal und Sri Lanka veränderte sich ihr Anteil kaum. Die Standardabweichungen all dieser Raten sind ebenfalls relativ groß. Die Interkorrelationen zwischen diesen Veränderungsraten sind teilweise sogar negativ und durchweg nicht signifikant. Dies gilt auch für die Staaten der Dritten Welt insgesamt und steht somit in klarem Widerspruch zu *Deutschs* These.

Wenn man alle hier betrachteten Staaten zu einer gemeinsamen Kategorie annähernd polyarchischer Systeme zusammenfaßt und dann auf dichotomischer Basis (im Verhältnis zu allen anderen Staaten der Dritten Welt) Korrelationsmaße für all diese Indikatoren ermittelt, so ergeben sich sowohl für das Niveau als auch für die Veränderungsraten von Pro-Kopf-Einkommen, Industrialisierung, Urbanisierung und Teilnahme an Kommunikationsmitteln *keinerlei* statistisch signifikante Werte (von wenigstens $p < 0.05$). Lediglich der Indikator Alphabetisierung weist eine mäßig positive Korrelation von $r = 0,26$ ($p < 0.01$) auf, die Veränderung der Alphabetisierung ist mit $r = 0,18$ ($p < 0.05$) korreliert. Insgesamt können also die Postulate hinsichtlich des Zusammenhangs zwischen bestimmten Modernisierungsaspekten und der Existenz stabiler annähernd demokratischer Systeme für die hier betrachteten Staaten im vorliegenden Analysezeitraum bereits auf der Basis relativ einfacher Durchschnittswerte, Verteilungsmaße und Interkorrelationen nicht bestätigt werden.

6. Weitere Analyseschritte

Um den gleichzeitigen Einfluß verschiedener unabhängiger Variablen zu prüfen, führten wir eine Reihe schrittweiser multipler Regressionsanalysen durch. Auch hierfür wurden alle semi-kompetitiven und polyarchischen Systeme zu einer dichotomisierten abhängigen Variablen zusammengefaßt und der Gesamtheit der übrigen Daten der Dritten Welt gegenübergestellt. In bezug auf die absoluten Niveaus der wichtigsten *Lipset*schen sozio-ökonomischen Indikatoren für das Stichjahr 1980 ergab sich insgesamt nur ein relativ geringer Wert der „erklärten" Varianz von $R^2 = 0{,}166$ (vgl. Tabelle 5a). Bezüglich der Veränderungsraten für die Periode 1960–1980 ist dieser Wert mit $R^2 = 0{,}152$ sogar noch etwas geringer. An den unterschiedlichen Vorzeichen der Werte für das jeweils einfache R wird deutlich, daß diese Faktoren nicht gleichermaßen in derselben Richtung wirken (vgl. Tabelle 5b).

Tabelle 5: Regressionsanalysen

a. Sozio-ökonomische Indikatoren, absolute Niveaus 1980

Unabhängige Variable	Einfaches R	Multiples R	R^2
Industrialisierung	0.312	0.312	0.097
Alphabetisierung	0.311	0.358	0.128
Urbanisierung	0.162	0.386	0.149
Radios pro 1 000 Einwohner	0.137	0.401	0.161
BSP/Kopf	0.015	0.407	0.166

b. Sozio-ökonomische Indikatoren, Veränderungsraten 1960–1980

Unabhängige Variable	Einfaches R	Multiples R	R^2
Urbanisierungsrate	0.196	0.196	0.039
BSP/K.-Wachstumsrate	−0.173	0.321	0.103
Alphabetisierungsrate	0.164	0.376	0.142
Industrialisierungsrate	−0.157	0.386	0.149
Zuwachsrate Massenkommunikationsmittel	−0.069	0.390	0.152

c. Quantitative Sozialstrukturvariablen, ca. 1970–75

Unabhängige Variable	Einfaches R	Multiples R	R^2
Ethno-linguist. Fraktionalisierung	0.204	0.204	0.042
Gini-Index Einkommensverteilung	−0.147	0.254	0.065
Religiöse Fraktionalisierung	0.001	0.284	0.080
Gewerkschaftl. Organisierungsgrad	0.047	0.320	0.102
Gini-Index Landverteilung	−0.130	0.352	0.124
Anteil Auslandskapital	−0.164	0.364	0.133
Klassenfraktionalisierung	−0.007	0.365	0.134

Quellen: Taylor und *Jodice* 1983; *Weltbank* 1983; *Bornschier* und *Heintz* 1979.

Die Berücksichtigung unterschiedlicher sozialstruktureller Variablen ergibt ein ebenso heterogenes Bild (vgl. Tabelle 5 c). Die Gini-Indizes für Einkommensverteilung und die Verteilung von Ackerland, der Anteil des Auslandskapitals und die Klassenfraktionalisierung sind jeweils schwach negativ korreliert. Dem stehen jeweils positive Einflüsse der ethno-linguistischen Fraktionalisierung, der religiösen Fraktionalisierung und des gewerkschaftlichen Organisationsgrades gegenüber. Die insgesamt erklärte Varianz bleibt aber auch in bezug auf diese Aspekte gering ($R^2 = 0,134$). Bei einigen dieser Variablen ist weiterhin zu berücksichtigen, daß sie z. T. in bezug auf ihre Erhebungsbasis zweifelhaft und insgesamt sehr lückenhaft sind, so daß die Gesamtzahl der untersuchten Fälle, für die vergleichende Daten zur Verfügung stehen, relativ gering wird. Auch in dieser Hinsicht ist der Gesamtbefund also eher ein negativer.

Um den möglichen Einfluß der unterschiedlichen historisch-kulturellen und sozialstrukturellen Faktoren zu prüfen, führten wir schließlich noch einige Varianzanalysen durch. Da es sich bei der Mehrzahl der Faktoren hierbei um Variablen mit nur nominalem Meßniveau handelt, verwendeten wir hierfür multiple Klassifikationsanalysen. In unterschiedlichen Kombinationen versuchten wir, das Ausmaß des jeweils unabhängigen Einflusses der verschiedenen vorstehend aufgeführten Variablen zu testen. Von allen in Tabelle 1 und 2 aufgeführten kulturellen und strukturellen Variablen stellten sich Region, ehemalige Kolonialmacht, Agrarstruktur und Anteil des Auslandskapitals als mit Abstand wichtigste heraus (vgl. beta-Werte Tab. 6). Andere Faktoren wie Einfluß der dominierenden Religion, religiöse und ethnische Fraktionalisierung, Klassenfraktionalisierung und die bereits behandelten sozio-ökonomischen Variablen trugen dagegen auf der Basis unseres Datenmaterials, wenn die vorgenannten Faktoren berücksichtigt wurden, zusätzlich nur noch geringfügig zur Erklärung der beobachteten Varianz bei (beta-Werte um 0.10). Mit Faktoren wie „Region" und „ehemalige Kolonialmacht" stehen damit eindeutig spezifische politisch-kulturelle Einflüsse im Vordergrund. Insbesondere die „demokratisierende" Auswirkung der britischen Kolonialherrschaft und gewisse positive Einflüsse in Asien und Lateinamerika (dort vor allem bezogen auf die Karibik) zeichnen sich deutlich ab (siehe Vorzeichen der Abweichungen in Tab. 6).

Ein weiterer Faktor ist dann, zumindest für die Staaten, in denen die Mehrzahl der Bevölkerung in der Landwirtschaft beschäftigt ist, die Agrarstruktur. In dieser Hinsicht stellen offenbar traditional-gemeinschaftliche und kleinbäuerliche Bewirtschaftungsformen erheblich günstigere Voraussetzungen für die Herausbildung demokratischerer politischer Strukturen dar, als es bei Formen der Latifundien- oder Plantagenwirtschaft der Fall ist. Als Drittes, und das mag zunächst überraschen, wirkt auch ein hoher Anteil an Auslandskapital positiv. Diese Durchdringung hat in anderer Hinsicht sicher auch ihre Schattenseiten hinsichtlich des Grades an Autonomie und Selbstbestimmung eines Landes, sie trägt aber neben gewissen „Demonstrationseffekten", die eine stärkere Verbindung zu westlichen Staaten mit sich bringt, offenbar zumindest auch zur Aufrechterhaltung demokratischerer Strukturen positiv bei. (Daß ausländische Kapitalgeber sich in einer Reihe von belegbaren Fällen auch mit repressiven Herrschaftsformen gut zu arrangieren verstehen, solange nur ihre ökonomischen Interessen gewahrt bleiben, steht hierzu nicht im Widerspruch.)

Tabelle 6: Multiple Klassifikationsanalyse

Unabhängige Variablen	Kontrollierte Werte Abweichungen	beta	N
Region:			
Afrika	−1,32		28
Asien	+0,39		15
Lateinamerika	+2,04		21
Nahost	−0,97		12
		0,40	
Ehemal. Kolonialmacht:			
Großbritannien	+1,48		20
Frankreich	−0,65		21
Spanien	+0,35		17
sonstige/keine	−1,22		18
		0,30	
Dominierende Agrarstruktur:			
traditional gemeinschaftlich oder kleinbäuerlich	+0,36		50
feudalistisch oder großbäuerlich	+0,83		5
Latifundien und Plantagen	−1,47		15
Staatsfarmen, kollektive Farmen	−0,04		6
		0,29	
Durchdringung durch Auslandskapital:			
niedrig	−0,08		39
mittel	−1,91		17
hoch	+1,78		20
		0,37	
			76

Multiples R: 0,630
R^2 : 0,397

Trotz des erheblich höheren Anteils der Varianz, die auf diese Weise erklärt werden kann (vgl. Werte für multipes R und R^2), bleibt die Heterogenität der behandelten Fälle erheblich. Eine „cluster"-Analyse, die die wichtigsten vorstehend behandelten Variablen in bezug auf ihre charakteristischen Ausprägungen zusammenfaßt und hinsichtlich ihrer „Klumpung" zu bestimmten gemeinsamen Kategorien untersucht, konnte diese Verteilung noch weiter aufschlüsseln. Im wesentlichen stellten sich drei wichtige Klumpungen, die als Sub-Typen aufgefaßt werden können, unter den betrachteten Fällen heraus: Ein „frühdemokratischer" Typ umfaßt Staaten mit niedrigem bis mittlerem sozio-ökonomischem Entwicklungsniveau, die ehemals britisch kolonisiert wurden bzw. z. T. egalitäre und frühdemokratische Traditionen aufweisen, kleinbäuerlich geprägt sind und meist nur geringere Bevölkerungszahlen haben. Zu diesem Typus zählen Gambia, die Malediven, Papua-Neuguinea und Senegal. Varianten dieses Typs sind auch Länder dieser Kategorie mit stärker ausgeprägten ethnischen Konflikten und eher konkordanzdemokratischen politischen Strukturen wie Botswana, Fiji, Kenia und

Malaysia oder das „semi-kompetitive" Ägypten. Indien ist als weitere Variante, mit sehr großer Bevölkerung und föderalistischen Strukturen, ebenfalls zu dieser Kategorie zu zählen.
Ein zweiter („kleinräumig-entwickelter") Typ erstreckt sich auf Staaten mit geringen Bevölkerungszahlen und relativ hohem sozio-ökonomischem Entwicklungsniveau, die ebenfalls überwiegend britisch geprägt wurden und z. T. Formen der Plantagenwirtschaft bzw. des Großgrundbesitzes aufweisen. Zu diesen zählen Karibik-Inseln wie die Bahamas, Barbados, Jamaika und Trinidad-Tobago, aber auch Mauritius, Singapur und Sri Lanka. Ein dritter („spätentwickelter") Typ schließlich von Staaten meist mittlerer Größenordnung ist ebenfalls durch ein hohes sozio-ökonomisches Entwicklungsniveau gekennzeichnet, das allerdings bei kolonialer Prägung durch Spanien und einer in Latifundien und Minifundien stark polarisierten Agrarstruktur erst verhältnismäßig spät zu einer, jedenfalls für den beobachteten Zeitraum, dauerhafteren Demokratisierung geführt hat. Fälle dieser Kategorie sind Costa Rica, die Dominikanische Republik, Kolumbien und Venezuela, das post-revolutionäre Mexiko stellt eine gewisse Variante dieses Typs dar.

IV. Zusammenfassung und Schluß

Die vorstehende Analyse hat, selbst unter Beschränkung auf makro-quantitative Aspekte der komplexen Thematik, die Heterogenität der demokratischen politischen Systeme in der Dritten Welt und ihrer Bestimmungsfaktoren verdeutlicht. Erscheinungsformen von Demokratie sind in Staaten sehr unterschiedlicher Größenordnung, in allen Regionen, in allen ehemaligen größeren Kolonialreichen, basierend auf vielfältigen kulturellen und sozialen Traditionen und auf stark voneinander abweichenden sozio-ökonomischen Entwicklungsniveaus anzutreffen. Simplistische modernisierungstheoretische Ansätze erklären hierbei nur einen verhältnismäßig geringen Teil der Varianz. Insofern kommt die vorangegangene Untersuchung in erster Linie zu einem negativen Befund hinsichtlich der demokratietheoretischen Generalisierbarkeit und Relevanz von Erklärungsversuchen à la *Lipset* und *Lerner* und ihren Erweiterungen und Verfeinerungen durch eine große Anzahl von Autoren.
Dennoch lassen sich auch einige tastende positive Schlußfolgerungen aus der vorangegangenen Darstellung ziehen. So spricht einiges für die *Rustow*sche These verschiedener Phasen der Herausbildung demokratischer politischer Systeme und ihrer je spezifischen Bedingungsfaktoren. Zu den begünstigenden Hintergrundfaktoren zählten in einer Reihe von Staaten relativ egalitäre und dezentrale präkoloniale Sozialstrukturen. Ebenso erwies sich, in Staaten mit relativ niedrigem sozio-ökonomischem Entwicklungsniveau, das Vorherrschen klein- und mittelbäuerlicher Produktionsformen in der Landwirtschaft als bedeutsam. Die Gewöhnung an parlamentarische Spielregeln und Verfahrensweisen, vor allem in den ehemaligen britischen Kolonialgebieten, stellt einen weiteren wichtigen Faktor dar. In diese Richtung wirkt offenbar als andauernder externer „Demonstrationseffekt" auch ein hoher Anteil des sonst eher als „neo-kolonial" einzustufenden (westlichen) Auslandskapitals. All diese Faktoren

scheinen in kleinräumigen Staatsgebieten stärker wirksam geworden zu sein. In größeren Staaten bieten sich dagegen eher föderative politische Strukturen an. Dort, wo „kommunalistische" Konflikte sehr prononcierte Formen anzunehmen drohen, scheinen allerdings konkordanzdemokratische Lösungen dem „Westminster-Modell" überlegen zu sein.

Aus der vergleichenden Analyse dieser Faktoren ergaben sich für die hier untersuchten Fälle drei charakteristische „Klumpungen" von Demokratieformen in der Dritten Welt. Ein Typ umfaßt gewisse „frühdemokratische" Erscheinungsformen auf relativ niedrigem Entwicklungsniveau unter dominant kleinbäuerlichen Produktionsweisen mit meist britischer politisch-kultureller Prägung. Die konkreten politisch-institutionellen Regelungen weisen jedoch eine gewisse Variationsbreite je nach Ausmaß kommunalistischer Konflikte und der Größenordnung der jeweiligen Staatsgebiete auf. In dieser Hinsicht ergeben sich z. B. auch Parallelen zur Entstehungsphase von Staaten wie Island, der Schweiz oder den USA. Ein zweiter Typ ist, auch bei hierarchischerem traditionalen Hintergrund und angesichts eines heute relativ hohen Entwicklungsniveaus, durch den Fortbestand von in der Kolonialzeit (vor allem durch Großbritannien) begründeten Institutionen gekennzeichnet. Diese entsprechen in den kleinräumigen und ethnisch und religiös meist homogeneren Staaten dieses Typs überwiegend dem Westminster-Modell.

Von diesen Mustern weicht der kontinental-lateinamerikanische Typus von Demokratie ab. Hier konnte weder an vorkoloniale egalitäre Traditionen noch an eine „Gewöhnungsphase" extern geprägter demokratischer Institutionen angeknüpft werden. Im Gegenteil, die spezifische Form der Prägung der ländlichen Sozialstrukturen in der kolonialen Phase wirkte den Chancen einer demokratischeren Entwicklung diametral entgegen. Erst nach einer erfolgreichen Revolution mit einschneidenden sozialstrukturellen Veränderungen (wie in Mexiko) oder in einer sehr viel weiter fortgeschritteneren Phase sozio-ökonomischer Entwicklung, in der städtische Mittelschichten zu dominieren beginnen (wie in Venezuela und, mit jetzt erneuten Anläufen, in Argentinien, Brasilien und Uruguay), scheinen hier die notwendigen Voraussetzungen für eine dauerhaftere Etablierung demokratischer Systeme gegeben zu sein. Auch diese bedürfen einer eigenen Gewöhnungs- und „Internalisierungs"-Phase auf der Mikro-Ebene partizipatorischer politischer Verhaltensweisen und der Ausprägung einer eigenständigen demokratischen politischen Kultur. Dies ist angesichts weiter bestehender sozialer Spannungen und der Einbettung in gravierende weltwirtschaftliche und weltpolitische Abhängigkeiten kein einfacher Prozeß. All dies kann hier im Grunde nur hypothesenhaft formuliert werden und bedarf einer weiteren sorgfältigen empirischen Überprüfung sowohl in einzelnen Fallstudien mit einer größeren historischen „Tiefendimension", als sie an dieser Stelle möglich war, als auch in weiteren vergleichenden makro-quantitativen Analysen, deren Datenbasis noch erheblicher Verbesserung bedarf.

Darüber hinaus bleibt die Frage nach den Verwirklichungschancen von Demokratie in der Dritten Welt auch eine Herausforderung im normativen Sinne. Wie unsere Darstellung gezeigt hat, ist von einer erheblich größeren Vielfalt demokratische Entwicklungen beeinflussender Faktoren auszugehen als sie in simplistischen und häufig deterministisch aufgefaßten modernisierungstheoretischen Ansätzen zum Ausdruck kam. Dieses geringere Maß an sozio-ökonomischem Determinismus eröffnet aber auch, in gewissen Grenzen, Gestaltungsspielräume für die verantwortlichen Akteure. Das Scheitern von Demokratie in der Dritten Welt braucht nicht länger eine „self-fulfilling prophecy" zu sein. Wenn auch die Wege zur Gestaltung menschenwürdiger, partizipatorischer politischer Ordnungsformen sicher nicht einfach sind, und, wie gezeigt wurde, durchaus unterschiedlich verlaufen können, so gehören sie doch zu den zentralsten Anliegen nicht nur der Politikwissenschaft, sondern in erster Linie für große Teile der Bevölkerungen in den betroffenen Staaten selbst. Was *Richard Sklar* in seiner „Presidential Adress" der African Studies Association für Afrika, also die ärmste und in mancher Hinsicht unterentwickeltste Region der Dritten Welt formulierte, gilt in ähnlicher Form auch für andere Gebiete: „Most Africans today live under the dictatorship of material poverty. The poverty of dictatorship in Africa is equally apparent. It offends the renowned African tradition of community-wide participation in decision-making. By contrast with dictatorship, democracy is a developing idea and an increasingly sophisticated form of political organization. The development of democracy in Africa has become a major determinant of its progress in the world" (*Sklar* 1983, 21).

Literaturverzeichnis

Adelman, I. und *C. T. Moris*, 1965: A Factor Analysis of the Interrelationship Between Social and Political Variables and per capita Gross National Product, in: Quarterly Journal of Economics, Bd. 74, 555—578.
Almond, G. A. und *J. S. Coleman* (Hrsg.), 1960: The Politics of the Developing Areas, Princeton.
Almond, G. A. und *S. Verba*, 1963: The Civic Culture, Princeton.
Banks, A. S. und *R. B. Textor*, 1963: A Cross-Polity Survey, Cambridge/Mass.
Banks, A. S., 1972: Correlates of Democratic Performance, in: Comparative Politics, Januar, 217—230.
Banks, A. S. und *W. Overstreet*, 1983: Political Handbook of the World: 1982—1983, New York.
Berg-Schlosser, D., 1979: Soziale Differenzierung und Klassenbild in Kenia — Entwicklungen und Perspektiven, in: Politische Vierteljahresschrift, Jg. 20, Nr. 4, 313—329.
Berg-Schlosser, D., 1982a: Demokratische Persönlichkeit, in: *M. Greiffenhagen* et al. (Hrsg.), Handwörterbuch zur Politischen Kultur der Bundesrepublik, Opladen, 123—130.
Berg-Schlosser, D., 1982b: Modes and meaning of political participation in Kenya, in: Comparative Politics, Juli, 397—415.
Berg-Schlosser, D., 1984a: Third World Political Systems: Classification and Evaluation, paper presented at the annual meeting of the American Political Science Association, Washington/D. C.
Berg-Schlosser, D., 1984b: Tradition and Change in Kenya — A Comparative Analysis of Seven Major Ethnic Groups, Paderborn.
Blau, P. M., 1976: Parameters of Social Structure, in: *P. M. Blau* (Hrsg.), Approaches to the Study of Social Structure, London, 220—253.
Bollen, K. A., 1980: Issues in the Comparative Measurement of Political Democracy, in: American Sociological Review, Juni, 370—390.
Bornschier, V. und *P. Heintz*, 1979: Compendium of Data for World-System Analysis, Zürich.
Büttner, F. und *V. Büttner*, 1983: Ägypten, in: *D. Nohlen* und *F. Nuscheler* (Hrsg.), Handbuch der Dritten Welt, Bd. 6, Hamburg, 37—86.
Carroll, T. F., 1961: The Land Reform Issue in Latin America, in: *A. O. Hirschmann* (Hrsg.), Latin American Issues, New York, 161—201.
Cocquéry-Vidrovitch, C., 1976: The political economy of the African peasantry and modes of production, in: *P. C. W. Gutkind* und *I. Wallerstein* (Hrsg.), The Political Economy of Contemporary Africa, Beverly Hills, 90—111.

Coulter, P., 1975: Social Mobilization and Liberal Democracy, Lexington/Mass.
Cutright, P., 1963: National Political Development: Measurement and Analysis, in: American Sociological Review, April, 253–264.
Dahl, R. A., 1971: Polyarchy — Participation and Opposition, New Haven.
Dahl, R. A., 1982: Dilemmas of Pluralist Democracy — Autonomy vs. Control, New Haven.
Dahl, R. A. und *E. R. Tufte*, 1973: Size and Democracy, Stanford.
Deutsch, K. W., 1961: Social Mobilization and Political Development, in: American Political Science Review, Bd. 60, Nr. 3, 493–514.
Downs, A., 1957: An Economic Theory of Democracy, New York.
Draguhn, W. et al., 1980: Politisches Lexikon Asien und Südpazifik, München.
Eckstein, H. (Hrsg.), 1966: A Theory of Stable Democracy, in: *H. Eckstein*, Division and Cohesion in Democracy — A Study of Norway, Princeton, Appendix B, 225–288.
Eckstein, H., 1982: The Idea of Political Development: From Dignity to Efficiency, in: World Politics, Bd. 34, 451–486.
Etzioni, A., 1968: The Active Society — A Theory of Societal and Political Processes, New York.
Flanigan, W. und *E. Fogelman*, 1971a: Patterns of political development and democratization: a quantitative analysis, in: *J. V. Gillespie* und *B. A. Nesvold* (Hrsg.), Macro-Quantitative Analysis — Conflict, Development and Democratization, Beverly Hills, 441–473.
Flanigan, W. und *E. Fogelman*, 1971b: Patterns of Democratic Development: An Historical Comparative Analysis, in: *J. V. Gillespie* und *B. A. Nesvold* (Hrsg.), Macro-Quantitative Analysis — Conflict, Development and Democratization, Beverly Hills, 475–497.
Gregg, P. M. und *A. S. Banks*, 1965: Dimensions of Political Systems: Factor Analysis of a Cross-Polity Survey, in: American Political Science Review, Bd. 59, 555–578.
Guggenberger, B., 1980: Bürgerinitiativen in der Parteiendemokratie, Stuttgart.
Hayward, F. M., 1976: A Reassessment of Conventional Wisdom About the Informed Public: National Political Information in Ghana, in: American Political Science Review, Bd. 70, 433–451.
Hermet, G. et al. (Hrsg.), 1978: Elections without Choice, London.
Hofmeier, R. et al. (Hrsg.), 1984: Politisches Lexikon Afrika, München.
Huntington, S. P., 1966: The Political Modernization of Traditional Monarchies, Daedalus, Bd. 95, Nr. 3, 763 ff.
Huntington, S. P. und *J. I. Dominguez*, 1975: Political Development, in: *F. I. Greenstein* und *N. W. Polsby* (Hrsg.), Handbook of Political Science, Bd. 3, Reading/Mass., 1–114.
Inkeles, A., 1969: Participant Citizenship in Six Developing Countries, in: American Political Science Review, Bd. 63, 1120–1141.
Kurian, G. T., 1982: Encyclopedia of the Third World, London.
Lenski, G., 1966: Power and Privilege — A Theory of Social Stratification, New York.
Lerner, D., 1958: The Passing of Traditional Society, New York.
Lijphart, A., 1977: Democracy in Plural Societies, New Haven.
Lijphart, A., 1984: Democracies, New Haven.
Linz, J., 1975: Totalitarian and Authoritarian Regimes, in: *F. I. Greenstein* und *N. W. Polsby* (Hrsg.), Handbook of Political Science, Bd. 3, Reading/Mass., 175–411.
Lipset, S. M., 1960: Political Man — The Social Bases of Politics, New York.
Lipset, S. M., 1963: The First New Nation, New York.
Lipset, S. M., 1981: Political Man, erweiterte Ausgabe, Baltimore.
Lipset, S. M. und *S. Rokkan* (Hrsg.), 1967: Party Systems and Voter Alignments, New York.
Loewenstein, K., 1959: Verfassungslehre, Tübingen.
May, J. D., 1973: Of the Conditions and Measures of Democracy, Morristown.
McCrone, D. J. und *F. C. Cnudde*, 1967: Toward a Communications Theory of Democratic Political Development: A Causal Model, in: American Political Science Review, Bd. 61, 72–79.
McRae, K. (Hrsg.), 1974: Consociational Democracy, Toronto.
Melson, R. und *H. Wolpe*, 1970: Modernization and the Politics of Communalism — A Theoretical Perspective, in: American Political Science Review, Bd. 64, 1112–1130.
Middleton, J. und *D. Tait*, 1958: Tribes without Rulers, London.
Migdal, J. S., 1983: Studying the Politics of Development and Change: The State of the Art, in: *A. W. Finifter* (Hrsg.), Political Science — The State of the Discipline, Washington/D. C.
Milne, R. S., 1981: Politics in Ethnically Bipolar States, Vancouver.
Moore, B., 1966: Social Origins of Dictatorship and Democracy, Boston.
Naschold, F., 1969: Organisation und Demokratie, Stuttgart.

Nesvold, B. A., 1971: Introduction: Studies in Political Development, in: J. V. Gillespie und B. A. Nesvold (Hrsg.), Macro-Quantitative Analysis – Conflict, Development and Democratization. Beverly Hills, 283–288.
Neubauer, D. E., 1967: Some Conditions of Democracy, in: American Political Science Review, Bd. 61, 1002–1009.
Nie, N. H. et al., 1969: Social Structure and Political Participation: Developmental Relationships, in: American Political Science Review, Bd. 63, 361–378, 808–832.
Nohlen, D. und F. Nuscheler (Hrsg.), 1982 ff: Handbuch der Dritten Welt, Bd. 8, Hamburg.
Nordlinger, E. A., 1972: Conflict Regulation in Divided Societies, Cambridge/Mass.
Nuscheler, F., 1974: Bankrott der Modernisierungstheorien?, in: D. Nohlen und F. Nuscheler, Handbuch der Dritten Welt, Bd. 1, Hamburg, 195–207.
Olsen, M. E., 1968: Multivariate Analysis of National Political Development, in: American Sociological Review, October, 699–712.
Olsen, M. E., 1981: Comparative Political Sociology, in: International Journal of Comparative Sociology, Bd. 22, 40–61.
Packard, R. M., 1981: Chiefship and Cosmology – An Historical Study of Political Competition, Bloomington.
Paden, J., 1973: Religion and Political Culture in Kano, Berkeley.
Padover, S. K. (Hrsg.), 1965: The Forging of American Federalism – Selected Writings of James Madison, New York.
Pateman, C., 1970: Participation and Democratic Theory, Cambridge.
Politische Vierteljahresschrift, 1980, 1981: Forum Politische Kultur, Jg. 21, 382–399; Jg. 22, 110–122, 195–209.
Powell, G. B., 1981: Party Systems and Political System Performance: Participation, Stability and Violence in Contemporary Democracies, in: American Political Science Review, Bd. 75, 861–879.
Pride, R. A., 1970: Origins of Democracy: A Cross-National Study of Mobilization, Party Systems and Democratic Stability, Beverly Hills.
Rae, D. W. und M. Taylor, 1970: The Analysis of Political Cleavages, New Haven.
Russett, B. M. et al. (Hrsg.), 1964: Handbook of Social and Political Indicators, 1. Ausgabe, New Haven.
Rustow, D. A., 1967: A World of Nations: Problems of Political Modernization, Washington/D. C.
Rustow, D. A., 1970: Transitions to Democracy – Toward a Dynamic Model, in: Comparative Politics, Bd. 2, 337–363.
Scharpf, F. W., 1972: Demokratietheorie zwischen Utopie und Anpassung, Kronberg.
Schumpeter, J. A., 1943: Capitalism, Socialism, and Democracy, London.
Senghaas, D., 1982: Von Europa lernen – Entwicklungsgeschichtliche Betrachtungen, Frankfurt.
Sklar, R. L., 1983: Democracy in Africa, in: African Studies Review, Bd. 26, 11–24.
Sigrist, Ch., 1967: Regulierte Anarchie, Olten.
Smith, A. K., 1969: Socio-Economic Development and Political Democracy: A Causal Analysis, in: Midwest Journal of Political Science, Bd. 13, 95–125.
Sniderman, P. M., 1975: Personality and Democratic Politics, Berkeley.
Sofri, G., 1972: Über asiatische Produktionsweise, Frankfurt.
Sotelo, I., 1973: Soziologie Lateinamerikas, Stuttgart.
Steinbach, U. et al. (Hrsg.), 1979: Politisches Lexikon Nahost, München.
Taylor, C. L. und M. C. Hudson (Hrsg.), 1972: Handbook of Social and Political Indicators, 2. Ausg., New Haven.
Taylor, C. L. und D. A. Jodice, 1981: Handbook of Social and Political Indicators, 3. Ausg., Codebook, Berlin.
Taylor, C. L. und D. A. Jodice (Hrsg.), 1983: Handbook of Social and Political Indicators, 3. Ausg., 2 Bd., New Haven.
Tetzlaff, R., 1977: Staat und Klasse in peripher-kapitalistischen Gesellschaftsformationen: Die Entwicklung des abhängigen Staatskapitalismus in Afrika, in: Verfassung und Recht in Übersee, Nr. 1.
Thompson, W. R. (Hrsg.), 1983: Contending Approaches to World System Analysis, Beverly Hills.
Waldmann, P. (Hrsg.), 1982: Politisches Lexikon Lateinamerika, München.
Wittfogel, K. A., 1957: Oriental Despotism, New Haven.
World Bank, 1979 ff.: World Development Report, Washington/D. C.
Ziemer, K., 1984: Demokratisierung in Westafrika?, Paderborn.

V. Entwicklungspolitik: Programmentwicklung und Entscheidungsstrukturen

Hemmnisse und Vorbedingungen autonomer Entwicklungspolitik. Eine methodologische Skizze zum politischen Prozeß

Peter Moßmann

1. Einführung

Angesichts des Mangels einer stringenten Theorie zur Entwicklung „von unten" im Sinne einer selbstbestimmt-subsistenzenorientierten Politik, bleibt nur der Ausweg einer *„eklektisch-assoziativen Theorievariante"*. Im Rahmen dieser Fragestellung, die an anderer Stelle vor dem empirischen Hintergrund Kolumbiens ausführlich erörtert wurde (*Moßmann* 1984), wird der Stellenwert (marxistischer) Theorie zu klären sein. Es wäre zu fragen, ob *Marx* für eine emanzipatorisch intendierte Strategie unerläßlich ist. Aus drei Gründen wird hier darauf verzichtet, marxistisch zu argumentieren:
1) Die meisten Marxisten denken heute revolutionsstrategisch-militaristisch sowie zentralistisch. Beide Denkweisen widersprechen den Intentionen einer Politik, in der dem Volk über ihre Sprecher und selbstbestimmten Organisationsformen bei der Lösung ihrer Alltagsprobleme eine entscheidende Rolle einzuräumen wäre.
2) Meist wird *Marx* auf der gesamtgesellschaftlichen Produktions- und Reproduktionsebene diskutiert. Es wird so getan, als könnten alle Probleme von diesen Ebenen ausgehend durch Großbürokratien wie z. B. die Staatsapparate gelöst werden. Vergessen wurde, daß *Marx* auch basisdemokratisch-autonom argumentierte – z. B. im Sinne russischer Ackerbauern[1]. Aus der Sicht eines solchen Politikverständnisses wäre *Marx* neu zu lesen, was hier nicht zu leisten ist.
3) Es wird vom Verfasser behauptet, daß keine einzige der vielen marxistischen Sozialbewegungen in der Geschichte Kolumbiens (*Meschkat* 1980) eine ähnlich qualifizierte *Trägerinstitution der Agrarpolitik* auf lokaler Ebene geschaffen hat, wie sie die Indios mit ihren Cabildos (Indianerräten) seit Jahrhunderten kennen (*Moßmann* 1984).
Das Theorieproblem, das sich ergeben kann, wenn Seminardebatten die Analysen fremder Kulturen dominieren, soll an einem Beispiel dargestellt werden:
Mit Recht weist *Bennholdt-Thomsen* kritisch auf eine Tendenz bei *Bartra* (1974; 1977) hin: Theorie kann, wie es uns scheint, derart dominieren, daß empirische Zusammenhänge nicht mehr gesehen und begrifflich erfaßt werden können. *Bennholdt-Thomsen*

ist selbst nicht frei in ihrer Sicht, die ihr die Theoriebegriffe zu diktieren scheinen: Der Begriff „Bauer", der zu wenig differenziert wird, dominiert in ihrer Analyse die empirische Realität der Eingeborenen. Es gibt bei ihr theorieimmanent primär „Bauern", auch wenn es sich in Wirklichkeit um Indios handelt. Eine Folge dieser Betrachtungsweise scheint es zu sein, daß Alternativen bzw. Freiräume als Voraussetzung für einen anderen Entwicklungsweg nicht mehr gesehen werden können, obwohl, wie sie schreibt, „über weite Strecken" die Einheit der Kultur trotz zerstörerischer Tendenzen von außen erhalten werden konnte (1982: 198). Wie gefährlich Theorie in ihrer Herrschaftsfunktion sein kann, bestätigt *Bennholdt-Thomsen*, wenn sie schreibt: „Die Schätzungen über die Zahl der Bauern in Mexiko gehen sehr weit auseinander und hängen davon ab, welcher Theorierichtung die jeweiligen Autoren folgen" (1982: 40). Erstaunlicherweise gibt es in der Frage nach der Zahl der Bauern bei ihr keinen Hinweis auf Ethnien (1982: 40). Indianer gibt es offensichtlich weder in der offiziellen Statistik der mexikanischen Regierung noch in der politökonomischen Sprache *Bennholdt-Thomsen*s im Gegensatz zu ihrer Beschreibung von Alltagssituationen und zu Selbstzeugnissen in demselben Buch. Die Autorin folgt selbst einer Theorie und Wissenschaftssprache, in der soziale Kategorien, die primär Ethnien, also anderen Kulturen und Produktionsweisen als der kapitalistischen angehören, begrifflich nicht mehr vorkommen. Rein akademisch ist dies zulässig. Wenn aber eine solche Lehre und Forschung (später) über das Bewußtsein Praxis leiten sollte, dann werden Indios nicht mehr berücksichtigt, wie dies nachrevolutionär Statistik und Politik der „Institutionalisierten Revolutionären Partei" Mexikos tut. Wo der Begriff fehlt, wird früher oder später der entsprechende Sachverhalt „im Verstand" fehlen und die Politik — hier für die Indios — für unnötig gehalten werden, weil es die Sache bzw. Ethnie sprachlich nicht mehr gibt. Offensichtlich ist nicht nur Profitinteresse, sondern auch die Sprache zentraler als oft angenommen wird.

Das Problem der Sandinisten mit den Misquito-Indianern hat möglicherweise auch damit zu tun, daß frühere Professoren heute führender Sandinisten den Begriff Indio in ihren Theorien nicht kannten ... Dieses Problem ist weitreichender als „nur" dasjenige einer Republik und eines Stammes in Mittelamerika. Es illustriert — unabhängig von wissenschaftstheoretischen Positionen! — eine Funktion ausländischer Universitäten mit ihren akademischen Theorien und ihrem Lehrbuchwissen.

Aus diesem Dilemma, in dem sich Universitäten befinden, wollen wir zwei Aspekte herausgreifen: Hemmnisse und Vorbedingungen einer autonomen Politik, wie sie das in Universitäten vermittelte Bewußtsein schaffen oder beseitigen kann. Beide Gesichtspunkte befassen sich mit der vorherrschenden bzw. potentiellen Rolle der Universitäten im Entwicklungsprozeß der Dritten Welt.

2. Hemmnisse

Zur Beschreibung des negativen Einflusses westlicher Universitäten in Ländern Afrikas, Asiens oder Lateinamerikas wollen wir auf eine Diskussion des kolumbianischen Soziologen *Orlando Fals Borda* zurückgreifen: Bereits 1969 legte er in Mexiko und bereits ein Jahr später als Projektleiter beim UN-Research Institute for Social Development (UNRISD) in Genf eine Kritik am europäischen Genossenschaftswesen in Lateinamerika vor (*Fals Borda* 1981; deutsch: 1973; UNRISD 1975). Sie kann möglicherweise als nicht untypisch für das Vorgehen bei anderen Projekttypen in der westlichen Entwicklungspolitik angesehen werden.

Fals Borda betont, Verbrauchs-, Kredit- und Produktionsgenossenschaften seien in den Bereich der Primärbeziehungen integriert und könn(t)en Träger für sozialen Wandel sein. Ihr Scheitern komme nicht nur einer *Verschwendung von jährlich mehreren Millionen US-Dollar* gleich. Es *zerstöre*, was gravierender sei (!), *Ideale und Hoffnungen*. Dies untergrabe das Selbstvertrauen in die eigenen Gestaltungsmöglichkeiten sowie in die Mechanismen des sozialen Wandels (*Fals Borda* 1981: 84). Daher stellt er die Frage nach der Rechtfertigung der „zyklische(n) Wiedergeburt des Genossenschaftswesens in Lateinamerika, das auf den Ruinen der Versuche früherer Epochen entsteht" (ebda.: 85). Ergebnisse seines Forschungsprojekts im UN-Sozialforschungsinstitut in Genf scheinen nicht nur für den Agrarsektor in Lateinamerika zu bestätigen, die Kraft dieses *Mythos* ruhe im Glauben, daß das Genossenschaftswesen eine „moderne Form der traditionellen Kooperation" (ebda.) sei, also der Tradition gegenseitiger Hilfe entspreche und in kritischen Zeiten in den Dienst des kollektiven Wohlergehens gestellt werden könnte. Das Genossenschaftskonzept wurde stets als Mittel gegen Not und soziale Unruhen eingesetzt. *Fals Borda* sieht in den in Lateinamerika vorherrschenden Genossenschaftsformen Anleitungen zum entwicklungspolitischen Handeln, um „innerhalb eines gewissen Rahmens *einige Grundbedürfnisse* zu befriedigen, *ohne* grundlegenden *Strukturwandel hervorzurufen*" (ebda. – Hervorhebung, P. M.).

Vor allem „deutschen Ideologen" wirft er vor: Sie würden neben der Existenz von Spar- und Kreditgenossenschaften *die Möglichkeit von Produktionsgenossenschaften verschweigen, die potentiell subversiv seien*, denn sie erfordern „Land, eine Quelle von Macht für jene, die darüber verfügen und den Boden bearbeiten" (*Fals Borda* 1981: 91). Alle diese in Europa bekannten Zusammenhänge, seien der lateinamerikanischen Öffentlichkeit und den Genossenschaftsmitgliedern verschwiegen worden. Nach Lateinamerika „brachte man kein ursprüngliches Ideal moderner Genossenschaften, sondern ein von der kapitalistischen Erfahrung unwirksam gemachtes Modell" (ebda.). Dieses könne keine wirklichen Genossenschaften dulden, da sie den liberalen Rahmen zerstören würden, innerhalb dessen die Genossenschaften tätig werden. Dem kapitalistischen System entsprechende Handels- und Bankunternehmen trügen daher nur den Namen Genossenschaften. „Auf diese Weise wurde die sozialistische Ursprungsidee verdeckt, der Sinn verdreht und die revolutionären Möglichkeiten kastriert" (*Fals Borda* 1981: 92/93).

Fals Borda vermißt ein *Minimum an Vorsicht*, das man bei der Transplantation einer so stark kulturell verankerten Institution erwarten sollte. Oberflächlich und verantwortungslos sei die Übertragung erfolgt: Ein Mindestmaß an sozioökonomischer und ökologischer Deckungsgleichheit wäre vonnöten gewesen. Mitinitiator war und ist in Lateinamerika „eine Begierde, die für ‚fortschrittlich' gehaltenen Länder zu imitieren, wobei eine Tendenz vorherrscht, den Selbstwert und den Wert des Indigenen sowie die Möglichkeiten autonomer Schöpfung zu unterschätzen" (ebda.: 94).

Die Genossenschaften im England bzw. Deutschland des 19. Jahrhunderts waren in die lokalen Gemeinschaften fest integriert, entsprachen den damaligen sozialen, ökonomischen und kulturellen Bedingungen. Von Anfang an waren sie vom sich entwickelnden Kapitalismus mitgeprägt worden. All dies trifft für Lateinamerika nicht zu.[2] In England handelte es sich zwar um arme Arbeiter. Diese waren allerdings technisch ausgebildet, mit einem rigiden Moralkodex ausgestattet, so wie ihn die protestantische Reformation hervorgebracht hatte. In Deutschland hingegen sieht *Fals Borda* „*philanthropische, von Reichen disziplinierte Impulse*"[3], die sich für eine Zusammenarbeit mit Armen und Notleidenden des „sozialen Friedens" wegen entschlossen hätten. Das „*deutsche Modell*" sei leicht übertragbar. Es lasse zu, klein zu beginnen und bleibe der Kontrolle der Mächtigen unterworfen (ebda.: 95). Entwicklungsstrategisch entscheidend sei, daß Genossenschaften von oben aufgezwungen werden. Sie entstünden nicht aufgrund der Überzeugung des Volkes und durch Partizipation der Interessierten. Vom Staat autoritär eingepflanzte Genossenschaften hätten die bereits skizzierte Funktion und wären in ganz Lateinamerika importierte Kulturprodukte europäischer „Kooperologen" (ebda.: 96):

„Man zwingt die Genossen, in staatliche Kooperativen oder Privatunternehmen einzutreten, ohne sie für die Sache auszubilden. Der Eintritt ist Bedingung, um staatliche Dienstleistungen zu erhalten. Es wird Zwang ausgeübt, um alte Verwalter oder Vorarbeiter oder Regierungsfunktionäre als Geschäftsführer oder Mitglieder der Verwaltungsräte beizubehalten. Feudale Formen der Landnutzung bestehen weiter in Gemeinschaften, die man Genossenschaften nennt. Genossen werden in ihnen wie Knechte beschäftigt. Das Kapital der Genossenschaft wird durch Freunde oder Verwandte des Geschäftsführers verbraucht. Die Genossenschaften kooperieren mit Privatbanken und legen die Ersparnisse armer, bescheidener Leute auf Sparkonten an, die nur wohlhabenden Genossen nutzen. Sie werden verwendet, um die Mildtätigkeit der Pfarreien zu kanalisieren. Solche Kooperativen halten die soziale Kontrolle des Pfarrers über Aufsichtsräte aufrecht, die nur nach des Pfarrers vorheriger Zustimmung gewählt werden; Genossenschaften dienen als Sprungbrett für kleine Lokalpolitiker. Es gibt Raub und Veruntreuung der Finanzen durch die Leiter der Genossenschaften. Aus Genossenschaften entstehen Zellen, die von nationalen Parteien kontrolliert werden. Wird eine andere Entwicklungsrichtung festgestellt, zum Beispiel größere, effektive Partizipation der Genossen, werden neue Leiter ernannt, die die alten herausfordern. Sobald über radikale Alternativen diskutiert wird, die auf einem Klassenbewußtsein beruhen und zur Umverteilung von Reichtum führen könnten, werden die aufständischen Anführer umstellt, um die ‚rebellische Insel' systematisch zu zerstören, ohne zuzulassen, daß sie sich ausdehnt oder sich auf kommunaler oder regionaler Ebene starke Vereinigungen solcher ‚rebellischer Inseln' bilden. Es ist außerdem selten, daß eine Genossenschaft eine wirkliche und intensive Ausbildung durchführt. Sie nicht nur zu fordern, sondern dann auch konsequent durchzuführen, ist bereits für das System eine nicht zu tolerierende Herausforderung" (*Fals Borda* 1981: 98/99).

Soweit die Kritik des seit Mitte der fünfziger Jahre führenden Agrarsoziologen Lateinamerikas. Seine quellenreiche Analyse der Methode des Vorgehens, die Genossenschaftsidee aus Übersee anzuwenden, soll hier auf einen Grundgedanken reduziert werden: Erste Anfänge des europäischen Genossenschaftswesens in Mexiko und Kuba wurden von Anhängern *Robert Owens* und *Rochdales* angeregt (ebda.: 87—93). *Rochdales* Grundprinzipien fanden Eingang in die Genossenschaftsgesetzgebung mehrerer lateinamerikanischer Länder. Seine Regeln wurden als universelle Prinzipien verkündet. Sozialistische Denker wie *Owen* und *Fourier* begünstigten die Kooperationsidee,

während *Raiffeisen* und *Schulze-Delitzsch*, Liberale in den Augen *Fals Borda*s, „*gewisse Formen des Kompromisses mit dem kapitalistischen System eingehen wollen*" (*Fals Borda* 1981: 89). In Europa fand seiner Meinung nach dieser Kompromiß vor allem in Kreditgenossenschaften statt. Schon die Pioniere um *Rochdale* seien von den Kooperationsidealen abgerückt. Hier setzt die Kritik *Fals Borda*s an, weil den Bauern, Arbeitern und Erziehern Lateinamerikas von europäischen „Genossenschaftsaposteln" nur eine *verstümmelte Botschaft* überbracht werde. *Das bereits im 19. Jahrhundert erfolgte Abrücken der Europäer von der Utopie werde verschwiegen.*
Nach dieser Kritik wäre bei vielen Autoren ein Pauschalurteil zu erwarten. Dies entspräche jedoch nicht der differenzierten Denkweise eines Sozialwissenschaftlers, der stets das empirische Vakuum in abstrakten Theorieansätzen zu füllen bestrebt ist, um die Universitäten Lateinamerikas von US-amerikanischen Lehrmeinungen zu befreien. Möglichkeiten des sozialen Wandels durch Genossenschaften werden *nicht* negiert. Er nennt allerdings einige Bedingungen:
1. Lateinamerikanische Campesinos und Arbeiter dürften nicht als unfähig betrachtet werden, politisch, kulturell und technisch folgerichtig zu handeln.
2. Die Anwendbarkeit der Ideen „eminenter Kooperologen" (*Fals Borda*) dürfte nicht überschätzt werden. *Ihre Analysen und Empfehlungen stehen* nicht selten *im Kontrast zur Intelligenz des Volkes*, das durch derartige „Gelehrsamkeit" in engster Verbindung mit dem Staatsapparat daran gehindert wird, seine eigenen Erfahrungen, Ideen, Ressourcen und technischen Fähigkeiten einzusetzen. Der Staat als Initiator fremdländischer Genossenschaftstypen verstärkt die Autorität von Experten, die oft nicht einmal die Ideen derer sprachlich erfassen können, die sie zu fördern vorgeben. Sprachkenntnisse und somit Kommunikationsmöglichkeiten wären allererste Bedingungen, um die Intelligenz des Volkes zu verstehen und zu verwerten.
3. Als Ausgangspunkt für kulturangepaßte lateinamerikanische Kooperationsformen wäre nach „der Wirklichkeit der Dorfgemeinschaften, den Haltungen, Zielen und den dynamischsten Traditionen zu fragen, um aus ihnen die notwendige Inspiration abzuleiten" (*Fals Borda* 1981). In dieser Aussage offenbart sich ein den Kooperologen *konträres methodisches Vorgehen*: Wichtig sind nicht so sehr die Ideen und Lehrbücher aus fernen Ländern, sondern die Menschen selbst, die in einem konkreten gesellschaftlichen Kräftefeld ganz bestimmte Probleme lösen müssen.

3. Methodologische Vorbedingungen für autonomes Entwicklungshandeln

Das projektspezifisch skizzierte Vorgehen sowie die drei Bedingungen für Alternativen können im Sinne einer „Läuterung des Verstandes"[4] als Wegweiser für eine *potentiell* andere Rolle ausländischer Universitäten angesehen werden, sofern Wissenschaftlern nicht pauschal die Lernfähigkeit abgesprochen werden soll.
Um diesem Ziel näherzukommen, wäre dem Volk bzw. den von ihm bestimmten Sprechern eine entscheidendere Funktion zu übertragen. *Partizipation genügt nicht.* Hierüber machen sich bereits Analphabeten lustig, da ihnen Partizipation meist erst nach verabschiedeten Gesetzen bzw. nach fertiggestellten Regierungsprogrammen ange-

boten wird, wenn nichts mehr mitzuentscheiden ist (*Londoño* 1973). Nur *Autonomie* kann eine weitgehende Integration von Wissen, vor Ort vorhandenen Erfahrungen, Ressourcen und indigenen Förderinstitutionen sowie Entscheidungsmechanismen garantieren. Die Chance für Autonomie erweckt Engagement, Motivation und den Willen zum Gelingen einer Politik oder eines Projekts. Erfahrungsgemäß fehlt dieser Wille in vielen Entwicklungsprojekten. Da wir davon ausgehen, daß eine Politik „von unten" nur über *Allianzen* zu verwirklichen ist, wäre jeweils an ein *Wechselspiel* zwischen lokalen Gruppen und/oder Gemeinschaften (Gemeinden) mit sozialen Bewegungen, privaten (nicht-profitorientierten) Stiftungen (non government organizations-NGOs) und/ oder reformwilligen Regierungsabteilungen zu denken. Diesen *Bündnischarakter* einer basisbestimmten Politik erkannte *Moser*, als er betonte: *„Ein ‚Basisgruppenansatz', der nicht unterstützt wird von der Regierung, den Gewerkschaften, den lokalen Verwaltungen, den politischen Parteien oder anderen relevanten organisierten Gruppen, hat nicht die Macht, um den Gegenstrategien standzuhalten, die die Zerstörung der Projekte anstreben"* (1978 b: 257). In diesem Satz steckt eine implizite Kritik an zahllosen Oppositionsbewegungen; *Moser* verweist auch eher auf das klassische Grundprinzip der „gegenseitigen Hilfe" als auf alleinige Klassenauseinandersetzungen ohne Allianzen.

Der Rückgriff auf das Volk als Konstitutionselement einer Politik „von unten" übersieht nicht potentielle Schwächen der durch Demagogen mobilisierbaren Massen. Es werden auch nicht die Gefahren durch Subformen von Ausbeutung verharmlost. Entscheidend wären aus dieser Sicht zwei Grundelemente: Erstens liegt im Volk in bezug auf seine unmittelbare Umwelt, seine Bedürfnisse und Probleme mehr Wissen vor als in Großbürokratien wie im Staatsapparat, in Zentralkomitees oder in Entwicklungsbanken. Zweitens erlaubt *weitestgehende* Partizipation bzw. Autonomie eine Verwandlung des Informanten *vom Objekt zum Subjekt der Geschichte.* Dieser dem *demokratischen Pluralismus* entsprechende Grundsatz erfordert eine veränderte Rolle von Forschern und Informanten. Hiermit wären wir wieder bei der zu korrigierenden Rolle von Universitäten: Zwei Elemente in der Soziologie *Fals Borda*s wären diesbezüglich vorzustellen, das „ciencia popular" (die „Wissenschaft des Volkes") und die „investigación y acción participativa" (IAP — Forschung und partizipatorische Aktion).

ciencia popular

Parallel zur Dependenzdiskussion entwickelte sich während eines Zeitraums von 15—20 Jahren bei *Fals Borda* wie auch bei anderen lateinamerikanischen Sozialwissenschaftlern eine intellektuelle Eigenständigkeit, die letztlich zum Bruch mit dem dominanten Wissenschaftsverständnis und den entsprechenden Methoden führte.

Innerkolumbianisch hat die methodologische Auseinandersetzung eine besondere politische Dimension: Sie versucht, das Verhältnis zwischen den Intellektuellen und den Linksparteien zu klären und kritisiert die *leninistisch-stalinistische Parteipolitik bzw. entsprechende Politikmuster.* Hierzu gehört vor allem das mangelnde Demokratie- und Partizipationsverständnis. Es wird den *Oppositionsparteien* vorgeworfen, trotz 15-jähriger Erfahrungen an der Fakultät für Soziologie der Nationaluniversität, in städtischen Gemeinschaftsbetrieben (empresas comunitarias) und ländlichen Zentren der Selbstbestimmung (baluartes de autogestión) seien sie *immer noch „unfähig, sich den Problemen zu stellen, sie zu verstehen und zu lösen"* (*Fals Borda* 1978 b: 271). Man fürchtete nicht nur die Abhängigkeit bzw. die Bevormundung von außen, sondern auch eine Gefährdung des freiheitlich-kritischen Geistes und der Möglichkeiten autonomer Arbeit durch Sektierertum bzw. die antiwissenschaftliche Haltung in Kaderparteien.

Die Parteikritik wurde durch *Kritik an den Universitäten* ergänzt. Auch sie erwiesen sich als nur bedingt tauglich. Armut, die Zerstörung der Umwelt, Ausbeutung des Menschen, institutionalisierte und alltägliche Gewalt konnten sie nicht der Sache entsprechend komplex und interdisziplinär erfassen bzw. erklären, um Lösungswege einzuleiten. Angesichts des doppelten Scheiterns offizieller Politik und Wissenschaft will *Fals Borda* die elitäre, an den herrschenden Klasseninteressen ausgerichtete Forschungs- und Universitätspolitik ebenso konsequent am Volk, genauer an Basisgruppen, ausgerichtet sehen. Er verwendet dafür den Begriff „Wissenschaft des Volkes". Diese ist ein Werkzeug in den Händen des Volkes zur Verteidigung seiner Interessen, seiner Identität und zentralen Werte. Diese Haltung erlaubt keine Gesetze, die von Parlamentariern oder Ausländern, die die Lage des Volkes nicht kennen und es nur nachträglich zur rigid vorgezeichneten Partizipation einladen, ersonnen bzw. importiert wurden. Ihrem Charakter entspricht eine Kongruenz zwischen dem „*Fundort*" des Wissens, den *Entscheidungszentren* und den *Implementierungsorganen* (*Moßmann* 1984: 143 ff.). Sie erlaubt eine Integration von Partizipation und Forschung bei der Suche nach Alternativen. Wissen, Kultur und Machtstruktur sind miteinander engstens verwoben. Dieses Wissen kann je nach Land und Ethnie die meisten Regierungsvertreter und Entwicklungsexperten schon sprachlich überfordern. Kleine Aktionsgruppen aus der Mitte des Volkes, die aus eigener Initiative entstehen und eigene Probleme zu lösen versuchen, können Grundlagen legen, Bestehendes ausbauen und innovativ werden. Sie hängen nicht ab von Universitäten, die das Wissen monopolisieren.

Eine solche „ciencia popular" *geht weiter als die Dependenz-Diskussion und ihre Abgrenzung gegenüber ausländischem Lehrbuchwissen*. *Fals Borda* selbst bricht mit seiner eigenen Rolle als Professor und Dekan: Jetzt muß er vom Katheder herab und unter das Volk gehen, seine Sprache, Kommunikations- und Darstellungsweise ändern (1975). Ihm werden nun selbst die Kenntnisse des Volkes vermittelt. Die Aufnahme seines Wissens erfordert eine spezifische Methode, auf die nun näher einzugehen sein wird.

„Forschung und partizipatorische Aktion" (IAP)[5]

Ein zentraler Unterschied dieses Forschungsansatzes gegenüber der bisherigen, von Ausländern dominierten „Entwicklungsländerforschung" besteht darin, daß sie meist von Einheimischen durchgeführt wird. Die Dauer und relativ leichte Wiederaufnahme der Feldforschung einschließlich möglicher Rückfragen bzw. ergänzender Interviews während der Auswertungsphase und Niederschrift gestatten ein unvergleichlich tieferes Verständnis empirischer Zusammenhänge als „Momentaufnahmen" durch Kurzaufenthalte und dadurch oft bedingte ahistorische Sichtweisen ausländischer Sozialforscher.

Die auf Problemlösung im Alltag intendierte Funktion dieses Forschungsansatzes bestehe nicht primär im Anhäufen von Daten oder dem Erwerb akademischer Grade, sondern darin, „ ... den ausgebeuteten Klassen der Gesellschaft das ideologische und intellektuelle Rüstzeug zu geben, damit sie bewußt ihre Rolle als Akteure der Geschichte übernehmen können" (*Fals Borda* 1978 a: 101).

Was *Fals Borda* fordert ist Autonomie, die, wie wir hier zu zeigen versuchen, bereits im Forschungsprozeß zu beginnen hätte, sofern Forschung basisnah und praxisrelevant werden soll. Praxisrelevanz bedeutet am Beispiel armutsorientierter Entwicklungspolitik, daß Basis- und/oder Zielgruppen von jenen Maßnahmen profitieren, die für sie durchgeführt oder durch sie angeregt wurden. Ist dies nicht der Fall, wäre zu fragen, ob die entsprechende Forschungsrichtung nur *Herrschaftswissen* und damit *Sozialtechnologie* bzw. *Legitimationsideologie* liefert, weil sie ihr Wissen nicht den geeigneten Entwicklungsträgern zur Verfügung stellt. Diese Forderung nach Autonomie der Basisgruppen wird allerdings erst voll verständlich, wenn wir das im Forschungsprozeß zu verändernde Subjekt-Objekt-Verhältnis berücksichtigen.

Im Gegensatz zu typisch westlichen Analysemethoden, die rigid Einzelbestandteile aus der *Gesamtheit* (z. B. der Agrikultur) heraustrennen, betont *Moser*, wie sehr es beim IAP auf die Gesamtheit der Erfahrungen der Landbevölkerung ankäme. Sie umfaßt die Organisation konkreter Aktionen wie Landbesetzungen und die Interpretation der Agrikultur als Technik und Lebensweise (1978 b: 253). Hinzu kämen je nach Ort neue Methoden, bewährte Bräuche und Institutionen wie z. B. Cabildos sowie die Achtung der Natur. Die „Weisheit des Volkes" und der Versuch der Zusammenarbeit mit Angehörigen anderer Kulturen (wozu auch die Weißen in lateinamerikanischen Städten gehören), führte im Rahmen des Agrarreformprozesses zu „Fehlschlägen" im Sinne von Experimenten. *Moser* sieht in ihnen keine Irrtümer oder Fehler, sondern wertet sie als notwendige Phase eines neuen Projekts (ebda.). *Dieses Projekt könnte man als Versuch der noch zu verwirklichenden Unabhängigkeit und Identität Lateinamerikas bezeichnen.*

Der *Prozeß* einer zu vertiefenden Unabhängigkeit beginnt mit weitestgehender Partizipation bis hin zur Autonomie von *Basisgruppen*. Er wirkt vor allem während der Ausarbeitung und Verwirklichung von Alternativen. Hierzu gehören ebenso selektive Kooperation, Konflikt bzw. Konfrontation mit dem Staat wie die Negation des Staates: Zu dieser Interpretation kam der Verfasser nur über die Erfahrungen mit kleinbäuerlichen Gruppen, deren Verhalten kulturangepaßter ist als europäische Theoriepostulate.[6] Aus dieser Sicht wäre *Quijano* zuzustimmen, wenn er kommentiert: „Das Erkennen der sozialen Wirklichkeit ist vollends nur möglich über die Innensicht einer die Wirklichkeit verändernden Praxis" (1978: 262). Das Schwergewicht würden wir jedoch nicht auf den Transformationsprozeß legen, sondern vielmehr auf den „Blick hinter die Kulissen" der Entscheidungsbildung.

Besonders wichtige Regeln, die die Autonomie der Basisgruppen im Forschungsprozeß des IAP fördern bzw. nicht − z. B. durch die standardisierte Interviewmethode − verhindern, wären:

1) Kein Intellektueller oder Forscher darf allein entscheiden, was vor Ort erforscht werden soll. Die genaue Problemstellung und das Vorgehen sind vielmehr mit der Basis oder ihren aufgeklärtesten Vertretern festzulegen. Dabei wären Notwendigkeiten

und Prioritäten der Kämpfe des Volkes sowie seiner authentischen Organisationen zu berücksichtigen. Durch den *Dialog* wird das bisherige Subjekt-Objekt-Verhältnis durchbrochen.

2) Die einfachsten Forschungsmethoden sind den intellektuell fortgeschrittensten Vertretern der Basisgruppen zu vermitteln, damit sie sich und ihre Gruppen selbst erforschen können, um ihre Abhängigkeit von den Intelektuellen zu verringern.[7]

Mit diesen Regeln und Prinzipien sowie der implizierten Bündnisfähigkeit mit begrenztem Konsens als Ziel der Forschung und der daraus resultierenden Politik bleibt der Forscher in der Regel im zweiten Glied: er denkt mit, beobachtet, hört zu, übersetzt, vermittelt, erklärt vor Ort unbekannte Sachverhalte und regt an. Er hält sich zurück und überläßt der Basis bzw. ihren Sprechern die politische Entscheidung und Durchführung.

4. Schlußbetrachtungen

Das Projekt „Unabhängigkeit Lateinamerikas", das *Fals Borda* durch einen entsprechenden Forschungsansatz gefördert sehen will, ist Teil eines politischen Prozesses, der getragen wird von „Gegeninstitutionen", deren Richtung das Volk bzw. seine Sprecher und Führer (lideres, dirigentes) mitbestimmen (*Fals Borda* 1967: 267/268).

Die Reflektion über das Spannungsfeld von Aktion und Methoden der Subjekt gewordenen bisherigen Forschungsobjekte erfordert eine Klärung des Aktionsbegriffs: *Aktion wird nicht manipuliert*. Sie erwächst aus „ ... einer kollektiven Selbsterforschung der gemeinsamen Situationen und ihrer gesellschaftlichen Bedingungen auf einem höheren Verständnis der Stärken und Schwächen der an der Macht befindlichen Gegenspieler ..." (*Himmelstrand* 1978: 73).

Nur Objekte ließen sich manipulieren, argumentiert *Himmelstrand*, was als Regel der wissenschaftlichen Forschung im Sinne der Sozialtechnologie betrachtet wird (ebda.). Entscheidend für entwicklungspolitische *Strategien* und der sie umsetzenden *Träger* können folgende Schlußfolgerungen sein: Die *Rolle des Subjekts im Entwicklungsprozeß*, d. h. die gestalterische Funktion und Selbstbestimmung der bisherigen Forschungsobjekte ergibt sich aus „der täglichen Aktion und den Konflikten und der Dynamik, die sie erzeugt ..." (*Albó/Barrios* 1978: 164/165). Sie kann auch durch Sozialforscher, die als Augenzeugen früher nie analysierter Begebenheiten die Dynamik von innen beobachten, gefördert werden. Derartige Sozialforscher beschränken sich nicht nur auf Arbeit am Schreibtisch ohne selbsterhobene Daten.

Ein solcher Forschungsansatz zwingt den Forscher aus der Praxis heraus zu einer ständigen Relativierung gängiger Theorien. Gegen Theoriepostulate und sich verselbständigende Begriffe, die, wie eingangs zitiert, Herrschaft in emanzipatorischem Gewand auftreten lassen können, wird durch Einsicht in die vor Ort relevante Praxis vorgebeugt. Auf diese Weise kann über gesteigerte Identität, Selbstkontrollen und Selbststeuerung das Fernziel Autonomie etwas näherrücken.[8] Als Teil des politischen Prozesses kann „Forschung und partizipatorische Aktion" auch dort wirken, wo der Prozeß an der Oberfläche nicht sichtbar wird, allerdings durch Bewußtseinsänderungen den sozialen Wandel *langfristig* am Leben hält.

Anmerkungen

1 Vgl. z. B. zu den „village-republics" als Ausgangspunkt für ein lokales Politikverständnis den Brief von *Marx* an *Engels*: (*MEW*-Bd. 28, 264–269, hier 267/268); die „Negation des Zentralstaats" treibt *Marx* weiter in den drei Briefentwürfen an *Vera Sassulitsch*: in ihnen empfiehlt er, Regierungsinstitutionen müßten von Bauernversammlungen in ihren jeweiligen Gemeinden ersetzt werden. (Vgl. *MEW*-Bd. 19, 390); zu weiteren Ansatzpunkten im Sinne einer Basisdemokratie (*Reichelt* 1974: XVI–XXX).
2 *Fals Borda* gründet seine Einschätzung Englands vor allem auf *Potter* (1893) und *Holyoake* (1944) sowie auf sein UNRISD-Archiv in Genf. Vgl. op. cit.: 95, Anm. 24.
3 Op. cit.: 94. Vgl. dazu ein neueres Werk im Auftrag der FAO, das diesen deutschen Geist widergibt (*Hanel/Müller* 1976).
4 In einer Abhandlung „Über die Läuterung des Verstandes", die als methodische Einführung in *Spinozas* „Ethik" gedacht war, steht ein *Kommentar*, den wir als Präzisierung der einführend skizzierten Theorie-Kritik betrachten. Er dürfte auch für eine theorieübersättigte „Entwicklungsländerforschung" gelten, denn erfahrungsgemäß werden oft Theoriebegriffe kulturfremden Elementen ganz konkreter Fälle übergestülpt. Was akademisch zulässig sein kann zum Erwerb eines Grades, muß nicht auch gleichzeitig die Wirklichkeit sachgerecht beschreiben und analysieren: „Wenn aber die Sache nicht an sich ist, sondern eine Ursache erfordert, um zu existieren, so muß sie durch ihre nächste Ursache begriffen werden. Denn die Erkenntnis der Wirkung ist eigentlich nichts anderes, als daß man eine vollkommenere Kenntnis der Ursache erwirbt ...
Darum ist es uns niemals gestattet, so lange es sich um die Untersuchung der Dinge handelt, aus abstrakten Begriffen etwas zu folgern, und wir haben uns sehr vorzusehen, daß wir das, was nur im Verstande ist, nicht mit dem vermengen, was in dem Ding ist ..." (*Spinoza* 1976: 322; Hervorhebung, P. M.).
5 Zur kritischen Auseinandersetzung mit dieser Aktionsforschungsvariante, die, abgesehen vom Adressaten und damit dem politischen Ziel, durchaus vergleichbar ist mit dem Vorgehen des „Rats der Weisen" der Bundesregierung sowie der Agrarberatung bzw. der Evaluierungsmethode im Rahmen der internationalen technischen Hilfe siehe *Moßmann* (1984: 133–139); zur Diskussion im gesellschaftlichen Kontext der Bundesrepublik vgl. *Horn*, (1979).
6 Vgl. z. B. zur Negation des Staates durch Campesinos: *Moßmann* (1981: 263), – sowie als theoretisch-kulturferner Kontrast eine „Staatsableitung" für die Dritte Welt insgesamt: *Evers* (1977).
7 Zwei weitere Regeln beziehen sich auf die notwendigerweise einfachere Sprache und einen anderen Darstellungsstil. Außerdem bricht eine Regel mit der im Land beklagten Unsitte, (ausländische) Forscher nähmen oft die einzigen verbliebenen Exemplare als Material mit, die sie freundlicherweise geschenkt bekamen, lieferten aber kein einziges Exemplar ihrer Studie als Gegengabe ab. Hiergegen gilt als Regel: Material und Ergebnisse sind den Gruppen in einer solchen Form zu vermitteln, daß sie von ihnen verstanden werden können (vgl. *Fals Borda* 1981: 159,160).
8 *Senghaas* fügt diesen Strukturmerkmalen nicht-abhängiger Gesellschaftsformationen noch die sich aus ihnen ergebenden „differenzierte Produktivkraftentfaltung" und den „Austausch mit sozialen Einheiten jenseits der eigenen Grenzen zum wechselseitigen Nutzen" hinzu (vgl. *Senghaas* 1977: 290). Alle Merkmale zusammen definieren eine autonome Politik. Während *Senghaas* primär internationale Aspekte für eine autozentrierte Entwicklung diskutiert, werden hier Vorklärungen in bezug auf innergesellschaftliche Elemente einer autonomen Entwicklung erörtert. Beide Ebenen der Betrachtungsweise ergänzen sich. In der Politik bedingen sie sich gegenseitig. Zeitliche Prioritäten in bezug auf die zwei Ebenen können sich fallspezifisch unterschiedlich ergeben. Dasselbe gilt für gegenseitige Abhängigkeiten bzw. Ursachen für Reaktionen.

Literaturverzeichnis

Albó, X. und *F. Barrios*, 1978: Aktionsforschung im ländlichen Bolivien, in: *Moser, H.* und *H. Ornauer* (Hrsg.), Internationale Aspekte der Aktionsforschung, München.
Barta, R., 1974: Estructura agraria y clases sociales en México, México.
Barta, R., 1977: Und wenn die Bauern verschwinden ..., Überlegungen zur politischen Konjunktur in Mexiko, in: *Bennholdt-Thomsen, V.* u. a., Lateinamerika, Analysen und Berichte 1, Berlin.

Bennholdt-Thomsen, V., 1982: Bauern in Mexiko, Zwischen Subsistenz- und Warenproduktion, Frankfurt – New York.
Berger, H., 1974: Untersuchungsmethode und soziale Wirklichkeit, Eine Kritik an Interview und Einstellungsmessung in der Sozialforschung, Frankfurt.
Evers, T. T., 1977: Bürgerliche Herrschaft in der Dritten Welt, Zur Theorie des Staates in ökonomisch unterentwickelten Gesellschaftsformationen, Frankfurt.
Fals Borda, O., 1967: La subversión en Colombia, Visión del cambio social en la historia, Bogotá.
Fals Borda, O., 1973: Entstehung und Deformierung der genossenschaftlichen Politik in Lateinamerika, in: *Feder, E.* (Hrsg.), Gewalt und Ausbeutung, Hamburg.
Fals Borda, O., 1975: Historia de la cuestión agraria en Colombia, Bogotá.
Fals Borda, O., 1978 a: Über das Problem, wie man die Realität erforscht, um sie zu verändern, in: *Moser, H.* und *H. Ornauer* (Hrsg.), Internationale Aspekte der Aktionsforschung, München.
Fals Borda, O., 1978 b: Postscriptum, in: *Fals Borda, O.* (Hrsg.), Crítica y política en ciencias sociales, tomo I, Bogotá.
Fals Borda, O., 1981: Ciencia propia y colonialismo intelectual, 5 a ed., Bogotá.
Hanel, A. und *J. O. Müller*, 1976: On the Evaluation of Rural Cooperatives with Reference to Governmental Development Policies – Case Study Iran, Göttingen.
Himmelstrand, U., 1978: Aktionsforschung und angewandte Sozialforschung: Wissenschaftlicher Wert, praktische Anwendungsmöglichkeiten und Mißbräuche, in: *Moser, H.* und *H. Ornauer* (Hrsg.), Internationale Aspekte der Aktionsforschung, München.
Holyoake, G. J., 1944: Historia de los pioneros de Rochdale, Buenos Aires.
Horn, K. (Hrsg.), 1979: Aktionsforschung: Balanceakt ohne Netz? Methodische Kommentare, Frankfurt.
Londoño, J., 1973: Der Standpunkt des Bauern, in: *Feder, E.* (Hrsg.), Gewalt und Ausbeutung, Hamburg.
Marx, K., 1978: Entwürfe einer Antwort auf den Brief von *V. I. Sassulitsch*, MEW-Bd. 19, Berlin/DDR.
Marx, K., 1978: Marx an Engels, Brief vom 14. Juni 1853, MEW-Bd. 28, Berlin/DDR.
Meschkat, K., 1980: Marxismus in Kolumbien, Zum Verhältnis von Revolutionstheorie und sozialer Bewegung, Manuskript, Hannover.
Moser, H., 1978 a: Einige Aspekte der Aktionsforschung im internationalen Vergleich, in: *Moser, H.* und *H. Ornauer* (Hrsg.), Internationale Aspekte der Aktionsforschung, München.
Moser, H., 1978 b: Comentario a la ponencia de Orlando Fals-Borda, in: *Fals Borda, O.* (Hrsg.), Crítica y política en cienças sociales, tomo I, Bogotá.
Moßmann, P., 1981: Staat, innergesellschaftliche Machtblöcke und Bauernbewegungen in Kolumbien, in: *Hanisch, R.* und *R. Tetzlaff* (Hrsg.), Staat und Entwicklung, Frankfurt–New York.
Moßmann, P., 1984: Autonome Entwicklungspolitik, Bausteine einer Strategie „von unten", Manuskript – Publikation in Vorbereitung, Göttingen.
Potter, B., 1893: The Cooperative Movement in Great Britain, London.
Quijano, A., 1978: Comentario a la ponencia de Orlando Fals-Borda, in: *Fals Borda, O.* (Hrsg.), Crítica y Política y en ciencias sociales, tomo I, Bogotá.
Reichelt, H., 1974: Einleitung, in: *Hennig, E.* u. a., Karl Marx – Friedrich Engels, Staatstheorie, Materialien zur Rekonstruktion der marxistischen Staatstheorie, Frankfurt.
Senghaas, D., 1977: Weltwirtschaftsordnung und Entwicklungspolitik, Plädoyer für Dissoziation, Frankfurt.
Spinoza, B. de, 1976: Die Ethik, Schriften und Briefe, Stuttgart.
UN-Research Institute for Social Development (UNRISD), 1975: Rural Cooperatives as Agents of Change, A Research Report and a Debate, Geneva.

Programmentwicklung in der Entwicklungspolitik der Bundesrepublik Deutschland

Klaus Bodemer

1. Einleitung

1.1 Entwicklungshilfe, Entwicklungspolitik und Gesamtpolitik — einige begriffliche Vorklärungen

Unter „Entwicklungspolitik" wird im folgenden die Gesamtheit der Handlungen verstanden, die auf eine normativ bestimmte Veränderung der Lage der Entwicklungsländer im nationalen und internationalen Bereich abzielt (*Klein* 1977: 87). Demgegenüber ist „Entwicklungshilfe" als Teilbereich der Entwicklungspolitik dadurch charakterisiert, daß sie vorfindliche Entwicklung in helfender Absicht unter Verzicht auf adäquate Gegenleistung fördert (*ebda.*: 19). Diese doch sehr allgemeine Definition läßt sich weiter präzisieren: Ihrem von allen Vergabeinstanzen geteilten Selbstverständnis nach handelt es sich bei Entwicklungshilfe um den *Versuch weltweiter Sozialpolitik und Reformen* mit dem Ziel größerer sozialer Gerechtigkeit und wirtschaftlichen Wachstums durch den Transfer finanzieller, materieller, personeller und Knowhow-Ressourcen unter dem Marktpreis (*Nitsch* 1971: 207). Daß mit den Stichworten „Verzicht auf Gegenleistungen" und „Reform-Absicht" der Bedeutungsinhalt von Entwicklungshilfe nur partiell abgedeckt wird, ist jedoch offensichtlich. Schon ein flüchtiger Blick auf den entwicklungspolitischen Programmhaushalt (ganz zu schweigen von der entwicklungspolitischen Praxis) lehrt, daß das *Ziel* der Entwicklungshilfe — Entwicklung als unterentwickelt definierter Gesellschaften — nicht Selbstzweck ist, sondern deshalb verfolgt wird, weil die Entwicklungsländer in Beziehungen zu den Industrieländern gesehen werden und diese sich von der Verfolgung des Ziels Vorteile versprechen. Mit anderen Worten: Entwicklungshilfe ist „Teil der Gesamtpolitik der Regierung. Sie erhält ... ihre entscheidenden Impulse aufgrund nationaler Motivierungen"[1]. Diese nationalen Motivierungen lassen sich nach zwei Richtungen näher bestimmen:

1. Entwicklungshilfe steht im Prinzip unter dem Primat der nationalen Souveränität und der Nichteinmischung beim Einsatz ihrer Instrumente. Sie ist notwendigerweise zwischenstaatliche Politik, *Außenpolitik* zwischen Staaten. Damit ist sie — ungeachtet ihrer Distanz zur Tagespolitik und ihrer institutionellen Verselbständigung — untrennbar mit strategischen, ideologischen und außenwirtschaftspolitischen Motiven, Zielen und Instrumenten der Außenpolitik verbunden. Die Profilierung der Entwicklungshilfe

als relativ eigenständiger Politikbereich hängt davon ab, ob und in welchem Maße es den verantwortlichen Akteuren (insbesondere dem Bundesministerium für wirtschaftliche Zusammenarbeit (BMZ)) gelingt, das Ziel „Entwicklung der Dritten Welt" nicht als Unterziel nationaler Politik — besonders der Außen- und Außenwirtschaftspolitik —, sondern als eigenständiges Ziel darzustellen, das nur über seine tendenzielle Erreichung nationalen Interessen dient (*Groenemeyer, Menne* 1981: 109).

2. Als Interessenpolitik ist Entwicklungshilfe jedoch auch unmittelbar mit der *Innenpolitik* der Industrieländer verbunden — mit zwei Konsequenzen: Zum einen impliziert der pluralistische Charakter demokratischer Gesellschaften, daß in die Definition des Nationalinteresses unterschiedliche Gruppeninteressen einfließen, die „Förderung der Entwicklungsländer" somit nur ein Ziel unter vielen, teilweise konkurrierenden Zielen darstellt, zwischen denen die Bundesregierung einen Ausgleich herzustellen sucht. Zum anderen kann das Agieren unterschiedlicher Gruppen dazu führen, „daß die Regierung einerseits echte Entwicklungshilfe gibt und andererseits durch die innen- und außenpolitischen Machtverhältnisse gezwungen wird, entwicklungshemmende Maßnahmen zur Durchsetzung von Partikularinteressen zu ergreifen" (*Nitsch* 1971: 207).

Entsprechend der Pluralität innen- und außenpolitischer Partikularinteressen, die in die Definition des nationalen Interesses einfließen und sich in entwicklungspolitischen Ziel- und Begründungszusammenhängen wiederfinden, ist Entwicklungshilfe als „*multifunktionales Aufgabensystem*" (*Bodemer* 1974: 359) zu begreifen. Institutionell-organisatorisch zeigt sich diese Multifunktionalität der Entwicklungshilfe darin, daß

(1) neben dem Staat, vertreten durch die Bundesregierung, eine Vielzahl nicht-staatlicher Einrichtungen im obigen Sinn entwicklungspolitisch tätig sind. Entwicklungspolitik spielt sich somit nicht nur auf der Ebene der internationalen, sondern auch auf der Ebene der transnationalen Beziehungen ab;

(2) die Verwaltung der Entwicklungshilfe sich als ein im Laufe der Jahre variabel abgegrenztes System mit geteilten (ministeriellen und nachgeordneten) Verantwortlichkeiten beschreiben läßt, wobei die Organisationsstruktur und der Entscheidungsprozeß als Antwort auf spezifische gesellschaftliche und politische Problemlagen aus dem nationalen und internationalen Umfeld begriffen werden müssen. Entwicklungshilfe unterliegt damit der Gesetzmäßigkeit und den Verlaufsmustern bürokratischer Politik.

Schließlich sieht sich entwicklungspolitisches Handeln den (oft sehr kontroversen) Befunden der *Entwicklungsforschung* konfrontiert. Deren Ergebnisse fließen, wenn auch häufig verkürzt oder deformiert, in entwicklungspolitische Programmaussagen ein. Selbst die plakativste Äußerung eines entwicklungspolitischen Sonntagsredners enthält so noch Fragmente einer Entwicklungstheorie. Angesichts des Prestiges von Wissenschaft in der modernen Industriegesellschaft und des permanenten Zwangs für den Politiker, sein Handeln gegenüber einer aufgeklärten Öffentlichkeit zu rechtfertigen, kommt der Wissenschaft die Funktion einer Legitimitätsressource für politisches Handeln zu. Schon aus Gründen der legitimatorischen Absicherung und Konsensbeschaffung dürfte so der Entwicklungspolitiker bemüht sein, die Diskrepanz zwischen

Programmaussagen und professionellem entwicklungspolitischem Fachwissen nicht zu groß werden zu lassen.
Die hier lediglich angedeutete Mehrfachkonditionierung der Entwicklungsassistenz — durch innen- und außenpolitische Determinanten, bürokratische Faktoren der Organisationsentwicklung und professionelle Standards — stecken den Rahmen ab, innerhalb dessen sich eine Analyse der Konzeptionsentwicklung der bundesrepublikanischen Entwicklungspolitik bewegen muß[2].

1.2 Periodisierung des Untersuchungszeitraums

Die Bundesrepublik leistet seit nunmehr fast drei Jahrzehnten Entwicklungshilfe. Bilanziert man die Konzeptionsentwicklung im zeitlichen Ablauf, so bietet sich eine Periodisierung in vier Phasen an:
— eine Phase der Improvisation: von den Anfängen (1955/56) bis in die zweite Hälfte der 60er Jahre. Dabei können — je nach Akzentsetzung — die Jahre 1966/67 (Rezession), 1968 (Amtsantritt *Epplers*) bzw. 1969/70 (Beginn der sozialliberalen Koalition, Reorganisation des BMZ, Beginn der 2. Entwicklungsdekade) als Schnittpunkte Plausibilität beanspruchen (= *Entwicklungspolitik als Instrument der Außen- und Außenwirtschaftspolitik*);
— eine Phase der Innovationen: von 1969/70 bis 1973/74 (= *Entwicklungspolitik als „aktive" Politik*);
— eine pragmatische Phase: 1974/75—1982 (= *Entwicklungskooperation als Politik weltweiten Krisenmanagements*);
— eine mit dem Koalitionswechsel 1982 einsetzende Phase der Reideologisierung und erneuten Instrumentalisierung für eher kurzfristige Interessen (= *Entwicklungskooperation als Instrument des Neo-Containment und ordnungspolitischer Imperative*).

2. Die Konzeptionsentwicklung in der Improvisationsphase der Entwicklungspolitik (1955/56—1966/67)

Entwicklungspolitik ist — so wurde einleitend betont — Bestandteil der Gesamtpolitik. Insofern kommt den je vorherrschenden außenpolitischen und wirtschaftspolitischen Prioritäten bei der Konzipierung und Umsetzung von Entwicklungspolitik ein erhebliches Gewicht zu. Bis in die Mitte der 50er Jahre war die Bundesrepublik vollauf mit dem eigenen Wiederaufbau beschäftigt. Außenpolitische Expansion wurde — nicht zuletzt auch wegen der noch fehlenden außenpolitischen Handlungsfreiheit — zurückgestellt, und es wurde versucht, sich in „Marktlücken" der internationalen Beziehungen einzuschalten (*Kratochwil* 1973: 325). Konstitutive Ziele waren nach innen: wirtschaftlicher Wiederaufbau, nach außen: Wiedervereinigung (als Fernziel) via Westintegration (Nahziel). Die in ihrer Mehrheit noch im westlichen Lager verankerten Entwicklungsländer interessierten primär als Handelspartner, als Anlageländer für deutsche Firmen sowie als Hilfstruppen in Sachen Wiedervereinigung und Antikommunismus.

Sowohl die außenpolitischen wie die außenwirtschaftspolitischen Ziele erforderten eine globale Perspektive außenpolitischen Handelns. Diese weltweite Perspektive ließ für ein auf bestimmte Entwicklungsregionen zugeschnittenes Entwicklungshilfekonzept kein Interesse aufkommen. Vergabepolitische Prinzipien (Projektbindungsgrundsatz und Antragsprinzip) sowie das bis Anfang der 70er Jahre fortgeltende administrative System geteilter ministerieller Verantwortlichkeiten (vor allem zwischen den konkurrierenden Ressorts Bundesministerium für wirtschaftliche Zusammenarbeit (BMZ), Auswärtiges Amt (AA) und Bundesministerium für Wirtschaft (BMWi)) sorgten schließlich dafür, daß sich die Entwicklungshilfe in dieser Phase als eine eher zufällige, von keiner systematischen Zielsetzung gesteuerte Addition unkoordinierter Projektaktivitäten darstellt.

„Natürlicher" Träger außenpolitischen Handelns der Bundesrepublik war in dieser Phase vor allem die private Wirtschaft. Die schon zu Beginn der 50er Jahre eingeführten Instrumente der Exportfinanzierung, der Garantien und Bürgschaften dienten — obwohl 1957 als Entwicklungshilfe deklariert — so auch eindeutig privaten Geschäftsinteressen. Erst nach dem Abschluß der wirtschaftlichen Konsolidierungsphase und der Erringung außenpolitischer Handlungsfreiheit Mitte der 50er Jahre (Pariser Verträge) setzte eine gezielte, wenn auch eher zögernd vorgetragene Politik der Entwicklungskooperation ein. So wurden 1956 — sieben Jahre nach *Trumans* Punkt IV-Programm — erste Mittel der technischen Hilfe im Haushalt des AA bereitgestellt. Ihr bescheidener Umfang von 50 Millionen DM wurde auch in den folgenden Jahren nicht wesentlich gesteigert[3]. Mitverantwortlich für den bescheidenen Beitrag der Bundesrepublik waren auch die in jenen Jahren bereits zur offiziellen Wirtschaftsphilosophie avancierte neoliberale Wirtschaftstheorie und die Entwicklungsvorstellungen der Modernisierungstheoretiker. Diese lehnten im Vertrauen auf das Wirken der Marktkräfte eine staatliche Intervention durch Bereitstellen finanzieller Mittel zu Vorzugsbedingungen ab. Um auch den Entwicklungsländern die Segnungen der Marktwirtschaft zu verschaffen, sollte lediglich privatwirtschaftliches Engagement ermuntert werden, z. B. durch die Absicherung gegen politische Risiken. Von den Empfängerländern erwartete die Bundesregierung Anerkennung und rechtliche Sicherung der privaten Direktinvestitionen und die Schaffung von Konditionen, die eine freie Entfaltung von privater Initiative und Kapital ermöglichten. Letztlich ging es darum, „Märkte für morgen" aufzubauen und durch die Gewährung von technischer Hilfe (vorrangig zur Berufsbildung von Fachkräften) die infrastrukturellen und mentalen Grundlagen für eine dynamische kapitalistische Weltwirtschaft festigen zu helfen.

Der deutsche Entwicklungsbeitrag in den 50er Jahren war also durch den bewußten Verzicht auf bilaterale Kapitalhilfe gekennzeichnet, während allerdings relativ umfangreiche Beiträge an multilaterale Organisationen geleistet wurden. Ordnungspolitisch wurde die soziale Marktwirtschaft als günstigste Lösung für die Entwicklungsprobleme angepriesen.

Der faktische Vorrang der Marktkräfte bedeutete jedoch nicht staatliche Abstinenz. Dafür sorgte schon die zunehmende Einbindung der Bundesrepublik in das westliche Blocksystem und — in deren Konsequenz — der wachsende Druck der Vereinigten Staaten auf die Bundesregierung Ende der 50er Jahre, sich an der weltweiten Auseinandersetzung mit dem Kommunismus im Zeichen des „Kalten Krieges" durch die Bereitstellung von Entwicklungshilfe aktiv zu beteiligen. Hauptinteresse der USA war das Zurückdrängen des sozialistischen Einflusses in der Dritten Welt. Dabei galt die Gleichung: entweder prowestlich, also kapitalistisch, dann Entwicklungshilfe, oder planwirtschaftlich gleich sozialistisch, dann keine (oder wenig) Entwicklungshilfe. Damit wurde jeder Ansatz eines planerischen Elements in den Entwicklungsländern der kommunistischen Subversion verdächtigt (*Groenemeyer, Menne* 1981: 129 f.). Ausgegangen wurde von der universellen Wiederholbarkeit des westlich-kapitalistischen Entwicklungsweges für die Dritte Welt. Die Rolle des Staates sollte dabei die des Frühkapitalismus in Europa sein. Es wurde angenommen, daß die Phase der dirigistischen Politik des Staates analog zum europäischen Merkantilismus, in der jetzt quasi die Entwicklungsländer seien, mit Unterstützung der westlichen Entwicklungshilfe in einen Liberalismus der privaten Unternehmerinitiative überführt werden könnte und müßte (*ebda.*: 130).

Während die USA in den 50er Jahren unter Entwicklungshilfe vorrangig Privattransaktionen verstanden, modifizierten sie im Zuge des „new look" der *Kennedy*-Ära Anfang der 60er Jahre ihre Entwicklungsphilosophie dahingehend, daß auf der Entwicklungsstufe der Dritten Welt die noch schwach ausgebildete Privatinitiative zum Aufbau der Wirtschaft allein nicht ausreiche, daß vielmehr vorübergehend dem Staat eine bedeutsame Rolle zukomme, der z. B. für die Schaffung der Infrastruktur, die die Entfaltung des Unternehmertums erst ermögliche, zu sorgen habe.

Das Problem der Unterentwicklung stellte sich für den Westen als Fehlen von Kapital dar, dem es abzuhelfen gelte, hauptsächlich durch Kapitalhilfe und durch private Direktinvestitionen zur Schaffung von „Inseln der Kapitalbildung", von denen als Investitionseffekt eine Mobilisierung inländischen Kapitals ausgehen sollte. Den entwicklungstheoretischen Hintergrund dieser Politik lieferte *Rostows* Vorstellung eines wirtschaftswissenschaftlichen Stadienmodells bzw. *Harrod-Domars* Modell eines „selbsttragenden kumulativen Wachstums". Das Globalziel hieß wirtschaftliches Wachstum und Steigerung der Investitionsrate auf Kosten sozialer Zielsetzungen.

Die spezifisch *deutsche Variante* außenpolitischer Instrumentalisierung der Entwicklungshilfe für Zwecke des containment war ihre Verwendung als Hebel für deutschlandpolitische Interessen. So gelang es dem über erhebliche Mitspracherechte verfügenden Auswärtigen Amt bis in die Mitte der 60er Jahre (Nahost-Krise) ohne gravierende Kritik seitens der Öffentlichkeit bzw. der konkurrierenden Ressorts BMZ und BMWi, danach unter wachsendem Protest vor allem des BMZ und Teilen einer kritischen Öffentlichkeit, die verschiedenen Formen der staatlichen Entwicklungshilfe für seine Politik der Alleinvertretung (Hallstein-Doktrin) und Isolierung der DDR zu reklamieren. Wegen der *weitgehenden außen- (= deutschlandpolitischen) und exportpolitischen Instrumentalisierung* der deutschen Entwicklungspolitik, ihrer Ausrichtung an einseitigen Gebervorteilen, kamen genuine entwicklungspolitische Ziele nur in zweiter Linie zur Geltung. In Umkehrung der entwicklungspolitisch gebotenen Prioritätensetzung wurde Nutzen für die Entwicklungsländer praktisch nur als Mittel für die Wahrnehmung eigener außen- und außenwirtschaftspolitischer Interessen angestrebt.

Dem globalen Ansatz der deutschen Entwicklungshilfepolitik entsprach es, daß auf der Ebene der *formulierten Zielsetzungen* in der ersten Phase nur in den seltensten Fällen zwischen verschiedenen Entwicklungsregionen differenziert wurde. Die unverzichtbaren Elemente der Vergabepolitik — Zugehörigkeit zum westlichen Lager, Nichtanerkennung der DDR, Vorrang der privaten Initiative und der ordnungspolitischen Perspektive einer sozialen Marktwirtschaft — hatten so auch global ihre Gültigkeit. Der globale Ansatz schloß andererseits nicht aus, daß die außen- und entwicklungspolitische Relevanz der verschiedenen Regionen der Dritten Welt durchaus unterschiedlich gewertet wurde. So galt das prioritäre entwicklungspolitische Interesse vor allem dem Entkolonisierungsprozeß in Asien und Afrika. Aus ihm wurde das Ende der Machtpolitik im alten Sinn abgeleitet. Der Emanzipationsprozeß der jungen Staaten wurde zugleich als Auftrag begriffen, Partnerschaften aufzubauen und die neuen Staaten fest in der kapitalistischen Einflußsphäre zu halten. Der an der Peripherie der Blockfronten angesiedelte lateinamerikanische Subkontinent galt als natürliche Einflußzone der USA und blieb — nicht zuletzt auch wegen seines relativ fortgeschrittenen Entwicklungsstands — weitgehend außerhalb des Aufmerksamkeitsradius der bundesrepublikanischen Entwicklungspolitik.

Auch wenn der Schwerpunkt der deutschen Entwicklungshilfe bis Ende der ersten Entwicklungsdekade eindeutig auf der Bereitstellung von Kapital lag, wurde doch schon damals die Notwendigkeit erkannt, den Entwicklungsländern durch technische Hilfe gerade die für das wirtschaftliche Wachstum notwendigen Kenntnisse und Fertigkeiten zu vermitteln. Sie galt auch als das entscheidende soziale und psychologische Instrument der Entwicklungshilfe. Entsprechend dem in der Vergabepraxis von Anfang an geltenden Kompromiß zwischen einer eher schwerpunktmäßig gesteuerten Kapitalhilfepolitik (mit Konzentration auf Asien) und dem Grundsatz weltweiten Engagements mittels verschiedener Formen der technischen Hilfe verteilte sich letztere Hilfeform bis in die zweite Hälfte der 60er Jahre auf über 70 Entwicklungsländer, doch lag der Schwerpunkt in Afrika, seit 1963 auch zunehmend in Lateinamerika (*OECD* 1965: 96).

Daß die deutsche Entwicklungshilfe in erheblichem Maße auf den eigenen Vorteil zielte, schlug sich auch in qualitativen Aspekten der Vergabepraxis nieder. Vor allem aufgrund kurzfristiger Exportinteressen, zur Stützung strukturschwacher Branchen, aber auch zur Verstärkung der Bindung an die Bundesrepublik war ein erheblicher Teil der deutschen Entwicklungsleistungen — trotz prinzipiellen Festhaltens am Prinzip der Liefernichtbindung — z. B. durch restriktive Ausschreibungspraktiken bei Projekten de facto an deutsche Lieferungen gebunden (*Bodemer* 1974: 276 ff.). Zur Zeit der Wirtschaftsrezession 1966/67 wurde auch die vertragliche Lieferbindung drastisch erhöht, so daß sie 1967 mit 55% den „absoluten Höchststand" erzielte (*Borrmann* u. a. 1975: 190; vgl. *Bodemer* 1974: 51). Nach internationalen Erfahrungen bedeutet Lieferbindung eine Versteuerung der Entwicklungshilfe um ca. 20 bis 25 %.

In dieselbe Richtung einer eher exportpolitischen als entwicklungspolitischen Argumentation weist auch die seit 1964 beobachtbare Aufweichung des strengen Projektbindungsgrundsatzes und die wachsende Bedeutung des sog. „maintenance support" und der „commodity aid" als neue Formen des an Güterlieferungen der Bundesrepublik gebundenen Zahlungsbilanzkredits (vgl. *Bodemer* 1974: 299 ff., v. a. 315).

Insgesamt läßt sich für diese erste Phase entwicklungspolitischen Engagements sagen, daß die bilaterale staatliche Entwicklungskooperation maßgeblich von außen- und außenwirtschaftlichen Interessen der Bundesrepublik bestimmt war, während „Bedürftigkeit" weder ein Vergabekriterium bei der Länderauswahl noch bei der sektoralen Schwerpunktbildung in den Ländern darstellte.

3. Die Konzeptionsentwicklung in der Phase einer „aktiven Entwicklungspolitik" (1966/67—1973/74)

3.1 Der Wandel der innen- und außenpolitischen Lageparameter

Die ausgehenden 60er Jahre standen im Zeichen eines auffälligen Wandels außenpolitischer, außenwirtschaftspolitischer und innenpolitischer Lageparameter, die in ihren Konsequenzen auf eine Vergrößerung des entwicklungspolitischen Handlungsspielraums hinausliefen.

Mit dem verstärkten Selbstbestimmungsanspruch der Staaten der Dritten Welt — er war auf der ersten Welthandelskonferenz 1964 zum ersten Mal mit Nachdruck angemeldet worden —, der wachsenden Wirtschaftskraft der COMECON-Staaten und ihrem verstärkten Engagement in den Entwicklungsländern mußte deutlich werden, daß die im Gefolge der Hallstein-Doktrin praktizierte Abgrenzungspolitik der Bundesrepublik zum Bumerang zu werden drohte. Im Zuge dieser Entwicklung kam es zunehmend zu einer Divergenz entwicklungspolitischer und außenwirtschaftspolitischer Interessen einerseits und einer legalistischen, auf den Alleinvertretungsanspruch pochenden Außenpolitik andererseits. Das Entstehen einer DDR-Entwicklungshilfe und die weltweit, in den Entwicklungsländern wie in der Bundesrepublik sich verschärfende Kritik an den Wirkungen einer einseitig auf Gebervorteile ausgerichteten Entwicklungshilfe führten zu einer stärkeren Offenlegung des imperialistischen Gehalts der westlichen Entwicklungshilfe, was die Gefahr einer außenpolitischen Isolierung in sich barg und die bisherige Reduzierung der Dritte-Welt-Politik auf Deutschland-Politik ad absurdum führen mußte. Konkreter Ausdruck dieses Trends war der Abbruch der diplomatischen Beziehungen zur Bundesrepublik durch die arabischen Nahost-Staaten (1965), die damit eine Art umgekehrte Hallstein-Doktrin praktizierten (vgl. *Bodemer* 1974: 125). Die Bundesregierung reagierte in der Folgezeit mit einer weicheren Handhabung der Sanktionen vor allem in jenen Fällen, wo der Abbruch der diplomatischen Beziehungen wirtschaftliche Auswirkungen für die Bundesrepublik zur Folge haben mußte (so im Falle Jugoslawien und Rumänien). Dieser Wandel der deutschen Außenpolitik spiegelte den Wandel in der internationalen Großwetterlage wider, der insgesamt als ein Wechsel vom Kalten Krieg mit dem Ziel des Zurückdrängens des sozialistischen Einflusses in der Dritten Welt hin zu einer relativen Anerkennung der „friedlichen Koexistenz" der Systeme umschrieben werden kann (*Groenemeyer, Menne* 1981: 136; *Bebermeyer* 1974). Für die Entwicklungspolitik (insbesondere für das BMZ) bot dieser Wandel der außenpolitischen Lageparameter die Chance größerer Profilierung und einer Ausweitung des Handlungsspielraums.

Im Verhältnis von *Entwicklungspolitik* und *Außenwirtschaftspolitik* brachte die binnenwirtschaftliche Krise 1966/67 eine neue Akzentsetzung. Während bereits in den 50er Jahren die finanzellen Leistungen an Entwicklungsländer nahezu ausschließlich exportpolitisch begründet worden waren und in den 60er Jahren außenwirtschaftliche Absichten von außen- und deutschlandpolitischen überlagert waren, wurde nun — unter dem neuen Entwicklungsminister *Wischnewski* — Entwicklungspolitik als Mittel zur *langfristigen* Krisenvermeidung, das Ziel „Entwicklung der Dritten Welt" als Vehikel zur Durchsetzung deutscher Wirtschaftsinteressen dargestellt. Konflikte mit deutschlandpolitischen Interessen konnten sich dann ergeben, wenn die Mittelvergabe — wie Anfang der 70er Jahre im Falle Chile — Länder betraf, die zwar wirtschaftspolitisch förderungswürdig, aber deutschlandpolitisch mit Sanktionen der Hallstein-Doktrin bedroht waren.

Mit der großen entwicklungspolitischen Debatte im Herbst 1967 wurden dann — neben der Ablehnung von Entwicklungspolitik als Instrument kurzfristiger außenpolitischer Interessen — auch Überlegungen in Richtung auf eine langfristige, wie man meinte sowohl an den Interessen der Entwicklungsländer als an der deutschen Gesamtwirtschaft ausgerichtete Entwicklungspolitik angestellt und damit der Überbewertung eines kurzfristigen Einsatzes von Entwicklungsgeldern zur Konjunktursteuerung eine Absage erteilt. Krisenregulierung und langfristige Systemsicherung waren die nunmehr verkündeten Imperative, mit denen auf den Konjunktureinbruch reagiert wurde.

So setzte sich zur Zeit der *Großen Koalition* sowohl aus dem Blickwinkel der Außenpolitik wie der Wirtschaftspolitik langsam die Überzeugung durch, daß kurzfristige Interessen in der Entwicklungspolitik zugunsten längerfristiger Überlegungen zurückzutreten hätten. Die Hallstein-Doktrin hatte sich zunehmend als stumpfe Waffe erwiesen, drohte sich sogar immer mehr gegen ihren Urheber zu richten. Sie war außerdem mit den Fortschritten der bereits 1966 eingeleiteten neuen Ost-Politik zunehmend entbehrlich. An ihre Stelle trat als außenpolitisches Hauptziel mehr und mehr der langfristige Wunsch nach Frieden. An die Stelle einer Politik positiver bzw. negativer Sanktionen mittels Entwicklungshilfe trat das Bestreben, durch finanzielle und technische Hilfe zur wirtschaftlichen und sozialen Entwicklung beizutragen und auf diese Weise langfristige Spannungen abzubauen und Konfliktursachen zu beheben.

Wie die außenpolitischen wurden auch die wirtschaftspolitischen Interessen nunmehr in einem weiteren Zeithorizont interpretiert, so daß aus konkreten Augenblickssituationen geborene Instrumentalisierungsabsichten, wie z. B. der Einsatz von Entwicklungshilfe für konjunkturpolitische Zwecke (Lieferbindung) nicht nur als unrealistisch, sondern auch als den langfristigen Zielen der Bundesrepublik abträglich erkannt wurden. Die deutsche Entwicklungshilfe sollte dazu beitragen, die bestehende komplementäre Arbeitsteilung zwischen Industrieländern und Entwicklungsländern durch eine substitutive zu ersetzen, die durch den gegenseitigen Fertigwarenaustausch weltweit das Wirtschaftswachstum und so besonders auch den deutschen Investitionsexport anrege. Nur entwickelte Entwicklungsländer — so die offizielle Argumentation der entwicklungspolitischen Entscheidungsträger — könnten schließlich gute Kunden für die deutsche Wirtschaft sein.

Der seit 1968 amtierende Entwicklungsminister *Eppler* verstand es, diese Veränderungen aufzugreifen und für Profilierungszwecke seines Hauses einzusetzen. Ihm gelang es, die außenpolitischen Interessen (des AA) und die außenwirtschaftlichen Interessen (vor allem des BMWi) als kompatibel mit den entwicklungspolitischen Zielen (des BMZ) darzustellen, d.h. die entwicklungspolitischen Ziele als bessere Verfolgung der außen- und außenwirtschaftspolitischen Interessen auszugeben. Unterstützt von einer entwicklungspolitischen Lobby aus dem nationalen (Studenten, Kirchen, Intellektuelle) und internationalen Umfeld (s. die verschiedenen Bilanzen der ersten Entwicklungsdekade) legte er die Grundlage für eine dem langfristigen Eigeninteresse der Bundesrepublik dienende Entwicklungspolitik. Als weltweite Sozial- und Friedenspolitik interpretiert, erforderte diese Entwicklungspolitik nach dem Verständnis des neuen Entwicklungsministers auch und gerade eine angemessene Berücksichtigung der Interessen der Entwicklungsländer. Sie konkretisierte sich in der Bekämpfung des Elends und im Streben nach weltweiter sozialer Gerechtigkeit (*Eppler* 1981[8]: 11, 36, 139; *Bodemer* 1974: 51).

Unterstützt wurden die konzeptionellen Neuorientierungen durch *verstärkte Rationalisierungsbestrebungen* innerhalb der Entwicklungsadministration ab Mitte der 60er Jahre. Ausgehend von einer neuen Form der Wirtschafts- und Finanzpolitik zur Zeit der Großen Koalition wurde „Planung" als die vorrangige Rationalisierungsstrategie zur Lösung der Krise angesehen (vgl. *Ehlert* 1978; *Groenemeyer, Menne* 1981: 136; *Bebermeyer* 1974). Auf das Aufgabenfeld Entwicklungspolitik bezogen konkretisierte sich diese Strategie darin, daß die Entwicklungshilfe in der mittelfristigen Finanzplanung eingeordnet und 1967 im BMZ eine Planungsgruppe eingerichtet wurde. Die damit einsetzenden Programmierungstendenzen fanden in der Diskussion um Regionalprogrammierung, Verbundprojekte und verstärkte Evaluierungstätigkeit ihren Niederschlag[4].

Die genannten konzeptionellen Neuerungen fanden schließlich Eingang in die „Entwicklungspolitische Konzeption der Bundesrepublik für die zweite Entwicklungsdekade". Der Ausbau der multilateralen Hilfe zu Lasten der für nationale Interessenpolitik anfälligeren bilateralen Vergabepolitik, der Abbau der Lieferbindung, die wesentliche Erleichterung der Kreditkonditionen für die von der UNO als „least developed" klassifizierten 25 Länder, die Erhöhung der nichtrückzahlbaren technischen Hilfe, der Übergang von kurzfristigen Zusagen zu langfristigen, integrierten, länderbezogenen und international koordinierten Hilfeprogrammen, die besser den Entwicklungsbedürfnissen und Planungen der Entwicklungsländer angepaßt werden sollen, markieren, so *F. Nuscheler* im Rückblick, „im Grundsatz, wenn auch nicht in der Praxis, durchaus eine Abkehr von konventionellen Ideologien und Methoden der Vergabepolitik" (*Nuscheler* 1977: 329).

Am folgenschwersten war dabei die Abkehr von einem rein ökonomischen Entwicklungsbegriff (Entwicklung = Wachstum) und eine stärkere Betonung der Sozialstrukturentwicklung. So hieß es in einem Grundsatzpapier der Planungsgruppe des BMZ: „Wachstum bedeutet ... nicht allein eine angemessene Zuwachsrate des Sozialprodukts, sondern vielmehr den Wohlstandszuwachs für den einzelnen Menschen. Unter dieser individuellen Wohlstandsverbesserung werden sowohl die Einkommenssteigerung als auch die — allerdings schwer meßbaren — Zuwächse an individueller Freiheit und Selbständigkeit verstanden"[5]. Zugleich wurde der Entwicklungseffekt des freien Spiels der Kräfte in Frage gestellt und ein „geplantes Eingreifen" für notwendig erachtet (*Eppler* 1981[8]: 23). Bezüglich der Entwicklungsländer hatte dies die Konsequenz, daß fortan nicht jeder Ansatz von Planung mit Sozialismus in Verbindung gebracht werden konnte. Nichtübertragung eigener Wirtschafts- und Lebensformen bedeutete jedoch nicht Wertneutralität der Entwicklungspolitik, vielmehr sollte sie — so *Eppler* — auf die Gewährleistung der elementaren Menschenrechte und damit auch auf die Befriedigung der Grundbedürfnisse der Menschen in der Dritten Welt ausgerichtet sein (*Eppler* 1981[8]: 32 f., 63, 97).

Neben die Wachstumsanregung durch den deutschen Entwicklungsbeitrag sollte nunmehr die Förderung des sozialen Fortschritts gleichwertig hinzutreten (*Eppler* 1981[8]: 42, 56, 63 ff., 122 ff.; *o. V.* 1970). Folgerichtig sah die Konzeption für die zweite Entwicklungsdekade außerdem vor, die sozio-ökonomischen Auswirkungen von Entwicklungsprojekten in die Planung miteinzubeziehen — eine Konsequenz des erweiterten Entwicklungsbegriffs — und, um den Außenbeitrag besser in die entwicklungspolitische Planung des Gastlandes zu integrieren, die Instrumente der Entwicklungshilfe aufeinander abgestimmt einzusetzen.

3.2 Innovationen im Programmbereich:
Länderstudien — Länderhilfeprogramme — Verbundprojekte

Mit der entwicklungspolitischen Konzeption für die zweite Entwicklungsdekade waren auf der programmatischen Ebene die Voraussetzungen für eine *„aktive" Enwicklungspolitik* geschaffen worden, und zwar im doppelten Sinne einer Profilierung der Politik des BMZ wie als Anspruch einer vorausschauenden, aktiv steuernden Entwicklungskooperation (vgl. *Groenemeyer, Menne* 1981: 150). Gradmesser einer solchen Politik war das Ausmaß der Einflußnahme auf die Projektfindung in den Entwicklungsländern, d. h. letztlich das Ausmaß der Einflußnahme auf die Politik des Entwicklungslandes. Hier hatte sich der in der Vergangenheit praktizierte Grundsatz der Projektbindung zunehmend als Hemmnis erwiesen.

Der *Projektbindungsgrundsatz* entsprach der entwicklungspolitischen Zielsetzung der 60er Jahre nach Export des kapitalistischen Wachstumsmodells durch Förderung des privaten Sektors, konnten doch Programm- oder Budgethilfe immer zur Stärkung des staatlichen Sektors verwendet werden. Im Zuge der Diskussion um eine verstärkte entwicklungspolitische Wirkung der Entwicklungspolitik gegen Ende der 60er Jahre wurden dann zunehmend die Vorteile der projektfreien Hilfe betont (*Betz* 1978: 243 ff.; *Bodemer* 1974: 299 ff.). Veränderte Bedingungen in den Entwicklungsländern selbst[6], das Drängen der multilateralen Stellen (hier wurde argumentiert, den Erfordernissen einer langfristigen Planung könne man mit punktueller Projektfinanzierung nicht gerecht werden), Praktiken der US-Entwicklungshilfepolitik und schließlich der wachsende Widerstand vor allem der fortgeschritteneren Entwicklungsländer gegen eine Verwendungskontrolle der Entwicklungshilfe durch Projektbindung führten zur Propagierung einer Form der Entwicklungshilfe, die einerseits eine Einflußnahme und Verwendungskontrolle sicherstellte, andererseits die Verknüpfung von Hilfemaßnahmen und entwicklungspolitischer Gesamtplanung im Empfängerland nicht aus den Augen verlor. Programmatischen Ausdruck fand dies in der Forderung nach sog. *Verbundprojekten*, einer Verbindung von technischer Hilfe mit Kapitalhilfe und Privatinvestitionen im Rahmen sog. Länderhilfeprogramme (*Groenemeyer, Menne* 1981: 157).

Wichtigste Grundlage der Länderhilfeprogramme (LHP) waren sog. *Länder- bzw. Regionalstudien*. Seit etwa 1970 bediente sich die deutsche Entwicklungsverwaltung solcher Studien als eine Art Röntgenbild des Nehmerlandes. Länderstudien sind von Gutachtern oder Instituten erstellte Dokumentationen/Datensammlungen über die wichtigsten Sektoren, Regionen und Problemgehalte der Entwicklungsländer, die Entwicklungspläne sowie die entwicklungspolitischen Maßnahmen anderer Geberländer und internationaler Organisationen (vgl. *Kruse-Rodacker, Braun* 1974: 31 ff.). Das Ergebnis dieser Studien sind Empfehlungen über sektorale und regionale Einstiegsmöglichkeiten für deutsche Hilfsmaßnahmen.

Auf dieser Grundlage erstellte das BMZ in Abstimmung mit den Entwicklungsländern Länderhilfeprogramme, die die konkreten Projektplanungen für fünf Jahre enthielten und deren Kern Vorschläge für Verbundprojekte bildeten.

Die Umsetzung der LHP in konkrete Projekte hing von verschiedenen Faktoren ab. Nach Aussagen des damaligen Staatssekretärs im BMZ, Karl-Heinz Sohn, kamen allein vom Volumen her lediglich ein Drittel von ca. 100 geförderten Entwicklungsländern für die Erstellung von LHP in Frage. Eine weitere Einschränkung ergab sich durch die bisher von einem Land empfangene Hilfeform. So wurde z. B. an die fünf Hauptempfänger deutscher Entwicklungsleistungen Indien, Pakistan, Israel, die Türkei und Brasilien, an die die Bundesregierung bis Ende der 60er Jahre rund 40 % ihrer gesamten öffentlichen Zuwendungen leistete, Hilfe zum großen Teil in nichtprojektgebundener Form als Warenhilfe, Devisenausgleichszahlungen und Beteiligungen an nationalen Entwicklungsbanken geleistet (*Sohn* 1972: 173). Weiter kamen solche Länder nicht in Frage, die flächenmäßig groß sind und aus verschiedenen Regionen zusammengesetzt sind, die eine regionale Schwerpunktsetzung oft unmöglich machen. Erschwerend für eine Abstimmung des deutschen Beitrags mit den Prioritäten des Entwicklungslandes wirkte sich auch aus, daß deren Ziele und Schwerpunkte sich infolge politischer Entwicklungen rasch ändern können — so z. B. in Bolivien (*Kruse-Rodenacker, Braun* 1974: 24).

Für eine langfristige, umfassende Programmierung der deutschen Entwicklungshilfe blieben so nur relativ wenige Entwicklungsländer übrig. In der Praxis wurden als Folge der genannten Schwierigkeiten zwischen 1970 und 1973 lediglich sieben LHP erstellt, die ca. ein Zehntel der gesamten bilateralen Hilfe umfaßten.

Spätestens seit 1976 wurden überhaupt keine LHP und auch keine vorbereitenden Länderstudien mehr erstellt. Die nach der Ölkrise 1973/74 wieder einsetzende stärkere Einbindung der Entwicklungspolitik in direkte ökonomische und außenpolitische Interessen dürfte hierbei ebenso eine Rolle gespielt haben wie die als Antwort auf diese Krise und ihre Konsequenzen für die Entwicklungsländer erfolgte Differenzierung des Hilfeinstrumentariums und schließlich intern die für eine langfristige Programmierung

kontraproduktive Reduktion des Hilfebudgets sowie dessen schwankendes Volumen (*Betz* 1978: 193). Letztlich scheiterte die Durchführung von Verbundprojekten im Rahmen von LHP auch am Widerstand gerade der Entwicklungsländer, die aufgrund ihres außen- und außenwirtschaftspolitischen Gewichts den Großteil der Entwicklungshilfe auf sich zogen und somit vom Hilfevolumen her gesehen noch am ehesten für die Durchführung länderbezogener Hilfsprogramme geeignet waren (Indien, Pakistan, Türkei, Israel und Brasilien) (*Groenemeyer, Menne* 1981: 169).
Durch das Veto-Recht der mitzuständigen Ressorts AA und BMWi im interministeriellen Referentenausschuß bzw. im Lenkungsausschuß, d. h. durch die Möglichkeit dieser Ressorts, Einzelprojekte im Rahmen von Länderhilfeprogrammen abzulehnen, sah sich das BMZ auch im internen Entscheidungsprozeß in seinem Handlungsspielraum erheblich eingeengt. Der Graben zwischen propagiertem Konzept (LHP und Verbundprojekt) und entwicklungspolitischer Praxis verbreiterte sich so zusehends, was schließlich zur Aufgabe des Konzepts führte.

4. Die Konzeptionsentwicklung in der Phase einer „pragmatischen" Entwicklungspolitik (1974—1982)

4.1 Der außenpolitische Kontext — Veränderungen in der internationalen Machtstruktur

In der Ära *Eppler*, vor allem in den Jahren 1970 bis 1973, hatte die deutsche Entwicklungshilfepolitik ohne Zweifel an politischer Eigenständigkeit im Sinne einer größeren Durchsetzungsmöglichkeit spezifisch entwicklungspolitischer Ziele gewonnen. Die Einbindung der Entwicklungspolitik in die Gesamtpolitik der Bundesregierung trat in dieser Phase zunehmend zurück hinter der Vorstellung einer „aktiven" Entwicklungspolitik. Faktisch aufgegeben wurde diese Einbindung jedoch nie (*Weiss* 1975: 15). Eine wiederum stärkere Verankerung der Entwicklungspolitik in der deutschen Gesamtpolitik (v. a. in der Außen- und Außenwirtschaftspolitik) kann auf den Ölpreisschock im Herbst 1973 datiert werden, wenngleich diese Integration sicher nicht nur als Reflex dieser Krise bezeichnet werden kann, sondern sich schon länger abzeichnete und insgesamt als Antwort auf Veränderungen in der internationalen Machtstruktur seit Beginn der 70er Jahre zu interpretieren ist. Nach den Befunden einer im Auftrag der Bundesregierung vom Deutschen Institut für Entwicklungspolitik (DIE) in Berlin erstellten Lageanalyse zeigte sich dieser Wandel vor allem im wachsenden internationalen Gewicht der Entwicklungsländer, die auf neue institutionelle Diskussions- und Konfliktartikulationsmechanismen drängten (*ebda.*: 17) und als ideologischer Block die Industrieländer mit der Forderung nach einer neuen Weltwirtschaftsordnung zunehmend unter Druck setzten.
Die zahlreichen Inkongruenzen zwischen technologischem Potential, militärischer Stärke, Produktion im internationalen Handel, „bargaining power" durch Verfügung über Rohstoffe etc. führten insgesamt zu einer Instabilität der internationalen Beziehungen, einer Politisierung des Beziehungsgeflechts und — unter herrschaftssoziolo-

gischen Aspekten – zu einer zunehmenden Stratifikation bzw. *Hierarchisierung der Weltgesellschaft* (*ebda.*: 18).

In der Südpolitik der westlichen Industrieländer spiegelten sich diese Veränderungen in vor allem im UN-System initiierten Versuchen einer *Differenzierung der Entwicklungsländer und des entwicklungspolitischen Instrumentariums* wider. An die Stelle der „Dritten Welt" trat ein immer breiter werdendes Spektrum von Empfängerländern:

1. die kleinen, außenorientierten und welthandelsintegrierten Länder Südostasiens; die ähnlich strukturierte Gruppe der Mittelmeerländer sowie schließlich die außenhandelsorientierten, industriell fortgeschrittenen Länder Lateinamerikas;
2. Länder mit wichtigen Rohstoffvorkommen, z. B. die OPEC-Staaten oder die Bergbau-Länder in Schwarzafrika;
3. die Gruppe der Länder mit durchschnittlicher Entwicklungsperformanz;
4. „landlocked" und „least developed countries" und
5. der indische Subkontinent mit ähnlich unbefriedigender Performanz wie die Gruppe 4.

Je nach Gruppenzugehörigkeit (Entwicklungsniveau, Industrialisierungsgrad) fallen die Erwartungen der Entwicklungsländer gegenüber der Entwicklungskooperation der Bundesrepublik unterschiedlich aus. Die Länder der Gruppe 1 erwarten statt klassischer Hilfe vor allem Erleichterungen beim Handel und moderne Formen der Kooperation (Mischfinanzierung, Direktinvestitionen). Die OPEC-Länder (Gruppe 2) sind ganz oder weitgehend unabhängig von Finanzhilfe, aber interessiert am Aufbau einer differenzierten Produktionsstruktur unter Heranziehung von hochqualifiziertem ausländischen Know how und teilweise von Privatinvestitionen. Demgegenüber sind die Länder der Gruppe 3, vor allem aber die Armutsländer der Gruppen 4 und 5 noch für längere Zeit auf Entwicklungshilfe angewiesen (*Weiss* 1975: 19 f.).

Unter den Differenzierungskriterien „wirtschaftliche und politische Macht" zeichnete sich bereits Mitte der 70er Jahre die Herausbildung von *Gravitationsländern* einerseits und von diesen abhängigen *Randländern* andererseits ab. Es entstand – so die These des DIE – „eine neue Struktur mittlerer Mächte mit dem Trend zu einer Regionalisierung der internationalen Wirtschaftsbeziehungen" (*ebda.*: 21).

4.2 Konsequenzen für die Entwicklungspolitik –
    Die Differenzierung der Kooperationsstrategie

Insgesamt ergab sich aus der skizzierten Entwicklung – eines wachsenden Außendrucks und einer Differenzierung des Südens – die Notwendigkeit einer verstärkten Einbettung der Entwicklungspolitik in das Gesamtfeld der auswärtigen Politik und der Herstellung von „inter-issue-linkages" im Feld der Außenwirtschaftsbeziehungen (*ebda.*: 22 f.). Das AA stellte sich diesem Erfordernis, indem es zum ersten Mal versuchte, die Entwicklungspolitik in den Kontext einer eigenständigen Dritte-Welt-Politik zu stellen. Wesentlichen Anstoß zu dieser Entwicklung hatten die von *Genscher* als „Umbruch der Weltpolitik" und „politische Krise der Nord-Süd-Bezie-

hungen" wahrgenommenen weltwirtschaftlichen und weltpolitischen Verwerfungen in der ersten Hälfte der 70er Jahre gegeben (*Genscher* 1981), nicht zuletzt aber auch die 1973 erfolgte Aufnahme beider deutscher Staaten in die Vereinten Nationen.
„Nach der Westintegration unter *Adenauer* und nach der Regelung des Verhältnisses zum Osten und zur DDR unter *Brandt/Scheel*", so resümiert *Konrad Seitz* (Auswärtiges Amt) nachträglich die Erfordernisse bundesrepublikanischer Außenpolitik Mitte der 70er Jahre „stellte sich nun die Aufgabe, eine Politik nach Süden, eine Dritte-Welt-Politik zu entwickeln. Der deutschen Außenpolitik, die bisher konzentriert war auf Europa und den atlantischen Raum, war eine weltweite Dimension hinzuzufügen"[7].
Für die Strategen der Entwicklungspolitik in Bonn zeichnete sich damit „ein neues Muster der auswärtigen Beziehungen ... ab, das in der Tendenz auf Kapitalhilfe und technische Hilfe im herkömmlichen Sinne für Randländer und neue bzw. erweiterte Formen einer technisch-wirtschaftlichen Kooperation mit den neuen Mittelmächten abstellt" (*Weiss* 1975: 21 f.).
In der politischen Realität konkretisierte sich die Einbettung der Entwicklungspolitik im Gefolge der Energiekrise jedoch weniger in einem konsistenten, die Teilpolitiken integrierenden Außenpolitik-Konzept als vielmehr in der Rückbesinnung auf einen nationalen Interessenstandpunkt. Unter dem neuen Entwicklungsminister *Egon Bahr* (Juli 1974 – Dezember 1976) wurde so ab 1974 als Reaktion auf die weltwirtschaftlichen Verwerfungen (Abkehr von Bretton Woods, Energiekrise, Stagflation in den westlichen Industrieländern) und die Hierarchisierung der Entwicklungsländer die deutsche Entwicklungspolitik eines Großteils ihrer unter *Eppler* gewonnenen relativen Eigenständigkeit beraubt. „Entwicklungspolitik" – so die These 2 der auf Schloß Gymnich am 9. Juni 1975 vom Bundeskabinett verabschiedeten entwicklungspolitischen Thesen – „ist Teil der Gesamtpolitik der Bundesregierung; diese wird sich bemühen, bei der Durchführung einen Ausgleich zwischen entwicklungspolitischen Erfordernissen und unseren anderen Interessen herzustellen". *Bahr* holte – so das Urteil *F. Nuscheler*s – „die moralischen ... Imperative auf den Boden einer rationalen Politik des gegenseitigen Interesses zurück. *Gesamtpolitik* wurde ein *neuer Schlüsselbegriff* und Entwicklungspolitik in verschlüsselter, dennoch unmißverständlicher Abgrenzung nicht mehr als in sich geschlossener Bereich, sondern in der Verflechtung mit der Handels-, Wirtschafts- und Außenpolitik betrachtet" (*Nuscheler* 1977: 334). An die Stelle der Vision weltweiter Sozialpartnerschaft trat die nüchterne Konzeption der Interdependenz, die – in Handlungsanleitungen umgesetzt – finanzielle und technische Zusammenarbeit und Privatinvestitionen eintauschen wollte gegen die Zustimmung der Dritten Welt zur westlichen Rohstoff- und Investitionssicherheit.
Der gemeinsame Nenner für die von *Bahr* beschworene „Gesamtpolitik" lautete „langfristige Friedenssicherung", für die Politik gegenüber dem Süden „internationale Sozialpolitik" – beide jedoch interpretiert aus einer eher kurzfristigen Perspektive einer Politik des Krisenmanagements[8]. Nationale Interessen wurden primär als wirtschaftliche Interessen interpretiert. Entsprechend wurde auf den hohen Rang privater Kapitalinteressen in der Entwicklungspolitik verwiesen[9]. Staatliche Entwicklungshilfe wurde wieder als flankierende Maßnahme für privatwirtschaftliche Aktivitäten verstanden.

Ein Nebeneffekt dieser Politik war eine pragmatischere Einschätzung der bislang eher kritisch gesehenen Multis durch die führende Regierungspartei SPD (vgl. *Saarbach* 1980: 135). Entwicklungspolitik sollte wieder verstärkt als Mittel zur Exportförderung und damit zur Arbeitsplatzerhaltung der Bundesrepublik eingesetzt werden. Im Sinne einer „Verzahnung von Beschäftigungs- und Entwicklungspolitik" gelte es, „die durch die Entwicklungshilfe gegebenen Möglichkeiten zur Finanzierung deutscher Lieferungen" zu nutzen und dadurch über die kurzfristige Stützung der deutschen Konjunktur hinaus „langfristig interessante Märkte (zu erschließen, d. V.), auf denen unsere Wirtschaft ihre spezielle Exportgüterpalette zur Geltung bringen kann" (*BMZ* 1978).

Wiederum wie schon in den Jahren 1966/68 erwies sich Entwicklungspolitik als Funktion der wirtschaftlichen Situation, propagierte das Wirtschaftsministerium — im Schulterschluß mit dem BMZ —, Entwicklungshilfe in den wirtschaftlichen Krisenjahren 1974/76 als konjunkturbelebendes Instrument einzusetzen. Gegenüber den auf den internationalen Foren von den Vertretern des Südens mit Vehemenz vorgetragenen Forderungen nach einer neuen Weltwirtschaftsordnung gehe es — so der 1975 unter *Bahr* verabschiedete 2. Entwicklungspolitische Bericht der Bundesregierung — in erster Linie darum, die Fortentwicklung der bestehenden Weltwirtschaftsordnung unter „Wahrung der marktwirtschaftlichen Prinzipien" abzusichern: „Forderungen, die wesentliche Funktionsgrundlagen der Weltwirtschaft zu zerstören drohen, zu unerträglichen finanziellen Belastungen führen, hat die Bundesregierung nicht akzeptiert. Sie wird diese Politik fortsetzen" (*BMZ* 1975: 11).

Hinzu trat ein weiteres ökonomisches Ziel, das bislang eher eine marginale Rolle gespielt hatte: Die verschiedenen Kartellierungsversuche von Rohstofferzeugerländern hatten der Bundesrepublik ihre Abhängigkeit von Rohstoffimporten gerade aus der Dritten Welt schmerzlich vor Augen geführt und die Neigung wachsen lassen, Entwicklungspolitik als Instrument der Versorgungssicherung zu nutzen, ja deutlich auf diesen Zweck auszurichten[10]. Unter dem Beifall der Wirtschaft (v. a. des BDI) (vgl. *Kebschull* 1974: 58, Anm. 29) sollte Entwicklungshilfe künftig verstärkt zur Vorbereitung, Anregung und Absicherung deutschen privatwirtschaftlichen Engagements im Rohstoffsektor dienen.

Mit der wirtschaftspolitischen Instrumentalisierung der Entwicklungskooperation in der zweiten Hälfte der 70er Jahre ging ein stärkeres außenpolitisches Engagement in der Dritten Welt einher. Dies zeigte sich in einer grundsätzlichen Aufwertung der Beziehungen zu den Ländern der Dritten Welt, die nunmehr als „dritte Säule" der Außenpolitik (neben der NATO- und der Europa-Politik) bezeichnet wurden, zum anderen in einer stärkeren Regionalisierung der Beziehungen zu den Entwicklungsländern. Parallel bzw. als Pendant zu *Carter*s Menschenrechtspolitik wurden erstmals Forderungen nach Demokratie und Verwirklichung der Menschenrechte in die entwicklungspolitischen Grundlinien aufgenommen — und zwar an vorderster Stelle. Auch die Formulierung gemeinsamer westeuropäischer Positionen zu den Krisenzonen der Dritten Welt (Südliches Afrika, Naher und Mittlerer Osten, Zentralamerika) im Rahmen der „Europäischen Politischen Zusammenarbeit" (EPZ), die Distanzierung von der rigoristischen Dritte-Welt-Position unter der neuen Regierung *Reagan* und die Beto-

nung wirtschaftlicher und politischer Mittel der Konfliktlösung wiesen auf ein eigenständigeres politisches Profil der Bundesrepublik gegenüber den Ländern der Dritten Welt hin.
Während im Hinblick auf die Durchsetzung wirtschaftspolitischer Interessen und Ziele durch entwicklungspolitische Mittel seit der sog. Energiekrise eine Renaissance bzw. ein Rückfall in Vorstellungen (und Praktiken) der Zeit vor 1968/69 festzustellen ist, wurde die Entwicklungspolitik für außenpolitische Interessen der Bundesrepublik jedoch weniger eindeutig und demonstrativ in Dienst genommen. Trotz der Verschärfung des Ost-West-Konflikts, wachsenden Engagements der COMECON-Staaten in der Dritten Welt, vor allem in Schwarzafrika (vgl. *Melchers* 1980), widerstand man auf Regierungsseite — in Erinnerung früherer negativer Erfahrungen — neuen Containment-Absichten der USA, plädierte vielmehr für „Unabhängigkeit und Selbstbestimmung" (*Genscher* 1980: 380; *BMZ* 1980b: 3f., 8, 44; *BMZ* 1979a: 36). Deshalb bekannte sich die Bundesrepublik weiterhin und im Gegensatz zur Politik vor 1968/69 zu der Absicht, den Entwicklungsländern nicht die von ihr selbst vertretenen wirtschafts- und gesellschaftspolitischen Vorstellungen aufzudrängen (sie freilich „anzubieten"), sondern ihre nach eigenen Konzeptionen betriebene Entwicklungspolitik zu unterstützen (*BMZ* 1980b: 6; *Genscher* 1981: 141; *van Well* 1979: 52f.), erwartete allerdings — so vor allem der Bundeskanzler *Schmidt* — als Gegenleistung für Entwicklungshilfe von den Empfängerländern auch wieder deutlicher Wohlverhalten[11].
Die grundsätzliche Offenheit für unterschiedliche Entwicklungswege fand ihre Grenze — wie in der 2. Phase — in der *Respektierung der elementaren Menschenrechte*, zu denen neben den bürgerlichen Freiheits- auch wirtschaftliche und soziale Grundrechte gerechnet wurden. Um zu deren Sicherheit beizutragen, wollte die Bundesregierung der Bekämpfung der absoluten Armut und der Befriedigung der Grundbedürfnisse in ihrer Entwicklungspolitik absolute Priorität einräumen. Diese Zielsetzung, die in einem ausgeprägten Gegensatz zu kurzfristigen Instrumentalisierungsabsichten steht (vgl. *Dittmar, Schwefel* 1977: 26ff.; *BMZ* 1980a: 8ff.), setzte sich, ohne daß dieser Widerspruch aufgelöst worden wäre, seit etwa 1977 in den programmatischen Verlautbarungen zunehmend durch (*BMZ* 1977b: 61; *BMZ* 1977a: 17f.; *Schlei* 1977: 4; *BMZ* 1979b: 14).
Bahr-Nachfolgerin *Marie Schlei* (Dezember 1976 — Februar 1978) zeigte konzeptionell kein eindeutiges Profil, beschränkte sich vielmehr in ihren Äußerungen auf die tradierten Formen der Entwicklungskooperation. Entschieden wandte sie sich aber gegen Forderungen des entwicklungspolitischen Sprechers der Opposition, *Jürgen Todenhöfer*, ein „außenpolitisches Prämiensystem" für „Freunde" einzuführen, problematisierte die bisherigen Beziehungen der Bundesrepublik zum Südlichen Afrika und unterstrich die bedeutsame Rolle der Frau in den Ländern der Dritten Welt.
Ihr Nachfolger *Rainer Offergeld* (1978—1982) erwies sich als konsequenter Exekutor sozialliberalen entwicklungspolitischen Krisenmanagements. Als ehemaliger Finanz- und Steuerfachmann interessierten ihn vor allem Haushalts- und Effizienzfragen. So blieb auch sein politisch-konzeptionelles Profil ausgesprochen unausgeprägt. Daß auch unter seiner Ministerschaft wirtschaftliche Eigeninteressen ihren hohen Stellenwert in der Entwicklungspolitik beibehielten, zeigt die Verwendungsstruktur der

öffentlichen Hilfe: rund 2/3 aller finanziellen Mittel wurden für Infrastrukturmaßnahmen im weitesten Sinn ausgegeben mit dem Ziel, günstigere Rahmenbedingungen für Investitionen zu schaffen.

Die im Juli 1980 verabschiedeten „Entwicklungspolitischen Grundlinien der Bundesregierung" brachten schließlich eine konzeptionelle Ausdifferenzierung, die das komplementäre Verhältnis von öffentlicher Hilfe und privatwirtschaftlichen Aktivitäten in der Dritten Welt noch deutlicher macht.

Den Zielen „Bekämpfung der absoluten Armut" und „Befriedigung der Grundbedürfnisse" entsprechend sollten die ärmeren Entwicklungsländer (vor allem die sog. LLDC und MSAC in Asien und Afrika) — sozusagen als langfristige Vorbereitung ihrer späteren Integration in den Weltmarkt — bevorzugt gefördert werden. Sektoral sollte vor allem die integrierte ländliche Entwicklung zu einem Schwerpunkt deutscher Hilfsmaßnahmen werden.

Konkret sollte — so die Vorstellungen des BMZ zur Umsetzung der Strategie — zum Nutzen besonders benachteiligter ländlicher Zielgruppen unter Beteiligung der Betroffenen an den Entscheidungen die Nahrungsmittelproduktion gesteigert werden. Diese Politik sollte durch sozialstrukturelle Maßnahmen (Agrarreform, Einrichtung von Genossenschaften) ergänzt und mit der Schaffung einer den Bedürfnissen der Landbevölkerung angepaßten besonders arbeitsintensiven Agroindustrie verbunden werden (vgl. *BMZ* 1980b: 16 f.; *Gymnicher Thesen* 1979: 16).

Da sozialen Reformen in der Dritten Welt für die gerechtere Verteilung der Wachstumserträge essentielle Bedeutung zugesprochen wird, sollten sie in besonderem Maße unterstützt werden (*Offergeld* 1980: 15, 23; *BMZ* 1980b: 9 f.; *Matthöfer* 1981: 149).

Komplementär zur Konzentration der „klassischen" Entwicklungshilfe auf die ärmeren Entwicklungsländer sollten gegenüber den sog. *Schwellenländern* neue Formen stärker kommerziell und privatwirtschaftlich orientierter Entwicklungskooperation zum Tragen kommen. Öffentliche Hilfe — soweit hier überhaupt noch erforderlich — sollte „gezielt an den sektoralen und regionalen Engpässen" ansetzen, die durch oftmals einseitig exportorientiertes, auf einige wenige Industriezentren konzentriertes Wachstum vernachlässigt wurden. Insgesamt gelte hier aber, daß „die privatwirtschaftliche Zusammenarbeit, insbesondere Direktinvestitionen und der Verbund von privatwirtschaftlicher und öffentlicher Zusammenarbeit eine immer größere Bedeutung" erlangen (*BMZ* 1980b: 18).

Für die Konzeptionsentwicklung von 1974/75 bis zum Beginn der 80er Jahre läßt sich somit *zusammenfassend* feststellen: Mit der Differenzierung der Entwicklungsländer in Ländergruppen gestuften Entwicklungsniveaus und der entsprechenden Differenzierung der Kooperationsstrategie seit Mitte der 70er Jahre wurde die in der Programmatik der Entwicklungszusammenarbeit seit je vorhandene, in den verschiedenen Phasen jedoch unterschiedlich akzentuierte Widersprüchlichkeit zwischen einer eher sozial orientierten Entwicklungshilfestrategie und einer wirtschafts- und außenpolitischen Interessenpolitik im gewissen Maße auf ärmere Länder einerseits, Schwellenländer andererseits aufgeteilt. Da dem Differenzierungskonzept — das beweisen die als Einteilungskriterien fungierenden Indikatoren — eine Vorstellung von Entwicklung zugrunde lag, die der ökonomischen Dimension wiederum eine stärkere Bedeutung beimaß, als dies in der Phase einer „aktiven" Entwicklungspolitik unter *Eppler* der Fall war, riskierte man, daß in der Entwicklungspolitik gegenüber den Schwellenländern die soziale Dimension (interne Differenzierung) gegenüber der ökonomischen Dimension (Differenzierung nach Ländergruppen) auf der Strecke blieb mit der Konsequenz, daß die Entwicklungshilfe im klassischen Sinn (finanzielle und technische Zusammenarbeit) als für Schwellenländer unerheblich reduziert, wenn nicht eingestellt wurde.

5. Konzeptionsansätze im Zeichen des Neo-Containment und ordnungspolitischer Imperative

5.1 Wandlungsprozesse im internationalen und nationalen Umfeld

Der Beginn der 80er Jahre ist bestimmt durch a) einen verschärften Ost-West-Konflikt, der auf dem Umweg über eine restriktive, für Blockinteressen instrumentalisierte Süd-Politik der Regierung *Reagan* (Neo-Containment) auch die Dritte-Welt-Politik des Allianzpartners Bundesrepublik affizieren mußte; (b) eine Vermehrung politischer Krisenherde in der Dritten Welt (Afghanistan-Krise; Libanon- und Zentralamerika-Konflikt; der Krieg im Südatlantik); (c) eine verschärfte weltwirtschaftliche Krise (Stagnation des Welthandels, Protektionismus und strukturelle Anpassungsprobleme der OECD-Länder, Hochzinspolitik der USA, Schuldenlawine, v. a. bei den avancierteren Entwicklungsländern, sinkende Rohstoffpreise); (d) zunehmende blockinterne Spannungen zwischen den USA und den Ländern der EG, insbesondere auf dem Gebiet des Außenhandels (Ost-Handel, Stahlexporte, Agrarhandel) und der Sicherheitspolitik (Nachrüstungsdebatte, NATO-Strategie); (e) einen Wettlauf zwischen den USA, der EG und Japan um handels- und technologiepolitische Platzvorteile; (f) Stagnation und Verhandlungsmüdigkeit im Nord-Süd-Dialog (Cancún, 6. Blockfreien-Konferenz in New Delhi, 6. Welthandels- und Entwicklungskonferenz in Belgrad) und schließlich (g) einen sich beschleunigenden Differenzierungsprozeß im Süden, der den Begriff „Dritte Welt" mehr und mehr obsolet erscheinen läßt.
Konsequenz dieser weltwirtschaftlichen und weltpolitischen Verwerfungen ist eine zunehmende Überlagerung von Nord-Süd-, Süd-Süd- und Ost-West-Spannungen und eine wachsende Vernetzung von Außen-, Sicherheits-, Außenwirtschafts- und Entwicklungspolitik. Für die Außenpolitik der Bundesrepublik unterstrich dieser Wandel einmal mehr die Notwendigkeit, mit einer in sich kohärenten Süd-Politik auf diese Herausforderungen zu antworten. Für die Bundesrepublik schien eine solche Südpolitik in besonderem Maße dringlich, hatte sie doch in der zweiten Hälfte der 70er Jahre unverkennbar an weltpolitischem Gewicht gewonnen und sich als „Mittelmacht" zunehmend aktiv in das weltwirtschaftliche und weltpolitische Krisenmanagement eingeschaltet[12].

Auch *innenpolitisch* fand die neue Regierung eine veränderte Situation vor. Sie läßt sich mit folgenden Stichworten umschreiben:

(a) die Hinwendung weiter Teile der Bevölkerung zu eigenen Problemen als Reaktion auf zunehmende Wachstums-, Beschäftigung- und Verteilungsprobleme. Anders als noch Mitte der 70er Jahre im Gefolge der Energiekrise blieben nun jedoch — das zeigen Umfragen ebenso wie hohe Spendenaufkommen — die Interdependenzen zwischen Erster und Dritter Welt, die daraus resultierenden Verletzlichkeiten der Bundesrepublik und die Notwendigkeit weiterer Entwicklungsassistenz durchaus im Blick;
(b) ein zunehmend enger werdender haushaltspolitischer Spielraum mit der Folge einer Repolitisierung der entwicklungspolitischen Programmatik und einer stärkeren Effizienzorientierung des Kooperationshandels;
(c) eine gewisse Renaissance marktwirtschaftlichen Ordnungs- und Gestaltungsdenkens als Antwort auf die — aus der Sicht der neuen konservativen Regierungen in den USA und Großbritannien — in eine Krise geratenen (post-)keynesianischen Konzepte (in die auch der *Brandt-Bericht* einzuordnen wäre);
(d) das Fehlen überzeugender strukturpolitischer Konzepte in den OECD-Ländern, die den politisch Handelnden eine klare Perspektive vorgegeben hätten;
(e) auf der professionellen Ebene eine gewisse Ratlosigkeit in der entwicklungspolitischen Theorie- und Strategie-Diskussion.

5.2 Kontinuität mit neuen Akzenten — Grundelemente des Kooperationskonzepts der konservativ-liberalen Bundesregierung

Die genannten Situationsmerkmale auf nationaler und internationaler Ebene hatten sich weitgehend bereits Ende der 70er Jahre, Anfang der 80er Jahre herauskristallisiert. So überrascht es nicht, daß die Kurskorrektur des Kabinettsneulings *Warnke* weniger radikal ausfiel, als die ersten verbalen Kraftakte des Entwicklungsministers suggerierten. Waren schon durch das geschrumpfte Finanzvolumen der öffentlichen Haushalte dem Spielraum für einen entwicklungspolitischen Kurswechsel materiell enge Grenzen gesetzt, so sorgten auch auf der Ebene der Programmatik die bereits unter der Ägide der sozial-liberalen Regierung verabschiedeten und vom Konsens aller im Bundestag vertretenen Parteien getragenen entwicklungspolitischen Grundsätze für eine gewisse Kontinuität in der Entwicklungspolitik. Dabei war insbesondere das nach wie vor von dem Liberalen *Genscher* geleitete Auswärtige Amt um Kontinuität bemüht. Elemente dieser Kontinuität sind im einzelnen

(a) die am 9. Juli 1980 vom Bundeskabinett verabschiedeten „Entwicklungspolitischen *Grundlinien* der Bundesregierung" (*BMZ* 1980b). Sie beruhen auf den Erfahrungen zweier Entwicklungsdekaden und der veränderten entwicklungspolitischen Gesamtlage. Die Grundlinien befassen sich entsprechend den oben skizzierten weltwirtschaftlichen Veränderungen nicht nur mit Fragen der Entwicklungshilfe im engeren Sinne, sondern formulieren — dies ein Novum — Strategieelemente für alle Bereiche der Nord-Süd-Politik, also für die Fragen Energie, Rohstoffe, Ernährung, Handel und Strukturanpassung, Währung, Finanzen, Verschuldung sowie Abrüstung und Entwicklung. Außerdem werden ausdrücklich die Empfehlungen der „Unabhängigen Kom-

mission für Internationale Entwicklungsfragen" (*Brandt-Kommission*) berücksichtigt. Dies zeigt sich deutlich bereits in der Einleitung, die folgende Grundelemente hervorhebt:
— Die Sicherung des Weltfriedens erfordert eine Bekämpfung der Massenarmut und den langfristigen Abbau des Nord-Süd-Gefälles;
— Die Unabhängigkeit der Länder der Dritten Welt ist ein wesentliches Element des Weltfriedens und der Stabilität (Sicherheitspolitik wird damit vor allem gesellschafts-, wirtschafts- und sozialpolitisch gesehen);
— Entwicklungspolitik kann sich nicht allein an den Fortschrittsleitbildern hochindustrialisierter Gesellschaften ausrichten;
— Nord und Süd haben auf mittlere und längere Sicht mehr gemeinsame Interessen, als bisher erkannt wurde. Mit einer wesentlichen Angleichung des Entwicklungsstands in Nord und Süd ist auf absehbare Zeit nicht zu rechnen; vordringliche Aufgabe ist es, die Grundvoraussetzungen eines lebenswerten Lebens zu sichern. Längerfristig ist eine vollständige Integration aller Entwicklungsländer in die Weltwirtschaft auf der Basis der bestehenden Weltwirtschaftsordnung anzustreben.

(b) Die Anhörung von Sachverständigen zum Thema „Deutsche Entwicklungspolitik zum Beginn der achtziger Jahre", die der Bundestagsausschuß für Wirtschaftliche Zusammenarbeit am 6. Mai 1981 in Bonn durchführte, sowie der vom Bundestag am 5. März 1982 einstimmig verabschiedete Beschluß über die „Aufstellung einiger Grundsätze für die Entwicklungspolitik der Bundesrepublik Deutschland" (*Bundestagsdrucksache* 9: 1344). Beide noch zu Zeiten der sozialliberalen Koalition verabschiedeten Dokumente bestätigten weitgehend die „Grundlinien" von 1980 und gaben zusätzliche Anregungen zur Umsetzung der dort formulierten Politik.
Die neue Bundesregierung sah sich in der Kontinuität der in den genannten Dokumenten formulierten entwicklungspolitischen Überzeugungen. Darüber hinaus sah sie vor allem die Elemente: Grundbedürfnisorientierung, Priorität der ländlichen Entwicklung und der ärmsten Entwicklungsländer als auch für ihr Handeln verbindlich an.
Die Konkretisierung dieser relativ abstrakten Zielvorstellungen läßt jedoch bereits Verschiebungen erkennen — so wenn zum Beispiel der Begriff der Grundbedürfnisorientierung verengt als „produktivitätsorientierte Armutsbekämpfung" interpretiert wird[13]. Eindeutiger auf neue Akzentsetzungen verweisen jedoch die folgenden Schlüsselbegriffe aus offiziellen Verlautbarungen:

(1) *„Vermehrte Eigenanstrengungen", „echte Partnerschaft", „Politikdialog"*
Diese Schlagworte werden von der Überzeugung getragen, daß für den Erfolg entwicklungspolitischer Maßnahmen die vom Empfängerland selbst geschaffenen Rahmenbedingungen von erheblicher Bedeutung sind. Diese Rahmenbedingungen gelte es zum Gegenstand eines Politikdialogs zu machen. Dessen partnerschaftlicher Charakter zeige sich darin, daß auch die deutsche Seite eigene, vor allem ordnungspolitische Vorstellungen einbringen könne. Dabei sollten — so Entwicklungsminister *Warnke* — insbesondere jener Länder Unterstützung erhalten, die sich um pluralistische Strukturen bemühen[14].

Der sog. Politikdialog läuft im Kern auf eine stärkere Beeinflussung der Wirtschaftspolitik der Entwicklungsländer hinaus. Damit knüpft die Bundesregierung an eine Politik an, die in klassischer Weise der IWF bei seinen Zahlungsbilanzbeihilfen praktiziert und die seit dem sog. *Pisani*-Bericht von 1982 auch in erheblichem Maße die Entwicklungskooperation der EG (vor allem auf dem Gebiet der Ernährungsstrategie) bestimmt[15].

(2) *Stärkere Berücksichtigung der wirtschaftlichen Eigeninteressen der Bundesrepublik*

Damit wird die in der Regierungserklärung angesprochene Absicht umschrieben, wonach „die Dynamik des privaten Sektors die öffentliche Entwicklungshilfe ergänzen" müsse (*Bulletin des Presse- und Informationsamts der Bundesregierung* Nr. 93 vom 14.10.1983). Verwiesen wird in diesem Zusammenhang auf positive Rückwirkungen von Entwicklungsprojekten auf Beschäftigung[16] und Export. Auf der operativen Ebene dienen der Realisierung des genannten Ziels vor allem drei Teilstrategien:

- eine *stärkere Bindung* der Entwicklungskredite an Lieferungen deutscher Unternehmen. Diese entwicklungspolitische Variante des Protektionismus steht in krassem Widerspruch zum propagierten Freihandelskonzept und konterkariert außerdem die Anstrengungen der Entwicklungsländer, verstärkt lokale Produkte zu verwenden;
- eine *aktivere Projektfindung* (nicht zuletzt via „Politikdialog"). Dies läuft auf eine Ablösung des allerdings auch schon in der Vergangenheit erheblich durchlöcherten Antragsprinzips durch das Angebotsprinzip in der Projektpolitik hinaus; schließlich
- eine *Steigerung der Mischfinanzierungskredite*, einer Kombination öffentlicher Mittel und kommerzieller Exportkredite[17].

Die genannten Teilstrategien laufen insgesamt auf härtere Konditionen und eine Verteuerung der finanziellen Zusammenarbeit hinaus. Dabei ist langfristig mit einer Verlagerung deutscher Entwicklungshilfe weg von den besonders förderungswürdigen LLDCs hin zu den Schwellenländern und dem industriellen Sektor zu rechnen[18].

Dem Ziel einer stärkeren Einbindung der Privatwirtschaft in die Entwicklungspolitik dient schließlich auch ein von der Bundesregierung neu geschaffener Beratungsdienst für die Wirtschaft der Entwicklungsländer sowie ein Senior-Experten-Service, in dessen Rahmen ausgediente Führungskräfte aus der Wirtschaft zu zeitlich befristeten Sondereinsätzen in die Entwicklungsländer geschickt werden.

(3) *Stärkere Berücksichtigung deutscher Interessen* sowohl in außenpolitischer wie in ordnungspolitischer Hinsicht. Ersteres läuft auf eine Mittelvergabe gemäß dem jeweiligen Verhalten gegenüber dem Westen bzw. der Sowjetunion hinaus. Während noch die sozialliberale Regierung bemüht war, Interferenzen des Nord-Süd- und des Ost-West-Konflikts zu vermeiden, wird nun stärker auf politische Loyalität abgehoben und — das zeigt vor allem das Verhalten der Bundesregierung zu den Konfliktbrennpunkten in Mittelamerika, im Südlichen Afrika und im Nahen Osten (vgl. *Falk* 1983: 1477 ff.) — die deutsche Dritte-Welt- und Entwicklungspolitik eindeutiger, wenn auch nicht nahtlos, der NATO-Strategie sowie dem Kurs der US-Regierung angepaßt. So be-

tonte Bundeskanzler *Kohl* in seiner Regierungserklärung im Oktober 1982, nicht nur die Außen- und Sicherheitspolitik, sondern auch die Entwicklungspolitik habe sich der geforderten Treue zur NATO, der „Freundschaft und Partnerschaft" mit den USA unterzuordnen, da dies der „Kernpunkt deutscher Staatsräson" sei[19]. Ebenso unterstrich *Warnke*, in der Entwicklungspolitik solle das allgemeine Ziel einer Stärkung der NATO künftig seinen „spürbaren Niederschlag" finden. Im Verhältnis zu den USA sollten „weder Wohlverhalten, noch Provokation", sondern „Loyalität und Konsultation" bestimmend sein. Der Abstimmung des deutsch-amerikanischen Standpunktes diente schließlich ein Besuch des Entwicklungsministers in Washington Anfang Februar 1983, der — so der Minister — „eine bemerkenswerte Übereinstimmung ... in der Einschätzung der Situation der Entwicklungsländer" brachte (*BMZ 1983*: 1983).

Auf *ordnungspolitischem Gebiet* geht es der konservativ-liberalen Regierung insbesondere um eine stärkere Förderung marktwirtschaftlicher Ansätze in der Dritten Welt (mittels der o. g. Prioritäten Handwerk, gewerblicher Mittelstand, bäuerliche Landwirtschaft); auf politischem Gebiet um die Favorisierung jener Länder, die sich um Demokratie, Pluralismus, mehr Freiheit und Einhaltung der Menschenrechte bemühen. Dabei wird jedoch die Orientierung der Entwicklungspolitik an der Einhaltung der Menschenrechte — ein seit dem 14-Punkte-Programm vom März 1982 von allen etablierten Parteien geteilter Grundsatz — in der Praxis höchst selektiv angewandt: gegenüber Ländern mit diktatorischen Regimen als „Förderung der Demokraten statt Bestrafung der Nicht-Demokraten"[20], gegenüber Ländern, denen eine zu starke Anlehnung an das sozialistische Lager attestiert wird, wie Nicaragua, Angola und Mozambique, als Vorwand zur Kürzung, Zurückhaltung oder Einstellung der Entwicklungshilfe[21].

Schließlich geht es der neuen Regierung

(4) um eine *Effizienz-Orientierung* in der Entwicklungspolitik auf bi- und multilateraler Ebene. Dieses bereits von *Offergeld* favorisierte Ziel ist einmal die logische Konsequenz eines enger gewordenen finanzpolitischen Entscheidungsspielraums, zugleich ist es das Pendant zu ordnungspolitischen Eingriffsabsichten auf der Mikroebene des Projekts. Konkret impliziert der Effizienz-Imperativ eine sorgfältigere Evaluierung von Entwicklungsprojekten in der Planungs-, Durchführungs- und Ergebnisphase auf der Basis nachprüfbarer Kriterien mit der Absicht einer besseren Zielerreichung des Projekts. Dabei sollen — den neueren Erkenntnissen der Entwicklungs- und Evaluierungsforschung entsprechend — auch zunehmend außerökonomische Faktoren der Projektumwelt (z. B. ökologische und soziokulturelle Aspekte) erfaßt werden. Unter legitimatorischen Aspekten dient das Bemühen um mehr Effizienz schließlich der Sicherung von Handlungsvertrauen, von informellem Konsens. Dieser Konsens ist gerade in jenen Politikbereichen besonders gefährdet, deren Ergebnisse der Bürger nicht hautnah, das heißt in Form von Gratifikationen bzw. Belastungen zu spüren bekommt bzw. dessen Nützlichkeit nicht unmittelbar evident ist.

Insgesamt — so läßt sich bilanzieren — dient der konservativ-liberalen Regierung die Entwicklungshilfe vor allem als Instrument zur Durchsetzung außenpolitischer, sicherheitspolitischer, wirtschaftlicher und ordnungspolitischer Interessen. Dabei zeichnen sich zwei Trends besonders deutlich ab: (1) die Unterordnung unter die außenpolitische Bündnistreue und (2) eine entwicklungspolitische Konzeptkehre zurück zu den

Wachstumskonzepten, verbunden mit einer starken Gewichtung des privaten Sektors. Der Rückgriff auf orthodoxe Enwicklungskonzepte bedeutet, daß sich der Staat ganz im Sinne der „Reaganomics" zurückzieht und nur die Rolle des Katalysators für Privatinvestitionen der Industrieländer in den Entwicklungsländern spielt.

6. Der zyklische Verlauf der Entwicklungspolitik und seine strukturellen Ursachen

Entwicklungspolitik — so wurde einleitend festgestellt — ist Teil der Außenpolitik und steht unter dem Primat nationaler, vor allem wirtschaftlicher und diplomatischer Motive. Sie wird zugleich durch innenpolitische Faktoren konditioniert. Schließlich ist sie geradezu ein Paradebeispiel „bürokratischer" Politik und unterliegt in erheblichem Maße — da als Querschnittsaufgabe im politischen Entscheidungsprozeß nicht eindeutig verankerbar — administrativen Zwängen mit dem Effekt weiterer Autonomiebeschränkungen. Da Entwicklungspolitik schließlich professionellen Standards genügen soll, reflektiert der entwicklungspolitische Programmhaushalt auch stets — wenn auch in der Regel deformiert und mit zeitlicher Verzögerung — den Stand der entwicklungspolitischen Theorie- und Strategiediskussion.

Diese Mehrfachkonditionierung durch außen- und innenpolitische Faktoren, bürokratische Verfahrensabläufe, Entscheidungsregeln und „Sachgesetzlichkeiten" sowie durch Theorie- und Strategiefragmente aus der Entwicklungsforschung erklären zumindest teilweise, daß das mehrfach beklagte entwicklungspolitische Konzeptionsdefizit strukturelle und systemische Ursachen hat, die jenseits der Disponibilität und politischen Gestaltungsfähigkeit der entwicklungspolitisch Verantwortlichen liegen. Zum anderen wird durch die skizzierten Konditionierungen plausibel, weshalb die nunmehr fast dreißigjährige entwicklungspolitische Konzeptionsentwicklung keineswegs einen linearen, sei es mehr in progressive oder mehr in restaurative Richtung gehenden Verlauf nahm, sondern eher zyklischen Schwankungen und Konjunkturen unterlag, die — wie *M. Dauerstädt* und *A. Pfaller* in einer kürzlich erschienenen Studie zu Recht betonen — ein typisches Muster aufweisen: Kritik der bestehenden Praxis — Entwicklung neuer Ziele und Programmbestände — Institutionalisierung der Ziele durch Aufbau neuer Institutionen, neuer Regelungen, etc. — Routinisierung der so erweiterten Praxis — Kritik dieser Praxis usw. (*Dauerstädt, Pfaller* 1984: 109). Trotz durchaus unterschiedlicher Akzentsetzungen in einzelnen Teilbereichen und unter den verschiedenen Regierungen hat sich so am Gesamt-Set der diversen Ziele, Strategien und Instrumente — ungeachtet oft lautstark verkündeter Wendemanöver — nur wenig geändert. Schon gar nicht führten die konzeptionellen Modifikationen in der Projektpraxis zu merklichen Änderungsschüben. Mit den Worten von *Dauerstädt* und *Pfaller*: „Der Gesamtkurs des ... zwar schlingernden, aber grundsätzlich stabilen Schiffes richtet sich ... wie eh und jeh nach einigen Grundmotiven, die am Anfang der gesamten Entwicklungspolitik standen: außenwirtschaftliche und außenpolitische Interessen" (*ebda.*: 111).

Insgesamt stellt sich somit Entwicklungspolitik — heute wie vor zwei Jahrzehnten — als eine analytisch kaum mehr klar entwirrbare Mischung aus karitativen Elementen, Hilfsinstrument bei einer Containment-Politik gegenüber dem sozialistischen Lager im Rahmen des Ost-West-Konflikts, Unterstützung außenwirtschaftspolitischer und wirtschaftlicher Eigeninteressen und eigenständigen Ansätzen einer genuinen Entwicklungspolitik dar, die auf langfristige Effekte und eine Unterstützung der Länder der Dritten Welt bei ihrem Bemühen um Entwicklung und größere Autonomie in politischer und wirtschaftlicher Hinsicht angelegt ist. Je nach politischer und ökonomischer Großwetterlage, parteipolitischem Profil der verantwortlichen Akteure, favorisiertem Entwicklungsparadigma und Legitimationsbedarf fiel das jeweilige Mischungsverhältnis der „Ingredienzen" von Fall zu Fall und im Zeitlauf unterschiedlich aus. Programminnovationen sind dabei lediglich in sehr bescheidenem Umfang auszumachen. Die unterschiedlichen Akzentsetzungen und mehrfachen Wendemanöver in der entwicklungspolitischen Diskussion sind ein deutlicher Beleg dafür, wie gering das Gewicht des genuin entwicklungspolitischen Programmanteils in der Außenpolitik der Bundesregierung ist und wie sehr die Promotoren eines „Entwicklungsstandpunkts" Gefahr liefen, zwischen den Fronten klassischer Politikbereiche der Außen-, Wirtschafts- und Sicherheitspolitik aufgerieben zu werden. Die wiederholten Versuche, „klassische" nationale Interessenpolitik als die „wahre" Entwicklungspolitik zu verkaufen — unter den Ministern *Scheel, Wischnewski, Bahr* und *Warnke* prononciert, unter *Schlei* und *Offergeld* verhaltener, unter *Eppler* am geringsten — machen zugleich deutlich, daß das eigentliche Entwicklungsziel — Entwicklung der als unterentwickelt definierten Gesellschaften — stets nur ein den ökonomischen und außenpolitischen Basisinteressen nachgeordnetes Unterziel war, das aus verschiedenen Gründen — nicht zuletzt aus dem der Legitimationsbeschaffung — zum Pseudooberziel avancierte. Slogans wie der des Auswärtigen Amtes am Ende der 60er Jahre „Wo immer wir helfen, helfen wir uns selbst" enthüllten aber schnell den Scheincharakter dieses Ziels.

Die Hetorogenität und Multifunktionalität des entwicklungspolitischen Programmbestands und der beschränkte Handlungsspielraum des Entwicklungsressorts im außenpolitischen Organisationsgeflecht machen auch erklärlich, weshalb das verantwortliche Ministerium — von zaghaften Versuchen unter *Eppler* einmal abgesehen — auf eine spezifische Funktionsbestimmung entwicklungspolitischen Handelns weitgehend verzichtete, sich vielmehr in der Regel in seinen programmatischen Äußerungen mit einer Auflistung einer ungeordneten Vielfalt disparater Ziele und Aufgaben begnügte. Noch die vom Entwicklungsressort als Fortschritt in Richtung einer Süd-Politik gefeierten „Entwicklungspolitischen Grundlinien" vom Juli 1980 (*Bohnet* 1983) sind ein typisches Beispiel in dieser Hinsicht. So wird in den „Grundlinien" Entwicklungspolitik als „globale Friedenspolitik" definiert; sie soll die „wirtschaftspolitische Eigenständigkeit der Entwicklungsländer unterstützen", den „sozialen und wirtschaftlichen Fortschritt" fördern, die „Massenarmut in den Entwicklungsländern bekämpfen, aber auch „deutsche Interessen" vertreten, zu Käufen in der Bundesrepublik führen und das Ansehen der Bundesrepublik in der Welt mehren.

Hier finden sich alle jene Versatzstücke wieder, die bereits den entwicklungspolitischen Zielhimmel der 60er Jahre schmückten.

Der Verzicht auf spezifisch entwicklungspolitische Profilierung in diesem Dokument ist weniger der konzeptionellen Inkompetenz des verantwortlichen Ressorts anzulasten, schon gar nicht auf dessen Öffentlichkeitsarbeit zurückzuführen (diese dürfte im Gegenteil im Vergleich mit der Öffentlichkeitsarbeit anderer Ressorts recht gut abschneiden), hat vielmehr eine Reihe struktureller, mit der Qualität von Entwicklungspolitik als hochgradig bürokratischer Politik zusammenhängende Gründe. Sie können hier aus Platzgründen nicht weiter diskutiert werden. Stichwortartig sei lediglich auf zwei aus den administrativen Sozialwissenschaften bekannte Phänomene hingewiesen: die Selektivität und Introvertiertheit der Entwicklungsadministration und ihre Anfälligkeit gegenüber dem Alltagswissen (vgl. *Bodemer* 1985: 25 ff.).
Beide empirisch nachweisbaren Befunde laufen letztlich auf ein Verhalten der Entwicklungsadministration hinaus, das charakterisiert ist durch eine Strategie der Konfliktvermeidung, Verzicht auf ein konzeptionelles Profil, fachinformatorische Verengung und Verwaltungsroutine.
Daß die verschiedenen Bundesregierungen in ihren programmatischen Äußerungen zur Entwicklungspolitik bis heute zwischen diplomatischen, wirtschaftspolitischen, humanitären und entwicklungspolitischen Argumentationsmustern (und Effizienzmaßstäben) hin und her lavierten — mit je nach „Konjunktur" unterschiedlichen Akzentuierungen —, hängt schließlich auch damit zusammen, daß sich der Entwicklungspolitiker bei seinem Bemühen, sein politisches Handeln an professionellen Standards zu orientieren, von Seiten der Entwicklungsforschung weitgehend im Stich gelassen fühlt. Nicht daß es an Konzepten mangelte! Was fehlt, ist ein „Kompaß" (in Gestalt eines überzeugenden Entwicklungsparadigmas), der dem Praktiker den Weg wiese durch den „Dschungel" an oft widersprüchlichen Theoriefragmenten, Erklärungshypothesen und Strategieempfehlungen. Diese Orientierungslosigkeit ist die Kehrseite des theoretischen Vakuums, in dem sich die Entwicklungsdiskussion heute befindet.
Von der Entwicklungsadministration wird dieses Vakuum freilich nicht nur als Manko empfunden, macht sie doch nicht selten aus der Not professioneller Defizite sogar noch eine Tugend dadurch, daß sie diese Defizite zur „Legitimierung eines perspektivlosen Projektabwickelns gemäß eingefahrenen Routinen der Durchführungsorganisationen" nutzt (*Glagow* u. a. 1983: 212 f.).
Schließlich ein letzter Punkt: Das entwicklungspolitische Konzeptionsdefizit ist auch das Ergebnis einer *zunehmenden Relativierung der Entwicklungshilfe selbst* und ihrer Wirkungsmöglichkeiten. Diese Relativierung erfolgt im wesentlichen aus drei Richtungen (vgl. *Dauerstädt, Pfaller* 1984: 76 ff.):

1. Die Entwicklungshilfe wird relativiert durch *eine veränderte Sicht des Weltsystems*. Der Weltmarkt und das ungleiche Nord-Süd-Verhältnis werden nicht mehr als *die* zentralen Ursachen von Unterentwicklung angesehen. Binnenfaktoren, nicht zuletzt die Ordnungspolitik der Entwicklungsländer, werden zunehmend als zentrale Variablen herausgestellt, die den Entwicklungsprozeß wesentlich beeinflussen und über die Positionsverortung im internationalen System Auskunft geben. Auch die Differenzierung der Dritten Welt spricht dafür, daß eine prinzipiell gleiche politische Umgebung sehr verschiedene Entwicklungswege und -erfolge zuläßt. Mit der Auflösung der Dritten Welt als einheitlichem Gebilde in eine Vielzahl von Ländern und Ländergruppen mit

unterschiedlichem Entwicklungsstand verbietet sich ein simples, für alle gleichermaßen gültiges Konzept der Entwicklungsinstanz von selbst. Auch die Graduierung der Hilfe nach Ländergruppen unterschiedlichen Entwicklungsniveaus, wie sie von der Bundesregierung seit der zweiten Hälfte der siebziger Jahre versucht wurde, ist nur die halbe Antwort auf diesen Wandel. Nicht die Entwicklungshilfe, sondern ein die verschiedenen Politikfelder integrierendes Konzept einer Süd-Politik könnte Auskunft darüber geben, wo die Bundesrepublik in einem gewandelten internationalen System ihren Platz finden und mit welchen Instrumenten sie ihre Interessen in diesem System verfolgen könnte. Ein solches Konzept steht jedoch nach wie vor aus.

2. Die Entwicklungshilfe wird relativiert wegen *ihres begrenzten Beitrags zur Entwicklung*. Mehr und mehr wächst die Einsicht, daß die Fälle, wo äußere Hilfe über Gelingen oder Scheitern von „nationaler" Entwicklungspolitik in der Dritten Welt entscheidet, eher die Ausnahme sind. Wirtschaftswachstum, Einkommensverteilung und Ressourcenbeanspruchung in der Dritten Welt sind das Ergebnis von sehr komplexen, politisch und soziokulturell verankerten Allokationsstrukturen. Solange diese Strukturen inadäquat sind, bewirkt Entwicklungsassistenz von außen allenfalls marginale Verbesserungen, wenn nicht gar durch die externe Unterstützung Mittel freigesetzt werden, die – in Richtung einer falschen Politik eingesetzt – Defekte sogar noch verstärken (*Dauerstädt, Pfaller* 1984: 117). Schon die Zahlenrelationen sprechen hier eine deutliche Sprache: Von den Gesamtinvestitionen aller Entwicklungsländer wurden rund 90% von ihnen selbst aufgebracht (*Steckhahn* 1981: 23); nur etwa 10% entfallen auf Transferleistungen im Rahmen der Entwicklungshilfe, wobei der deutsche Anteil bei etwa 1% liegt. Die fortbestehende weltwirtschaftliche Arbeitsteilung und die Wirksamkeit des internationalen Handels haben eine viel stärkere Auswirkung auf die Gesamtleistungsfähigkeit der Volkswirtschaften der Entwicklungsländer als die im wesentlichen auf konkrete Projekte und Programme begrenzte Entwicklungshilfe. Auf diesem Hintergrund hat der jüngste Trend in Richtung einer massiven Einflußnahme via Politikdialog durchaus seine Logik.

3. Der bescheidene, wenn nicht sogar häufig konterkarierende Effekt der Entwicklungsassistenz hat schließlich in den letzten Jahren das Gewicht jener Stimmen gestärkt, die – wie z. B. *G. Myrdal* – die Entwicklungshilfe generell in Frage stellen[22]. Gerade das erhebliche Gewicht anderer, außerhalb der „klassischen" Entwicklungsassistenz liegender Teilpolitiken der Nord-Süd-Kooperation – der Handelspolitik, des privaten Ressourcen- und Technologietransfers, der Investitionspolitik – macht deutlich, daß der Entwicklungshilfe mehr und mehr eine kompensatorische Funktion zukommt, die von den bescheidenen Zugeständnissen des Nordens im Rahmen des weltweiten Wohlstandsausgleichs ablenken und in erster Linie anderweitige, den eigenen Volkswirtschaften zugute kommende Aktivitäten (Exporte, Privatinvestitionen) sinnvoll ergänzen soll.

Der Programmentwicklung des BMZ kommt in diesem Kontext eine doppelte Funktion zu: zum einen die der Interessenbündelung und Legitimationsbeschaffung auf nationaler (gegenüber dem Wahlvolk, den verschiedenen gesellschaftlichen Klientelgruppen, der Wissenschaft) wie auf internationaler Ebene (gegenüber der internationalen Gemeinschaft, den Forderungen der Dritten Welt); zum anderen die der Steuerung im Binnenbereich (gegenüber einem ausdifferenzierten entwicklungspolitischen Entscheidungssystem staatlicher und nachgeordneter Bürokratien).

Die Auflösung des Politikaddressaten „Dritte Welt" in zahlreiche Länder und Ländergruppierungen unterschiedlichen Entwicklungsniveaus, das Fehlen eines eindeutigen Entwicklungsparadigmas, die wachsende Heterogenität der Klintelansprüche aus dem nationalen und internationalen Umfeld und schließlich die zahlreichen Interdependenzen zwischen der Entwicklungspolitik im engeren Sinn (der Entwicklungshilfe) und den anderen Teilpolitiken im Rahmen einer komplexen Süd-Politik (mit der Konsequenz zahlreicher Zielkonflikte) (vgl. *Dauerstädt, Pfaller* 1984: 95 ff.) dürften dafür sorgen, daß auch künftig die bundesrepublikanische Entwicklungspolitik einem zyklischen Verlauf folgt, die Weisheiten von heute die Torheiten von morgen sind, bis sie unter veränderten Rahmenbedingungen und mit einem neuen Etikett versehen wieder zur neuen Weisheit umdefiniert werden — alter Wein in neuen Schläuchen. Die in der gegenwärtigen Phase gehandelten Etikette „Wachstumsorientierung", „Politikdialog", „Ordnungspolitik", „echte Partnerschaft", „Eigenanstrengungen", „Demokratie", „Wahrung westlicher Interessen" sind so im Grunde strategische Versatzstücke in einer Diskussion, die nur dem Scheine nach wirklich neu ist. Die Bedeutung solcher Schlagworte liegt mehr auf der symbolischen Ebene (was keineswegs Wirkungslosigkeit impliziert). Die eigentlichen Strategien des Spiels, genannt Nord-Süd-Konflikt, formulieren und praktizieren andere, nicht die Entwicklungspolitiker. Deren Chips — Hilfekonzepte, Projekte, Programme — haben — sieht man von der Gruppe der ärmsten Entwicklungsländer einmal ab, wo die Wirkung erheblich sein kann — bestenfalls einen Placebo-Effekt. Sie sollen eine aufmuckende Entwicklungswelt und jene Teilöffentlichkeit im Norden, die für Entwicklungsfragen sensibilisiert ist, über die nach wie vor geringe Konzessionsbereitschaft der reichen Industrieländer gegenüber der Dritten Welt hinwegtrösten bzw. hinwegtäuschen, ebenso über die Tatsache, daß die mit der Entwicklungshilfe einstmals verbundenen Hoffnungen längst verflogen sind, daß deutliche Fortschritte beim Abbau des Nord-Süd-Gefälles nirgends in Sicht sind, die Zahl der Hungertoten trotz zahlreicher Entwicklungsprojekte weiter steigt und schließlich die Zahl jener Regime weitgehend konstant bleibt, die mit Gewalt und Repression und einer an den Konsumbedürfnissen einer kleinen Oberschicht orientierten Wirtschaftspolitik eine Entwicklung zu mehr sozialer Gerechtigkeit und Massenwohlstand verhindern. Gegenüber solchen Realitäten ist das Destruktionspotential ‚egoistischer' bzw. das Reformpotential ‚entwicklungsorientierter' Programmaussagen in der Entwicklungspolitik als eher bescheiden zu veranschlagen.

Anmerkungen

1 ‚Offene Welt' Redaktion 1969: 59.
2 Daß insbesondere zwischen Programmentwicklung und Organisationsentwicklung der Entwicklungspolitik ein enger systematischer Zusammenhang besteht, hat eine Bielefelder Forschungsgruppe um *M. Glagow* in jüngster Zeit überzeugend herausgearbeitet (vgl. *Glagow* u. a. 1983) sowie den Beitrag von *Glagow* in diesem Sammelband. — Auf Wunsch des Herausge-

bers sollte die organisationstheoretische und verwaltungswissenschaftliche Dimension in dem vorliegenden Beitrag des Verfassers ausgespart bleiben. Die Ausführungen bedürfen somit einer Ergänzung (oder auch Korrektur) in die genannte Richtung.

3 1956 bis 1961 wurden insgesamt lediglich 290 Millionen DM im Bundeshaushalt ausgewiesen (*Bodemer* 1974: 32).

4 Ausführlich diskutiert wird die Entwicklungspolitik des BMZ in *K. Bodemer* (1979, 1982).

5 Planungsgruppe im BMZ (1969), zit. nach ‚Offene Welt‘ Redaktion (1969: 61).

6 „Mit der einsetzenden Diversifizierung der Produktion und der vielfach beobachtbaren Verschlechterung der Zahlungsbilanzsituation sank der Effekt der projektgebundenen Hilfe im herkömmlichen Rahmen. Infolge des Devisen- und Fachkräftemangels gefährdeten neue Projekte bereits bestehende Kapazitäten" (*Bodemer* 1974: 307).

7 Einführung von *K. Seitz*, in: *H. D. Genscher* (1981: 10).

8 „Zur allgemeinen Überraschung mußte der Regierungssprecher *Klaus Bölling* am Mittwoch in Bonn verkünden, das Kabinett sei sich darüber einig geworden, Entwicklungshilfe müsse wieder stärker ‚deutschen Interessen‘ dienen" (Frankfurter Rundschau v. 24.1.1975). Deutlicher noch formulierte der entwicklungspolitische Sprecher der CDU *J. Todenhöfer*: „Deutsche Entwicklungspolitik ist in erster Linie nationale Politik und keine ‚internationalistische Weltinnenpolitik‘ " (*Frankfurter Rundschau* v. 15.7.1975).

9 So lautete These 19: „Die Regierung wird auf internationaler Ebene mit Nachdruck auf die Bedeutung der privatwirtschaftlichen Zusammenarbeit für den wirtschaftlichen und sozialen Fortschritt der Entwicklungsländer hinweisen und die Notwendigkeit der Rechtssicherheit und eines gesunden Investitionsklimas in den Entwicklungsländern unterstreichen" (*Auswärtiges Amt* 1979: 281).

10 *DEG* (1978: 12 ff.); vgl. *Gymnicher Thesen* Nr. 20, in: *AA* (1979: 281); *F. Nuscheler* (1977: 334); *o. V.* (1979: 1 ff.); *BMZ* (1978: 34).

11 „Solidarität kann auch für uns keine Einbahnstraße sein" (*Schmidt* 1981: 31 f.). Ähnlich äußerte sich der Bundeskanzler 1979 vor der UNO (vgl. *Das Parlament* Nr. 36 v. 8.9.1979: 12) sowie gegenüber Brasilien und Peru (vgl. *Hoffmann* 1979). Anfang der siebziger Jahre hatte die Bundesregierung das Prinzip des ‚do ut des‘ bewußt abgelehnt (*Sohn* 1972: 126).

12 Hier wäre insbesondere an das Gewicht *H. Schmidt*s auf den Weltwirtschaftsgipfeln zu erinnern.

13 Noch einen Schritt weiter geht die Weltbank, die in ihrem jüngsten Weltentwicklungsbericht anstelle einer ausdrücklichen Armutsbekämpfung über eine Strategie zur Erfüllung der Grundbedürfnisse wieder marktwirtschaftliche Entwicklungskonzepte und landwirtschaftliche Wachstumskonzepte à la Grüne Revolution propagiert (vgl. *Bauer* 1983: 26 f.).

14 *V. Köhler*, Parlamentarischer Staatssekretär im BMZ, konkretisierte in einem Grundsatzbeitrag, was im einzelnen unter ‚Eigenanstrengungen‘ zu verstehen sei. Danach kommen Eigenanstrengungen insbesondere dadurch zum Ausdruck, daß die Bereitschaft zu sozialen und wirtschaftlichen Reformen gezeigt wird; Entwicklungshemmnisse wie zum Beispiel die Vernachlässigung ländlicher Regionen, zu hohes Bevölkerungswachstum oder Korruption abgebaut werden; pluralistische Strukturen und marktwirtschaftliche Elemente in die Gesellschafts- und Wirtschaftsordnung eingeführt werden, die zur Entfaltung schöpferischer Kräfte breiter Bevölkerungsschichten, zu Privatinitiative und zur aktiven Mitwirkung der Bevölkerung am wirtschaftlichen, sozialen und politischen Entwicklungsprozeß anregen; nationale Ernährungsstrategien zur ausreichend eigenen Nahrungsmittelversorgung aufgestellt werden (*Das Parlament* v. 10.9.1983).

15 Zu den Erfolgsaussichten einer solchen Einflußnahme via Dialog vgl. *Dauerstädt, Pfaller* (1983: 86 f.) und *dies.* (1984: 15 f., 29 ff.)

16 Nach neueren Untersuchungen des DIW kann davon ausgegangen werden, daß die bundesdeutschen Finanzleistungen für die Entwicklungshilfe praktisch wieder vollständig zurückfließen (*DIW Wochenbericht* 8, 1981: 90 ff.).

17 Während 1982 das Volumen dieser Kredite noch 270 Millionen DM betrug, wurden für 1983 Zusagen für insgesamt 1,3 Milliarden DM getätigt.

18 Entsprechend begründeten die Oppositionsparteien ihre Ablehnung zu dem um 2,4 auf 6,4 Milliarden gestiegenen BMZ-Haushalt für 1984 mit dem Hinweis auf die drastische Kürzung der Hilfe für die ärmeren Länder.

19 Regierungserklärung des Bundeskanzlers vor dem Deutschen Bundestag, in: *Bulletin des Presse- und Informationsamts der Bundesregierung* Nr. 93 v. 14.10.1982: 860.

20 *W. Limmer* (Auswärtiges Amt), zitiert nach *G. Gottwald* (1983: 52).

21 Diese Differenzierung läßt eine gewisse Verwandtschaft erkennen zu der von der US-Regierung getroffenen Unterscheidung zwischen ‚autoritären Regierungen' (z. B. El Salvador und Guatemala) und ‚totalitären Regierungen' (Nicaragua und Cuba).
22 Zu dieser Kritik zusammenfassend M. Dauerstädt, Pfaller (1984: 13 ff.); aus der Sicht des Praktikers vor Ort vgl. G. Bierwirth (1982).

Literaturverzeichnis

Auswärtiges Amt, 1979/1981[2]: Dritte Welt. Dokumentation, Bonn.
Bauer, G., 1983: „Vorwärts nach Rückwärts" — Gedanken zur Trendwende in der Entwicklungspolitik der Weltbank, in: Entwicklung und ländlicher Raum 2.
Betz, J., 1978: Die Internationalisierung der Entwicklungshilfe, Baden-Baden.
Bebermeyer, H., 1974: Regieren ohne Management? Planung als Führungsinstrument moderner Regierungsarbeit, Stuttgart.
Bierwirth, G., 1982: „Ich entwickle — also bin ich!" Unauflösbare Widersprüche der Entwicklungshilfe am Beispiel eines Bundesdeutschen Projekts, in: *Hessische Stiftung Friedens- und Konfliktforschung* (Hrsg.), Hilfe + Handel = Frieden? Die Bundesrepublik in der Dritten Welt, Frankfurt, 270—303.
Bodemer, K., 1974: Entwicklungshilfe — Politik für wen? Ideologie und Vergabepraxis der deutschen Entwicklungshilfe in der I. Entwicklungsdekade, München.
Bodemer, K., 1979: Erfolgskontrolle der deutschen Entwicklungshilfe — improvisiert oder systematisch? Meisenheim.
Bodemer, K., 1982: Für eine integrierte Evaluierungspolitik des BMZ. Forderungen aus der Evaluierung von Evaluierungen am BMZ, in: *Hellstern, G.M.* und *H. Wollmann* (Hrsg.), Experimentelle Politik — Reformstrohfeuer oder Lernstrategie, Köln.
Bodemer, K., 1985: Erfolgskontrolle oder politisches Marketing? Bemerkungen zum Verhältnis von Evaluierung und Öffentlichkeit in der Entwicklungspolitik; Dokumente und Materialien der Abteilung Politische Auslandsstudien und Entwicklungspolitik, Institut für Politikwissenschaft der Universität Mainz, Mainz.
Borrmann, A. u. a. (Hrsg.), 1975: Zum Verhältnis von Außenwirtschafts- und Entwicklungspolitik, Hamburg.
BMZ, 1975: Zweiter Bericht zur Entwicklungspolitik der Bundesregierung, Bonn.
BMZ, 1977a: Dritter Bericht zur Entwicklungspolitik der Bundesregierung, Bonn.
BMZ, 1977b: Zusammenarbeit mit Entwicklungsländern, Bonn.
BMZ, 1978: Entwicklungspolitik. Jahresbericht, Bonn.
BMZ, 1979a: Politik der Partner, Bonn.
BMZ, 1979b: Entwicklungsbericht 1978, Bonn.
BMZ, 1980a: Entwicklungspolitik. Jahresbericht 1979, Bonn.
BMZ, 1980b: Die entwicklungspolitischen Grundlinien der Bundesregierung unter Berücksichtigung der Empfehlungen der „Unabhängigen Kommission für internationale Entwicklung", Bonn.
BMZ, 1983: Informationsdienst Entwicklungspolitik 2, Bonn.
Dauerstädt, M. und *A. Pfaller*, 1983: EG-Politik der Zusammenarbeit mit Entwicklungsländern, Köln.
Dauerstädt, M. und *A. Pfaller*, 1984: Bestandsaufnahme und Bewertung neuer entwicklungspolitischer Ansätze, Köln.
Deutsche Entwicklungsgesellschaft (DEG), 1978: Geschäftsbericht 1977, Köln.
Dittmar, W. und *D. Schwefel*, 1977: Möglichkeiten und Grenzen einer sozial orientierten Entwicklungspolitik, in: BMZ (Hrsg.), Stellungnahme des Wissenschaftlichen Beirats beim BMZ zur Entwicklungspolitik 11, Bonn.
Ehlert, W., 1978: Staatsplanung. Form staatlichen Funktionswandels der Politik in der Bundesrepublik Deutschland, Bielefeld.
Eppler, E., 1981[8]: Wenig Zeit für die Dritte Welt, Stuttgart.
Falk, R., 1983: Die Rechtskoalition und die Dritte Welt, in: Blätter für deutsche und internationale Politik 11, 1467—1485.
Genscher, H. D., 1980: Deutsche Außenpolitik für die 80er Jahre, in: Europa-Archiv 35, 371—386.

Genscher, H. D., 1981: Die neue Herausforderung für unsere Außenpolitik, in: *Auswärtiges Amt* (Hrsg.), Dritte Welt Dokumentation, Bonn, 148–154.
Glagow, M., R. Hertmann, U. Menne, R. Pollrogt, U. Schimantz, 1983: Wandlungen im Beziehungsgeflecht der staatlichen deutschen Entwicklungsorganisationen, in: *Glagow, M.* (Hrsg.), Deutsche Entwicklungspolitik: Aspekte und Probleme ihrer Entscheidungsstruktur, Saarbrücken/Fort Lauderdale.
Gottwald, G., 1983: Ideologie und Praxis konservativer Entwicklungspolitik, in: Istmo Nr. 3, Nr. 4, 47–82.
Groenemeyer, A. und *U. Menne*, 1981: Probleme staatlicher Entwicklungspolitik. Zum Verhältnis von bürokratischer Organisation und Entwicklungspolitik am Beispiel der Verwaltungsreform des BMZ 1970–1973; in: *Glagow, M.* (Hrsg.), Forschungsprojekt: Handlungsbedingungen und Handlungsspielräume der Entwicklungspolitik. Arbeitsmaterialien und Diskussionsbeiträge Nr. 3), Bielefeld.
Heimpel, C., 1984: Wende in der deutschen Entwicklungspolitik?, in: Jahrbuch Dritte Welt, Bd. 2, München.
Hofmeier, R., 1982: Bonner Entwicklungspolitik: Grundlinien und Rahmenbedingungen, in: *Hessische Friedens- und Konfliktforschung* (Hrsg.), Hilfe + Handel = Frieden? Frankfurt.
Kebschull, D. (Hrsg.), 1974: Rohstoff- und Entwicklungspolitik, Stuttgart.
Klein, H. G., 1977: Entwicklungshilfe – spezifische Äußerungsform internationaler Politik, Baden-Baden.
Kratochwil, G., 1973: Entwicklungshilfe der Industrieländer und Abhängigkeit Lateinamerikas, in: *Grabendorff, W.* (Hrsg.), Lateinamerika – Kontinent in der Krise, Hamburg, 315–339.
Kruse-Rodenacker, A. und *H. G. Braun*, 1974: Länderbezogene Planung deutscher Entwicklungshilfe, Stuttgart.
Matthöfer, M., 1981[2]: Nord und Süd sind gefordert, in: *Auswärtiges Amt* (Hrsg.), Dritte Welt Dokumentation Bonn, 157–159.
Melchers, K., 1980: Die sowjetische Afrikapolitik von Chrustschow bis Breschnew, Berlin.
Nitsch, M., 1971: Internationale Entwicklungshilfe für Lateinamerika, in: *Lindenberg, K.* (Hrsg.), Politik in Lateinamerika, Hannover, 206–226.
Nuscheler, F., 1977: Partnerschaft oder Ausbeutung? Die Entwicklungspolitik der sozial-liberalen Koalition, in: *Grube, F.* und *G. Richter* (Hrsg.), Der SPD-Staat, München, 324–349.
Offene Welt Redaktion, 1969: Zur Konzeption der deutschen Entwicklungspolitik, in: Offene Welt Nr. 99/100.
Offergeld, R., 1980: Deutsche Entwicklungspolitik am Beginn der Dritten Entwicklungsdekade, in: ders., Entwicklungshilfe – Abenteuer oder Politik?, Stuttgart.
O. V., 1970: Entwicklungspolitik. Fakten zu 13 Thesen, in: Entwicklung und Zusammenarbeit 9.
OECD, 1965: Finanzielle Leistungen an Entwicklungsländer 1956–63, Bonn.
Saarbach, S., 1980: Einige Aspekte der aktuellen Lateinamerikapolitik der Sozialdemokratie, in: Lateinamerika, Analysen und Berichte 4, Berlin, 120–160.
Schlei, M., 1977: Neue Trends in der Entwicklungszusammenarbeit, in: Entwicklung und Zusammenarbeit 10, 3–5.
Schmitt, H., 1981[2]: Wirkliche Solidarität, in: Auswärtiges Amt (Hrsg.), Dritte Welt Dokumentation, Bonn, 33–35.
Sohn, K. H., 1972: Entwicklungspolitik. Theorie und Praxis der deutschen Entwicklungshilfe, München.
Weiss, D., 1975: Strukturelle Veränderungen in der deutschen auswärtigen Politik gegenüber den Entwicklungsländern, in: *Deutsches Institut für Entwicklungspolitik (DIE)* (Hrsg.), Neue Elemente in den Beziehungen zwischen Industrie- und Entwicklungsländern, Berlin.
Well, G. van, 1981[2]: Globale Einordnung der Dritte-Welt-Politik, in: Auswärtiges Amt, Dritte Welt Dokumentation, Bonn, 50–54.

Politisch-administrative Strukturen deutscher Entwicklungspolitik

Manfred Glagow und *Uwe Schimank*

1. Einleitung

„Entwicklungspolitik nach der Wende" — so lautet der zeitbedingte Topos in diesem Politikbereich[1], dessen thematische Aktualität sich allerdings im Rückblick auf dreißig Jahre deutscher Entwicklungspolitik stark relativiert. Die offen praktizierte ökonomische Ausrichtung deutscher Entwicklungsprojekte, u. a. dokumentiert in der Aufhebung des Grundsatzes der „Lieferungebundenheit" deutscher entwicklungspolitischer Beiträge, die Einbindung der deutschen Entwicklungspolitik für Mittelamerika in außenpolitische Strategien der USA oder auch die Konflikte des Ministers mit entwicklungspolitischen Durchführungsorganisationen wie beispielsweise dem Deutschen Entwicklungsdienst (DED) stellen eher reaktivierte und reaktualisierte als neuartige Issues dar — aber darin liegt wohl ganz allgemein die Logik der „Wende".

Weder diese „Wende" noch die sich hiermit verknüpfende Frage nach Kontinuität oder Wandel deutscher Entwicklungspolitik sollen hier explizit diskutiert werden. Statt dessen wird in einer zeitlich übergreifenden Perspektive nach den politisch-administrativen Strukturen deutscher Entwicklungspolitik gefragt, wie sie sich in drei Jahrzehnten herausgebildet und stabilisiert haben. Die Option für diese Perspektive ergibt sich aus diesbezüglichen Defiziten in der vorliegenden sozialwissenschaftlichen Literatur und spricht anderen Diskussionssträngen keineswegs die Relevanz ab.[2] Doch die politisch-administrativen Strukturen deutscher Entwicklungspolitik haben in der einschlägigen Literatur kaum Beachtung gefunden — und wenn doch, dann mit wenig befriedigenden Aussagen. Verwaltungswissenschaftliche Arbeiten zum Thema sind eher von tradierten normativen Leitbildern geprägt, die die Analyse tatsächlicher Gegebenheiten ersetzen sollen oder bestenfalls das Raster bilden, mit dem sich um so wirkungsvoller „falsche" — nämlich vom Leitbild abweichende — Organisationsformen konstatieren lassen (vgl. z. B. *Martinek* 1981; zur Kritik *Schimank* 1983 a). Andere Literatur ist veraltet (z. B. *Dennert* 1968), andere beschäftigt sich nur ausschnitthaft mit dem Thema (vgl. z. B. *Bodemer* 1974, 1979).

Die umfangreiche Literatur zum Thema Unterentwicklung selbst ist aus anderen Gründen für die gewählte Fragestellung nur bedingt oder gar nicht ergiebig. In den dort einschlägigen Analysen dominieren eher „universalistische" Theorieentwürfe mit entsprechenden Erklärungsreichweiten. Arbeiten, die in der Tradition von Imperialismustheorien (vgl. z. B. *Senghaas* 1974, 1976), in der Fokussierung auf den Weltmarkt (*Busch* 1974) oder auf die internationale Arbeitsteilung (*Fröbel* et al. 1977) Unterentwicklung erklären wollen, sind hier ebenso zu benennen wie theoretische Analysen

des „Weltsystems" (vgl. *Wallerstein* 1974; *Senghaas* 1979). Der Analyse- und Erklärungshorizont dieser Literatur weist — unbeschadet aller Differenzierungen und des jeweils spezifischen Gehaltes — über die deutsche Entwicklungspolitik weit hinaus. Zwar werden wichtige Kontextbeziehungen internationaler und global historischer Art benannt, aber thematisch eben nicht auf die politisch-administrativen Strukturen deutscher Entwicklungspolitik bezogen.
Auf diese Literatur sich berufende Versuche, jene „universalistischen" Theorieentwürfe auf die entwicklungspolitische Entscheidungsproduktion der Bundesrepublik Deutschland zu beziehen (vgl. z. B. *Danckwerts* 1970; *Buro* 1975), sind allesamt gescheitert und haben allenfalls Mißverständnisse verursacht (vgl. zur Kritik *Glagow* 1983). Insbesondere die Schlichtheit und Unmittelbarkeit der Deduktion konkreter entwicklungspolitischer Handlungen der Bundesrepublik Deutschland aus internationalen Strukturen politischer und/oder ökonomischer Art können der differenzierten empirischen Realität nicht standhalten.
Auf eine systematische Ebene der Überlegungen transponiert, besteht das zentrale Problem jener Deduktionsversuche darin, daß sie die politisch-administrativen Strukturen — hier: der deutschen Entwicklungspolitik — auf eine eindimensionierte System- und eindeutig determinierte Handlungsrationalität reduzieren, die dann widerspruchsfrei sowohl in ihren Prämissen als auch in der „Ableitung" von Handlungen aus Strukturen sind. Politisch-administrative Strukturen in bürgerlich-demokratischen Gesellschaften sind jedoch mehrdimensioniert und lassen Handlungsoptionen offen — zwar nicht beliebiger Art, wohl aber im Rahmen einer komplexen und keineswegs widerspruchsfreien Struktur. Diesem Grundgedanken soll ein theoretisches Modell politisch-administrativer Strukturen Rechnung tragen, das drei Strukturebenen mit jeweils eigenen Handlungsrationalitäten analytisch unterscheidet:

— die *politische* Ebene, auf der es um die Durchsetzbarkeit von Teilpolitiken im Rahmen gesellschaftlicher Erfordernisse und Interessen geht,
— die *organisatorische* Ebene, auf der die interorganisatorische Integration einer Teilpolitik stattfindet, und
— die *professionelle* Ebene, auf der spezialisierte Formen der Bearbeitung der im Rahmen einer Teilpolitik anstehenden Sachprobleme vorgenommen werden.
(Vgl. *Glagow* 1981; *Glagow* et al. 1983b)

Dieses hier nur angedeutete allgemeine Modell politisch-administrativer Strukturen soll zur Systematisierung der folgenden Überlegungen zur entwicklungspolitischen Entscheidungsproduktion dienen.

2. Entwicklungspolitik zwischen relativer Autonomie und Heteronomie

Jede staatliche Teilpolitik muß zur adäquaten Bearbeitung des ihr zugrunde liegenden gesellschaftlichen Bezugsproblems eine relative Autonomie als auf Dauer gestellte und thematisch spezifizierte Produktion politischer Entscheidungen ausbilden. Relative Autonomie bedeutet dabei eine Balance zwischen Autarkie auf der einen und Heteronomie auf der anderen Seite (vgl. *Luhmann* 1968: 156, 157). Völlige Autarkie einer staatlichen Teilpolitik ist nicht nur strukturell kaum vorstellbar, sondern wäre auch höchst dysfunktional, da dies auf eine Verabsolutierung des jeweiligen gesellschaftlichen Bezugsproblems hinausliefe. Jede staatliche Teilpolitik muß statt dessen den zahlreichen Interdependenzen, die zwischen den verschiedenen gesellschaftlichen Bereichen und deren funktionalen Erfordernissen bestehen, dadurch Rechnung tragen, daß sie sich mit anderen relevanten Teilpolitiken in Richtung auf eine integrative Bewältigung der Problemzusammenhänge koordiniert. Diese Integration einer Teilpolitik in den größeren Zusammenhang der staatlichen Gesamtpolitik darf jedoch nicht umgekehrt zur Heteronomie, also zur bloßen Instrumentalisierung der Teilpolitik für die Zwecke anderer Teilpolitiken, führen. Staatliche Teilpolitiken müssen daher im Rahmen ihrer durch Koordination mit anderen Teilpolitiken herzustellenden Integration in die staatliche Gesamtpolitik eine auf ihr jeweiliges gesellschaftliches Bezugsproblem ausgerichtete Eigenlogik entwickeln.

Mißt man die deutsche Entwicklungspolitik an diesem allgemeinen Erfordernis, wie es ebenso für Sozialpolitik, Wirtschaftspolitik oder Bildungspolitik gilt, so läßt sich generell feststellen: Die deutsche Entwicklungspolitik ist zu keinem Zeitpunkt in der Lage gewesen, eine derartige relative Autonomie auf Dauer zu stabilisieren; anstelle einer relativen Autonomie findet sich eine weitreichende Heteronomie, nämlich eine Instrumentalisierung von Entwicklungspolitik durch andere Teilpolitiken im Rahmen der Auswärtigen Beziehungen.

Die letztlich entscheidende Ursache hierfür besteht darin, daß Entwicklungspolitik in der Perzeption durch die staatlichen Entscheidungsinstanzen – die sich in diesem Punkt mit der Perzeption durch andere gesellschaftliche Teilbereiche deckt – nur eine marginale Bedeutung für die gesamtgesellschaftliche Reproduktion der Bundesrepublik Deutschland besitzt. Der Zusammenhang zwischen entwicklungspolitischen Leistungen und der Bearbeitung zentraler Systemprobleme der Bundesrepublik als einer durch die kapitalistische Ökonomie geprägten Gesellschaftsform ist ein stärker indirekter und in jedem Fall langfristiger Art. Das zentrale Systemproblem kapitalistischer Gesellschaften besteht in einer zumeist kurz- bis mittelfristigen Sicherung gesamtökonomischer Stabilität. Hierfür ist Entwicklungspolitik jedoch nur sehr bedingt einsetzbar. Die Sicherung von Rohstoff- und Exportmärkten in der Dritten Welt kann bestenfalls ökonomische Strukturprobleme von übermorgen, nicht jedoch von heute und morgen lösen. Durch diese weitgehende Irrelevanz entwicklungspolitischer Leistungen für kurzfristiges Wirtschaftswachstum in der Bundesrepublik Deutschland haben diese auch keinerlei ausschlaggebende Bedeutung für das staatliche Steueraufkommen. Damit ist auf seiten der politischen Entscheidungsinstanzen eine indifferente bis negative Einstellung gegenüber Entwicklungspolitik präjudiziert: Entwicklungspolitische Erfolge können das Steueraufkommen kaum merklich verbessern; sie verzehren höchstens sich anderweitig schneller rechnende steuerliche Ressourcen.

Diese staatlich und gesellschaftlich perzipierte Marginalität von Entwicklungspolitik spiegelt sich in der Tatsache wider, daß es nur wenige Interessengruppen gibt, die dieser Teilpolitik gesellschaftliche Unterstützung verschaffen können, und der Einfluß dieser Gruppen gering ist. Neben den beiden christlichen Kirchen als vergleichsweise einflußreichen gesellschaftlichen Gruppen engagieren sich für die deutsche Entwicklungspolitik noch eine Reihe weiterer Organisationen unterschiedlicher Größe und Bedeutung — etwa politische Stiftungen und die im „*Bensheimer Kreis*" zusammengeschlossenen Organisationen sowie Initiativgruppen, die zum Beispiel im „*Bundeskongreß entwicklungspolitischer Aktionsgruppen*" (BUKO) koordiniert sind. Bei den Kirchen wie auch bei den politischen Stiftungen und den größeren Organisationen des „*Bensheimer Kreises*" — zum Beispiel im Deutschen Roten Kreuz oder dem Deutschen Caritas Verband — ist zu bedenken, daß ihr entwicklungspolitisches Engagement keinesfalls den Hauptbestandteil ihrer Tätigkeit ausmacht, sondern nur eines von mehreren Aktivitätsfeldern darstellt — was immer die Möglichkeit von Zielkonflikten der Organisationen mit ihrem Engagement in anderen Problem- und Politikbereichen bedeutet, so daß man niemals von ihrer rückhaltlosen Untersützung der Entwicklungspolitik auszugehen vermag. Gerade die potentiell einflußreichsten gesellschaftlichen Organisationen sind also immer nur partiell in Entwicklungspolitik involviert, während die sich ausschließlich auf Entwicklungspolitik konzentrierenden Organisationen vergleichsweise nur eine umfangmäßig geringe gesellschaftliche Gefolgschaft mobilisieren können und eher instabile Organisationsstrukturen aufweisen.

Des weiteren gilt für alle entwicklungspolitisch engagierten gesellschaftlichen Organisationen, daß sie im politischen System der Bundesrepublik Deutschland *interpretierte* Interessen *anderer* Gesellschaften stellvertretend repräsentieren. Auch diese Stellvertreterrolle impliziert stets eine Schwäche des Unterstützungspotentials, weil die betreffenden gesellschaftlichen Gruppierungen sich letztendlich doch stärker von unmittelbaren Interessen, die sich in der Bundesrepublik Deutschland artikulieren und ihre jeweiligen organisatorischen Eigeninteressen tangieren, beeindrucken lassen werden als von den Eigeninteressen der betreffenden Entwicklungsländer. Die Interessen der Bundesrepublik sind auch hier der Filter, den die Interessen der Entwicklungsländer passieren müssen, um politische Relevanz zu erlangen.

Am prägnantesten kommt diese perzipierte Marginalität von Entwicklungspolitik vielleicht darin zum Ausdruck, daß entwicklungspolitische Leistungen bzw. Fehlleistungen kaum Auswirkungen auf die Chancen der dafür verantwortlichen Regierung, bei der nächsten Wahl in ihrem Amt bestätigt zu werden, haben. Entwicklungspolitik wird also auch von der breiten politischen Öffentlichkeit nur wenig mit den Funktionserfordernissen und Interessen der wichtigen gesellschaftlichen Teilbereiche in Zusammenhang gebracht. Dieses weitgehende Desinteresse an Entwicklungs*politik* als staatlicher Leistung zur Wahrung gesamtgesellschaftlicher Reproduktion schließt jedoch nicht aus, fördert vielmehr sogar ein diffuses moralisches Engagement für Entwicklungs*hilfe*, wie es sich in Einstellungsbefragungen und der Bereitschaft, für Hilfeleistungen an Entwicklungsländer Geld zu spenden, manifestiert. Die Bevölkerungsmehrheit befürwortet Entwicklungshilfe — im Jahr 1983 waren es etwa drei Viertel der Gesamtbevölkerung (vgl. *Asche* 1985). Auch die Spendenbereitschaft der Bevölkerung ist sogar in der anhaltenden Wirtschaftskrise noch weiter gestiegen (vgl. BMZ-aktuell 1982: 4). Diese Unterstützungsbereitschaft für Entwicklungshilfe bedeutet allerdings eben gerade kein Unterstützungspotential für die staatliche Entwicklungspolitik, sondern drückt eher ein verbreitetes Mißtrauen gegenüber staatlichen Aktivitäten in diesem Bereich aus. Auch die unorganisierte Öffentlichkeit fällt so als gesellschaftlicher Einflußfaktor zur Stärkung der Teilpolitik weg.

Die schwache gesellschaftliche Verankerung von Entwicklungspolitik ist letztlich die Ursache dafür, daß diese sich nicht als relativ autonome, funktional spezialisierte staatliche Teilpolitik zu entfalten vermag. Als eine auf die internationale Umwelt des jeweiligen Staates ausgerichtete Politik ist Entwicklungspolitik stets Teil von Außenpolitik und unterliegt dem integrativen Gebot, sich mit den anderen Teilaußenpolitiken — nämlich der Diplomatie auf der einen, der Außenwirtschaftspolitik auf der anderen Seite — abzustimmen. Diese funktional erforderliche *Koordination* ist im Falle der deutschen Entwicklungspolitik jedoch so weit getrieben, daß sie von den anderen beiden Teilaußenpolitiken dominiert und immer wieder für deren jeweilige Zielsetzungen *instrumentalisiert* worden ist (vgl. *Schimank* 1983 b).

Das *Auswärtige Amt* (AA) als Repräsentant der Diplomatie hat sich der Entwicklungspolitik bedient, um der Bundesrepublik internationale Präsenz zu garantieren — also neue Bündnispartner zu werben, bestehende Bündnisse zu bestärken und auszubauen und abtrünnige Bündnispartner zu bestrafen. Ein typisches Beispiel dafür war in den sechziger Jahren die Hallstein-Doktrin, die besagte, daß die Bundesrepublik keine diplomatischen Beziehungen zu Staaten unterhält, die die DDR diplomatisch anerkennen. Als beispielsweise Ägypten die DDR anerkannte, erhielt es für längere Zeit keine Entwicklungshilfegelder. Ähnlich sind die massiven Entwicklungshilfezahlungen an die Türkei stets vorrangig unter dem Gesichtspunkt erfolgt, einen schwachen NATO-Partner zu stärken. Aktuelle Beispiele dafür, wie entwicklungspolitische Leistungen als Bestrafung bzw. Belohnung für das Fehl- bzw. Wohlverhalten anderer Staaten unter diplomatischer Perspektive eingesetzt werden, stellen die Reduzierung der Entwicklungshilfe an Nicaragua oder die neuerlichen Entwicklungshilfeangebote an die Volksrepublik China dar. In der staatlichen Interorganisationsstruktur ist diese Prägung entwicklungspolitischer Leistungen durch außenpolitische Gesichtspunkte dadurch abgesichert, daß die entwicklungspolitische Rahmenplanung des BMZ mit dem AA ausgehandelt werden muß und das AA dabei über eine Vetomacht verfügt.

Außer durch diplomatische Entscheidungskriterien wird Entwicklungspolitik weiterhin in hohem Maße durch außenwirtschaftspolitische Gesichtspunkte, wie sie vom *Bundesministerium für Wirtschaft* (BMWi) repräsentiert werden, bestimmt. Unter außenwirtschaftspolitischen Gesichtspunkten wird Entwicklungspolitik dazu benutzt, bestehende Absatz- und Rohstoffmärkte für die deutsche Wirtschaft zu erhalten, bzw. neue hinzuzugewinnen. Dadurch, daß das BMWi die ministerielle Alleinzuständigkeit für die Besetzung der internationalen wirtschaftspolitischen Gremien besitzt, vermag es über die Mitwirkung an Zoll- und Devisenregelungen Rahmenbedingungen für die wirtschaftliche Situation der Entwicklungsländer zu schaffen, die deren Entwicklungschancen sehr viel nachhaltiger bestimmen als die entwicklungspolitischen Leistungen des BMZ — wobei das BMWi bei derartigen Entscheidungen selbstverständlich primär nicht die Interessen der Entwicklungsländer, sondern die der Bundesrepublik Deutschland im Auge hat. Zusätzlich muß das BMWi bei der Entscheidung über entwicklungspolitische Großprojekte beteiligt werden, so daß es außer bei generellen Rahmenregelungen auch noch bei diesen spezifischen Entscheidungen seinen Einfluß geltend machen kann.

Diese Instrumentalisierung durch Diplomatie und Außenhandelspolitik durchzieht die gesamte Geschichte der deutschen Entwicklungspolitik. Zwar konnte das BMZ gegen Ende der sechziger Jahre zeitweise versuchen, die Eigenständigkeit der Entwicklungspolitik als Teilpolitik sui generis — das heißt: eine gesicherte relative Autonomie — stärker zu betonen und die Einflüsse der anderen beiden Teilpolitiken zurückzuweisen. Rückblickend betrachtet läßt sich dies jedoch nicht als dauerhafter, sondern nur als temporärer Autonomiegewinn interpretieren. Die zeitweise günstige diplomatische und außenwirtschaftliche Situation der Bundesrepublik ermöglichte es damals, die Entwicklungspolitik wie auch andere disparitäre Politikbereiche stärker zu fördern. Dies änderte sich jedoch sehr schnell wieder mit dem Einsetzen einer weltweiten wirtschaftlichen Rezession, der Verknappung wichtiger Rohstoffe und der neuerlichen Krise der Ost-West-Beziehungen. Wenn es heute, anders als in früheren Zeiten, nicht einmal mehr offene Konflikte zwischen dem BMZ und dem AA bzw. dem BMWi über die Ausrichtung der deutschen Entwicklungspolitik gibt, dann liegt das daran, daß sich das BMZ den Perspektiven dieser beiden anderen Teilaußenpolitiken längst stillschweigend unterworfen hat. Das BMZ hat die diplomatischen und außenwirtschaftspolitischen Kriterien gleichsam verinnerlicht, wie am deutlichsten in der BMZ-Selbstdarstellung „Politik der Partner" zum Ausdruck kommt. Dort heißt es hinsichtlich der Ziele deutscher Entwicklungspolitik: „Entwicklungspolitik als Friedenspolitik" — „Wir sind abhängig von Rohstoffen" — „Ohne Exporte kein Wohlstand" (vgl. BMZ 1978: 12, 36, 37). Eine derartige Selbstdarstellung bringt die reale Beschaffenheit der deutschen Entwicklungspolitik unmißverständlich auf den Begriff. Diese stellt eben keine in sich geschlossene, klar konturierte Teilpolitik dar, sondern ein Sammelsurium unterschiedlichster, *von außen* an sie herangetragener Zielsetzungen. Von daher ist Entwicklungspolitik eine weitgehend heteronome Teilpolitik, eine Fortsetzung von Diplomatie oder Außenwirtschaftspolitik mit anderen Mitteln, geblieben.

3. Das entwicklungspolitische Interorganisationsnetz zwischen Arbeitsteilung und Fragmentierung

Jede staatliche Teilpolitik stellt sich hinsichtlich ihrer internen Struktur als ein sowohl hierarchisch als auch funktional differenziertes Interorganisationsnetz dar, in dem unter der Leitung des jeweiligen Ministeriums in der Regel eine Mehrzahl von Durchführungsorganisationen arbeitsteilig an der Ausarbeitung und Umsetzung der Teilpolitiken mitwirken. Hierbei soll die funktionale Differenzierung der Durchführungsorganisationen die Vorteile von Arbeitsteilung und Spezialisierung realisieren: „... Akkumulation von Fach- und Problemwissen, Routinisierung von Verfahrensweisen und Lösungsmustern, Stabilisierung von Zielvorstellungen, Orientierung an eingespielten Kontakt- und Kommunikationsnetzen ..." (*Scharpf* 1971: 80). Die hierarchische Differenzierung in Durchführungsorganisationen auf der einen, das Ministerium als diesen übergeordnetes Steuerungszentrum auf der anderen Seite sollen dann die gerade unter Bedingungen hoher Arbeitsteilung erforderliche Koordination und Integration innerhalb der Teilpolitik herstellen. Zwischen diesen beiden Differenzierungsmodi und den mit ihnen verbundenen funktionalen Erwartungen besteht daher ein ständiges Spannungsverhältnis. Jeder organisatorischen Spezialisierung wohnt eine Tendenz zur Fragmentierung — d. h. zum unverbundenen Nebeneinanderwirken der Durchführungsorganisationen — inne. Dieser Desintegrationsgefahr muß mittels hierarchischer Steuerung durch das Ministerium sowie ergänzend mittels horizontaler Koordination der Durchführungsorganisationen untereinander entgegengewirkt werden, ohne daß dies zu einem Verlust der Spezialisierungsvorteile durch eine zentralistische, die Handlungsspielräume der Durchführungsorganisationen drastisch einschränkende Führung des Interorganisationsnetzes durch das Ministerium führt.

Betrachtet man unter dieser Perspektive die Interorganisationsstruktur der deutschen Entwicklungspolitik, so fällt zunächst die gerade auch im internationalen Vergleich breite Vielfalt von Durchführungsorganisationen auf. Hervorzuheben ist zudem, daß das BMZ — von der temporären Ausnahme der Bundesstelle für Entwicklungspolitik (BfE) während der Jahre 1969—1974 abgesehen — über keinerlei behördlichen Unterbau verfügt. Der quantitativ größte Anteil der entwicklungspolitischen Durchführungsaufgaben wird vielmehr von „verselbständigten Verwaltungseinheiten" erledigt — also von Organisationen, die strukturell aus der Hoheitsverwaltung ausgegliedert sind, jedoch funktional betrachtet Verwaltungsaufgaben wahrnehmen (vgl. *Glagow* et al. 1983a): der Kreditanstalt für Wiederaufbau (KfW), der Deutschen Gesellschaft für Technische Zusammenarbeit (GTZ), der Deutschen Finanzierungsgesellschaft für Beteiligungen in Entwicklungsländern (DEG), dem Deutschen Entwicklungsdienst (DED), der Deutschen Stiftung für Entwicklungsländer (DSE), dem Deutschen Institut für Entwicklungspolitik (DIE) sowie der Carl-Duisberg-Gesellschaft (CDG). Darüber hinaus arbeitet das BMZ auch mit privaten Trägern — den sogenannten „Nicht-Regierungs-Organisationen" — zusammen. Hierzu zählen verschiedene kirchliche Entwicklungsorganisationen, die politischen Stiftungen sowie die Organisationen des „Bensheimer Kreises" (vgl. *Glagow, Schimank* 1983; *Baalmann* et al. 1984).

Der organisatorische Status der entwicklungspolitischen Durchführungsorganisationen ist also, was deren Anbindung an das BMZ anbelangt, sehr unterschiedlich; entsprechend variieren die Möglichkeiten einer politischen Steuerung dieser Organisationen durch das Ministerium. Während die Nicht-Regierungs-Organisationen *eigene* entwicklungspolitische Projektideen fallweise an das BMZ herantragen und dieses dann jeweils über eine finanzielle Projektförderung entscheidet, bearbeiten die „verselbständigten Verwaltungseinheiten" *im Auftrag* des BMZ Projekte, die auf Regierungsebene an dieses herangetragen worden sind. Die Nicht-Regierungs-Organisationen bestimmen somit primär selbst, welche Projekttypen und konkreten Projekte sie durchführen wollen; das BMZ kann ihnen lediglich die finanzielle Förderung einzelner Projekte verweigern, was jedoch aufgrund der beträchtlichen Eigenmittel dieser Organisationen noch keiner Nichtrealisierung der betreffenden Projektanträge gleichkommen muß. Die „verselbständigten Verwaltungseinheiten" können hingegen zwar Bedenken gegen an sie erteilte Projektaufträge formulieren; die Entscheidung über die Durchführung eines Projekts liegt jedoch letztlich allein beim BMZ.

Die Unterschiedlichkeit des organisatorischen Status der Durchführungsorganisation bedeutet so eine erste Einschränkung der ministeriellen Steuerungskapazität und des darüber erreichbaren Integrationsniveaus des entwicklungspolitischen Interorganisationsnetzes. Die eigentlich gravierende Grenze einer interorganisatorischen Integration der deutschen Entwicklungspolitik beruht allerdings auf einer anderen Ursache. Betrachtet man die verschiedenen Durchführungsorganisationen hinsichtlich ihrer Aufgabenstellungen, so entdeckt man eine kaum geordnete Gemengelage. Die spezifischen Aufgaben der einzelnen Durchführungsorganisationen sind nicht aus einer *deduktiven Dekomposition* der generellen entwicklungspolitischen Aufgabenstellung hervorgegangen, sondern stellen weitgehend unabhängig voneinander entstandene *induktive Partialoperationalisierungen* der entwicklungspolitischen Aufgabenstellung dar. Die Arbeitsteilung der entwicklungspolitischen Durchführungsorganisationen ist also nicht „von oben" geplant, sondern vielmehr „von unten" naturwüchsig entstanden: nicht aus der *Einheit* der entwicklungspolitischen Aufgabenstellung, sondern aus der *Vielfalt* gesellschaftlicher Interessen, die sich mit Entwicklungspolitik verbinden lassen.

Vor allem der historische Rückblick zeigt, daß zu dem Zeitpunkt, als die Institutionalisierung der Entwicklungspolitik unmittelbar bevorstand, sich verschiedene gesellschaftliche Gruppierungen diesem neuen Politikbereich zuwandten, weil deren jeweilige Eigeninteressen sich mit der global formulierten entwicklungspolitischen Aufgabenstellung verbinden ließen – Interessen, die keineswegs immer oder primär entwicklungspolitisch motiviert sind. Jedem entwicklungspolitischen Instrument und den damit betrauten Durchführungsorganisationen hat sich so eine gesellschaftliche Klientel angelagert: die deutsche Exportwirtschaft und die Consulting-Unternehmen der durch die KfW durchgeführten Finanziellen Zusammenarbeit, die an Rohstoff- und Absatzmärkten in der Dritten Welt interessierten mittelständischen Unternehmen der DEG, die Consulting-Unternehmen der GTZ, die humanitär und religiös motivierten Gruppen und die spendenwillige Bevölkerung je nach Konfession und Weltanschauung den kirchlichen Entwicklungsorganisationen bzw. nicht-kirchlichen Freien Trägern usw. Die bestehende, hochgradig stabile Aufgabenteilung zwischen den verschiedenen entwicklungspolitischen Durchführungsorganisationen ist nur aus diesen klientelistischen Verknüpfungen mit gesellschaftlichen Interessen heraus erklärbar. Aus dem Politikbereich selbst heraus entstandene Gliederungsprinzipien wie die Unterscheidung von „Technischer Zusammenarbeit" und „Finanzieller Zusammenarbeit", wie sie vom BMZ zur Gliederung der Teilpolitik verwendet werden, sind dieser Aufgabenvielfalt hingegen nachträglich übergestülpt. Dies zeigt sich nicht zuletzt an deren Unschärfe. Daß seit Mitte der siebziger Jahre beispielsweise die der Finanziellen Zusammenarbeit zugeordnete KfW zu ihrer Aufgabenerfüllung auch in den Bereich der Technischen Zusammenarbeit fallende Maßnahmen durchführt, während umgekehrt die GTZ ihr Tätigkeitsspektrum um Maßnahmen der Finanziellen Zusammenarbeit erweitert, macht deutlich, daß es sich hierbei um Abgrenzungen handelt, die eher im negativen Sinne – nämlich als Störungen der Aufgabenerledigung – handlungsinstruktiv für die betreffenden Durchführungsorganisationen wirken.

Diese naturwüchsig aus gesellschaftlichen Interessenaffinitäten entstandene, ungeplante Arbeitsteilung innerhalb des entwicklungspolitischen Interorganisationsnetzes läßt auf der einen Seite durchaus die Vorteile organisatorischer Spezialisierung zum Tragen kommen. Jede der Durchführungsorganisationen vermag auf spezifische Kontaktpartner in der Bundesrepublik, ein spezifisches entwicklungspolitisches Instrument sowie spezifische Kontaktpartner in den Entwicklungsländern zu verweisen. Das Integrationsniveau eines so strukturierten Interorganisationsnetzes muß freilich gering veranschlagt werden. Anstelle eines koordinierten Zusammenwirkens der verschiedenen Instrumente und Durchführungsorganisationen findet sich ein hochgradig fragmentiertes Nebeneinanderarbeiten. Auch diese Unverbundenheit darf allerdings nicht – wie dies immer wieder getan wird (vgl. *Martinek* 1981) – von vornherein als dysfunktional angeprangert werden. Wenn niemand genau anzugeben vermag, wie im einzelnen eine problemadäquate Entwicklungspolitik hinsichtlich ihrer Ziel- und Mittelkomponente gestaltet sein müßte, dann ist eine Vielfalt von Organisationen, die unterschiedliche und miteinander kaum verbundene Teilstrategien verfolgen, von denen sich einige bewähren, andere scheitern werden, mit höherer Wahrscheinlichkeit zumindest partiell effektiver als eine Entwicklungspolitik „aus einem Guß", die mit großer Wahrscheinlichkeit als Ganze scheitern würde (vgl. *Illy* 1983).

Trotz dieser Relativierung kann die faktisch vorfindliche Fragmentierung des entwicklungspolitischen Interorganisationsnetzes nicht gänzlich als heimliche List der Vernunft verbucht werden. Vielmehr muß konstatiert werden, daß das BMZ der ihm zukommenden Rolle als konzeptionelles politisches Steuerungszentrum dieses Interorganisationsnetzes zu keinem Zeitpunkt gerecht geworden ist. Hier schlagen die auf politischer Ebene festgestellten Defizite der Entwicklungspolitik – ihr schwacher gesellschaftlicher Status und ihre daraus resultierende Unfähigkeit, sich als eigenständige Teilaußenpolitik auszudifferenzieren – in deren interne Struktur durch. Die auf der organisatorischen Ebene feststellbare Anlagerung nicht genuin entwicklungspolitischer gesellschaftlicher Interessen an entwicklungspolitische Durchführungsorganisationen ist die Kehrseite des auf der politischen Ebene festgestellten Sachverhalts, daß Entwicklungspolitik als Teilpolitik keiner einheitlichen inneren Logik folgt, sondern von Diplomatie und Außenwirtschaftspolitik gemäß deren jeweiligen Logiken instrumentalisiert wird. Genau deshalb ist das BMZ nicht in der Lage, eine die Arbeit seiner Durchführungsorganisationen orientierende und integrierende – also deren Spezialisierung durchaus durch konzeptionelle Offenheit gerecht werdende, aber dennoch die allen gemeinsamen Konturen von Entwicklungspolitik festlegende – Konzeption auszuarbeiten.

Das Fehlen einer solchen Konzeption hat auf interorganisatorischer Ebene zu zweierlei Konsequenzen geführt. Zum einen hat es immer einen erheblichen Grad an Verselbständigung vor allem der größeren entwicklungspolitischen Durchführungsorganisationen gegeben. Das bedeutet, daß weder eine positive noch eine negative, sondern tendenziell überhaupt keine Koordination zwischen den verschiedenen Durchführungsorganisationen stattfindet. Jede der einzelnen Organisationen ist hinsichtlich ihrer Aufgabengestaltung und ihrer finanziellen Ressourcen in hohem Maße festgeschrieben. Ein Prinzip der Besitzstandswahrung, wonach jede Organisation ein Anrecht zumindest auf ihren errungenen Status quo, wenn nicht gar auf eine allmählich wachsende finanzielle Ausstattung hat, herrscht vor. Eine Abstimmung der von den einzelnen Organisationen verfolgten entwicklungspolitischen Strategien mit dem Ziel, Reibungsverluste durch Konkurrenz – wie zeitweise zwischen DSE und CDG – oder durch wechsel-

seitige Störungen — zum Beispiel zwischen der Förderung industrieller Großbetriebe durch die KfW und der Unterstützung des Kleinhandwerks in derselben Region durch die GTZ — zu vermeiden, ist nur schwer möglich.
Um dieser desintegrativen Verselbständigung seiner Durchführungsorganisationen Herr zu werden, greift das BMZ in Ermangelung politischer Konzeptionen immer wieder auf bürokratische Kontrollen zurück. Bürokratische Regeln können jedoch ersichtlich kein Substitut von politischen Entscheidungskriterien sein. Anstatt zur Koordination der Aufgabenerfüllung der einzelnen Durchführungsorganisationen beizutragen, wird diese durch nicht mehr sachlich begründbare Kontrollen und Sanktionierungen der Aktenführung, Mittelabrechnung und Instanzenbeachtung eher beeinträchtigt.
So ist das entwicklungspolitische Interorganisationsnetz durch *bürokratische* Über- und *politische* Untersteuerung von seiten des BMZ gleichermaßen gekennzeichnet. Das Resultat ist eine weitgehende Fragmentierung des Interorganisationsnetzes in unverbunden nebeneinander arbeitende, auf Domänenwahrung bedachte Durchführungsorganisationen ohne eine Integration ihres Handelns über politische Steuerung.

4. Professioneller Sachverstand zwischen Systematik und Kasuistik

Alle staatlichen Teilpolitiken müssen in dem Maße, wie sie immer umfassender und tiefenschärfer die ihnen zugeordneten gesellschaftlichen Problembereiche bearbeiten, auf spezialisiertes professionelles Fachwissen zurückgreifen. Das insbesondere durch Juristen repräsentierte administrative Generalistenwissen wird zunehmend inadäquat, je detaillierter politische Entscheidungen gesellschaftliche Zusammenhänge steuern sollen und dabei auf immer genauere Kenntnisse der Eigenlogik des jeweiligen Gesellschaftsbereichs angewiesen sind (vgl. *Brinkmann* 1973).
Betrachtet man daraufhin die deutsche Entwicklungspolitik, so muß man zunächst konstatieren, daß diesem Politikfeld keine einheitliche Profession zugeordnet werden kann. Es gibt keine Entwicklungsprofession und kann sie auch nicht geben. Gerade die Überwindung naiver einfaktorieller Erklärungsansätze für Unterentwicklung, wie sie in den Entwicklungstheorien der fünfziger Jahre noch anzutreffen waren, hat dazu geführt, daß die Probleme der Entwicklungsländer und die möglichen Strategien zur Überwindung dieser Probleme in sämtlichen gesellschaftlichen Bereichen verortet werden. Gesellschaftliche Totalität schlechthin als Bearbeitungsgegenstand der Entwicklungspolitik läßt sich jedoch nicht in *einem* professionellen Berufsfeld abarbeiten. Statt dessen zerfällt die Entwicklungspolitik in heterogene sektorale Segmente, die je für sich genommen mehr oder weniger günstige Ansatzpunkte für eine Professionalisierung bieten. So können sich beispielsweise Tropenmediziner für den Bereich der Gesundheitsprojekte spezialisieren. Solchen hochgradig professionalisierbaren Arbeitsfeldern stehen andere — etwa ländliche Entwicklung — gegenüber, die nicht auf spezielle Professionen zugeschnitten sind, was sich auch in den heterogenen Qualifikationen der dort Tätigen widerspiegelt.

Entwicklungspolitik ist also, wie auch die Betrachtung der Qualifikationsstrukturen im BMZ und den Durchführungsorganisationen zeigt (vgl. *Glagow* et al. 1985a, 1985b), durch eine ausgeprägte *Multiprofessionalität* gekennzeichnet. Wie bereits die häufig scheiternden Bemühungen um eine verstärkte Interdisziplinarität im Wissenschaftsbereich zeigen, ist die gemeinsame Bearbeitung ein und desselben Gegenstandes durch verschiedene Professionen stets ein hochgradig konfliktträchtiges Unternehmen. Die Bearbeitung praktischer Probleme unterscheidet sich in dieser Hinsicht nicht wesentlich von der wissenschaftlichen Theoriebildung. Immer dann, wenn Mitglieder unterschiedlicher Professionen in einem Projekt oder Projektverbund zusammenarbeiten müssen, treffen sehr leicht unvereinbar divergente Problemperspektiven aufeinander, wodurch gemeinsame, von allen getragene Entscheidungen schwierig werden. Ein Tropenmediziner auf der einen, ein Sozialwissenschaftler auf der anderen Seite werden beispielsweise höchst unterschiedliche Kriterien an die Ausgestaltung einer basisnahen Gesundheitsversorgung anlegen. Das Entscheidende ist nun, daß diese Divergenz der Perspektiven prinzipiell nicht durch einen Rekurs auf Wahrheit überwunden werden kann. Es gibt nämlich nur äußerst wenige professionsübergreifende Wahrheiten. Die meisten Erkenntnisse sind wahr nur im Rahmen des Denkschemas einer bestimmten Profession. Verschiedene Professionen können so aus ihren jeweiligen Wahrheiten heraus zu völlig entgegengesetzten Konsequenzen für die praktische Bearbeitung eines gemeinsamen Problems gelangen — und dennoch muß eine einheitliche Form der Problembearbeitung gefunden werden.

Die Entwicklungspolitik befindet sich in diesem Punkt insbesondere seit dem Ende der sechziger Jahre in einem Dilemma. Auf der einen Seite haben die Erfahrungen mit den frühen Entwicklungsprojekten gezeigt, daß bei der Planung und Durchführung solcher Projekte die Totalität gesellschaftlicher Lebensverhältnisse im Entwicklungsland berücksichtigt werden muß. Die aus der Sache heraus notwendige Spannweite des Kriterienkatalogs bringt jedoch auf der anderen Seite eine entsprechende Erweiterung des Spektrums der an Projektentscheidungen beteiligten Professionen mit sich. Die Bemühungen um eine Steigerung der sachlichen Rationalität von Projektentscheidungen bewirken somit genau jene Multiprofessionalität, die die Wahrscheinlichkeit interprofessioneller Konflikte erhöht und so faktisch sogar zu Rationalitätseinbußen in Form von zeitaufwendigen und im Ergebnis fruchtlosen Auseinandersetzungen führen können. Es ist von daher kein Zufall, daß zumindest die Durchführungsorganisationen sich durchweg um eine Abschottung der Professionen gegeneinander bemühen — sei es, daß eine bestimmte Profession quantitativ klar vorherrscht und so die gesamtorganisatorisch verbindlichen Deutungsmuster und Entscheidungsstrategien prägt, sei es, daß zumindest die einzelnen Abteilungen einer Organisation in sich professionell homogenisiert werden.

Die in der Multiprofessionalität der Entwicklungspolitik angelegten desintegrativen — weil nicht durch Wahrheitskriterien auflösbaren — Konflikte werden also in hohem Maße durch eine wechselseitige Abschottung der Professionen gegeneinander unterdrückt. Diese *interprofessionelle* Desintegration wird in ihren negativen Folgen für eine sachgerechte Bearbeitung der Probleme der Entwicklungsländer nochmals verstärkt durch eine häufig hinzukommende *intraprofessionelle* Desintegration. Betrachtet man nämlich die einzelnen im Bereich der Entwicklungspolitik tätigen Professionen hinsichtlich der Konsistenz, Bewährtheit und praktischen Instruktivität ihres Wissensbestandes, so läßt sich ein deutliches Gefälle zwischen ihnen feststellen.

Auf der einen Seite stehen solche Professionen, deren Wissen in hohem Maße in die Form einer deduktiven Systematik gebracht worden ist. Hier geht die Bearbeitung konkreter praktischer Probleme so vor sich, daß diese im Rahmen genereller theoretischer Modelle betrachtet werden, aus denen die jeweils spezifische Form der Problembearbeitung abgeleitet werden kann. Eine solche Vorgehensweise zeichnet vor allem die naturwissenschaftlichen Professionen, aber auch die Betriebs- und Volkswirtschaftslehre aus. Der in Projektentscheidungen ablaufende Prozeß der Wissensanwendung ist hier in mehr oder weniger hohem Maße technisiert im Sinne einer Kalkülisierung der Informationsverarbeitung. Dieser Technisierungsgrad des professionellen Wissens ist nur durch eine hochgradige Selektivität und damit Abstraktheit der professionellen Perspektive erreichbar. Eine derartige, für die interne Systematisierung des professionellen Wissensbestands notwendige Blickverengung kann allerdings in der professionellen Praxis zu einer technokratischen Wissensanwendung führen. Das zeigt sich am Beispiel der naturwissenschaftlichen Professionen in der Entwicklungspolitik in den letzten Jahren vor allem an Forderungen nach einer „angepaßten Technologie". Die in dieser Forderung implizierte Kritik an der bisherigen professionellen Praxis zum Beispiel von Bewässerungsspezialisten lautet eben, daß diese zwar technisch einwandfreie und ausgereifte Problemlösungen angeboten haben, dabei aber den sozio-kulturellen Kontext der Nutzung der jeweiligen Technologie im betreffenden Entwicklungsland völlig außer acht gelassen haben.

Neben diesen Professionen mit einem hochgradig systematisierten Wissensbestand finden sich im entwicklungspolitischen Bereich mindestens ebenso häufig Professionen, deren Wissensbestand eher als induktive Kasuistik charakterisiert werden muß. Hierunter fallen vor allem die verschiedenen sozialwissenschaftlichen Professionen. Diese verfügen zwar durchaus zumeist über generelle theoretische Bezugsrahmen. Zwischen diesen Bezugsrahmen und den spezifischen praktischen Entscheidungsproblemen der Projektarbeit besteht jedoch eine nicht überbrückte Kluft, so daß die generellen Modelle entweder nur legitimatorisch-rhetorischen Charakter bei der Außendarstellung der Projektarbeit haben oder aber überhaupt außer acht bleiben. Das entscheidungsrelevante Wissen wird demgegenüber aus konkreten Projekterfahrungen gewonnen. Diese Theorie-Praxis-Kluft zwingt die praktisch handelnden Professionellen in den entwicklungspolitischen Organisationen dazu, im Trial-and-Error-Verfahren aus der in ihren Wirkungen abschätzbaren vergangenen Praxis für die Bewältigung der zukünftigen Praxis zu lernen.

Der unbestreitbare Vorteil einer solchen Vorgehensweise ist deren Situativität: also die Möglichkeit, sensibel und flexibel auf die konkreten Gegebenheiten der jeweiligen Problemkonstellation einzugehen. Schwerer wiegen freilich die Nachteile, die in einer Wissensfragmentierung und einem daraus hervorgehenden Einzelfallkonkretismus bestehen. In der geschilderten Weise gesammeltes Erfahrungswissen fällt hochgradig unsystematisch an: punktuell, isoliert und zumindest partiell auch widersprüchlich. Gerade der konkrete, einzelfallspezifische Charakter des anfallenden Erfahrungswissens macht eine Verallgemeinerung und damit Übertragung auf andere Problemsituationen schwierig. Es ist gewiß kein Zufall, daß gerade in den siebziger Jahren, als im Zuge der Aufwertung der „soziokulturellen Faktoren" immer mehr professionelles Wissen der induktiv-kasuistischen Form relevant wurde, die letztlich Professionalität überhaupt aufhebende Meinung sich verbreitete, daß jedes Entwicklungsprojekt ein einzigartiger, unvergleichlicher Einzelfall sei (vgl. *Musto* 1982).

Diese in zahlreichen im entwicklungspolitischen Bereich tätigen Professionen feststellbare intraprofessionelle Desintegration führt in Verbindung mit der zuvor geschilderten interprofessionellen Desintegration insgesamt dazu, daß der Stellenwert des professionellen Sachverstands in der entwicklungspolitischen Entscheidungsproduktion eher gering einzuschätzen ist. Ein spezifisch entwicklungspolitisch relevanter professioneller Wissenskanon hat sich nicht hinreichend gegenüber alltagsweltlichen Deutungsmustern ausdifferenziert. Gerade das stellt wiederum das Einfallstor für politische Definitionen der Bezugsprobleme und Problembearbeitungsstrategien der Entwicklungspolitik dar. Auch die geschilderte Beschaffenheit der professionellen Struktur der deutschen Entwicklungspolitik fördert somit die Dominanz politischer Entscheidungskriterien und damit — angesichts der dargestellten politischen Stellung des BMZ gegenüber dem AA und dem BMWi — die Unterwerfung von Entwicklungspolitik unter diplomatische und außenwirtschaftspolitische Rationalitätsgesichtspunkte.

Dieser Zusammenhang zwischen desintegrierter Professionsstruktur und politischer Fremdsteuerung der Entwicklungspolitik gilt allerdings auch umgekehrt: Ebenso wie die desintegrierte Professionsstruktur eine politische Fremdsteuerung ermöglicht, verunmöglicht die politische Fremdsteuerung auch das Gelingen von Versuchen, ein höheres Integrationsniveau des professionellen Wissensbestandes zu erreichen. Ein instruktives Beispiel dafür ist das Scheitern der Ende der sechziger Jahre im BMZ begonnenen Bemühungen, für einzelne Entwicklungsländer sogenannte „Länderhilfe-Papiere", also länderbezogene professionelle Konzeptionen, zu erarbeiten. Der Hauptgrund dafür, warum das BMZ auf die Erarbeitung solcher Konzeption verzichtet, ist der, daß eine konsistente professionelle Konzeption entwicklungspolitischer Problemdiagnosen und -bearbeitungsformen eine entsprechend konsistente politische Definition des entwicklungspolitischen Bereichs voraussetzt. Wenn aber die politisch definierten Konturen der Entwicklungspolitik dadurch, daß diese immer wieder durch Außenwirtschaftspolitik und Diplomatie instrumentalisiert wird, diffus und instabil bleiben, dann sind Bemühungen um eine professionelle Integration von vornherein zum Scheitern verurteilt. Ein aus politischen Opportunitätszwängen gleichsam oszillierendes Bezugsproblem läßt letztlich nichts anderes zu als jenen — durch ad hoc erfolgende politische und bürokratische Eingriffe nur noch verdeutlichen — Zustand inter- und intraprofessioneller Desintegration.

5. Inkrementalismus als Struktur deutscher Entwicklungspolitik

Eine Zusammenschau der dargestellten drei analytischen Perspektiven auf die politisch-administrativen Strukturen der deutschen Entwicklungspolitik läßt zu dem Gesamtergebnis kommen, daß diese Teilpolitik einen weitgehend inkrementalistischen Charakter trägt. Politische Heteronomie, interorganisatorische Fragmentierungen und professionelle Kasuistik sind dafür die Stichworte. Inkrementalismus bedeutet, daß die entwicklungspolitische Entscheidungsproduktion als Gesamtheit genereller konzeptioneller Entscheidungen und spezifischer Projektentscheidungen nur in minimalem Maße vereinheitlicht ist. Umgekehrt formuliert: Die entwicklungspolitische Entscheidungsproduktion stellt sich zumindest hinsichtlich ihrer positiven Ausprägung als *strukturell unterdeterminiert* dar. Zwar sorgen negativ formulierbare Entscheidungskriterien auf politischer, organisatorischer und professioneller Ebene dafür, daß entwicklungspolitische Entscheidungen nicht völlig beliebig ausfallen können: Bestimmte Entscheidungen sind ausgeschlossen. Das, was dann an Entscheidungsmöglichkeiten verbleibt, ist jedoch immer noch sehr unbestimmt. Das faßbare und Kontinuität stiftende Merkmal deutscher Entwicklungspolitik war und ist so ihre „negative" Identität in Form entwicklungspolitischer Nicht-Entscheidungen. Positiv läßt sich die deutsche Entwicklungspolitik hingegen kaum fassen. Genau dadurch bleibt sie auf politischer Ebene weiterhin durch Diplomatie und Außenwirtschaftspolitik instrumentalisierbar — mit den geschilderten Folgen auf organisatorischer und professioneller Ebene.

Anmerkungen

1 Dies der Titel eines 1984 erschienenen Sonderheftes der iz3w.
2 Der vorliegende Aufsatz faßt Teilergebnisse eines in den Jahren 1981—1983 von der DGFK geförderten Forschungsprojekts zusammen, an dem außer den Verfassern noch *Roland Hartmann, Ulrike Menne* und *Renate Pollvogt* mitgearbeitet haben. Als zwischenzeitlich publizierte ausführlichere Darstellungen einzelner Teilaspekte vgl. *Glagow* (Hrsg.) 1983, *Glagow* et al. 1985a, 1985b.

Literaturverzeichnis

Asche, H., 1985: Öffentliche Meinung über die Dritte Welt, in: epd-Entwicklungspolitik 1/2.
Baalmann, W., M. Glagow, P. Kemper, 1984: Die Organisationen im „Bensheimer Kreis" — ein synoptischer Überblick. Materialien des Arbeitsschwerpunkts „Handlungsbedingungen und Handlungsspielräume für Entwicklungspolitik". Nr. 15. Fakultät für Soziologie der Universität Bielefeld.
Bodemer, K., 1974: Entwicklungshilfe — Politik für wen? Ideologie und Vergabepraxis der deutschen Entwicklungshilfe in der ersten Dekade, München.
Bodemer, K., 1979: Erfolgskontrolle der deutschen Entwicklungshilfe — improvisiert oder systematisch?, Meisenheim.
Brinkmann, G., 1973: Die Diskriminierung von Nicht-Juristen im allgemeinen höheren Verwaltungsdienst der BRD, in: Zeitschrift für die gesamte Staatswissenschaft, H. 1, 150—167.
BMZ, 1978: Politik der Partner, Bonn.
BMZ-aktuell, 1982: Die entwicklungspolitische Zusammenarbeit zwischen autonomen nichtstaatlichen Organisationen und dem Bundesministerium für wirtschaftliche Zusammenarbeit, Bonn.
Buro, A., 1975: Die Entwicklungshilfe der Bundesrepublik Deutschland, in: *Tibi, B.* und *V. Brandes* (Hrsg.), Handbuch 2 — Unterentwicklung, Frankfurt, 328—348.
Busch, K., 1974: Die multinationalen Konzerne — Zur Analyse der Weltmarktbewegungen des Kapitals, Frankfurt.

Danckwerts, D., 1970: Revision der Entwicklungspolitik. Der Staat als Superstruktur im Spätkapitalismus, in: *D. Danckwerts* et al., Die Sozialwissenschaften in der Strategie der Entwicklungspolitik, Frankfurt, 9–59.
Dennert, J., 1968: Entwicklungshilfe geplant oder verwaltet?, Bielefeld.
Fröbel, F., J. Heinrichs, O. Kreye, 1977: Die neue internationale Arbeitsteilung, Reinbek.
Glagow, M., 1981: Handlungsbedingungen und Handlungsspielräume für Entwicklungspolitik — Projektantrag, in: Arbeitsmaterialien und Diskussionsbeiträge des Forschungsprojektes „Handlungsbedingungen und Handlungsspielräume für Entwicklungspolitik", Nr. 1, Fakultät für Soziologie der Universität Bielefeld.
Glagow, M., 1983: Wider das ökonomistische Mißverständnis — Zur Funktion von Entwicklungspolitik, in: *M. Glagow* (Hrsg.), Deutsche Entwicklungspolitik: Aspekte und Probleme ihrer Entscheidungsstruktur, Saarbrücken/Fort Lauderdale, 21–35.
Glagow, M. (Hrsg.), 1983: Deutsche Entwicklungspolitik: Aspekte und Probleme ihrer Entscheidungsstruktur, Saarbrücken/Fort Lauderdale.
Glagow, M., R. Hartmann, U. Menne, R. Pollvogt, U. Schimank, 1983a: „Verselbständigte Verwaltungseinheiten" als Vollzugsorgane deutscher Entwicklungspolitik, in: *M. Glagow* (Hrsg.), Deutsche Entwicklungspolitik: Aspekte und Probleme ihrer Entscheidungsstruktur, Saarbrükken/Fort Lauderdale, 197–216.
Glagow, M., R. Hartmann, U. Menne, R. Pollvogt, U. Schimank, 1983b: Wandlungen im Beziehungsgeflecht der staatlichen deutschen Entwicklungsorganisationen, in: *M. Glagow* (Hrsg.), Deutsche Entwicklungspolitik: Aspekte und Probleme ihrer Entscheidungsstruktur, Saarbrükken/Fort Lauderdale, 197–216.
Glagow, M., R. Hartmann, U. Menne, R. Pollvogt, U. Schimank, 1985a: Die deutschen Entwicklungsbanken: Zur Organisation und Tätigkeit der Kreditanstalt für Wiederaufbau (KfW) und der Deutschen Finanzierungsgesellschaft für Beteiligungen in Entwicklungsländern GmbH (DEG), Saarbrücken/Fort Lauderdale.
Glagow, M., R. Hartmann, R. Pollvogt, U. Schimank 1985b: Ausbildung/Dialog/Politikberatung: Zur Organisation und Tätigkeit der Deutschen Stiftung für internationale Entwicklung (DSE), der Carl Duisberg-Gesellschaft e.V. (CDG) und des Deutschen Instituts für Entwicklungspolitik GmbH (DIE), Saarbrücken/Fort Lauderdale.
Glagow, M. und *U. Schimank*, 1983: Die Nicht-Regierungs-Organisationen in der deutschen Entwicklungspolitik, in: *M. Glagow* (Hrsg.), Deutsche Entwicklungspolitik: Aspekte und Probleme ihrer Entscheidungsstruktur, Saarbrücken/Fort Lauderdale, 141–178.
Illy, H., 1983: Besprechung von: *Martinek* 1981, in: Die Verwaltung 16, 531–533.
iz3w (Hrsg.), 1984: Entwicklungspolitik nach der Wende. Blätter des iz3w, Nr. 122, Freiburg.
Luhmann, N., 1968: Soziologie des politischen Systems, in: *N. Luhmann*, 1971: Soziologische Aufklärung, Bd. 1, Opladen, 154–177.
Martinek, M., 1981: Die Verwaltung der deutschen Entwicklungshilfe und ihr Integrationsdefizit, Bad Honnef.
Musto, S., 1982: Die Folgenlosigkeit der Theorie und die Folgen der Theorielosigkeit, in: *Deutsche Stiftung für internationale Entwicklung* (Hrsg.), Wissenschaftsbörse Entwicklungspolitik '82, Bonn.
Scharpf, F.W., 1971: Komplexität als Schranke der politischen Planung, in: *F.W. Scharpf*, 1973, Planung als politischer Prozeß, Frankfurt.
Schimank, U., 1983a: Illusionen der Organisationsreform politischer Verwaltungen: Das Beispiel des Bundesministeriums für wirtschaftliche Zusammenarbeit (BMZ), in: *M. Glagow*, (Hrsg.), Deutsche Entwicklungspolitik: Aspekte und Probleme ihrer Entscheidungsstruktur, Saarbrükken/Fort Lauderdale, 257–286.
Schimank, U., 1983b: Das außenpolitische Interorganisationsnetz als Hemmnis einer eigenständigen deutschen Entwicklungspolitik: Heteronomie und Autonomisierungsbestrebungen des Bundesministeriums für wirtschaftliche Zusammenarbeit, in: *M. Glagow* (Hrsg.), Deutsche Entwicklungspolitik: Aspekte und Probleme ihrer Entscheidungsstruktur, Saarbrücken/Fort Lauderdale, 51–86.
Senghaas, D. (Hrsg.), 1974: Peripherer Kapitalismus. Analysen über Abhängigkeit und Unterentwicklung, Frankfurt.
Senghaas, D. (Hrsg.), 1976: Imperialismus und strukturelle Gewalt. Analysen über abhängige Reproduktion, Frankfurt.
Senghaas, D. (Hrsg.), 1979: Kapitalistische Weltökonomie. Kontroversen über ihre Ursprung und ihre Entwicklungsdynamik, Frankfurt.
Wallerstein, I., 1974: The Modern World System, New York.

VI. Nord-Süd-Konflikt: Dritte Welt in der Internationalen Politik

Einheit und Heterogenität — Ansätze zur Erklärung der Blockfreiheit in der Weltpolitik

Peter Meyns

1. Einleitung

Als die Bewegung der Blockfreien Länder im März 1984 ihre 7. Gipfelkonferenz in Neu Delhi abhielt, war ihre Mitgliedschaft auf 101 angewachsen und hatte sich gegenüber der 1. Konferenz in Belgrad 1961 vervierfacht. Sie repräsentierte damit knapp die Hälfte der Weltbevölkerung und fast 2/3 der Sitze in den Vereinten Nationen (*Matthies* 1984 a: 37 ff.). Die Attraktivität der Blockfreien wurde darüber hinaus durch die Anwesenheit von 18 Beobachtern und 28 Gästen (Staaten, Befreiungsbewegungen, internationale Organisationen) unterstrichen.

Zweifellos dokumentieren diese eindrucksvollen Zahlen, daß die Blockfreienbewegung als Gruppe von kleinen, schwachen, armen, machtlosen Ländern überwiegend, aber nicht ausschließlich aus der Dritten Welt, in der internationalen Politik etwas darstellt. Was das aber genau ist, wie die Bedeutung der Blockfreien in der Weltpolitik konkret zu bestimmen ist, darüber gehen die Meinungen nach wie vor auseinander. Es beginnt schon damit, daß die scheinbar untrüglichen Zahlen der wachsenden Mitgliedschaft nicht nur als Beleg für die Stärkung der Bewegung bewertet, sondern auch als möglicher Grund für ihre Schwäche gesehen werden (*Prasad* 1982: 309).

"On the one hand, its numerical strength greatly increases the political weight and authority of the movement and allows it to act as the most influential grouping of the Third World. On the other hand, ... (w)hat the movement gains in quantitative terms it almost inevitably tends to lose when it comes to presenting a common front" (*Neuhold* 1982: 323).

Die Expansion der Bewegung erhöht ihre Heterogenität und erschwert die interne Kohäsion. Dieses Beispiel einer der Bewegung selbst innewohnenden Widersprüchlichkeit verweist auf die komplexen Zusammenhänge, die ihre Realität ausmachen und mit denen sich die wissenschaftliche Analyse zu befassen hat. Die Heterogenität und Komplexität der Bewegung sowie die jeweilige Sichtweise des Betrachters sind es wohl auch, die die Vielfalt der Urteile über sie zur Folge haben. Für die einen ist sie eine „bunt zusammengewürfelte Staatengruppe" (*Fiedler*, nach *Hacker* 1983: 10). Für andere ist die Bewegung wahlweise „a union of beggars or an association of visionaries" (*Jaipal* 1983: 138). Jede dieser Kennzeichnungen enthält durchaus ein Stückchen Wahrheit, obwohl sie in ihrer Einseitigkeit doch verzerrend wirken. Am anderen Ende des Spektrums sind griffige Formeln, die das Selbstverständnis der Blockfreienbewegung wiedergeben, wie z. B. sie sei „eine unabhängige Kraft in den internationalen Beziehungen" und/oder „die größte Friedensbewegung der Geschichte" (*Gandhi* 1983: 18), eher zu euphemistisch.[1]

Die unzweifelhafte Heterogenität der Blockfreien stellt die wissenschaftliche Analyse vor ein methodisches Problem, das in den meisten Arbeiten zum Thema stillschweigend umgangen wird. Es besteht darin, daß die Bewegung, die bewußt und mit gutem Grund auf die institutionelle Struktur einer festgefügten Allianz oder eines Blocks verzichtet hat, in den internationalen Beziehungen nicht zuletzt durch die einzelnen blockfreien Länder in Erscheinung tritt. Das Erscheinungsbild der Bewegung ist folglich so vielfältig wie seine Mitgliedschaft. Bei einer Bewegung, deren zentrales Anliegen die Unabhängigkeit und Souveränität kleiner und schwacher Staaten in der Welt sowie die Demokratisierung internationaler Beziehungen ist, könnte es kaum anders sein: „The main thing is unity of purpose and not identity of views on all issues" (*Prasad* 1982: 309). Dennoch führt ein solches Erscheinungsbild zu Problemen bei der Einschätzung der Blockfreienbewegung. Welches Gewicht ist „der Bewegung" einerseits und den einzelnen blockfreien Ländern bzw. welchen von ihnen andererseits beizumessen?

Ein Vorschlag lautet, daß „non-alignment may be seen as a means from which states may diverge in one direction or the other" (*Clapham* 1977: 95). Die gesammelten Konferenzbeschlüsse der Bewegung seit 1961 dienen dabei als Grundlage für die Bestimmung der Inhalte der Blockfreiheit. Angesichts der Interpretierbarkeit der Konferenzbeschlüsse erweist sich die Identifizierung des Mittels aber als schwierig. Da sich für verschiedene Interpretationen in der Regel auch Stimmen aus der Blockfreienbewegung selbst finden lassen, variieren die Aussagen über „Mittel" und „Abweichungen" erheblich. Die Heterogenität der Bewegung macht es einfach, die Stimmen aus ihren Reihen hervorzuheben, die der gewünschten Auffassung entsprechen. In Zeiten, in denen die Diskussion über die politische Ausrichtung der Blockfreien intensiv war, und in dem Maße, wie vor allem das Interesse der Großmächte wuchs, auf sie Einfluß zu gewinnen, konnte ein solches Vorgehen öfter festgestellt werden.

Es liegt nahe, dieses Problem zu lösen, indem nur offizielle Dokumente der Blockfreienkonferenzen als Grundlage für Aussagen über die Inhalte der Bewegung herangezogen werden.[2] Dort wird sicher der Ausgangspunkt jeder Untersuchung der Blockfreienbewegung liegen müssen. Eine Analyse blockfreier Politik muß jedoch auch darüber hinausgehen. Einmal abgesehen von der schon erwähnten Auslegungsbedürftigkeit der Konferenzbeschlüsse, muß sie der Tatsache Rechnung tragen, daß Blockfreiheit in der Praxis in erheblichem Maße von den Mitgliedern der Bewegung getragen wird. Was die Bewegung beschließt und was die Mitglieder tun, kann nicht streng voneinander getrennt werden, zumal wenn zu konstatieren ist, daß eine „wide gap between the theory of non-alignment and the practices (!) of non-aligned states, individually and collectively" (*Rajan* 1981: 238), besteht. „Unity of purpose", ihre Einheit ist die

erhalten. Der Kalte Krieg eigne sich besonders für ein solches Verhalten. „In such circumstances the weaker states may find themselves the objects of competition, but not the victims of war. From this perspective, non-alignment is obviously not a foreign policy; it is simply a tactical response to a particular distribution of power between the great powers" (*Rothstein* 1976: 603—4).
Die logische Folgerung dieser Erklärung der Blockfreiheit ist es, sie als vorübergehende Erscheinung einzustufen, deren Niedergang in der 2. Hälfte der 60er Jahre wiederum als Funktion des Ost-West-Konflikts, diesmal der Entspannung, zu sehen sei. Auf Dauer habe sich die Blockfreiheit nicht als „an effective alternative politically, militarily or economically to links with the developed world" erwiesen (*Kimche* 1973: 266). *Rothstein* muß die Schwierigkeit überbrücken, daß die Blockfreienbewegung Anfang der 70er Jahre neuen Elan gewinnt. Diese Tatsache erklärt er damit, daß sie sich in etwas ganz anderes verwandelt habe: „A joint alignment against all the industrial countries" (*Rothstein* 1976: 615).
Dieser Bruch in *Rothsteins* Analyse wird durch seine verengte Definition der Blockfreiheit als reaktive, nur taktisch bedingte Haltung hervorgerufen, die wiederum auf die Dominanz des Machtverhältnisses zwischen den Blöcken in seinem theoretischen Gebäude zurückzuführen ist. Im Nord-Süd-Konflikt der 70er Jahre, den er als „international class war" bzw. „from cold war to oil war" und als „threat from the Third World" begreift, sieht er daher auch Anlaß, die vorrangigen Interessen der Großmächte emphatisch hervorzuheben:

"... the values the LDCs seek to achieve are not the only ones at stake in the international system. Peace between the Great Powers and prosperity among the Great Powers are values that can benefit all members of the international system, for the poor countries are unlikely to achieve either stability or prosperity independently of stability and prosperity among the Great Powers. For the poor countries to act as if this is not true reflects a dangerous misperception of their own interests. Unfortunately, some of the rhetoric surrounding recent efforts to increase 'collective self-reliance' among the developing countries seems particularly irresponsible in this regard" (*Rothstein* 1977: 41).

Die marginale Rolle, die der Dritten Welt und der Blockfreienbewegung in einem machttheoretisch abgeleiteten System internationaler Beziehungen zugeschrieben wird, geht aus dieser Aussage sehr deutlich hervor.

2.1.2 Blockfreiheit als internationales Subsystem

Eine ungleich größere Bedeutung weist *Korany* der Blockfreiheit im internationalen System zu. Insbesondere stellt er den engagierten, aktiv in die Weltpolitik eingreifenden Aspekt der Blockfreiheit in den Vordergrund. Sein aus der Systemtheorie und behavioristischen Ansätzen entwickeltes „Situations-Rollen-Modell', das als kritische Alternative zum „Macht-Paradigma" in der Tradition *Morgenthaus* gedacht ist, „seeks to underline the fact that the actor does not *merely* react to the constraints of the global system, but has its own objectives, its own perception of ‚reality', ..." (*Korany*

2. Erklärungsansätze der Blockfreiheit

Die nachfolgenden Erklärungsansätze der Blockfreiheit spiegeln Versuche in der wissenschaftlichen Literatur wider, die Stellung der Blockfreien und die Bedeutung der Blockfreiheit in den internationalen Beziehungen zu bestimmen. Derartige theoretische Anstrengungen sind im Westen wie im Osten unternommen worden. Ohne die teilweise erheblichen Unterschiede in der Untersuchungsmethode zu übersehen, lassen sich auffällige Ähnlichkeiten in manchen Studien feststellen. Indikativ sind die Titel zweier Bücher, auf die in diesem Teil eingegangen wird. „The Weak in the World of the Strong" heißt das Buch des US-amerikanischen Autors *Rothstein*, während die DDR-Forscherin *Wünsche* eine Studie mit dem Titel „Die Nichtpaktgebundenen — eine dritte Kraft?" veröffentlichte — eine rhetorische Frage, die sie verneint. Beiden geht es darum, vor einer Überschätzung der Bedeutung der Dritten Welt und der Blockfreien zu warnen, ihnen ihren Platz in einer von den Großmächten dominierten Weltordnung zuzuweisen. Demgegenüber gibt es Ansätze, die die Blockfreiheit in den Zusammenhang von erstrebenswerten Veränderungen einer bipolar strukturierten Weltordnung stellen. Ist in den beiden ersten Ansätzen Blockfreiheit eher eine vorübergehende Erscheinung, so ist sie für den zuletzt genannten von dauerhafter Bedeutung.

2.1 Der Machtfaktor in bi- bzw. multipolaren Weltsystemen

2.1.1 Blockfreiheit als Funktion des Ost-West-Konflikts

Oft zitiert worden ist die, fast 30 Jahre zurückliegende, Äußerung des damaligen US-Außenministers *Dulles* über die Blockfreiheit bzw. den Neutralismus, wie die außenpolitische Position, die heute als Blockfreiheit bekannt ist, in der Phase ihrer Herausbildung vielfach genannt wurde (*Hacker*). Neutralismus, so *Dulles*, sei „except under very exceptional circumstances ... an immoral and shortsighted conception" (nach *Crabb* 1965: 173). Inzwischen haben die USA gelernt, die Blockfreien zu tolerieren, soweit sie den gebührenden Abstand zur Sowjetunion wahren und sich in der Kritik an den USA zurückhalten — was in den Augen der USA oft nicht der Fall war und ist. So wie der Machtkonflikt zwischen Ost und West den Kalten Krieg, in dessen Verlauf *Dulles'* Äußerung fiel, überdauerte, blieb allerdings auch die machttheoretische Analyse internationaler Beziehungen, die in dieser Zeit entstand, einflußreich (*Morgenthau* 1978). In dieser Sicht war die Blockfreiheit eine Funktion des Ost-West-Konflikts. *Kimche* schreibt: „The dominant political creed of the Afro-Asian countries — nonalignment — was strictly geared to the East-West conflict; it was, in fact, part of it" (*Kimche* 1973: 255). Auch *Rothstein* argumentiert, daß Blockfreiheit „cannot be explained without bipolarity. The viability of non-alignment is directly related to the power balance between the great powers." Blockfreiheit reduziert sich für ihn auf den Verzicht schwacher Staaten in einem bipolaren System, Partei zu ergreifen, um beide Seiten gegeneinander auszuspielen und von beiden Vorteile, z. B. Wirtschaftshilfe, zu wesentliche Grundlage der Stärke der Blockfreien; die Heterogenität ist aber ebenso eine Existenzbedingung der Bewegung. Dieses Spannungsverhältnis zwischen Einheit und Heterogenität soll in der folgenden Analyse in den Mittelpunkt gestellt werden. Dabei interessiert uns die Frage, wie es innerhalb der Bewegung aufgehoben wird und sich in ihrer Struktur niederschlägt, dann aber vor allem wie es sich auf die Entwicklung der Rolle der Blockfreien in der internationalen Politik auswirkt.

Die mit dieser Fragestellung eingeschlagene Vorgehensweise geht von der Annahme aus, daß es in der Blockfreienbewegung unterschiedliche Strömungen gibt. Es ist kennzeichnend dafür, daß die Bewegung im Spannungsfeld des Ost-West-Konflikts steht und dieser Konflikt in ihre Reihen hineinreicht, wenn am häufigsten drei Strömungen identifiziert werden, die sich daran orientieren. *Jaipal* spricht von 13 Freunden einer Großmacht (der Sowjetunion), 20 der anderen, während der Rest der Mitglieder der Bewegung (etwa 65, als er schrieb) sich nicht so eindeutig an eine der beiden Supermächte anlehnte. Er hob hervor, daß die ideologische Anlehnung dabei in der Regel weniger hoch zu gewichten sei als das Bestreben, die eigene Unabhängigkeit und Souveränität zu sichern. Mit anderen Worten, die Anlehnung an eine Supermacht wertet er nicht als Verzicht auf eine blockfreie Position (*Jaipal* 1983:179). In Anlehnung an eine Aufstellung von ,,Newsweek" nach der Gipfelkonferenz von Havanna 1979 unterschied *Willetts* 20 ,,radikale", östlich orientierte; 25 ,,konservative", westlich orientierte; und 47 ,,unabhängige" Mitglieder der Bewegung. Auch *Willetts* sieht indessen die Bedeutung des Ost-West-Gegensatzes für die Blockfreienbewegung stark übergewichtet. Im Gegensatz zu ,,Newsweek", wo von ,,Alignments of the Non-Aligned" die Rede war, geht er im Prinzip — wie *Jaipal* — von der Vereinbarkeit bevorzugter Kontakte zu einer Großmacht mit der Blockfreiheit aus (*Willetts* 1981: 9).

Eine ungleich größere Zahl von Strömungen in der Blockfreienbewegung wäre auseinanderzuhalten, wenn die durch die eigene nationale Entwicklung bedingten Bestimmungsfaktoren blockfreier Außenpolitik berücksichtigt würden. Da das Augenmerk dieses Aufsatzes auf die Rolle der Blockfreien als Akteur der Weltpolitik gerichtet ist, kann diesen Differenzierungen, die länderbezogene außenpolitische Fallstudien erfordern würden, natürlich nicht nachgegangen werden (*Matthies* 1982 a). Dennoch wollen wir die grundsätzliche These innenpolitischer Bedingtheit außenpolitischer Entscheidungen auch im Rahmen dieses Aufsatzes nicht aus den Augen verlieren.

Im nächsten Teil sollen verschiedene Erklärungsansätze der Blockfreiheit untersucht werden. Der dann folgende Teil versucht historisch-analytisch, die Besonderheiten der Blockfreienbewegung im Zusammenhang mit der Entwicklung des Internationalen Systems seit 1945 herauszuarbeiten. Danach kehren wir zur Frage der Einheit und der Heterogenität der Blockfreien und der Dritten Welt generell zurück, um abschliessend eine Einschätzung der Stellung und Bedeutung der Blockfreien in der Weltpolitik zu geben.

1976: 354). Er definiert die Blockfreienbewegung als internationales Subsystem und berücksichtigt in seiner Untersuchung die Analyseebenen des internationalen Systems, der nationalen Besonderheiten sowie der Führungspersönlichkeiten (hier: Ägypten und *Nasser*). *Korany* kommt zu dem Ergebnis, daß die Bedeutung der Blockfreien darin bestehe, daß sie zwar nicht zu einer Aufhebung, wohl aber zu einer Auflockerung der bipolaren Weltordnung in Richtung einer multipolaren Struktur („bi-multipolar or loose-bipolar system") beigetragen haben, wodurch die strukturelle Flexibilität und die Stabilität des internationalen Systems gewachsen seien (*Korany* 1976: 363-6).

In konkreten Konfliktsituationen zeigt sich indessen, daß nach wie vor das Gewicht, die Macht der einzelnen Subsysteme den Gang der Ereignisse bestimmt. Trotz der differenzierten Untersuchungsmethode, die *Korany* mit seinem Situations-Rollen-Modell anwendet, muß daher zu seinem Erklärungsansatz der Blockfreiheit daran erinnert werden, daß allen „Polaritätsvorstellungen ... ein allgemeines Verständnis der internationalen Politik als Machtpolitik zugrundeliegt" (*Hütter* 1976: 61).

2.2 Politisch-ökonomische Erklärungsansätze

Andere Erklärungsansätze der Blockfreiheit liefert die politische Ökonomie, die politische Entwicklungen durch sozio-ökonomische Strukturen und Prozesse im nationalen und internationalen Rahmen determiniert sieht.

Singham geht in seiner Analyse von der Herausbildung eines „kapitalistischen Weltsystems" (*Wallerstein, Amin*) unter Führung der USA nach dem II. Weltkrieg aus, dem das sozialistische Lager als alternatives sozio-ökonomisches System gegenüberstand. Irgendwo dazwischen standen die blockfreien Länder, von denen die meisten sich gerade vom Kolonialismus befreit hatten und daher anti-kapitalistisch eingestellt waren, aber auch dem sozialistischen Lager mißtrauten. Für *Singham* ist die Blockfreienbewegung ein Produkt (nicht eine Funktion)[3] des Kalten Krieges. Den Führungseliten in den blockfreien Ländern, deren Klassencharakter er als „essentially petty-bourgeois" bezeichnet, kam es vor allem auf die „preservation of their autonomy in world politics" an (*Singham* 1978: VII, IX, X).

"Non-Alignment did not call for an all-out attack on capitalism. It became a means of consolidating the power base of the newly emerging independent nations in the face of dual threats from capitalism and socialism. It is important to identify this movement as a political coalition, a broad alliance of nations seeking to preserve newly won independence and to oppose the development of blocs" (*Singham* 1978: VII).

2.2.1 Blockfreiheit als Funktion des Erstarkens des sozialistischen Lagers

Die Klassenanalyse, die *Singham* aus der Sicht der Dritten Welt entwickelt, wird von Autoren der sowjet-marxistischen Richtung (Sowjetorthodoxie) mit deutlich verschobener Akzentuierung vorgetragen. Betrachtete die Sowjetunion die Blockfreienbewegung in den Anfangsjahren mit starkem Mißtrauen, wird Blockfreiheit in ihrer Sicht heute als eine Funktion des Erstarkens des sozialistischen Lagers im „Grundwiderspruch unserer Epoche" zwischen Imperialismus und Sozialismus definiert (*Fritsche* 1983 b). So schreibt *Wünsche*:

> „... die Wirksamkeit der befreiten Staaten und der Bewegung der Nichtpaktgebundenen in den internationalen Beziehungen insgesamt konnte sich nur entfalten, weil der reale Sozialismus weiter erstarkte und sich sein Gewicht in der internationalen Klassenauseinandersetzung mit dem Imperialismus vergrößerte. Auf sich allein gestellt und isoliert, hätten die neuen Staaten gar nichts, als kollektive Bewegung sicher einiges erreicht, doch zu einer bedeutenden Kraft in den internationalen Beziehungen wären sie kaum geworden. ... In den sozialistischen Staaten fanden die nichtpaktgebundenen Länder zuverlässige Partner im gemeinsamen Ringen gegen Kolonialismus, Imperialismus und Neokolonialismus" (*Wünsche* 1980: 31–2).

Die Tatsache, daß diese Auffassung unter den Blockfreien nur wenige Anhänger hat, wird damit erklärt, daß es unter den „herrschenden bürgerlichen und kleinbürgerlichen Kräften" „progressive" und „reaktionäre" ideologische Strömungen gebe. Die „reaktionären" Kräfte verkennen die Bedeutung der Sowjetunion und beharren stattdessen auf der Souveränität der Blockfreienbewegung sowie ihrer Unabhängigkeit von den Militärblöcken der Großmächte. Das sei, so *Wünsche*, „eine Überschätzung der Bewegung." „Eine derartig überzogene und falsche Bewertung der Rolle der nichtpaktgebundenen Bewegung in den internationalen Beziehungen verkennt nicht nur den Grundwiderspruch unserer Epoche, sondern interpretiert die Bewegung als eine ‚dritte Kraft'", was „eine Reduzierung dieser Bewegung auf eine isolierte, verschwommene und zwischen den Fronten der Klassenauseinandersetzung schwankende und damit aktionsunfähige und bedeutungslose Sammlungsbewegung" zur Folge habe (*Wünsche* 1980: 30, 33, 39–40). Auch andere Autoren dieser Richtung kritisieren „eine Tendenz zur Exklusivität" bei entwicklungspolitischen Konzepten wie der „collective self-reliance", die die Blockfreienbewegung propagiert, sowie den Versuch „die Dritte Welt als eine Schicksalsgemeinschaft zu deuten, berufen, in der Eigenständigkeit ihres Auftretens dem Weltgeschehen neue und absolut gültige Maßstäbe zu setzen." All das könne nur dazu führen, die Blockfreienbewegung „von ihrem natürlichen Verbündeten, dem realen Sozialismus, zu isolieren" (*Robbe* 1982: 57).

Zwar wird im sowjet-marxistischen Erklärungsansatz der Blockfreiheit vor allem mit ideologischen Aussagen argumentiert, doch weist schon das hartnäckige Insistieren auf die entscheidende Rolle der sozialistischen Staaten sowie die Verurteilung der Suche nach eigenen Entwicklungsalternativen auf das auch hier bestehende machtpolitische Interesse hin, das Blockfreiheit in Abhängigkeit vom Ost-West-Konflikt definiert. Die empfindliche Reaktion des Ostblocks auf die Kritik der Mehrheit der Blockfreien am sowjetischen Einmarsch in Afghanistan Ende 1979 bekräftigt diese Feststellung (*Robbe* 1982: 46, 57). Zudem geht die Sowjetunion bei der Beurteilung eines Landes der Dritten Welt als „progressiv" oder der Einstufung einer revolutionären Entwicklung als „unumkehrbar" selbst nicht allein nach ideologischen Kriterien vor, sondern wertet militärische Gesichtspunkte, die primär Kontrollmöglichkeiten konstituieren, am höchsten (*Kühne* 1983: 222).

Wenn die als „reaktionär" bezeichneten Positionen für den Bestand der Blockfreiheit so schädlich sind, wie es die sowjet-marxistische Richtung vorträgt, wäre es nur konsequent, darauf hinzuwirken, daß sie aus der Bewegung eliminiert werden. Tatsächlich hat Kuba, das in den 70er Jahren zum führenden Vertreter dieser Strömung innerhalb der Bewegung wurde, dies 1973 propagiert, als *Castro* auf dem Gipfeltreffen in Algier erklärte: „... the quality and not the number is what should take primacy for the purposes of this movement if we really mean to wield moral and political force before the peoples of the world. If this is not the case, we run the risk that the reactionary forces could succeed in penetrating its ranks to thwart its aims, and that the unity and prestige of the non-aligned countries could be irremediably lost" (*Castro* 1974: 62). Als diese Auffassung isoliert blieb,[4] änderte Kuba seine Taktik und versuchte Ende der 70er Jahre, vor allem 1979 auf der 6. Gipfelkonferenz in Havanna, die ganze Bewegung an die Seite der Sowjetunion zu steuern. Wiederum blieb es mit einer kleinen Minderheit isoliert. Vor die Alternative gestellt, nachzugeben oder aus der Bewegung auszuscheiden — ideologisch hätte ein Ausscheiden nahegelegen; machtpolitisch auf jeden Fall ein Verbleiben —, stand für Kuba die machtpolitische Entscheidung fest. Wie *Mates* feststellte, „konnte auch Kubas ausländischer Freund, die Sowjetunion, kein Interesse daran haben", daß Kuba, derart isoliert, die Bewegung verläßt (*Mates* 1982: 261).

Auf eine letzte Konsequenz des sowjet-marxistischen Ansatzes, die bei östlichen Autoren vielleicht deshalb nicht explizit erwähnt wird, weil ihre Funktionsbestimmung der Blockfreiheit ohnehin nur eine begrenzte, abgeleitete Eigenständigkeit beläßt, muß noch hingewiesen werden, nämlich die vorübergehende Natur der Blockfreiheit. So argumentieren zwei Autoren aus der Dritten Welt, daß Blockfreiheit als außenpolitisches Konzept kleinbürgerlicher Führungseliten in der historischen Epoche des Übergangs vom Imperialismus zum Sozialismus hinfällig werde, wenn dieser Übergang abgeschlossen ist. „... with the total collapse of imperialism non-alignment will have no progressive role to play. In the final analysis non-alignment is a temporary phenomenon. With the total collapse of imperialism the concept must die a natural death. If perpetuated however it will only serve reaction" (*Mushi, Mathews* 1981: XVIII). Eine so grandiose historische Geradlinigkeit verschlägt einem momentan die Sprache. Zurück bleibt dann der Blick auf die Abgehobenheit dieses Ansatzes von der Realität der Weltpolitik, zumindest was die ideologischen Aussagen anbelangt, denn machtpolitisch stellt er eine zwar kleine, aber aktive Strömung in der Blockfreienbewegung dar.

2.2.2 Ein differenzierter politisch-ökonomischer Erklärungsansatz

Auch aus theoretischer Sicht ist der sowjet-marxistische Erklärungsansatz der Blockfreiheit nicht unwidersprochen geblieben. Die politische Ökonomie ermöglicht auch andere Interpretationen. Allein schon die Tatsache, daß zahlreiche sozialistische Staaten Mitglieder der Blockfreienbewegung sind, verdeutlicht die Einseitigkeit der Erklärung der Blockfreiheit als Außenpolitik kleinbürgerlicher und bürgerlicher Füh-

rungseliten. Zwei Grundannahmen (Dogmen) der marxistischen Orthodoxie sind von *Grlićkov*, dessen Positionen ebenfalls durch die politische Ökonomie geprägt sind, in Frage gestellt worden.
Zum einen wird die Aufgabe der schematischen Stadientheorie (Kommunalismus, Sklavenhaltergesellschaft, Feudalismus, Kapitalismus, Sozialismus) gefordert. „The need to discard this pattern arises from the historical reality of socialist options in the newly liberated nonaligned countries, from the different forms they have taken, and from the fact that socialist revolutions have triumphed in those countries which did not go through the well-known ‚sequence' of historical development, all of which suggests that ‚short-cuts' to development are in fact a historical reality" (*Grlićkov* 1979: 17—8). Auch die Frage der sozialen Führungskräfte gesellschaftlicher Veränderungen lasse sich im Lichte dieser Erfahrungen nicht mehr rein schematisch (Arbeiterklasse-Bourgeoisie) beantworten. Diese differenzierte politisch-ökonomische Position steht im Einklang mit der Grundposition der Blockfreien nach souveräner Selbstbestimmung des eigenen Entwicklungswegs — im Gegensatz zu der starren Reduktion der Alternativen auf zwei, den kapitalistischen oder den sozialistischen Weg. Die andere Annahme, die kritisiert wird, betrifft den grundsätzlichen qualitativen Unterschied zwischen den beiden Blöcken und Systemen. Eine absolute Gleichsetzung der Blöcke, wie sie von Autoren der sowjet-marxistischen Richtung unterstellt wird (*Wünsche* 1980: 39), hat die Blockfreienbewegung zu keinem Zeitpunkt propagiert (*Willetts* 1978). Die Unterstützung des Ostblocks für viele nationale Befreiungsbewegungen wertet sie hoch. Doch sie verschließt die Augen auch nicht vor machtpolitischen Ambitionen sozialistischer Staaten. Insbesondere sieht sie in dem Fortbestehen zweier einander gegenüberstehender hochgerüsteter Machtblöcke die zentrale Quelle internationaler Spannungen und der Kriegsgefahr. Bei ihrer Ablehnung des Blocksystems geht es der Blockfreienbewegung darum, „to totally rearrange international political and economic relations on the basis of equality" (*Grlićkov* 1979: 31) — während die sowjet-marxistische Richtung mit ihrer Argumentation zur Fortdauer der Blockpolitik und der damit verbundenen Belastung sozio-ökonomischer Entwicklungsprozesse beiträgt.
Im Lichte dieser revidierten Grundannahmen sind auch die von der sowjet-marxistischen Richtung freigiebig verwendeten Bezeichnungen „progressiv" und „reaktionär" oder „gemäßigt", die auf einer Zweiteilung der Welt beruhen, nicht mehr haltbar. Die Heterogenität der Blockfreienbewegung ist nach diesem differenzierten politisch-ökonomischen Erklärungsansatz Ausdruck der gesellschaftlichen Realität der Entwicklungsprozesse in der Dritten Welt, die Einschränkung der Blockkonfrontation und der Blockeinflüsse eine Bedingung ihrer freien Entfaltung. In dieser Sicht ist ein Land, das eine enge Anlehnung der Blockfreien an den Ostblock befürwortet, nicht als „progressiv" anzusehen. Dieser Auffassung zufolge verhält es sich umgekehrt: „Die sogenannten gemäßigten Standpunkte sind wirklich der radikalste Standpunkt gegen jede Art der Fremdherrschaft und für die Herstellung einer neuen gleichberechtigten internationalen Ordnung, weil diese Standpunkte die breiteste Front der blockfreien und anderer Länder im Kampf für die Ziele und Prinzipien der Blockfreiheitspolitik zusammenfassen und vereinigen."[5]

2.3. Kommunikation und Universalität

Im Rahmen einer bipolaren oder einer multipolar aufgelockerten bipolaren Weltordnung ist der Handlungsspielraum der Blockfreienbewegung begrenzt durch die Akteure, die darin Macht ausüben. Erklärungsansätze, die stärker die Macht, wie auch immer begründet, der einen oder der anderen Großmacht hervorheben bzw. das Machtmonopol beider, sind sich in der untergeordneten Rolle, die sie den Blockfreien in der Weltpolitik zuweisen, auffälligerweise einig. Von Autoren aus der Dritten Welt ist die Theorie internationaler Beziehungen, die diese Erklärungsansätze hervorgebracht hat, als „loaded in favour of the North" kritisiert worden, da dort historisch militärische und wirtschaftliche Macht angesiedelt sei und gegen den Süden, der solche materielle Macht nicht besitzt, eingesetzt werde. „The discipline itself thus performs the role of a functional ideology for the perpetuation of the dominance of the North over the South. The accent on material power has also led to the depreciation of the cultural, subjective and human factors in the relations among countries and nations" (*Bandyopadhyaya* 1982: 5). Von einigen westlichen Autoren wird der machttheoretisch begründete Erklärungsansatz der Blockfreiheit ebenfalls kritisiert (*Willetts* 1981: 41 ff.).

Dem hält *Bandyopadhyaya* ein alternatives Erklärungsmodell entgegen, das die Blockfreien zu verwirklichen suchen. Er schreibt, „that the kind of politics in which the nonaligned states are engaged is a new kind of politics which is based essentially on the futuristic paradigm of communication, rather than on the traditional paradigm of power" (*Bandyopadhyaya* 1982: 231).

Kommunikation in einer bipolaren Weltordnung, in der Macht Ungleichheit konstituiert, ist vornehmlich Kommunikation ohne feedback. Blockfreiheit strebt dagegen Beziehungen der Gleichheit an, die durch Kommunikation mit feedback sowie Kooperation statt Konflikt charakterisiert sind (*Große-Jütte* 1979). Es geht dabei nicht allein um die Entwicklung von Beziehungen innerhalb der Blockfreienbewegung und zwischen den Ländern des Südens insgesamt nach diesem Prinzip. *Burton*, der schon in den 60er Jahren diesen Erklärungsansatz in die Diskussion einbrachte, sah in dem Kommunikationsmodell der Blockfreiheit auch ein zukünftiges Modell für das gesamte internationale System, eine generelle Verhaltensnorm für die internationalen Beziehungen (*Burton* 1965).

In diesem Sinne ist Blockfreiheit ein universelles Konzept, auch wenn die Bewegung in erster Linie aus dem Nord-Süd-Konflikt hervorgegangen ist, ihre Anliegen großenteils daher ableitet und ihre Mitglieder vor allem aus der Dritten Welt stammen. Es ist ja kein Zufall, wenn in einer von Machtblöcken dominierten Weltordnung die Armen und Machtlosen sich mit dem Ziel der Neustrukturierung der internationalen Beziehungen zusammenfinden. Ein Indikator für den universellen Anspruch ist aber die Vollmitgliedschaft von drei europäischen Staaten (Jugoslawien, Malta, Zypern) in der Bewegung. Beachtlich ist ferner die Zahl europäischer Staaten, die als Gäste an den Gipfelkonferenzen der Blockfreien teilnehmen.[6] Von Bedeutung ist nicht zuletzt auch die Zusammenarbeit der „N+N"-Gruppe, der Blockfreien und Neutralen, im Rahmen der KSZE (*Ross* 1983).

Das System von Kommunikation und Kooperation, das Blockfreiheit anstrebt, ist ein langfristiges Ziel. Es kann nur durch Überzeugungsarbeit, durch die „moralische Kraft" der Blockfreien, von der oft die Rede ist, befördert werden. Dazu ist die Suche nach dem Dialog mit allen relevanten Kräften im internationalen System (Staaten, Bewegungen, internationale Organisationen) unabdingbar, vor allem auch mit den Großmächten, die für das Wettrüsten und die Blockkonfrontation verantwortlich sind. Die Initiativen der Blockfreien seit ihrem Bestehen, insbesondere im Rahmen der UNO, zu brennenden Fragen der Weltpolitik (Abrüstung, Weltwirtschaft) einen Dialog zu führen, stehen in diesem Zusammenhang.

Die Erhöhung der Transparenz des Systems ist selbst Teil des Prozesses, um den Fluß von Informationen und Wissen sowie die Verbreitung von Ideen zwischen den Ländern der Dritten Welt zu verbessern und vom Norden mehr feedback zu erreichen. Kommunikation erstreckt sich dabei ebenso auf die Bereiche wirtschaftlicher, technischer und kultureller wie auf die politische Kooperation. Der Ausbau der technischen Infrastruktur (Transportverbindungen, Post- und Fernmeldewesen) ist zudem eine wichtige Bedingung für den Ausbau der Kommunikation in der Dritten Welt. Daß Kommunikation in weiten Teilen noch vom Norden kontrolliert wird, ja in manchen Bereichen entscheidend zu seiner Machtposition beiträgt (Medien, Technologietransfer), erschwert die Erhöhung der Transparenz des Systems erheblich.

Die Heterogenität der Blockfreienbewegung, die dem Interesse der einzelnen blockfreien Länder entspricht, souverän über ihre eigene politische und ökonomische Entwicklung zu bestimmen, ist im Kommunikationsmodell der Blockfreiheit, das ein offenes System postuliert, aufgehoben — anders als in den zuvor diskutierten machtorientierten Erklärungsansätzen. Das gilt sowohl für die Koexistenz von Nationen mit verschiedenen Ideologien, politischen Systemen, Entwicklungsstrategien als auch für die Zulässigkeit der Mitgliedschaft in anderen Gruppen wirtschaftlicher Zusammenarbeit (z. B. ASEAN, ECOWAS), regionalen oder politischen Organisationen (z. B. OAU, Arabische Liga) — mit Ausnahme von Militärbündnissen, die im Zusammenhang mit dem Konflikt der Großmächte stehen (*Bandyopadhyaya* 1982: 233). Solche überlappenden Mitgliedschaften der blockfreien Länder, die teilweise auch Nord-Süd-Beziehungen beinhalten (z. B. Lomé-Abkommen, Commonwealth), können erheblich zur Kommunikation im internationalen System beitragen. Die gleichberechtigte Teilnahme armer und machtloser Staaten an den internationalen Beziehungen ist das Ziel, das das Kommunikationsmodell der Blockfreiheit dem durch Machtblöcke dominierten Weltsystem, in dem dies verhindert wird, entgegenhält.

Es ist deutlich geworden, daß dieser Erklärungsansatz der Blockfreiheit eine dauerhafte eigenständige Funktion in der internationalen Politik zuweist. Ob sie diese erfüllen kann, hängt jedoch davon ab, ob die Blockfreienbewegung sich gegen die bestehende Weltordnung, deren Mächte nicht untätig sind, ihr System zu verteidigen, durchsetzen kann. Im Sinne des Kommunikationsmodells verlangt dies von der Bewegung, insbesondere aber auch von den einzelnen blockfreien Ländern, daß sie sich entsprechend der alternativen Norm der Blockfreiheit, den Prinzipien der friedlichen Koexistenz, die die Bewegung wiederholt bekräftigt hat, verhält. *Burton* hat Zweifel angemeldet, ob viele das tun.

"Nonalignment requires behaviour according to one model; in practice the new states are behaving very much in accordance with the model they rejected when they claimed to be nonaligned. ... Are not the nonaligned states apt to fall into the same power trap as great powers because of their adoption of the same traditional concepts of world society?" (*Burton* 1969: 267).

Burton geht zwar nicht auf die Einflußnahme der Großmächte auf blockfreie Länder aufgrund bestehender Abhängigkeitsbeziehungen ein bzw. auf den Rückgriff einzelner Blockfreier auf befreundete Großmächte, d.h. auf die wechselseitigen Beziehungen im Nord-Süd-Verhältnis und den Widerspruch zwischen beiden Modellen, dennoch beschreibt er das Phänomen, das die Durchsetzung der Blockfreiheit erschwert. Auch sein Hinweis darauf, daß interne Stabilität einer Regierung erst die Stärke gibt, eine unabhängige, blockfreie Außenpolitik zu verfolgen, ist von Bedeutung (*ebda*: 268). Hier läßt sich eine Verbindung zum erwähnten politisch-ökonomischen Ansatz von *Grličkov* ziehen, der ebenso die Bedeutung erfolgreicher interner sozio-ökonomischer Entwicklung für die Stärkung der Blockfreiheit hervorgehoben hat. Dennoch muß der Einfluß des bestehenden machtorientierten Systems zur Erklärung von Abweichungen mancher blockfreier Länder von der Norm des Kommunikationsmodells ebenfalls hoch gewichtet werden.

Bandyopadhyaya ist sich selbst des Widerspruchs zwischen dem idealtypischen Kommunikationsmodell und der Realität der von den Großmächten dominierten Weltordnung bewußt. Obwohl die Verhaltensnormen des Kommunikationsmodells es vorsehen würden, glaubt er nicht, daß „voluntary transfer of resources from the North to the South, conferences, dialogues and negotiations" zu einer neuen Weltordnung führen werden. Vielmehr hält er auf der Nord-Süd-Ebene Konfrontation, „a global struggle", d. h. die Ausübung von Macht mit den dem Süden zur Verfügung stehenden Mitteln, für unvermeidbar. Kooperation zwischen den Ländern des Südens werde auch die Grundlage für diese Konfrontation stärken (*Bandyopadhyaya* 1982: 5—6, 123 ff.).

Es dürfte realistisch sein, davon auszugehen, daß die Blockfreienbewegung, wenn sie an dem Ziel des Kommunikationsmodells festhält, auf dem Weg dahin auf Aktionsformen, die durch die gegenwärtige Weltordnung vorgegeben sind, nicht völlig verzichten kann. So schreibt *Berg*:

"Véritable groupe de pression en vue d'obtenir un complet rééquilibrage des rapports internationaux, le mouvement du non alignment représente aussi l'espoir d'un nouveau système mondial dans lequel le concept traditionnel de puissance ferait peu à peu place à de nouveaux modes de coopération" (*Berg* 1980: 165).

Mit dem Ziel im Auge, den Pfeil abschießen! — so könnte die Devise der Blockfreien lauten.

3. Das Internationale System und die Entwicklung der Blockfreienbewegung

Die Blockfreienbewegung ist ein Produkt der weltpolitischen Entwicklung nach dem II. Weltkrieg. Wie die Bewegung jedoch in diesen Entwicklungsprozeß einzuordnen ist, wird von den erörterten Erklärungsansätzen durchaus unterschiedlich eingeschätzt.

Strittig ist nicht die enge Wechselwirkung ihrer Entwicklung mit dem Ost-West-Konflikt, der seit 1945 die Weltpolitik dominiert hat, wohl aber das konkrete Verhältnis beider. Von einer weitgehenden Abhängigkeit vom Ost-West-Konflikt gehen die Erklärungen der Blockfreiheit als Funktion des Kalten Kriegs bzw. als Funktion der Erstarkung des sozialistischen Lagers aus. Ob gerade diese Perzeptionen der Blockfreiheit einer Überprüfung durch die Realität standhalten, berührt die zentrale Frage, ob die Blockfreien als eigenständiger Akteur in der Weltpolitik anzusehen sind oder als Bauern auf dem Schachbrett der beiden Supermächte.
Der Kalte Krieg wirkte sich Anfang der 60er wie erneut zu Beginn der 80er Jahre in der Dritten Welt aus. Mit Kisangani (Stanleyville) 1964 und Grenada 1983 gibt es sogar zwei Ereignisse, die sich in frappierender Weise ähneln: Von den USA, in Kisangani zusammen mit Belgien, durchgeführte militärische Landeoperationen, die vordergründig durch die Rettung des Lebens weißer Menschen gerechtfertigt wurden, in erster Linie aber der Beseitigung ‚radikaler' politischer Kräfte und geopolitisch der Eindämmung einer behaupteten sowjetischen Gefahr dienten.[7] Derartige Übergriffe haben der Blockfreienbewegung vorgeführt, wie ohnmächtig sie noch immer ist. Resignation oder Radikalisierung sind die Folgen und beide schwächen die Bewegung eher, als daß sie sie stärken. „The Movement's difficulties during the decline of Détente demonstrated once more the fallacy of the argument that Nonalignment thrives on East-West tensions, and weakens with the lessening of tensions" (*Mates* 1983: 261).
Den größten Aufschwung nahm die Bewegung in der Tat, als die Entspannung, nach Anfängen seit 1963, mit der Unterzeichnung von SALT I 1972 ihren Höhepunkt erreichte — in einer Zeit also, in der ihre Funktion, dem machttheoretischen Erklärungsansatz zufolge, weitgehend entfallen war.
Geht man von der Genese der Blockfreiheit aus, so ist sie zwar immer vom Ost-West-Konflikt und seinem Verlauf beeinflußt worden, hervorgegangen ist sie aber aus der für die Dritte Welt wichtigsten Entwicklung im internationalen System nach 1945, der anti-kolonialen Unabhängigkeitsbewegung. „Mit der Befreiung vom Kolonialismus entstand die Blockfreiheit", erklärte *Indira Gandhi*, Indiens Ministerpräsidentin (*Gandhi* 1983: 8), und zwar weil die neuen Staaten in der Weltpolitik sich selbst behaupten wollten und eine eigenständige Rolle suchten. Die Afro-Asiatische Konferenz von Bandung 1955, ein Vorläufer der Blockfreienbewegung, stand ganz im Zeichen des erwachenden nationalen Selbstbewußtseins der Staaten des Südens (*Sasse* 1958). Die Verteidigung der nationalen Souveränität und die Stärkung der politischen und wirtschaftlichen Unabhängigkeit auf der Grundlage der (schon in Bandung formulierten) Prinzipien der friedlichen Koexistenz sowie die Unterstützung nationaler Befreiungsbewegungen waren somit die Ziele, um die sich die Blockfreien 1961 auf ihrer 1. Konferenz in Belgrad zusammenschlossen. Die Ablehnung der Militärblöcke der Großmächte war eine Funktion dieser Ziele, in denen die Demokratisierung der internationalen Beziehungen, das Modell der Kommunikation und Kooperation als Fernziel bereits enthalten war. Die Blockfreienbewegung stellt sich so primär als Träger positiv formulierter politischer Ziele im internationalen System dar, die von den Mitgliedern als in ihrem eigenen nationalen Interesse liegend mit getragen werden, und erst in zweiter Linie durch die negative Abgrenzung von den Machtblöcken.[8]

Nach der erfolgreichen Konferenz in Belgrad 1961 hatten die Blockfreien allerdings Mühe, die gemeinsame Grundlage ihrer Politik zu präzisieren.[9] Radikale Positionen des Antikolonialismus, vom „Tiermondisme" der frühen 60er Jahre beeinflußt, standen der langfristiger angelegten Politik der „aktiven friedlichen Koexistenz" gegenüber. Nach dem 2. Blockfreiengipfel in Cairo intensivierten Indonesien, Pakistan und China ihre Bemühungen, eine 2. Bandung-Konferenz 1965 in Algerien durchzuführen. Besonders Indonesiens Staatschef *Sukarno* wollte dort sein Konzept der „new emerging forces" (*Modelski* 1963), das in eine Art radikale Gegen-UNO einmünden sollte, propagieren. Die Vorbereitungen wurden durch den voll entbrannten sino-sowjetischen Konflikt erheblich belastet, da die Sowjetunion, die in Bandung 1955 nicht zugelassen war, nun als asiatisches Land teilnehmen, während China dies verhindern wollte. Beide suchten (und fanden) für ihre Sache Verbündete. Schließlich wurde die Konferenz sine die vertagt, da eine Einigung kaum möglich schien und zahlreiche Länder ihr Interesse an Bandung 2 verloren (*Kimche* 1973; *Schröder* 1968).

Wenn auch mit Mühe, hatte sich die Eigenständigkeit der Dritten Welt behauptet. Daß auch die Blockfreienbewegung in den folgenden Jahren dahindämmerte, ist aber gewiß auf die lähmenden Erfahrungen des Gerangels um Bandung 2, einschließlich der ungewollten Verwicklung in den sino-sowjetischen Konflikt, mit zurückzuführen. Die schädliche Auswirkung ‚radikaler' Positionen, insbesondere wenn sie von außen genutzt werden, um Einfluß zu gewinnen, auf die Bewegung ist hier bereits deutlich geworden — eine Parallele zu den Auseinandersetzungen in den späten 70er Jahren.

Erst 1970 gelang es, vor allem als Ergebnis der hartnäckigen Bemühungen Jugoslawiens, die 3. Gipfelkonferenz der Blockfreien nach Lusaka einzuberufen. Nach dem Ende der Euphorie der ersten Jahre der politischen Unabhängigkeit erschienen die wirtschaftlichen Probleme der Länder der Dritten Welt zunehmend als vorrangige Aufgabe. Die ungleiche Entwicklung im internationalen Wirtschaftssystem und die Kluft zwischen Norden und Süden hatten die Blockfreien schon von Beginn an aufgegriffen. Die Einberufung der Welthandelskonferenz (UNCTAD) 1964, die zu einer ständigen Spezialorganisation der UNO geworden ist, ging bereits auf ihre Initiative zurück. Die Lage der armen Länder verschlechterte sich indessen während der ersten Entwicklungsdekade weiter, so daß die Bereitschaft zu gemeinsamen Maßnahmen wuchs. Signalwirkung hatte die Erdölpreiserhöhung der OPEC-Staaten 1973, durch die ein reales Drohpotential des Südens sichtbar wurde und die in den Industrieländern eine Schockwirkung erzielte. Auf ihren verschiedenen Konferenzen seit Anfang der 70er Jahre erarbeiteten die Blockfreien ihre programmatischen Grundsätze zu internationalen Wirtschaftsfragen (Neue Weltwirtschaftsordnung, kollektive Selbständigkeit) und ihren konkreten Forderungskatalog (*Sauvant* 1981; *Khan/Matthies* 1978). Gleichzeitig wirkten sie als „katalysierende Kraft"[10] innerhalb der Länder des Südens, um auf Nord-Süd-Konferenzen eine gemeinsame Front der Armen zu errichten. So wurde auf der 6. Sondertagung der UNO-Vollversammlung 1974 die „Deklaration über die Errichtung einer Neuen Weltwirtschaftsordnung" verabschiedet.

In dieser Phase begriffen die Blockfreien ihre Rolle im internationalen System in starkem Maße in Abhängigkeit von ihrer Verhandlungsmacht, die, wenn überhaupt, nur durch ihre Einheit hergestellt werden konnte. Nur „reason and morality", so

argumentierte Tanzanias Präsident *Nyerere*, reichten nicht aus, die Dritte Welt solle sich als „Trade Union of the Poor" begreifen, deren Verhandlungstaktik Dialog und Konfrontation einschließe (*Nyerere* 1979 a: 7—8). Diese Aussage kann so gedeutet werden, daß das Kommunikationsmodell der Blockfreiheit, auch wenn es das Fernziel bleibt, abstrakt ist und die Blockfreien in der Realität nicht umhinkönnen, sich auf das zu ihrem Nachteil strukturierte Machtsystem einzulassen.
Noch pragmatischer formuliert es *Mortimer*: „The Third World has every right to appeal to moral sensibilities, but the rich states are likely to be influenced only by power. ... Solidarity within the Third World ... is a strategy of empowerment in a balance of power system." Für ihn reduziert sich das Ziel auf die Herstellung eines neuen multipolaren Systems, in dem die Dritte Welt „as a separate pole in international politics" auftreten könnte (*Mortimer* 1980: 5, 40, 41).
Die Verhandlungsmacht der Dritten Welt erwies sich jedoch als begrenzt. Nach den anfänglichen Erfolgen ist dem Nord-Süd-Konferenzkarussell seit Mitte der 70er Jahre zunehmend die Luft ausgegangen. Je größer die eigenen wirtschaftlichen Probleme wurden, desto weniger waren die Industrieländer bereit, auf die Forderungen der Dritten Welt einzugehen. Indessen verschlechterte sich die Lage der armen Länder drastisch weiter. In dieser Phase der Stagnation des Nord-Süd-Dialogs wird auf den Blockfreienkonferenzen die Tendenz erkennbar, in umfangreichen Beschlüssen altbekannte Forderungen zu wiederholen. *Mates* spricht vom Übergang von einer „wirklichen Dynamik" zu einer nach innen gerichteten „Scheindynamik", in der sich die Probleme der Bewegung zu Beginn der 80er Jahre widerspiegeln (*Mates* 1982: 236).
Für die blockfreien und anderen Entwicklungsländer sind Wirtschaftsprobleme zentrale politische Fragen. Insofern ist es angebracht, an dieser Stelle nochmal den Erklärungsansatz aufzugreifen, nach dem Blockfreiheit eine Funktion des Erstarkens des sozialistischen Lagers, der Sozialismus mithin der „natürliche Verbündete" der Blockfreien sei. Allein schon die Thematisierung der Nord-Süd-Wirtschaftsbeziehungen ist Ausdruck der eigenständigen Initiative der Blockfreien. Bei den UNO-Verhandlungen darüber sucht der Osten den propagandistischen Erfolg als Verbündeter des Südens im Kampf gegen den Westen. Sobald es aber um konkrete Forderungen geht, weist der Ostblock jedes Zugeständnis weit von sich, da nur der Westen historisch für die Unterentwicklung des Südens verantwortlich sei (*Damus* 1983: 84). Selbst wenn er wollte, wären die Mittel der RGW-Staaten, Wirtschaftshilfe zu leisten, begrenzt. So bietet der Osten den Ländern der Dritten Welt keine reale Alternative bei der Lösung ihrer Wirtschaftsprobleme — nur ideologische Losungen, mit denen sie nichts kaufen können.[11]
Auch in anderen politischen Fragen läßt sich die Blockfreienbewegung nicht zum Erfüllungsgehilfen des Ostblocks machen. Zwar haben seit Mitte der 70er Jahre einige neue Mitglieder, die die These des „natürlichen Verbündeten" vertreten, zusammen mit Kuba erneut eine Radikalisierung in die Bewegung hineinzutragen versucht, bewirkt haben sie indessen keine Stärkung, sondern eine zeitweilige Lähmung (*Fritsche* 1983 a).
Die Vorstellung, eine Stärkung des Sozialismus bedeute zugleich auch eine Stärkung der Blockfreienbewegung, beruht offenbar auf einer falschen Einschätzung der politischen Ökonomie der blockfreien Länder in ihrer Heterogenität.

Eine emphatische Bekräftigung ihrer Politik der Unabhängigkeit von beiden Supermächten war für die Mehrheit der Blockfreien die sowjetische Besetzung Afghanistans Ende 1979. Afghanistan 1979 und Grenada 1983 stehen seither stellvertretend für den Imperialismus bzw. Hegemonismus der USA bzw. der Sowjetunion. Bei den jährlichen Resolutionen der UNO-Generalversammlung stimmte nur eine gleichbleibend kleine Zahl von zwischen 9 und 14 blockfreien Staaten mit dem Ostblock gegen die Forderung nach „Abzug der ausländischen Truppen aus Afghanistan."[12] Das Mißtrauen vieler Blockfreier gegen die Gefolgsleute der Sowjetunion in der Bewegung manifestierte sich 1979 ebenfalls in der UNO-Generalversammlung, als Kuba, das nach der Gipfelkonferenz in Havanna gerade erst den Vorsitz der Bewegung übernommen hatte, auch nach 154 (!) Wahlgängen nicht die erforderliche Mehrheit für seine Kandidatur für einen Sitz im Sicherheitsrat erhielt. Auch ein Jahr später scheiterte Kuba mit seiner Kandidatur für den Sicherheitsrat (*Engel* 1981: 488).

Das Bestreben der Blockfreienbewegung war immer darauf gerichtet, grundsätzlich Distanz zu den Machtblöcken zu halten (*Matthies* 1983: 15, 27 ff., 31). Dies bedeutet jedoch keine Äquidistanz, denn eine solche Festlegung würde die Blockfreien daran hindern, im konkreten Fall ihre Position zu internationalen Fragen festzulegen. Distanz halten bedeutet auch nicht den Verzicht auf Zusammenarbeit mit den Blockmächten. Im Gegenteil, der Dialog mit ihnen wird gesucht. Wenn dennoch einzelne Mitglieder der Bewegung auf die Bewahrung der Äquidistanz pochen, dann um ausdrücklich ihre Ablehnung einer bevorzugten Beziehung der Blockfreien zum Ostblock kundzutun. Darin kommt die Auffassung zum Ausdruck, daß der sowjet-marxistische Erklärungsansatz der Blockfreiheit letzten Endes nur als ideologische Rechtfertigung der Machtpolitik des Ostblocks dient.

4. Einheit und Heterogenität der Blockfreienbewegung

Eine so große Gruppe von Ländern, wie sie die Blockfreienbewegung umfaßt, weckt zwangsläufig das Interesse anderer Akteure in der internationalen Politik, insbesondere der Blockmächte. Versuche, auf sie Einfluß zu gewinnen und/oder ihren Einfluß zu beschneiden, bleiben ebenso nicht aus. Dem setzt die Bewegung ihre eigenen Ziele entgegen. Eine entscheidende Bedingung ihres Erfolges ist dabei die Geschlossenheit ihres Auftretens. Gerade die Einheit der Blockfreienbewegung ist aber seit Ende der 70er Jahre Belastungen ausgesetzt gewesen.

Der übergreifende Begriff der „Dritten Welt", der auch die Blockfreienbewegung oder die Gruppe der 77 als die umfassendsten Zusammenschlüsse von Ländern des Südens in den Nord-Süd-Beziehungen weitestgehend, wenn nicht vollständig abdeckt und auch in diesem Aufsatz verwendet worden ist, ist verschiedentlich als unbrauchbar kritisiert worden. Als Grund wird der „Differenzierungsprozeß in der Dritten Welt" angeführt (*Menzel* 1983), der mithin auch von Einheit der Dritten Welt oder, in unserem Fall, der Blockfreienbewegung zu reden ausschließe. In diese Aussage geht eine grundlegende Prämisse mit ein, die lautet, der Begriff *die* Dritte Welt unterstelle, daß es sich „um eine homogene Gruppe von Staaten" handele, oder: „Die Homogenität der Dritten Welt ist eine Fiktion" (*Menzel* 1983: 31; *Eikenberg* 1983: 166). Tatsächlich wird in der Literatur über die Dritte Welt überwiegend mit der genau entgegengesetzten Prämisse gearbeitet, „nobody has ever pretended that the Third World as a group of nations is perfectly homogenous" (*Abdalla* 1978: 19). Nachzuweisen, daß die Dritte Welt nicht homogen ist, ist wenig mehr als ein Schattengefecht. Sie ist per definitionem heterogen, und zu fragen ist, ob unter dieser Prämisse die angestrebte Einheit im Nord-Süd-Konflikt Bestand haben kann, welches die Grundlagen dafür sind und welche Veränderungsprozesse stattfinden.

Der Begriff der Dritten Welt kam im Zusammenhang mit dem Entkolonisierungsprozeß der Nachkriegszeit auf und brachte den politischen Selbstbehauptungswillen der neuen Staaten zum Ausdruck, anfangs durchaus mit revolutionärer Perspektive („tiersmondisme"). Später wurde er, als die Frage der wirtschaftlichen Unabhängigkeit in den Vordergrund rückte, ausgeweitet und in den Zusammenhang des Nord-Süd-Dialogs gestellt (*Nohlen/Nuscheler* 1982). Der Begriff blieb weiterhin primär politisch bestimmt, umfaßt heute aber ein breiteres Spektrum von Ländern. Als Gemeinsamkeiten der Länder der Dritten Welt — trotz unterschiedlicher Ideologien, politischer Systeme, Sozialstrukturen, kultureller Traditionen, Entwicklungsniveaus, natürlicher Reichtümer und geographischer Lagen — werden die koloniale Vergangenheit sowie wirtschaftliche und technologische Unterentwicklung und Armut genannt. Dazu kommt, in den Worten *Nyereres*, daß „the Third World consists of the victims and the powerless in the international economy" (*Nyerere* 1982: 4). Auch die OPEC-Staaten zählt er ausdrücklich dazu, denn obwohl sie nach 1973 vorübergehend ihre Macht gezeigt haben, reichte sie nicht aus, um wirkliche Veränderungen im System herbeizuführen. Ein weiterer Gedanke *Nyereres* verdient Erwähnung, da er die Nähe seines Begriffes der Dritten Welt zur Blockfreienbewegung aufzeigt, nämlich die Betonung des subjektiven Faktors: „A country has to decide for itself that it is a member of the Third World" (*Nyerere* 1982: 4). Tatsächlich hat sich eine wachsende Zahl von Ländern der Dritten Welt der Bewegung angeschlossen, im Zuge des Nord-Süd-Dialogs über eine Neue Weltwirtschaftsordnung auch zunehmend lateinamerikanische, die vor 1970 mit Kuba nur ein Mitglied in der Bewegung hatten.[13]

In seiner Begründung des „generalistic" im Gegensatz zum „differentiated approach" zum Begriff der Dritten Welt argumentiert *Muni*, unter ausdrücklicher Bezugnahme auf die Blockfreiheit, daß das Gemeinsame der Länder der Dritten Welt in ihren im Vergleich zu den Industriestaaten des Westens und des Ostens alternativen Entwicklungsbedingungen liege. Analog zu dem oben erwähnten differenzierten politisch-ökonomischen Erklärungsansatz leitet er Blockfreiheit sogar von daher ab. Blockfreiheit sei, so schreibt er, „essentially a reflection of the dynamics of internal development in Third World countries which is evolving a pattern distinct from the capitalist and communist models" (*Muni* 1980: 24).

Die Ergebnislosigkeit des Nord-Süd-Dialogs verweist die Länder der Dritten Welt gewiß zunehmend auf alternative eigene Entwicklungsstrategien. Aber in der Frage „eines" (und nicht vieler) alternativer Entwicklungswege schießt *Muni* über das Ziel hinaus. Der Weg, den die Blockfreienbewegung propagiert, ist durch Vielfalt gekennzeichnet. „ ... Another Development is not a unique set of recipes to be applied everywhere. On the contrary, its essence is precisely to avoid standardization and uniformity ..." (*Abdalla* 1978: 20). Diese Vielfalt, die sich ja nicht nur auf den Entwicklungsweg beschränkt, macht die Wahrung der Einheit der Dritten Welt und der Blockfreienbewegung allerdings schwieriger. Abhängig ist die Einheit von den grundlegenden Gemeinsamkeiten, die in der Geschichte und Struktur der Nord-Süd-Beziehungen begründet liegen, und der Perzeption der einzelnen Länder von ihrer Rolle in den internationalen Beziehungen. Solidarität und nationales Interesse auf einen Nenner zu bringen, ist dabei die sich ständig neu stellende Aufgabe. „The push of solidarity versus the pull of national interests has determined the starts and halts of the gradually emerging Third World movement since 1955. ... (T) his tension has recurred since the consolidation of the coalition as a consequential actor in 1973" (*Mortimer* 1980: 2). Belastungen der Einheit der Blockfreienbewegung sind seit Ende der 70er Jahre vor allem durch den Streit über die grundsätzliche Ausrichtung der Bewegung, durch die sich auftürmenden Wirtschaftsprobleme in der Dritten Welt, durch wachsende Süd-Süd-Differenzierungen sowie durch politische Konflikte und Kriege in bzw. zwischen Mitgliedsländern entstanden.

Der Grundsatzstreit wurde durch die Vertreter der These des „natürlichen Verbündeten", insbesondere von Kuba, in die Bewegung hineingetragen. Auf der Außenministerkonferenz 1978 und dem Gipfeltreffen in Havanna 1979 wurde die Kontroverse offen ausgetragen. Sie wurde zugunsten der seit 1961 tradierten Prinzipien der Bewegung entschieden, die Tanzanias Präsident *Nyerere* in Havanna auf die griffige und seither oft zitierte Formel brachte, die Bewegung habe keine „permanent enemies or permanent friends — let alone natural ones. But I am sure that it has permanent interests" (*Nyerere* 1979 b: 3). Dennoch hatte die Kontroverse, ähnlich wie die Diskussion um die (inhaltlich allerdings anders gelagerten) radikalen Strömungen Anfang der 60er Jahre, eine zeitweilige Lähmung der Bewegung zur Folge. Viel Zeit mußte aufgewendet werden, um Beschlußentwürfe von Kuba und seinen Freunden in ihrer radikalen Rhetorik zu mäßigen und konsensfähig zu machen. Die Konferenzen der Blockfreien waren so „more a drafting exercise than a deliberative process" (*Jaipal* 1983: 130). Ein Mitglied der Bewegung, Burma, erklärte sogar, weil es die Blockfreiheit verraten sah, seinen Austritt aus der Bewegung (*Misral* 1981). Nachdem Kuba aber auf dem Gipfeltreffen in Neu Delhi 1983 den Vorsitz der Bewegung turnusmäßig an Indien abgegeben hat, kann diese Grundsatzkontroverse als vorerst beendet angesehen werden, denn ohne den Vorsitz sind die Einflußmöglichkeiten der Minderheitsströmung um Kuba relativ begrenzt.

In bezug auf die Wirtschaftsprobleme der Dritten Welt ist es den Blockfreien und der Gruppe der 77 noch immer gelungen, auf dem Wege der Aggregation verschiedener Wünsche sich zu einigen und einen gemeinsamen Forderungskatalog in die Nord-Süd-Verhandlungen einzubringen. Doch die seit Jahren anhaltende Ergebnislosigkeit bei diesen Verhandlungen, während die wirtschaftliche Lage vieler Länder der Dritten Welt sich zusehends verschlechtert, kann nicht ohne Wirkung auf das Vertrauen in und den Stellenwert von kollektiven Verhandlungen bleiben. Wie der Versuch zahlreicher Länder, ihre Verschuldungsprobleme zu lösen, verdeutlicht, läßt sich nicht vermeiden, daß die ohnehin dominanten bilateralen Beziehungen der Entwicklungsländer zum

Norden weiter gefestigt werden — so wie es die Staaten des Westens ebenso wie die des Ostens wünschen, um die Einheit der Dritten Welt zu schwächen. Aus dem Stillstand des Nord-Süd-Dialogs — trotz der weiterlaufenden Konferenzdiplomatie (UNCTAD VI: 1983; UNIDO IV: 1984) — haben die Blockfreien bisher keinen Ausweg gefunden. Grundsätzlich besteht in der Bewegung Einigkeit darüber, daß die Stärkung der Stellung der Dritten Welt durch die intensivierte Süd-Süd-Kooperation entlang einer Strategie der „kollektiven Selbständigkeit" erreicht werden kann. Doch konnten bei der Umsetzung dieser Strategie bisher erst wenig konkrete Ergebnisse erzielt werden (*Matthies* 1982 b).

Zur größten Belastung des Zusammenhalts der Blockfreien sind in den letzten Jahren Konflikte in den eigenen Reihen geworden, insbesondere der nicht endenwollende Krieg zwischen Iran und Irak, der seit 1980 tobt, aber auch die Konflikte zwischen Vietnam und Kampuchea, Äthiopien und Somalia, Libyen und Tschad, um nur einige zu nennen. Oft sind von der Kolonialzeit hinterlassene Probleme, z. B. Grenzstreitigkeiten, der Anlaß dieser Konflikte, eskalieren tun sie aber meist auf Grund aktueller machtpolitischer Kalküle der beteiligten Herrschaftseliten. Eine weitere Verschärfung bringt das Eingreifen der Super- oder anderer äußerer Mächte mit sich, und sei es nur durch Waffenlieferungen (*Kende* 1982). Immer mehr Zeit verbringen die Blockfreien damit, sich mit aktuellen politischen Fragen zu befassen, bei denen zudem die Möglichkeit von Differenzen zwischen den Mitgliedern ungleich größer ist als bei den Grundfragen, deretwegen sie ursprünglich zusammengekommen sind.

Dabei sind die Einwirkungsmöglichkeiten der Bewegung zur Lösung kriegerischer Konflikte begrenzt. Ihre Ohnmacht wird am deutlichsten, wo die Supermächte direkt militärisch in einem blockfreien Land intervenieren, wie die Sowjetunion in Afghanistan 1979 und die USA in Grenada 1983. Sie ist jedoch auch in der Umsetzung des schon 1961 beschlossenen und seither immer wieder bekräftigten Prinzips der friedlichen Beilegung von Konflikten bei Kriegen zwischen Mitgliedsländern nicht zu übersehen. Die gescheiterten Vermittlungsbemühungen der Bewegung im Krieg zwischen Iran und Irak sind das deutlichste Beispiel (*Matthies* 1983: 55 ff.). Die Belastung derartiger Konflikte für die Einheit der Blockfreienbewegung ist offensichtlich. Sie wird größer, wenn blockfreie Länder aus Anlaß eines solchen Konflikts oder aus irgend einem anderen Grund militärische Beziehungen zu einer der beiden Supermächte aufnehmen oder dazu gedrängt werden, sie aufzunehmen. Es kann darüber hinaus kein Zweifel bestehen, daß Bruderkriege, Aufbau kostenaufwendiger Armeen und militärische Beziehungen zu den Blockmächten seitens mancher Mitgliedsländer die Glaubwürdigkeit der Bewegung, wenn sie für den Weltfrieden, gegen Kriegsgefahr und Aufrüstung, für weltweite Blockfreiheit eintritt, stark einschränken (*Nyerere* 1983).

Im Zusammenhang mit der Stärkung der Blockfreienbewegung: der Festigung ihrer Einheit, der Erhöhung ihrer Effizienz (z. B. bei den Nord-Süd-Verhandlungen), der Durchsetzung ihrer Prinzipien nach innen (z. B. friedliche Konfliktregelung), ist die Frage ihrer Organisationsform ein ständiges Thema. Der Heterogenität der Mitglieder entspricht die lockere Struktur der Bewegung. Ihre Institutionalisierung begann streng genommen erst 1970, als die dreijährige Periodizität der Gipfeltreffen und der dazwischen stattfindenden Außenministerkonferenz festgelegt wurden. 1973 wurde das

Koordinationsbüro eingerichtet, das jedoch kein Exekutivorgan ist.[14] Als ständiges Gremium tagt es seit 1976 auf Botschafterebene in New York. Anfangs hatte es 17 Mitglieder, 1976 in Colombo waren es 25, 1979 in Havanna wurde die Zahl auf 36, in Neu Delhi 1983 sogar auf 66 erhöht. Damit wird die Tendenz der Mitglieder der Bewegung verdeutlicht, möglichst wenig Aufgaben zu delegieren (*Fritsche* 1983 a: 34–5). Sich Institutionen zu geben, die eine Kontrolle bestimmter Verhaltensnormen innerhalb der Bewegung und möglicherweise sogar Sanktionsmacht bei Verstößen dagegen ausüben, würde die Bewegung in die Nähe eines Blocks oder einer Allianz bringen. Das widerspricht einerseits dem grundlegenden Ziel, eine blockfreie Weltordnung anzustreben, scheint aber andererseits auch nicht konsensfähig zu sein, da es dem höher bewerteten Prinzip der nationalen Souveränität zuwiderläuft (dagegen *Willetts* 1982: 341–2). Daher schlägt *Matthies* für die interne Konfliktlösung eine analoge Anwendung des Konzepts vertrauensbildender Maßnahmen vor. Sie würden darauf hinauslaufen, durch eine vielfältige Süd-Süd-Kooperation das Vertrauen zwischen potentiellen Kontrahenten zu stärken und so politische und ökonomische Zusammenarbeit mit sicherheitspolitischer Stabilität zu verbinden. Für ihn ist die Einhaltung der blockfreien Prinzipien durch die Mitglieder der Bewegung „offensichtlich weniger eine Frage adäquater Verfahren und/oder institutioneller Mechanismen als vielmehr eine Frage des politischen Willens der Mitgliedstaaten" (*Matthies* 1983: 69–72).

Vielleicht noch hartnäckiger wird die Frage der Organisationsform in Verbindung mit den Nord-Süd-Verhandlungen aufgeworfen. Die Besonderheit hier ist, daß es zunächst einmal um eine größere technische Effizienz der Dritten Welt bei internationalen Verhandlungen geht. Selbst einige blockfreie Staatschefs befürworten inzwischen die Einrichtung eines „Third World Secretariat" (*Nyerere* 1979 a: 11–2; 1982: 6 ff.). Es soll als technischer Stab nicht der Blockfreienbewegung, sondern der Gruppe der 77, die direkt an den Nord-Süd-Verhandlungen in der UNCTAD, UNIDO usw. beteiligt ist, zugeordnet werden. Bisher konnte sich die Gruppe der 77 jedoch nicht zu diesem Schritt entschließen.

Dies zeigt einmal mehr die Komplexität des Wechselverhältnisses zwischen Einheit und Heterogenität in der Blockfreienbewegung und der Dritten Welt. Die Einheit der Bewegung wird gewiß davon profitieren, wenn sie sich vor allem auf ihre grundlegenden Ziele (Entkolonisierung und nationale Unabhängigkeit, Neue Weltwirtschaftsordnung, Frieden und Abrüstung, Demokratisierung der internationalen Beziehungen), deren Realisierung langfristig angelegt ist, aber schrittweise angegangen werden muß, konzentriert, anstatt sich zunehmend in aktuellen politischen Konflikten zu zerstreiten und zu verschleißen, ohne sie lösen zu können (*Mates* 1982: 255, 272). Sicher wird in der Praxis eine so strenge Trennung von Aktionsbereichen nicht vorgenommen werden können. In der Gewichtung steckt jedoch auch die These, daß die Konzentration auf die langfristigen Ziele dem Erklärungsansatz des Kommunikationsmodells entspricht, während die aktuellen politischen Konflikte tendenziell die Gefahr der immer festeren Einbindung in die bestehende machtorientierte Weltordnung beinhalten, zu der die Blockfreienbewegung eine Alternative entworfen hat und in der die Blockfreiheit langfristig wohl keine Zukunft hat.

5. Schlußbemerkungen

Blockfreiheit und die Blockfreienbewegung entziehen sich einer einfachen Erklärung. Dazu ist die Bewegung zu vielschichtig. Dritter Block, Dritter Weg, Dritte Kraft — paßt eine dieser Bezeichnungen? Einen Dritten Block in einer nach wie vor von den beiden Machtblöcken der Supermächte dominierten Weltordnung verkörpert die Bewegung offensichtlich nicht. Ein Dritter Block zu werden, widerspricht explizit ihrem Selbstverständnis, aber es liegt auch nicht im Rahmen ihrer Möglichkeiten. Um eine Allianz zum gegenseitigen Schutz bei Angriffen von außen zu bilden, ist die Bewegung zu heterogen und militärisch zu schwach (*Nyerere* 1970: 4). Ansätze in dieser Richtung, z. B. auf dem Gipfeltreffen in Algier 1973, blieben daher unvermeidlicherweise folgenlos.

Einen wesentlichen Beitrag haben die Blockfreien geleistet, um die Nord-Süd-Beziehungen zu einem zentralen Bestandteil der Weltpolitik zu machen und die Belange der Dritten Welt in internationalen Wirtschaftsfragen zu artikulieren. Hier wird zu Recht von einer Koalition oder einer Front der blockfreien und anderer Entwicklungsländer, der Dritten Welt, zum Zwecke gemeinsamer Aktionen gesprochen. In diesen Zusammenhang sind auch die Bezeichnungen „Gewerkschaft der Armen" und internationale „pressure group" zu stellen. Die Gültigkeit dieser Charakterisierungen wird nicht beeinträchtigt von der Tatsache, daß der Nord-Süd-Dialog den Ländern der Dritten Welt bisher wenig greifbare Erfolge gebracht hat und sein gegenwärtiger Stillstand bei wachsenden Problemen der Entwicklungsländer die Einheit der Koalition erheblichen Belastungsproben aussetzt. Denn die Frage der Armut in der Dritten Welt bleibt auf der Tagesordnung der Weltpolitik, und ihr enger Zusammenhang mit der Sicherung des internationalen Friedens, den die Blockfreien auf ihrem Gipfeltreffen in Neu Delhi 1983 angesichts des neuen Kalten Krieges zwischen Ost und West hervorgehoben haben, wird kaum mehr bestritten.

Einen Dritten Weg beschreitet die Blockfreienbewegung in ihrer Entwicklung ebenfalls nicht. Es ist erneut die Heterogenität der Mitglieder der Bewegung, die eine solche Charakterisierung ausschließt. Allerdings begreifen nicht wenige einzelne blockfreie Länder ihren eigenen Entwicklungsweg als Dritten Weg zwischen Kapitalismus und Sozialismus. Andere aber sehen ihre Entwicklung entweder am westlichen oder am östlichen Modell orientiert. Gemeinsame Grundlage der Bewegung als Ganzes ist daher die Souveränität bei der Bestimmung des eigenen Entwicklungswegs und die Ablehnung oktroyierter ideologischer Modelle.

Die Bezeichnung Dritte Kraft jedoch impliziert, auch wenn sie vom sowjet-marxistischen Erklärungsansatz mit Drittem Weg gleichgesetzt und abgelehnt wird, etwas anderes. Hier geht es nicht um ideologisch begründete Entwicklungswege, sondern um eine neue Weltordnung. Der bestehenden bipolaren Weltordnung, in der die beiden Supermächte die Hegemonie anstreben bzw. mit ihren Machtblöcken gegeneinander ein „Gleichgewicht des Schreckens" errichten, setzen sie die Alternative einer Welt gleichberechtigter Beziehungen jenseits der Blöcke entgegen. In diesem Sinne läßt sich die Blockfreienbewegung durchaus als Dritte Kraft begreifen, und in der Friedensforschung wird dieser alternative Ansatz inzwischen zunehmend ernst genommen.

Es wäre jedoch gewiß einseitig, die Blockfreienbewegung auf die Idee einer auf Kommunikation und Kooperation aufgebauten Weltordnung, die der Konzeption der Blockfreiheit Universalität verleiht, zu beschränken. Von der Verhaltensnorm, die der neuen Weltordnung zugrundeliegen müßte, sind die meisten blockfreien Länder noch weit entfernt; zu sehr sind sie in die Machtverhältnisse der bestehenden Weltordnung verwickelt. Hieraus leiten sich denn auch ihre unmittelbaren Interessen an einer blockfreien Außenpolitik ab. Die materielle Grundlage der Blockfreiheit ist in erster Linie in der Kluft zwischen Nord und Süd, in der Ungleichheit in den internationalen politischen und wirtschaftlichen Beziehungen zu sehen. Indem sie sich zusammenschließen, streben die Blockfreien danach, das Gewicht des Südens zu vergrößern, im Rahmen ihrer begrenzten Möglichkeiten durch einheitliches Auftreten und kollektives Handeln auch Macht auszuüben. Blockfreiheit als Interessengruppe der Machtlosen, als ,,pressure group" der Armen, das entspricht zweifellos eher dem Selbstverständnis vieler blockfreier Länder.

Zwischen beiden Vorstellungen besteht indessen eine logische Verbindung insoweit, als die Gleichheit und Unabhängigkeit in der souveränen Selbstbestimmung des eigenen Entwicklungswegs, die die Blockfreien anstreben, die Einheit in der Vielfalt, die für sie heute schon charakteristisch ist, sich letzten Endes wohl erst durch eine Neustrukturierung der Weltordnung vollenden lassen. Es wird damit zu einer Bedingung des Erfolges der Bewegung und ihrer Mitglieder, daß sie bei ihren konkreten Aktionen das Ziel nicht aus den Augen verlieren.

Die Brisanz der Auseinandersetzung um die These des ,,natürlichen Verbündeten" der Minderheit der Bewegung um Kuba liegt auch in dieser Wechselbeziehung begründet. Denn ihre Linie der Anbindung der Bewegung an den Ostblock bedeutete ja, die Lösung der Probleme der blockfreien Länder im Bündnis mit einem Pol der bestehenden bipolaren Machtstruktur in der Welt und in der Veränderung des Machtgleichgewichts zugunsten des Ostblocks zu suchen. Das Ziel einer auf Kommunikation und Kooperation und nicht auf Macht aufbauenden Weltordnung wäre damit hinfällig.

Die Kontrahenten im Ost-West-Konflikt werden auf absehbare Zeit Dissens in die Bewegung hineintragen und sie durch eine jeweils partikulare Definition ,,echter" Blockfreiheit zu beeinflussen suchen (*Genscher* 1981: 322; 1984). Da die Stärke der Bewegung, ihre Einheit, nur als Einheit in der Heterogenität zu begreifen ist, werden sich Anknüpfungsmöglichkeiten dazu innerhalb der Bewegung immer wieder ergeben. Damit wird die Bewegung immer neuen Belastungen ausgesetzt sein. Es ist aber zugleich genau die Situation, deretwegen sie gegründet wurde und in der sie die Tragfähigkeit ihrer Konzeption der internationalen Beziehungen unter Beweis zu stellen hat. Soweit es ihr gelingt, in der Verfolgung der Grundanliegen ihrer Mitgliedsländer nach politischer Unabhängigkeit und wirtschaftlicher Selbständigkeit ihre Stellung und die Ablehnung der Blockkonfrontation zu stärken, wird die Blockfreienbewegung aber möglicherweise ihrerseits zur Einschränkung des Ost-West-Konflikts und zum Weltfrieden beitragen können. Da Lösungsansätze des Ost-West-Konflikts rar sind, ist die Blockfreienbewegung allein schon wegen dieser Möglichkeit als eine wichtige Größe in der Weltpolitik anzusehen.

Anmerkungen

1 Erfreulicherweise liefern die beiden aufschlußreichsten neueren Gesamtdarstellungen der Blockfreienbewegung, deren Autoren als Wissenschaftler mit Insider-Erfahrungen als Diplomaten ihrer Regierungen Jugoslawien bzw. Indien schreiben, überaus nüchterne Analysen und verzichten auf triumphalistische Einschätzungen. Vgl. *Mates* 1982; *Jaipal* 1983.
2 Die umfassendste Dokumentensammlung dieser Art ist: *Jankowitsch/Sauvant* 1978. In bisher 4 Bänden werden auf rund 2500 Seiten die Konferenzen bis 1977 erfaßt.
3 Diese Unterscheidung ist wichtig, da „eine Funktion von" eine direkte Abhängigkeit unterstellt, mithin nur eine begrenzte, abgeleitete Eigenständigkeit. Die nachfolgende Analyse der sowjet-marxistischen Position wird den Stellenwert dieser begrifflichen Unterscheidung nochmal verdeutlichen.
4 1978 erklärte *Castro* nochmals, die Bewegung solle „nicht eine amorphe, opportunistische, schwachbeinige Strömung, sondern eine anti-imperialistische, anti-kolonialistische und fortschrittliche Kraft" werden. *Castro* 1978. — Auf der Außenministerkonferenz der Blockfreien in Belgrad Ende Juli 1978 blieb seine Meinung erneut isoliert.
5 *M. Minić*, Mitglied des Präsidiums des BdK Jugoslawien, in: Internationale Politik (Belgrad), Heft 678—9, 15. 7. 1978.
6 Auf dem Gipfeltreffen in Neu Delhi im März 1983 waren es 8: Finnland, Österreich, Portugal, Rumänien, San Marino, Spanien, Schweden, Schweiz. — Zur aktuellen sicherheitspolitischen Diskussion über Blockfreiheit in Europa, vgl. *Große-Jütte/Jütte* 1983.
7 In Kisangani ging es um die im Osten und Norden des Kongo (heute: Zaire) gegen die Zentralregierung unter *Tschombé* kämpfende Widerstandsbewegung, die im Sept. 1964 eine Gegenregierung unter *Gbenye* ausgerufen hatte; in Grenada um die durch einen Putsch gegen die ebenfalls sozialistische Regierung *Bishops* gerade an die Macht gekommene *Coard*-Regierung. Vgl. *Congo* 1972: 295 ff.; *Stevens* 1976: 11 ff. (zum tatsächlichen Einfluß der Sowjetunion im Kongo). Zu Grenada vgl. *O'Shaughnessy* 1984.
8 Weil der Begriff „Blockfreiheit" eher das negative Element in den Vordergrund stellt, wurde schon öfter über einen geeigneten Begriff nachgedacht. Es wurde z. B. „aktive, friedliche Koexistenz" vorgeschlagen. Vgl. *Aćimović* 1969: 64. — Bisher blieb es aber immer bei „Blockfreiheit"/„nonalignment".
9 Für Gesamtdarstellungen der Entwicklung der Blockfreienbewegung vgl. vor allem die erwähnten Bücher von *Jaipal* 1983 und *Mates* 1982; ferner: *Matthies* 1984 b; *Engel* 1980; *Baumann* 1982; als Arbeitshilfe zudem unersetzlich: *Fritsche* 1984 (Ein Großteil der darin aufgeführten Titel ist in der Dokumentationsstelle Bewegung Blockfreier Staaten e.V. in Dortmund, Weißenburgerstr. 23 verfügbar).
10 Eine von den Blockfreien selbst gebrauchte Formel, um ihr Verhältnis zur „Gruppe der 77" zu charakterisieren.
11 Das haben auch der Sowjetunion ideologisch nahestehende Staaten inzwischen gemerkt, vgl. *Kühne* 1983.
12 Resolutionen ES — 6/2 vom 14. Jan. 1980, 35/37 vom 20. Nov. 1980, 36/34 vom 18. Nov. 1981, 37/37 vom 29. Nov. 1982 und 38/29 vom 23. Nov. 1983 der Generalversammlung der UNO.
13 1983 in Neu Delhi waren es 17 Mitglieder, 8 Beobachter und 1 Gast. Vgl. zur Lateinamerika-Problematik: *Furtak* 1980.
14 Zu erwähnen ist noch eine wachsende Zahl von funktionalen Arbeitsgruppen, die primär im Zusammenhang mit den N-S-Verhandlungen stehen. Zur Organisationsstruktur der Bewegung im einzelnen vgl. *Willetts* 1978: 36—43; *Jankowitsch/Sauvant* 1981: 49—56.

Literaturverzeichnis

Abdalla, I. S., 1978: Heterogeneity and Differentiation — the End for the Third World?, in: Development Dialogue, 1978: 2.
Aćimović, L. (Hrsg.), 1969: Nonalignment in the World of Today. International Symposium, Petrovaradin, 16.—18. Jan. 1969, Beograd.

Bandyopadhyaya, J., 1983: North over South. A Non-Western Perspective of International Relations, New Delhi/Madras.
Baumann, G., 1982: Die Blockfreien-Bewegung, Melle.
Berg, E., 1980: Non-alignment et nouvel ordre mondial, Paris.
Burton, J. W., 1965: International Relations. A General Survey, London.
Burton, J. W., 1969: Nonalignment and Contemporary World Politics, in: *L. Aćimović* (Hrsg.), Nonalignment in the World of Today. International Symposium, Petrovaradin, 16.−18. Jan. 1969, Beograd.
Castro, F., 1974: Rede auf der 4. Gipfelkonferenz der Blockfreien in Algier, Sept. 1973, in: The African Communist (London), no. 56, 1st Quarter.
Castro, F., 1978: Speech on July 26, 1978, in: Granma (Havanna), 6. 8. 78.
Clapham, C., 1977: Sub-Saharan Africa, in: *C. Clapham* (Hrsg.), Foreign Policy Making in Developing States. A Comparative Approach, Westmead, Farnborough, 76−110.
Les Fleurs du Congo, 1972, suivi de commentaires de *G. Althabe*, Paris.
Crabb, Jr., C. V., 1965: The Elephants and the Grass. A Study of Nonalignment, New York.
Damus, R., 1983: Sowjetische Außenpolitik und Dritte Welt: Theoretische Legitimation und ökonomische Interessen, in: Weltpolitik − Jahrbuch für Internationale Beziehungen 3, Frankfurt a. M./New York.
Eikenberg, A., 1983: Die Dritte Welt − Abschied von einer bequemen Vorstellung, in: Weltpolitik − Jahrbuch für Internationale Beziehungen 3, Frankfurt a. M./New York.
Engel, B., 1980: Von Belgrad (1961) bis Havanna (1979). Zur Entwicklung der Bewegung blockfreier Staaten. Berichte des Bundesinstituts für ostwissenschaftliche und internationale Studien, Nr. 45.
Engel, B., 1981: Die Bewegung der Blockfreien nach der sowjetischen Intervention in Afghanistan, in: Europa Archiv, Folge 16, 485−492.
Fritsche, K., 1983a: Tendenzwende in Neu Delhi? Das 7. Gipfeltreffen der Blockfreien, in: Aus Politik und Zeitgeschichte, B 18/83, 7. Mai, 21−37.
Fritsche, K., 1983b: Die Bewegung Blockfreier Staaten in sowjetischer Sicht, in Osteuropa, Heft 2.
Fritsche, K., 1984: Blockfreiheit und Blockfreienbewegung − Eine Bibliographie, Hamburg.
Furtak, R. K., 1980: Lateinamerika und die Bewegung der Blockfreien. Zur Frage einer Solidarisierung Lateinamerikas mit Afrika und Asien, Hamburg.
Gandhi, Indira, 1983: Eröffnungsrede in Neu Delhi im März 1983, in: Botschaft von Indien (Hrsg.), Gipfelkonferenz der Blockfreien, New Delhi.
Genscher, H. D., 1981: Deutsche Außenpolitik. Ausgewählte Grundsatzreden, Stuttgart.
Genscher, H. D., 1984: Rede vor der UNO-Vollversammlung am 26. Sept., in: Presse- und Informationsamt der Bundesregierung, Bulletin, Nr. 109, 28. 9. 1984.
Grličkov, A., 1979: Non-Alignment and Socialism as a World Process, Beograd.
Große-Jütte, A., 1979: Auswirkungen der Politik der Blockfreiheit in den internationalen Beziehungen: Von hierarchischen zu egalitären internationalen Entscheidungsstrukturen. XI. IPSA World Congress, Moskau 12.−18. 8. (unveröffentlichtes Manuskript).
Große-Jütte, A. und *R. Jütte*, 1983: Neutralität und Blockfreiheit in Europa, in: Aus Politik und Zeitgeschichte, B. 18/83, 7. Mai, 39−53.
Hacker, J., 1983: Neutralität, Neutralismus und Blockfreiheit, in: Aus Politik und Zeitgeschichte, B. 18/83, 7. Mai, 3−20.
Hütter, J., 1976: Einführung in die internationale Politik, Stuttgart.
Jaipal, R., 1983: Non-Alignment − Origins, Growth and Potential for World Peace, New Delhi.
Jankowitsch, O. und *K. P. Sauvant* (Hrsg.), 1978: The Third World without Superpowers: The Collected Documents of the Non-Aligned Countries, Dobbs Ferry, New York (4 Vols.).
Jankowitsch, O. und *K. P. Sauvant*, 1981: The Initiating Role of the Non-Aligned Countries, in: *K. P. Sauvant* (Hrsg.), Changing Priorities on the International Agenda. The New International Economic Order, Oxford.
Kende, I., 1982: Über die Kriege seit 1945, DGFK-Hefte, Nr. 16.
Khan, K. M. und *V. Matthies* (Hrsg.), 1978: Collective Self-Reliance: Programme und Perspektiven der Dritten Welt. Einführung und Dokumente, München.
Kimche, D., 1973: The Afro-Asian Movement. Ideology and Foreign Policy of the Third World, Jerusalem.
Korany, B., 1976: Social Change, Charisma and International Behaviour: Toward a Theory of Foreign Policy-making in the Third World, Leiden.

Kühne, W., 1983: Die Politik der Sowjetunion in Afrika, Baden-Baden.
Mates, L., 1982: Es begann in Belgrad. 20 Jahre Blockfreiheit, Percha.
Mates, L., 1983: The Movement of the Nonaligned States in the Field of East-West Tensions, in: *Deutsche Gesellschaft für Friedens- und Konfliktforschung* (Hrsg.), DGFK Jahrbuch 1982/83, Baden-Baden.
Matthies, V., 1982 a: Die Bewegung der Blockfreien — einige bibliographische Notizen, in: Verfassung und Recht in Übersee, 15, 2.
Matthies, V. (Hrsg.), 1982 b: Süd-Süd-Beziehungen. Zur Kommunikation, Kooperation und Solidarität zwischen Entwicklungsländern, München/Köln/London.
Matthies, V. 1983: Blockfreiheit als Sicherheitspolitik, München/Köln/London.
Matthies, V., 1984 a: Notgedrungener Pragmatismus der Blockfreien. Die 7. Gipfelkonferenz vom März 1983 in Neu Delhi, in: Jahrbuch Dritte Welt — 2, München.
Matthies, V., 1984 b: Die Blockfreien — Ursprünge, Entwicklung, Konzeption, Opladen i. E.
Menzel, U., 1983: Der Differenzierungsprozeß in der Dritten Welt und seine Konsequenzen für den Nord-Süd-Konflikt und die Entwicklungstheorie, in: Politische Vierteljahresschrift, 24, 1, 31—53.
Misra, K. P., 1981: Burma bids farewell to non-alignment, in: Asian Affairs, 12. Febr.
Modelski, G., 1963: The New Emerging Forces, Canberra.
Morgenthau, H. J., 1978[5]: Politics Among Nations, New York 1948.
Mortimer, R. A., 1980: The Third World Coalition in International Politics, New York.
Muni, S. D., 1980: The Third World: Concept and Controversy, in: *L. Wolf-Phillips* et al., Why 'Third World'? Third World Foundation Monograph 7, London.
Mushi, S. S. und *K. Mathews* (Hrsg.), 1981: Foreign Policy of Tanzania 1961—1981: A Reader, Dar es Salaam.
Neuhold, H., 1982: Non-Alignment: Some Basic Dilemmas and Difficult Choices, in: *B. Tadić* und *R. Petković* (Hrsg.), Non-Alignment in the Eighties, Belgrade.
Nohlen, D. und *F. Nuscheler*, 1982: Was heißt Dritte Welt?, in: *D. Nohlen* und *F. Nuscheler* (Hrsg.), Handbuch der Dritten Welt, Bd. 1, Hamburg, 11—24.
Nyerere, J. K., 1970: Non-Alignment in the 1970s. Rede auf der Vorbereitungskonferenz zum Gipfeltreffen von Lusaka, Dar es Salaam, April.
Nyerere, J. K., 1979 a: Unity for a New Order. Address to the Group of 77, Arusha, 12 th Feb.
Nyerere, J. K., 1979 b: Speech to the Non-Aligned Conference at Havana, NAC/CONF., 6/DISC. 17; Sept. 5.
Nyerere, J. K., 1982: South-South Option. Third World Lecture, London.
Nyerere, J. K., 1983: Non-alignment and its future prospects, in: India Quarterly, 39, 1.
O'Shaughnessy, H., 1984: Grenada: Revolution, Invasion and Aftermath, London.
Prasad, B., 1982: The Future of the Non-Aligned Movement, in: *B. Tadić* und *R. Petković* (Hrsg.), Non-Alignment in the Eighties, Belgrade.
Rajan, M. S., 1981: The Concept of Non-Alignment and the Basis of Membership of the Movement, in: *K. P. Misra* und *K. R. Narayanan* (Hrsg.), Non-Alignment in Contemporary International Relations, New Delhi.
Robbe, M., 1982: „Kollektives Selbstvertrauen" (collective self-reliance) — Ideologie und Solidarisierung im Kampf um Nichtpaktgebundenheit und um eine Demokratisierung der Wirtschaftsbeziehungen, in: *G. F. Kim* u.a., Geistige Profile Asiens und Afrikas, Berlin (DDR).
Ross, J. F. L., 1983: Conference of Neutral and Non-Aligned States in Stockholm, 1982, in: The Non-Aligned World (New Delhi), 1, 1.
Rothstein, R. L., 1976: Foreign Policy and Development Policy: From Nonalignment to International Class War, in: International Affairs, 52, 4.
Rothstein, R. L., 1977: The Weak in the World of the Strong. The Developing Countries in the International System, New York.
Sasse, H., 1958: Die asiatisch-afrikanischen Staaten auf der Bandung-Konferenz, Frankfurt a. M./Berlin.
Sauvant, K. P., 1981: The NIEO Program: Reasons, Proposals, and Progress, in: *K. P. Sauvant* (Hrsg.), Changing Priorities on the International Agenda. The New International Economic Order, Oxford.
Schröder, D., 1968: Die Konferenzen der „Dritten Welt", Hamburg.
Singham, A. W. (Hrsg.), 1978: The Nonaligned Movement in World Politics, Westport, Connecticut.
Stevens, C., 1976: The Soviet Union and Black Africa, London.

Tadić, B. und R. Petković (Hrsg.), 1982: Non-Alignment in the Eighties, Belgrade.
Willetts, P., 1978: The Non-Aligned Movement. The Origins of a Third World Alliance, London.
Willetts, P., 1981: The Non-Aligned in Havana. Documents of the 6th Summit Conference and an Analysis of their Significance for the Global Political System, London.
Willetts, P., 1982: The Future of the Institutions of the Non-Aligned Movement, in: B. Tadić und R. Petković (Hrsg.), Non-Alignment in the Eighties, Belgrade.
Wünsche, R., 1980: Die Nichtpaktgebundenen — eine dritte Kraft?, Berlin (DDR).

Die Vereinten Nationen als Forum der Dritten Welt

Klaus Hüfner

Die vorgegebene Themenstellung erwies sich als zu umfassend, um mehr als nur eine allgemeine „tour d'horizon" über die Rolle der Dritten Welt in den Vereinten Nationen leisten zu können. Wichtige Themen, wie z. B. Abrüstung, Menschenrechte, Seerecht, Umwelt, Wissenschaft und Technologie bleiben ebenso unberücksichtigt wie die Position der Dritten Welt auf den zahlreichen Sonderkonferenzen, die vor allem in den 70er Jahren stattfanden (zum Stellenwert der globalen Konferenzdiplomatie vgl. *Rittberger* 1983), sowie in den Sonderorganisationen des VN-Systems (etwa im Zusammenhang mit der gegenwärtigen Krise in der UNESCO oder die Rolle der Entwicklungsländer im IMF und in der Weltbank-Gruppe).

Obwohl im Mittelpunkt des Aufsatzes das Bemühen der Dritten Welt um eine Neuordnung der weltwirtschaftlichen Beziehungen steht, werden weder die entwicklungspolitischen Aktivitäten des VN-Systems, insbesondere des VN-Entwicklungsprogramms (UNDP) in Zusammenarbeit mit zahlreichen VN-Sonderorganisationen, noch die entwicklungs- und wirtschaftstheoretischen Prämissen diskutiert, die dem politischen Handeln der Entwicklungs- und Industrieländer zugrunde liegen (vgl. hierzu u. a. *Galtung* 1978).

Im Vordergrund des Interesses stehen die Bemühungen der Entwicklungsländer, sich in den 60er und 70er Jahren als ein Block zu formieren, um innerhalb des VN-Systems über ihre numerische Stärke eine „Neue Weltwirtschaftsordnung" zu erzwingen, die zu einer Reform des Weltwährungs- und Welthandelssystems zu ihrem Vorteil führen soll.

1. Die Vereinten Nationen auf dem Wege zur Universalität

1984 haben die Vereinten Nationen mit 159 Mitgliedstaaten das Ziel der Universalität fast erreicht. Zwischen 1945 und 1960 verdoppelte sich die Mitgliederzahl von 51 auf 100, wobei der Zuwachs vor allem auf die nach dem Zweiten Weltkrieg unabhängig gewordenen Staaten Afrikas (von 4 auf 26) und Asiens (von 9 auf 24) zurückzuführen war. 1970 zählten die VN 127 Mitglieder, darunter 42 afrikanische und 29 asiatische Staaten. Bis 1984 schließlich hatte sich die Mitgliederzahl mehr als verdreifacht – allein die Zahl der afrikanischen Mitgliedstaaten entsprach der Zahl der Gründungsmitglieder 1945. Gemeinsam machen heute die Entwicklungsländer weitaus mehr als zwei Drittel aller VN-Mitglieder aus.

Bereits mitten im 2. Weltkrieg entwickelten die im Krieg gegen die Achsenmächte „Vereinten Nationen" eine Konzeption der Nachkriegsordnung und der Rolle weltweiter internationaler Organisationen als Antwort auf die Herausforderung des Faschismus und auf das Trauma der Weltwirtschaftskrise, die auf drei zentralen Pfeilern beruhen sollte, nämlich (1) der Betonung gleicher individueller Menschenrechte, (2) der Verallgemeinerung der Ideologie des Parlamentarismus und seiner Verfahren auf die Ebene der zwischenstaatlichen Beziehungen („ein Staat — eine Stimme") und (3) einer breiten Aufgabendefinition der organisierten Staatengemeinschaft, die weit über den Bereich der militärischen Sicherheit hinausgeht.

Damit waren bereits mit dem Inkrafttreten der Charta der Vereinten Nationen am 24. Oktober 1945 die Voraussetzungen geschaffen, die es später den Staaten der Dritten Welt erheblich erleichterten, mit ihrer nationalen Gründung den sofortigen Beitritt zu den Vereinten Nationen zu vollziehen und diese zum Forum ihrer politischen, wirtschaftlichen und sozialen Probleme zu machen. Obwohl in der Gründungsphase von der Entkolonialisierung Afrikas, Asiens und Mittelamerikas noch keinesfalls die Rede war (der Treuhandrat mit seinem Berichts- und Kontrollsystem war lediglich auf die ehemaligen Kolonien der Feindmächte und auf wenige, dem System freiwillig unterstellte Gebiete beschränkt) und auf der politischen Weltkarte die „weißen" Staaten mit einem westlich-europäischen Selbstverständnis überwogen, haben die drei oben genannten Grundpfeiler beträchtlich dazu beigetragen, diesen Entkolonialisierungsprozeß zu forcieren, der heute fast abgeschlossen ist (Ausnahmen: Namibia/Südafrika sowie einige „Mini-Gebiete").

Die in der Charta an mehreren Stellen angesprochene Achtung vor und Verwirklichung von „Menschenrechten und Grundfreiheiten für alle ohne Unterschied der Rasse, des Geschlechts, der Sprache oder der Religion" geht über die Orientierung an den traditionellen Bürgerrechten weit hinaus; sie ist vielmehr als ideologischer Kontrapunkt zu den faschistischen Ideologien zu verstehen, welche individuelle und kollektive Unterschiede in Rechten und Pflichten und im soziokulturellen Entwicklungsstand auf vermeintliche Unterschiede in der biologisch-organischen Erbmasse von Völkern und Rassen zurückführen und damit legitimieren wollten.

Mit dieser breiten Ausdeutung von Menschenrechten wurde zugleich der Grundstein für die Entstehung einer Entwicklungsländerideologie gelegt: Gefordert wurde in Kapitel XII der Charta u. a. der „politische, wirtschaftliche, soziale und erzieherische Fortschritt der Einwohner der Treuhandgebiete und ihre fortschreitende Entwicklung zur Selbstregierung oder Unabhängigkeit". Waren diese Forderungen nur auf die ehemaligen Kolonien der Feindmächte und auf freiwillig dem System unterstellte Gebiete beschränkt, so enthält Kapitel XI der Charta auch eine „Erklärung" in bezug auf die Kolonialgebiete insgesamt, welche als „heiligen Auftrag die Verpflichtung" nennt, u. a. die „Selbstregierung zu entwickeln" und „Aufbau und Entwicklungsmaßnahmen zu fördern".

Für die seit Ende der 50er Jahre formal-rechtlich unabhängig gewordenen Staaten der Dritten Welt bedeutete eine sofortige Mitgliedschaft in den Vereinten Nationen die Möglichkeit, in einer Vielzahl von Gremien des VN-Systems tätig zu werden, ihr gemeinsames Interesse an einer Neugestaltung der Welthandels- und Entwicklungspolitik zu artikulieren sowie eine Schwerpunktverlagerung der Aktivitäten des VN-Systems zu wirtschaftlichen und sozialen Entwicklungsproblemen zu erreichen.

2. Die „Gruppe der 77" und die Gruppe der Blockfreien Staaten — Zusammenschlüsse der Dritten Welt

Angesichts der Heterogenität der Dritten Welt in bezug auf Kriterien wie u. a. Bevölkerungsgröße, Reichtum an natürlichen Ressourcen und Pro-Kopf-Einkommen ist es umso erstaunlicher, daß es ihr gelungen ist, sich innerhalb der „Gruppe der 77" (G-77) zu organisieren und innerhalb des VN-Systems geschlossen mit einem Sprecher in wirtschafts- und entwicklungspolitischen Fragen aufzutreten.
Als Katalysator zur Konstituierung der G-77 entwickelte sich die erste Konferenz der Vereinten Nationen für Handel und Entwicklung (UNCTAD I), die 1964 in Genf stattfand. Als Entstehungsdatum gilt die „Gemeinsame Erklärung der 77" vom 15. Juni 1964 zum Abschluß von UNCTAD I, in der sich die Entwicklungsländer als eine Einheit betrachten und sich verpflichten, diese Einheit auch in Zukunft zu erhalten und zu stärken, gemeinsame Zielvorstellungen festzulegen und Aktionsprogramme zur internationalen wirtschaftlichen Zusammenarbeit auszuarbeiten.
In den VN gehört jedes Entwicklungsland automatisch zur G-77, so daß die „Koalition der Dritten Welt" heute 125 Mitglieder (von insgesamt 159 Mitgliedstaaten) zählt. Die G-77 verfügt über keinen eigenen institutionellen Unterbau. Das von Anfang an bestehende Amt des Koordinators wechselt unter den drei Regionen Afrika, Asien und Lateinamerika an den beiden VN-Dienstsitzen New York und Wien jährlich und am VN-Sitz Genf, wo sich auch das UNCTAD-Sekretariat befindet, alle drei Monate. Die Auswahl des Koordinators erfolgt auf der Grundlage des Engagements der Mitgliedstaaten an der Arbeit der G-77 und seiner Fähigkeit, die anstehenden Aufgaben personell und administrativ zu erfüllen.
Die während der 7. Sondergeneralversammlung 1975 gebildete Arbeitsgruppe der 27 (je neun Staaten aus jeder Region) etablierte sich als Lenkungsausschuß der G-77, wobei sie sich die Führung der Geschäfte mit dem Koordinator in New York teilt. In den 70er Jahren war eine deutliche Intensivierung der Süd-Süd-Koordination und -Kommunikation zu beobachten: gab es in den Jahren 1970—72 durchschnittlich 33 Sitzungen der G-77 und ihrer Untergruppen, so erhöhte sich diese Zahl auf 241 im Jahre 1979.
Die daneben existierende Gruppe der Blockfreien Staaten, deren erste Konferenz 1955 in Bandung stattfand, verstand sich zunächst als politischer Zusammenschluß von heute mehr als 90 Staaten und Befreiungsbewegungen, die keinem militärischen Block angehören. Auf der dritten Gipfelkonferenz 1970 in Lusaka wurden einige institutionelle Beschlüsse gefaßt: Gipfeltreffen sollen in Abständen von drei Jahren abgehalten werden; der Präsident der Gipfeltreffen — der jeweilige Staats- oder Regierungschef des Gastlandes — wird mit der Koordinierung aller Tätigkeiten bis zum folgenden Gipfeltreffen betraut; es finden regelmäßige Konsultationen der Vertreter der blockfreien Staaten, insbesondere im Rahmen der VN statt (über das Abstimmungsverhalten der blockfreien Entwicklungsländer in der GV um 1970 vgl. *Burri* 1979).

1973 wurde in Algier beschlossen, den aus 15 Staaten bestehenden Leitungsausschuß als ständiges Koordinationsbüro — angesiedelt am VN-Sitz in New York — einzusetzen, „um vor allem in den Vereinten Nationen Konsultationen der Gruppe zu erleichtern und Haltung und Initiativen der blockfreien Staaten zu harmonisieren" (*Jankowitsch* 1977: 217).

Spätestens seit 1973 wurden organisatorische Strukturen durch die Einrichtung von Arbeits- und Kontaktgruppen sowie von Fachausschüssen entwickelt, die — meist vor Beginn der alljährlich im September stattfindenden VN-Generalversammlungen — die Koordination einer Zusammenarbeit der Vertreter der Blockfreien nicht nur auf politischem, sondern zunehmend und gleichrangig auf wirtschaftlichem Gebiet ermöglichten. Dabei ist in allen wirtschaftlichen Fragen (u. a. Rohstoffpolitik, Finanzierung von Bufferstocks und langfristigen Entwicklungsprojekten, Förderung des Technologietransfers innerhalb der Entwicklungsländer) die Mitarbeit und Mitgliedschaft nicht auf blockfreie Staaten beschränkt, sondern steht allen Entwicklungsländern offen (vgl. *Neuhold* 1979).

Die von den blockfreien Staaten ausgegangenen Initiativen haben die Arbeit der VN wesentlich beeinflußt; so decken sich z. B. wichtige Resolutionen der 6. Sondergeneralversammlung nicht nur inhaltlich mit den Abschlußdokumenten des vierten Gipfels der blockfreien Staaten vom September 1973 in Algier, sondern stimmen mit ihnen größtenteils wortwörtlich überein. „Dank ihres gegenüber den Anfängen beträchtlich gewachsenen Organisationsgrades sowie angesichts nach wie vor wachsender Zahlen ihrer Mitglieder ist die Bewegung der Blockfreien heute ohne Zweifel zu einem bedeutenden Faktor der Mitentscheidung im Rahmen der Vereinten Nationen, damit aber auch im Rahmen der organisierten Staatengemeinschaft überhaupt geworden" (*Jankowitsch* 1977: 222).

Während die Bewegung der Blockfreien als eine „hochorganisierte und strukturierte pressure group mit dem Ziel der Neugestaltung des Weltwirtschaftssystems" (*Sauvant* 1979: 51) wichtige Funktionen zur Konzeptionalisierung ihrer Ziele übernahm, kam der G-77 die Rolle des Verhandlungsorgans innerhalb des VN-Systems zur Durchsetzung dieser Ziele zu.

Die erreichten organisatorischen Fortschritte dürfen jedoch nicht darüber hinwegtäuschen, daß den Entwicklungsländern in toto eine eigene Organisation mit einem ständigen Sekretariat — etwa vergleichbar mit der OECD, in der die westlichen Industrieländer zusammengeschlossen sind — weiterhin fehlt.

3. Zum Differenzierungsprozeß in der Dritten Welt

Die oben vorgenommene Kurzdarstellung der Zusammenschlüsse sowie deren programmatische Forderungen, wie sie in der „Neuen Weltwirtschaftsordnung" auf einen gemeinsamen Nenner gebracht werden können, dürfen nicht darüber hinwegtäuschen, daß es in den 70er Jahren zu einem erheblichen Differenzierungsprozeß innerhalb der Dritten Welt gekommen ist. Innerhalb der VN werden z. B. über die Entwicklungsländer zwei gesonderte Listen besonders benachteiligter Entwicklungsländer geführt, näm-

lich (a) die „least developed countries" (LLDC), wobei das Doppel-L für den Superlativ von „less" steht und zur Unterscheidung von den „less developed countries" (LDC) — nämlich allen Entwicklungsländern — dient, und (b) die „most seriously affected countries" (MSAC). Die Zugehörigkeit der einzelnen Entwicklungsländer zu den beiden Gruppen überschneidet sich; beiden Gruppen gehören insgesamt 54 Staaten an.
Als LLDC gelten diejenigen Entwicklungsländer, welche in die 1971 von der VN-Generalversammlung gebilligten und später erweiterten Liste einbezogen wurden, wobei folgende Kriterien maßgebend waren:
1. das Bruttoinlandsprodukt je Einwohner beträgt 100 US-Dollar jährlich und weniger; 2. der Anteil der Industrieproduktion am Bruttosozialprodukt beträgt 10 Prozent und weniger; und 3. die Alphabetisierungsrate der Personen im Alter von 15 Jahren und darüber beträgt höchstens 20 Prozent. 1982 gab es 36 LLDC, darunter 26 aus Afrika, 9 aus Asien und 1 aus Lateinamerika.
Die Staatengruppe der MSAC wurde vom VN-Generalsekretariat festgelegt, nachdem die 6. Sondergeneralversammlung 1974 ein Sonderprogramm für die von der Weltwirtschaftskrise am meisten betroffenen Entwicklungsländer beschlossen hatte. Zur Identifizierung der MASAC wurden folgende Kriterien herangezogen: 1. ein Bruttoinlandsprodukt je Einwohner von 400 US-Dollar jährlich und weniger; 2. ein projiziertes Zahlungsbilanzdefizit, das größer als 5 Prozent des Wertes der Einfuhren wegen des scharfen Preisanstiegs bei wichtigen Einfuhren ist; gestiegene Transport- und Transitkosten; Schwierigkeiten, ausreichende Ausfuhrerlöse zu erzielen; hoher Schuldendienst und niedrige Währungsreserven; relativ hohe Bedeutung des Außenhandels für den Entwicklungsprozeß. Auf der MSAC-Liste der VN stehen zur Zeit insgesamt 45 Entwicklungsländer.
Diese beiden Listen deuten bereits an, daß es sich bei der Dritten Welt keineswegs um eine homogene Gruppe von Staaten handelt, die sich durch gemeinsame Interessen auszeichnet. Über die oben aufgeführte Differenzierung in eine Dritte und „Vierte" Welt hinausgehend sind auch noch weitere Differenzierungen innerhalb der Dritten Welt vorzunehmen. Da ist zunächst die Gruppe der 13 OPEC-Staaten zu nennen, die zu den Hauptnutznießern der aufgrund der Ölkrise von 1973 erfolgten drastischen Steigerungen der Ölpreise gehören, aber auch andere ölexportierende Entwicklungsländer (wie z. B. Mexiko), die nicht zu den Mitgliedern der OPEC gehören (für sich daraus ergebende Möglichkeiten einer verstärkten Süd-Süd-Kooperation vgl. *Amin* 1978: 481—485).
Weiterhin sind als besondere Gruppen unter den Entwicklungsländern die sog. Schwellenländer („newly industrializing countries" (NIC)) zu nennen, in denen es in den letzten 10—20 Jahren zu bedeutenden Industrialisierungsschüben gekommen ist, die sich in relativ hohen industriellen Wachstumsraten niederschlagen: zu ihnen zählen u. a. Hongkong, Singapur, Taiwan, (Süd-)Korea, Brasilien und Mexiko.
Diese und andere Differenzierungsmerkmale für die Dritte Welt (vgl. hierzu u. a. die *Weltbank* 1984 Kennzahlen der Weltentwicklung: 241 ff., sowie *Menzel* 1983) deuten auf eine zunehmende wirtschaftliche — und politische — Differenzierung der Dritten Welt seit Anfang der 70er Jahre hin. Allerdings wäre es voreilig, daraus den Schluß

zu ziehen, daß die Dritte Welt in Zukunft in den Verhandlungen um eine Neue Weltwirtschaftsordnung (NIEO) innerhalb des VN-Systems ihren in den 70er Jahren gezeigten hohen Grad an Geschlossenheit aufgeben müßte. Da es sich um unterschiedliche Entscheidungsebenen handelt, ist vielmehr die Fortsetzung einer durchaus konsequenten „Doppelstrategie" zu erwarten: einerseits weiterhin Formulierung und Versuche der Durchsetzung von Maximalforderungen auf der globalen Ebene des VN-Systems, andererseits gruppen- bzw. interessenspezifische Verhandlungen, wenn es um die konkrete Durchsetzung einzelner Forderungen geht. Denn die auch auf politischer Ebene von westlichen Industriestaaten unternommenen Differenzierungen (bis hin zum einzelnen Entwicklungsland mit seinen spezifischen Wirtschaftsproblemen) werden von der Dritten Welt nicht zu Unrecht als Versuche des „Auseinanderdividierens" bzw. der Schwächung dieses Blocks angesehen.

4. Macht und Ohnmacht der Vereinten Nationen

Der Vorwurf der Ohnmacht ist den VN aus vielen Gründen gemacht worden, allerdings meist ohne die Bewertungsgrundlagen offenzulegen. Eine seit Mitte der 70er Jahre parallel verlaufende, sich hinter einem nicht-definierten Rationalitätsaxiom der mangelnden Effektivität versteckende Diskussion kann als eine Variante dieses Vorwurfs betrachtet werden.

Die VN als internationale staatliche Organisation können nur über soviel Macht verfügen, wie ihre souveränen Mitgliedstaaten bereit sind, zu delegieren. Die VN sind keine Weltregierung; die Generalversammlung besitzt keine echten Legislativbefugnisse im Sinne national-staatlicher Parlamente; der Internationale Gerichtshof kann die Funktion einer Weltstreitschlichtungsinstanz nur dann vornehmen, wenn die betroffenen Staaten vorher ausdrücklich zustimmen, sich seiner Gerichtsbarkeit zu unterwerfen. Anders ausgedrückt: es handelt sich um eine von den Mitgliedstaaten gewollte Ohnmacht („Nachtwächter-VN"), die jedoch einzelne Mitgliedstaaten nicht daran hindert, die VN für eigene außen- oder sicherheitspolitischen Probleme dann direkt oder indirekt verantwortlich zu machen.

Trotz der begrenzten Wirksamkeit der VN, auf die hier im einzelnen nicht näher eingegangen werden kann (vgl. hierzu u. a. *Rittberger* 1984, *Siotis* 1978 und *Tomuschat* 1976), gibt es eine Reihe von Argumenten, welche die Bedeutung des VN-Systems hervorheben:

„Die Vereinten Nationen bilden zusammen mit den Sonderorganisationen die einzige weltumspannende Verfassungsstruktur, in die fast alle heutigen Staaten eingebettet sind. Je mehr sie sich der Universalität nähern, um so stärker muß der in ihren Beschlußgremien gebildete Wille als der Wille der Staatengemeinschaft schlechthin empfunden werden. ... Teilweise sind Organe der Vereinten Nationen über die rechtschöpferische Arbeit hinaus sogar mit permanenten Verwaltungsfunktionen betraut worden oder zeichnet sich eine solche Aufgabenzuweisung zumindest für die nähere Zukunft deutlich ab" (*Tomuschat* 1976: 278–279).

„Internationale Organisationen und vor allem die Vereinten Nationen sind Teil des Bemühens um eine zivilisatorisch gekonnte kollektive Überlebenssicherung, indem sie dazu beitragen, die Bedingungen für ein menschenwürdiges Dasein zu schaffen" (*Rittberger* 1984: 193).

Zusammenfassend können wir feststellen, daß das VN-System auf weltweiter Ebene die Institutionalisierung eines Systems von Entscheidungsverfahren im weitesten Sinne, d. h. nicht nur über unmittelbare Maßnahmen und konkrete Aktionen, sondern auch und insbesondere über die Artikulation von Themen und Problemen sowie über die Präferenz für bestimmte Lösungen darstellt, wobei mit den Sonderorganisationen ein extrem breiter Sach- und Problemfächer abgedeckt wird. Der Schlüssel für die zunehmende Bedeutung des VN-Systems liegt daher einerseits in der politischen Macht, die sich aus der Eigendynamik und dem Eigengewicht von politischen Verfahren ergibt, andererseits in dem Eigengewicht der Sachgesetzlichkeit der weltweiten Probleme, die vom VN-System thematisiert werden und an deren Lösung die Mitgliedstaaten aus objektiven Zwängen heraus interessiert sein müssen.

5. Die Dritte Welt in den Vereinten Nationen: Der Kampf um eine Neue Weltwirtschaftsordnung

Aufgrund der veränderten Mitgliederstruktur in den VN verschob sich in den 60er Jahren das Stimmengewicht in der Generalversammlung (GV) entscheidend und endgültig zugunsten der Dritten Welt. Der Trend einer Erweiterung und Schwerpunktverlagerung der Aktivitäten des VN-Systems im wirtschaftlichen und sozialen Bereich fand 1961 in einer Entschließung der GV Ausdruck, in der die 60er Jahre zur ersten Entwicklungsdekade der VN erklärt wurden. Mit Hilfe einer Globalplanung mit dem Ziele einer jährlichen Erhöhung des Pro-Kopf-Einkommens von 2,5 bis 3 Prozent sollten die bi- und multilateralen Anstrengungen für die Dritte Welt erhöht werden.

Harte politische Auseinandersetzungen zwischen Entwicklungs- und (westlichen) Industrieländern erfolgten bei den Versuchen zur Institutionalisierung neuer Körperschaften innerhalb des VN-Systems, die im folgenden an zwei Beispielen dargestellt werden sollen.

1966 setzten die Entwicklungsländer gegen den Willen der westlichen Industrieländer (bei Stimmenthaltung der östlichen Industrieländer) die Gründung eines VN-Kapitalentwicklungsfonds (UNCDF) durch. Die eigentlichen Hilfsmaßnahmen im Bereich der multilateralen Kapitalhilfe sollten durch freiwillige Beitragsleistungen erfolgen. Sowohl die Mehrzahl der westlichen als auch der östlichen Industrieländer zeigten sich auf den Beitragszusagekonferenzen zahlungsunwillig, was dazu führte, daß bereits Ende 1967 der UNCDF verwaltungsmäßig dem VN-Entwicklungsprogramm (UNDP) zugeordnet wurde. Für 1982 sagten 35 Staaten insgesamt nur 25 Millionen US-Dollar zu, wovon die vier skandinavischen Staaten und die Niederlande rund 78 Prozent beitrugen (vgl. *Hüfner* 1983: 308–309). Bereits am Beispiel des UNCDF haben die Entwicklungsländer erkennen müssen, daß

- ihre „institutionell–politische Macht" trotz ihrer Stimmenmehrheit in der Generalversammlung begrenzt ist,
- die wirtschaftliche Macht der (westlichen) Industrieländer als „faktisches Veto" eingesetzt wird, wann immer die Industrieländer nicht bereit sind, sich Mehrheitsentscheidungen der GV zu beugen,
- die östlichen Industrieländer propagandistisch-verbal auf der Seite der Dritten Welt, handels- und finanzpolitisch jedoch auf der Seite der westlichen Industrieländer zu finden sind.

UNCTAD I war 1964 als Gegengewicht zu den einseitig auf Handelsprobleme der westlichen Industriestaaten zugeschnittenen Diskussionen des Allgemeinen Zoll- und Handelsabkommens (GATT) gedacht. Ihr Ziel, eine eigenständige neue Welthandelsorganisation als VN-Sonderorganisation zu gründen, erreichten die Entwicklungsländer nicht. UNCTAD wurde daher in einer Kompromißlösung als ein ständiges Organ der Generalversammlung gegründet.

Auf der UNCTAD I und der GV 1965 forderten die Entwicklungsländer die Gründung einer autonomen Sonderorganisation für industrielle Entwicklung (UNIDO). Auch hier kam es zunächst nur zu einer Kompromißlösung: UNIDO wurde ebenfalls als ein Organ der GV gegründet. Ebenso wie UNCDF und UNCTAD kennt UNIDO keine eigene formelle Mitgliedschaft. Die Finanzierung der Aktivitäten der UNIDO muß auf freiwilliger Basis erfolgen. Ergebnis dieser Konstruktion war wiederum: keine unmittelbare Erhöhung der Leistungen der Industrieländer für die wirtschaftliche Entwicklung der Dritten Welt, stattdessen eine ständige wissenschaftliche und politische Konfrontation mit den Fakten der Weltwirtschaftssituation und den entsprechenden Forderungen der Entwicklungsländer. (1979 wurde für UNIDO eine neue Satzung mit dem Ziel verabschiedet, eine 16. Sonderorganisation im VN-System zu schaffen — obwohl die Zahl der notwendigen Ratifizierungen erreicht worden ist, besteht noch kein Konsens über die (Pflicht-)Finanzierung).

Da in den 60er Jahren das Pro-Kopf-Einkommen in den Industrieländern mehr als doppelt so stark wuchs wie in den Entwicklungsländern und zu einer stärkeren Einkommenslücke als in den 50er Jahren führte, wurde im Oktober 1970 von der GV die Internationale Strategie für die zweite VN-Entwicklungsdekade mit dem Ziel einer Verbesserung des durchschnittlichen Pro-Kopf-Einkommens um jährlich 3,5 Prozent — kombiniert mit einer regionalen und sektoralen Spezifizierung — angestrebt.

Auf dem Gebiet der öffentlichen Entwicklungshilfe sollten die Industriestaaten bis Mitte der Dekade eine Nettoleistung von mindestens 0,7 Prozent ihres Bruttosozialproduktes zu Marktpreisen erreichen (*Dams* 1983: 119: „Meßlatte der internationalen Solidarität"). Dieses Ziel wurde jedoch nicht erreicht. Während dieser Anteil für die OECD-Staaten 1960 noch 0,51 Prozent betrug, sank er bis 1970 auf 0,34 und schwankte dann in den 70er Jahren um diesen Wert (1983: 0,37 Prozent). Lediglich die Niederlande, Norwegen, Dänemark und Schweden erreichten diesen Wert in der zweiten Hälfte der 70er Jahre (in diesem Zeitraum lag der Anteil der USA bei etwa 0,25 Prozent; zum Vergleich: die Marshall-Plan-Hilfe der USA für Westeuropa nach dem II. Weltkrieg bewegte sich um jährlich rund 2,0 Prozent (*Rothstein* 1977: 160)).

Spätestens mit dem „Ölschock" vom Herbst 1973 wurde ein Prozeß eingeleitet, der zu einem Wendepunkt in der Geschichte des VN-Systems führte. Im Frühjahr 1974 hielt die GV erstmals eine (6.) Sondersitzung ab, die sich ausschließlich mit wirtschaftlichen Fragen, insbesondere mit den Problemen „Rohstoffe und Entwicklung" befaßte. Die Entwicklungsländer forderten eine Neue Weltwirtschaftsordnung („New International Economic Order" (NIEO)), damit die Kluft zwischen Industrie- und Entwicklungsländern sich nicht weiter vergrößere. Unter dem Druck der Entwicklungsländer wurde — mit den Stimmen der westlichen Industrieländer, die jedoch durch Abgabe von Vorbehaltserklärungen zu einzelnen Punkten den Konsens weitgehend durchlöcherten — eine Erklärung und ein Aktionsprogramm über die Errichtung einer NIEO verabschiedet. Das Aktionsprogramm schlug u. a. die Errichtung von Produzentenvereinigungen zum Zweck gemeinsamer Marktabsprachen und zur Verbesserung der Exporterlöse der rohstoffproduzierenden Entwicklungsländer vor und forderte die Herstellung gerechter Relationen zwischen Export- und Importgüterpreisen (Preisindexierung). (Zum Abstimmungsverhalten der Dritten Welt in der 6. SGV vgl. *Smyth* 1977).
Im Dezember 1974 nahm die GV die Charta der wirtschaftlichen Rechte und Pflichten der Staaten mit 117 Stimmen gegen die Stimmen der USA, der EG-Staaten Bundesrepublik Deutschland, Großbritannien, Belgien, Luxemburg und Dänemark sowie bei Stimmenthaltung von 10 weiteren, der westlichen Gruppe angehörenden Staaten an. Diese Charta, von einem UNCTAD-Ausschuß ausgearbeitet und als „Quasi-Rechtsakt" mit völkerrechtlichen Grundsätzen konzipiert, stellte in einer Präambel und 34 Arbeitstiteln u. a. fest, daß jeder Staat das Recht zur freien Ausübung seiner vollen und ständigen Souveränität über seine natürlichen Reichtümer habe. Jeder Staat habe weiterhin das Recht, ausländische Investitionen im Rahmen seiner staatlichen Gesetzgebung zu regeln und ausländisches Eigentum zu verstaatlichen, zu enteignen und dessen Besitzrechte zu übertragen, wobei Streitfragen hinsichtlich der zu zahlenden angemessenen Entschädigungen nach dem Landesrecht des verstaatlichenden Staates zu regeln sind. Die Charta betonte ferner das Recht der Staaten, sich zu Rohstoffproduzenten-Organisationen zusammenzuschließen.
Sowohl die Erklärung und das Aktionsprogramm als auch die Charta bilden „die Grundlage einer Konferenzserie, die im wesentlichen darauf gerichtet ist, die Forderungen der Dritten Welt in eine rechtlich verbindliche Form umzugießen" (*Tomuschat* 1976: 279) — ein Verhandlungszwang, dem sich die westlichen Industriestaaten auf die Dauer nicht entziehen können.
Im September 1975 fand die 7. Sondersitzung der GV statt, die sich wiederum mit Problemen der wirtschaftlichen und sozialen Entwicklung sowie der internationalen wirtschaftlichen Zusammenarbeit befaßte. Sie verabschiedete eine im Konsens angenommene Resolution, welche den erreichten Stand an Übereinstimmung u. a. in den Bereichen des Welthandels, der Kapitalhilfe, der Weltwährungsreform, der Industrialisierung und landwirtschaftlichen Entwicklung sowie der Wissenschaft und Technologie wiedergab.
Die Auseinandersetzungen um die Konkretisierung einer NIEO erreichten ihren vorläufigen Höhepunkt auf UNCTAD IV im Mai 1976 in Nairobi. Der Forderungskatalog der Entwicklungsländer war umfangreicher als je zuvor. Er enthielt u. a. folgende Komplexe:

- Rohstoffprobleme im weitesten Sinne (insbesondere ein „Integriertes Rohstoffprogramm", d. h. ein Netz von Abkommen für mindestens zehn entwicklungspolitisch wichtige Grundstoffe, Preisindexierung, ein System zwischenstaatlicher Liefer- und Abnahmeverpflichtungen mit Höchst- und Mindestpreisen sowie Bufferstocks, finanziert aus einem Fonds mit einem Anfangskapital von mindestens 3 bis 6 Mrd. US-Dollar);
- Industrialisierung der Entwicklungsländer; Ausbau von Exportkapazitäten für Fertig- und Halbfertigwaren; entsprechende Marktöffnung der Industrieländer durch Zollsenkungen und den Abbau von mengenmäßigen Beschränkungen;
- Reform des internationalen Währungssystems im Sinne erhöhter internationaler Liquidität und eines verstärkten Mitspracherechts der Entwicklungsländer; weltweite Entschuldungsaktion; Verstärkung der Finanzhilfe;
- Technologie-Transfer; Sondermaßnahmen zugunsten der ärmsten Entwicklungsländer;
- institutionelle Maßnahmen innerhalb des VN-Systems (u. a. Verbesserung des Status von UNCTAD durch Umwandlung in eine autonome VN-Sonderorganisation, gegebenenfalls mit neuem Namen).

Das schließlich verabschiedete Kompromiß-Papier enthielt auch die besonders umstrittene Forderung zur sofortigen Schaffung eines integrierten Rohstoffprogramms mit gemeinsamen Finanzierungsfonds. Die USA, Bundesrepublik Deutschland und Großbritannien stimmten dem Abschlußdokument nach langem Zögern unter Vorbehalten zu.

Nach über zweijährigen zähen Verhandlungen einigten sich Industrie- und Entwicklungsländer im Frühjahr 1979 — rechtzeitig vor dem Beginn der UNCTAD V in Manila — über die „grundlegenden Elemente" eines gemeinsamen Fonds zur Stabilisierung der Rohstoffpreise, wobei zwei Punkte besonders umstritten waren, nämlich die Finanzierung des Rohstoff-Fonds und der Entscheidungsmechanismus. 1980 kam es zur II. VN-Sondergeneralversammlung, mit der eine „Serie von globalen und fortlaufenden Verhandlungen im Dienste der Entwicklung" eingeleitet werden sollte. Die 35. GV verabschiedete Ende 1980 eine Internationale Strategie für die Dritte Entwicklungsdekade für die 80er Jahre.

Die Bilanz für die beiden ersten Entwicklungsdekaden 1960—1980 wies einen durchschnittlichen jährlichen Pro-Kopf-Einkommenszuwachs für die Entwicklungsländer mit niedrigem Einkommen von 1,2 Prozent (bei einer Streuung zwischen −1,8 und +3,0 Prozent) und für die Entwicklungsländer mit mittlerem Einkommen von 3,8 Prozent (bei einer Streuung zwischen −2,3 und +12,1 Prozent) auf; demgegenüber erreichten die OPEC-Staaten mit hohem Einkommen einen Zuwachs von 6,3 Prozent; die westlichen Industrieländer kamen in dieser Periode auf durchschnittlich 3,6 und die östlichen Industrieländer auf durchschnittlich 4,2 Prozent (*Weltentwicklungsbericht 1982*: 118—119).

UNCTAD V und UNCTAD VI 1983 in Belgrad führten zu „abnehmenden entwicklungspolitischen Grenzerträgen" (*Dams* 1983: 119): „Der Nord-Süd-Dialog tut sich schon schwer, durchgreifende Erfolge vorzulegen, wenn die Weltwirtschaft prosperiert, bei rückläufigen Wachstumsraten von Wirtschaft und Handel stockt der Wille zur soli-

darischen Hilfe und zur Liberalisierung des internationalen Waren- und Dienstleistungsverkehrs" (*Dams* 1983: 119). Zwar hatte die G-77 ein konsistentes und präzisiertes Konzept ihrer Maximalforderungen vorgelegt, aber es fehlte ein entsprechendes Konzept der westlichen Industrieländer, das aufgrund interner Differenzen nicht zustande kam.
Mitte der 80er Jahre sieht die Weiterentwicklung des „Dialogs" zwischen Industrie- und Entwicklungsländern eher düster aus:
— die wirtschaftlichen Rahmenbedingungen sind weitaus schlechter als vor zehn Jahren: eine „hinkende" Weltwirtschaft mit einer Tendenz zum Nullwachstum, ein schrumpfender Welthandel, stark gefallene Rohstoffpreise, eine erhebliche Zunahme der Verschuldung der Entwicklungsländer und ein wachsender Protektionismus der westlichen Industrieländer sind die „Eckdaten" der gegenwärtigen Situation;
— die Fülle der Tagungen in den 70er Jahren hat nicht zu dem von den Entwicklungsländern erhofften Durchbruch geführt; auch die „Öl-Waffe" ist inzwischen stumpf geworden; in Zeiten großer weltwirtschaftlicher Probleme ist der gemeinsame Nenner für alle Beteiligten noch kleiner, die Tendenz der Industrieländer zur Besitzstandswahrung eher größer geworden: dem Maximalforderungskatalog der G-77 steht ein Minimum an Konzessionsbereitschaft der (westlichen und östlichen) Industrieländer gegenüber.

6. Ausblick

Einerseits wird befürchtet, daß — angesichts des schwindenden Einflusses der gemäßigten Entwicklungsländer in der G-77, „da die Vertreter der Industriestaaten seit Jahren unbeweglich in ihren Schützengräben verharrten" — eine „Re-Radikalisierung der Entwicklungsländer" in den Gremien des VN-Systems bevorstehe (*Bohnet* 1984: 186), andererseits werden Tendenzen zu einem zunehmenden Disengagement der westlichen Industrieländer — unter Führung der USA (vgl. *Weintraub* 1976: 690—695) — sichtbar, die zu einem Zusammenbruch des VN-Systems führen können, wie die jüngsten Entwicklungen in der UNESCO, FAO und der IDA sowie im IFAD aufzeigen.
Die mangelnde Bereitschaft der westlichen (und östlichen) Industrieländer zu Konzessionen mit dem Minimum einer Umverteilung über den Verzicht eines Teils ihrer Einkommenszuwächse wird zu einer wachsenden Konfrontation mit der Dritten Welt — nicht nur im wirtschaftlichen Bereich — führen. „Die Kosten dieser Alternative dürften für alle Beteiligten weit höher sein als die Opfer, die eine Kompromißlösung von ihnen verlangt" (*Seitz* 1975: 225; vgl. auch die Forderungen bei *Timmler* 1981: 50—51). Diese Weiterexistenz des VN-Systems als „Lobby" der G-77 und als weltweites Forum für alle Staaten zur Lösung der drei großen D's (Détente, Disarmament und Development) ist in Gefahr: „... if the United Nations system did not exist we would have to invent it. Without ignoring their very serious limitations, it is clear in our mind that global institutions — and more particularly those of the UN family — will be more important than ever in the future, if the North-South confrontation is to remain a peaceful one" (*Siotis* 1978: 119).

Sowohl die Entwicklungsländer als auch die Industrieländer müssen sich darüber im klaren sein, daß sie integrierte Reformen der Weltwährungs-, Weltfinanzierungs- und Welthandelsinstitutionen ebenso wie Regelungen für einen langfristig gesicherten Ressourcentransfer (unter Einschluß der OPEC-Staaten ebenso wie der östlichen Industrieländer) nur innerhalb des vorhandenen VN-Systems erreichen können. Der „Preis" für alternative Lösungsmechanismen wäre für alle Beteiligten weitaus gefährlicher und höher.

Literaturverzeichnis

Amin, Samir, 1978—1979: New International Economic Order and Strategy for the Use of Financial Surpluses of Developing Countries. In: Alternatives 4, 477—485.
Bohnet, Michael, 1984: Ziele und Ergebnis. Eine Zwischenbilanz der Dritten Entwicklungsdekade der Vereinten Nationen (1981—1990). In: Vereinte Nationen 32/6, 181—186.
Burri, Klaus, 1979: Die blockfreien Entwicklungsländer 1968—1972. Abstimmungsverhalten in der UNO-Generalversammlung und außerpolitische Beziehungen zur Sowjetunion und den USA. In: Schweizerisches Jahrbuch für Politische Wissenschaft 19, 81—94.
Dams, Theodor, 1983: UNCTAD VI: Noch kein Ausweg aus der Krise. In: Vereinte Nationen 31/4, 118—124.
Galtung, Johan, 1978: The New International Economic Order and the Basic Needs Approaches: Compatibility, Contradiction and/or Conflict? In: Annales d'Etudes Internationales 9, 127—148.
Helleiner, Gerald K. (Hrsg.), 1976: A World Divided. The Less Developed Countries in the International Economy. Cambridge.
Hüfner, Klaus, 1983: Die freiwilligen Finanzleistungen an das VN-System. In: German Yearbook of International Law 26, 299—342.
Jankowitsch, Odette, 1977: Neue Modelle zwischenstaatlicher Zusammenarbeit: Organisation und Institutionen der Blockfreien. In: Neue Österreichische Zeitschrift für Außenpolitik 17/5, 214—222.
Menzel, Ulrich, 1983: Der Differenzierungsprozeß in der Dritten Welt und seine Konsequenzen für den Nord-Süd-Konflikt und die Entwicklungstheorie. In: Politische Vierteljahresschrift 24/1, 31—59.
Neuhold, Hanspeter, 1979: Permanent Neutrality and Non-Alignment: Similarities and Differences. In: Österreichische Zeitschrift für Außenpolitik 20, 79—99.
Rittberger, Volker, 1984: Aufgaben und Leistungen internationaler Organisationen. In: Universitas 39, 183—193.
Rittberger, Volker, 1983: Global Conference Diplomacy and International Policy-Making: The Case of UN-Sponsored World Conferences. In: European Journal of Political Research 11, 167—182.
Rothstein, Robert L., 1977: The Weak in the World of the Strong. The Developing Countries in the International System. New York.
Sauvant, Karl P., 1979: Von der politischen zur wirtschaftlichen Unabhängigkeit? Die Ursprünge des Programms der Neuen Weltwirtschaftsordnung. In: Vereinte Nationen 27/2, 49—52.
Seitz, Konrad, 1975: Die Dritte Welt als neuer Machtfaktor in der Weltpolitik. In: Europa-Archiv 7, 213—266.
Seitz, Konrad, 1973: Die Dominanz der Dritten Welt in den Vereinten Nationen. In: Europa-Archiv 12, 403—412.
Siotis, Jean, 1978: The Future of United Nations Institutions and the Emerging New International Order. In: Annales d'Etudes Internationales 9, 107—119.
Smyth, Douglas C., 1977: The Global Economy and the Third World: Coalition or Cleavage? In: World Politics 29/4, 585—609.
Timmler, Markus, 1981: An der Schwelle des Dritten Jahrzehnts. In: Außenpolitik 32, 36—51.
Tomuschat, Christian, 1976: Tyrannei der Minderheit? Betrachtungen zur Verfassungsstruktur der Vereinten Nationen. In: German Yearbook of International Law 19, 278—316.

Walters, Robert S., 1973: UNCTAD: Intervener Between Poor and Rich States. In: Journal of World Trade Law 7/5, 527—554.
Weltbank, 1984: Weltentwicklungsbericht 1984. Washington, D. C.
Weltbank, 1982: Weltentwicklungsbericht 1982. Washington, D. C.
Weintraub, Sidney, 1976: What Do We Want From The United Nations? In: International Organization 30/4, 687—695.

Kriege in der Dritten Welt:
Zur Entwicklung und zum Stand der Forschung*

Volker Matthies

Nach je unterschiedlichen Definitionen, Kriterien, Datensätzen und Untersuchungszeiträumen hat es seit dem Ende des Zweiten Weltkrieges eine Vielzahl von „Kriegen" gegeben, die größtenteils außerhalb Europas ausgetragen wurden (*Leitenberg* 1977). Folgt man der als zuverlässig geltenden Kriegsliste von *Kende/Gantzel/Fabig*, so fanden zwischen 1945 und 1982 insgesamt 148 inner- und zwischenstaatliche Kriege statt, davon nur eine verschwindend geringe Anzahl in Europa (*Kende* 1982 a). Während vor dem Zweiten Weltkrieg „Europa das Epizentrum fast aller wichtigen und besonders der weltpolitisch wichtigen Kriege" war, wurde nach 1945 „der Hauptschauplatz der Kriege unserer Zeit ... die sogenannte Dritte Welt, ..." (*ebd.*: 9). Die Menschenverluste all dieser Kriege schätzt *I. Kende* (bis 1976) auf ca. 25 Millionen. Zahlreiche dieser Kriege dauerten Jahre, verheerten ganze Landstriche, brachten vielfältiges menschliches Leid mit sich und führten in manchen Fällen auch zu gefährlichen internationalen Spannungen. Über die derzeit anhaltenden Dutzende von Kriegen hinaus sagen verschiedene Prognosen für die kommenden Jahre eine weitere Zunahme inner- und zwischenstaatlicher Kriege in der Dritten Welt voraus (*Deutsch* 1980: 67 ff.).
Umso erstaunlicher und unverständlicher ist angesichts der Bedeutung des Problems die relativ geringe Aufmerksamkeit, die diesen Kriegen in den letzten zwanzig Jahren von seiten der Forschung geschenkt wurde. Weder hat die politikwissenschaftliche Entwicklungsländerforschung (in den 60er Jahren) noch die Friedens- und Konfliktforschung (in den 70er Jahren) auf systematische und umfassende Weise das Studium der Kriege in der Dritten Welt betrieben. Nur wenige Forscher widmeten sich wie der Ungar *I. Kende* kontinuierlich der vergleichenden Untersuchung dieser Kriege. So blieben sowohl der Zusammenhang von Entwicklung bzw. Unterentwicklung und Krieg als auch das Problem der Ursachen und Dynamik von kriegerischen Konflikten in der Dritten Welt weithin vernachlässigt.
Der nachstehende Aufsatz muß sich daher leider im wesentlichen mit einem „Weißen Fleck" auf der Karte der auf die Dritte Welt bezogenen sozialwissenschaftlichen Forschungslandschaft befassen und eher die Defizite der Forschung aufweisen als über ihre Ergebnisse berichten. Eine wissenschaftsgeschichtliche Skizze gibt zunächst einen Überblick über Kriege in der Dritten Welt als Gegenstand bzw. Nichtgegenstand der

---

* Für kritische Kommentare dankt der Verfasser *Joachim Betz, Klaus-Jürgen Gantzel, Lutz Meyer, Volker Rittberger* und *Dieter Senghaas*.

Entwicklungs- und Friedensforschung. Dann wird versucht, anhand einiger ausgewählter neuerer Studien den gegenwärtigen Stand der Forschung zu beschreiben, namentlich zu den Ursachen der Kriege in der Dritten Welt. Über das Ursachenproblem hinausgehende Frage- und Problemstellungen der Forschung (u. a. Konfliktdynamik, Konfliktbeilegung) sind abschließend in einem Problemkatalog aufgelistet und kurz kommentiert worden. Bei der Komplexität des Gegenstandes und der Beschränktheit des Raumes kann es sich bei dem Artikel insgesamt verständlicherweise nur um einen groben Abriß der Thematik handeln, der daher notgedrungen auf den Anspruch der Vollständigkeit und gebotenen Differenzierung verzichten muß.

1. Kriege: Ein vernachlässigtes Problemfeld politikwissenschaftlicher Entwicklungsländerforschung

1.1 „Politische Entwicklung" und „Politischer Verfall"

Der wichtigste Grund für die Vernachlässigung des Phänomens „Krieg" durch die politikwissenschaftliche Entwicklungsländerforschung ist wohl in dem „conservative bias" der modernisierungstheoretisch begründeten strukturell-funktionalen Theorien zur politischen Entwicklung zu sehen: in der Annahme eines von der Umwelt abgegrenzten politischen Systems, das sich funktional differenziert und integriert, verbunden mit dem Postulat der Stabilität und der immanenten Wertsetzung der Systempersistenz (*Nuscheler* 1969: 67—103/*Matthies* 1973: 210—221). Die Anwendung dieses Ansatzes auf die politische Realität war vielfach mit der Tendenz verbunden, bestehende politische Ordnungen zu legitimieren und das Erkenntnisinteresse vornehmlich auf die Funktionsfähigkeit und Stabilität bestehender Regierungen zu richten, Konfliktprozesse jedoch, die auf den Sturz von Regierungen und auf eine Transformation politischer Systeme hinausliefen, als dysfunktional anzusehen. Ob durch solche Forschungen die politische Realität in den Gesellschaften der Dritten Welt hinreichend erfaßt werden konnte, erschien jedoch angesichts der wachsenden Instabilität und Konfliktanfälligkeit dieser Gesellschaften zunehmend zweifelhaft: „Not political development but political decay dominated the scene", stellte *S. P. Huntington* fest, „Political order" sei „a goal not a reality"; daher müsse er die Seiten seines Buches mit „descriptions of violence, instability and disorder" füllen (*Huntington* 1969: Preface; 3, 4)!
Mit der schärferen Wahrnehmung der politischen Instabilität besonders der ethnisch-kulturell heterogenen Gesellschaften Asiens und Afrikas, der vermehrten „ethnisch-tribalen", „rassischen", „religiösen" und „kommunalen" Konfliktphänomene (*Connor* 1972: 319, 332) (u. a. Signalfunktion des Bürgerkrieges in Nigeria 1967—70!)[1] verlor gegen Ende der 60er Jahre die bis dahin vorherrschende Integrationstheorie gegenüber konflikttheoretischen Ansätzen an Gewicht. Die Modelle politischer Entwicklung, die nicht mehr in der Lage waren, die konfliktbeladenen Nationenbildungsprozesse in Asien und Afrika analytisch zu erfassen, wichen nun dem Konzept der „Pluralen Gesellschaft" (*Heinz* 1973: 224), das von der Existenz elementar verschiedener und einander ausschließender Normen zwischen Angehörigen unterschiedlicher ethnischer Großgruppen ausging, unter denen die politischen Spielregeln umstritten sind.

Doch wurden die Pluralismus-Theoretiker schon bald von den Anhängern des politökonomisch inspirierten Konzepts des „Internen Kolonialismus" kritisiert, die ihnen eine Überschätzung ethnisch-kultureller und eine Unterschätzung sozio-ökonomischer Konfliktfaktoren vorwarfen: erst die „übereinstimmenden Grenzlinien von kultureller Andersartigkeit und ökonomisch-struktureller Benachteiligung" ermöglichten eine „ethnische bzw. nationalistische Mobilisierung gegen strukturelle Über- und Unterordnungsverhältnisse" (*Gerdes* 1980: 128/*Adam* 1973: 44—58).

1.2 Studien zu Gewalt und Krieg

Außerhalb des Kreises der wenigen Regionalspezialisten, die sich im Rahmen der Entwicklungsländerforschung mit Bürgerkriegen und zwischenstaatlichen Konflikten befaßten, gab es in den 50/60er Jahren noch andere Wissenschafts- und Forschungszweige, die sich — wenn auch aus unterschiedlichen Erkenntnisinteressen heraus — mit kriegerischen Konflikten in der Dritten Welt auseinandersetzten.
Dies waren zum einen Strategieforscher, die unter Einbeziehung der Entwicklungsländer über den „Krieg in unserer Zeit" nachdachten (*Buchan* 1968) oder Theorien über den „Begrenzten Krieg" und Strategien zur Anti-Guerillakriegsführung entwickelten (*Osgood* 1957/*Taylor* 1959/*Horowitz* 1967). Beobachter und Analytiker der Internationalen Beziehungen sorgten sich um die „Krisenherde der Welt" und untersuchten diverse „Spannungsgebiete" der Weltpolitik (*Pfister* 1968/*Gross* 1965). Gemeinsam war all diesen Studien die vorherrschende Betrachtung der Kriege in der Dritten Welt als Derivate des Ost-West-Konflikts und deren Verortung im Kontext des „Kalten Krieges" und der anti-kommunistischen „Eindämmungspolitik" des Westens. Demgemäß richteten sie auch ihr Hauptaugenmerk auf die großen „Krisen" der Nachkriegszeit, auf die spektakulären Dekolonisationskonflikte und hartnäckigen Befreiungskriege in der Dritten Welt (Korea-Krieg, Kongo- und Kubakrise, Nahostkonflikt, Indochina- und Algerienkrieg).
Zum anderen wäre die vor allem in den USA seit Mitte der 60er Jahre aufblühende, quantitativ verfahrende Konfliktforschung zu nennen. Diese bestand einerseits in Untersuchungen zu den allgemeinen Ursachen internationaler (zwischenstaatlicher) Kriege („Kriegsursachenforschung"; „Correlates of War"-Projekt/COW) (*Singer* 1971: 277—312) und andererseits in Studien zu den allgemeinen Ursachen von Gewalt und Krieg innerhalb von Staaten („Comparative Political Violence"; „Internal War"; makro-politische Konfliktforschung) (*Eckstein* 1964). Diese, auf universal gültige Erkenntnisse abhebenden Forschungsansätze bezogen zunehmend auch Konfliktphänomene aus der Dritten Welt in ihre Datensammlung und Hypothesenbildung ein. Erwähnenswert sind ferner Vertreter der neo-marxistisch orientierten „Neuen Linken", die, inspiriert von der Wiederbelebung der Imperialismustheorien und der Anti-Vietnamkriegs-Bewegung, sich mit den revolutionären nationalen/sozialen Befreiungskriegen in der Dritten Welt solidarisierten, deren militärische Eindämmung anprangerten und sich demgemäß mit „Modellen der kolonialen Revolution/Konterrevolution" befaßten (*Gäng, Reiche* 1967; *Horlemann* 1968). Anknüpfend an dieses Engagement

wandte sich dann gegen Ende der 60er/Anfang der 70er Jahre die sich (u. a. aufgrund eines neuen bzw. erweiterten Gewalt- und Friedensbegriffs) als „kritisch" verstehende (namentlich deutsche und skandinavische) Friedens- und Konfliktforschung intensiv den Problemen der Dritten Welt zu.

2. Friedensforschung und Dritte Welt: Von der strukturellen zur direkten Gewalt

2.1 „Kritische" Friedensforschung und „Strukturelle Gewalt"

Die aus der Lehre von den Internationalen Beziehungen hervorgehende Friedensforschung hatte sich, „präokkupiert mit dem Ost-West-Konflikt ..., diesem wichtigen Komplex bisher nur peripher genähert ..." (*Krippendorff* 1968: 19). Die außerhalb der Ost-West-Spannungen liegenden Konfliktherde in der Dritten Welt waren kaum wahrgenommen (Kategorie der „Vergessenen Kriege"!), geschweige denn systematisch untersucht worden.
In seinem Überblick über die „Konfliktformationen in der gegenwärtigen internationalen Gesellschaft" wies D. Senghaas daraufhin, daß „all jene Konfliktpotentiale in der Dritten Welt selbst" von der Forschung weitgehend „unterbelichtet" geblieben waren (*Senghaas* 1973: 18). Die kritische Friedensforschung problematisierte nun die paradoxe „Simultaneität von metropolitanem Gewaltverzicht und peripherer Gewalt" (*End* 1973: 119; Anm. 47); der „Preis" für den „Drohfrieden" zwischen Ost und West sei die „Verlagerung von kriegerischen Handlungen nach außerhalb der beiden Großblöcke" (*Krippendorff* 1970: 24).
Diese peripheren Konflikte wurden der Forschung bekannter, als Anfang der 70er Jahre *I. Kende* seine statistische Erfassung und Analyse der „Lokalen Kriege in Asien, Afrika und Lateinamerika" vorlegte (*Kende* 1971: 5—22; *Kende* 1972).
Doch unter dem Eindruck des ost-westlichen Entspannungsprozesses, des in der Debatte um die „Neue Weltwirtschaftsordnung" sich manifestierenden Nord-Süd-Gegensatzes und unter dem Einfluß des (das Modernisierungs-Paradigma ablösenden) Dependenz-Paradigmas sowie des *Galtung*schen Begriffes der „Strukturellen Gewalt" (und des „Positiven Friedens") ging der „mainstream" der auf die Dritte Welt bezogenen kritischen Friedensforschung dann doch an der Untersuchung „Direkter Gewalt" (und der Bedingungen des „Negativen Friedens") vorbei (*Senghaas* 1972). Der Schwerpunkt der Forschung in den 70er Jahren lag eindeutig auf der polit-ökonomischen Analyse von strukturellen Gewaltverhältnissen in den Nord-Süd-Beziehungen (Studien zu „Abhängigkeit" und „Unterentwicklung") und auf der Konzipierung von „Alternativen Entwicklungsstrategien" zur Überwindung von Unterentwicklung (*Evers, Senghaas, Wienholtz* 1983). Die Hoffnung auf ein Aufbrechen struktureller Gewaltverhältnisse schloß offensichtlich die Hoffnung auf eine Eliminierung direkter Gewalt mit ein, deren Ursachen man in eben jenen Verhältnissen verwurzelt glaubte. „Entwicklung" wurde tendenziell mit „Frieden" gleichgesetzt (*Galtung* 1980: 145—149/*Brock* 1984: 61 ff.). Zwar schenkte man — selektiv — revolutionären Befreiungskriegen wohlwollende Beachtung, da kritische Friedensforschung „keinesfalls die

prinzipielle Leugnung der Legitimität einer unter bestimmten Bedingungen gegebenen progressiven Funktion von Gewalt" implizierte (*Krippendorff* 1968: 21 f.); doch blieb, abgesehen von den fortgeführten Studien *I. Kende*s und wenigen Einzelarbeiten eine systematische Erforschung der Kriege in den unterentwickelten Regionen aus. Allenfalls wurden, wenn auch hier eher beiläufig, kriegerische Konflikte mitberührt im Problemfeld von „Rüstung und Unterentwicklung", ohne jedoch dem Zusammenhang von Rüstung und Krieg in der Dritten Welt systematischer nachzugehen (*Brzoska* 1981).

2.2 Die Wiederentdeckung der direkten Gewalt

Erst gegen Ende der 70er/Anfang der 80er Jahre wandte sich die Friedensforschung nunmehr auch den Phänomenen direkter Gewalt in der Dritten Welt zu. Der Niedergang des Nord-Süd-Dialogs und der Entspannungspolitik, die Verschärfung des Ost-West-Konflikts in der Dritten Welt („Neuer Kalter Krieg") und die Kriege im Südlichen Afrika, am Horn von Afrika, in Südostasien, im Libanon, zwischen Iran/Irak, um die Falklands/Malwinen sowie in Mittelamerika trugen hierzu sicherlich ebenso bei wie die Ernüchterung über stagnierende Entwicklungsprozesse selbst dort, wo revolutionäre Umbrüche staatgefunden hatten. Auch der Nachrüstungsstreit und die aufkommende Friedensbewegung erhöhten die Sensibilität der Öffentlichkeit, Massenmedien, Politik und Wissenschaft für Probleme direkter Gewalt. Es kam die Besorgnis auf, ein großer atomarer Krieg könne aus kleinen konventionellen Kriegen in der Dritten Welt entstehen („Sarajewo-Effekt"). Die Strategieforscher, die sich spätestens seit der Energiekrise von 1973/74 intensiver mit der außereuropäischen Welt befaßten, erkannten in den dortigen Kriegen neuartige Probleme für die „Internationale Sicherheit" (*Bertram* 1981).

Auf diesem Hintergrund mußte sich nun die Friedensforschung selbstkritisch die Vernachlässigung der Probleme direkter Gewalt eingestehen. In einer Sammlung von Fallstudien zu „Kriegen und Bürgerkriegen der Gegenwart" aus dem Jahre 1978 hieß es, die Friedensforschung habe sich „bisher vergleichsweise wenig mit einzelnen lokalen Kriegen ... beschäftigt. Ihr Hauptaugenmerk galt mehr den globalen Entwicklungen — sei es auf dem Gebiet der Rüstungsdynamik, sei es auf dem des Nord-Süd-Konflikts" (*Friedensanalysen* 1978: 8). Nach zehn Jahren Entwicklungsforschung erkannte nunmehr auch die „Deutsche Gesellschaft für Friedens- und Konfliktforschung" (DGFK) „neue Aufgaben" bei der Erforschung der „Konfliktdynamik innerhalb der Dritten Welt" (*Evers, Senghaas, Wienholtz* 1983: 26).

Es wuchs die Erkenntnis, daß direkte Gewalt nicht einfach ein Derivat struktureller Gewalt darstellte, sondern ein Problem sui generis war; „that direct violence has acquired a dynamic of its own, quite apart from the concrete problems of structural violence ..." (*Brock* 1984: 60, 61).

Dieser Erkenntnis trug die Forschung Rechnung, indem sie verschiedene neue Projekte zur Problematik in Angriff nahm und das Thema „Kriege in der Dritten Welt" erstmalig zum Thema einer größeren wissenschaftlichen Tagung (AFK-Kolloquium 1984) machte.

3. Auf der Suche nach den Ursachen der Kriege in der Dritten Welt: Ansätze und Probleme der Forschung

3.1 Einleitende Bemerkungen

Eingedenk des bisherigen Mangels einer explizit auf die Dritte Welt bezogenen Kriegsursachenforschung müssen der Erörterung weniger neuerer Studien zu Kriegen in der Dritten Welt zunächst einige Bemerkungen zum Stand der Forschung zu den Ursachen von Kriegen allgemein vorangestellt werden. Diese überwiegend quantitativ verfahrende Forschung weist zwei Hauptzweige auf, die zwischenstaatliche Konflikte untersuchende („klassische") Kriegsursachenforschung und die innerstaatliche Gewaltphänomene analysierende Makro-Konfliktforschung. Im Hinblick auf die Kriege in der Dritten Welt ergeben sich nun im Zusammenhang mit diesen Forschungen eine Reihe von Frage- und Problemstellungen:

— Wie ist es um die empirische Grundlage der Forschung über Kriege in der Dritten Welt bestellt? Wieviele Kriege hat es in den Regionen Asiens, Afrikas und Lateinamerikas tatsächlich gegeben und welcher Art waren diese Kriege? Wie ist es um die diesbezügliche Quantität und Qualität unserer Daten beschaffen? Bislang hatte z. B. die Kriegsursachenforschung ihre Daten mit Schwerpunkt auf die abendländische Staatenwelt und auf die Zeit vom 19. Jahrhundert bis zu den Weltkriegen des 20. Jahrhunderts gesammelt;

— Liegt bei der Hypothesen- und Theoriebildung über Kriegsursachen möglicherweise ein „eurozentrischer bias" vor, den es bei der Forschung über Kriege in der Dritten Welt zu vermeiden gilt? Weisen die Kriegsursachen in der Dritten Welt vielleicht sogar „differentia specifica" auf, die es zu erkennen gilt? Betritt die Forschung über die Ursachen von Kriegen in der Dritten Welt sozusagen wissenschaftliches „Neuland" oder steht allenfalls eine Modifizierung bisheriger Erklärungen an?

— Lassen sich grundsätzliche Einwände gegen den vorherrschenden makro-quantitativen Forschungsansatz vorbringen, die bei dessen Anwendung auf die Dritte Welt besonders ins Gewicht fallen?

3.1.1 Zu der empirischen Grundlage (Kriegsstatistik)

Statistische Daten zu inner- und zwischenstaatlichen Gewaltphänomenen nach dem Zweiten Weltkrieg gibt es zwar etliche, doch leider überwiegend unzuverlässige und unbrauchbare. Bei vielen Kriegslisten liegt hinsichtlich der Verwendung des Begriffs „Krieg" eine geradezu babylonische Sprachverwirrung vor (*Leitenberg* 1977); namentlich bei innerstaatlichen „Kriegen" gerät man in einen „Morast" unterschiedlicher und unklarer Definitionen, Typen und Zuordnungen (*Small, Singer* 1982: 210). Im Rahmen des COW-Projekts haben *Singer/Small* in ihr neuestes Werk zwar erstmalig neben den Daten für internationale Kriege auch Daten zu „Bürgerkriegen" bis zum Jahre 1980 aufgenommen (vorher ausschließlich Daten zu internationalen Kriegen bis 1965), doch bleibt ihre quantitativ gestützte Definition von Krieg (Zahl der Kriegstoten) ebenso problematisch wie ihre Typenbildung (*ebd.*: Appendix A; B). Für pragmatische Zwecke der Forschung über Kriege in der Dritten Welt (bzw. seit 1945) scheint die eher qualitative Definition von Krieg durch *I. Kende* am brauchbarsten zu sein[2], die gleichermaßen für den zwischenstaatlichen (oder Grenz-)Krieg wie auch für den innerstaatlichen Krieg gilt, der in zwei Untertypen (Anti-Regime-Krieg und Sezessions-, Religions- oder Stammes-Krieg) geschieden wird. *Kende*s immer wieder aktualisierte und vielzitierte Liste der Kriege seit 1945 reicht in ihrer neuesten Version bis zum Jahre 1982 (148 Kriege): „Rund die Hälfte aller erfaßten Kriege gehört zu den innerstaatlichen Anti-Regime-Kriegen (einschließlich Antikolonialkriege), davon die große Mehrheit mit ausländischer Beteiligung. Die klassische Form des Krieges – der Krieg zwischen Staaten ... – hingegen trat viel seltener auf, außerdem ist bei der überwiegenden Anzahl eine direkte ausländische Beteiligung zu beobachten" (*Kende, Gantzel, Fabig* 1982: 107).

Doch weist auch diese Liste bei genauerer Prüfung eine Reihe von Mängeln auf[3]: Stichproben (z. B. zum „Horn von Afrika") lassen Zweifel an ihrer Zuverlässigkeit aufkommen (Nichterfassung wichtiger Kriege, falsche Datierung, falsche Zuordnung zu Kriegstypen); die Typenbildung bleibt problematisch (zu schlichte und konventionelle Unterscheidung von „inner- und zwischenstaatlichem" Krieg; *Kende* selbst spricht von „internationalisierten" Bürgerkriegen und damit von zwischenstaatlichen Kriegen neuen Typs (*Kende* 1982: 87, 88); die Untertypen innerstaatlichen Kriegs bleiben zu vage, da z. B. auch Sezessions-, Religions- oder Stammeskriege ihrer Funktion und Wirkung nach Anti-Regime-Kriege sein können)[4]; die Zuordnung der Antikolonialkriege zu den Anti-Regime-Kriegen verzerrt das Bild, da nicht zwischen kolonialer und postkolonialer Phase unterschieden wird; der Begriff der „ausländischen Beteiligung" (= ausschließlich die „unmittelbare Teilnahme an den Kämpfen") erscheint angesichts der Komplexität und Subtilität internationaler Einmischung als zu restriktiv[5]; eine Erweiterung des Merkmalkataloges der Kriege (z. B. um die Gegenstände und den Ausgang der Kriege etc.) wäre wünschenswert. Insgesamt erschiene eine gründliche Überarbeitung, Aktualisierung und Erweiterung der *Kende*schen Kriegsliste dringend erforderlich.

3.1.2 Zum Stand der Erkenntnis über Ursachen von Kriegen

Folgt man neueren Bestandsaufnahmen zur Kriegsursachen- und makropolitischen Konfliktforschung, so scheint die Erkenntnis über die Ursachen von zwischen- und innerstaatlichen Kriegen weder groß noch gesichert zu sein.[6] Einen guten Überblick über die Vielfalt der Analyse-Ebenen und Erklärungsansätze bei zwischenstaatlichen Kriegen vermitteln noch immer die „Topographie der Kriegsursachen" von *K. J. Gantzel* (1972: 62 ff.) und die Zusammenstellung der „Schritte zum Krieg" von *K. W. Deutsch* und *D. Senghaas* (1970). *Gantzel* unterscheidet zwischen „exogenen" (d. h. auf die Staatenwelt bezogenen) Erklärungsansätzen (z. B. Machtrivalität) und „endogenen" (d. h. auf die innerstaatlichen Verhältnisse bezogenen) Erklärungsansätzen (z. B. Interessengruppen, Externalisierung innerer Spannungen). *Deutsch/Senghaas* differenzieren zwischen sechs System-Ebenen (Intrapsychische Komponente/Individuelle Persönlichkeit/Kleingruppen/Große Interessengruppen, Parteien, Medien/Nationalstaat/Internationales und regionales System) und zehn Stufen (Menschliche Natur/Interessengruppen/Herrschende Eliten/Massenmedien und Massenmeinung/Nationales politisches System: Regime und Kultur/Regierungsorganisation und Bürokratie/ Nationale Strategie/Eskalationsprozesse/Umwelt). Der Schwerpunkt der Kriegsursachenforschung lag nun bislang auf den exogenen Erklärungsansätzen und der Ebene des Internationalen Systems bzw. der bilateralen zwischenstaatlichen Beziehungen (Strukturen und Beziehungen von Allianzen; Potentiale und Verteilung von Macht). Neuere Untersuchungen darüber, ob Machtgleichgewicht, auch militärisches Gleichgewicht, eher als konfliktfördernd gilt als Machtungleichgewicht, haben keine eindeutigen Ergebnisse gezeigt (*Eberwein* 1984). Der Zusammenhang zwischen Rüstungswettläufen und Eskalation zum Krieg wurde zwar zum Gegenstand systematischer empirischer Analyse gemacht, doch blieb dabei der Wirkungszusammenhang bislang ungeklärt. In anderen Untersuchungen wurde herausgefunden, daß Machtstatus eine entscheidende Determinante gewaltsamen Konfliktverhaltens in der internationalen Politik ist, wenngleich auch nicht behauptet wurde, daß ,,unweigerlich Macht kausal Gewalt hervorruft"; doch würde bei zunehmendem Machtstatus in der internationalen Hierarchie die Bereitschaft zur Androhung oder zur Anwendung von Gewalt ansteigen (*Eberwein, Reuß* 1983: 180 f.).

Die makro-politische Konfliktforschung bediente sich lange Jahre des Konzepts der ,,Relativen Deprivation" (daher sog. ,,RD-Ansätze") zur Erklärung innerstaatlicher Gewaltphänomene (*Gurr* 1970). Die Wahrnehmung von gesellschaftlichen Statusdisparitäten und/oder Statusbedrohungen durch einzelne Akteure oder soziale Gruppen führe zu Frustration, Unzufriedenheit und schließlich zu Gewaltanwendung. Korrigiert und ergänzt wurde dieser Erklärungsansatz in späteren Jahren durch das Konzept der ,,Ressourcen-Mobilisierung" (daher sog. ,,RM-Ansätze"), das weniger das Ausmaß an Unzufriedenheit als vielmehr die Verteilung von Unzufriedenheit in einer Gesellschaft für wichtig hielt (*Widmaier* 1978). Unter diesem Aspekt traten nunmehr bisher vernachlässigte Fragen der Mobilisierung und Organisierung von Interessen und Machtressourcen durch verschiedene gesellschaftliche Gruppen sowie die Rolle des Staates gegenüber den Konfliktparteien in den Vordergrund.

Ob bzw. in welchem Ausmaß all diese Ansätze zur Erklärung zwischen- und innerstaatlicher Kriege in der Dritten Welt bislang fruchtbar gemacht wurden, soll weiter oben anhand einiger neuerer Studien aufgezeigt werden. Doch stellt sich zunächst noch grundsätzlicher die Frage, ob denn diese ja primär im historischen Kontext der abendländisch-industrialisierten Staatenwelt entwickelten Ansätze für ein Verständnis kriegerischer Konflikte in der Dritten Welt überhaupt relevant sind? D. *Senghaas* stellt hierzu fest: ,,Prinzipiell finden sich in der Dritten Welt keine anderen und neuen Konfliktursachen, wenn man diese mit den aus europäischer Entwicklungsgeschichte bekannten vergleicht. Doch ... ist die Entwicklung der Dritten Welt ... weit mehr mit internationaler Politik und Weltpolitik vermittelt als dies in den vergangenen Jahrhunderten in Europa der Fall war" (*Senghaas* 1984: 277). Wenn dem so ist, müßte man gezielt nach den die Kriege in der Dritten Welt bestimmenden internationalen Einflüssen suchen und deren konkreten und spezifischen Wirkungszusammenhang mit lokalen/regionalen Bestimmungsfaktoren zu analysieren versuchen. Hierzu böten sich z. B. die Kolonialismus-Analyse, die Imperialismus- und Dependenztheorie sowie die Konzepte des kapitalistischen Weltsystems und der Weltmilitärordnung an. Ferner müßte wohl den Zusammenhängen von Nord-Süd- und Ost-West-Konflikt sowie der Interventionspolitik der Supermächte besondere Beachtung geschenkt werden (*Brock* 1983: 253—258/ 1982: 335—342). Unter solchen Perspektiven könnte man dann die Kriege in der Dritten Welt als Erbe des Kolonialismus ansehen, als Erscheinungen der internationalen Klassenauseinandersetzung zwischen Imperialismus und Sozialismus, als Ausfluß von Unterentwicklung und/oder weltwirtschaftlicher Krisen und Abhängigkeiten sowie als Ausdruck der Gewaltsamkeit des kapitalistischen Weltsystems.[7] Auch ließen sich diese Kriege als Element einer Weltmilitärordnung ansehen, dessen Aufgabe die Erprobung und Vernichtung von Waffentechnologie wäre, oder als Stellvertreter und Ventile globaler Systemkonkurrenz unterhalb der Nuklearschwelle, schließlich als Teil einer divide-et-impera-Strategie der hegemonialen Nordmächte zur Schwächung des Südens (*Krämer* 1983/*Ayoob* 1980).

Wenngleich auch all diese Ansätze zur Erklärung kriegerischer Konflikte in der Dritten Welt durchaus eine gewisse analytische Kraft und Plausibilität haben, so bleiben sie doch vielfach zu pauschal, simplifiziert und zu wenig konkret in ihren Aussagen. Manchmal rücken sie gar in die Nähe schlichter Verschwörungstheorien. Wird die Bedeutung des internationalen Faktors zu absolut gesetzt, geraten leicht die lokale/regionale Eigendynamik von Konflikten und deren komplizierte Wechselwirkung mit internationalen Einflüssen aus dem Blickfeld.

Selbst wenn man verdeutlichen will, daß „regional, national and local conflicts have only been 'internal' in a superficial sense in countries whose underdevelopment derives from the international economy" (*Luckham* 1980: 239), so kommt man doch nicht umhin, auch diese endogene Dimension einer gründlichen Analyse zu unterziehen (*Väyrynen* 1984).

So räumen selbst marxistisch-leninistische Konfliktforscher mittlerweile ein, daß keineswegs alle Konflikte in der Dritten Welt auf das Widerspruchsverhältnis zwischen den beiden Weltsystemen oder Blöcken zurückgeführt werden können: „Auch wenn der Imperialismus auf alle diese Konflikte Einfluß nimmt und damit die Gefahr des Hinüberwachsens in globale Konflikte erhöht wird, ist ihre Entstehung keineswegs allein auf das Wirken des Imperialismus zurückzuführen."[8] Die tiefsten Wurzeln hätten die Konflikte zwar in der kolonialen Vergangenheit, „ohne daß damit diese in jedem Falle immer unmittelbar für den Ausbruch eines Konflikts verantwortlich ist" (*Mardek, Krämer* 1981: 587). Wenn *E. Krippendorff* einerseits zu Recht den historischen Zusammenhang von modernem Krieg, modernem Staat und kapitalistischer Produktionsweise aufspürt, so muß ihm andererseits doch auch entgegengehalten werden, daß militärische Gewalt als konstitutives Element des Kapitalismus nicht bedeutet, „daß jede militärische Gewalt auf die Systemlogik kapitalistischer Ökonomie zurückgeführt werden kann" (*Krämer* 1983: 12).

Um weitere mögliche analytische Verzerrungen und Verkürzungen zu vermeiden, sollte bei der Erforschung kriegerischer Konflikte in der Dritten Welt auch den vorkolonialen Gegebenheiten Beachtung geschenkt werden. Hier böte sich eine Zusammenarbeit mit Anthropologen und Historikern an. Das Erkenntnisinteresse könnte sich beispielsweise auf vorkoloniale gewaltsame Eroberungs- und Überschichtungsprozesse als Determinante gegenwärtiger Konflikte richten, auf „vor-modernstaatliche" Muster von Gewalt und Krieg, auf Traditionen feindseliger Beziehungen sowie auf überkommene Feindbilder (*Geiss* 1981: 54 ff.; *Nettleship, Dalegivens, Nettleship* 1975). Zu untersuchen wäre dabei, ob bzw. in welchem Ausmaß vorkoloniale Strukturen und Prozesse auf die heutigen Kriege in der Dritten Welt einwirken, ob es Konstanten und Veränderungen gibt, kolonial bedingte Brüche und Verformungen.

3.1.3 Zu einigen theoretisch-methodischen Problemen

Gegen die vorherrschende quantitative Kriegsursachen- und Makro-Konfliktforschung lassen sich auch grundsätzliche theoretische und methodische Einwände vorbringen, die ihre Anwendung auf Kriege in der Dritten Welt fragwürdig erscheinen lassen. So plädiert *K. J. Gantzel* für eine theoretische Neuorientierung der Kriegsursachenforschung, der er eine einseitige Bevorzugung exogener Faktoren zu Lasten endogener Faktoren bei der Erklärung zwischenstaatlicher Kriege vorwirft (*Gantzel* 1981: 39—55). Jahrelang wurden die innergesellschaftlichen Bestimmungsfaktoren von Kriegen (z. B. gesellschaftliche Interessen, Gruppen, Klassen, sozio-ökonomische Struktur) gegenüber internationalen Faktoren (z. B. Allianzstrukturen, Machtverteilung) vernachlässigt. Einer Neuorientierung zugunsten der ersteren Faktoren läge die Annahme zugrunde, daß die Ursachen von Kriegen im wesentlichen in den innergesellschaftlichen Bedingungen der am Konflikt beteiligten Staaten zu suchen sind.

Fragwürdig erscheint auch der Anspruch der makro-quantitativen Forschung, allgemeine, universal gültige Einsichten in die Ursachen von Kriegen zu gewinnen. Denn abgesehen von der skeptischen Frage, ob es eine allgemeine Theorie der Kriegsursachen überhaupt geben kann, schiene angesichts der Komplexität des Kriegsursachenproblems, der unzureichenden Datenlage, des ungelösten Problems der Gewichtung einzelner Variablen und des Mangels an standardisierten Indikatoren eher Bescheidenheit, ein niedrigeres Aggregationsniveau, eine Differenzierung nach Raum, Zeit und Kriegstypen und damit eine Theoriebildung eher mittlerer Reichweite angezeigt. Bis heute war und ist es nicht möglich, die Komplexität der Kriegsursachen statistisch zu analysieren und mit mathematischen Modellen zu beschreiben (*Gantzel* 1981: 40).

Selbst wenn es der makro-quantitativen Forschung letztlich nur darum geht, „Erklärungsansätze zu entwickeln, die trotz grober Vereinfachungen dennoch systematisch und replizierbar zur Erklärung beitragen" (*Weede* 1975: IX), muß ihre Leistungsfähigkeit angezweifelt werden. Denn Replikation von Analysen findet häufig kaum statt: „Durch die von Untersuchung zu Untersuchung veränderten Termini, Indikatoren, Variablen-Verknüpfungen usw. werden vielmehr neue Schwierigkeiten aufgeworfen, wie u. a. das der Äquivalenz von Indikatoren und generell das Problem der Vergleichbarkeit und letztlich der Relevanz der Ergebnisse." (*Bredthauer* 1982: 44).

Auf diesem Hintergrund stellt sich die Frage, ob man bei der Erforschung der Kriege in der Dritten Welt nicht besser auf qualitative Verfahren zurückgreifen sollte, auf theoretisch angeleitete, komparativ angelegte empirische Fallstudien? Hierfür spräche zum einen die vergleichsweise noch ungünstigere Datenlage, die man kurz- und mittelfristig nur durch einen informationsreichen, differenzierenden historiographischen Ansatz aufbessern kann, denn „..., methodological sophistication is useless without an intimate knowledge of the data one manipulates" (*Gorman* 1981: 14; Anm. 4). Zum anderen käme ein solcher Ansatz wohl auch der realen Ursachen-Komplexität von Kriegen näher als ein quantitativer Zugang: „..., as scholars attempted to construct broad and general theory, the lowly case study was nearly lost in the shuffle. This was unfortunate insofar as the research focuses of most of the comparative analyses were such that the rich, dynamic, and contextual nature of the development of ... conflicts often went unnoticed" (*ebd.*: 3). Die Hypothesengebäude und Modelle der quantitativen Forschung bestechen zwar oft durch formale Eleganz, können aber in ihren Ergebnissen nicht besser sein als die zur Verfügung stehenden Daten, und sind auf einem so hohen Abstraktionsniveau angesiedelt, daß sich realhistorische Prozesse kaum noch mit ihnen erfassen lassen.

3.2 Studien zu zwischen- und innerstaatlichen Kriegen in der Dritten Welt

3.2.1 Zu den Ursachen zwischenstaatlicher Kriege

Folgt man der in der quantitativen Kriegsursachenforschung prominenten Frage nach dem Zusammenhang von Machtgleichgewicht/Machtungleichgewicht (auch militärischem Gleichgewicht/Ungleichgewicht) und konfliktivem Verhalten, so läßt der noch unklare und kontroverse Forschungsstand für den Bereich der Dritten Welt keine schlüssige Antwort zu (*Sylvan* 1976: 609—627; *Sherwin* 1983: 652—699; *Gerner* 1983: 5—36). Gleichgewichtszustände bzw. Ungleichgewichtigkeiten lassen sich hier nicht zuletzt infolge der unzureichenden Datenlage noch schwerer feststellen als im Industriestaatenbereich; auch finden sich hier keine so vergleichsweise festgefügten Allianzstrukturen und schon gar nicht das Moment bipolarer, atomar gestützter Abschreckung. Nicht berücksichtigt werden bei dieser Fragestellung die subjektiven Wahrnehmungen der Kontrahenten, die nur schwer quantifizierbar sind; doch gerade sie scheinen vielleicht eine größere Bedeutung zu haben als „objektive" Gleichgewichte/Ungleichgewichte. So kommt z. B. *F. Gorman* in seiner Studie zum Ogadenkrieg von 1977/78 zu dem Schluß, daß es wesentlich die „... Somali perceptions of the local power imbalance, the possibility of external military support, and transformation of alliance structures with respect to the Horn" waren, die zum Ausbruch des Krieges führten (*Gorman* 1981: 215).

Heuristisch fruchtbar gemacht werden für die Analyse von Kriegen in der Dritten Welt könnten vielleicht die quantitativen Untersuchungen zum Zusammenhang von Machtstatus/Machtmobilität und Konfliktneigung. Hierauf scheint die Tatsache hinzudeuten, daß der anhaltende Prozeß internationaler Macht-Diffusion, der sozio-ökonomi-

schen und militärischen Differenzierung zwischen Entwicklungsländern sowie der Strukturierung und Hierarchisierung des peripheren Staatensystems (*Eßer, Wiemann* 1981; *Menzel* 1983: 31—59) in den 70er Jahren auffälligerweise von vermehrten zwischenstaatlichen Konflikten und geopolitisch legitimierten Expansionsansprüchen „Regionaler Vormächte" begleitet war (*Väyrynen* 1979: 349—369). Grenz-, Territorial-, Ressourcen- und Hegemonialkonflikte, die „... zumeist durch ein komplexes Zusammenwirken von Grenzstreitigkeiten, historischen Feindbildern, wirtschaftlichen Konkurrenzsituationen, Systemgegensätzen, rüstungstechnischen Ungleichgewichtigkeiten und Großmachteinflüssen virulent" werden (*Grabendorff* 1980: 5), wären unter dieser Perspektive ein Ausdruck von Streitigkeiten über die sich herausbildende Rangordnung innerhalb des peripheren Staatensystems. Auch der Falkland/Malwinen-Konflikt mag dafür stehen, daß Verschiebungen im internationalen Machtgefüge, der periphere Machtzuwachs Argentiniens einerseits und der metropolitane Machtverlust Großbritanniens andererseits, mit zum Kriegsausbruch beitrugen.
Mehr den endogenen, innergesellschaftlichen Bedingungen von zwischenstaatlichen Kriegen wenden sich *B. Moser* in seiner quantitativen Untersuchung über afrikanische Grenzkonflikte zu (*Moser* 1983). Ausgehend von der Bedeutung der Grenz- und Territorialkonflikte in der Dritten Welt entwickelt er ein Modell des nachbarstaatlichen Grenzkonflikts, dessen empirische Überprüfung er aber infolge von Daten- und Indikatorenproblemen nur auf ausgewählte Teilbereiche bezieht. Insbesondere überprüft er die klassische Externalisierungshypothese, die einen Zusammenhang von internem und externem Konfliktverhalten behauptet. *Moser* zufolge spricht jedoch mehr gegen einen solchen systematischen Zusammenhang. Er erweitert sodann diese Hypothese insofern, als er die Behauptung aufstellt, daß ein Land mit internen Spannungen leicht das Opfer externer Aggression werde. Dies gelte besonders für die von zahlreichen ethnischen Konflikten geplagten afrikanischen Staaten. Fallstudien zum Grenzkonflikt am Horn von Afrika scheinen *Moser*s Behauptung zu bestätigen: ohne die relative ethnische Heterogenität Äthiopiens und die relative ethnische Homogenität Somalias ließe sich dieser Konflikt nicht verstehen (*Matthies* 1977). Doch konnten für das Konfliktverhalten Somalias andererseits auch Elemente klassischer Externalisierung festgestellt werden (Ableitung von aus dem somalischen Clansystem resultierenden Spannungen gegen einen Außenfeind) (*ebd.*: 260 ff.). Eine gewichtige Rolle scheint die Externalisierung innergesellschaftlicher Spannungen auch bei Argentinien und Großbritannien im Falle des Falkland/Malwinen-Konflikts gespielt zu haben. Dem Externalisierungsproblem will sich u. a. auch ein Forschungsprojekt zu „Ethnizität und Internationalem Konflikt im Mittleren Osten" widmen,[9] das am Beispiel des syrisch-irakischen und des irakisch-iranischen Konfliktes untersuchen soll, „in welchem Maße Prozesse ethnischer Grenzziehung internationale Politik im Mittleren Osten bestimmen. Zum einen soll gezeigt werden, daß grenzübergreifende ethnische und religiöse Bindungen die Grenzen zwischen Innen- und Außenpolitik verwischen und somit den Regimen die Möglichkeit geben, sich in die „inneren Angelegenheiten" ihrer Nachbarn einzumischen. Zum anderen soll gezeigt werden, daß auch die internen Legitimationsschwierigkeiten und die gegenseitige persönliche Inkompatibilität der aus Personen unterschiedlicher ethnisch-religiöser Zugehörigkeit zusammengesetzen Machteliten zu zwischenstaatlichem Konflikt führen."[10]

Ein anspruchsvolles Forschungsprojekt über „Internationale Kriege in der Dritten Welt: Ein Beitrag zur Theoriebildung über Kriegsursachen", dessen erste Ergebnisse demnächst vorliegen werden,[11] wird unter Leitung von *K. J. Gantzel* an der Universität Hamburg durchgeführt. Ausgangspunkt des Projekts ist der von *Gantzel* entwickelte gesellschaftstheoretische Ansatz zur Analyse von zwischenstaatlichen Kriegen. Mit der Methode der Politischen Ökonomie und der Historiographie werden Fallstudien zu Kriegen in Mittelamerika und im Südlichen sowie Östlichen Afrika erarbeitet, um dann im Zuge einer komparativen Auswertung dieser Fälle Kategorien zur genaueren Bestimmung von Kriegsursachen zu gewinnen. Die Frage- und Problemstellungen der Fallstudien beziehen sich auf die Kriegsziele und die hinter ihnen stehenden Interessen, auf die Klassen oder Gruppen, die diese Interessen tragen, die sozio-ökonomische Struktur, in der diese Interessen im Staatsapparat durchgesetzt und der Krieg gegenüber der Bevölkerung legitimiert werden sowie auf die Instrumentalisierung des militärischen Apparates für diese Interessen. Allerdings soll diese Hypothese der innergesellschaftlichen Verursachung von Kriegen nicht mechanistisch verstanden werden. Denn die empirische Untersuchung der Konfliktregionen verdeutlicht auch, daß ein enger wechselseitiger Bezug zwischen den innergesellschaftlichen Faktoren und dem internationalen Umfeld besteht. Die Interessen einflußreicher Bevölkerungsgruppen wurden beispielsweise auch für den somalisch-äthiopischen Konflikt (ökonomische und politische Interessen nomadischer Clan-Gruppen in Somalia) (*Matthies* 1977: 268 ff.) und den Krieg zwischen Iran und Irak (Machterhaltungsinteresse der Herrschaftsgruppen im Irak gegenüber der Bedrohung durch die Revolution im Iran) (*Wright* 1980/81: 275–303; *Rondot* 1980: 867–879) (mit-)verantwortlich gemacht.

3.2.2 Zu den Ursachen innerstaatlicher Kriege

Die Diskussion innerstaatlicher Kriegsursachen in der Dritten Welt könnte zunächst einmal grob zwischen Teilen Asiens und Afrikas einerseits und Lateinamerika andererseits differenzieren, da in diesen Entwicklungsregionen jeweils unterschiedliche historische und sozialstrukturelle Bedingungen gegeben sind. Der vorherrschende Staatstyp in Asien und Afrika ist eine künstliche, vom Kolonialismus produzierte „Staatsnation", jedoch kein — wie in Europa — historisch gewachsener „Nationalstaat" (*Smith* 1983; *Rothchild, Olorunsola* 1983). Die Gesellschaften dieser Staaten sind im Regelfall durch ethnische Heterogenität und kulturellen Pluralismus gekennzeichnet und bestreiten oftmals — zumindest in Teilen der Bevölkerung — die Legitimität des Staates und seiner Herrschaftsgruppen. Diese Gruppen wiederum, die eine „Nationenbildung" betreiben wollen, können sich dabei meist nur eines „territorialen Nationalismus" auf der Grundlage kolonialer Grenzen und Verwaltungseinheiten bedienen. Zwar verstärkte vielfach der gemeinsame anti-koloniale Kampf die nationale Identifikation, doch erwies sich dieser Konsens in der nachkolonialen Ära als zu wenig tragfähig. Bei dem nunmehr einsetzenden Konkurrenzkampf um die Besetzung des Staatsapparates und der damit verbundenen Einfluß- und Statuspositionen sowie um die Verteilung von knappen Ressourcen brachen vielfältige, ethnisch, religiös und kulturell bestimmte Konflikte auf. Separatistisch-sezessionistische Bestrebungen bedrohten dabei nicht nur die territoriale Integrität des Staates, sondern auch die Legitimität der Staatsklassen und die Autorität des staatlichen Machtapparats. Dieser grundlegende Widerspruch zwischen Staat und Nation bzw. die Nichtlösung fundamentaler Probleme nationaler Identität und Selbstbestimmung haben in Teilen Asiens und Afrikas zu einigen der langwierigsten und gewaltintensivsten Bürgerkriege der letzten Jahrzehnte geführt.

Seit Ende der 60er/Anfang der 70er Jahre rückte die Analyse von Hintergrundbedingungen und Erscheinungsformen solcher ethnisch bestimmten Konflikte zunehmend in den Blickpunkt der Entwicklungsländer- und vergleichenden Konfliktforschung. Die Pluralismus-Theorie betonte, wie bereits erwähnt, zunächst einseitig die ethnisch-kulturellen Konfliktfaktoren. Demgegenüber stellte das Konzept des „Internen Kolonialismus" stärker auf die Vebindung der kulturellen mit sozio-ökonomischen Konfliktfaktoren ab. Denn wie später auch *I. Kende* hervorhob, „verbergen sich hinter den anscheinend nur religiösen Gegensätzen oder Stammesfehden" in zahlreichen Fällen „viel tiefere Interessen, oft auch mehr oder weniger reine Klasseninteressen ... obwohl sich selbst die Kämpfenden dieser Tatsache manchmal nicht bewußt sind" (*Kende* 1982 a: 93). In den 70er Jahren führte dann die Ethnizitäts-Diskussion die vergleichende Erforschung ethnisch bestimmter Konflikte fort (*Enloe* 1973; *Suhrke, Noble* 1977; *Bertelsen* 1977).

Für Lateinamerika scheinen die genannten Konzepte zur Erklärung innerstaatlicher Kriege hingegen weniger brauchbar zu sein, da hier der Nationalstaat weit stärker konsolidiert und die ethnisch-kulturelle Heterogenität vergleichsweise geringer ausgeprägt ist. Im Gegensatz zu Asien und Afrika wird in Lateinamerika, wo sich der Nationalstaat in über 1 1/2 Jahrhunderten herausgebildet hat, selbst bei schärfsten Konflikten die nationale Integrität als Rahmen der Auseinandersetzung nicht in Frage gestellt (*Lock, Wulf* 1981: 122, 175; Anm. 3). Bei den hier weit höher entwickelten Klassenverhältnissen kommt dem Konzept des Klassenkampfes, der Dialektik von struktureller und direkter Gewalt sowie revolutionstheoretischen Ansätzen eine deutlich größere Erklärungskraft zu als in Asien und Afrika (*Kende* 1982 b: 92, 95; *Moßmann* 1982: 299—331; *Booth* 1982). Der typische innerstaatliche Krieg in Lateinamerika ist daher der (nach *Kendes* Typologie) „Anti-Regime-Krieg", der gegen existierende Regierungen und Machtverhältnisse sowie zur Umgestaltung des Gesellschaftssystems geführt wird, und nicht der in Asien und Afrika häufige Sezessions-, Religions- oder Stammeskrieg.

Die quantitativ orientierte Studie von *B. Moser* beschäftigt sich mit letzteren Kriegen, mit den Ursachen ethnischer Konflikte in Afrika (*Moser* 1983). Sie steht in der Tradition makro-politischer Konfliktforschung, hebt sich jedoch von dieser insofern ab, als sie nur eine spezielle Erscheinungsform innerstaatlicher Gewalt untersucht und sich dabei um eine regionspezifische Differenzierung globaler und hochaggregierter Modelle bemüht. Trotz der Verwendung möglichst regionspezifischer Datensammlungen erlaubt die mißliche Datenlage dem Verfasser aber nur eine teilweise empirische Überprüfung der von ihm verwendeten Hypothesen und Kausalmodelle. Theoretisch greift *Moser* sowohl auf den Pluralismus-Ansatz als auch auf RD- und RM-Ansätze zurück. Das klassische Pluralismus-Konzept hält er allerdings für wenig brauchbar, da es apolitisch sei und die wichtigen Organisationsaspekte von Konflikten nicht berücksichtige. Nach der Diskussion von strukturellen Gesellschaftsmerkmalen (Grad der ethnisch-kulturellen Heterogenität, der Segmentierung) erörtert er insbesondere Verhaltensaspekte von Konfliktparteien (die Organisation von Interessen, die Rolle des Staates, den Zwangscharakter von Regimen und deren Repressionsgrad). „Eine besonders gefährliche Konstellation ist" *Moser* zufolge „dann gegeben, wenn sozioökonomische Entwicklungsspannungen, hervorgerufen durch asynchronisches Wachstum zwischen den Modernisierungsdimensionen Bildungsstand der Bevölkerung und Urbanisierung und der wirtschaftlichen Entwicklung zusammenfallen mit einem systematischen Ausschluß größerer Segmente der Gesellschaft von wirtschaftlichen und politischen Statuspositionen" (*ebd.*: 333). Ohne daß dem Verfasser dies bewußt ist, kommt sein Befund der These vom „Internen Kolonialismus" recht nahe, von dem überall dort gesprochen werden kann, „wo immer eine religiös, sprachlich oder rassisch definierte Gruppe gegenüber einer ethnisch unterschiedlichen Gruppe in der gleichen Gesellschaft objektiv unterprivilegiert ist und diese Situation als Resultat der Diskriminierung durch die Fremdgruppe empfindet" (*Adam* 1973: 56).

Die qualitativ ansetzende Studie von *A. Wirz* über „Krieg in Afrika" befaßt sich ebenfalls mit ethnisch bestimmten Konflikten (in Nigeria, Sudan, Tschad und Kongo) (*Wirz* 1982). In kritischer Absetzung zu der quantitativen Forschung einerseits und zu begrenzten Einzelfall-Studien andererseits möchte *Wirz* mit seiner historisch-komparativen Untersuchung ausgewählter innerer Kriege in Afrika deren Ursachen und Verlaufsformen nachspüren. Für die theoretische Anleitung will er sowohl RD- und RM-Ansätze als auch das Pluralismus-Konzept (u. a. greift er auf Arbeiten von *T. Gurr, C. Tilly* und *L. Kuper* zurück) heuristisch fruchtbar machen. Im Rahmen von informationsreichen, stark historisch-genetisch orientierten Fallstudien erörtert der Verfasser die Beziehungen zwischen sozialem Wandel und politischem Prozeß in kolonial begründeten pluralen Gesellschaften an der weltwirtschaftlichen Peripherie. Er kommt zu dem Schluß, daß kulturelle Unvereinbarkeit in allen untersuchten Kriegen von zentraler Bedeutung ist, wobei er allerdings die große Bedeutung kolonial induzierten Wandels für die inter-ethnischen Beziehungen (sozio-ökonomische Disparitäten, Zentrum-Peripherie-Beziehungen) klar herausstellt. Bei der komparativen Auswertung seiner Fälle betont der Verfasser, ein Historiker, vielleicht zu stark die Individualität der Ereignisse und scheut Verallgemeinerungen. Vor allem aber findet keinerlei Rückkopplung der empirischen Befunde mit der einleitenden theoretischen Diskussion statt, wodurch diese Studie für die systematische Kriegsursachenforschung doch etwas entwertet wird.

Die Vermittlung von Theorie und Empirie ist auch in dem Sammelband von *K. M. Khan/V. Matthies* zu ausgewählten „Regionalkonflikten in der Dritten Welt" kaum gelungen.[12] Zwar folgen die Fallstudien vergleichbaren Frage- und Problemstellungen, doch werden sie nicht wirklich stringent theoretisch angeleitet und komparativ ausgewertet. In einem Fall (Mindanao-Konflikt) scheinen eher das Erklärungskonzept des Internen Kolonialismus relevant zu sein, in einem weiteren Fall (Bürgerkrieg im Libanon) eher das des Pluralismus und in einem dritten Fall (Eritrea-Konflikt) Elemente beider Erklärungsansätze.

4. Katalog von Frage- und Problemstellungen zu Kriegen in der Dritten Welt

Der vorstehende Überblick hat gezeigt, daß sich die Forschung der Komplexität des Kriegsursachenproblems erst genähert hat. Namentlich für die Dritte Welt liegen bislang noch viel zu wenig theoretisch angeleitete empirische Studien für eine systematische, vergleichende Kriegsursachenforschung vor. Doch über das Ursachenproblem hinaus gibt es noch eine Reihe weiterer Probleme, mit denen sich die Forschung über Kriege in der Dritten Welt befassen müßte:

— zum einen mit der *Dynamik*, den *Verlaufsformen* und der *Internationalisierung* dieser Kriege, zumal dann, wenn die *Senghaas*sche These von der (im Vergleich zu den neuzeitlichen Kriegen in Europa) relativ stärkeren Vermittlung der Dritt-Welt-Kriege mit internationaler Politik zutreffend sein sollte. Im Kern wäre in diesen Zusammenhängen zu untersuchen, wann, auf welche Weise und unter welchen Bedingungen ein zunächst lokal/regional begrenzter Konflikt sich international ausweitet. Hier ginge es beispielsweise um die Wechselwirkungen von Nord/Süd-Konflikt und Ost/West-Konflikt, um die Effekte von Rüstungstransfers an die Konfliktparteien sowie vor allem um die Rolle externer militärischer Interventionen bei Kriegen in Asien, Afrika und Lateinamerika. *M. Leitenberg* zufolge ist gerade das Problem der Intervention „probably the least systematically studied area relating to wars and conflicts." (*Leitenberg* 1977). Ein spezieller Forschungszweig befaßt sich bereits seit Jahren mit der „Internationalisierung von Bürgerkriegen" (*Rosenau* 1964; *Modelski* 1966: 124—146; *Tandon* 1973; *Dunér* 1983: 59—72). All diese Fragen sind auch relevant im Zusammenhang mit der Untersuchung von Bedingungen, unter denen sich der neuerdings gefürchtete „Sarajewo-Effekt" ergeben könnte, also die Auslösung einer direkten atomaren Konfrontation der Supermächte durch das Kriegsgeschehen in der Dritten Welt. Hier müßte über derlei pauschale Befürchtungen hinaus genauer geprüft werden, bei welchen Typen von Kriegen in welchen Regionen unter welchen internationalen Konstellationen ein solcher Effekt möglich oder gar wahrscheinlich wäre. Ferner müßten die Grenzen und Möglichkeiten des internationalen „Krisenmanagements" (*Frei* 1978), das Verhalten der Supermächte in internationalen Krisensituationen (*Holbraad* 1979; *Gowa, Wessell* 1982; *Hosner, Wolfe* 1983) und gegenüber Kriegen in der Dritten Welt (*Katz* 1982) sowie die Chancen untersucht werden, den Norden vom Kriegssystem im Süden abzukoppeln;[13]

— diese Fragen leiten über zu dem weiteren Problem der *Verhütung und/oder Beilegung* von Kriegen bzw. der *Bedingungen des positiven und negativen Friedens* in der Dritten Welt. Zur Lösung dieses Problems müßten sowohl Ansätze zur Minderung struktureller Gewalt als auch zur Verringerung direkter Gewalt erarbeitet werden. Das erstere scheint dabei eher langfristiger Natur und ungleich schwieriger zu sein als das letztere, mehr kurz- und mittelfristig relevante Vorhaben. Die Aussichten beispielsweise auf die friedensfördernden Effekte der Überwindung von Unterentwicklung oder gar des Nationalstaats haben durchaus eine quasi-utopische Tönung. Die vorausschauende Eliminierung von Kriegsursachen ist angesichts der Komplexität des Ursachenproblems äußerst schwierig. Gefordert ist nicht das Vorgehen des „Drachentöters", der mit wenigen gezielten Streichen den Moloch „Krieg" erlegt, sondern ein differenzierter Ansatz (*Deutsch* 1973: 19). Nicht „Entwicklung" als solche führt notwendigerweise zu friedlicheren Zuständen (*Brock* 1984: 61 ff.); allenfalls eine „friedensintensive (alternative) Entwicklungsstrategie (*Hettne* 1983: 340).

Zur Zähmung bzw. Minderung direkter Gewalt könnte man sich „klassischer" Mittel und Verfahren bedienen, die allerdings an die besonderen Bedingungen in der Dritten Welt angepaßt werden müßten: beispielsweise die Vermittlung durch Dritte Parteien (u. a. Nachbarstaaten, Regionalorganisationen wie die Organisation für die Einheit Afrikas, Bewegung der Blockfreien), die Einführung Vertrauensbildender Maßnahmen im Rahmen verstärkter Süd-Süd-Kooperation oder die Etablierung von regionalen, kollektiven Sicherheitssystemen (*Matthies* 1983/*Touval, Zartmann* 1984). Im innerstaatlichen Bereich wäre etwa an soziale Reformpolitiken, an Minderheitenschutz, Autonomiestatute, Förderalismuskonzepte und Koalitions- oder Proporzregierungen zu denken (*Khan, Matthies* 1981: 74 ff.).

Von seiten der Industrieländer müßten Möglichkeiten geprüft werden, beispielsweise durch Nicht-Intervention, Rüstungstransferkontrolle, die Abkopplung des Ost-West-Konflikts vom Nord-Süd-Konflikt oder die Stärkung der Vereinten Nationen zur Kriegsverhütung und Friedenssicherung in der Dritten Welt beizutragen;

— schließlich stellt sich in diesen Zusammenhängen auch die Frage nach einer *Bewertung* der Kriege in der Dritten Welt: soll und muß denn überhaupt jeder dieser Kriege verhütet oder friedlich beigelegt werden? Abgesehen von den Normen des Völkerrechts, die bestimmten Kriegen ohnehin Legitimität zubilligen und der altbekannten Diskussion über „Gerechte Kriege" haben sich einige Konflikt- und Friedensforscher durchaus mit dieser ethisch-moralisch sehr schwierigen Frage befaßt und „Kosten/Nutzen-Analysen" angestellt sowie die Rationalität/Irrationalität, Legitimität/Illegitimität und Funktionalität/Dysfunktionalität von Kriegen in der Dritten Welt (unterhalb der Nuklearschwelle) thematisiert (*Khan, Matthies* 1981: 79 ff.; *Mitchell* 1980: 61—75). In dieser selbst haben Theoretiker des nationalen/sozialen Befreiungskrieges (z. B. *Mao, Fanon*) immer wieder dessen positive, kreative und kathartische Aspekte hervorgehoben. Der Internationalismus in den Industrieländern war und ist vielfach (noch) einem „Mythos der Gewalt" verfallen (*Freyhold* 1983: 72). Wie bereits erwähnt, hielt auch die kritische Friedensforschung die Anwendung personaler Gewalt dann für gerechtfertigt, wenn es um das Aufbrechen unerträglich gewordener struktureller Gewaltverhältnisse ging. Man könnte auch fast von einer „Clausewitz-Renaissance" in der Dritten Welt sprechen, da dort in den zwischenstaatlichen Beziehungen anscheinend militärische Gewalt als legitimes und rationales Mittel der Politik eingesetzt wird.

Bei der Bewertung von Kriegen müßte wohl grundsätzlich zunächst einmal nach den nicht-militärischen Alternativen gefragt werden, und darüber hinaus nach den *Kosten* direkter Gewalt. Denn selbst bei Anwendung „progressiver" Gewalt kann der Bevölkerung so großes Leid zugefügt und im Namen des Fortschritts so viel von der materiellen Basis für den Fortschritt zerstört werden, daß sich der ganze kriegerische „Aufwand nicht lohnt" (*Brock* 1984: 60). *D. Senghaas* zufolge liegt die Schwierigkeit einer Bewertung von Gewalt nicht so sehr in der Analyse der Ausgangssituation von Gewalthandlungen, sondern in der Einschätzung der eingesetzten Mittel in einer ein-

mal begonnenen Auseinandersetzung: „Diese Mittel entwickeln ... oft eine Eigendynamik, die dann eine auf die Ausgangssituation von Gewalthandlungen beschränkte Bewertung unzureichend erscheinen läßt" (*Senghaas* 1971: 76 f.);
— zu guter Letzt muß auch noch die Frage nach dem Zusammenhang von *Krieg und Entwicklung* aufgeworfen werden. Welcher Stellenwert könnte den Kriegen in der Dritten Welt in einer historisch-soziologischen und polit-ökonomischen Betrachtungsweise zukommen? Vor dem Kontakt mit den Europäern gab es in den Regionen Asiens, Afrikas und Lateinamerikas im Rahmen vorkapitalistischer Produktionsverhältnisse und Gesellschaftsformationen verschiedene Formen und Intensitäten kriegerischen Konfliktaustrags (*Feest* 1980; *Nettleship, Dalegivens, Nettleship* 1975). Im Zuge der europäischen Expansion nach Übersee wurden diese Regionen dann mit kolonial-imperialistischen Eroberungs-, Ausbeutungs- und Unterdrückungskriegen überzogen sowie in europäisch bestimmte „Weltkriege" und in den Zusammenhang von kapitalistischer Produktionsweise, modernem Staat und modernem Krieg einbezogen (*Krippendorff* 1983). In der Phase der Dekolonisation diente der Krieg den Gesellschaften der Dritten Welt vielfach zur Befreiung von europäischer Fremdherrschaft und zum Aufbau moderner Staaten und Nationen. Mit der Unabhängigkeit ist die Dritte Welt nunmehr selbst Bestandteil des europäisch tradierten, nationalstaatlich bestimmten Internationalen Systems und der mit diesem System verbundenen kriegerischen Gewaltsamkeit geworden. Sind somit in einer historischen Perspektive die derzeitigen Kriege in Asien, Afrika und Lateinamerika Ausdruck eines „Emanzipationsprozesses", der sich an dem Zielmodell „Nationalstaatlichkeit" orientiert? Kommt diesen Kriegen gar — vergleichbar mit der Entwicklung in Europa — eine sozusagen „historisch unvermeidbare" Rolle im Prozeß der Nationen- und Staatenbildung zu? Doch sollte es den Gesellschaften der Dritten Welt eigentlich möglich sein, im Bereich von Krieg und Frieden auf schmerzliche historische „Lernkosten" und eine „nachholende Entwicklung" zu verzichten. Hierzu bedürfte es jedoch der engagierten Mithilfe der entwickelten Staatenwelt, in der Krieg heute zum Anachronismus geworden ist. Wenn *K. W. Deutsch* davon sprach, daß der Krieg mittlerweile zu einem „Privileg der Schwachen und Unentwickelten" avanciert sei, hat er sicher die Paradoxie unserer gegenwärtigen historischen Situation im Blickfeld (*Deutsch* 1973: 20). Während im Zeitalter der Kernwaffen in der industrialisierten Staatenwelt der Krieg als ein untaugliches Mittel zur Konfliktlösung erscheint, stellt sich der (konventionelle und künftig vielleicht sogar einmal begrenzt nukleare) Krieg in den unterentwickelten Regionen der Dritten Welt als ein scheinbar immer noch brauch- und handhabbares Mittel der Konfliktregelung dar. Unter dieser Perspektive ist der dortige Krieg gewissermaßen ein Symptom für schwerwiegende Defizite bei der Entwicklung von nichtmilitärischen, friedlichen Streitbeilegungsverfahren und politischer Problemlösungsfähigkeit. Doch verkennt eine solche Sichtweise, daß sich die scheinbare „Friedfertigkeit" der „Starken und Entwickelten" ja nur auf den unmittelbaren Geltungsbereich des nuklearen Abschreckungssystems bezieht, also auf den derzeitigen prekären „negativen Frieden" zwischen Ost und West. Des weiteren bleibt aus diesem Blickfeld ausgespart, daß seit Ende des Zweiten Weltkrieges die industrialisierte Staatenwelt immer wieder auf vielfältige Weise (als direkte Kriegspartei, als Interventionsmacht, als Waffenlieferant

usw.) und aus vielerlei Gründen (Herrschafts- und Interessensicherung, Ersatz- und Stellvertreterkriege usw.) kriegerisch in der Dritten Welt tätig geworden ist und dadurch die dortigen gewaltsamen Auseinandersetzungen mit initiiert, geschürt, ausgeweitet und ausgenutzt hat. Zumindest dies zu unterbinden, wäre heute die historische Aufgabe und Verpflichtung derjenigen gesellschaftlichen Kräfte und Staaten, auf deren Wirken in der Vergangenheit die Entstehung der Dritten Welt überhaupt erst zurückgeht.

Anmerkungen

1 So schreibt *Walter R. Heinz*, der gemeinsam mit *Walter Molt* im Jahre 1972 im Auftrag des Bundesministeriums für wirtschaftliche Zusammenarbeit eine Studie über „Nigeria-Modell eines entwicklungsbedingten Konflikts" vorlegte: „Der Abfall Biafras und der sich anschließende Bürgerkrieg legte schließlich die Zerbrechlichkeit der Herrschaftsstrukturen des nationalen politischen Systems Nigerias bloß, eine Tatsache, die sonst weitgehend auch für den Soziologen und politischen Wissenschaftler implizit und unerkannt geblieben wäre"; zitiert nach *Heinz, Walter R.* (1973: 64).
2 *Kende*s Definition lautet: als Kriege gelten diejenigen gewaltsamen Massenkonflikte, in denen:
„— zwei oder mehr bewaffnete Streitkräfte an den Kämpfen unmittelbar beteiligt waren, wobei es sich mindestens auf einer Seite um reguläre Streitkräfte (Militär, paramilitärische Verbände, Polizeitruppen) der Regierung handelte;
— ein gewisses Mindestmaß zentralgelenkter Organisation der Kriegführenden und des Kampfes auf beiden (!) Seiten gegeben war, selbst wenn dies nicht mehr bedeutete als organisierte bewaffnete Verteidigung oder strategisch-taktisch planmäßige Überfälle (Guerillaoperationen, Partisanenkrieg);
— die bewaffneten Operationen eine gewisse Kontinuität aufwiesen und sich nicht nur in gelegentlichen, spontanen Zusammenstößen ereigneten; d. h. beide Seiten operierten nach einer planmäßigen Strategie, gleichgültig ob die Kämpfe auf dem Gebiet eines oder mehrerer Staaten, kürzer oder länger ausgetragen wurden." Zitiert nach *Kende, Gantzel Fabig* (1982: 107).
3 Diese Mängel werden von den Verfassern z. T. selbst erkannt und angesprochen; *ebd.* (1982: 106).
4 Dies erkennt auch *Kende* (1982 b: 92/93). Er diskutiert durchaus verschiedene Arten von Kriegen und deren Typologisierungsmöglichkeiten (1982a: 25 ff.).
5 Zur Kritik vgl. *Bertil Dunér* (1983: 71; Anm. Nr. 8).
6 Siehe z. B. das Journal of Peace Research, No. 1, vol. XVIII von 1981 (= Special Issue on the Causes of War) mit Beiträgen u. a. von *J. D. Singer*, Accounting for International War: The State of the Discipline; *Wolf-Dieter Eberwein*, The Quantitative Study of International Conflict: Quantity and Quality? An Assessment of Empirical Research; *Klaus Jürgen Gantzel*, Another approach to a Theory on the Causes of International War; *Wolf-Dieter Eberwein* (1984: 59–78); *Wolf-Dieter Eberwein* und *Folker Reuß* (1983: 163–182); für die makro-politische Konfliktforschung siehe z. B. Ekkart Zimmermann (1981); *Rüdiger Bredthauer* (1982: 41–49).
7 Z. B. *István Kende* (1982 b: 66 ff.); *Helmut Mardek, Raimund Krämer* (1981: 586–592); *Raimund Krämer, Ursula Padel, Horst Stöber* (1983: 228–236); *Revmira Ismailowa* und *Horst Stöber* (1984: 355–358); *Andre Gunder Frank* (1981: Kap. 8), (1980: 228–250); *Krippendorff, E.* (1983: 189–214).
8 Zitiert nach *Revmira Ismailowa* und *Horst Stöber* (1984: 355).
9 Im Rahmen eines umfassenderen Projekts zu „Ethnizität und Migration. Probleme ethnischer Grenzziehung von Gesellschaften des Vorderen und Mittleren Orients" an der Freien Universität Berlin, (= Antrag auf Errichtung eines Forschungsgebietsschwerpunktes/Entwurf, Berlin, 10. Februar 1984, Koordination: Friedemann Büttner).
10 *Ebd.*, Forschungsbereich 1/Teilprojekt 3, S. 1.
11 Siehe hierzu die Beiträge von *Klaus Jürgen Gantzel, U. Niebling* und *U. Semin-Panzer* in Friedensanalysen 21 (Kriegsursachen) (i. V.).

12 *Khushi M. Khan, Volker Matthies* (Hrsg.) (1981) (mit Fallstudien von *Hans Luther*, Der Mindanao-Konflikt: „Interner Kolonialismus" und regionale Rebellion in den Südphilippinen; *Kushi M. Khan*, Der Paschtunistan-Konflikt zwischen Afghanistan und Pakistan; *Wolfgang Köhler*, Der Bürgerkrieg im Libanon; *Volker Matthies*, Der Konflikt um Eritrea).
13 Eine solche Abkopplung empfahl z. B. *K. W. Deutsch* (1973: 19 ff.).

Literaturverzeichnis

Adam, Heribert, 1973: Kultureller Pluralismus als politischer Konflikt, in: Die Dritte Welt, Jg. 2, Nr. 1.
Ayoob, Mohammed (Hrsg.), 1980: Conflict and Intervention in the Third World, London.
Bertelsen, J. S. (Hrsg.), 1977: Nonstate Nations in International Politics: Comparative Systems Analyses, New York.
Bertram, Christoph (Hrsg.) 1981: Dritt-Welt-Konflikte und internationale Sicherheit, Bonn.
Betz, Joachim und *Volker Matthies* (Hrsg.), 1985 (i. V.): Regionale, kollektive Sicherheitssysteme in der Dritten Welt, München-Köln-London.
Booth, John A., 1982: The End and the Beginning: The Nicaraguan Revolution, Boulder, Col.
Bredthauer, Rüdiger, 1982: Krisen, Konflikte, Revolutionen. Neuere Literatur zum Problem politischer Gewalt, in: PVS-Literatur 1, 41–49.
Brock, Lothar, 1982: World Power Intervention and Conflict Potentials in the Third World, in: Bulletin of Peace Proposal, Bd. 13, (4), 335–342.
Brock, Lothar, 1983: Wechselwirkungen zwischen Ost-West- und Nord-Süd-Beziehungen, in: *Deutsche Gesellschaft für Friedens- und Konfliktforschung* (Hrsg.), DGFK-Jahrbuch 1982/83 – Zur Lage Europas im globalen Spannungsfeld, Baden-Baden.
Brock, Lothar, 1984: Apocalyptical Fears in Europe and Profane Violence in the Third World, in: Bulletin of Peace Proposals, Bd. 15, (1).
Brzoska, Michael, 1981: Rüstung und die Dritte Welt. Zum Stand der Forschung, München-Köln-London.
Buchan, Alastair, 1968: Der Krieg in unserer Zeit, München.
Connor, W., 1972: Nation-Building or Nation-Destroying? in: World Politics, Bd. 24, Nr. 3, April.
Deutsch, Karl W., 1973: Der Stand der Kriegsursachenforschung, DGFK-Hefte Nr. 2, September.
Deutsch, Karl W., 1980: Sprengstoff im Süden. Der Aufstand der Entwicklungsländer steht bevor, in: Die politische Meinung, Nr. 190, Jg. 25, Mai/Juni.
Deutsch, Karl W. und *Dieter Senghaas*, 1970: Die Schritte zum Krieg. Systemebenen, Entscheidungsstadien und Forschungsergebnisse, in: Aus Politik und Zeitgeschichte (Beilage zur Wochenzeitung das Parlament), B 47, 21. November.
Dunér, Bertil, 1983: The Many-Pronged Spear: External Military Intervention in Civil Wars in the 1970s, in: Journal of Peace Research, Bd. 20, (1), 59–72.
Eberwein, Wolf-Dieter, 1984: Mit Waffen Frieden schaffen? Rüstung, Rüstungswettlauf und Krieg – Ergebnisse der quantitativen Kriegsursachenforschung, in: *Forndran, Erhard/Krell, Gert* (Hrsg.), Kernwaffen im Ost-West-Vergleich: Zur Beurteilung militärischer Potentiale und Fähigkeiten, Baden-Baden, 59–78.
Eberwein, Wolf-Dieter und *F. Reuß*, 1983 Zur Gewalt verdammt? Militärische Konfrontation, Machtstatus und Mobilität, in: Politische Vierteljahresschrift (PVS), Sonderheft 14, 163–182.
Eckstein, Harry (Hrsg.), 1964: Internal War. Problems and Approaches, New York.
End, Heinrich, 1973: Utopische Elemente in der Friedensforschung, in: Zeitschrift für Politik, H. 2.
Enloe, H., 1973: Ethnic Conflict and Political Development, Boston.
Eßer, K. und *J. Wiemann*, 1981: Schwerpunktländer in der Dritten Welt, Berlin.
Ethnizität und Migration, Probleme ethnischer Grenzziehung von Gesellschaften des Vorderen und Mittleren Orients, Forschungsprojekt der Freien Universität Berlin (Interdisziplinärer Schwerpunkt: „Moderner Vorderer Orient"), (Antrag auf Errichtung eines Forschungsgebietsschwerpunktes/Entwurf, Berlin, 10. Februar 1984, Koordination: *Friedemann Büttner*).

Evers, H.-D. und *D. Senghaas, H. Wienholtz*, 1983: Einleitung. Friedensforschung und Entwicklungsproblematik: Die Schwerpunktförderung der DGFK zum Thema „Konflikte zwischen westeuropäischen Industriestaaten und Entwicklungsländern und deren friedliche Überwindung", in: Dies. (Hrsg.), Auf dem Weg zu einer Neuen Weltwirtschaftsordnung? Bedingungen und Grenzen für eine eigenständige Entwicklung, Baden-Baden.
Feest, Christian, 1980: The Art of War, London.
Frank, Andre Gunder, 1980: Arms Economy and Warfare in the Third World, in: Third World Quarterly, Bd. 2, (2), 228–250.
Frank, Andre Gunder, 1981: Crisis: In the Third World, London.
Frei, Daniel (Hrsg.), 1978: International crisis and crisis management, Westmead (Farnborogh, Hampshire).
Freyhold, Michaela v., 1983: Wege zu einem neuen Internationalismus. Thesen zum Verhältnis der Friedensbewegung zur Dritten Welt, in: Peripherie, Jg. 4, (13).
Friedensanalysen. Für Theorie und Praxis 8, 1978: Kriege und Bürgerkriege der Gegenwart, Frankfurt/Main.
Galtung, Johan, 1975: Das Kriegssystem, in: *Gantzel, K.-J.* (Hrsg.), Herrschaft und Befreiung in der Weltgesellschaft, Frankfurt/Main–New York, 68–114.
Galtung, Johan, 1980: The Changing Interface between Peace and Development in a Changing World, in: Bulletin of Peace Proposal, Nr. 2, 145–149.
Gäng, Peter und *Reimut Reiche*, 1967: Modelle der kolonialen Revolution, Frankfurt/Main.
Gantzel, Klaus Jürgen, 1972: System und Akteur. Beiträge zur vergleichenden Kriegsursachenforschung, Düsseldorf.
Gantzel, Klaus Jürgen 1981: Another Approach to a Theory on the Causes of International War, in: Journal of Peace Research, Bd. XVIII, (1), 39–55.
Gantzel, Klaus-Jürgen, U. Niebling, U. Semin Panzer, Beiträge in Friedensanalysen 21 (Kriegsursachen).
Gehmlich, Reiner und *Klaus-Uwe Gunold*, 1981: Zur Bedeutung von Konflikten im Bereich der Entwicklungsländer Asiens, Afrikas, Lateinamerikas. Bericht über ein Symposium am Institut für Internationale Beziehungen vom 24. bis. 26. November 1980 in Potsdam-Babelsburg, in: Asien, Afrika, Lateinamerika 2/81, Bd. 9, 357–361.
Geiss, Imanuel, 1981: Historische Voraussetzungen zeitgenössischer Konflikte, in: *Benz, Wolfgang* und *Hermann Graml* (Hrsg.), Weltprobleme zwischen den Machtblöcken.
Das Zwanzigste Jahrhundert III (Fischer Weltgeschichte Bd. 36), Frankfurt/Main.
Gerdes, Dirk, 1980: Minderheitenschutz – eine internationale Rechtsnorm auf der Suche nach ihrem Gegenstand, in: Vereinte Nationen, H. 4.
Gerner, Debbie J., 1983: Arms Transfer to the Third World: Research on Patterns, Causes and Effects, in: International Interactions, Bd. 10 (1), 5–37.
Gorman, Robert F., 1981: Political Conflict on the Horn of Afrika, New York.
Gowa, Joann und *Nils Wessell*, 1982: Ground Rules: Soviet and American Involvement in Regional Conflicts, Philadelphia, Pennsylvania: Foreign Policy Research Institute, Philadelphia Policy Papers.
Grabendorff, Wolf, 1980: Zwischenstaatliches Konfliktverhalten und Regionales Konfliktpotential in Lateinamerika, SWP-AZ 2269, Stiftung Wissenschaft und Politik, Ebenhausen.
Gross, Feliks (Hrsg.), 1965: World Politics and Tension Areas, New York.
Gurr, Ted, 1970: Why Men Rebel, Princeton.
Heinz, Walter R., 1973: Integration und Konflikt im Prozeß sozialen Wandels. Zur Theorie des ethnischen Pluralismus in Entwicklungsgesellschaften, Teil I + II, in: Die Dritte Welt, Jg. 2, (1 + 2).
Hettne, Björn, 1983: Peace and Development. Contradictions and Compatibilities, in: Journal of Peace Research, Bd. 20, (4).
Holbraad, Carsten, 1979: Superpowers and International Conflict, London.
Horlemann, Jürgen, 1968: Modelle der kolonialen Konterrevolution, Frankfurt/Main.
Hosner, Stephan T. und *W. Wolfe*, 1983: Soviet Policy and Practice Toward Third World Conflicts, Lexington, Mass. – Toronto.
Huntington, S. P., 1969: Political Order in Changing Societies, New Haven-London.
Ismailowa, Revmira und *Horst Stöber*, 1984: Entwicklungsländer, internationale Konflikte und Probleme der Sicherheit (Bericht über eine wissenschaftliche Konferenz der Arbeitsgruppe Außenpolitik der multilateralen Problemkommission „Ökonomie und Politik der Entwicklungsländer" vom 10.–12. November 1983 in Pusćino), in: Asien, Afrika, Lateinamerika 2/84, Bd. 12.
Katz, Marek, N., 1982: The Third World in Soviet Military Thought, London-Canberra.

Kende, István, 1971: Twenty-Five Years of Local Wars, in: Journal of Peace Research, H. 1 (dtsch. in: *Krippendorff, Ekkehart* (Hrsg.), 1973: Internationale Beziehungen, Köln) erschien unter dem Titel „Local Wars in Asia, Africa and Latin America, 1945—1969", Budapest 1972.

Kende, István, 1972: Local Wars in Asia, Africa and Latin America, 1945—1969, Budapest.

Kende, István, 1982a: Über die Kriege seit 1945 (mit einer Zusammenstellung der Kriege von 1945 bis 1982 von *István Kende, Klaus-Jürgen Gantzel, Kai Fabig*), DGFK-Hefte Nr. 16, Bonn.

Kende, István, 1982b: Kriege nach 1945. Eine empirische Untersuchung, Militärpolitik Dokumentation, Jg. 6, H. 27, Frankfurt/Main.

Kende, István, Klaus-Jürgen Gantzel, Kai Fabig, 1982: Die Kriege seit dem zweiten Weltkrieg, in: Weltpolitik, Jahrbuch für internationale Beziehungen 2, Frankfurt-New York.

Khan, Khushi M. und *Volker Matthies*, 1981: Kriegerische Konflikte in der Dritten Welt: Problemhorizont und Forschungsansätze, in: *dies.* (Hrsg.), Regionalkonflikte in der Dritten Welt. Ursachen, Verlauf/Internalisierung, Lösungsansätze, München-Köln-London.

Krämer, Georg, 1983: Weltmilitärordnung und Dritte Welt, Bielefeld.

Krippendorff, Ekkehart (Hrsg.), 1968: Friedensforschung, Köln-Berlin.

Krippendorff, Ekkehart, 1970: Staatliche Organisation und Krieg, in: *Senghaas, Dieter* (Hrsg.), Friedensforschung und Gesellschaftskritik München.

Krippendorff, Ekkehart, 1983: Die Rolle des Krieges im kapitalistischen Weltsystem, in: *Blaschke, Jochen* (Hrsg.): Perspektiven des Weltsystems, Frankfurt/Main, 189—214.

Leitenberg, Milton, 1977: A Survey of Studies of Post World War II Wars, Conflicts and Military Coups, Ithaca, Cornell University Centre for International Studies, Peace Studies Programme (mimeo).

Lider, Julian, 1983: Der Krieg. Deutungen und Doktrinen in Ost und West, Frankfurt/New York.

Lock, Peter und *Herbert Wulf*, 1981: Die militärische Basis der Regionalkonflikte, in: *Khan, K. M.* und *Volker Matthies* (Hrsg.), Regionalkonflikte in der Dritten Welt, München-Köln-London.

Luckham, Robin 1980: Armaments, Underdevelopment and Demilitarisation in Africa, in: Alternatives VI.

Mardek, Helmut und *Raimund Krämer*, 1981: Konflikte im Bereich der Entwicklungsländer Asiens, Afrikas und Lateinamerikas. Einige Bemerkungen zu inhaltlichen und methodologischen Fragen, in: Asien, Afrika, Lateinamerika 4/81, Bd. 9, 586—592.

Mardek, Helmut, Raimund Krämer, Ursula Padel, Horst Stöber, 1983: Der Stellenwert von Konflikten im Bereich der Entwicklungsländer in den gegenwärtigen internationalen Beziehungen — Thesen, in: Asien, Afrika, Lateinamerika 2/83, Bd. 11, 228—236.

Matthies, Volker, 1973: Friedensforschung und Entwicklungsländerforschung, in: CIVITAS, Bd. XII, 210—221.

Matthies, Volker, 1977: Der Grenzkonflikt Somalias mit Äthiopien und Kenya, Hamburg.

Matthies, Volker, 1983: Blockfreiheit als Sicherheitspolitik, München-Köln-London.

Mitchell, C. R., 1980: Evaluating Conflict, in: Journal of Peace Research, Bd. 17, (1), 61—75.

Modelski, Georg, 1966: Die internationalen Beziehungen des inneren Krieges, in: *Nerlich, Uwe* (Hrsg.), Krieg und Frieden in der modernen Staatenwelt. Beiträge der Sozialwissenschaft II, Gütersloh, 124—146.

Moser, Beat, 1983: Ethnischer Konflikt und Grenzkriege. Ursachen innen- und außenpolitischer Konflikte in Afrika, Dissenhofen.

Moßmann, Peter, 1982: Entwicklungspolitik „von unten" oder Bürgerkrieg. Alternativen zur verinnerlichten Gewalt in Kolumbien, in: Verfassung und Recht in Übersee, Jg. 15, 3. Quartal, 299—331.

Nettleship, Martin A., R. Dalegivens, Anderson Nettleship (Hrsg.), 1975: War, Its Causes and Correlates, Hague-Paris.

Nuscheler, Franz, 1969: Theorien zur politischen Entwicklung, in: CIVITAS, Bd. VIII, 67—103.

Osgood, R. E., 1957: Limited War. The Challenge to American Strategy, Chicago.

Pfister, Hermann, 1968: Krisenherde der Welt. Vietnam, Naher Osten, Sudan, Biafra, Südamerika. Düsseldorf.

Rondot, Philippe, 1980: La guerre du Chatt-al-Arab: les raisons de l'Irak, in: Politique étrangère, (4), Dezember, 867—879.

Rothchild, D. und *V. A. Olorunsola* (Hrsg.), 1983: State Versus Ethnic Claims: African Policy Dilemmas, Boulder.

Rosenau, James (Hrsg.), 1964: International Aspects of Civil Strife, Princeton.

Senghaas, Dieter, 1971: Aggressivität und kollektive Gewalt, Stuttgart-Berlin-Köln-Mainz.
Senghaas, Dieter (Hrsg.), 1972: Imperialismus und strukturelle Gewalt. Analysen über abhängige Reproduktion, Frankfurt/Main.
Senghaas, Dieter, 1973: Konfliktformationen in der gegenwärtigen internationlen Gesellschaft, in: Aus Politik und Zeitgeschichte (Beilage zur Wochenzeitung das Parlament), B 49, 8. Dezember.
Senghaas, Dieter, 1984: Militärische Konflikte in der Dritten Welt. Quantitative Beobachtungen und politische Bedeutung, in: Leviathan, Juni.
Sherwin, Ronald G., 1983: Controlling Instability and Conflict Through Arms Transfers: Testing a Policy Assumption, in: International Interactions, Bd. 10, (1), 652—699.
Singer, J. D., 1971: Internationale Kriege der Neuzeit: Von Vermutungen zu Erklärungen, in: *Senghaas, D.* (Hrsg.), Kritische Friedensforschung, Frankfurt/Main, 277—312.
Singer, J. D., 1981: Accounting for International War: The State of the Discipline, in: Journal of Peace Research, Bd. XVIII, (1).
Small, Melvin und *J. David Singer* 1982: Resort to Arms. International and Civil Wars, 1816—1980, Beverly Hills-London-New Delhi.
Smith, A. D., 1983: State and Nation in the Third World. The Western State and African Nationalism, Brighton, Sussex.
Suhrke, Astri und *L. G. Noble* (Hrsg.), 1977: Ethnic Conflict in International Relations, New York-London.
Sylvan, Donald A., 1976: Consequences of Sharp Military Assistance Increases for International Conflict and Cooperation, in: Journal of Conflict Resolution, Bd. XX, (4), 609—627.
Tandon, Yasphal, 1973: The Internationalization of the Civil War: Lessons from the Congo, Nigeria and Vietnam, in: *Mazrui, A. A.* und *H. H. Patel* (Hrsg.): Africa in World Affairs: The Next Thirty Years, New York, 63—78.
Taylor, M. D., 1959: The Uncertain Trumpet, New York.
Touval, Saadia und *I. W. Zartmann* (Hrsg.), 1984: International Mediation in Theory and Practice, Boulder, Col.
Väyrynen, Raimo, 1979: Economic and Military Position of the Regional Power Centers, in: Journal of Peace Research, Bd. XVI, (4), 349—369.
Väyrynen, Raimo, 1984: Regional Conflict Formations: An Intractable Problem of International Relations, in: Journal of Peace Research, Bd. 21, 4.
Weede, Erich, 1975: Weltpolitik und Kriegsursachen im 20. Jahrhundert, München-Wien.
Widmaier, Ulrich, 1978: Politische Gewaltanwendung als Problem der Organisation von Interessen: Eine Querschnittsstudie der soziopolitischen Ursachen gewaltsamer Konfliktaustragung innerhalb von Nationalstaaten, Meisenheim am Glan.
Wirz, Albert, 1982: Krieg in Afrika. Die nachkolonialen Konflikte in Nigeria, Sudan, Tschad und Kongo. Wiesbaden.
Wright, Claudia, 1980/81: Implications of the Iraq-Iran War, in: Foreign Affairs, 275—303.
Zimmermann, Ekkart, 1981: Krisen, Staatsstreiche und Revolutionen. Theorien, Daten und neuere Forschungsansätze, Opladen.

Bretton Woods vierzig Jahre danach:
Leistungen und Defizite von IWF und Weltbank

Peter Körner, Gero Maaß, Thomas Siebold, Rainer Tetzlaff

Wenn vierzig Jahre nach der Gründung der Bretton-Woods-Institutionen und der Geburt der gegenwärtigen Weltwirtschaftsordnung jeder fünfte Erdbewohner in absoluter Armut lebt, muß dies offensichtlich als eine Krise der Entwicklung begriffen werden. In das Bewußtsein einer breiteren internationalen Öffentlichkeit rückte vor allem eine Erscheinungsform dieser Krise, die Schuldenkrise der Dritten Welt. Beide Krisentypen sind ihrerseits nur ausschnitthafte Erscheinungsformen der Krise der kapitalistischen Weltgesellschaft — einer Weltgesellschaft, die sich unter maßgeblicher Mitwirkung von IWF und Weltbank (sowie GATT) seit dem Zweiten Weltkrieg — unter der Hegemonie der USA — zu einem durch wechselseitige Abhängigkeiten und Verwundbarkeiten gekennzeichneten, festen systemischen Reproduktionszusammenhang zwischen Industrie- und Entwicklungsländern zusammengefügt hat, politisch vermittelt durch eine Hierarchie kooperativer Staatsgewalten (*Tetzlaff* 1981).
Von einer Krise der Weltgesellschaft muß deshalb gesprochen werden, weil die Finanzkrise der Dritten Welt erstmals auch die Grundfeste des kapitalistischen Gesamtsystems erschüttert. Wie die Beinahe-Zusammenbrüche der lateinamerikanischen Großschuldner Mexiko und Brasilien 1982/83 zeigten, hat die wechselseitige Verwundbarkeit der verschiedenen Subsysteme der Weltgesellschaft mittlerweile ein solches Ausmaß erreicht, daß die Zahlungsunfähigkeit nur eines großen Schuldnerlandes eine Kettenreaktion auslösen kann, die auch die Zentren der Weltgesellschaft — USA, Westeuropa, Japan — in schwere wirtschaftliche und damit politische Turbulenzen zu stürzen vermag. Kurzfristiges Krisenmanagement von IWF, internationalen Banken, Regierungen und Notenbanken (der Industrieländer) konnten bisher den Zusammenbruch der internationalen Finanzordnung verhindern. Offen bleibt indes die Frage, ob das internationale kapitalistische System sich langfristig soweit als adaptionsfähig erweist, daß es die Krise produktiv zu verarbeiten in der Lage ist, oder ob die Krise über das System hinaustreibt.
Das Management der Verschuldungs- und Entwicklungskrise der Dritten Welt ist in erster Linie Aufgabe zweier internationaler gouvernementaler Organisationen (IGOs): der Bretton-Woods-Zwillinge IWF und Weltbank, die 1944 auf den Trümmern einer alten Ordnung ins Leben gerufen wurden. Der Zusammenbruch des politischen und wirtschaftlichen Gefüges der Vorkriegszeit — verursacht bzw. ausgelöst durch die anachronistische Rivalität um die Vorherrschaft in Europa bei sich abzeichnender Dominanz der USA, durch das Versagen des Völkerbundes als Kooperationsorgan und Friedensstifter, den Faschismus, den Protektionismus im Welthandel und die Weltwirtschaftskrise — erheischte eine neue „Form der öffentlichen Regie gesellschaftlicher Repro-

duktionsprozesse" (*Rittberger* 1977: 228), für die internationale Organisationen als das geeignete Instrument erschienen. Die unter der Hegemonie der neuen Weltmacht USA gegründeten Institutionen IWF und Weltbank (sowie GATT) standen für einen freien weltweiten Handels- und Zahlungsverkehr sowie für Kooperation in Fragen der Entwicklungsfinanzierung und der Währungspolitik. In dieser liberalen Wirtschaftsordnung spiegelte sich das Interesse des US-Kapitals an weltweiter Expansion und kapitalistischer Durchdringung des Erdballs, zugleich jedoch verhieß die Beteiligung am Bretton-Woods-System den Mitgliedern von IWF und Weltbank Teilhabe an Wachstum und Wohlstand. Nach den Vorstellungen der USA sollte diese neue Wirtschaftsordnung und die mit ihr einhergehende internationale Arbeitsteilung das kapitalistische Gesamtsystem unter US-amerikanischer Dominanz stabilisieren und so die Grundlage für eine (weltweit gewünschte) Nachkriegs-Friedensordnung bilden (*Pax americana*).

1. Arbeitsteilung zwischen IWF und Weltbank

Obwohl die Weltbank in ihrem offiziellen Namen (*International Bank for Reconstruction and Development*) den Begriff „Entwicklung" führt, war auf der Konferenz von Bretton Woods von „Entwicklung" der Dritten Welt kaum die Rede. Die USA (und mit Abstrichen Großbritannien als die bestimmenden und gestaltenden Kräfte der Konferenz) faßten die Entwicklung der Dritten Welt nicht als ein spezifisches Problem auf, das besonderer Lösungen bedurfte und sich deshalb in spezieller Form in den Statuten der Bretton-Woods-Institutionen niederschlagen mußte[1]. Gleichwohl galt den amerikanischen Nachkriegsplanern wirtschaftliches Wachstum in den großenteils erst vor der Dekolonisation stehenden Entwicklungsländern als wichtiges außenpolitisches Ziel, um einerseits Rohstoffquellen, Absatzmärkte und Kapitalanlagesphären zu erschließen und andererseits die Nachkriegs-Friedensordnung zu sichern[2]. Das Entwicklungsdefizit, die Unterentwicklung der Dritten Welt erschien ihnen nicht als Problem struktureller Deformation, sondern schlicht als „Rückständigkeit", die sich durch wirtschaftliche, soziale und politische Modernisierung beheben ließe. „Rückständigkeit" der Entwicklungsländer interpretierten sie als Folge eines Mangels an Kapital, der durch umfangreiche Finanzinjektionen aus dem Ausland („big push") überwunden werden könnte[3]. Die Länder der Dritten Welt könnten nachholende Industrialisierung nicht eigenständig vollziehen, sondern benötigten den Rahmen einer prosperierenden Weltwirtschaft, der auch ihnen Wachstumschancen eröffnen würde. Wohlstand für alle würde sich gleichsam automatisch als Durchsicker-Effekt („trickle down") einstellen. Die nachholende Entwicklung im Rahmen der kapitalistischen Weltwirtschaft abzusichern wurde zu den wesentlichen Aufgaben von IWF und Weltbank[4].

Für die in Bretton Woods geschaffenen Institutionen wurde eine Arbeitsteilung festgelegt, die sich in den 70er und 80er Jahren vollends als anachronistisch erweisen sollte: Während die Weltbank mit der Regelung langfristiger Entwicklungsfragen beauftragt wurde, erhielt der IWF Zuständigkeit für alle Währungs- und Zahlungsbilanzprobleme, deren Lösung als eine kurzfristige, mit Überbrückungskrediten des IWF zu bewerkstelligende Angelegenheit betrachtet wurde. Ursprünglich als eine Reservekasse der Indu-

strieländer eingerichtet, um zu verhindern, daß Länder mit Zahlungsbilanzschwierigkeiten wie in den 30er Jahren zu protektionistischen Praktiken Zuflucht nähmen, wurde der IWF mit den seit den 70er Jahren in der Dritten Welt zunehmenden Zahlungsbilanz- und Verschuldungskrisen zum währungs- und finanzpolitischen Zuchtmeister der Entwicklungsländer. Während dem IWF die kurzfristige ökonomische Stabilisierung seiner Mitglieder zur Aufgabe gemacht wurde, erhielt die Weltbank den Auftrag, „den Wiederaufbau und die Entwicklung der Mitgliedsländer (zu) unterstützen, indem sie Kapitalanlagen für produktive Zwecke erleichtert" — womit nicht nur die Entwicklung (gleich Wirtschaftswachstum) der Dritten Welt, sondern auch der Wiederaufbau der kriegszerstörten Länder Westeuropas gemeint war, den jedoch ab 1948 die bilaterale Hilfe der USA im Rahmen des Marshallplans übernahm.
Die Regierungen der Dritten Welt bei der Lösung von entwicklungs- und währungspolitischen Problemen zu beteiligen, den Prozeß der Durchkapitalisierung in den Entwicklungsgesellschaften voranzutreiben, bei der Modernisierung auftretende Krisen zu entschärfen und Länder, die die Spielregeln des internationalen kapitalistischen Systems verletzen, zu disziplinieren — Kooperation und Kooptation also — wurden zu den zentralen Funktionen der Bretton-Woods-Institutionen: Erhielten sie einerseits die Aufgabe, durch Kooperation mit allen Mitgliedsstaaten — z. B. indem sie als Arenen der Entwicklungszusammenarbeit und des Interessenausgleichs fungieren — Konsens und Legitimation zu beschaffen, so übernahmen sie andererseits die Aufgabe, den sich erst zu Nationalstaaten entwickelnden Teil der Erde in die kapitalistische Weltgesellschaft einzubinden und zur Einhaltung ihrer Ordnungsprinzipien zu zwingen[5].

2. Entscheidungsstrukturen der Bretton-Woods-Zwillinge

Die Dialektik von Kooperation und Kooptation wird nirgendwo deutlicher als in den Organisations- und Entscheidungsstrukturen der Bretton-Woods-Zwillinge. Die USA setzten durch, daß im Gegensatz zum übrigen System der Vereinten Nationen bei den UN-Sonderorganisationen IWF und Weltbank das Prinzip „wer zahlt, bestimmt" gilt. Von einer festen, nicht ins Gewicht fallenden Anzahl von Basisstimmen abgesehen, über die jedes Land qua Mitgliedschaft verfügt, leiten sich die Stimmrechte und damit die Machtverhältnisse in beiden Organisationen (beim Fonds direkt, bei der Weltbank mittelbar) aus den Quoten der Länder im IWF ab. Diese sollen, auf der Grundlage von Bruttosozialprodukt, Außenhandelsvolumen und Exportabhängigkeit des Mitgliedslandes berechnet, ihr weltwirtschaftliches Gewicht spiegeln. Mit der Quote sind im IWF zugleich die Einzahlungsverpflichtungen und Ziehungsrechte (d. h. Kreditmöglichkeiten) eines Landes bestimmt, bei der Weltbank die zu zeichnenden Kapitalanteile.
Wirksam werden die asymmetrischen Stimmrechtsverhältnisse in den Leitungsgremien, den beiden jährlich einmal gemeinsam tagenden Gouverneursräten, in die jedes Land je einen Vertreter entsendet, vor allem aber in den beiden Exekutivdirektorien, denen die laufende Geschäftsführung obliegt. Auch in diesen, heute 21- (Weltbank) bzw. 22-köpfigen (IWF) Gremien haben die USA kraft ihres Stimmpotentials von knapp 20%

dominierenden Einfluß. Mit deutlichem Abstand folgen die Industrieländer Großbritannien, Bundesrepublik Deutschland, Frankreich und Japan — sie verfügen je über 5 bis 7 % der Stimmen. Während all diese Länder eigene Exekutivdirektoren entsenden, müssen sich die übrigen, meist nur mit wenigen Zehntelprozent an den gesamten Stimmrechten beteiligten Staaten zu regionalen Stimmrechtsgruppen zusammenschließen, um ihre bis zu 24 Länder vertretenden Direktoren zu wählen[6]. Im Bewußtsein des Übergewichts der Industrieländer wurden Entscheidungen über Bereitschaftskredite des IWF und Entwicklungskredite der Weltbank von Beginn an fast immer im Konsensverfahren, ohne formelle Abstimmung gefällt. Kampfabstimmungen würden den Entwicklungsländern nur ihre Ohnmacht beweisen.

So gelang den USA mit der Schaffung der Bretton-Woods-Organisationen, Überschuß- und Defizitländer (im IWF), Geber- und Empfängerstaaten (in der Weltbank) in kollektiven Entscheidungsgremien zusammenzuführen (Kooperation) und auf gemeinsame Prinzipien der internationalen Wirtschafts- und Finanzbeziehungen zu verpflichten. Zugleich vermochten sie in der Struktur der Organisationen und der Formulierung der Prinzipien den eigenen Interessen in bisher ungekanntem Ausmaß Geltung zu verschaffen (Kooptation). Die Stärke dieses imperialen Systems in konzilianter Form zeigt sich in seinen Integrationsleistungen: Kaum ein völkerrechtlich unabhängig werdendes Land der Dritten Welt hat sich in den vergangenen vier Jahrzehnten einer Mitgliedschaft in IWF und Weltbank und damit den von ihnen verfochtenen Freihandels- und Marktwirtschaftsprinzipien verweigern können — Moçambique, das es lange versuchte und 1984 dann doch 148. Mitglied wurde, ist das jüngste Beispiel für den Sog des Bretton-Woods-Systems.

So visionär die Architekten der Bretton-Woods-Ordnung im Rückblick heute erscheinen mögen, so versagte jedoch vor allem der IWF vor der ihm ursprünglich zugewiesenen Aufgabe, als Kooperationsorgan bei der Bestimmung prinzipiell fester Wechselkurse zu fungieren und damit autonome Manipulationen der Paritäten (wie die ruinösen Wettbewerbsabwertungen in den 30er Jahren) zu verhindern. Schon die Abwertung des britischen Pfundes im September 1949 um 30,5 %, die ein Abwertungskarussell in 15 weiteren Ländern und der Sterling-Zone in Gang setzte, geschah weder in Absprache noch in Übereinstimmung mit dem Fonds; gegenüber dem Floaten des kanadischen Dollar ein Jahr später verhielt er sich — auch in Ermangelung von Sanktionsmöglichkeiten — passiv (*Wee* 1984: 499 f.). Der IWF wurde erst recht nicht ein Forum währungspolitischer Entscheidungen; alle wesentlichen Neuerungen des Weltwährungs- und Finanzsystems, so z. B. die Schaffung der Sonderziehungsrechte 1969, wurden von den Industrieländern außerhalb des Fonds beschlossen — gegenüber den Entwicklungsländern wurde nicht einmal die Fiktion der Entscheidbeteiligung gewahrt. Und wenn es ihren Interessen zuwiderlief, scherten sich die Industrieländer wenig um das Bretton-Woods-Abkommen, wie die statutenwidrige Aufgabe des Systems fester Paritäten 1973 zeigte. „Der Fonds hatte keine rechtlichen Möglichkeiten, die eingetretene Situation des Floatens zu billigen", mußte der IWF (1984: 9) rückblickend feststellen. Erst fünf Jahre später wurde die Praxis durch eine Änderung des IWF-Statuts nachträglich legalisiert.

Die schon in der Marshallplan-Initiative zum Ausdruck kommende Option der *Truman*-Administration für den Bilateralismus war nicht zuletzt dafür verantwortlich, daß der IWF zunächst auch als Reservekasse für Länder mit kurzfristigen Zahlungsbilanzdefiziten bedeutungslos blieb[7]. Da es nach den Bretton-Woods-Abkommen keine Möglichkeit gab, Defizitländer zu zwingen, binnenwirtschaftliche Maßnahmen zum Ausgleich der Zahlungsbilanz zu ergreifen (und nicht zu handelshemmenden Praktiken Zuflucht zu nehmen), sahen die USA im IWF-Übereinkommen — obschon es die US-Interessen weitgehend spiegelte — keine ausreichende Garantie für eine offene und liberale Weltwirtschaft.

Die USA versuchten deshalb zunächst den Prinzipien durch eine paternalistisch-hegemoniale Politik bilateral Geltung zu verschaffen. Sie vergaben selbst Zahlungsbilanzkredite, sorgten dafür, daß die knappen IWF-Mittel nur sehr eingeschränkt vergeben wurden und ließen den IWF schließlich einen Beschluß fassen, der Ländern, die Marshallplan-Gelder erhielten, den Zugang zu IWF-Mitteln ganz verbaute (*Horsefield* 1969: I, 219). Als Ergebnis dieser Politik fielen die Ziehungen der Mitglieder Anfang der 50er Jahre auf ein Minimum.

3. Entstehung der „Konditionalität"

Auf Druck US-amerikanischer Bankiers[8] setzten die USA 1952 im IWF-Exekutivdirektorium Richtlinien für die Inspruchnahme von IWF-Mitteln durch, nach denen Ziehungen in Tranchen eingeteilt (Reservetranche 25 % der Quote, erste Kredittranche weitere 25 % der Quote und obere Kredittranchen weitere 75 % der Quote) und progressiv konditioniert werden können. Es war die Geburtsstunde der „Konditionalität" — jenes im Laufe der Zeit verfeinerten Systems von Auflagen und Sanktionen, das den Währungsfonds in die Lage versetzte, Defizitländer zu disziplinieren, und ihn zur zentralen, aber auch umstrittenen Institution der Weltwirtschaft machte.

Durch den Beschluß des Exekutivdirektoriums (einer „kann"-Bestimmung), vor allem aber durch die normative Kraft der Kreditvergabepraxis wurde ein Konflikt entschieden, der am Verhandlungstisch in Bretton Woods nicht kompromißfähig gemacht werden konnte. Der britische Verhandlungsführer *J. M. Keynes*, der für sein Land einen künftigen Bedarf an Zahlungsbilanzkrediten antizipieren mußte, wollte Defizitländern weitgehend bedingungslosen Zugang zu diesen Mitteln verschaffen. Nach seinem Plan sollten sowohl Überschuß- als auch Defizitländer in die Pflicht genommen werden, indem sie mit der Höhe ihres außenwirtschaftlichen Ungleichgewichts steigende Abgaben an eine zu schaffende internationale Zentralstelle hätten zahlen müssen. Überschuß- und Defizitländer hätten mit der Zentralstelle Politiken vereinbaren sollen, die außenwirtschaftlichen Ungleichgewichte abzubauen. Beim US-amerikanischen Unterhändler *H. D. White*, der unschwer voraussah, daß die USA in den kommenden Jahren Leistungsbilanzüberschüsse erwirtschaften würden, stieß die Keynessche Konzeption auf Ablehnung. Sein Plan bürdete allein den Defizitländern die Lasten der Anpassung bei außenwirtschaftlichen Ungleichgewichten auf: Eine ins Leben zu rufende Internationale Organisation sollte aus einem Fonds Zahlungskredite an Defizitländer vergeben und sie dabei zu einer Wirtschaftspolitik zwingen, die zum Abbau der Defizite führt. Auch wenn die USA ihr Konzept bei der Errichtung des IWF in allen wesentlichen Punkten durchsetzen konnten, kam es — weil Großbritannien sich sträubte — in der Frage der Kreditkonditionierung zu keiner Festlegung in den Statuten des Fonds. Vorherrschende Auffassung in den ersten Jahren des IWF war, daß Beschränkungen der Kreditgewährung nur möglich wären, wenn das Mitgliedsland die ,,Fondsmittel in einer Weise verwendet, die den Zielen des Fonds zuwiderläuft" (Art. V, 5 der IWF-Statuten).

Die von den USA durchgesetzte Praxis der Auflagen machte diese restriktive Interpretation des Spielraumes bei der Kreditkonditionierung bald obsolet. Ohne daß im Übereinkommen von 1944 davon die Rede war, entwickelte der IWF das Instrument der Bereitschaftskreditabkommen (*stand-by arrangements*) als zunächst prophylaktische Maßnahme, die Länder ohne unmittelbaren, möglicherweise aber mit zukünftigem Bedarf an Zahlungsbilanzkrediten Fondsmittel vorab sichern sollte. Nach 1952 wurden diese vertragsähnlichen Vereinbarungen zwischen Mitglied und Fonds zum Einfallstor der Konditionalität: Die kreditnehmende Regierung muß sich in einer Absichtserklärung (*Letter of Intent*) zu (i. d. R. weitreichenden) Änderungen der Wirtschaftspolitik verpflichten, der Fonds gewährt im Gegenzug die beantragten Ziehungen (*Gerster* 1982: 114ff.). Um sicherzustellen, daß das Mitglied die Auflagen auch erfüllt, wird der IWF-Kredit in Raten ausgezahlt (*phasing*). Erst wenn bestimmte, in der Absichtserklärung spezifizierte Leistungskriterien (*performance criteria*) erfüllt sind, wird die nächste Rate des Kredits frei — andernfalls erlischt das Ziehungsrecht bzw. es werden neue Verhandlungen notwendig. Bei den 1957 erstmalig angewandten Leistungskriterien handelt es sich um wenige makroökonomische Größen (Obergrenzen für das inländische Kreditvolumen, insbesondere für den Staatssektor, Begrenzung der umlaufenden Geldmenge und der öffentlich garantierten Auslandsverschuldung), von denen der Fonds unterstellt, ihre Entwicklung sei kausal mit der Sanierung der Zahlungsbilanz verknüpft.

Als Disziplinierungsinstrumente können IWF-Kreditabkommen vor allem durch einen Umstand wirken, der außerhalb des Fonds liegt: private und öffentliche Kreditgeber (einschließlich der Schwesterorganisation Weltbank) machen bei Ländern mit akuten Zahlungsschwierigkeiten die weitere Kreditvergabe von einem Abkommen mit dem IWF abhängig. IWF-Kreditabkommen gelten bei internationalen Finanzgebern als Gütesiegel für eine Wirtschaftspolitik, die zwar nicht wirtschaftliche Prosperität, dafür aber die Rückzahlungsfähigkeit des Schuldnerlandes gegenüber seinen Gläubigern garantiert. Die Höhe des IWF-Kredits war in den bis Ende 1984 fast 600 strikt konditionierten Kreditabkommen, die vor allem Länder der Dritten Welt mit dem Fonds schließen mußten, fast immer nachrangig gegenüber der Wiederherstellung der Kreditwürdigkeit und — seit jüngster Zeit — der Chance, durch das IWF-Abkommen mit den Gläubigern zu einer Umschuldung zu gelangen.

Erst 1978 fanden die von den Gläubigern dergestalt aufgewerteten Bereitschaftskreditabkommen Eingang in die Fonds-Statuten. Sehr vage wurde bestimmt, daß der IWF die Kreditgewährung mit Bedingungen verknüpfen kann (Art. V, 3).

4. Sanierungs- und Auflagenpolitik des IWF

Die Auflagen haben sich seit dem ersten Bereitschaftskredit ebenso wenig verändert wie das ihnen zugrundeliegende monetaristische Konzept zur Sanierung der Zahlungsbilanz[9]. Es beruht auf drei Eckpfeilern: Deflation der Ökonomie durch monetäre Maßnahmen, Anwendung marktwirtschaftlicher Prinzipien und Öffnung der Grenzen für einen freien Handels- und Kapitalverkehr. Der allerorten diagnostizierten binnenwirtschaftlichen „Übernachfrage", die nach der Erkenntnis des Fonds für Inflation, Budget- und Leistungsbilanzdefizite verantwortlich ist[10], versuchen die IWF-Ökonomen mit einer rigiden Austeritätspolitik beizukommen: Die Versorgung der Ökonomie mit Geld wird durch die Einschränkung des Kreditangebots und Erhöhung der Zinsen reduziert, das Haushaltsdefizit durch Ausgabenstreichungen begrenzt. Dabei fallen vorzugsweise Subventionen (z. B. für Grundnahrungsmittel, das Transportwesen) dem Rotstift zum Opfer, denn sie verstoßen gegen das IWF-Axiom, daß sich Preise, wenn immer möglich, am Markt herausbilden sollten — die sonst entstehende „Übernachfrage" übe Druck auf die Zahlungsbilanz aus.
Fast immer ist das IWF-Programm durch den Versuch charakterisiert, die wirtschaftliche Aktivität des Staates zugunsten des privaten Sektors zu verlagern — unabhängig davon, ob dieser in der Lage ist, die ihm zugewiesenen Aufgaben zu übernehmen. Während die Einsparungen im öffentlichen Dienst oft zu umfangreichen Entlassungen führen, werden der privaten Wirtschaft Steuergeschenke offeriert, die ihre Investitionsneigung anregen sollen; nicht kostendeckend arbeitende Staatsunternehmen werden geschlossen oder privatisiert, auch wenn sie soziale Aufgaben wahrnehmen. Allein bei den Löhnen ist das freie Spiel der Marktkräfte nicht erwünscht: Damit keine „Übernachfrage" entsteht (bzw. bestehende abgebaut wird), fordert der IWF häufig, Lohnsteigerungen unter der Inflationsrate zu halten, die Reallöhne also zu senken.
Zentral ist für den IWF in vielen Fällen die Abwertung der Landeswährung, die er meist schon als Vorbedingung für ein Kreditabkommen durchsetzt. Indem sie die Importe durch Verteuerung drosselt, die Exporte dagegen verbilligt, soll sie zur Entlastung der Zahlungsbilanz beitragen. Immer gehört zu einem IWF-Stabilisierungsprogramm die Verpflichtung des Schuldnerlandes, eventuelle Zahlungsrückstände abzubauen und bestehende Handels- und Kapitalverkehrskontrollen zumindest langfristig abzuschaffen. Nur wenn das Defizitland auf seine komperativen Kostenvorteile baut, auf künstliche Handelshemmnisse verzichtet und günstige Verwertungsbedingungen für in- und ausländisches Privatkapital schafft, können nach IWF-Überzeugung ein langfristiger Kapitalzufluß und damit eine ausgeglichene Zahlungsbilanz gesichert werden.
Kritik an der Auflagenpolitik des Fonds wird erhoben, seit es seine Austeritätsprogramme gibt. In den 50er und 60er Jahren waren es nur vereinzelte Stimmen[11]; erst als der IWF in den 70er Jahren zunehmende Bedeutung als Krisenmanager für die Dritte Welt erlangte, geriet seine Politik ins Kreuzfeuer der Kritik von Wissenschaft und Politik[12]. Die Dritte Welt beklagte auf internationalen Konferenzen, der Fonds sei ein neokolonialistisches Disziplinierungsinstrument der Industrieländer, seine Konditionalität den sozialen und politischen Bedingungen der Entwicklungsländer nicht angepaßt[13].

Ob die Charakterisierung der IWF-Politik gegenüber der Dritten Welt als „neues Kanonenboot" (*L'Hériteau* 1982) treffend ist, sei dahingestellt, zweifellos jedoch steht die IWF-Konditionalität einseitig im Gläubigerinteresse an rascher Wiederherstellung der Zahlungsfähigkeit von Schuldnerländern und nimmt ihre regelmäßig eintretende ökonomischen, sozialen und politischen Folgen billigend in Kauf.

IWF-Austeritätsprogramme lassen in der Regel die Binnenwirtschaften der Defizitländer schrumpfen, ohne diese Schwächung der Ökonomien durch weltmarktgestütztes Wachstum auszugleichen. Die über den Markt geregelte Importdrosselung und Exportankurbelung, die Umlenkung von Ressourcen von der Binnen- auf die Außenwirtschaft mögen kurzfristig eine Stabilisierung der Zahlungsbilanz herbeiführen. Doch die internationale Konkurrenzunfähigkeit der Entwicklungsländer und die Abhängigkeit ihrer oft monokulturellen Devisenerwirtschaftung von dem periodisch von Krisen heimgesuchten Weltmarkt verhindern oft das erforderliche kontinuierliche Exportwachstum und treiben die Entwicklungsländer in die nächste Finanzkrise, die erneut einen Bittgang zum IWF notwendig macht.

Der Teufelskreis von Auslandsverschuldung der Dritten Welt und den Interventionen des IWF zeigt sich besonders deutlich beim Instrument der Abwertung. Mag sie bei Fertigwaren eine Steigerung der internationalen Wettbewerbsfähigkeit bewirken, so eröffnet sie bei Rohstoffen, den Hauptausfuhrwaren der Entwicklungsländer, kaum Chancen auf ein dauerhaftes weltmarktorientiertes Wachstum, werden doch die vermachteten internationalen Rohstoffmärkte weniger vom (durch Abwertung beeinflußbaren) Angebot der Produzenten, sondern viel stärker von der Nachfrage transnationaler Unternehmen und der Hauptkäuferländer bestimmt (*Kaldor* 1983, *Katseli* 1983). Abwertung und die anderen die Weltmarktintegration forcierenden Maßnahmen verstärken in der Regel die traditionellen Exportmuster der Schuldnerländer und erhöhen ihre Anfälligkeit gegenüber weltmarktbedingten Schocks.

Während es die IWF-Therapie bewerkstelligt, die Zahlungsbilanz wenigstens vorübergehend ins „Gleichgewicht" zu bringen, versagt sie in der Regel bei der Bekämpfung der Inflation, setzt sogar in vielen Fällen eine Inflationsspirale in Gang, die erneut „Ungleichgewichte" erzeugt, um derentwillen die IWF-Maßnahmen gerade ergriffen wurden: wirken die inflationshemmenden Elemente der IWF-Rezeptur (Drosselung des inländischen Kreditvolumens, Begrenzung des Budgetdefizits) allenfalls mittelfristig, so schlagen Abwertung (Verteuerung der Importe), Subventionsabbau und die Aufhebung staatlicher Preiskontrollen sofort auf das Preisniveau durch.

Weil der IWF zugleich eine restriktive Lohnpolitik durchsetzt, sinken die Realeinkommen, vor allem der städtischen Arbeiterklasse. IWF-Mitarbeiter behaupten unbeeindruckt von der sozialen Realität in den Ländern der Dritten Welt, es gäbe „keine Alternative zum Rückgang der Reallöhne, wenn das interne Gleichgewicht erreicht werden soll" (*Nashashibi* 1983: 16). Statt wie vom Fonds angestrebt auf den Abbau der Reallöhne und die dadurch bewirkte Einkommensumverteilung mit Investitionen zu reagieren und so zur wirtschaftlichen Sanierung beizutragen, ziehen es die begünstigten oberen Mittelschichten, Staatsklassen und Bourgeoisien häufig vor, Mehreinkünfte konsumtiv zu verwenden oder in zinsbringenden Auslandsgeschäften anzulegen (Kapitalflucht vor allem in die USA).

Wenn auch die auf die heimischen Märkte ausgerichteten Fraktionen der nationalen Bourgeoisien Lateinamerikas und Ostasiens die binnenwirtschaftliche Kontraktion und den Abbau von Schutzmechanismen gegen (meist übermächtige) Weltmarktkonkurrenz zu spüren bekommen, ihren Unternehmen Konkurs und Teilen von ihnen selbst Proletarisierung droht, verschärft sich für die städtischen Unterschichten, besonders für die Marginalisierten, der Existenzkampf. Nicht nur sinken die regelmäßigen Einkommen, auch verstärken IWF-Programme Arbeitslosigkeit und Unterbeschäftigung, insbesondere wenn der Fonds mit seiner Forderung, das Budgetdefizit zu begrenzen, Massenentlassungen in Staatsunternehmen provoziert oder sogar erzwingt. Da in den Entwicklungsgesellschaften in der Regel ein funktionales Äquivalent fehlt, das die ökonomische Aktivität des Staates ersetzen könnte, wirkt die Therapie des IWF, Effizienz schlicht durch den Abbau von Staat erreichen zu wollen, oft katastrophal. Neben Massenentlassungen verschlechtern die Verteuerung und der Abbau öffentlicher Dienst- und Sozialleistungen die Lebensbedingungen und Grundbedürfnisbefriedigung der Unterschichten so sehr, daß vielen Betroffenen nur die Flucht in den informellen Sektor oder die Kriminalität bleibt.

In vielen Ländern, die eine IWF-konforme Wirtschaftspolitik durchführten, nahm die soziale und politische Polarisierung so sehr zu, daß sie sich exploxiv entlud und den staatlichen Repressionsapparat auf den Plan rief[14]. Nicht selten büßen Regierungen durch die Austeritätspolitik des IWF an Legitimation ein, hat IWF-Stabilisierung soziale und politische Destabilisierung zur Folge: demokratische, populistische oder sozialreformerische Regierungen verlieren ihre Wählerbasis in den Unter- und Mittelschichten und bekommen bei der nächsten Parlamentswahl die Quittung (z. B. Portugal 1979 und Jamaika 1980). In einigen Fällen werden Mittelschichten und Bourgeoisien bei dem Versuch, der Proletarisierung zu entgehen, zur sozialen Basis eines Militärregimes, das das geschwächte demokratische Regime zerschlägt (wie z. B. Brasilien 1964, Chile 1973, Argentinien 1976 und Türkei 1980).

Regierungen, deren Wirtschaftspolitik der Philosophie des IWF und den Prinzipien von Bretton Woods zuwiderläuft, bekommen die Disziplinierungsmacht des Fonds zu spüren. Er manövriert sie zwischen Scylla und Charybdis: bei Nichteinigung mit dem Fonds drohen solchen Regierungen der Verlust der Kreditwürdigkeit beim internationalen Finanzkapital und die Verschärfung der Wirtschaftskrise, die fast zwangsläufig in den Verlust der Legitimation mündet; bei Einwilligung erlangen sie zwar die Kreditwürdigkeit zurück, doch um den Preis sozialer und politischer Polarisierung, die ebenso den Verlust der Legitimation bewirkt. Der IWF ist also keineswegs, wie seine Ideologie zu suggerieren versucht, eine politisch neutrale Institution. Immer wieder erwies sich der Fonds als willfähiges Instrument US-amerikanischer Politik, so z. B. bei der ökonomisch-technisch nicht zu rechtfertigenden Kreditvergabe an El Salvador und Südafrika (1982) einerseits und der Kreditverweigerung gegenüber Nicaragua (seit 1979) und Grenada (1981) andererseits.

Das IWF-Krisenmanagement ist nicht nur interessengebunden, sondern wirkt auch — wie gezeigt wurde — sozial und politisch destabilisierend[15]. Die IWF-Konditionalität ist ökonomisch unangemessen, da sie Zahlungsbilanzen allenfalls vorübergehend zu stabilisieren in der Lage ist, mittelfristig aber wieder „Ungleichgewichte" erzeugt,

die einer erneuten Therapie bedürfen. Das IWF-Krisenmanagement zeigte sich außerstande, die hinter Leistungsbilanzdefiziten verborgenen strukturellen Entwicklungsprobleme zu lösen, ja trug sogar zu deren Verschärfung bei.
In immer neuen Anläufen versuchte der Fonds seiner Aufgabe als Manager von Zahlungsbilanzkrisen der Entwicklungsländer gerecht zu werden. Doch die Einführung neuer, schwächer konditionierter Fazilitäten — Kompensatorische Finanzierung (seit 1963), Ölfazilität (1974—76), Treuhandfonds (1976—81), die Verlängerung der Programmlaufzeit auf drei Jahre im Rahmen der Erweiterten Fazilität (seit 1974), in Einzelfällen die Duldung von gespaltenen Wechselkursen und „crawling-peg"-Abwertungen und die Aufnahme produktionsstimulierender Elemente in den Auflagen-Katalog[16] — vermochten die Entwicklungsländer nicht vor immer schneller aufeinanderfolgenden Schuldenkrisen zu bewahren. Während der Amtszeit *Reagans* waren zudem wieder eine deutliche Verschärfung der IWF-Konditionalität, ein Trend zu kurzfristigem, auf Schocktherapien setzendem Krisenmanagement und eine Begrenzung des Zugangs zu IWF-Fazilitäten zu beobachten. Ein indirektes Eingeständnis der Bretton-Woods-Zwillinge, daß die IWF-Konditionalität ihrer Aufgabe, Entwicklungsländerökonomien zu stabilisieren, nicht gerecht wurde, waren die 1980 eingeführten, als konditionierte mittelfristige Zahlungsbilanzhilfe konzipierten Strukturanpassungskredite der Weltbank (*Wohlmuth* 1984).

5. Strukturanpassungs-Kredite der Weltbank: „doppelte Konditionalität"?

Unter dem mit diesen Krediten zu unterstützenden „Strukturwandel" versteht die Bank nicht die Erschließung binnenwirtschaftlicher Kreisläufe, sondern die Umstellung des Produktionsapparates auf eine forcierte Exportproduktion, die sie als das geeignete Rezept ansieht, Dritte-Welt-Ökonomien vor künftigen Zahlungsbilanzkrisen zu bewahren (*Balassa* 1982). Sozialpolitischer Fortschritt, die Verbesserung und Sicherung der Grundbedürfnisbefriedigung, würde sich dann gleichsam als Abfallprodukt des „Strukturwandels" einstellen.
Als Voraussetzung für ihre Politik der Strukturanpassung sieht die Weltbank die Stabilisierung der Zahlungsbilanz durch eine IWF-konforme Therapie an. Aufgrund dieser Unterordnung unter die Deflationspolitik des Fonds und der einseitigen Fixierung auf exportorientierte Entwicklung werden die im Weltbank-Konzept angelegten entwicklungspolitisch sinnvollen Elemente wie z. B. politisch-institutionelle Reformen konterkariert.
Wurden die unterschiedlichen Funktionen von Weltbank und IWF früher oft als Zukkerbrot (gleich Entwicklungskredite der Weltbank) und Peitsche (Einhaltung der IWF-Auflagen) beschrieben, so beklagen sich die Entwicklungsländer nun offen über die „doppelte Konditionalität" bei der Vergabe von Krediten im Rahmen der Strukturanpassungsprogramme. Dabei waren Weltbank-Kredite schon immer mit Bedingungen verknüpft, die bisweilen den wirtschaftspolitischen Spielraum der Empfängerländer stark einengten. Allein über den Hebel der Bewilligung oder Verweigerung von Krediten an bestimmte Regime hat die Weltbank die Interessenkämpfe in Entwicklungs-

ländern beeinflußt, ja manchmal sogar gesteuert[17]. Macht und Einfluß der Bank beruhen schließlich auf der entwicklungspolitischen Kompetenz ihrer Experten, die ihre Ausbildung an westlichen Elite-Universitäten erfahren haben und die Weltbank ideologisch zu einer relativ homogenen Organisation machen[18]. Gegenüber den Expertenteams der Bank haben nationale Ministerialbeamte mit abweichenden Entwicklungsvorstellungen kaum eine Chance. Mit 15,4 Mrd. US-Dollar Kreditzusagen und 11,1 Mrd. US-Dollar Kreditauszahlungen (1984) ist die Weltbank, zusammen mit ihrer Tochter IDA, die finanziell stärkste und entwicklungspolitisch bedeutendste Entwicklungshilfe-Institution der Welt[19].

6. Interventionspolitik der Weltbank

In der historischen Rückschau lassen sich *vier Interventionsphasen* der Weltbankpolitik unterscheiden.
Die erste Phase reichte von den schleppenden Anfängen der Weltbankaktivitäten hauptsächlich in Lateinamerika (hier und da ein Kredit für ein Wasserkraftwerk oder ein Infrastrukturprojekt, *Mason/Asher* 1973) bis zur Gründung der International Development Association (IDA) im Jahre 1960. Diese „Tochter" der Weltbank wurde auf Initiative der USA gegründet, um für politisch wichtige, aber devisenarme Entwicklungsländer „weiche Kredite" zur Verfügung zu stellen: vor allem für Indien, Pakistan und Indonesien. Gleichzeitig verfolgten die USA — geschockt von der Revolution auf Kuba — die politische Absicht, mittels „weicher" Konditionen (zinsfrei und 50 Jahre Rückzahlungsfrist) auch für Landreform-Projekte und für andere bis dahin unorthodoxe Entwicklungsvorhaben (Schulen, Brunnenbau, Dorfentwicklung) dem Ausbruch von Revolutionen nach dem Muster *Castros* vorzubeugen.
In diesen beiden ersten Phasen der Geschichte der Weltbank — geprägt von Bankier *Eugene R. Black* (1949–1962) und *George D. Woods* (1963–1968) — gründete die Tätigkeit der Bank vor allem auf Entwicklungstheorien, die Entwicklung als Folge wirtschaftlichen Wachstums, induziert durch große Kapitalschübe aus dem Ausland, verhießen. Als auch die Weltbankexperten ihre Augen nicht länger vor der Tatsache verschließen konnten, daß wirtschaftliches Wachstum in Entwicklungsländern den angestrebten Sickereffekt nicht auszulösen vermochte, gewannen Vorstellungen an Einfluß, die Entwicklung als einen komplexen Prozeß der Veränderung und Modernisierung von vor-kapitalistischen Gesellschaften begriffen.
In dieser dritten Phase der Weltbankgeschichte — der von *Robert McNamara* geprägten Ära (1968–1981) — dominierte die „trickle-up"-Konzeption als progressive Variante der Wachstumstheorie. An ihren beiden Zielen — hohe wirtschaftliche Wachstumsraten und zunehmende soziale Verteilungsgerechtigkeit — wurde festgehalten, nur sollte nun in den „Weltbankprojekten des neuen Typs" die Rangfolge der Ziele umgekehrt werden: zunächst sollten ländliche Armutsgruppen der Dritten Welt durch Kredite, Preisanreize für marktfähige Agrarerzeugnisse und durch sanften Zwang „in produktive Mitglieder der Gesellschaft transformiert werden". Solcherart neu geschaffene Arbeitseinkommen würden — so lautete die Verheißung in dem in den 70er Jah-

ren viel gelesenen Weltbankbuch „Redistribution with Growth" von *H. Chenery* u. a.
— „trickle-up"-Prozesse auslösen:
„Wenn eine geeignete Mischung von Maßnahmen in den Bereichen Erziehung, öffentliche Einrichtungen, Kreditzugang, Landreform usw. hergestellt werden kann, können ‚Investitionen in die Armen' Nutzeffekte in Form von höherer Produktivität und höheren Löhnen in den organisierten Wirtschaftssektoren hervorrufen, ferner eine Produktionssteigerung und Einkommenserhöhungen bei den Armen, die allein auf ihre eigene Arbeitskraft angewiesen sind. Langfristig ... wird die Transformation der Armutsgruppen in produktivere Mitglieder der Gesellschaft das Einkommen aller erhöhen" (*Chenery* u. a. 1974: 47).
Mit solch optimistisch stimmender wissenschaftlicher Expertise übernahm *McNamara* die Rolle des selbsternannten Anwalts für die Interessen der Armen. In seiner berühmt gewordenen Rede im September 1973 in Nairobi zeichnete er das schockierende Bild von 800 Millionen in „absoluter Armut" lebender Menschen, die er zu prioritären Zielgruppen („poverty target groups") von Weltbankprojekten erklärte.
Tatsächlich wurden seitdem die Kredite z. B. für afrikanische Länder, in denen sich die Armut ländlicher Massen konzentriert, überproportional gesteigert; gleichzeitig wurden komplexere Entwicklungsvorhaben mit infrastrukturellen wirtschaftlichen und sozialpolitischen Zielen gefördert. Die Weltbank gab vor, auf diese Weise Millionen von Menschen erreichen und ihren Lebensstandard erhöhen zu können[20].
McNamara hatte sich des Vorwurfs zu erwehren, „sozialistische" Regierungen in der Dritten Welt zu favorisieren (wie die von Indien, Tansania, Somalia, Sudan oder Sambia — Staaten, die tatsächlich relativ hohe Kredite erhalten haben) und Darlehen für Projekte zur Verfügung zu stellen, deren wirtschaftliche Lebensfähigkeit ungewiß und deren entwicklungspolitische Nützlichkeit dubios schienen. Von rechten wie von linken Kritikern wurden die gigantischen Zahlen über angebliche Nutznießer von Weltbankprojekten ebenso angezweifelt wie die Erreichbarkeit der propagierten Ziele, mittels quantitativer Zuwächse an Entwicklungshilfe die Massenarmut in der Dritten Welt schrittweise abbauen zu können.
Trotz scharfer Angriffe in der konservativen US-Presse und der politischen Pressionen seitens des US-Kongresses, die soweit gingen, von der Bank die Einstellung von Krediten für Entwicklungsprojekte zu fordern, die mit den Exportinteressen US-amerikanischer Farmer (Zitrusfrüchte) und Industrieller (Kohle und Öl) kollidierten, hat *McNamara* die relative Unabhängigkeit der Bank erfolgreich verteidigt. Bis ihm die US-Administration die Finanzmittel zusammenstrich, hat das innovationsfreudige Weltbankmanagement der 70er Jahre primär die Logik des aufgeklärten Kapitalismus als eines expandierenden Weltsystems befolgt, das sich vor-kapitalistische Produktionsformen in der Dritten Welt einzuverleiben bestrebt ist. Die in den 70er Jahren als fortschrittlich gepriesene Strategie des „investment in the poor" hat nur geringe Erfolge erzielt: einige Zielgruppen von „progressiven Bauern" auf guten Böden konnten zu neuen, am Markt orientierten Produzenten gemacht werden; die Mehrzahl der ländlichen Armen aber hat sich den für sie riskanten Kreditangeboten der Weltbank versagt oder ist von ihr als nicht „kreditwürdig" eingestuft worden[21]. Letztlich scheiterte die Agrarstrategie der Bank an einem politischen Widerspruch (den sie

als Instrument westlicher Gläubigerinteressen nicht auflösen konnte): Sie versuchte, die Unter- und Mittelschichten wirtschaftlich zu fördern, ohne die Herrschenden in der Dritten Welt zu durchgreifenden Reformen der ländlichen Eigentums- und Machtverhältnisse anzuhalten. Daher haben „armutsorientierte" Kreditprogramme in Kenia, den Philippinen, Mexiko, Kolumbien oder Iran den sozialen Status quo eher zementiert, der — wie erfolgreiche Gegenbeispiele in China, Taiwan und Teilen Indiens zeigen — ein Haupthindernis auf dem Wege zur Überwindung von Armut und Unterentwicklung darstellt.

Die vierte Phase in der Geschichte der Weltbank kam mit dem Regierungswechsel in Washington: der US-Präsident *Reagan* nominierte mit *A. W. Clausen* im Juli 1981 den früheren Vorsitzenden der *Bank of America* zum Nachfolger *McNamaras* — einen Geschäftsmann, der die Weltbank wieder auf marktwirtschaftlichen Kurs im Sinne der „angebotsorientierten Entwicklungspolitik" der *Reagan*-Administration bringen sollte. *Clausen* übernahm den von der *Reagan*-Administration propagierten Entwicklungsbegriff, der — ähnlich wie zu Beginn der 60er Jahre — Entwicklung als automatische Folge von „free enterprise" und „magic of the market place" definierte (*Nuscheler* 1984: 83).

7. Reagan und Clausen: „Magie des Marktes"

Der bisherigen Weltbank-Politik wurde nun offen, z. B. vom Finanzunterstaatssekretär *Beryl Sprinkel*, vorgeworfen, „Sozialismus, künstlich hochgeschraubte Preise und Wirtschaftssysteme zu fördern, die mit unserer eigenen Betrachtungsweise der Dinge in der Welt unvereinbar sind" (zit. n. *Newsweek* 14.9.81)[22]. Vereinbar mit der Entwicklungskonzeption von *Reagan* war hingegen eine stärkere Förderung der *International Finance Corporation* (IFC) — einer Weltbanktochter, die 1956 mit der Zielsetzung ins Leben gerufen worden war, Privatinvestitionen in Entwicklungsländern zu fördern. Sie hat seit Beginn der Präsidentschaft *Clausen* eine starke Aufwertung erfahren.

Armuts- und grundbedürfnisorientierte Projekte — entwicklungspolitische Hoffnungsträger der *Mc Namara*-Ära — wurden als enttäuschend aufgegeben. Man verwies, nicht zu Unrecht, auf das verbalsozialistische Tansania, das von der Weltbank eine hohe Pro-Kopf-Hilfe für Agrarprojekte, einschließlich für Nahrungsmittelanbau, erhalten hatte und dessen entwicklungspolitische Bilanz ernüchternd war (*Hofmeier* 1983).

Die Länder Schwarzafrikas finden zwar auch unter *Clausen* das bevorzugte Interesse der Bank, aber im Unterschied zur Nairobi-Strategie der 70er Jahre verfolgt sie hier anders akzentuierte Entwicklungsziele: es geht nicht mehr primär um das Ziel, Massenarmut zu bekämpfen, indem Armutsgruppen per Kredit in die Lage versetzt werden, durch höhere eigene Arbeitseinkommen Grundbedürfnisse zu befriedigen, sondern privatwirtschaftliche und unternehmerische Kräfte in Ländern zu unterstützen, die zu Modernisierung und Reformen in verschiedenen Politikbereichen („policy reforms") bereit sind, um im ständigen „Dialog" zwischen Bank und Regierungen eine wirksame Planung, Koordinierung und Inwertsetzung in- und ausländischer Ressour-

cen zu ermöglichen. Zu den im „Dialog" durchzusetzenden Maßnahmen gehören vor allem:
1. Abbau staatlicher Eingriffe in den Bereichen Produktion und Handel;
2. Privatisierung von Staatsbetrieben, wo immer dies möglich erscheint;
3. prioritäre Förderung solcher Projekte, die für den Export produzieren oder für die Substitution von notwendigen Importen bestimmt sind, um so Devisen sparen und Auslandsschulden bedienen zu können.

Im Auftrag der afrikanischen Gouverneure der Weltbank erstellte die Organisation seit 1981 drei Berichte zu den Ursachen und Perspektiven der afrikanischen Entwicklungskrise, die hauptsächlich auf die internen Faktoren der Krise abstellten und dadurch Empörung in politischen Kreisen Schwarzafrikas auslösten[23]. In den Berichten wird ausgeführt, daß fehlerhafte interne Politiken, vor allem die die Landwirtschaft diskriminierenden Preis-, Steuer- und Wechselkurspolitiken, die aus der Kolonialzeit stammenden strukturellen Probleme und die negative Wirkung externer Faktoren (wie sinkende Terms of Trade) die Krise der landwirtschaftlichen Produktivität verschärft hätten (*World Bank* 1981: 4). Immer wieder betont das Bankmanagement die Dringlichkeit von Wirtschaftsreformen, um so die kontinuierliche Steigerung der Erträge aus Investitionen in wirtschaftlichen Schlüsselbereichen zu erreichen. Darin sieht es das entscheidende Mittel gegen stagnierende oder gar negative landwirtschaftliche Wachstumsraten (*World Bank* 1984).

Implizit hat die Weltbank damit die Förderungswürdigkeit produktiver Entwicklungsprojekte neu definiert: mittelfristig nicht rentable staatliche Betriebe, einschließlich der öffentlichen Industrien im Bereich der Importsubstitution, sollen aufgegeben und durch Projekte ersetzt werden, die eine optimale Nutzung lokaler Ressourcen und Marktchancen versprechen; die knapper werdenden bi- und multilateral mobilisierten Finanzmittel sollen durch Weltbank geleitete „Konsultativ-Gruppen" koordiniert und dadurch effektiver eingesetzt werden können. Im Kern bedeutet die neue Strategie, daß alle Bemühungen um vertikale Diversifizierung der kolonialwirtschaftlichen Ökonomien (z. B. Weiterverarbeitung von Rohstoffen) hinter den Zwang zur Devisenerwirtschaftung (zur Schuldentilgung und Aufrechterhaltung eines Mindestimportniveaus) zurücktreten.

Bei aller Kritik an der Verengung der entwicklungspolitischen Perspektive der Weltbank ist ihr jedoch zu konzedieren, zentrale entwicklungspolitische Hindernisse zu benennen, wenn sie interne Korrekturen, vor allem in der Agrarpolitik fordert, um durch staatliche Anreize die produktiven Schichten der Gesellschaft (v. a. Klein- und Mittelbauern) zur Steigerung der Marktproduktion zu bewegen. Dabei versteht die Weltbank unter „Anreizen" vor allem angemessene Produzentenpreise für Bauern, gesicherten Zugang zu produktivitätssteigernden Betriebsmitteln und liberalere Vermarktungsbedingungen. Mit dieser Politik vertritt die Weltbank als Agentur zur Beschleunigung der Durchkapitalisierung vorkapitalistischer Wirtschaftsräume nicht selten die objektiven Interessen der Bauern gegenüber den auf Abschöpfung des ländlichen Mehrprodukts fixierten Staatsklassen, die häufig eher ihre Selbstprivilegierung verfolgen als Staatseinnahmen für Entwicklungszwecke zur Verfügung zu stellen.

Angesichts real sinkender Transfers von Entwicklungshilfeleistungen aus OECD-Staaten in Länder der Dritten Welt — die durch den Widerstand des US-Kongresses gegen multilaterale Entwicklungshilfe hervorgerufenen Verzögerungen bei der Wiederauffüllung der Weltbank-IDA-Fonds sind hierfür symptomatisch — ist die Weltbank bemüht, ihren entwicklungspolitischen Handlungsspielraum durch das Instrument der Kofinanzierung zu erweitern: weltbankgeprüfte Investitionsvorhaben werden mit Hilfe anderer (öffentlicher und privater) Geldgeber finanziert und so die eigenen Finanzen gestreckt. Die neue Flexibilität wird mit der Gefahr erkauft, daß Entwicklungsvorhaben direkt privatwirtschaftlichen Verwertungsinteressen transnationaler Finanzgruppen untergeordnet werden.

8. Fazit: Defizite der Bretton-Woods-Institutionen

Die Bedeutung der Bretton-Woods-Institutionen 40 Jahre nach ihrer Gründung für die Gestaltung der Nord-Süd-Beziehungen ist größer denn je. Geschaffen als Institutionen zur Intervention in den Schlüsselsektoren Entwicklungsfinanzierung und Zahlungsbilanzausgleich mußten ihre Vermittlungsdienste im Interesse der Herrschenden der Weltgesellschaft — der Transnationalen Unternehmen, der Machteliten und Staatsklassen — immer häufiger in Anspruch genommen werden. Trotz des Transfers von Entwicklungskapital und Know how in einer Größenordnung von mehreren 100 Mrd. $ der Weltbank und trotz fast 600 Bereitschaftskreditabkommen des IWF konnten die ursprünglichen Ziele der Architekten der Weltwirtschaftsordnung, nämlich Überwindung der Kluft zwischen Nord und Süd durch krisenfreies Wirtschaftswachstum und harmonische Eingliederung der vom Kolonialismus befreiten Staaten der Dritten Welt in die internationale Arbeitsteilung, nicht erreicht werden. Die Verheißung von Bretton-Woods, daß in der neu errichteten Ordnung die legitimen Interessen aller Staaten mittels Kooperation und Kooptation befriedigt würden, enthüllte sich als Täuschung. Mehr noch: Die Bretton-Woods-Ordnung war außerstande zu verhindern, daß sich die Kluft zwischen Nord und Süd weiter öffnete; ihre Institutionen waren unfähig, die sich verschärfenden Krisen mit mehr als kurzatmigem Krisenmanagement zu therapieren. Ihr Entwicklungsbegriff blieb ungeachtet aller Anpassungen an sich verschärfende Epiphänomene der Krise (Überbevölkerung, Verslumung, ländliche Armut) fixiert auf den Fetisch ständigen wirtschaftlichen Wachstums.

Das Ziel der Weltbank, die absolute Armut in der Dritten Welt zu überwinden und einem wachsenden Teil der Weltgesellschaft die Befriedigung der Grundbedürfnisse zu ermöglichen, erscheint heute unerreichbarer denn je. Es ist vielleicht kein Zufall, daß das größte Empfängerland von Welbankkrediten, Indien, heute besonders harte Kritik an westlicher Entwicklungshilfe übt und die mangelnde Zielerreichung von Weltbankprojekten beanstandet: Die Entwicklungshilfe gebenden Institutionen hätten darauf vertraut, daß allein durch Ressourcentransfer von außen die Strukturdefekte der unterentwickelten Länder zu überwinden seien, und damit die Hilfe von außen auch für die Zukunft notwendig gemacht. Es sei eine „Sucht nach Auslandskrediten" entstanden, die dem proklamierten Ziel, Hilfe zur Selbsthilfe und Starthilfe für selbsttragendes wirtschaftliches Wachstum zu sein, diametral entgegenstünde[24].

Für sich industrialisierende Länder von der Ressourcenausstattung Indiens mag es die Option für eine Entwicklung aus eigener Kraft im Sinne des „Self-reliance"-Postulats geben, für die meisten Länder der Vierten Welt jedoch ist der Ressourcentransfer aus den OECD-Staaten unverzichtbar geworden, und sei es nur um der Chance willen, ein Mindestmaß an wirtschaftlichem Wachstum aufrechtzuerhalten. Die mit Weltbankkrediten und IWF-Bereitschaftskreditabkommen durchgesetzte Entwicklungsdoktrin der verstärkten Integration in eine von den Industriestaaten dominierte internationale Arbeitsteilung hat einigen wenigen Ländern Entwicklungserfolge beschert (z. B. Taiwan, Singapur); für die Mehrzahl der Entwicklungsländer, vor allem der Vierten Welt, erwies sich Weltmarktintegration als entwicklungspolitische Sackgasse.
Allerdings haben sich für diese Länder mittlerweile die internationalen Dependenzstrukturen derart intensiviert, daß ein abrupter Abbruch der historisch gewachsenen Nord-Süd-Beziehungen keine Entwicklungsperspektiven eröffnete — hängt doch das Überleben von immer mehr Menschen der Vierten Welt von einem steten Zufluß von Auslandshilfe ab. Damit verändert sich der Charakter der internationalen Entwicklungshilfe: Immer weniger ist sie projektbezogene Produktivitätshilfe auf Zeit, die sich selbst allmählich überflüssig macht, immer häufiger gerät sie zur Überlebenshilfe auf Dauer, die viele ihrer Empfänger zu chronischen Sozialfällen der Weltgesellschaft macht.
Gelingt es der Weltbank nicht, wirksam zur Lösung der Entwicklungskrise beizutragen, so verschärft die Schwesterorganisation IWF nicht selten diese Krise. Ursprünglich beauftragt, Mitgliedsländern bei Zahlungsbilanzschwierigkeiten kurzfristigen finanziellen Beistand zu leisten, wurde der Fonds mehr und mehr zu einem Disziplinierungsinstrument der Industrieländer gegenüber den Schuldnerländern der Dritten Welt: seine auf Austerität zielende Konditionalität kann zwar die Rückzahlungsfähigkeit der Entwicklungsländer kurzfristig wiederherstellen, doch i. d. R. um den Preis, daß sich ihre Entwicklungsaussichten (und damit auch ihre Schuldendienstfähigkeit) langfristig verschlechtern. Unnachgiebiger noch als die Weltbank zwingt der IWF die Schuldnerländer mit seiner Deflationstherapie zur Umsetzung der Prinzipien Marktwirtschaft und Weltmarktintegration und verhindert, daß Entwicklungswege beschritten werden, die von der Bretton-Woods-Philosophie abweichen.
Wenn die Arbeitsteilung der Bretton-Woods-Institutionen jemals gerechtfertigt war, ist sie spätestens in dem Moment anachronistisch geworden, als deutlich wurde, daß die Verschuldungskrisen in der Dritten Welt *strukturelle* Ursachen haben, die durch kurzfristiges Krisenmanagement nicht zu beheben sind. So entsteht nicht selten die paradoxe Situation, daß langfristig angelegte Entwicklungsvorhaben der Weltbank mit dem kurzatmigen Krisenmanagement des IWF konfligieren[25].
Weder der Abschaffung der IWF-Konditionalität noch des „policy dialogue" der Weltbank soll hier das Wort geredet werden, ein auflagenfreier Ressourcentransfer, wie von der Dritten Welt gefordert, wird angesichts der selbstblockierenden sozio-ökonomischen Strukturen die Entwicklungsaussichten dieser Länder schwerlich verbessern. Anstöße von außen, auch in der Form von Auflagen, sind in den meisten Ländern notwendig, um eine entwicklungspolitisch sinnvolle Kapitalverwendung zu erreichen — ggf. gegen die Entwicklung hemmenden Selbstprivilegierungsinteressen herrschender Klassen in den Entwicklungsländern.

Erforderlich erscheint die Einführung einer *entwicklungspolitischen Konditionalität*, die nicht nur die anachronistische Arbeitsteilung zwischen IWF und Weltbank aufhebt, sondern vor allem die Überwindung der strukturellen Entwicklungshemmnisse in der Dritten Welt anstrebt[26]. Sie hätte an das in der *McNamara*-Ära der Weltbank ausgegebene Postulat der Grundbedürfnisbefriedigung anzuknüpfen und (im Unterschied zur bisherigen Politik der Bretton-Woods-Institutionen) auf die Erschließung binnenwirtschaftlicher Kreisläufe (besonders im Agrarbereich), die Schaffung von Massenkaufkraft und eine streng grundbedürfnisorientierte Investitionstätigkeit abzuheben. Dabei hätte staatliche Wirtschaftsaktivität immer dann entwicklungspolitische Aufgaben zu übernehmen, wenn der Markt sich nicht zu einer grundbedürfnisorientierten Allokation der Ressourcen in der Lage zeigt.

Kern der entwicklungspolitischen Konditionalität hätten Leistungskriterien zu sein, die, ohne den Imperativ des mittelfristigen Zahlungsbilanzausgleichs zu ignorieren, mit Zielgrößen etwa für die Nahrungsmittelproduktion und die Verteilungsgerechtigkeit die produktive Eingliederung aller Gesellschaftsmitglieder in den Entwicklungsprozeß ermöglichen. Die entwicklungspolitische Konditionalität läge schließlich auch im Interesse des Nordens: Nur eine stabile wirtschaftliche, soziale und politische Binnenentwicklung, die gleichwohl eine kalkulierte Weltmarktintegration nicht ausschließt, sichert den Gläubiger- und Industriestaaten auch in Zukunft die Dritte Welt als zahlungsfähige Handelspartner. Und nur so besteht eine Chance, die Dynamik der immer mehr soziale Opfer fordernden Entwicklungskrise der modernen Weltgesellschaft zu entschärfen.

Anmerkungen

1 Die besonderen Interessen der Entwicklungsländer fanden bei der Formulierung des IWF-Übereinkommens keine Berücksichtigung, obwohl sich Indien — damals noch in kolonialer Abhängigkeit — für die Formel stark gemacht hatte, der IWF solle „ökonomisch unterentwickelte Länder bei der besseren Nutzung ihrer Ressourcen unterstützen". (Zit. n. *Horsefield* 1969: Bd. I, 93). Die Aufnahme eines solchen Passus in die IWF-Statuten wurde in Bretton Woods mit dem Argument abgelehnt, der IWF sei allein für währungspolitische Fragen, die Weltbank für Entwicklungsprobleme zuständig — ohne daß der Dritten Welt besondere Bedeutung zugemessen worden wäre. Immerhin erreichte Indien, daß in den Zielkatalog des IWF die „Entwicklung des Produktionspotentials aller Mitglieder" aufgenommen wurde (Art. I, 2 der IWF-Statuten).
2 Die amerikanischen Ziele brachte Präsident *Truman* 1949 in einer Rede vor den Vereinten Nationen zum Ausdruck: „Dauerhaften Frieden und Wohlstand in der Welt können wir nicht erreichen, wenn nicht der Lebensstandard in den unterentwickelten Gebieten angehoben wird" (Zit. n. *Baldwin* 1966: 74).
3 Der damalige Entwicklungsbegriff, in der Gründungsphase der Bretton-Woods-Institutionen kaum theoretisch fundiert, wurde durch die Modernisierungstheorie der 50er und 60er Jahre untermauert, insbesondere durch *Rosenstein-Rodans* „big push"-Ansatz und *Rostows* Theorie über die Stadien wirtschaftlichen Wachstums, (vgl. *Rostow* 1960 u. *Rosenstein-Rodan* 1961).
4 Ein Entwicklungstheoretiker der Weltbank schrieb später selbstkritisch: „Die Bank vertraute weiterhin der historischen Erfahrung der fortgeschrittenen Länder, deren Industrialisierung und Einkommenswachstum durch private unternehmerische Initiative hervorgebracht wurden" (*Adler* 1977: 34).
5 Die sozialistischen Staaten — die Sowjetunion und die anderen osteuropäischen Länder — verweigerten dem kapitalistischen Bretton-Woods-System ihre Teilhabe; Polen und die Tschechoslowakei, zunächst Mitglieder von IWF und Weltbank, verließen es Anfang der 50er Jahre.

Rumänien und Ungarn sahen sich angesichts ihrer weltwirtschaftlichen Verflechtung und ihrer Finanzprobleme gezwungen, 1972 bzw. 1982 den Bretton-Woods-Institutionen beizutreten. Das im Westen hochverschuldete Polen stellte 1981 einen Aufnahmeantrag auf IWF-Mitgliedschaft, scheiterte aber bis 1985 am Veto der USA.

6 Die Ausnahme bei den Entwicklungsländern bilden Saudi-Arabien und die VR China, die eigene Vertreter ins IWF-Exekutivdirektorium entsenden.

7 Umso weniger realisierte sich die Hoffnung vieler Teilnehmer der Bretton-Woods-Konferenz, die Komplementarität der beiden dort geschaffenen Organisationen würde Länder mit positiven Leistungsbilanzen dazu veranlassen, ihre Überschüsse (teilweise) der Weltbank zur Verfügung zu stellen, so daß auf diese Weise nahezu ausgeglichene Zahlungsbilanzen erreicht würden (*Cole* 1947: 315).

8 Die Banker befürchteten, daß unkonditionierte Kreditmöglichkeiten beim IWF die Regierungen dazu verleiten könnten, auf Deflationspolitik als Korrekturmaßnahme gegen Zahlungsbilanzdefizite zu verzichten. Die damit verbundene Zunahme inflationärer Tendenzen würde das Investitionsklima in den Defizitländern beeinträchtigen und den Kreditgeschäften der Banken abträglich sein (*Wee* 1984: 488, Anm. 21).

9 Die nachfolgende Argumentation basiert auf *Körner* u. a. (1984: 72 ff., 165 ff.).

10 Die IWF-Logik lautet: expansive staatliche Kredit- und Geldmengenpolitik, durch die Subventionen für Großnahrungsmittel, das Transportwesen, den Sozialbereich, öffentliche Unternehmen und Verwaltungen finanziert werden, führen zu hohen Budgetdefiziten und heizen die Inflation an; hohe Inflationsraten lassen Binnen- und Außenwert der Landeswährung auseinanderdriften, die, sofern keine Abwertung erfolgt, nun überbewertet ist und daher Importe anlockt, aber Inlandsproduktion und Exporte behindert. Die Folge: Leistungsbilanzdefizite, die verschuldungsträchtig mit Auslandskrediten gedeckt werden müssen — schließlich werden die Länder, die es versäumen, ihre Wirtschafts- und Finanzpolitik an den engen Finanzspielraum anzupassen, zahlungsunfähig und damit kreditunwürdig.

11 Die frühe Kritik am Fonds entfachte sich an den Erfahrungen lateinamerikanischer Länder mit IWF-Austeritätsprogrammen (*Felix* 1964; *Sunkel* 1964, *Hayter* 1971). Schon am Beispiel Argentinien (1958—63) wurde aufgezeigt, welche wirtschaftlichen, sozialen und politischen Auswirkungen die IWF-Konditionalität in Schuldnerländern zeitigt (*Eshag/Thorp* 1965): Deflation der Binnenwirtschaft, sinkende Reallöhne, Arbeitslosigkeit, zunehmende soziale und politische Konflikte, Entmachtung einer gewählten Regierung durch das Militär.

12 *Cheryl Payer*, die 1974 die neuere Diskussion in der Wissenschaft eröffnete, sah die Entwicklungsländer im Zustand „internationaler Schuldknechtschaft". Zur Kritik am IWF siehe vor allem *Thorp/Whitehead* (1979); *Knieper* (1979); *Nord-Süd-Kommission* (1980); *Gerster* (1982); *Villareal* (1983); *Killick* (1984) und *Körner* u. a. (1984).

13 Siehe etwa die Arusha-Initiative (abgedruckt in Development Dialogue 2/1980: 10—23), das Positionspapier der Gruppe der 77 zur Vorbereitung von UNCTAD VI („Group of 77" 1983) sowie z. B. die IMF Summary Proceedings (1981, 1982).

14 Tunesien, Marokko, Jamaika, Peru, die Dominikanische Republik und Ägypten lauten allein 1984 die Namen auf der Länderliste der als IWF-Aufstände bekannten Auseinandersetzungen. Gegen den Vorwurf Revolten zu produzieren, wendet der IWF ein, die Regierungen hätten sich die Härten der Auflagen selbst zuzuschreiben, da sie durch verfehlte Wirtschafts- und Finanzpolitik die Krise verursacht und sich zu spät an den Fonds gewandt hätten; zudem sei es Sache der Regierungen zu entscheiden, welchen Bevölkerungsgschichten sie welche Austeritätsmaßnahmen zumuten können und wollen (*Larosière* 1984; *Nowzad* 1981). Tatsächlich sind Verschuldungskrisen in vielen Fällen hausgemacht (*Körner* u.a. 1984: 49 ff.), wird der IWF zum Sündenbock für unpopuläre Maßnahmen gemacht, die die Regierungen selbst durchführen, aber innenpolitisch nicht verantworten wollen. Doch oft genug läßt der Fonds keine Wahl: unnachgiebig setzt er — marktwirtschaftlicher Ideologie folgend — die Aufhebung staatlicher Preiskontrollen durch und erzwingt den Abbau von Subventionen für Grundbedarfsgüter, deren Preis sich infolgedessen für die Armen unerträglich verteuert.

15 *Richard Eckhaus* (1977: 15), Ökonom am Massachusetts Institute of Technology, kritisierte bereits 1977: „Wo politische Stabilität für Entwicklung wichtig ist, sind Austeritäts- und Beschränkungsvorschriften nicht hilfreich, wenn ihre Folge Straßenaufstände und Regierungsstürze sein können".

16 Die vom IWF seit den 70er Jahren geforderte Anhebung der landwirtschaftlichen Erzeugerpreise etwa liegt durchaus im Interesse wirtschaftlicher und gesellschaftlicher Entwicklung, weil

ohne Produktionsanreize für kleinbäuerliche Produzenten die Landwirtschaft nicht zu beleben ist. Der Fonds verkennt freilich, daß der Ankurbelung der Agrarproduktion nicht nur preispolitische Grenzen gesetzt sind, sondern auch Besitz- und Vermarktungsstrukturen als Hindernisse entgegenstehen.

17 Heute wird auch unter Bankmitarbeitern kaum noch bestritten, daß die Verweigerung von Weltbank-Krediten an Präsident *Nasser* von Ägypten, an die *Allende*-Regierung in Chile oder in jüngster Zeit an das sandinistische Regime in Nicaragua dem Ziel diente, diese Regime politisch zu destabilisieren, deren gemeinsames Kennzeichen eine Washington nicht genehme „sozialistische" Reform- und Außenpolitik gewesen ist bzw. noch ist.

18 Die Weltbank gibt ihren „Sachverstand" durch ihr 1955 gegründetes Economic Development Institute weiter. Es hat im Laufe der Jahrzehnte Tausende von Entwicklungsbürokraten und -politikern geschult.

19 Mit diesen Beiträgen finanzierte die Bank 1983 rund 34 % der Kosten von 243 Entwicklungsprojekten; *Weltbank*: Jahresbericht 1984: 14.

20 So sollen allein im Jahr 1976/77, in dem die Weltbank Kredite für 83 Landwirtschaftsprojekte in 46 Ländern (zu Kosten von 2,4 Mrd. Dollar) bewilligte, 80,7 Mio. Menschen direkte und indirekte Nutznießer dieser Projekte gewesen sein (*Tetzlaff* 1980: 452).

21 Als a priori kreditunwürdige Zielgruppen ausgeschlossen wurden: Landwirtschafter ohne hinreichende Produktionsmittel; Landlose, Wander- und Saisonarbeiter, Pächter mit ungesicherten Verträgen; verschuldete Minifundisten (*Tetzlaff* 1980: 461 f.).

22 Diese Wende in der Entwicklungspolitik Anfang der 80er Jahre war nicht auf die Weltbank beschränkt, sondern signalisierte die in mehreren OECD-Staaten feststellbare Tendenz, die Grundbedürfnisstrategie als internationale Wohlfahrtspolitik abzutun, die in Krisenzeiten nicht länger finanzierbar und zudem politisch wenig opportun sei.

23 Für Politiker und Entwicklungsdiplomaten Schwarzafrikas gilt der „Lagos Plan of Action" von 1980 als verbindliches Dokument zu den Entwicklungsabsichten Afrikas. Der Lagos Plan betont im Unterschied zur Weltbank die externen Behinderungen für eine harmonische Entwicklung Afrikas im Geiste von „Collective Self-Reliance" (*Tetzlaff* 1982).

24 Im Unterschied zu Direktinvestitionen, denen die indischen Autoren den Vorzug geben, habe Entwicklungshilfe zu „einem unproduktiven Kapitaleinsatz verleitet" (*Bhatia* 1981: 110).

25 Brasilien bietet ein Beispiel: Das von der Weltbank für 1985 geplante Engagement in Höhe von 3,5 Mrd. $ wird zum Leidwesen des IWF dazu führen, daß das Land die vom IWF vorgeschriebenen Höchstgrenzen für das Wachstum der Geldmenge nicht wird einhalten können (*South*, 9/84: 87).

26 Zur entwicklungspolitischen Konditionalität siehe ausführlich: *Körner* et al. 1984: 204 ff.

Literaturverzeichnis

Adler, John H., 1977: Entwicklungstheorie und die Entwicklungsstrategie der Weltbank — ein Überblick, in: Finanzierung und Entwicklung, Dezember, 32—34.

Balassa, Bela, 1982: Structural Adjustment Policies in Developing Economies, in: World Development, Bd. 10, Nr. 1, 23—38.

Bhatia, H. L., 1981: Foreign Aid, hrsg. vom Birla Institute of Scientific Research, New Dehli.

Bello, Walden; David Kinley; E. Elinson, 1982: Development Debacle: The World Bank in the Philippines, San Francisco.

Baldwin, David A., 1966: Economic Development and American Foreign Policy 1943—1962, Chicago/London.

Chenery, Hollis und *S. Ahluwalia* et al., 1974: Redistribution with Growth, London.

Clausen, Alden W., 1983: „Erfolgreiche Schuldner" (Interview) in: Wirtschaftswoche Nr. 12, 18. 3.1983.

Cole, G. D. H., 1947: Money. Its Present and Future, London etc.

Eckaus, Richard S., 1977: Is the IMF guilty of malpractice? Institutional Investor (International Edition), Sept. 13—15.

Eshag, Eprime und *Rosemary Thorp*, 1965: Economic and Social Consequences of Orthodox Economic Policies in Argentina in the Post-War Years, in: Bulletin of the Oxfort University Institute of Economics and Statistics, Bd. 27, Nr. 1, Feb., 1—44.

Felix, David, 1964: Monetarists, Structuralists, and Import-Substituting Industrialization: A Critical Appraisal, in: *Werner Baer* und *Isaac Kerstenetzky* (Hrsg.): Inflation and Growth in Latin America, Homewood/Ill. (USA), 370—401.
Group of 77, 1983: The Buenos Aires Platform. Final Document of the Fifth Ministerial Meeting of the Group of 77, Buenos Aires 28 March — 9 April 1983.
Gerster, Richard, 1982: Fallstricke der Verschuldung. Der Internationale Währungsfonds und die Entwicklungsländer, Basel.
Hayter, Teresa, 1971: Aid as Imperialism, Harmondsworth.
Hofmeier, Rolf, 1983: Tansania — „Entwicklungsmodell" oder Entwicklungsbankrott?, in: Deutsches Übersee-Institut Hamburg (Hrsg.), Jahrbuch Dritte Welt, Band 1, München, 204—220.
Horsefield, J. K. et al., 1969: The International Monetary Fund, 1945—1965: Twenty years of International Monetary Co-operation, Washington, D. C., Bd. I.
International Monetary Fund (verschied. Jahrgänge): Summary Proceedings, Washington, D. C.
IWF, 1984: Die institutionelle Entwicklung des IWF, in: Finanzierung und Entwicklung, September, 7—10.
Kaldor, Nicholas, 1983: Abwertung und Anpassung in Entwicklungsländern, in: Finanzierung und Entiwcklung, Juni, 35—37.
Katseli, Louka T., 1983: Devaluation: A Critical Appraisal on the IMF's Policy Prescriptions, in: The American Economic Review, Bd. 73, 359—363.
Killick, Tony, (Hrsg.), 1984: The Quest for Economic Stabilisation. The IMF and the Third World, sowie: The IMF and Stabilisation. Developing Country Experiences, London.
Knieper, Rolf, 1979: Zurichtung nationaler Politik durch internationales Recht? Die Bereitschaftskreditabkommen des Internationalen Währungsfonds, in: Kritische Justiz 3/79, 270—290.
Körner, Peter; Gero Maaß; Thomas Siebold; Rainer Tetzlaff, 1984: Im Teufelskreis der Verschuldung. Der Internationale Währungsfonds und die Dritte Welt, Hamburg.
Laar, A. J. M. van de, 1976: The World Bank and the World's Poor, The Hague.
Lappé, Francis Moore; Joseph Collins; David Kinley, 1981: Aid as Obstacle. Twenty Questions about our Foreign Aid and the Hungry, San Francisco.
Larosière, Jacques de, 1984: Does the Fund impose austerity?, in: epd-Entwicklungspolitik Nr. 17, b—c.
L'Hériteau, Marie-France, 1982: Endettement et ajustement structurel: la nouvelle canonnière, in: Revue Tiers-Monde, Bd. XXIII, Nr. 91, Juillet—Sept., 517—548.
Mason, Edward S. und Robert E. Asher, 1973: The World Bank Since Bretton Woods, Washington.
Mc Namara, Robert, 1974: Die Jahrhundertaufgabe — Entwicklung in der Dritten Welt, Stuttgart.
Nashashibi, Karim, 1983: Abwertung in Entwicklungsländern: Die schwierige Entscheidung, in: Finanzierung und Entwicklung, März, 14—17.
Nord-Süd-Kommission, 1980: Das Überleben sichern, Köln.
Nowzad, Bahram, 1981: The IMF and its Critics, Essays in International Finance, Nr. 146, Princeton/N. J.
Nuscheler, Franz, 1984: Entwicklungspolitische Wende in den USA. Kontinuität und Wandel in der US-amerikanischen Dritte-Welt-Politik: Von Carter zu Reagan, Analysen Nr. 114 der Friedrich-Ebert-Stiftung, Bonn.
Oliver, Robert W., 1975: International Economic Co-operation and the World Bank, London and Basingstoke.
Payer, Cheryl, 1974: The Dept Trap, New York/London.
Payer, Cheryl, 1982: The World Bank. A Critical Analysis, London.
Rittberger, Volker, 1977: Theorie der internationalen Organisation, in: *R. Wolfrum* et al. (Hrsg.), Handbuch Vereinte Nationen, München, 220—229.
Rosenstein-Rodan, P. N., 1961: Notes on the Theory of the „Big Push", in: *H. S. Ellich* und *H. C. Wallich* (Hrsg.), Economic Development in Latin America, London, 57 ff.
Rostow, Walt Whitman, 1960: The Stages of Economic Growth, New York.
Sunkel, Osvaldo, 1964: Comment, in: *Werner Baer* und *Isaac Kerstenetzky* (Hrsg.), Inflation and Growth in Latin America, Homewood/Ill., 423—427.
Tetzlaff, Rainer, 1981: „Weltgesellschaft" — Trugbild oder Wirklichkeit? Eine Kategorie zur Analyse internationaler Beziehungen. Eine Einführung, in: *Thomas Siebold* und *Rainer Tetzlaff* (Hrsg.), Strukturelemente der Weltgesellschaft. Studien zu Konflikt und Kooperation in den Nord-Süd-Beziehungen, Frankfurt/M., 5—51.

Tetzlaff, Rainer, 1982: Kontroverse um die Zukunft Afrikas. Die entwicklungspolitischen Konzeptionen von OAU und Weltbank, in: Vereinte Nationen, Nr. 5, 153–158.
Tetzlaff, Rainer, 1983^2: Die Weltbank: Machtinstrument der USA oder Hilfe für die Entwicklungsländer? Zur Geschichte und Struktur der modernen Weltgesellschaft, München, Köln, London.
Tetzlaff, Rainer, 1984: Die Weltbankgruppe, in: *A. Boeckh* (Hrsg.): Internationale Beziehungen, München.
Thorp, Rosemary und *Laurence Whitehead* (Hrsg.), 1979: Inflation and Stabilisation in Latin America, London etc.
Villarreal, Réne, 1983: La contrarrevolución monetarista, México.
Wee, Herman van der, 1984: Der gebremste Wohlstand. Wiederaufbau, Wachstum, Strukturwandel 1945–1980, München.
Wohlmuth, Karl, 1984: IMF and World Bank Structural Adjustment Policies: Cooperation or Conflict?, in: Intereconomics, Sept./Oct., 226–234.
Weltbank, 1984: Weltentwicklungsbericht 1984, Washington.
World Bank, 1981: Accelerated Development in Sub-Saharan Africa. An Agenda for Action, Washington.
World Bank, 1984: Toward Sustained Development in Sub-Saharan Africa. A Joint Program of Action, Washington.

VII. Bilanz der politikwissenschaftlichen Regionalforschung

Afrika. Utopia oder Abstellgleis der Politischen Wissenschaft?

Franz Ansprenger

Ausnahmsweise sei eine persönliche Erinnerung als Einstieg in einen Diskussionsbeitrag gestattet, der sich um Sachlichkeit bemüht. Als ich Mitte der 60er Jahre vom Friedrich-Meinecke-Institut (dem heutigen Fachbereich Geschichtswissenschaften) zum Otto-Suhr-Institut der FU Berlin (dem heutigen Fachbereich Politische Wissenschaft) hinüberwechselte, weil von beiden nur das OSI gewillt war, den Bereich „Dritte Welt" zu etatisieren, nahm einer der damaligen Groß-Ordinarien des OSI mich ins Gebet. Er wolle mir ja keineswegs mein Interesse an Afrika austreiben, grollte er aus dem Lehnstuhl seines Arbeitszimmers, und sich ganz bestimmt nicht bei meiner geplanten Habilitation querlegen, die im Wortlaut der *venia legendi* irgendwie das Wort „Afrika" enthalten sollte. Aber für die Politische Wissenschaft an der deutschen Universität, jetzt mühsam nach den Verheerungen der Nazizeit wieder als respektable Disziplin aufgerichtet (daran hatte mein Gesprächspartner ein gerüttelt Maß rühmlichen Anteils), und besonders für die akademische Lehre sei Afrika doch ein exotisches Abstellgleis. Er könne sich wohl ein Max-Planck-Institut für Forschung über die Dritte Welt vorstellen, und in diese Richtung solle ich auf Dauer streben; aber eine Afrika-Professur? Die Studenten sollten etwas anständiges über das Regierungssystem ihres eigenen Staates lernen, und von der Universität für den wissenschaftlichen Vergleich mit den großen Modellen ausgerüstet werden, wie sie in den USA, der UdSSR, in England und vielleicht noch Frankreich oder der Schweiz praktiziert werden. In Afrika-Seminaren würden sie sich nur verzetteln.

Wenn ich heute, auf meinem „Lehrstuhl" für Internationale Organisationen und Afrika sitzend, an dieses Gespräch zurückdenke, muß ich zugeben, daß der inzwischen lange verstorbene Kollege in mancher Hinsicht recht hatte. Unsere Politik-Studenten verzetteln sich in einer Weise, die schon zur Besorgnis Anlaß gibt, und Afrika-Seminare leisten sicher Beihilfe dazu. Auf der anderen Seite kämpfe ich tagaus, tagein gegen das Kirchtumsstudium, das am liebsten — beispielsweise — acht Semester mit der Politik der west-berliner ötv zwischen 1982 und 1985 füllen möchte.

Die Arbeitsstelle Politik Afrikas der FU Berlin, 1968 eingerichtet und immer noch, genau genommen, die einzige eindeutig auf Afrika orientierte Abteilung in einem politikwissenschaftlichen Fachbereich Deutschlands, wird nicht reumütig schließen. Aber es gibt einen Typ unter den Studenten, die bei Afrika „anbeißen", den ich vor sich selbst warne. Das sind jene, die in Afrika ihr Utopia suchen. Es gibt sie beileibe nicht nur unter Deutschen — jene, die daran verzweifeln, daß sie die Politik ihres eigenen Landes so radikal umkrempeln könnten, wie sie für nötig halten, um sich darin wohlzufühlen; und die dann ihr Wunschbild — meistens das eines sauberen und gerechten Sozialismus — nach jenseits der Sahara (oder auch nur des Mittelmeeres) projizieren. Schon vor fast 20 Jahren hat jemand diesen Hang als eine ganz bestimmte Krankheit westlicher Linker diagnostiziert: als Tanzaphilia. Es muß nicht der *Mwalimu Julius K. Nyerere* sein, auf den sich die Träume konzentrieren, aus denen man dann regelmäßig mit Kopfweh erwacht. Gefährlich wird die Krankheit allerdings erst, wenn der infizierte Wissenschaftler nicht aufwachen will und über die Politik des betreffenden Landes nach der Unabhängigkeit im Ton eines Hofberichterstatters schreibt, während er doch vorher das Kolonialregime mit ätzender Kritik überschüttet hat und diese auch weiterhin gegen andere (meist pro-kapitalistische) afrikanische Regierungen einzusetzen weiß.

Ein Blitzlicht an Bestandsaufnahme

Zurück auf den Boden der Tatsachen: es war mir unmöglich, zur Vorbereitung dieses Aufsatzes quantitativ zu erfassen, was von deutschen Politikwissenschaftlern über Afrika gelehrt, geforscht und geschrieben wird. Mir war zudem aufgetragen, keine Sammelrezension der zufällig in meinen Regalen gelandeten deutschsprachigen politologischen Afrikabücher zu verfassen. Ich habe mich daher, um anzudeuten, was real geschieht, mit einer Art Momentaufnahme begnügt, aus den beiden jüngsten Bänden der *poldok* (Jg. 20 Heft 1 und 2) die Afrika gewidmeten deutschsprachigen Zeitschriften-Aufsätze herausgezogen und sortiert. Von insgesamt rund 2 400 Referaten aus der Zeit Januar—August 1984 zielten 44 auf Afrika; diese Aufsätze stammten aus 21 wissenschaftlichen Periodika überwiegend der Bundesrepublik Deutschland, aber auch Österreichs und der DDR.
Wovon handeln die Aufsätze?
Es zeigt sich, daß die deutschen Wissenschaftler überwiegend versuchen, in einem Aufsatz ganz Afrika in den Griff zu bekommen, und daß ihr Interesse sich annähernd gleichmäßig auf wirtschaftspolitische Probleme (Fragen der Politischen Ökonomie, mag man auch sagen) und Politik im engeren Sinne verteilt, wobei zwischenstaatliche Beziehungen besonders hervortreten. Die in der Tabelle ebenfalls starke Akzentuierung der Menschenrechtsfrage ist durch die wohl eher atypische Veröffentlichung eines Aufsatzbündels über die von der OAU entworfene Menschenrechts-Charta entstanden.
Deutlich „unterbelichtet" sind — ganz allgemein gesagt — Detailstudien. Spielt hier ein deutscher Drang zum geistigen Höhenflug eine Rolle, der so oft, jedenfalls aus der Sicht anderer Völker, in Besserwisserei, Pauschalurteile und Verallgemeinerungen umschlägt? Oder liegt es eher daran, daß uns wichtige Voraussetzungen fehlen, um in Afrika präzise auf einen Punkt gezielte politologische Feldstudien zu treiben?

Thematik	Afrika allgem.	Algerien	Nigeria	übr. W.-Afrika	Regionaler Bezug Tschad	RSA	Zimb.	übr. Südl. A.	Tanzania	übr. O-Afrika	insges.
Geschichte (vor Unabhäng.)	0	1	0	0	0	0	0	0	0	0	1
Politik allg.	2	0	0	0	1	1	0	0	0	0	4
– Innenpolitik (dar. Verwalt.)	2	0	0	1	0	0	1	1	0	0	5
– Inter-afr. Pol. (dar. OAU)	5	0	0	1	0	0	0	0	0	0	6
– Internat. Pol.	3	0	0	0	1	1	1	1	0	0	7
Wirtschaft allg.	1	0	0	1	0	1	0	1	2	0	6
– Gewerkschaften	0	0	0	1	0	0	0	0	0	0	1
– Landwirtschaft	1	0	1	0	0	0	0	1	0	1	4
– Außenwirtschaft	1	0	0	0	0	0	0	0	0	0	1
Rechtsordnung	2	0	0	0	0	0	0	0	0	0	2
– allg. Menschenrechte	4	0	0	0	0	0	0	0	0	0	4
Religion/Kirchen	0	0	0	0	0	1	0	0	0	0	1
Bildungswesen	0	0	0	0	0	0	1	0	0	0	1
Literatur	0	1	0	0	0	0	0	0	0	0	1
insgesamt	21	2	1	4	2	4	3	4	2	1	44

Schwierigkeiten

Solche Schwierigkeiten für empirische Forschung über afrikanische Politik teilen deutsche Wissenschaftler gewiß mit allen anderen — nicht zuletzt mit den afrikanischen Kollegen. Ganz offenkundig bieten heutzutage nur sehr wenige Staaten Afrikas ein einigermaßen hinlängliches Forschungsklima für die Politische Wissenschaft. Soviel ich weiß, waren es zuerst (schon in den 60er Jahren) die ostafrikanischen Regierungen — und zwar die „linke" in Tanzania ebenso wie die „rechte" in Kenia —, die eine regierungsamtliche *Research Clearance* verlangten, bevor ein Wissenschaftler dort forschen durfte. Es steht damit ähnlich wie mit dem bundesdeutschen Asylrecht und sehr vielen anderen Politikbereichen: grundsätzlich sind die Regeln eine einsichtige und wunderschöne Sache, aber der Teufel steckt in der Praxis und in dem Mißbrauch, den die Handhabung der Regeln heraufbeschwört. Sicher, in der Phase der Entkolonisierung fielen weiße Sozialwissenschaftler vor allem aus den USA, aber auch aus Europa in Afrika ein wie ein Heuschreckenschwarm; die Grenze zur Spionage war sicher fließend, ähnlich wie in der Kolonialzeit (vor allem unter den Briten) die Grenze zwischen Verwaltung und Ethnologie verschwamm (bei den Franzosen herrschte da eher Konkurrenz). Aber praktisch blockierte die Jagd nach dem amtlichen Papier so manches Forschungsvorhaben, das sich durchaus auf ein einheimisches Institut stützen sollte. Praxis ist auch, daß man in vielen Hauptstädten afrikanischer Staaten Politikforschung mit einem Touristen-Visum treiben kann, auch bei Regierungsämtern, während draußen im Lande jeder Polizist argwöhnisch auf den Fremden blickt; Ergebnis: die Unterbelichtung der wirklichen Probleme Afrikas, die bekanntlich in den Dörfern stecken und hierzulande immer mehr zu dem bekannten Grobholzschnitt von Hunger, Passivität und Stagnation verkommen. Da muß dann als politische Handlungsanweisung herauskommen: weil die Afrikaner offensichtlich unfähig sind, etwas für sich selbst zu tun, müssen *wir* sie retten und den letzten Mehlsack bis ins letzte Dorf selber tragen, dort den Frauen zeigen, wie man Feuer macht, und den Kindern das Brot selbst in den Mund stecken. Mit genau dieser pseudo-humanitären Überzeugung sind vor hundert Jahren die Europäer schon einmal nach Afrika aufgebrochen!

Aber der lästige Behördenkram ist natürlich nur ein Nebenaspekt der schlichten Tatsache, daß es in sehr vielen Ländern Afrikas für die Politische Wissenschaft keine faßbaren Forschungsgegenstände gibt. Gewiß, Politologen müssen sich gerade für Diktaturen interessieren und tun das ja auch, aber im Detail lassen sich leider nur die (zum Glück) abgestorbenen Regime etwa eines Adolf Hitler untersuchen. Afrikas gegenwärtige politische Systeme wären vielleicht bei näherem Hinsehen gar nicht so fürchterlich deprimierend für jeden, der seinen Mitmenschen ein bißchen Freiheit und ein bißchen Wohlstand gönnt. Aber bürokratische Diktaturen bleiben sie mit wenigen Ausnahmen allemal. Und wichtige Themen wie Nepotismus, Korruption (ich glaube, die beiden Dinge sind in Afrika keineswegs ein und dasselbe), Polizei, Politik von Wirtschaftsunternehmen entziehen sich auch in liberalen politischen Systemen der wissenschaftlichen Quantifizierung.

Es ist nicht zu übersehen — wiewohl ein Ärgernis für bibelfeste Apartheidgegner — daß die Republik Südafrika und mit ihr Namibia heute zu den wenigen afrikanischen Ländern gehören, in denen einigermaßen freie politikwissenschaftliche Forschung möglich ist. Das verdanken wir den Restbeständen bürgerlicher Freiheiten, die Südafrikas Journalisten und Akademiker sich bisher erhalten konnten — und natürlich dem Umstand, daß ausländische Forscher, die nach Südafrika reisen, in aller Regel eine weiße Hautfarbe haben, also von den relativen politischen Freiheitsprivilegien der einheimischen Weißen mit profitieren. Ich finde, wir sollen, ja müssen das auch in Zukunft tun. Denn nach meiner Überzeugung entscheidet sich die politische und wirtschaftliche Zukunft nicht nur der Großregion Südliches Afrika, sondern per Kettenreaktion vielleicht ganz Afrikas in der Kap-Republik. Deshalb halte ich mich zurück, wenn gegen das Kulturabkommen zwischen Bonn und Pretoria Sturm gelaufen wird; wir sollten es nicht zu zerstören versuchen (was uns sowieso nicht gelingt), sondern daran arbeiten, es als Werkzeug für etwas freiere, auch politikwissenschaftliche Forschung brauchbar zu machen.

Andere Schwierigkeiten, die sich unserer Afrikaforschung in den Weg stellen, sind in der Bundesrepublik Deutschland hausgemacht. Erstens und nicht nur für dieses Thema wichtig: solange deutsche Studenten der Politischen Wissenschaft es mehr oder weniger als Schikane empfinden, wenn sie im Grundstudium englische Sprachkenntnisse nachweisen müssen, werden wir in der Politikwissenschaft insgesamt auf keinen Grünen Zweig kommen. Von Französisch will ich gar nicht erst reden. Inwiefern *politologische* Detailstudien afrikanischer Probleme Kenntnis der jeweiligen afrikanischen Sprachen erfordern, ist ein anderes Problem; für Tanzania und Äthiopien gelten da sicher andere Maßstäbe als für die Elfenbeinküste. Aber ohne sicheren Umgang mit der Amtssprache geht es nun einmal nicht.

Dann haben wir in der Bundesrepublik Deutschland zwar zu Anfang der 70er Jahre Geld genug gehabt, unser Universitätspersonal explosiv zu erweitern, und dabei sind zum Glück wenigstens ein paar Stellen auch für Afrikastudien abgefallen. Zur kostenträchtigen Etablierung von sozialwissenschaftlichen Partnerschaften zwischen afrikanischen und deutschen Hochschulen hat es jedoch nicht mehr gelangt. Der DAAD steuert seit geraumer Zeit das entwicklungspolitisch vernünftige Ziel an, stärker das Studium von Afrikanern in Afrika zu fördern als das „Gaststudium" in Deutschland; intensivierte Kontakte zwischen Dozenten ergeben sich daraus leider kaum, abgesehen von den Programmen zur Ausbildung von Deutschlehrern für die Gymnasien einiger afrikanischer Länder. Schwerpunkt unserer auswärtigen Kulturpolitik sollte jedoch nicht die Verbreitung der deutschen Sprache in der Ferne sein (die deutsche Exportindustrie sieht das sicher anders), sondern bessere Kenntnis anderer Menschen daheim bei uns. Ich bedauere besonders, daß wir bei den afrikanisch-deutschen Hochschulbeziehungen das System der *external examiners* nicht kennen, das es vor allem im Commonwealth gibt. Es ermöglicht Austausch von Erfahrungen und Ausbalancieren des wissenschaftlichen Niveaus zwischen weit auseinander liegenden Universitäten zu ziemlich geringen Kosten.

Mit einem Wort: wir, die wir in Deutschland Afrikaforschung treiben, reisen zu wenig nach Afrika, weil es im Verhältnis zu den Unbequemlichkeiten und Enttäuschungen, die uns dort erwarten, nicht nur zu wenige Anreize für uns gibt, dies zu tun, sondern sogar zusätzliche Unbequemlichkeiten und Enttäuschungen bei der Beschaffung der dafür nötigen „Drittmittel".

Ich hätte an dieser Stelle gern von einer rühmlichen Ausnahme in Gestalt des „Afrikanologie"-Schwerpunkts der Universität Bayreuth berichtet. Aber nach meiner gegenwärtigen Kenntnis gibt es auch dort keinen weißen Raben vorzuzeigen, allenfalls einen Einäugigen unter Blinden. Es gehörte Mut sogar für den stolzen Freistaat Bayern dazu, in einer Zeit leerer Kassen überhaupt ein solches Experiment zu beginnen. Ich verstand es immer als ein Kontrastbild zu der eingangs referierten, mehr als zehn Jahre früher aufgestellten These des OSI-„Großordinarius", Afrikastudien gehörten auf ein ehrenvolles Abstellgleis: in Bayreuth schickte man sich an, auf konzentrierte Weise für Afrika Platz in den klassischen Disziplinen der Universitäts-Wissenschaft zu gewinnen. Aber bisher scheint es nur gelungen zu sein, für wenige Fächer echte Afrika-Professuren einzurichten, während man sich bei anderen Fächern mit Interesse der „Generalisten" für Afrika begnügen muß. Auch die Organisation des Schwerpunkts und die reale Verbindung zu Afrika, die sich in personellem Austausch kundtun muß, werden in Bayreuth selbst noch als ausbaubedürftig angesehen.

Solide politologische Forschung über Afrika wird Geld kosten, wie überhaupt Sozialwissenschaft leider nicht zum Nulltarif expandieren kann, mögen wir auch keine Elektronenmikroskope brauchen, um die Spurenelemente der Demokratie zu entdecken, und uns mit dem Computereinsatz Zeit lassen, obwohl es in Afrika wie überall in der Welt manche interessanten Fliegenbeine zu zählen gilt.

Aufgaben

Genug der Klage über die Schwierigkeiten! Welche Aufgaben sollen wir anvisieren? In den Dienst welcher praktischen Politik soll die (west)deutsche Afrika-Politologie versuchen sich zu stellen? Ich will mit dieser Frage nicht dem Streben nach Objektivität beim wissenschaftlichen Lehren und Forschen abschwören, schon gar nicht der Freiheit der Wissenschaft; ich will eher vorbeugend darauf eingehen, daß auch die Politische Wissenschaft natürlich zu etwas „dienen" soll, aber nicht kurzatmig mit der Elle irgendeiner Exportförderung, NATO-Strategie oder Revolutions-Vergötzung gemessen werden darf.

Die Außenpolitik der Bundesrepublik Deutschland zu beraten, verursacht mir keine Leibschmerzen. Ich arbeite gern mit den Kollegen der Stiftung Wissenschaft und Politik zusammen, die sich dieser Aufgabe „hauptamtlich" widmet, und weiß mich einer Meinung mit ihnen, daß solche Beratung auf kritischer Begleitung unserer Afrikapolitik beruhen muß, wenn sie einen Sinn haben soll. Was in Washington ein *Don Mc Henry* für Präsident *Carter*, ein *Chester Crocker* für *Reagan* taten und tun, nämlich konkrete Politik treiben, ohne sich aus der Wissenschaft auf Dauer zu verabschieden — davon können wir in Deutschland nur träumen; und die Leistungen amerikanischer Afrika-Aktionen (speziell in Sachen Namibia/Südafrika) sprechen nicht unbedingt dafür, dieses Modell nach Bonn zu importieren, das will ich gern zugeben. Aber es wäre schon vernünftig, finde ich, wenn ein deutscher Botschafter in einem afrikanischen Land, wo ich forsche, nicht seine Vorschriften sehr großzügig interpretieren müßte, um mich einen Bericht lesen zu lassen, den er über die dortige politische Lage nach Bonn geschickt hat. Der freie Fluß von Informationen und Meinungen, für den die Regierungen des Westens in der UNESCO so pointiert eintreten und der tatsächlich auf freundschaftlichste Weise zwischen Diplomaten und Wissenschaftlern stattfindet, wenn in Bonn von Zeit zu Zeit das Auswärtige Amt den Dritte Welt-Arbeitskreis einberuft, müßte (und könnte, davon bin ich überzeugt) stärker auch das Alltagsgeschäft des Lehrens, des Forschens und des Verwaltens der Außenpolitik durchdringen. Viel seltener noch sind übrigens nach meiner Erfahrung afrikapolitische Beratungen mit jenen, die Bonns Ämter kontrollieren, mit Abgeordneten des Bundestages. Unter ihnen in allen Fraktionen (gerade auch dort, wo die Fundamentalkritik beheimatet ist) wissenschaftlich fundierte Vorstellungen von Afrika zu pflegen, halte ich für eine wichtige Aufgabe, bei der wir Wissenschaftler die Initiative ergreifen könnten; oder wollen wir warten, bis die Grünen auch nach Pretoria, Windhuk, Dar Es Salaam gefahren sind und dort soviel Porzellan zerschlagen haben wie in Jerusalem?

Als zweite, genuin wissenschaftliche Aufgabe sehe ich die Neubestimmung unserer Konzepte von Politischer Ökonomie, kritisch überprüft an den Real-Erfahrungen (auch) afrikanischer Zeitgeschichte. Der Gelehrtenstreit zwischen einer angeblich marxistischen Politischen Ökonomie und einer angeblich bürgerlichen Wirtschaftslehre ist ebenso anachronistisch wie irgendeine inhaltliche Abgrenzung zwischen Geschichts- und Politischer Wissenschaft. Um auf beiden Feldern zu einem Konsens über halbwegs gesicherte Erkenntnisse vorzustoßen, kann der Kontrast zwischen den (über-)industrialisierten Gesellschaften des Westens und den extrem unterentwickelten (wie man so sagt), extrem dualistischen (wie andere so sagen) Gesellschaften Afrikas nur nützlich sein. Auch bei der allmählichen Gewöhnung an die querdenkerischen Fragestellungen unserer frauenbewegten Kolleginnen (quer zum Marxschen Klassenschema nämlich) gewinne ich den Eindruck, daß Afrika empirisch interessante Kontrapunkte zu der Melodie des euro-amerikanischen Geschlechterkampfes liefert. Niemand kann übersehen, daß alle konkreten Probleme afrikanischer Politik von wirtschaftlichen Strukturen durchsetzt sind; ebenso setzt sich gerade angesichts der Hungerkatastrophen im Afrika von 1984/85 die Erkenntnis durch, daß dabei – auch und nicht nur im feudal-leninistischen Äthiopien – politische Strukturprobleme im Spiel sind.

Vergleichbares gilt für die Interdependenz von Außen- und Innenpolitik, die für die deutsche Politikwissenschaft der 70er Jahre eine gewisse Rolle spielte. In Afrika ist sie ebenso mit Händen zu greifen wie die konkrete Gegenwart des Weltmarktes an jedem dörflichen Treffpunkt, an jeder städtischen Straßenecke. In Afrika wird diese Spannung zwar etwas kompliziert, da die interafrikanischen Staatenbeziehungen eine eigene Dimension haben; aber gerade dadurch werden wir auf den Sondercharakter vergleichbarer Beziehungen in der uns näherliegenden Welt aufmerksam, obwohl natürlich die OAU weder mit dem Commonwealth noch mit der EG in einen Topf zu werfen ist.

Daß man sich schließlich beim Studium jedweder Gesellschaft nicht von der überfließenden Artikulationsbereitschaft der Intellektuellen blenden lassen darf, sondern versuchen muß, politisches Handeln auch solcher Schichten zu erkennen, die normalerweise selten schreiben, ist eigentlich eine Binsenwahrheit. Es fällt uns aber selbst zu Hause schwer. In Afrika müssen wir ständig vor Augen behalten, daß es die 70 oder 80 % nicht-schreibenden Bauern gibt und daß sie Politik machen, auch wenn es uns noch so hart ankommt zu erkennen, wie sie ihre Interessen perzipieren, Entscheidungen fällen oder Strategien planen.

Vorhin deutete ich an, daß meines Erachtens die Entwicklung des großen Konfliktes im Südlichen Afrika unsere besondere Aufmerksamkeit auch als Politikwissenschaftler verdient. Hauptsächlich meine ich das, weil vermutlich das schwarze Volk der Republik Südafrika, wenn es sich endlich politisch und damit wirtschaftlich frei entfalten kann, gute Chancen besitzt, als Modell auch für manche anderen afrikanischen Länder zu zeigen, wie man mit einer halbentwickelten Industrie, wie man mit einer multi-ethnischen Gesellschaft und – nicht zuletzt – wie man mit einer bitter erkämpften Volkssouveränität umgehen muß, um nicht alle drei zu zerstören. Diese Chance besaß und besitzt – glaube ich immer noch – auch das Volk von Nigeria; allerdings macht es einen einigermaßen konfusen Gebrauch davon (vielleicht, weil es für die politische Freiheit, die Volkssouveränität nicht ernstlich zu kämpfen brauchte?). Hoffen wir also weiter auf das schwarze Südafrika!

Aber eine multi-ethnische Gesellschaft haben wir ja in Europa auch, wenn wir die Zukunft einer Union im Bereich der EG ernst nehmen, haben wir in Deutschland und in jeder Großstadt der Bundesrepublik, wenn wir nicht länger an den wunderbaren Exodus der „Gastarbeiter" glauben. Wir alle, von den Kommunisten bis zu den bayerischen Christlich-Sozialen, bekennen uns gegen die Apartheid. Wir sind natürlich auch alle

Antifaschisten. Studieren wir ernsthaft genug die Wurzeln und die Metamorphosen unseres europäischen, unseres deutschen Rassismus? Wenn wir über Südafrika forschen, können wir es kaum vermeiden.

Andere geographische Prioritäten als das Südliche Afrika sehe ich für die deutsche Afrika-Politologie kaum. Es ist ein Segen, daß wir die Krise der Tanzaphilia einigermaßen gut überstanden haben, ohne völlig von Studien der tanzanischen Wirklichkeit abrükken zu müssen. Die Selbstkritik Julius Nyereres öffnet immer wieder neue Wege zum besseren Verständnis dieses trotz seines Scheiterns interessanten Experiments.

Interdisziplinäre Zusammenarbeit

Die Politische Wissenschaft steht — jedenfalls nach den am Berliner Fachbereich seit den Tagen der Deutschen Hochschule für Politik entwickelten Ideen — auf den Beinen mehrerer anderer Sozialwissenschaften und integriert sie unter spezifisch politologischen Fragestellungen. Ich habe in diesem Geiste zuvor von dem Verhältnis zwischen den beiden „Beinen" gesprochen, die da Wirtschaftswissenschaft und Zeitgeschichte heißen. Andere Grundlagen der Politischen Wissenschaft — wie man früher in Berlin sagte (das Wort ist gegenwärtig aus der Mode) — sind die Soziologie, die Rechtswissenschaft und natürlich die Philosophie. Bei der Erforschung Afrikas und der Vermittlung seiner Erkenntnisse in akademische Lehre wird der Politologie die Rückbesinnung auf alle diese Fundamente seiner Disziplin brauchen — aber sie werden ihm nicht ausreichen.

Es ist, um nur zwei offenkundige Beispiele zu nennen, undenkbar, Afrikas Umweltprobleme zu verstehen, ohne auf die Geographie zurückzugreifen; und obwohl ich der festen Überzeugung (einer philosophisch und biologisch fundierten Überzeugung) bin, daß alle Menschen prinzipiell gleich denken und fühlen, daß es insbesondere dem Afrikaner genau so weh tut wie dem Deutschen, wenn ein Polizist ihm den Stock über den Schädel haut, wobei die Hautfarbe dieses Polizisten nur eine Nebenrolle spielt, glaube ich doch, daß wir die Kollegen Ethnologen brauchen, um politisches Handeln von Afrikanern zu verstehen; vielleicht werden uns afrikanische Ethnologen, die sich auf Europäer spezialisieren, eines Tages umgekehrt manche Rätsel unserer eigenen Politik lösen helfen!

Ich gehe nun nicht so weit, diese und noch alle möglichen anderen Disziplinen für die Politische Wissenschaft in Anspruch zu nehmen. Wir bekommen sowieso keine neuen Professuren und Assistentenstellen hinzu. Die notwendige gegenseitige Bereicherung wird auf dem Wege interdisziplinärer Zusammenarbeit herzustellen sein. Dafür besitzen wir — ähnlich wie die Amerikaner und Briten — in der VAD, der Vereinigung von Afrikanisten in Deutschland, ein ausgezeichnetes Instrument. Die VAD steht allen Politologen, die sich für Afrika ernsthaft interessieren, weit offen. Fragen der afrikanischen Politik schlagen in allen ihren Diskussionen immer wieder durch, und es liegt an mangelndem Arbeitseinsatz der Politologen (unter anderem von mir), sollten Positionspapiere oder gar Veröffentlichungen aus dem Kreis der VAD einmal blauäugige, einseitige oder naive Antworten auf die politischen Fragen enthalten, die Afrika stellt.

Freilich ist interdisziplinäre Zusammenarbeit mit Arbeit verbunden, von der wir alle überzeugt sind, daß wir keinen Mangel an ihr haben. Wir müssen z. B. *Eva-Maria Bruchhaus*, der langjährigen Afrika-Redakteurin der Deutschen Welle und jetzigen Expertin für afrikanische Land- und Frauenarbeit dankbar sein, daß sie es übernommen hat, die Vorträge der VAD-Jahrestagung 1982 als Buch herauszugeben (Bd. 9 der Schriften der VAD, Hamburg 1984). Thema der Tagung und Titel des Buches sind „Afrikanische Eliten zwanzig Jahre nach Erlangung der Unabhängigkeit"; unter den Autoren sind die Politikwissenschaftler *Rainer Tetzlaff* und *Dirk Berg-Schlosser*, aber auch alle anderen elf Beiträge sprechen Politisches an. Es würde nichts schaden, wenn bei nächster Gelegenheit ein Politologe auch als Herausgeber eines solchen Stücks interdisziplinären Austauschs mitarbeiten würde.

Ein letztes Wort sei den Periodika gewidmet, die uns für afrikapolitische Aufsätze zur Verfügung stehen. Meine eingangs vorgestellte Momentaufnahme aus *poldok* erfaßte, wie erwähnt, 21 Zeitschriften. Eine Aufschlüsselung ergibt:

Aufsätze		Zeitschriften	
Allgemein politikwissenschaftl. Zeitschriften	9	6	(darunter 1 Zs. aus der DDR)
Zeitschriften für internationale Politik	8	3	(darunter 1 Zs. aus der DDR)
Dritte-Welt-Zeitschriften	7	5	(darunter 1 Zs. aus der DDR)
Afrika-Zeitschriften	12	2	(*Afrika Spectrum* [Hamburg] und *Internationales Afrikaforum* [München])
Juristische Zeitschriften	7	3	(darunter 1 Zs. aus Österreich)
Andere Zeitschriften	2	2	

In Worten: es gibt sowohl Platz für Afrika in den politologischen Fachzeitschriften, vor allem in dem mit 6 Beiträgen in meiner Aufschlüsselung vertretenen *Europa-Archiv*, als auch Platz für Politische Wissenschaft in den beiden einzigen Afrika-Zeitschriften, die hierzulande existieren.

Nun existiert nichts Gutes, was nicht noch besser werden könnte. Deutsch ist in der internationalen Sozialwissenschaft fast zur Geheimsprache verkümmert. Ich würde es begrüßen, wenn wir unsere Aufsätze auch von deutschem Boden aus auf Englisch veröffentlichen könnten, wie es z. B. die *Vierteljahreshefte* der Friedrich-Ebert-Stiftung (in meiner Tabelle unter die Dritte-Welt-Zeitschriften gezählt, 2 Beiträge) gelegentlich anbieten; es wäre zu begrüßen, wenn nicht nur das *Europa-Archiv* regelmäßig englische Aufsätze aus *World Today* übersetzen würde, sondern auch umgekehrt diese Form des Austauschs zur Regel würde. Wenn wir die Publikationsmöglichkeiten, die bestehen, pflegen und behutsam ausbauen, können wir auch in einer Zeit knapper Kassen unsere Scherflein zum Fundus der internationalen politologischen Erkundung Afrikas beitragen.

Die Entdeckung des Nahen Ostens durch die deutsche Politikwissenschaft

Friedemann Büttner, Thomas Scheffler, Gerhard Weiher

Innerhalb der deutschen orientbezogenen Gesellschaftswissenschaften hat die Politikwissenschaft jahrzehntelang eher die Rolle eines Randseiters gespielt. Auf sprach-, literatur-, religions- oder geschichtswissenschaftlichem Terrain hat die deutsche Orientforschung immer wieder international beachtete Spitzenleistungen erzielen können; ähnliches gilt für die Geographie und die Agrarwissenschaften. Nicht so auf dem Gebiet der Politikwissenschaft: Man geht kaum fehl, dabei Zusammenhänge mit dem politisch eher zurückhaltenden Engagement der Bundesrepublik im Nahen Osten zu vermuten. Im folgenden skizzieren wir zunächst Anfänge und Entwicklung deutscher politikwissenschaftlicher Beschäftigung mit Problemen des modernen Vorderen Orients und setzen uns dann mit ausgewählten Fragestellungen, Ansätzen und Richtungen auseinander.

I. Die Anfänge

Vom „geistlichen Trost" zur „Staatswissenschaft"

„Das Volk der Osmanen hat Europa länger als ein Jahrhundert hindurch mit Schrekken erfüllt, denn seiner rohen Naturkraft und seinem religiösen Fanatismus stand damals nur politische Intrigue und geistlicher Trost gegenüber" (*Rutenberg* 1843: 437). Mit diesen Worten beginnt der Artikel „Türkei" des *Rotteck/Welcker*schen „Staats-Lexikons", der ersten großen „staatswissenschaftlichen" Bestandsaufnahme im deutschen Sprachraum (1835—1843). Für die — liberalen — Verfasser des Lexikons bestand kein Zweifel, daß politische Intrige und geistlicher Trost zunehmend der Macht aufgeklärten und exakten Wissens zu weichen hätten. Der Orient hatte für sie daher in mehrerlei Hinsicht Gegenstand der „Staatswissenschaften" zu sein: als Gegenstand der europäischen Diplomatie, als Gegenstand der kommerziellen Erschließung, nicht zuletzt von seiten Deutschlands, und als Gegenstand des politischen Systemvergleichs. Wie viele andere zeitgenössische Autoren führten auch die Verfasser des Lexikons die wirtschaftliche Stagnation des Orients auf das System der „asiatischen Despotie" mit seiner mangelhaften Sicherheit des Privateigentums zurück (*List* 1835: 716 ff.). Gerade deswegen könne die Kenntnis des Orients „vielleicht ersprießlicher und förderlicher für die Belebung des Rechtsgefühls und die Begründung bürgerlicher Freiheit im Abendlande (sein), als man auf den ersten Blick wohl glauben möchte" (*Rutenberg* 1843: 438).

Wie in anderen europäischen Staaten hingen auch in Deutschland die Rahmenbedingungen orientbezogener Forschung von der Konjunktur politischer Interessen ab. Viele Orientalisten sammelten ihre Erfahrungen als Dolmetscher (Dragomane) oder Diplomaten im auswärtigen Dienst (*Wirth* 1977: LVIII ff.). Der relativ späte Eintritt des Deutschen Reichs in die Weltpolitik machte sich auch in der institutionellen Förderung orientalischer Studien bemerkbar. Während etwa Wien bereits 1754 über eine eigene Orientalische Akademie verfügte und Frankreich seit 1795 seinen diplomatischen Nachwuchs an der École Spéciale des Langues Orientales auszubilden vermochte, wurde erst 1887 in Berlin das Seminar für Orientalische Sprachen geschaffen, um deutsche Außenbeamte auf den Dienst im Orient vorzubereiten. Ein günstig gewählter Zeitpunkt: Als dann am 4. Oktober 1888 eine deutsche Gruppe unter Führung der Deutschen Bank die Konzession zum Bau der Bahnstrecke Ismit—Ankara erhalten hatte, begannen sich die deutsch-türkischen Beziehungen immer mehr zu intensivieren und erreichten im Ersten Weltkrieg ihren Höhepunkt.

In diesen Zeitraum fielen die ersten Versuche, in die traditionell philologisch ausgerichtete deutsche Orientalistik sozialwissenschaftliche und gegenwartsbezogene Ansätze einzuführen. Die zentralen Anstöße gingen dabei von zwei herausragenden Persönlichkeiten aus: von *Martin Hartmann* (1851—1918), seit 1887 Professor am Berliner Seminar für Orientalische Sprachen, vor allem aber von *Carl Heinrich Becker* (1876—1933), der während seiner orientalistischen Laufbahn als Professor in Heidelberg, Hamburg und Bonn unter dem Einfluß *Max Weber*s, *Ernst Troeltsch*s und *Wilhelm Windelband*s das sozialwissenschaftliche Studium des modernen Orients als Forschungsaufgabe der deutschen Orientalistik erschloß (*Fück* 1955: 269 ff.; *Haarmann* 1974: 59 ff., 66 ff.).

Es ist nur wenig bekannt, daß auch die deutsche Politikwissenschaft *Becker* zentrale institutionelle Anstöße verdankt. Seit 1916 Vortragender Rat im Preußischen Kultusministerium, das er zwischen 1919 und 1930 abwechselnd als Staatssekretär oder Minister leitete, war er es, der mit seiner bahnbrechenden Denkschrift über die „Förderung der Auslandsstudien" (1917) und seinen „Gedanken zur Hochschulreform" (1919) maßgeblich die Gründung der „Deutschen Hochschule für Politik" 1920 in Berlin vorbereitete (*Kastendiek* 1977: 96 ff., 126 ff.), zu deren wichtigsten Förderern er danach gehörte.

Dennoch gingen angesichts des nach 1919 nachlassenden weltpolitischen Engagements des Reiches von den deutschen Universitäten und Hochschulen der Zwischenkriegszeit kaum Anstöße zur politikwissenschaftlichen Erforschung des Orients aus. Die Analyse von Kolonialherrschaft, Wirtschaftskrise, Nationalismus und Rebellion im Nahen Osten nach 1919 blieb zunächst meist qualifizierten Journalisten vorbehalten, unter denen vor allem der damalige Nahostkorrespondent der „Frankfurter Zeitung" und „Neuen Zürcher Zeitung", *Hans Kohn* (1891—1971), mit seinen Maßstäbe setzenden Arbeiten zum Nationalismus im modernen Orient (1928, 1931, 1934) hervorzuheben ist.

Erst im Gefolge der nationalsozialistischen Machtergreifung und der neuen Großmachtambitionen des Dritten Reichs im Vorderen und Mittleren Orient kam es zu einem raschen Aufschwung einer politischen Nahostpublizistik (vgl. *Haarmann* 1974: 76 ff.), an dem neben Journalisten und Fachorientalisten auch Mitarbeiter und Schüler des „Deutschen Auslandswissenschaftlichen Instituts" der Berliner Humboldt-Universität beteiligt waren, unter dessen Ägide in den letzten Kriegsjahren mit der Herausgabe der Buchreihe „Kleine Auslandskunde" begonnen wurde. Daß Deutschland, unbelastet von eigenem Kolonialbesitz, seinen Kampf gegen Großbritannien und Frankreich im Nahen Osten als Kampf für die koloniale Befreiung der Araber organisieren konnte, verlieh vielen Arbeiten der 30er und 40er Jahre eine erstaunlich scharfe imperialismuskritische Tendenz.

„Die Besiegten von 1945"

Damit war es nach dem 8. Mai 1945 zunächst vorbei. Die Fachorientalistik zog sich auf politisch unverfängliche philologische Felder zurück, die nach dem Motto „Je älter, umso interessanter" (*Wirth* 1977: LVII) ausgewählt schienen. Aber auch eine orientbezogene Politikwissenschaft existierte praktisch nicht, denn Probleme der Dritten Welt spielten für die Bundesrepublik nach 1949 zunächst kaum eine Rolle — umso weniger als sie, mit den Problemen des eigenen Aufbaus befaßt, erst mit den Pariser Verträgen 1955 ihre außenpolitische Souveränität wiedererlangte und noch bis Mitte der 60er Jahre ihre Dritte-Welt-Politik unter den Primat der Deutschlandfrage stellte. Nach der Niederlage fand sich die deutsche Politikwissenschaft primär vor der politisch-pädagogischen Aufgabe, mitzuwirken an der inneren Herausbildung einer demokratischen, anti-totalitären Identität des neuen Gemeinwesens der „Besiegten von 1945" (*Arndt* 1978: 117 ff.; *Kastendiek* 1977: 186 ff.). Dies implizierte eine Konzentration zum einen auf den normativen Gehalt und die institutionelle Entwicklung westlich-demokratischer Verfassungssysteme, zum anderen auf die Auseinandersetzung mit Kommunismus und Faschismus. Hinzu kamen bis in die 60er Jahre hinein inhaltliche und universitär-institutionelle Schwierigkeiten des Fachs, seinen spezifischen Beitrag von dem anderer gesellschafts- und regionalwissenschaftlicher Disziplinen abzugrenzen.
Es kann daher nicht verwundern, daß die einschlägigen außenpolitischen Fachzeitschriften, das „Europa-Archiv" (1946 ff.) und die „Außenpolitik" (1950 ff.), bei Analysen über aktuelle politische Prozesse im Nahen Osten vor allem auf Journalisten, in geringerem Maße auf Diplomaten und ausländische Wissenschaftler, zurückgriffen — ein Tatbestand, der umso weniger erstaunen kann, als auch die 1954 im Auftrag der „Vereinigung für die Wissenschaft von der Politik", der nachmaligen DVPW, wiederbegründete „Zeitschrift für Politik" (ZfP)[1] augenscheinlich über keine bundesrepublikanischen Politikwissenschaftler verfügte, die qualifiziert über den Nahen Osten hätten schreiben können. Es waren vor allem Orientalisten (*Braune* 1954; *Steppat* 1965) oder Geographen (*Rathjens* 1954; *Scharlau* 1960), die die maßgeblichen orientbezogenen Aufsätze verfaßten. Die „politikwissenschaftliche" Ausnahme, ein Eigenbeitrag des Seniors der ZfP, *Adolf Grabowsky* (1880—1969), zum Thema „Neu und Alt im Orient" (1957), in dem er den „magischen Zauber" des „Morgenlandes" besang und darüber staunte, wie sehr doch dort „der Eingeborene ... von der Freude am Kraftwagen

besessen" sei (372, 386), machte unfreiwillig deutlich, daß die Politik im Nahen Osten damals entschieden besser bei den Nachbardisziplinen des Fachs aufgehoben war.
Aber auch hier stand an den Universitäten nur ein verschwindend kleiner Stamm von Experten zur Verfügung. Politikrelevante, gegenwartsbezogene Nahostanalysen von bundesrepublikanischen Wissenschaftlern stammten in der „Aufbauphase" der Politikwissenschaft (d. h. bis Mitte der 60er Jahre) primär aus dem Kreis um *Walther Braune*, dem späteren Institut für Islamwissenschaft an der Freien Universität Berlin: Vor allem *Fritz Steppat*, der bereits 1948 eine Studie zum Thema „Iran zwischen den Weltmächten 1941–1948" vorgelegt hatte und von 1955–1959 die Zweigstelle Kairo des Goethe-Instituts bzw. von 1963–68 das Orient-Institut der Deutschen Morgenländischen Gesellschaft in Beirut leitete, versorgte damals fast alle politischen Fachperiodika mit aktuellen Analysen und Hintergrundberichten (z. B. *Steppat* 1953, 1955, 1958, 1961, 1965, vgl. auch 1964).
Erst um 1970 kulminierten unterschiedliche, zum Teil aufeinander bezogene Entwicklungen der 60er Jahre nicht nur in einer gewandelten Perzeption der Region in Politik und Medien, sondern auch in einer ernsthafteren wissenschaftlichen Auseinandersetzung mit Problemen der Region in der Politikwissenschaft.

II. Die Entwicklung

„Der neue Nahe Osten"

Die Ende der 50er Jahre einsetzende Umorientierung der bundesdeutschen Politik von der Fixierung auf die deutsche Frage und den Ost-West-Konflikt zu einer stärkeren Wahrnehmung auch von anderen Problemen der internationalen Politik, besonders denen der Dritten Welt, schuf einen Bedarf an qualifizierten Studien über Entwicklungsländer, der durch einen entsprechenden Bedarf der schnell gewachsenen Exportindustrien noch verstärkt wurde. Ausdruck dieser gewandelten Situation waren in den 60er Jahren zahlreiche Publikationen vor allem über ökonomische, aber auch soziale Probleme einzelner Länder des Nahen Ostens — oft Auftragsarbeiten für entwicklungspolitische Institutionen bzw. das Bundesministerium für wirtschaftliche Zusammenarbeit oder gar reine Materialsammlungen, wie einige der Monographien aus dem Deutschen Orient-Institut (z. B. *Kornrumpf* 1967; *Clausen* 1969; *Didden* 1969), hinter dessen Gründung Hamburgs Exportwirtschaft gestanden hatte. Einschlägige Arbeiten von Politikwissenschaftlern sucht man in diesem Zusammenhang noch vergebens.
Für die weitere Entwicklung der Politikwissenschaft war allerdings die Tätigkeit *Arnold Bergstraesser*s in Freiburg nachhaltig relevant, der eine Vielzahl von Arbeiten anregte, mit denen „Kulturen im Umbruch" in allen Regionen der Dritten Welt aus unterschiedlichen Perspektiven systematisch untersucht werden sollten. Von einem frühen Beitrag des heute in den USA lehrenden *Muhsin Mahdi* über „Die geistigen und sozialen Wandlungen im Nahen Osten" (1961) abgesehen, trugen diese Bemühungen im Bereich der Nahost-Forschung jedoch erst Jahre nach *Bergstraesser*s Tod 1964 Früchte mit den ersten größeren Arbeiten seiner Schüler *Theodor Hanf* (1969), *Werner Klaus*

Ruf (1969) und — als Dissertation bei *René König* in Köln allerdings mit einer anderen als der ursprünglich bei *Bergstraesser* geplanten Thematik — *Wolfgang (Slim) Freund* (1970).
Hanf und *Freund* gehörten auch zu den ersten deutschen Politikwissenschaftlern, die von den Anfängen einer institutionellen Förderung gegenwartsbezogener Nahostforschung profitierten: *Hanf* erhielt bei seinem durch ein Stipendium der Deutschen UNESCO-Kommission ermöglichten Feldaufenthalt im Libanon Unterstützung vom 1961 gegründeten Orient-Institut der Deutschen Morgenländischen Gesellschaft. *Freund* studierte 1964/65 mit einem Stipendium der ägyptischen Regierung in Kairo, wo bereits 1961/62 mit Stipendien der ägyptischen Regierung bzw. des DAAD mehrere Deutsche gleichzeitig an Problemen des 20. Jahrhunderts gearbeitet hatten — darunter *Rainer Büren, Baber Johansen, Wolfgang Ule* und *Dieter Weiß*. Ein von der Stiftung Volkswagenwerk finanziertes Stipendienprogramm des St. Antony's College in Oxford ermöglichte ab Mitte der 60er Jahre unter der Betreuung von *Albert Hourani* nacheinander *Friedemann Büttner, Alexander Schölch* und *Helmut Mejcher* die Arbeit an ihren Dissertationen.
Beginnend mit dem Algerien-Krieg über Kongo- und Kuba-Krise bis zum Palästina-Problem nach dem Nahost-Krieg von 1967 und zum Vietnam-Krieg schärfte sich vor allem unter Studenten und jungen Intellektuellen die Wahrnehmung der politischen Probleme, vor denen die Dritte Welt in der Spätphase der Entkolonialisierung und in ihrem Kampf gegen neue Abhängigkeiten stand. Das zunehmende Problembewußtsein und das „internationalistische" Engagement der Studentenbewegung schufen einen breiten Markt für Dritte-Welt- (bzw. für unseren Zusammenhang: Nahost-)Literatur, besonders auch in preiswerten Taschenbuch- und Paperbackausgaben — wie *Hans Henle*s mehrfach aufgelegtes Buch „Der neue Nahe Osten" (1966/1972).
Der Wandel in der Problemwahrnehmung wird an der Behandlung des algerischen Unabhängigkeitskrieges deutlich. Dieser hatte auf dem deutschen Buchmarkt während der acht Kriegsjahre noch kaum einen Widerhall gefunden: Außer einigen wenigen journalistischen bzw. persönlich engagierten, überwiegend aus dem Französischen übersetzten Büchern erschien unseres Wissens nur eine einzige größere wissenschaftliche Arbeit: *Thomas Oppermann*s in den Hamburger „Untersuchungen zur Auswärtigen Politik" erschienene völkerrechtliche Studie „Die algerische Frage" (1959) wäre in der Art, wie sie sich den politischen Problemen entzieht und die Begriffe Kolonialismus, Konflikt und Krieg ausklammert, zehn Jahre später nicht mehr möglich gewesen. Nichts an der betulichen Darstellung *Oppermann*s deutet auf die „Atmosphäre der Gewalt", die für *Frantz Fanon* die koloniale Phase ebenso prägt wie die der Dekolonisation. Mit den Übersetzungen der „Verdammten dieser Erde" (1966) vier Jahre nach der algerischen Unabhängigkeit und der „Aspekte der Algerischen Revolution" (1969) begann in der Bundesrepublik die *Fanon*-Rezeption gleichzeitig mit der breiten Aufnahme der Schriften *Che Guevara*s, *Mao Tse-tung*s und anderer Theoretiker des „revolutionären Befreiungskampfes". Zum ersten Mal wurde die Perspektive von Betroffenen auch aus anderen Teilen des Vorderen Orients direkt zugänglich, sei es in kommentierten Übersetzungen, wie denen von *Bassam Tibi*, der mit *Mehdi Ben Barka* (1969), *Muhammad Kischli* (1970) und anderen Autoren „Die arabische Linke" (1969) be-

kannt machte, sei es in Schriften von Autoren aus der Region wie *Bahman Nirumands* politisch brisantem Persien-Buch (1967). Der arabisch-israelische Krieg im Juni 1967 und seine Folgen, insbesondere der Aufstieg der Palästinensischen Befreiungsorganisation zu einem eigenen politischen Faktor, lösten eine intensive Auseinandersetzung mit dem Nahostkonflikt, Israel und Palästina aus (zunächst v. a. *Jendges* 1968; *Sontheimer* 1968; *Lewan* 1970; *Wagner* 1971; *Hollstein* 1972), die bis heute den Schwerpunkt der deutschen politikwissenschaftlichen Literatur über den Nahen Osten ausmacht und deswegen weiter unten in einem eigenen Abschnitt diskutiert werden soll. Das allgemein gewachsene Interesse an Problemen der Entwicklungsländer, erste Ansätze einer systematischeren Förderung von gegenwartsbezogener Nahostforschung, nicht zuletzt aber das gewachsene Problembewußtsein und das politische Engagement in der jüngeren Generation führten um 1970 zu einem deutlichen Produktivitätsschub in der politikwissenschaftlichen Auseinandersetzung mit dem Nahen Osten. Neben den bereits genannten Arbeiten der *Bergstraesser*-Schüler und den Beiträgen zum Nahostkonflikt erschienen mehrere Dissertationen und Bücher, auf die weiter unten in anderen Zusammenhängen noch eingegangen werden wird (*Steinhaus* 1969; *Ule* 1969; *Büren* 1970, 1972; *Büttner* 1971; *Tibi* 1971; *Schölch* 1972). Zunehmende Betroffenheit der Bundesrepublik von den direkten und indirekten Auswirkungen des Nahostkonfliktes verstärkte das wissenschaftliche Interesse an der Region. Nachhaltiger als alle Versuche von Palästinensern, durch Terroranschläge wie den Überfall auf die israelische Olympiamannschaft in München 1972 auf das ungelöste Palästina-Problem aufmerksam zu machen, wirkte hier der Schock der „Ölwaffe", mit der die arabischen erdölexportierenden Staaten im Zusammenhang mit dem vierten Nahost-Krieg 1973 versuchten, Druck auf westliche Industriestaaten auszuüben. Zugleich hatte dieser Krieg gezeigt, daß die ständigen Eskalationen im Nahostkonflikt zu einer unmittelbaren Konfrontation der Supermächte führen konnten. Die vom Nahen Osten ausgehenden Gefahren, die Abhängigkeit vom gesicherten Nachschub an „Erdöl für Europa" (*Elsenhans* 1974a; vgl. *Maull* 1975; *Tibi* 1974) und das Interesse an sicheren Märkten in der Region führten zu einer Intensivierung der deutsch-arabischen (vgl. *Kaiser/Steinbach* 1981) bzw. euro-arabischen Beziehungen (vgl. *Bielenstein* 1982; *Dobers/Haarmann* 1983) und zu einem veränderten Bedarf an wissenschaftlicher Politikberatung. Diesem trug eine seit Mitte der 70er Jahre schnell anwachsende Produktion von Arbeitspapieren, Studien und Konferenzergebnissen Rechnung, die von „policy"-orientierten Forschungsinstituten veröffentlicht wurden: der Stiftung Wissenschaft und Politik in Ebenhausen (z. B. *Steinbach* 1973a, 1973b, 1975; *Büren* 1982), der Deutschen Gesellschaft für Auswärtige Politik, Bonn (z. B. *Maull* 1981; *Braun* 1981; *Hünseler* 1982, 1984; *Heard-Bey* 1983), der Friedrich-Ebert-Stiftung, Bonn (1980, 1981a, 1981b) und dem Deutschen Orient-Institut, Hamburg (z. B. *Stein/Steinbach* 1979; *Khalid* 1982). Überwiegend von Politikwissenschaftlern stammen die Überblicksbeiträge zu Unterentwicklung und Entwicklung sowie die Länderanalysen im Regionalband „Nordafrika und Naher Osten" (Band 6) von „Handbuch der Dritten Welt" (*Nohlen/Nuscheler* 1983), den das „Politische Lexikon Nahost" (*Steinbach* u. a. 1981) mit Informationen zu den politischen Systemen ergänzt. Einen neuen Weg der Informationsvermittlung an einen breiteren Leserkreis geht das von *Fred*

Scholz herausgegebene systematisch aufgebaute wissenschaftliche Sachbuch über „Die Golfstaaten" (1985).

„Gegenwartsbezogene Orientwissenschaft in der Bundesrepublik Deutschland"

Anfang der 70er Jahre begann sich unter dem Druck der veränderten wirtschaftlichen und politischen Bedeutung des Vorderen Orients auch die deutsche Orientalistik stärker ihren Nachbardisziplinen zu öffnen. Besonders eine Denkschrift des Freiburger Orientalisten *Hans R. Roemer* für die Deutsche Morgenländische Gesellschaft über „Die Orientalistik der siebziger Jahre" signalisierte eine Abkehr von der verhältnismäßig engen philologisch-historischen Orientierung der Orientalisten zu einer stärkeren Einbeziehung „sozial- und politikwissenschaftliche(r) Probleme aus Zeitgeschichte und unmittelbarer Gegenwart" (nach *Wirth* 1977: LXV) — eine wichtige Voraussetzung für eine stärkere Verankerung gegenwartsbezogener Nahostforschung auch außerhalb der orientalistischen Disziplinen an den deutschen Hochschulen. Bereits 1971 hatte die Stiftung Volkswagenwerk in ihr Förderungsprogramm einen Schwerpunkt „Gegenwartsbezogene Forschung zur Region Vorderer und Mittler Orient" aufgenommen und *Rainer Büren* mit einer Erhebung über die „Gegenwartsbezogene Orientwissenschaft in der Bundesrepublik Deutschland" beauftragt. Die Ergebnisse von *Büren*s Untersuchung lassen eine für Orientalisten wie für Sozialwissenschaftler unbefriedigende Situation erkennen: Orientalisten sind „meist nicht an den sozial- oder wirtschaftswissenschaftlichen Gegenwartsproblemen der Region interessiert oder bzw. und verfügen nicht über die erforderliche Grundausbildung in diesen Disziplinen und ihrem methodischen Instrumentarium. Sozial- und Wirtschaftswissenschaftler dagegen mit Interesse an den Gegenwartsproblemen der Region besitzen in aller Regel nicht die notwendigen historischen Basisinformationen des Orientalisten und die erforderlichen Sprachkenntnisse" (*Büren* 1974: 32). Besonders mager fällt die Übersicht über die politikwissenschaftliche Forschung in der Bundesrepublik aus: *Bassam Tibi* in Göttingen und *Theodor Hanf* als Direktor des Arnold-Bergstraesser-Instituts in Freiburg sind die einzigen genannten Hochschullehrer mit nahostbezogenem Forschungsschwerpunkt; in Berlin wird das Otto-Suhr-Institut erwähnt, wo „soziopolitische Konflikte im arabischen Osten ... untersucht werden sollen" (20); laufende Arbeiten an den Universitäten Bochum, München, Saarbrücken und zwei von der DGFK geförderte Projekte erschöpfen die Übersicht.

Die Unterentwicklung politikwissenschaftlicher Nahostforschung wird auch an den Projekten deutlich, die im Rahmen des genannten Schwerpunktes der Stiftung Volkswagenwerk gefördert wurden. Von insgesamt 79 geförderten Projekten bis Mai 1979 (ohne Stipendien) stammten nur 6 (d.h. 8%) aus dem Bereich Politikwissenschaft. Von den bereitgestellten Förderungsmitteln erhielten diese Projekte jedoch 13% — sehr viel mehr, als beispielsweise die Geographen, die mit 12% der Projekte, aber nur mit 7% der Mittel beteiligt waren, also offensichtlich in sehr viel geringerem Maße auf Vollförderung (hauptamtliche wissenschaftliche Mitarbeiter) angewiesen waren als die institutionell schwach verankerte nahostbezogene Politikwissenschaft.

Ein entscheidender Anstoß für die Verbesserung dieser Situation kam wiederum von der Stiftung Volkswagenwerk, die — auf Empfehlung der Orientalisten, Geographen und Historiker im Beirat für den Förderungsschwerpunkt — Ende der 70er Jahre die Startfinanzierung für die Errichtung von zwei Lehrstühlen für Politik und Zeitgeschichte bzw. Volkswirtschaft des Vorderen Orients an einer deutschen Universität mit bereits vorhandener nahostbezogener Infrastruktur bereitstellte. Nach der Besetzung dieser Professuren an der Freien Universität Berlin mit *Friedemann Büttner* und *Dieter Weiß* 1980 und der Berufung von *Fred Scholz* auf den Lehrstuhl für Wirtschafts- und Sozialgeographie und Enwicklungsländerforschung im selben Jahr wurde mit Professoren und jüngeren Wissenschaftlern noch mehrerer anderer Fachrichtungen an der Freien Universität ein von *Fritz Steppat* koordinierter Interdisziplinärer Schwerpunkt „Moderner Vorderer Orient" geschaffen, der zunächst Koordinierungsaufgaben vor allem im Bereich der Lehre wahrnahm, in dessen Rahmen aber auch seit 1982 ein fachbereichsübergreifender Forschungsgebietsschwerpunkt „Ethnizität und Migration. Probleme ethnischer Grenzziehung von Gesellschaften des Vorderen und Mittleren Orients" vorbereitet wurde, den die Freie Universität 1985 anerkannt hat. Nachdem in Berlin erste Erfahrungen gesammelt worden sind, hat die Stiftung inzwischen auch an der Universität Erlangen-Nürnberg die Einrichtung von zwei ähnlichen Professuren ermöglicht, von denen die Professur für Zeitgeschichte und Politik seit dem WS 1984/85 mit *Alexander Schölch* besetzt ist.

Nach zehn Jahren gezielter Förderung gegenwartsbezogener Forschung zur Region und ergänzender Forschungsförderung durch die DFG und die DGFK, aber auch die Thyssen-Stiftung sowie die Promotionsförderung der politischen Stiftungen sind — gemessen an Buchveröffentlichungen — die Ergebnisse nicht überwältigend: Rein quantitativ wurde ein Produktivitätsschub wie um 1970 nicht wieder erreicht; qualitativ herausragende Werke, die Theorie und Empirie einigermaßen überzeugend verbinden, sind weiterhin dünn gesät. Die Themen erscheinen disparat, lassen zumindest keine systematische Konzentration deutscher Politikwissenschaft auf bestimmte Fragestellungen erkennen. Israel, Palästina und der Nahostkonflikt im weitesten Sinne finden nach wie vor die größte Aufmerksamkeit; daneben ist in den letzten Jahren viel über das Verhältnis von Islam und Politik und über Probleme der politischen Ökonomie gearbeitet worden. Weniger zu finden sind Gesamtdarstellungen von politischen Systemen oder grundlegende Untersuchungen über die Zusammenhänge von Staat und Entwicklung; hier dominieren eher Einzelanalysen, etwa über Parteien. Neben Israel/Palästina gibt es keine eindeutige Konzentration auf einzelne Länder oder Subregionen, wie in Frankreich die Spezialisierung auf den Maghreb.

Werden Zeitschriften und Sammelbände mitberücksichtigt, beeindruckt in den letzten Jahren die fast problem- und flächendeckende Fülle der Themen — nicht zuletzt ein Verdienst der von *Ernst A. Messerschmidt* gegründeten Zeitschrift „Orient", die seit ihrer schrittweisen Umgestaltung durch *Rainer Büren* und *Rainer Glagow* 1972/75 und schließlich *Udo Steinbach* 1979 zu einem auch international immer mehr beachteten Forum der deutschen gegenwartsbezogenen Nahostforschung geworden ist. Das darf allerdings nicht darüber hinwegtäuschen, daß gerade das Gros der Zeitschriftenbeiträge aus tagespolitischen und empirisch-deskriptiven Arbeiten besteht.

Wenn wir im folgenden einzelne Themenstränge und Theorieansätze aufgreifen und deutsche Beiträge dazu vorstellen, verzichten wir bewußt auf Vollständigkeit. Die Auswahl folgt den Interessen der Autoren dieses Essays — die weniger im Bereich der Internationalen Politik liegen, weswegen wir uns u. a. entschlossen haben, all jene Beiträge unberücksichtigt zu lassen, die uns mit ihrer Orientierung am Ost-West-Konflikt, an Sicherheitsfragen oder an der „Globalstrategie des Imperialismus" nicht spezifische Beiträge zur Erforschung der Region zu sein scheinen.

III. Fragestellungen, Ansätze, Richtungen

„Die geistigen und sozialen Wandlungen im Nahen Osten"

Im Wissen darum, „daß Wissenschaft im Zeitschicksal steht und von aktuellen Fragen betroffen sein muß", hat der Berliner Islamwissenschaftler *Walther Braune* (1960: 204) als erster in der Bundesrepublik den Versuch unternommen, den islamischen Orient in einer umfassenden „geschichtstheologischen Analyse seiner Stellung in der Weltsituation" zu begreifen. Auch wenn *Braunes* Werk kaum als politikwissenschaftlicher Beitrag zur Nahostforschung gewertet werden kann, hat es doch den Rahmen und Maßstab für eine Reihe von Arbeiten gesetzt, die die Erschütterung des islamisch begründeten Selbstverständnisses in den Gesellschaften des Nahen Ostens nach der Konfrontation mit europäischer Macht und europäischen Ideen am Beispiel von Denkern analysieren, die in der Auseinandersetzung mit der europäischen Aufklärung, im Nationalismus und später auch im „Sozialismus" neue Begründungszusammenhänge für die politisch-soziale Ordnung suchten. Gemeinsam ist diesen Autoren zunächst der Gegenstandsbereich — die Frage nach islamischen Antworten auf die europäische säkularistische Herausforderung, spezifischer: dem Verhältnis von Islam und Nationalismus. In mehreren Arbeiten geschieht dies in der Auseinandersetzung mit Personen und Strömungen im Umfeld des von *Jamal ad-Din al-Afghani* beeinflußten und von seinem Schüler *Muhammad ᶜAbduh* begründeten Reform-Islam in Ägypten. Die für diese Arbeiten charakteristische stark geistesgeschichtliche Ausrichtung und hermeneutische Herangehensweise mögen bei frühen Arbeiten der Schüler *Braunes* (*Steppat* 1956; *Johansen* 1967) nicht überraschen. Sie ist aber auch weitgehend in den Arbeiten der Politikwissenschaftler zu finden, unter denen mehrere zudem eine (vergleichend-)religionswissenschaftliche oder geschichtsphilosophische Orientierung aufweisen. Hierin spiegeln sich die weitgespannten philosophischen und theoriegeschichtlichen Interessen der drei „Schulen", denen diese Arbeiten zuzurechnen sind: der „Freiburger Schule" *Arnold Bergstraessers* (*Sarkisyanz* 1955; *Mahdi* 1961), der Schule *Eric Voegelins* in München (*von Sivers* 1968, 1971; *Büttner* 1971, 1979) und der „Frankfurter Schule" (*Tibi* 1971). *Tibi* geht jedoch über die bisher genannten geisteswissenschaftlichen Arbeiten hinaus, wenn er die historische Funktion des Nationalismus in der Dritten Welt zu bestimmen versucht und dabei dem Nationalismus zunächst

eine progressive Funktion zuschreibt, ihn dann aber als Ideologie der repressiven Regime *Nassers* und der Ba‎ᶜth-Partei und damit als „ein Hindernis auf dem Weg einer fortschrittlichen Transformation des arabischen Orient" sieht (197).
Schon *Mahdi* beschränkte sich nicht darauf, Bewußtseinsprozesse auszulegen, sondern bezog in seinen Essay über „Die geistigen und sozialen Wandlungen im Nahen Osten" die Veränderung der Sozialstruktur mit ein (1961: 49 ff.). Das Interesse *Bergstraessers* an diesen Problemen, besonders an der Bedeutung des Erziehungswesens in den Wandlungsprozessen sozialer und politischer Systeme, schlug sich in einer Reihe von Arbeiten nieder, von denen *Hanfs* umfangreiche Untersuchung über das „Erziehungswesen in Gesellschaft und Politik des Libanon" (1969) hervorzuheben ist. Auch *Hanfs* auf detaillierter empirischer Forschung beruhende Arbeit kommt allerdings beim Problem des sozio-kulturellen Selbstverständnisses wieder zu den kultur-historischen Fragen im Grenzbereich zwischen Islamwissenschaft und Politikwissenschaft zurück, die u. a. bereits *C. H. Becker* beschäftigt hatten (325 ff.).
Aus dem bisher diskutierten Rahmen fallen zwei Arbeiten heraus, die thematisch und von ihrer Entstehungszeit dennoch in diesen Zusammenhang gehören: *Ule* (1969), der das Verhältnis von arabischem Sozialismus und zeitgenössischem Islam vor allem am Beispiel der Wirtschaftsentwicklung in Ägypten und dem Irak untersucht, und *Bürens* Dissertation „Nassers Ägypten als arabisches Verfassungsmodell" (1972, vgl. seine umfangreiche Vorstudie 1970), in der er eine grundlegende Strukturverwandtschaft in der Herrschaftsorganisation des klassischen Kalifats und des modernen Ägypten nachzuweisen versucht.

„Israel in Palästina" oder „Juden und Araber in Einem Land"?

Angesichts der Flut von Veröffentlichungen über Israel, Palästina und den Nahostkonflikt auf dem deutschen Buchmarkt fällt es schwer, sich zu vergegenwärtigen, daß bis 1967 in der Bundesrepublik zu diesem Themenkomplex keine wissenschaftliche Diskussion stattgefunden hat, obwohl es zahlreiche unkritisch-positive Israel-Bücher und einige Arbeiten zum Thema Antisemitismus und Zionismus gab (vgl. *Meier-Cronemeyer* 1967; *Bieber* 1972). Einen gewissen Niederschlag fanden die Tätigkeit deutscher Wissenschaftler in der ägyptischen Rüstungsindustrie, die umfangreichen geheimen Waffenlieferungen der Bundesrepublik an Israel und die dadurch ausgelöste Krise 1964/65 bis zur Aufnahme diplomatischer Beziehungen mit Israel und zum Abbruch der Beziehungen durch die arabischen Staaten (etwa *Kreysler/Jungfer* 1965). Wie verzerrt das Bild war, das in der deutschen Presse von der „Eskalation im Nahen Osten" (*Wagenlehner* 1968) gezeichnet wurde, hat *Lewan* (1970) am Beispiel des Nahostkrieges von 1967 belegt.
Die Situation änderte sich nach 1967 grundlegend: Noch im selben Jahr erschien eine sehr Israel-freundliche Dokumentation über „Deutschlands Weg nach Israel" (*Vogel* 1967); doch wenig später arbeitete *Jörg Seelbach* „Die Aufnahme der diplomatischen Beziehungen zu Israel als Problem der deutschen Politik seit 1955" (1970) kritisch auf. In einem von *Kurt Sontheimer* herausgegebenen Sammelband „Israel" (1968)

erschien erstmals eine distanzierte Darstellung der Entstehungsgeschichte des Staates Israel (*Röhring* 1968). Und noch im selben Jahr verfaßte *Hans Jendge*s eine knappe und um Gerechtigkeit gegenüber allen Konfliktbeteiligten bemühte Darstellung des Nahostkonfliktes, die, bis 1976 mehrfach überarbeitet, mit insgesamt 119 000 Exemplaren das am weitesten verbreitete Buch eines deutschen Politologen über den Nahen Osten geworden ist.

Bereits wenige Jahre später lagen zwei umfangreiche wissenschaftliche Arbeiten vor, die zu Standardwerken geworden sind: *Heinz Wagner* (1971) arbeitete unter Würdigung der völkerrechtlichen Bedeutung die historische Dimension des Konflikts von den Anfängen des jüdischen und arabischen Nationalismus bis zum Juni-Krieg 1967 detailliert und umsichtig auf. Die sozialgeschichtliche Ergänzung dieser Arbeit hat *Walter Hollstein* in seinem engagierten, im Detail nicht immer zuverlässigen und deswegen von israelischer Seite heftig angegriffenen Buch „Kein Frieden um Israel" (1972) geliefert.[2]

Schon bald wurde die Literatur über Israel, Palästina und den Nahostkonflikt fast unübersehbar, so daß nur noch einzelne Literaturstränge erwähnt werden sollen: Zur Entwicklung des Palästina-Problems und zum Nahostkonflikt sind vor allem Sammelbände zu erwähnen, in denen zunehmend neben Übersetzungen auch deutsche Autoren zu Wort kommen (z. B. *Schweitzer/Nemitz* 1973; *Mejcher/Schölch* 1981; *Flores/Schölch* 1983). Genannt werden sollte in diesem Zusammenhang auch die von *Reiner Bernstein* herausgegebene Schriftenreihe des Deutsch-Israelischen Arbeitskreises für Frieden im Nahen Osten. Unter den Monographien der letzten Jahre ist neben *Ansprenger* (1978) und *Büren* (1982) *Dan Diner*s „Israel in Palästina" (1980) hervorzuheben, das trotz seiner abstrakten Begrifflichkeit und insgesamt schwierigen Sprache zu den spannendsten deutschsprachigen Arbeiten über die Region gehört: Mit seinem „sozialwissenschaftlich und politiktheoretisch orientierten Beitrag zur Ergründung einer Konfliktformation" (13) untersucht *Diner* die Struktur des israelischen Handelns im Palästinakonflikt, insbesondere die zionistische Ausgrenzungspolitik gegenüber der arabischen Bevölkerung, an der Landnahme, der „Umwandlung von palästinensischem Boden in jüdisches Territorium" (38).

In der Literatur über Israel selbst fällt eine starke Konzentration von Studien zum Parteiensystem auf, von denen einige sich historisch mit der Mandatszeit und der Frühgeschichte Israels befassen (*Offenberg* 1975; *Orland* 1978; *Flores* 1980), während andere dem gegenwärtigen Israel gewidmet sind (*Wehling* 1977; *Orland* 1983; *Wolffsohn* 1983).

Dependenz, Befreiung, peripherer Staat

Der Wandel in der Wahrnehmung der Probleme des Nahen Ostens hatte Ende der 60er/ Anfang der 70er Jahre nicht nur zur Rezeption der Perspektive Betroffener aus der Region geführt (vgl. oben), sondern auch zu eigenständigen Untersuchungen antikolonialer Befreiung(sversuche) (*Ruf* 1969 über Tunesien; *Steinhaus* 1969 über die Türkei; *Schölch* 1972 über Ägypten; *Johansen* 1973 über Marokko). Im Zuge der allgemeinen Öffnung der deutschen Politikwissenschaft für international diskutierte

Theorieansätze kam es in der Entwicklungsländerforschung der Bundesrepublik zu einer breiten Aufnahme der vor allem von lateinamerikanischen Sozialwissenschaftlern angeregten Diskussion über Dependenz und peripheren Kapitalismus, die sich ab Mitte der 70er Jahre auch in der Nahostforschung niederschlug: Zu nennen sind hier etwa die Arbeiten von *Elsenhans* (1974b, 1977) und *Leggewie* (1979) über Algerien, *Keskin* (1978) über die Türkei, *Tetzlaff/Wohlmuth* (1980) über den Sudan und *Bolz* (1981) über Tunesien.

Die in der Dependenzliteratur allgemein vorherrschende, zunehmend kritisierte und auch selbstkritisch erkannte Fixierung auf die ökonomische Dimension erfuhr eine Korrektur, als ab Mitte der 70er Jahre allmählich der periphere *Staat* in den Mittelpunkt des Interesses rückte. Beiträge zu dessen konzeptioneller wie empirischer Analyse wurden für den Nahen Osten vorgelegt von *Tetzlaff/Wohlmuth* (1980), *Sellin* (1981), *Leggewie* (1981) und insbesondere *Elsenhans*. Dessen zunächst am algerischen Beispiel (1975, 1977) entwickelte theoretische Perspektive der „Staatsklasse zwischen Selbstprivilegierung und Legitimationszwang" fand ihre volle Entfaltung in der umfassenden Studie „Abhängiger Kapitalismus oder bürokratische Entwicklungsgesellschaft" (1981).

Von der „Avantgarde der Modernisierung" zur Wiederentdeckung der „Tradition"

Einen völlig anderen Theoriestrang rezipierten jene Arbeiten deutscher Nahostwissenschaftler, die sich in den 70er Jahren mit einem der zentralen politischen Akteure in der Region beschäftigten: dem Militär. Sie wurden angeregt von der amerikanischen modernisierungstheoretischen Diskussion. In dieser war das Militär zunächst als *die* progressive Avantgarde der Modernisierung gesehen worden (für den Nahen Osten vor allem *Halpern* 1962, 1963), doch wurde diese Einschätzung im Zuge des Paradigmenwechsels von „politischer Entwicklung" zu „politischem Verfall" (*Huntington* 1965) zunehmend revidiert (*Huntington* 1968; *Nordlinger* 1970). In den Arbeiten von *Tibi* (1973), *Büttner* (1976) und *Weiher* (1978) wurden die breit gefächerten, weitgehend unverbunden nebeneinander stehenden Ansätze zur Untersuchung der Bedingungen, Formen und Folgen von Militärherrschaft in einer umfassenden Bestandsaufnahme systematisiert, kritisch reflektiert und mit unterschiedlichem Material aus der Region kontrastiert. Die Einschätzung der entwicklungspolitischen Funktion des Militärs fiel dabei in allen drei Studien negativ aus.

Mittlerweile hatte in der internationalen modernisierungstheoretischen Diskussion allerdings bereits eine Wende hin zur Wiederentdeckung der „Tradition" stattgefunden. Ein Strang dieser neuen Diskussion beschäftigte sich unter den Stichworten „Klientelismus" und „Patrimonialismus" mit personalistischen Politikstrukturen (z. B. *Akhavi* 1975; *Springborg* 1975; *Gellner/Waterbury* 1977). Diese galten nunmehr nicht nur als relevanter denn die „modernen" Institutionen; sie wurden zudem nicht mehr als zu überwindendes Relikt betrachtet, sondern als spezifische Anpassungsleistung. Der deutsche Beitrag zu dieser Debatte blieb eher begrenzt: In einem Aufsatz hat *Büttner* (1979b) den Prozeß der „Retraditionalisierung" im Sinne des Wiedererstarkens

informeller Beziehungen in Ägypten und die Rolle dieser Beziehungen als funktionales Äquivalent zu formalen Institutionen herausgearbeitet. In einem weiteren Aufsatz hat *Pawelka* (1981) den interessanten Versuch unternommen, die isolierte Betrachtungsweise der meisten Klientelismusforscher zu überwinden durch die Einbettung der Klientelstrukturen in den sozialökonomischen Kontext.
Der zweite Strang der Wiederentdeckung der „Tradition" wurde geprägt von der Erkenntnis, daß ethnisch-religiöse Grenzziehungen entgegen früheren Annahmen durch Modernisierung keinesfalls zwangsläufig verschwinden, sondern trotz Modernisierung fortbestehen oder sogar in ihrem Gefolge wiederbelebt bzw. neu gezogen werden (für den Nahen Osten z. B. bereits *Harik* 1972). Während in der internationalen Nahostliteratur die Beschäftigung mit daraus resultierenden Konflikten bzw. mit Strategien zu ihrer Eindämmung die Entwicklung verschiedener theoretischer Modelle anregte, steckt in der Bundesrepublik die Auseinandersetzung mit dieser Problematik noch in den Anfängen.

„Bauerngesellschaften" und „Geschichte von unten"

Wichtige Trends einer Disziplin erkennt man oft daran, von welchen Nachbardisziplinen sie bevorzugt lernt. In den 60er Jahren waren es vor allem Anregungen, Theorieansätze und Methoden aus der Soziologie (etwa Systemtheorie, Klassentheorie) und der Ökonomie (Spieltheorie, Input-output-Analysen etc.) gewesen, von denen die Politikwissenschaft profitierte. In den 70er Jahren hingegen haben im Zeichen der „Krise des Sozialstaats", drohenden „Sinnverlusts" und alternativer Protestbewegungen zunehmend ethnologisch-kultursoziologische Ansätze Beachtung gefunden.
Dem war eine epistemologische Wende in der Ethnologie selbst vorangegangen: die allmähliche Abkehr von strukturfunktionalistischen Ansätzen seit Ende der 50er Jahre. Im Maße, wie die ethnologische Forschung — auch im Nahen und Mittleren Osten — begann, Familien, Dörfer, Stämme, Stadtviertel usw. nicht nur als in sich geschlossene Funktionssysteme zu untersuchen, sondern als in unterschiedlichen Handlungssituationen interagierende Bestandteile „komplexer", „pluraler" oder „Bauern-Gesellschaften" (*Salzman* 1978; *Marx* 1980; *Eickelmann* 1981), mußte die ethnologische Feld-Untersuchung der „Betroffenen-Perspektive" unmittelbar gesellschaftstheoretische Relevanz gewinnen. Mikrosoziale Zusammenhänge konnten zunehmend als Schnittpunkte übergreifender sozialer Spannungslinien untersucht werden — und umgekehrt makrosoziale Aggregate wie Staaten oder Nationen als Geflecht „partiell überlappender offener Systeme, deren Grenzen von Situation zu Situation variieren" (*Marx* 1980: 15). Die Kabylen-Studien *Pierre Bourdieus* (1976) haben allgemeine Bedeutung für die Untersuchung kultureller Symbolsysteme erlangt. Die von *Fredrik Barth* u. a. (1969) aus der Untersuchung pakistanischer, iranischer und sudanesischer Stammesgesellschaften gewonnene Konzeption der „ethnischen Grenze" hat weitreichende Implikationen nicht nur für die „Ethnicity"-Diskussion, sondern auch für die Analyse politischer Systeme (*Scheffler* 1983). In der Bundesrepublik war es in den 70er Jahren zunächst ein kleiner Kreis von Sozialwissenschaftlern um die — ursprünglich auf die Untersuchung iranischer Völker ausgerichtete — Zeitschrift „Mardom-Nâmeh" (1975

ff.), der diese Ansätze — vor allem den der „Bauern-Gesellschaft" — nahostbezogen aufnahm (*Kippenberg/Greussing* 1976; *Greussing/Grevemeyer* 1977) und in der Erforschung bäuerlichen Widerstands (*Grevemeyer* 1980), religiöser Protestbewegungen (*Kippenberg* 1981; *Greussing* 1983) und staatlicher Strukturen (*Greussing* 1980, 1983; *Holzwarth* 1980) erfolgreich erprobte. Ebenfalls der Analyse politischer Strukturen „von unten" verpflichtet sind die 1981 erschienene Dissertation *Reinhard Schulzes* über die ägyptische Revolution von 1919, die die differenzierenden Auswirkungen kolonialstaatlicher Penetration auf die Widerstandsformen ruraler und urbaner Bevölkerungsgruppen thematisierte, sowie die 1983 erschienene Dissertation *Axel Havemann*s über „Rurale Bewegungen im Libanon des 19. Jahrhunderts".
Die Anregungen *Fredrik Barth*s wiederum sind in der Bundesrepublik bisher vor allem in dem bereits erwähnten Forschungsgebietsschwerpunkt „Ethnizität und Migration" an der Freien Universität Berlin aufgenommen worden. Hier sollen in bisher insgesamt sieben Gruppenprojekten einerseits die gesellschaftlichen, ideologischen und politischen Ursachen und Konsequenzen ethnisch-religiöser Konflikte in der Region und andererseits Phänomene ethnischer Grenzziehung im Zusammenhang mit Migrationsprozessen in der, in die und aus der Region untersucht werden.

Religion und Politik

Spätestens seit Mitte der 70er Jahre kann im Nahen und Mittleren Osten eine verstärkte Konfessionalisierung der Politik beobachtet werden, die sich keineswegs nur auf die sogenannte „Re-Islamisierung" beschränkt, sondern auch Teile der christlichen Minderheits-Gemeinschaften und des israelischen Judentums ergriffen hat. Ebenso wie die Sozialwissenschaften in anderen westlichen Ländern auch, ist die bundesrepublikanische Politikwissenschaft von dieser Revitalisierung religiös-fundamentalistischer Tendenzen überrascht worden. Hier wie in anderen Ländern löste daher vor allem der plötzliche Aktualitätsdruck der iranischen Revolution eine Reihe publizistischer „Schnellschüsse" aus, die allerdings grundlegende Lücken in der wissenschaftslogischen „Etappe" nicht zu verbergen vermögen.
Auffallend ist vor allem der Mangel an Untersuchungen einzelner religiöser Gruppen und Bewegungen. Ausnahmen wie die Arbeit *Johannes Reissner*s über die syrischen Muslimbrüder 1947—1952 (1980) oder *Werner Schmucker*s über „Krise und Erneuerung im libanesischen Drusentum" (1979) beziehen sich kaum auf aktuelle Tendenzen der Re-Islamisierung. Internationale Anerkennung hat in diesem Bereich bisher lediglich der vorzügliche Sammelband des Berliner Instituts für Vergleichende Sozialfoschung über „Religion und Politik im Iran" (*BIVS* 1981) gefunden. Ein Standardwerk zu werden verspricht das umfangreiche, von *Werner Ende* und *Udo Steinbach* herausgegebene Handbuch „Der Islam in der Gegenwart" (1984).
Das Fehlen von Einzelstudien verweist allerdings auf ein grundlegenderes Problem: Die Erarbeitung eines paradigmatischen sozialwissenschaftlichen Bezugsrahmens, der die Fragestellungen solcher Studien anleiten könnte, steckt in der Bundesrepublik (und nicht nur hier) noch in den Anfängen. Erst seit Beginn der 80er Jahre erschienen die

ersten systematischen Versuche, theoretische Synthesen zu entwerfen: zum Verhältnis von Islam und Politik (*Nagel* 1981; *Johannsen* 1982), Islam und Entwicklung (*Tibi* 1981, 1983; *Khalid* 1982) sowie zur Entwicklungsdynamik ethnisch-religiöser Minderheiten und kommunalistischer Bewegungen (*Hanf* 1981; *Scheffler* 1985).

Die erst allmählich beginnende Diskussion weist dabei durchaus unterschiedliche Akzentsetzungen auf: Einige Autoren analysieren die „Re-Islamisierung" primär als Problem kultureller Identitätsfindung, der „Suche nach einem sinnvollen Begründungszusammenhang für die soziale und politische Ordnung" (*Büttner* 1981: 37) oder als Defensivhaltung gegenüber der modernen „wissenschaftlich-technischen Kultur" (*Tibi* 1981). Andere Analysen stellen eher — mit jeweils unterschiedlichen Akzentsetzungen — die Bedeutung materieller und sozialstruktureller Konflikte in den Mittelpunkt: die sozioökonomischen Entwicklungskrisen der nahöstlichen Gesellschaften und das Scheitern bisheriger Entwicklungswege (*Khalid* 1982), die „strukturelle Heterogenität" der orientalischen Gesellschaft (*Johansen* 1982; *Schulze* 1985), die Marginalisierung der ruralen und urbanen Unterschichten (*Greussing* 1981) oder die Kanalisierung diffuser sozialer Protestpotentiale durch die ideologischen und organisatorischen Spielräume, die das jeweils herrschende System der Artikulation von Widerstand überläßt (*Scheffler* 1985).

IV. Ein Fazit

Die politikwissenschaftliche Entdeckung des Nahen Ostens steht in der Bundesrepublik zu weiten Teilen noch bevor. Einer disparaten Schar verdienstvoller, doch meist unverbunden und auf eigene Faust in die verschiedensten Richtungen vorstoßender „Einzelreisender" stehen noch weite terrae incognitae gegenüber, die nur gemeinsam erschlossen werden können. Die bisherige Vernachlässigung der orientbezogenen Forschung durch die institutionalisierte deutsche Politikwissenschaft ist nur ungenügend mit der jahrzehntelang gepflegten politikabgewandten Ausrichtung der deutschen Orientforschung insgesamt zu erklären. Verantwortlich dürfte vielmehr die lange nahostpolitische Abstinenz der Bundesrepublik selbst sein.

Die Grundlagen dieser politischen Abstinenz werden heute brüchig. Die Gesellschaften des Nahen und Mittleren Ostens sind seit dem Zweiten Weltkrieg, vor allem aber seit der „Ölrevolution" der 70er Jahre einem Prozeß rapiden sozialen Wandels ausgesetzt, der die materiellen Lebensverhältnisse ihrer Menschen ebenso erfaßt wie ihre sozialen Bezugsnetze, moralischen Normen und kulturellen Identitäten. Eine beschleunigte „soziale Mobilisierung" der Bevölkerung, gekoppelt mit verschärften sozialen Ungleichheiten und der traditionellen kulturellen Heterogenität der Region, lassen spätestens mit dem Rückgang der Öleinnahmen in den 90er Jahren massive politische Krisen erwarten, die den europäischen Kontinent aufgrund zunehmender wirtschaftlicher und sicherheitspolitischer Verflechtung mit der Region nicht unberührt lassen werden.

Das Krisenpotential ist groß, seine Folgen sind noch unabsehbar. Jedenfalls reichen ökonomische, soziologische, ethnologische oder religionswissenschaftliche Ansätze für sich allein weniger denn je aus, um die Abläufe politischer Prozesse in der Region fassen zu können: Wirtschaftskrisen, Verschiebungen in der Sozialstruktur oder Veränderungen des Bewußtseins erlauben, für sich genommen, eben noch keine Aussagen darüber, ob Revolutionen, Rebellionen, Militärputsche, Kriege, ethnisch-religiöse Konflikte, vermehrter Partizipationsdruck oder Massenapathie, Zentralisierung oder politischer Zerfall etc. die Folge sein werden. Damit gewinnen u. E. genuin politikwissenschaftliche Ansätze zunehmend an Bedeutung. Es werden die *politischen* Strukturen und Prozesse sein, die in den 80er und 90er Jahren immer stärker die Aufmerksamkeit der orientbezogenen Sozialwissenschaften beanspruchen werden: die institutionalisierten und informellen Kanäle, die sozialen Widerstand und Partizipationsdruck filtern, Entscheidungsabläufe und Handlungsspielräume, die Herausbildung neuer politischer Akteure und Legitimationsideologien, neuer Formen des Interessenausgleichs und internationaler Beziehungen.

Gemessen an diesen Aufgaben erscheint die deutsche Politikwissenschaft bisher nur ungenügend gerüstet. Während es im Bereich der Nachwuchsrekrutierung vor allem an der Förderung qualifizierter regionalsprachlicher Ausbildung für Nicht-Orientalisten mangelt, fehlt im Bereich der politikwissenschaftlichen Grundlagenforschung vor allem der übergreifende systematische Bezug der Einzelforschungen. Ein offener, aber in den großen Linien zukunftsweisender Forschungsrahmen, der die orientbezogenen deutschen Politikwissenschaftler zusammenführen könnte (vergleichbar etwa der forschungsinitiierenden Funktion des Committee on Comparative Politics des Social Science Research Council in den Vereinigten Staaten), existiert für den Bereich der nah- und mittelöstlichen Region in der Bundesrepublik nicht. Auch fehlen systematische, interdisziplinär angelegte Bemühungen, Regionalforschung so mit der allgemeinen Entwicklungs(länder)-forschung zu verbinden, daß die Gefahren sowohl eines verengten Spezialistentums der Nur-Regionalisten als auch einer Empirieferne der regional nicht spezialisierten Generalisten vermieden werden (vgl. *Tibi* 1983).

Die Ergebnisse und Vorhaben einer in Ansatz und Fragestellung naturgemäß breit gestreuten, doch meist unverbundenen Einzelforschung in einem übergreifenden, komparativ orientierten Diskussionsverbund zu konsolidieren und inhaltlich wie methodisch anregend auszuweiten, könnte in den kommenden Jahren eine der lohnendsten Aufgaben orientbezogener Politikwissenschaft in der Bundesrepublik Deutschland sein.

Anmerkungen

1 Nach Auseinandersetzungen mit der Redaktion trennte sich die Vereinigung 1960 von der ZfP und gründete die „Politische Vierteljahrsschrift" (*Arndt* 1978: 192 ff.), während die ZfP seit 1963 als Organ der Hochschule für Politische Wissenschaften München erschien. Jedoch zeigt *Arndts* quantitative Inhaltsanalyse der beiden Zeitschriften (230 ff., 240 ff.), daß die PVS im Gegensatz zur ZfP den Bereich des Nahen Ostens fast gänzlich aussparte.

2 Die Auseinandersetzung um die Veröffentlichung der ersten Ausgabe im Fischer-Taschenbuchverlag, Frankfurt, hat *Hollstein* in der Neuausgabe des Werkes im Verlag Progress-Dritte Welt, Bonn 1976, dokumentiert. In dieser Ausgabe wird auch an den Ergänzungen und Aktualisierungen die Parteilichkeit — oder besser: bewußte Parteinahme — des Autors deutlich.

Literaturverzeichnis

Akhavi, Shahrough, 1975: Egypt: Neo-Patrimonial Elite, in: *Frank Tachau* (Hrsg.): Political Elites and Political Development in the Middle East. Cambridge, New York, 69—113.
Ansprenger, Franz, 1978: Juden und Araber in Einem Land. München.
Arndt, Hans-Joachim, 1978: Die Besiegten von 1945. Versuch einer Politologie für Deutsche samt Würdigung der Politikwissenschaft in der Bundesrepublik Deutschland. Berlin.
Barth, Fredrik (Hrsg.), 1969: Ethnic Groups and Boundaries. London.
Becker, Carl-Heinrich, 1917: Die Denkschrift des preußischen Kultusministeriums über die Förderung der Auslandsstudien, in: Internationale Monatsschrift für Wissenschaft, Kunst und Technik 11, 513—532.
Becker, Carl-Heinrich, 1919: Gedanken zur Hochschulreform. Leipzig.
Ben Barka, Mehdi, 1969: Revolutionäre Alternative, hrsg. u. eingel. v. *Bassam Tibi*, München.
Bieber, Hans-Joachim, 1972: Zur bürgerlichen Geschichtsschreibung und Publizistik über Antisemitismus, Zionismus und den Staat Israel, in: Das Argument Nr. 75, 231—274.
Bielenstein, Dieter (Hrsg.), 1982: Europe's Future in the Arab View. Saarbrücken, Fort Lauderdale.
BIVS, 1980: Berliner Institut für Vergleichende Sozialforschung (Hrsg.): Revolution in Iran und Afghanistan (Mardom Nâmeh — Jahrbuch zur Geschichte und Gesellschaft des Mittleren Ostens). Frankfurt/M.
BIVS, 1981: Berliner Institut für Vergleichende Sozialforschung (Hrsg.): Religion und Politik im Iran. Frankfurt/M.
Bolz, Reinhardt, 1981: Entwicklung und Abhängigkeit. Zur Entwicklung des peripheren Kapitalismus in Tunesien als ein Beispiel der neuen internationalen Arbeitsteilung im Mittelmeerraum. Bremen.
Bourdieu, Pierre, 1976: Entwurf einer Theorie der Praxis auf der ethnologischen Grundlage der kabylischen Gesellschaft. Frankfurt/M.
Braun, Ursula, 1981: Nord- und Südjemen im Spannungsfeld interner, regionaler und globaler Gegensätze. Bonn.
Braune, Walther, 1954: Geistige Spannungen im Arabischen Orient, in: Zeitschrift für Politik N. F. 1, 77—83.
Braune, Walther, 1960: Der islamische Orient zwischen Vergangenheit und Zukunft. Bern, München.
Büren, Rainer, 1970: Die Arabische Sozialistische Union. Opladen.
Büren, Rainer, 1972: Nassers Ägypten als arabisches Verfassungsmodell. Opladen.
Büren, Rainer, 1974: Gegenwartsbezogene Orientwissenschaft in der Bundesrepublik Deutschland. Göttingen.
Büren, Rainer, 1982: Ein palästinensischer Teilstaat? Baden-Baden.
Büttner, Friedemann (Hrsg.), 1971: Reform und Revolution in der islamischen Welt. München.
Büttner, Friedemann, 1976: Militär und Entwicklung in der Dritten Welt, in: *Friedemann Büttner* u. a.: Reform in Uniform? Bonn, 13—176.
Büttner, Friedemann, 1979a: Die Krise der islamischen Ordnung. Phil. Diss. München (1969).
Büttner, Friedemann, 1979b: Political Stability Without Stable Institutions: The Retraditionalization of Egypt's Polity, in: Orient 20, 53—67.
Büttner, Friedemann, 1981: Der Islam und die Entfaltung der arabischen politischen Ideen, in: *Kaiser/Steinbach* 1981, 27—43.
Clausen, Ursel, 1969: Der algerische Sozialismus. Opladen.
Didden, Horst, 1969: Irak — Eine sozioökonomische Betrachtung. Opladen.
Diner, Dan, 1980: Israel in Palästina. Königstein/Taunus.
Dobers, Hubert und Haarmann, Ulrich (Hrsg.), 1983: The Euro-Arab Dialogue. St. Augustin.
Eickelman, Dale F., 1981: The Middle East: An Anthropological Survey. Englewood-Cliffs, N.J.
Elsenhans, Hartmut (Hrsg.), 1974a: Erdöl für Europa. Hamburg.
Elsenhans, Hartmut, 1974b: Frankreichs Algerienkrieg 1954—1962. München.
Elsenhans, Hartmut, 1975: Die Staatsklasse/Staatsbourgeoisie in den unterentwickelten Ländern zwischen Privilegierung und Legitimationszwang. Arbeitspapier zum Kongreß der Deutschen Vereinigung für Politikwissenschaft in Duisburg 1975.
Elsenhans, Hartmut, 1977: Algerien. Hamburg.
Elsenhans, Hartmut, 1981: Abhängiger Kapitalismus oder bürokratische Entwicklungsgesellschaft. Frankfurt/M., New York.

Ende, Werner und *Steinbach, Udo* (Hrsg.), 1984: Der Islam in der Gegenwart. München.
Fanon, Frantz, 1966: Die Verdammten dieser Erde. Frankfurt/M.
Fanon, Frantz, 1969: Aspekte der Algerischen Revolution. Frankfurt/M.
Flores, Alexander, 1980: Nationalismus und Sozialismus im arabischen Osten. Münster.
Flores, Alexander und *Schölch, Alexander* (Hrsg.), 1983: Palästinenser in Israel. Frankfurt/M.
Freund, Wolfgang, 1970: Die Djerbi in Tunesien. Phil. Diss. Köln.
Friedrich-Ebert-Stiftung, Forschungsinstitut der (Hrsg.), 1980: Iran in der Krise — Weichenstellung für die Zukunft. Bonn.
Friedrich-Ebert-Stiftung (Hrsg.), 1981 a: Die türkische Krise. Bonn.
Friedrich-Ebert-Stiftung (Hrsg.), 1981 b: Der iranisch-irakische Konflikt. Bonn.
Fück, Johann, 1955: Die arabischen Studien in Europa bis in den Anfang des 20. Jahrhunderts. Leipzig.
Gellner, Ernest und *Waterbury, John* (Hrsg.), 1977: Patrons and Clients in Mediterranean Societies. London.
Grabowsky, Adolf, 1957: Neu und Alt im Orient, in: Zeitschrift für Politik N. F. 4, 372—386.
Greussing, Kurt, 1980: Iran — Polizeistaatskapitalismus, Marginalisierung und islamische Revolution, in: BIVS 1980, 46—76.
Greussing, Kurt, 1981: Neue Politik, alter Despotismus. Perspektiven der islamischen Revolution im Iran, in: BIVS 1981, 18—44.
Greussing, Kurt, 1983: Vom „guten König" zum Imam. Staatsmacht und Gesellschaft im Iran. Phil. Diss. FU Berlin.
Greussing, Kurt und *Grevemeyer, Jan-Heeren*, 1977: Peasant Society: Organisation — Krise — Widerstand, in: Mardom Nâmeh 3, 86—111.
Grevemeyer, Jan-Heeren, 1980: Afghanistan: Das „Neue Modell einer Revolution" und der dörfliche Widerstand, in: BIVS 1980, 140—176.
Haarmann, Ulrich, 1974: Die islamische Moderne bei den deutschen Orientalisten, in: *Friedrich H. Kochwasser* und *Hans R. Roemer* (Hrsg.): Araber und Deutsche. Tübingen, Basel, 56—91.
Halpern, Manfred, 1962: Middle Eastern Armies and the New Middle Class, in: *John J. Johnson* (Hrsg.): The Role of the Military in Underdeveloped Countries. Princeton, 277—315.
Halpern, Manfred, 1963: The Politics of Social Change in the Middle East and North Africa. Princeton.
Hanf, Theodor, 1969: Erziehungswesen in Gesellschaft und Politik des Libanon. Bielefeld.
Hanf, Theodor, 1981: Die christlichen Gemeinschaften im gesellschaftlichen Wandel des arabischen Vorderen Orients, in: Orient 22, 29—49.
Harik, Iliya F., 1972: The Ethnic Revolution and Political Integration in the Middle East, in: International Journal of Middle East Studies 3, 303—323.
Havemann, Axel, 1983: Rurale Bewegungen im Libanongebirge des 19. Jahrhunderts. Berlin.
Heard-Bey, Frauke, 1983: Die arabischen Golfstaaten im Zeichen der islamischen Revolution. Bonn.
Henle, Hans, 1966/1972: Der neue Nahe Osten, Frankfurt/M. (1966, erg. Taschenbuchausgabe 1972).
Hollstein, Walter, 1972: Kein Frieden um Israel. Frankfurt/M.
Holzwarth, Wolfgang, 1980: Segmentation und Staatsbildung in Afghanistan: Traditionale soziopolitische Organisation in Badakhshan, Wakhan und Sheghnan, in: BIVS 1980, 177—235.
Hünseler, Peter, 1982: Der Irak und sein Konflikt mit Iran. Bonn.
Hünseler, Peter, 1984: Jordaniens Stellung im Nahost-Konflikt. Bonn.
Huntington, Samuel P., 1965: Political Development und Political Decay, in: World Politics 17, 385—430.
Huntington, Samuel P., 1968: Political Order in Changing Societies. New Haven, London.
Jendges, Hans, 1968: Der Nahostkonflikt. Berlin.
Johansen, Baber, 1967: Muhammad Husain Haikal. Beirut, Wiesbaden.
Johansen, Baber, 1982: Islam und Staat: abhängige Entwicklung, Verwaltung des Elends und religiöser Antiimperialismus. Berlin.
Kaiser, Karl und *Steinbach, Udo* (Hrsg.), 1981: Deutsch-arabische Beziehungen. München, Wien.
Kastendiek, Hans, 1977: Die Entwicklung der westdeutschen Politikwissenschaft. Frankfurt/M., New York.
Keskin, Hakki, 1978: Die Türkei. Berlin.
Khalid, Detlev, 1982: Re-Islamisierung und Entwicklungspolitik. Köln usw.

Kippenberg, Hans G., 1981: Jeder Tag ‚Ashura', jeder Tag Kerbala: Zur Ritualisierung der Straßenkämpfe im Iran, in: BIVS 1981, 217–256.
Kippenberg, Hans G. und Greussing, Kurt, 1976: Transformation von Bauerngesellschaften im Mittleren Orient, in: Mardom Nâmeh 2, 23–40.
Kischli, Muhammad, 1970: Kapitalismus und Linke im Libanon. Frankfurt/M.
Kohn, Hans, 1928: Geschichte der Nationalen Bewegung im Orient. Berlin-Grunewald.
Kohn, Hans, 1931: Nationalismus und Imperialismus im Vorderen Orient. Frankfurt/M.
Kohn, Hans, 1934: Die Europäisierung des Orients. Berlin.
Kornrumpf, Hans-Jürgen, 1967: Vereinigte Arabische Republik. Opladen.
Kreysler, Joachim und Jungfer, Klaus, 1965: Deutsche Israel-Politik. Diessen.
Leggewie, Claus, 1979: Siedlung, Staat und Wanderung. Das französische Kolonialsystem in Algerien. Frankfurt/M., New York.
Leggewie, Claus, 1981: Algerien zwischen Etatismus und Massendemokratie, in: Rolf Hanisch und Rainer Tetzlaff (Hrsg.): Staat und Entwicklung. Frankfurt/M., New York, 412–429.
Lewan, Kenneth M., 1970: Der Nahostkrieg in der westdeutschen Presse. Köln.
List, Friedrich, 1835: Artikel „Asien", in: Carl von Rotteck/Carl Welcker (Hrsg.): Staats-Lexikon oder Encyklopädie der Staatswissenschaften. Bd. I, Altona, 696–722.
Mahdi, Muhsin, 1961: Die geistigen und sozialen Wandlungen im Nahen Osten. Freiburg/Br.
Marx, Emanuel, 1980: On the Anthropological Study of Nations, in: Ders. (Hrsg.): A Composite Portrait of Israel. London usw., 15–28.
Maull, Hanns W., 1975: Ölmacht. Frankfurt/M.
Maull, Hanns W., 1981: Erdgas und wirtschaftliche Sicherheit. Bonn.
Meier-Cronemeyer, Hermann, 1967: Israel – zwischen Legende und Wirklichkeit. Ein Literaturbericht, in: Gewerkschaftliche Monatshefte 18, 225–234.
Mejcher, Helmut und Schölch, Alexander (Hrsg.), 1981: Die Palästina-Frage 1917–1948. Paderborn.
Nagel, Tilman, 1981: Staat und Glaubensgemeinschaft im Islam. Zürich, München. 2 Bde.
Nirumand, Bahman, 1967: Persien – Modell eines Entwicklungslandes oder die Diktatur der Freien
Nirumand, Bahman, 1967: Persien – Modell eines Entwicklungslandes oder die Diktatur der Freien Welt. Reinbek bei Hamburg.
Nohlen, Dieter und Nuscheler, Franz (Hrsg.), 1983: Handbuch der Dritten Welt, Band 6: Nordafrika und Naher Osten. Hamburg.
Nordlinger, Eric A., 1970: Soldiers in Mufti, in: The American Political Science Review 64, 1131–1148.
Offenberg, Mario, 1975: Kommunismus in Palästina. Meisenheim/Glan.
Oppermann, Thomas, 1959: Die algerische Frage. Stuttgart.
Orland, Nachum, 1978: Israels Revisionisten. München.
Orland, Nachum, 1983: Die Cherut. München.
Pawelka, Peter, 1981: Von Nasser zu Sadat: Ägypten heute, in: Hans-Georg Wehling (Red.): Brennpunkt Mittelost. Stuttgart usw., 115–141.
Rathjens, Carl, 1954: Der Kalifatsgedanke, in: Zeitschrift für Politik N. F. 1, 257–271.
Reissner, Johannes, 1980: Ideologie und Politik der Muslimbrüder Syriens: Von den Wahlen 1947 bis zum Verbot unter Adib aš-Šišakli 1952. Freiburg.
Röhring, Hans-Helmut, 1968: Die Entstehungsgeschichte des Staates Israel, in: Sontheimer 1968, 10–66.
Ruf, Werner Klaus, 1969: Der Burgibismus und die Außenpolitik des unabhängigen Tunesien. Bielefeld.
Rutenberg, Adolf, 1843: Artikel „Türkei, osmanisches Reich" in: Carl von Rotteck und Carl Welcker (Hrsg.): Staats-Lexikon oder Encyklopädie der Staatswissenschaften. Bd. XV, Altona, 437–459.
Salzman, Philip Carl, 1978: The Study of ‚Complex Society' in the Middle East: A Review Essay, in: International Journal of Middle East Studies 9, 539–557.
Sarkisyanz, Emanuel, 1955: Rußland und der Messianismus des Orients. Tübingen.
Scharlau, Kurt, 1960: Erdöl und Politik in Iran, in: Zeitschrift für Politik N. F. 7, 295–307.
Scheffler, Thomas, 1983: Konflikt, Identität und Parteien: Zum Verhältnis von Grenzen und Politik, in: Argument-Sonderband Nr. 91, Berlin, 123–158.
Scheffler, Thomas, 1985: Staat und Kommunalismus im Nahen und Mittleren Osten, in: Peripherie Nr. 18/19, 46–59.
Schmucker, Werner, 1979: Krise und Erneuerung im libanesischen Drusentum. Bonn.

Schölch, Alexander, o. J. (1972): Ägypten den Ägyptern! Zürich, Freiburg.
Scholz, Fred (Hrsg.), 1985: Die Golfstaaten. Braunschweig.
Schulze, Reinhard, 1981: Die Rebellion der ägyptischen Fallahin 1919. Berlin.
Schulze, Reinhard, 1985: Islamische Kultur und soziale Bewegung, in: Peripherie Nr. 18/19, 60–84.
Schweitzer, Carl-Christoph und *Nemitz, Manfred* (Hrsg.), 1973: Krisenherd Nah-Ost. Köln.
Seelbach, Jörg, 1970: Die Aufnahme der diplomatischen Beziehungen zu Israel als Problem der deutschen Politik seit 1955. Meisenheim/Glan.
Sellin, Harald, 1980: Staat und Klassen im Sudan, in: *Rolf Hanisch* und *Rainer Tetzlaff* (Hrsg.): Historische Konstitutionsbedingungen des Staates in Entwicklungsländern. Frankfurt/M., 187–240.
Sivers, Peter von, 1968: Khalifat, Königtum und Verfall. Die politische Theorie Ibn Khaldūns. München.
Sivers, Peter von, 1971: Arabismus. Arabischer Nationalismus und Sozialismus seit dem Zweiten Weltkrieg, in: *Friedemann Büttner* (Hrsg.): Reform und Revolution in der arabischen Welt. München, 119–147.
Sontheimer, Kurt (Hrsg.), 1968: Israel – Politik, Gesellschaft, Wirtschaft. München.
Springborg, Robert, 1975: Patterns of Association in the Egyptian Political Elite, in: *George Lenczowski* (Hrsg.): Political Elites in the Middle East. Washington, D. C., 83–107.
Stein, Gustav und *Steinbach, Udo* (Hrsg.), 1979: The Contemporary Middle Eastern Scene. Opladen.
Steinbach, Udo, 1973a: Grundlagen und Ansätze einer Neuorientierung der türkischen Außenpolitik. Ebenhausen.
Steinbach, Udo, 1973b: Ansätze zu regionaler Zusammenarbeit im Nahen Osten. Ebenhausen.
Steinbach, Udo, 1975: Grundlagen und Bestimmungsfaktoren der Außen- und Sicherheitspolitik Irans. Ebenhausen.
Steinbach, Udo u. a. (Hrsg.), 1981: Politisches Lexikon Nahost. München.
Steinhaus, Kurt, 1969: Soziologie der türkischen Revolution. Frankfurt/M.
Steppat, Fritz, 1948: Iran zwischen den Weltmächten 1941–1948. Oberursel.
Steppat, Fritz, 1953: Die islamischen Monarchien, in: Außenpolitik 4, 663–672.
Steppat, Fritz, 1955: Regionale Sicherheitsbestrebungen im Mittleren Osten, in: Europa Archiv 10, 7985–8003.
Steppat, Fritz, 1956: Nationalismus und Islam bei Mustafa Kamil, in: Welt des Islams 4, 241–341.
Steppat, Fritz, 1958: Artikel „Die arabischen Staaten zwischen Ost und West", „Die Palästinafrage und Israel", „Die Politik der Türkei und der arabischen Staaten", „Die Unabhängigkeitsbewegungen im Arabischen Westen", in: Die Internationale Politik 1955. München, 619–654, 654–662, 662–673, 677–689.
Steppat, Fritz, 1961: Der Weg der algerischen Nation, in: Europa-Archiv 16, 345–354.
Steppat, Fritz, 1964: Die arabische Welt in der Epoche des Nationalismus, in: *Franz Taeschner*: Geschichte der arabischen Welt. Stuttgart, 178–236.
Steppat, Fritz, 1965: Der Muslim und die Obrigkeit, in: Zeitschrift für Politik N. F. 12, 319–332.
Tetzlaff, Rainer und *Wohlmuth, Karl* (Hrsg.): Der Sudan. Frankfurt/M.
Tibi, Bassam (Hrsg.), 1969: Die arabische Linke. Frankfurt/M.
Tibi, Bassam, 1971: Nationalismus in der Dritten Welt am arabischen Beispiel. Frankfurt/M.
Tibi, Bassam, 1973: Militär und Sozialismus in der Dritten Welt. Frankfurt/M.
Tibi, Bassam, 1974: Die Rohstoffe der Peripherie-Länder und der Reproduktionsprozeß der Metropolen: Das Beispiel Erdöl, in: *Volkhard Brandes* (Hrsg.), Handbuch 1: Perspektiven des Kapitalismus. Köln, Frankfurt, 105–148.
Tibi, Bassam, 1981: Die Krise des modernen Islams. München.
Tibi, Bassam, 1983: Der amerikanische ‚Area-Studies-Approach' in den ‚International Studies' am Beispiel der ‚Middle Eastern Studies' in Ann Arbor/Michigan und Washington, in: Orient 24, 260–284.
Ule, Wolfgang, 1969: Der arabische Sozialismus und der zeitgenössische Islam. Opladen.
Vogel, Rolf (Hrsg.), 1967: Deutschlands Weg nach Israel. Stuttgart.
Wagenlehner, Günther, 1968: Eskalation im Nahen Osten. Stuttgart.
Wagner, Heinz, 1971: Der arabisch-israelische Konflikt im Völkerrecht. Berlin.
Wehling, Gerd-Rudolf, 1977: Die politischen Parteien im Verfassungssystem Israels. Berlin.
Weiher, Gerhard, 1978: Militär und Entwicklung in der Türkei, 1945–1973. Opladen.
Wirth, Eugen, 1977: Orientalistik und Orientforschung, in: Zeitschrift der Deutschen Morgenländischen Gesellschaft, Suppl. III, 1, LV–LXXXII.
Wolffsohn, Michael, 1983: Politik in Israel. Opladen.

Politikwissenschaftliche Lateinamerika-Forschung in der Bundesrepublik Deutschland

Dieter Nohlen

1. Kritik und Maßstäbe der Kritik

Wie weit hat es die junge deutsche politikwissenschaftliche Lateinamerika-Forschung eigentlich gebracht? Kann sie nach eineinhalb Jahrzehnten Gedeihens noch immer als unterentwickelt angesehen werden (*Lindenberg* 1971: 7)? Ist es unverändert berechtigt, ihr das Etikett „rückständig" zu verpassen (so *Puhle*, in: *Lindenberg* 1982: 11)? Niemand wird leugnen wollen, daß es in den zurückliegenden Jahren zugleich mit der Expansion des Faches Politikwissenschaft zu einem Aufschwung der politologischen Forschung zu Lateinamerika gekommen ist. Quantitativ belegen dies die Vielzahl wissenschaftlicher Publikationen und das in ihnen angesammelte sozialwissenschaftliche Wissen zu einer Region, zu der vorher praktisch kein politologisches Schrifttum aus deutscher Feder existierte. Doch wo steht die deutsche politikwissenschaftliche Lateinamerika-Forschung heute? Konnte sie in der Tat mit der Entwicklung des Faches insgesamt nicht Schritt halten? Klaffen Stand und Möglichkeiten erheblich auseinander (so *Mols* 1982: 13)?
Um die Beantwortung dieser Fragen von allzu mächtigen Subjektivismen zu lösen, sind die Bewertungsmaßstäbe offenzulegen und zu begründen. Verschiedene Vergleichsdimensionen führen ebenso zu ganz unterschiedlichen Antworten wie differierende metatheoretische Standorte und politische Verwertungsinteressen. Darüber geben sich die zitierten Kritiker der politikwissenschaftlichen Lateinamerika-Forschung jedoch keine Rechenschaft. Besonders schön zeigt sich die selbstbestätigend zirkuläre Schelte bei *Manfred Mols*, die der Entwicklungsländerforschung insgesamt gilt. Der Dreh- und Angelpunkt seiner Kritik — angebunden an sein (Freiburger) Verständnis von Politikwissenschaft als praktischer Wissenschaft — ist die Zielsetzung Politikberatung, „eine gewichtigere nationale und internationale Mitsprache in Entwicklungsdingen" (*Mols* 1982: 13).
Die Entwicklung der politikwissenschaftlichen Regionalforschung wird an diesem Maßstab gemessen. Sozialtechnologisches Rezeptwissen ist freilich im gesellschafts- und herrschaftskritischen Verständnis von Politik als Wissenschaft, das mit der Rezeption der Dependenztheorien in der universitären politikwissenschaftlichen Lateinamerika-Forschung dominierend wurde, nicht gefragt. *Mols* zufolge verlor die Entwicklungsländerforschung durch den Paradigmawechsel und durch die Aufgabe genuin politikwissenschaftlicher Untersuchungsobjekte wie der politischen Systeme, der politischen Entwicklungsmöglichkeiten und Entwicklungshemmnisse die Fähigkeit, in ihrer Fachkompetenz zu Rate gezogen zu werden, „weil man ihrer praktischen Fähigkeit der

Politikberatung mißtraut. Diese kann jedoch nicht gesteigert werden, wenn sie keinen „Markt" erhält" (ebda. 29).
Liegen bei *Mols* Bewertungsmaßstab und Entwicklungsbedingungen der politikwissenschaftlichen Regionalforschung im Erkenntnisinteresse begründet, so bei *Hans-Jürgen Puhle* in wissenschaftlicher Ambitioniertheit. Er wählt die Vergleichsdimension USA, Großbritannien und Lateinamerika, um seine These von der Rückständigkeit der deutschen sozialwissenschaftlichen Lateinamerika-Forschung zu illustrieren (in: *Lindenberg* 1982: 11 ff.). Das Verfahren ist sehr merkwürdig: Die deutsche Lateinamerika-Forschung wird fast nicht zur Kenntnis genommen[1], die angloamerikanische aber in extenso in der bequemen amerikanischen Zitierweise aufgeführt. So wird Nachholbedarf diagnostiziert und suggeriert, unser Kritiker — als einziger der wissenschaftlichen Provinz enthoben — gehöre zu jenem erlauchten Kreis ausländischer Wissenschaftler, die er dem deutschen Publikum völlig unkritisch als standardsetzend und -repräsentierend darbietet. Fein plaziert im jüngsten Sammelband deutscher Lateinamerikaforscher als Quasi-Einleitung, bietet *Puhle* ein Zerrbild der deutschen Forschung im internationalen Vergleich.
Bestandsaufnahme und Bewertung der bisherigen Entwicklung der politikwissenschaftlichen Lateinamerika-Forschung sollte demnach zumindest die wissenschaftlichen Erträge zur Kenntnis nehmen. Entwicklungspsychologisch gesehen ist es für eine relativ junge Disziplin auch wenig angemessen, zunächst nach den Defiziten zu fragen. Andererseits reicht für eine würdigende Bestandsaufnahme die bloße wissenschaftliche Produktion als Datum nicht aus. Das produzierte Schrifttum sollte unter quantitativen und qualitativen Gesichtspunkten gewogen werden.
Beide Maßstäbe sind jedoch relativ. Sie müssen in Beziehung gesetzt werden zur installierten, sich verändernden Forschungskapazität. Infrastrukturelle, finanzielle und personelle Rahmenbedingungen müssen mit bedacht werden. Sie berühren in der Regel Quantität und Qualität der Forschungsleistungen einer Disziplin. Für den internationalen Vergleich sind dies wichtige Maßstäbe. Die zu diesem Zweck erhobenen Daten müssen freilich zudem noch gewichtet werden nach spezifischen wirtschaftlichen, politischen, geostrategischen etc. Interessen eines Landes in einer Region. Daß diese Interessen im Falle der USA gegenüber Lateinamerika weitaus höher und direkter sind als im Falle der Bundesrepublik, liegt auf der Hand.
Ein Vergleich der US-amerikanischen mit der deutschen sozialwissenschaftlichen Lateinamerika-Forschung muß deshalb mit sehr viel Vorsicht angestellt werden. Er muß auch die Frage möglicher abhängiger Entwicklungen einschließen. Es genügt also nicht (wie bei *Mols* 1982: 24), den Kontaktverlust zwischen der US-amerikanischen und der deutschen Entwicklungsländerwissenschaft als Folge des entwicklungstheoretischen Paradigmawechsels in Deutschland nur zu beklagen. Solche Prozesse sind in gewisser Hinsicht interdependent. Die starke Anwendungsorientierung der US-amerikanischen Entwicklungsländerforschung und deren politisch bedenkliche Auswüchse — es sei an das Projekt Camelot erinnert — förderten das konkurrierende Paradigma innerhalb der deutschen Lateinamerika-Forschung[2].
In der Frage der Qualität der Studien empfiehlt sich, die Pluralität von Erkenntnisinteresse und metatheoretischen Standorten anzuerkennen, die Bewertung tunlichst

nicht an einer Position zu orientieren, oder, so doch, dies entsprechend kenntlich zu machen. Schließlich sei auch noch auf die unterschiedliche Funktion verschiedener Typen wissenschaftlicher Produkte (Handbücher, Sammelbände, Einzeldarstellungen) hingewiesen. Sie machen in der Einzelkritik – Grundlage der Gesamtbilanz – die Anwendung unterschiedlicher Bewertungsmaßstäbe erforderlich, zumal sie sich an ein anderes Publikum wenden.[3]

Im folgenden geht es uns jedoch nicht um eine detaillierte Bilanz, die einen wesentlich größeren Aufwand erforderlich machen würde[4]. Vielmehr sollen vor allem strukturelle Tatbestände wissenschaftsorganisatorischer und wissenschaftsinterner Natur beleuchtet und in Verbindung gebracht werden mit den Merkmalen, Stärken und Schwächen der deutschen politikwissenschaftlichen Lateinamerika-Forschung.

2. Infrastrukturelle Entwicklungsbedingungen

Sieht man auf die Organisation politikwissenschaftlicher Forschung zu Lateinamerika in der Bundesrepublik, ist die Frage berechtigt, ob es diesen Forschungszweig überhaupt gibt. Mir ist die Existenz eines Lehrstuhls, einer Professur mit der Bezeichnung „Politik Lateinamerikas" nicht bekannt. Innerhalb der Politikwissenschaft wurde Lateinamerika (d. h. Südamerika, Mittelamerika und die Karibik) als *area* niemals strikt ausgegrenzt. Meines Wissens hat es auch niemals in der *Deutschen Vereinigung für Politische Wissenschaft* eine Arbeitsgruppe oder Sektion gegeben, die sich auf Lateinamerika bezogen hat. Vielmehr wurde der unterentwickelte Teil der westlichen Hemisphäre im politikwissenschaftlichen Forschungszusammenhang stets im umfassenderen Kontext der Entwicklungsländer bzw. der Dritten Welt verortet. Auf die Region Lateinamerika ausgerichtete Forschung hingegen war und ist in der *scientific community* der Bundesrepublik inter- oder besser multidisziplinär angelegt.

Für den nicht fachspezifischen, sondern fächerübergreifend *area*-integrativen Forschungskontext zu Lateinamerika ist u. a. die *Arbeitsgemeinschaft Deutsche Lateinamerika-Forschung* (ADLAF) repräsentativ, aber auch die Ausrichtung der bestehenden Lateinamerika- bzw. Iberoamerika-Institute. Die Politikwissenschaftler unter den Lateinamerikanisten finden sich so integriert in Arbeitsprogramme, denen erfreulicherweise häufig genuin politikwissenschaftliche Themen zugrundeliegen[5], an denen jedoch Geistes- und Sozialwissenschaftler anderer Fachorientierungen mitwirken.

Eine der Konsequenzen dieser Multidisziplinarität im Forschungsfeld Lateinamerika ist, daß der fachspezifische politikwissenschaftliche Diskurs hinter die regionorientierte multidisziplinäre Kommunikation zurücktrat. Unter diesen Bedingungen ist es schwierig, die spezifischen politikwissenschaftlichen Fachkapazitäten zu entwickeln. Der Ausgrenzung der einzelnen Fachdisziplinen, zumal der Zurechnung von Forschungsergebnissen zu Politikwissenschaft oder Soziologie, haftet so oft etwas Künstliches an. Wenn trotzdem die Politologen unter den Sozialwissenschaftlern, die sich mit Lateinamerika beschäftigen, ihrer Mutterdisziplin zurechenbar oder in sie eingebunden blieben, dann hat das mit institutionellen Merkmalen des Forschungs- und Lehrbetriebs im Fach Politische Wissenschaft zu tun. Die Einbindung der politikwissenschaftlichen

Lateinamerikanisten in das Mutterfach stellt sich nämlich in der Regel nicht über lateinamerikabezogene Themen her, allenfalls über die Dritte-Welt-Brücke (also durch Aufgabe der engeren *area*), meistens jedoch über Lehr- und Forschungsgebiete, die als Kernbereiche des Faches verstanden werden (wie beispielsweise die politische Theorie oder die auf die Industrieländer orientierte vergleichende Analyse politischer Systeme) und in denen das Gros der Fachkollegen selbst angesiedelt ist. Vielfach beinhaltet diese Situation auch, daß der politikwissenschaftliche Lateinamerikanist sich seine wissenschaftlichen Meriten — Grundlage der Universitätskarriere — außerhalb des Schwerpunkts Lateinamerika verdient hat bzw. verdienen muß. Zwar begründet diese Situation die Anbindung der Regionalforschung an die theoretische und methodische Entwicklung des Fachs, ein Vorteil, der nicht unterschätzt werden sollte. Doch durchkreuzt sie den organisatorischen Ausbau einer fachspezifischen politikwissenschaftlichen Lateinamerika-Forschung.

So gilt für die politikwissenschaftliche Forschung im besonderen, was *Peter Waldmann* (1983: 254) für die sozialwissenschaftliche Forschung zu Lateinamerika im allgemeinen festgestellt hat: 1. Das „Fehlen einer universitären Infrastruktur in Form speziell auf Lateinamerika ausgerichteter Lehrstühle und Institute" und 2. als „Folge, daß ein Großteil der Lateinamerikaforschung in Westdeutschland heute von Wissenschaftlern getragen wird, die (aufgrund der Denomination ihrer Stelle) daneben noch für mehrere andere Aufgaben in Forschung und Lehre zuständig sind". Nicht einer von den zehn Hochschullehrern, die der Politikwissenschaft zugerechnet werden können und im letzten Jahrzehnt zu Lateinamerika wissenschaftlich gearbeitet haben, hat sich allein der Lateinamerika-Forschung zugewendet oder konnte dies tun[6].

Wenn trotz der genannten Bedingungen die Forschungsbilanz nicht negativ ausfiel, so ist dies wesentlich ein Verdienst der politischen Stiftungen in der Bundesrepublik. Sie haben erhebliche Mittel bereitgestellt für Ausbildungs- und Forschungsstipendien, Informations-, Kontakt- und Forschungsreisen, wissenschaftliche Tagungen, Forschungsprojekte und Kooperationen mit wissenschaftlichen Partnerorganisationen in Lateinamerika.[7] Zusammen mit anderen, vom Bund getragenen Stätten der Auslands- und speziell der Entwicklungsländerforschung wie etwa der *Stiftung Wissenschaft und Politik* in Ebenhausen oder dem *Deutschen Institut für Entwicklungspolitik* (DIE) in Berlin haben die politischen Stiftungen, insbesondere die *Friedrich-Ebert-Stiftung*, anwendungsorientierte sozialwissenschaftliche Lateinamerika-Forschung betrieben und zur Steigerung der Forschungserträge unmittelbar beigetragen.

3. Disziplingeschichtliche Entwicklungsbedingungen

Sehen wir nun auf die wissenschaftsinterne Entwicklung der politikwissenschaftlichen Lateinamerika-Forschung, so waren auch in dieser Hinsicht die Start- und Entwicklungsbedingungen nicht günstig. Nach Wiederbegründung der Politik als wissenschaftliche Disziplin an deutschen Hochschulen standen in der Bundesrepublik nach Faschismus und angesichts der kommunistischen Bedrohung näherliegende Thematiken als die Politik in überseeischen Ländern im Vordergrund.

Die Vergleichende Regierungslehre, wie sie bis in die Mitte der 60er Jahre betrieben wurde, als sich im Mittelbau an einigen politikwissenschaftlichen Instituten ein Interesse an Lateinamerika zu entwickeln begann, war auf wenige Länder Europas und Nordamerikas konzentriert — eine pragmatische Option, die jedoch nicht selten theoretisch und methodisch überhöht wurde durch eurozentristische Argumente: in den Grundfragen der Politik könne man aus den exotischen Ländern nichts lernen. Auch besaß die Vergleichende Regierungslehre seinerzeit kein *framework of analysis* neben dem aus heutiger Sicht simplen Diffusionskonzept, welches Untersuchungen der so andersartigen politischen Wirklichkeit Lateinamerikas hätte zugrundegelegt werden können.

Als nun in den USA gerade durch die Ausweitung des wissenschaftlichen Objektsbereichs der *comparative politics* auf die Dritte Welt eine konzeptionelle und methodische Neubegründung der vergleichenden Analyse politischer Systeme herbeigeführt wurde, kreuzt sich in der Bundesrepublik die Rezeption des politischen Systemansatzes eines *Almond* zu Beginn der 70er Jahre mit der vehementen Kritik an der Modernisierungstheorie, in welche die Ansätze politischer Entwicklung (*developmental approach*) eingebettet waren.

Im Gefolge der paradigmatischen Wende, welche durch die Rezeption der lateinamerikanischen Dependencia-Theorien in der Bundesrepublik eingeleitet wurde, ergaben sich zunächst zwei Tendenzen: Zum einen das Hinausgreifen der Politikwissenschaftler über den engeren bzw. als zu eng empfundenen politikwissenschaftlichen Gegenstandsbereich auf Fragen wirtschaftlicher und sozialer Entwicklung (welches sich durch die konkrete soziopolitische Problemlage der Länder Lateinamerikas rechtfertigen läßt, Politologen jedoch bei mangelnden Kenntnissen in den Nachbardisziplinen in Dilettantismus-Verruf brachte) zum anderen die Integration der *area* in die allgemeine Entwicklungsländerforschung, worin vor allem — im theoretischen Diskurs — die Annahme globaler Erklärungsschemata zum Ausdruck kam und Lateinamerika weniger unter spezifischen, *area*-eigenen Hypothesen, sondern unter tendenziell weltweit gültigen untersucht wurde. Die politikwissenschaftliche Forschung zu Lateinamerika ging somit z. T. in der allgemeinen Entwicklungsforschung auf, sowohl was die Breite der Fragestellungen anbelangt als auch hinsichtlich der Erkenntnisinteressen. Die wachsende Zahl von Fallstudien ist dafür ein beredter Beleg.[8]

Wir können hier bereits feststellen, daß die junge politikwissenschaftliche Lateinamerika-Forschung aufgrund der sie bald überkommenden Konkurrenz der Entwicklungsparadigmen Modernisierung vs. Dependencia die Chance einer fachwissenschaftlichen Konsolidierung nicht gehabt hat. Der Theorienstreit löste andere Parameter aus, die für die Entwicklung der politikwissenschaftlichen Lateinamerika-Forschung in enger Verbindung mit den infrastrukturellen Faktoren ebenso bestimmend wurden.

Unterteilen wir den Forschungsprozeß in Entdeckungs-, Begründungs- und Verwertungszuammenhang[9], so zeigt sich für die politikwissenschaftliche Forschung zu Lateinamerika eine sehr unausgewogene Struktur, die vor allem zu Lasten des wissenschaftlichen Begründungszusammenhangs geht. Einerseits dominiert ein gesellschafts- und herrschaftskritisches Erkenntnisinteresse in der universitären Forschung (vor allem auf der Ebene von Diplomarbeiten und Dissertationen), andererseits ein durch

den politischen Praxisbezug determiniertes Verwertungsinteresse der außeruniversitären Forschung von politischen Stiftungen und der Institute zur Beratung Bonner Ministerien.
Ideologisch-politische Motivationen bestimmen so vielfach im akademischen Lehr- und Forschungsbetrieb die Wahl des Seminargegenstands oder Untersuchungsobjekts. Autoren des Gegenparadigmas sprechen von modischen Themen oder Wellen. Das Forschungsinteresse folgte politischen Konstellationen, mit denen Hoffnungen auf grundlegenden gesellschaftlichen Wandel, auf Revolutionen verknüpft wurden und in denen sich wachsende Konflikte mit der führenden Macht der westlichen Hemisphäre, den USA, abzeichneten. So konzentrierten sich sporadisch die Forschungsaktivitäten auf ein Land oder eine Region: auf Kuba in den 60er Jahren, auf Chile zu Beginn der 70er Jahre (und auch noch später, aber dann rückwärtsgewandt auf die Zeit der *Allende*-Regierung), auf Peru Mitte bis Ende der 70er Jahre. Es bedarf keiner hellseherischen Fähigkeiten, um für die nächsten Jahre ein Anschwellen der Mittelamerika-Literatur vorauszusagen.
Demgegenüber favorisierte die praxisnahe Forschung neben Studien zur wirtschaftlichen Entwicklung der großen Länder Lateinamerikas vor allem Untersuchungen, die in den Bereich der Internationalen Beziehungen fallen, zur Außenpolitik lateinamerikanischer Länder und speziell der Integrationsbemühungen, der interamerikanischen Beziehungen und der Beziehungen zu Europa und zur Bundesrepublik.
Der wissenschaftlichen Grundlagenforschung wurden auf diese Weise die entscheidenden Ressourcen entzogen. Die Diskussion methodischer, theoretischer und konzeptioneller Probleme im Forschungsfeld Lateinamerika geriet zu kurz. Es fehlte, wie *Manfred Mols* zu Recht bemerkte, die „kritische Masse" (1982: 24), um die auf Lateinamerika bezogene Politikwissenschaft fachlich nach innen auszubauen. Impulse, die von einigen Schriften ausgehen, politikwissenschaftlich und regionspezifisch zentrale Probleme zu untersuchen wie etwa das Verhältnis von sozialem Wandel und politischem Institutionensystem, oder von sozialer und politischer Partizipation, verpufften. Daraus resultierte die für die politikwissenschaftliche Forschungslandschaft zu Lateinamerika typische Einzelleistung, deren Forschungskontext ein internationaler sein muß, wenn sie bestehen will.

4. Bestandsaufnahme der wissenschaftlichen Produktion

Im Rahmen der genannten infrastrukturellen Bedingungen und wissenschaftsintern-metatheoretischen Entwicklungen nahm die politikwissenschaftliche Forschung zu Lateinamerika in den vergangenen eineinhalb Jahrzehnten unzweifelhaft einen beachtlichen Aufschwung. Davon zeugt eine zahlenmäßig beträchtlich angestiegene wissenschaftliche Produktion, insbesondere auf der Ebene von Diplomarbeiten und Dissertationen.
Uns geht es im folgenden um einen Überblick über den Bestand an wissenschaftlichen Publikationen, also weder um Einzelergebnisse politikwissenschaftlicher Forschung noch um einen Literaturbericht. Dabei wollen wir das uns vorliegende Schrifttum

nach einigen Gesichtspunkten ordnen, welche einer Charakterisierung der deutschen politikwissenschaftlichen Lateinamerika-Forschung, einer Bewertung des Forschungsstandes und einer Beantwortung der eingangs gestellten Fragen dienlich sind.

Fragen wir zunächst nach den unterschiedlichen Publikationstypen und beginnen wir mit den Schriften, die einem breiten Publikum am ehesten zugänglich sind und den Zugang zu Grundinformationen verschaffen, also nach Lexika und Handbüchern. Unter Mitarbeit vieler Lateinamerikaforscher entstanden in den 70er und 80er Jahren zwei Standardwerke, die beide bereits eine zweite Auflage erlebten. Es handelt sich zum einen um das Politische Lexikon Lateinamerika, von *Peter Waldmann* (^{2}1983) herausgegeben, das in Land-für-Land-Studien den Schwerpunkt auf die politischen Systeme und die politischen Machtfaktoren legt, zum anderen um das Handbuch der Dritten Welt, das von *Dieter Nohlen* und *Franz Nuscheler* (^{2}1982) herausgegeben wird, hier speziell um die Bände 2 (Südamerika) und 3 (Mittelamerika und Karibik). In diesem Werk werden vornehmlich Fragen wirtschaftlicher, sozialer und politischer Entwicklung behandelt, wobei der *country-by-country-approach* um Regionalanalysen ergänzt wird.

Über den großen Nutzen solcher systematisch angelegter, den Vergleich erleichternder, von Zeit zu Zeit auf den neuesten Stand zu bringender Publikationen besteht wohl kein Zweifel. Die Übersetzung des Politischen Lexikon Lateinamerika ins Spanische bestätigt dies nicht nur, sie verweist auch auf den Mangel an solchem Schrifttum in der anglo-amerikanischen und lateinamerikanischen Forschung.

An Sammelwerken, die auf die gesamte Region bezogen die politischen und sozialwissenschaftlichen Problemfelder ausweisen und bereits den Stand der Forschung reflektieren, hat *Klaus Lindenberg* zwei Reader herausgebracht (*Lindenberg* 1971, 1982). *Wolf Grabendorff* (1973) hat in dem von ihm verantworteten Sammelband auch lateinamerikanische Autoren zu Wort kommen lassen. Der von der Landeszentrale für Politische Bildung in Baden-Württemberg organisierte Lateinamerika-Band (*Wilhelmy* 1983) vereinigt Beiträge von der Sozialgeographie bis zu den Internationalen Beziehungen. Weitere Sammelbände sind spezifischeren Themen gewidmet, teilweise Länderentwicklungen, teilweise länderübergreifenden Problemen.[10]

Das Gros der wissenschaftlichen Publikationen bilden Einzeldarstellungen, in der Regel bezogen auf ein Land, meist auch auf eine Epoche politischer Entwicklung, in jüngster Zeit verstärkt auch auf Bereichsentwicklungen (etwa Agrarreform). Diese ländermonographischen Untersuchungen (es handelt sich überwiegend um Diplomarbeiten, Dissertationen und Habilitationsschriften) bilden gegenwärtig den Kern der deutschen Lateinamerika-Forschung. Da die Auswahl der behandelten Themen mehr dem Zufallsprinzip als systematischen Gesichtspunkten unterliegt, ist der Forschungsertrag nach Ländern recht uneinheitlich, sowohl hinsichtlich der Zahl der vorliegenden Untersuchungen als auch hinsichtlich der Themenschwerpunkte und der theoretischen Ansätze.

Länderschwerpunkte bilden zweifellos Mexiko[11], Peru[12] und Chile[13]. Auch über Kolumbien[14] wurde vergleichsweise viel gearbeitet. Kuba hingegen geriet mehr und mehr ins wissenschaftliche Abseits[15], aus dem Bolivien, Ecuador und Uruguay eigentlich nie recht hervortraten[16]. Erstaunen muß das geringe politikwissenschaftliche Interesse

an Brasilien[17], dem von der Seite der Politikberatung her kräftig nachgeholfen werden mußte, an Argentinien und an Venezuela[18]. Für den mittelamerikanischen und karibischen Raum darf in Zukunft mit etlichen Untersuchungen gerechnet werden[19].
Wie unterschiedlich die thematischen Schwerpunkte und theoretischen Ansätze nach Ländern ausfallen, mag an den drei am meisten behandelten Ländern exemplifiziert werden. Die Arbeiten zu Mexiko von *Mols* (1981) und *Lehr* (1981) z. B. thematisieren das politische System, Fragen der politischen Partizipation im autoritären Herrschaftssystem, also Kernfragen der Politikwissenschaft im Bereich der vergleichenden Analyse politischer Systeme, wobei das großartige Buch von *Mols* diese Fragen in den komplexen Zusammenhang von Revolution und Entwicklung bzw. Entwicklungsverzerrungen hineinstellt. Beide Studien sind im modernisierungstheoretischen Paradigma angesiedelt.
In den Studien zu Chile steht der politische Prozeß unter *Allende* im Vordergrund, im Kern die Analyse der Ursachen des Scheiterns der sozialistischen Revolution. An dieser Frage scheiden sich jedoch die Geister je nach politischem und metatheoretischem Vorverständnis. Ein intertheoretischer Dialog bricht sich erst langsam Bahn. Die Untersuchungen zu Peru basieren sämtlich auf einem dependenztheoretischen Ansatz (wobei freilich die theorieinternen Differenzen zu berücksichtigen sind), und sie behandeln überwiegend Bereichsentwicklungen, vor allem die Agrarreform und die Industriereform unter dem Militärregime *Velasco Alvarado*.
Fragen wir nach gesellschaftlichen Kräften und Politkfeldern, so wurde relativ wenig Aufmerksamkeit den politischen Parteien zuteil[20]. In jüngster Zeit mehren sich Untersuchungen zu den Gewerkschaften in Lateinamerika[21]. Die Kirche und ihre Rolle im sozialen und politischen Konflikt ist Untersuchungsobjekt eines einzigen Forschers aus der Politologenzunft gewesen[22]. Mehr Forschungsaufwand wurde dem Militär zuteil, weniger als Korporation als in seiner Funktion als Herrschaftsträger oder „Reformer"[23]. Eine Serie von Untersuchungen aus dem Forscherkreis um *Dieter Oberndörfer* galt der Verwaltung[24]. Einen Schwerpunkt der deutschen Lateinamerika-Forschung und Kooperation zwischen universitärer und außeruniversitärer Forschung bildet sicherlich der Integrationsprozeß in Lateinamerika[25]. In den Politikfeldstudien läßt sich allenfalls im Bereich der Außenpolitik eine gewisse Systematik erkennen[26]. Dies läßt sich auch für verschiedene Politikfelder im Falle Peru sagen, denn für dieses Land verfügen wir — als Folge der Anziehungskraft des Militärregimes auf die politische Linke — über etliche Einzelanalysen von Politiken[27].
Gingen wir nun auf eine nächste Ebene über, auf diejenige der Aufsätze in Zeitschriften[28] und Sammelbänden, würde sich das Bild sicherlich etwas differenzieren, ohne sich grundlegend zu verändern, so daß wir jetzt bereits ein gewisses Fazit ziehen wollen. Die Forschungsleistungen sind ausgesprochen disparat. Die thematischen Schwerpunktsetzungen, die Problemperspektiven und die analytischen Ansätze sind höchst unterschiedlich. Gemessen an den Gegenständen, mit denen sich die Politikwissenschaft entsprechend ihrem fachwissenschaftlichen Selbstverständnis üblicherweise beschäftigt, sind die vorliegenden Forschungsergebnisse unausgewogen und teilweise defizitär.

So fehlen Arbeiten zur politischen Ideengeschichte und zu den politischen Ideologien[29]. Herkömmliche politikwissenschaftliche Darstellungen, die sich in Titeln wie „Das politische System" (eines Landes) niederschlagen und den Wissensfundus für vergleichende Untersuchungen institutioneller Probleme (etwa des lateinamerikanischen Präsidentialismus) abgeben könnten, sind rar. Die Beschäftigung mit Militärregimen hat ebenfalls weniger institutionellen Fragestellungen gegolten als ihrer Entstehung und dem Zusammenhang von Militärherrschaft und Entwicklung, also der Frage, welche Art von (Entwicklungs-) Politik die Militärregime betreiben. Analysen, die zwei oder drei Länder vergleichend behandeln, sind ebenfalls selten[30]. Nur wenige Studien thematisieren ein ganz Lateinamerika betreffendes Phänomen[31].
Wir nennen hier nur wenige Defizite, da wir ja diese Perspektive für eine junge Disziplin als ziemlich unangemessen halten. Sie erschöpfen auch keineswegs die Richtungen, in die sinnvollerweise geforscht werden sollte. Es geht uns vor allem um die Charakterisierung der Forschungsleistungen.

5. Die Monographie als vorherrschender Typus

Von diesem Forschungsbefund ausgehend, der natürlich nicht losgelöst von den infrastrukturellen Rahmenbedingungen zu sehen ist, läßt sich grundsätzlicher feststellen, daß erstens klassische Fragestellungen der Politikwissenschaft bislang unterbelichtet sind; zweitens der Bezug zu den im Fach Politikwissenschaft diskutierten Ansätzen oft fehlt. Dies wird u. a. sichtbar in den vorliegenden Politikfeldstudien, in denen Konzepte und Instrumentarien der industrieländerbezogenen *policy analysis* bislang nicht aufgegriffen worden sind; drittens innerhalb der Paradigmen zu wenig systematisch gearbeitet worden ist. Das Problem der politikwissenschaftlichen Regionalforschung läßt sich somit nicht auf die Paradigmenkonkurrenz reduzieren. Selbst paradigmaimmanent wurde stark improvisiert und die Forschung zu wenig auf Systematik hin reflektiert.
Das typische Produkt der deutschen politikwissenschaftlichen Lateinamerika-Forschung ist die Monographie, die Einzeldarstellung eines Landes in einer historischen Epoche, die Monographie eines Politikfeldes. Stärken und Schwächen der monographischen Erarbeitung eines Untersuchungsobjekts zeigen sich folglich auch in der deutschen politikwissenschaftlichen Lateinamerika-Forschung.
Die Stärken der Monographie liegen im Kontext-Bezug im Sinne von Raum- und Zeit-Bezug, in der Möglichkeit der Quellenorientierung und der intensiven, spezifischen Darstellung eines Problemzusammenhangs oder Geschehnisablaufs. Die Monographie ist damit eher in der Lage, der Vielfalt der Befunde in einer *area*, der konzeptuell große Ähnlichkeit in soziokulturellen, politischen und anderen Hinsichten unterstellt wird, Rechnung zu tragen. Eine junge Disziplin, der es an grundlegenden Informationen zum Forschungsfeld mangelt, wird auf die monographische Darstellung als Hauptelement ihrer Forschung nicht verzichten können.
Wenn die Politikwissenschaft jedoch ihrer Zielsetzung idiographischen und nomothetischen Wissens gerecht werden will, muß die Lateinamerika-Forschung den Schritt zur vergleichenden Analyse tun, entschiedener die Ebene der reinen Deskription ver-

lassen und empirische Generalisierung anstreben. Es geht dabei um die systematische Analyse von *area*-umgreifenden Phänomenen, ihrer möglichen Ähnlichkeit in verschiedenen Ländern in genetischer, struktureller und sozialprognostischer Hinsicht. Selbst wenn diese Zielsetzung gegenwärtig schwerlich eingelöst werden kann, da einfach die Forschungskapazität nicht vorhanden ist, so ist die vergleichende systematische Analyse auch deshalb nützlich, weil an das bislang nur monographisch aufgearbeitete Material neue Fragen herangetragen werden. Der heuristische Wert eines solchen vergleichenden Zugriffs zeigt sich etwa an der Problemstellung Regimewechsel und Redemokratisierung (vgl. *Nohlen*, in: *Lindenberg* 1982, 63–86).

6. Zusammenfassung

Unsere bisherigen Ausführungen zur politikwissenschaftlichen Lateinamerika-Forschung resümierend, ergeben sich folgende Befunde:
1. Die Disziplin ist relativ jung. Nennenswerte politikwissenschaftliche Forschung zu Lateinamerika setzte in der Bundesrepublik erst Ende der 60er/Anfang der 70er Jahre ein.
2. Die politikwissenschaftliche Beschäftigung mit Lateinamerika geht nicht gezielt von der Fachdisziplin aus. Die Region bildet hier einen Teil der Entwicklungsländerforschung.
3. Auf Lateinamerika als *area* ausgerichtete politikwissenschaftliche Forschung ist in der *scientific community* der Bundesrepublik multidisziplinär verankert.
4. Es gibt keine auf Lateinamerika ausgerichteten politikwissenschaftlichen Lehrstühle oder Institute.
5. Charakteristisch für die deutsche politikwissenschaftliche Forschung zu Lateinamerika sind:
    a) die Einbindung engerer politikwissenschaftlicher Fragestellungen in umfassendere Probleme wirtschaftlicher und gesellschaftlicher Entwicklung;
    b) auf theoretischer Ebene die Integration der *area* Lateinamerika in den Dritte-Welt-Kontext; d.h. statt *area*-spezifischer Theorien *area*-übergreifende Erklärungsschemata;
    c) das Spannungsverhältnis zwischen Entdeckungs- und Verwertungszusammenhang, demgegenüber die fachwissenschaftliche Begründung politikwissenschaftlicher Forschung den kürzeren zieht;
    d) die große Disparität zwischen thematischen Schwerpunktsetzungen, Problemperspektiven und analytischen Ansätzen, welche die wissenschaftliche Kommunikation erschwert;
    e) die Monographie als das typische wissenschaftliche Produkt, in dem sich Stärken und Schwächen der deutschen politikwissenschaftlichen Forschung zu Lateinamerika widerspiegeln.

Aus diesen Einzelbefunden konstituiert sich das Bild einer problembehafteten Entwicklung des Forschungsbereichs. Der Forschungsstand ist vielleicht nicht befriedigend, aber zweifellos besser als angesichts der infrastrukturellen Voraussetzungen, des

früh hereingebrochenen Paradigmenstreits, der verschiedenartigen Vorgaben des Entstehungs- und Verwertungszusammenhangs von Forschung etc. erwartet werden durfte. Das markante Überwiegen monographischer Studien ist ein Reflex der mangelnden Institutionalisierung der politikwissenschaftlichen Lateinamerika-Forschung.
Es ist sicherlich angebracht, ein wissenschaftsinternes Fortschreiten zu komplexeren Analyseformen anzustreben. Allerdings erfordert dies günstigere Rahmenbedingungen. Sie sind die zwingende Voraussetzung für den notwendigen fachwissenschaftlichen Ausbau nach innen als Grundlage für systematisch gute Forschungsergebnisse. Andernfalls hängt die Entwicklung der Teildisziplin erneut von der eher zufälligen Variablen ab, welche für den erreichten Stand verantwortlich ist: der wissenschaftlichen Einzelleistung.

Anmerkungen

1 Ein bezeichnendes Beispiel für die fast methodische Nichtzurkenntnisnahme deutscher Forschung zu Lateinamerika lieferte *Puble* in dem von ihm herausgegebenen Bändchen „Revolution und Reformen in Lateinamerika" in Anm. 6 auf Seite 147, wo der Leser auf Schrifttum zur chilenischen Entwicklung aufmerksam gemacht wird. Es werden sieben Schriften angegeben: drei chilenische (in Spanisch), zwei US-amerikanische, eine englische, eine französische, nicht eine deutsche! Also weder auf *Lechner* 1969, *Boris/Boris/Ehrhardt* 1971, *Eßer* 1972, *Sonntag* 1972, *Lühr* 1973, *Nohlen* 1973, *Eschenhagen* 1974 verwiesen. Im übrigen erhellt nicht, warum die genannten Schriften aus der Vielzahl ausländischer Schriften ausgewählt wurden.
2 Im übrigen sei hier angemerkt, daß die Dependenztheorien in Kritik an den offensichtlichen theoretischen Verkürzungen und am entwicklungspolitischen Versagen der Modernisierungstheorien entstanden.
3 Dies schlägt sich auch in unterschiedlichen Auflagenhöhen nieder, die − ist der Forscher nicht gegenüber verlegerischen Gesichtspunkten blind − ebenfalls Parameter wissenschaftlicher Produktion darstellen. Auflagenhöhen schwanken grob zwischen 300 Exemplaren für herkömmliche Dissertationen, zwischen 1 000 und 1 500 Exemplaren für monographische Standardwerke und Sammelbände, und ca. 5 000 Exemplaren für regionbezogene Handbücher und Lexika.
4 Eine geplante Tagung der *Arbeitsgemeinschaft Deutscher Lateinamerika-Forschung* (ADLAF) zum Thema „Forschungsstand der deutschen Lateinamerika-Forschung" kam 1984 mangels Finanzierung bedauerlicherweise nicht zustande. Daß es auch möglich ist, exemplarisch anhand einiger Publikationen Merkmale und Schwächen der sozialwissenschaftlichen Forschung zu Lateinamerika aufzuzeigen, hat *Peter Waldmann* (1984) bewiesen. Den Ergebnissen und Folgerungen aus seiner trefflichen, abgewogen-kritischen Analyse stimme ich im übrigen voll zu.
5 Auf ihren (seit 1975) jährlichen Tagungen behandelte die ADLAF folgende Themen: Nationalismus in Lateinamerika, Gegenwartprobleme Mexikos, Historische, politische, wirtschaftliche und kulturelle Beziehungen zwischen Lateinamerika und den Vereinigten Staaten von Amerika, Brasilien − Probleme und Perspektiven, Integration in Lateinamerika, Der karibische Großraum, Argentinien, Migrationsprobleme.
6 *Andreas Boeckh*/Essen, *Dieter Boris*/Marburg, *Lothar Brock*/Frankfurt, *Robert Furtak*/Landau, *Wolfgang Hirsch-Weber*/Mannheim, *Hans F. Illy*/Speyer, *Manfred Mols*/Mainz, *Dieter Nohlen*/Heidelberg, *Franz Nuscheler*/Duisburg, *Dieter Oberndörfer*/Freiburg. Es wäre allerdings verfehlt, von Forscherkonzentrationen in Lateinamerika-Instituten allein einen entscheidenden Wandel zu erwarten. Zu Recht weist *Peter Waldmann* (1983: 254) auf die „merkwürdige Ineffizienz" des Lateinamerika-Instituts an der Freien Universität Berlin hin, die sich „nach Personalbestand und sonstiger Ausstattung durchaus mit vergleichbaren Einrichtungen im Ausland messen kann".
7 Hier stimme ich *Peter Waldmann* zu: „Ohne all diese mit erheblichem finanziellem und organisatorischem Aufwand verknüpften Bemühungen gäbe es heute nur wenige Lateinamerikaexperten in der BRD und wäre es generell um diesen Forschungsbereich schlecht bestellt" (*Waldmann* 1983: 255).

8 Die Wahl Kubas als Fallbeispiel für autozentrierte Entwicklung, obwohl jedweder Kubakenner angesichts der Übernahme des sowjetischen Modells seit den 70er Jahren vor einer solchen Forschungsperspektive nur hätte warnen können, bietet ein schönes Beispiel für die aufgezeigte Tendenz.

9 Unter Entstehungszusammenhang ist der Anlaß zu verstehen, der zu einem Forschungsprojekt führt, das Interesse des Forschers, das aus seiner politischen Einstellung und seinem Engagement resultiert. Unter Begründungszusammenhang sind die methodischen Schritte zu verstehen, mit deren Hilfe das Problem untersucht wird. Es geht dabei um die wissenschaftsimmanenten Aspekte von Forschung, Begründung und kritische Prüfung von Konzepten, Hypothesen, Aussagesystemen. Unter Verwertungszusammenhang wird allgemein die Reflexion über die soziale Funktion von Wissenschaft verstanden, konkret die möglichen Effekte von Forschungsergebnissen, ihr Beitrag zur Lösung sozialer Probleme. Siehe dazu *Nohlen/Schultze* 1985.

10 Hier sei auf die neue Serie „Lateinamerika — Analysen, Daten, Dokumentation" des *Instituts für Iberoamerika-Kunde*, Hamburg, hingewiesen, die mit den beiden ersten Heften zu den aktuellen Entwicklungen in Argentinien und Chile einen guten Start hatte.

11 U. a. *Furtak* 1969, *Mols/Tobler* 1976, *Mols* 1981, *Lehr* 1981, *von Gleich/Godau/Ehrke* 1983. Besonders verwiesen sei auf die jüngst erschienene Standarddarstellung zur mexikanischen Revolution des Schweizer Historikers *Hans-Werner Tobler* (1984).

12 U. a. *Kimmig* 1978, *Gremliza* 1979, *Fürst* 1981, *Biesinger* 1981, *Witzel de Ciudad* 1981, *Heuer/Oberreit* 1981, *Wachendorfer* 1984.

13 U. a. *Lechner* 1969, *Boris/Boris/Ehrhardt* 1971, *Eßer* 1972, *Sonntag* 1972, *Lühr* 1973, *Nohlen* 1973, *Eschenhagen* 1974, *Nohlen* 1974, *Bück* 1977, *Huneeus* 1981, *Friedmann* 1983.

14 U. a. *Zelinsky* 1978, *Boeckh* 1979, *Krumwiede* 1980, *Schütt* 1980, *Meschkat* u. a. 1980, *Wolff* 1984, *Töpper* 1985.

15 Die Studie von *Fabian* (1981) bildet eine Ausnahme. In Vorb. befindet sich eine Heidelberger Diss. zur kubanischen Entwicklung in den Jahren seit der Übernahme des sowjetischen Modells von *Karin Stahl*.

16 Zu Bolivien ist nach wie vor die sehr gut recherchierte Monographie von *Puhle* (1971) zu nennen, zu Ecuador die jetzt erscheinende Duisburger Diss. von *Hoffmann* (1985), zu Uruguay liegen zwei ältere Studien vor: *Puhle* o. J. (1968) und *Kerbusch* (1971). Für Uruguay sei auf die vergleichende Analyse des Entwicklungsweges dieses Landes mit dem Dänemarks bei *Dieter Senghaas*, Von Europa lernen, Frankfurt 1982, 147—243 hingewiesen.

17 U. a. *Würtele* 1982, *German* 1983. Die *Stiftung Wissenschaft und Politik* steht hinter den Studien von *Grabendorff/Nitsch* 1977 und *Wöhlcke* 1983.

18 Zum Peronismus *Waldmann* (1974), ansonsten *Evers* 1972 und *Waldmann/Garzon Valdés* 1982. Zu Venezuela allein *Boeckh* 1979 und *Werz* 1983.

19 Bereits jetzt: *Wöhlcke* 1983, *Boris/Rausch* 1983, *Wolf* 1985, *Krumwiede* in Vorb.

20 U. a. *Lindenberg*, in: *Grabendorff* 1973, *Zelinsky* 1978, *Cifuentes* 1983, *Goldberg* 1983.

21 U. a. *Domitra* 1975, *Würtele* 1982, *Nolte* 1985, *Wachendorfer* 1986. Des weiteren sei auf die Beiträge in *Mielke* 1982 verwiesen, die hauptsächlich von Politologen verfaßt wurden.

22 *Krumwiede* in: *Lindenberg* 1971, *Grabendorff* 1973, *Lindenberg* 1982, *Wilhelmy* 1982. Siehe auch seine brillante Diss. zu Kolumbien (1980).

23 Speziell *Lindenberg* 1976; auch *Sotelo/Eßer/Moltmann* 1975.

24 U. a. *Oberndörfer* 1977, *Oberndörfer* 1981, *Wolff* 1984.

25 U. a. *Benecke/Domitra/Mols* 1980, *Mols* 1982, *Nohlen/Fernández/Bareiro* 1985.

26 Die Studien zur Außenpolitik verschiedener Länder verbinden sich vor allem mit dem Namen *Wolf Grabendorff*; sie entstanden für die *Stiftung Wissenschaft und Politik* in Ebenhausen. Die hervorragende Studie von *Brock* (1975) zu den interamerikanischen Beziehungen wurde leider kaum beachtet.

27 U. a. *Kimmig* 1978, *Gremliza* 1979, *Witzel de Ciudad* 1981, *Biesinger* 1981, *Wachendorfer* 1984.

28 Beiläufig sei erwähnt, daß es keine deutsche politikwissenschaftliche Zeitschrift zu Lateinamerika gibt.

29 Ausnahmen bilden hier *Goldenberg* 1971 und *Mansilla* 1977.

30 Wegweisend in dieser Hinsicht *Boeckh* 1979, auch der Aufsatz des gleichen Autors 1980. Siehe demnächst *Krumwiede* in Vorb. und das in der PVS, Jg. 25, 1984, Heft 2, vorgestellte Forschungsprojekt: Sozialpolitik in autoritär regierten Entwicklungsländern (Argentinien, Chile, Uruguay).

31 *Goldenberg* 1971, *Allemann* 1974, *Eßer* 1979.

Literaturverzeichnis

Allemann, F. R., 1974: Macht und Ohnmacht der Guerilla, München.
Benecke, D./Domitra, M./Mols, M. (Hrsg.), 1980: Integration in Lateinamerika, München.
Bennholdt-Thomsen, V. u. a. (Hrsg.), 1977 ff.: Lateinamerika. Analysen und Berichte, Berlin.
Biesinger, B., 1981: Der Bergbausektor im peruanischen Reformprozeß 1968–1975, Heidelberg.
Boeckh, A., 1979: Interne Konsequenzen externer Abhängigkeit. Eine vergleichende empirische Analyse der Dependenz am Beispiel der Industriearbeiterschaft Venezuelas, Kolumbiens und Perus, Meisenheim.
Boeckh, A., 1980: Grundrente und Staat: Argentinien und Venezuela im 19. und 20. Jahrhundert, in: *Hanisch, R./Tetzlaff, R.* (Hrsg.): Historische Konstitutionsbedingungen des Staates in Entwicklungsländern, Frankfurt, 47–98.
Boris, D./Boris, E./Ehrhardt, W., 1971: Chile auf dem Weg zum Sozialismus, Köln.
Boris, D./Rausch, R. (Hrsg.), 1983: Zentralamerika, Köln.
Breuer, W. W., 1973: Sozialismus in Kuba. Zur politischen Ökonomie, Köln.
Brock, L., 1975: Entwicklungsnationalismus und Kompradorenpolitik. Die Gründung der OAS und die Entwicklung der Abhängigkeit Lateinamerikas von den USA, Meisenheim.
Brummel, H.-J., 1980: Brasilien zwischen Abhängigkeit, Autonomie und Imperialismus. Die Grundlinien der brasilianischen Außenpolitik unter besonderer Berücksichtigung der Beziehungen zu Lateinamerika, Frankfurt.
Buck, K.-H., 1977: Die Sozialistische Partei Chiles 1933–1973, Frankfurt.
Buisson, I./Mols, M. (Hrsg.), 1983: Entwicklungsstrategien in Lateinamerika. In Vergangenheit und Gegenwart, Paderborn u. a.
Castelo Branco, L., 1983: Staat, Raum und Macht in Brasilien, München.
Cifuentes, R., 1983: Zur Typologie politischer Parteien in Lateinamerika. Die Fälle Chile und Argentinien, Heidelberg.
Deutscher Akademischer Austauschdienst/Institut für Iberoamerika-Kunde (Hrsg.), 1980: Handbuch der deutschen Lateinamerika-Forschung, Hamburg/Bonn.
Domitra, M., 1975: Die Rolle der Gewerkschaften im mexikanischen Herrschaftssystem, Bad Godesberg.
Eschenhagen, W. (Hrsg.), 1974: Revolution und Konterrevolution in Chile. Analysen zu einem Lehrstück, Darmstadt und Neuwied.
Evers, T. T., 1972: Militärregierung in Argentinien, Hamburg.
Eßer, K., 1972: Durch freie Wahlen zum Sozialismus oder Chiles Weg aus der Armut, Reinbek.
Fabian, H., 1981: Der kubanische Entwicklungsweg, Opladen.
Fernández Baeza, M., 1981: Nationale Sicherheit in Lateinamerika, Heidelberg.
Freyre, G., 1982: Herrenhaus und Sklavenhütte. Ein Bild der brasilianischen Gesellschaft (ersch. 1933), Stuttgart.
Friedmann, R., 1983: Die Kupferpolitik Chiles (1964–1973) mit Berücksichtigung der Geschichte des chilenischen Kupferbergbaus, Heidelberg.
Fürst, E., 1981: Staat, Kapital und Regionalproblem in Peru 1968–1978, 2 Bde., Saarbrücken–Fort Lauderdale.
Furtak, R. K., 1969: Revolutionspartei und politische Stabilität in Mexiko, Hamburg.
German, Ch., 1983: Brasilien: Autoritarismus und Wahlen, München u. a.
Gleich, A. von/Godau, R./Ehrke, M. (Hrsg.), 1983: Mexiko. Der Weg in die Krise, Diessenhofen.
Goldberg, B., 1983: 50 Jahre Partido Aprista Peruano (PAP) 1930–80, Saarbrücken–Fort Lauderdale.
Goldenberg, B., 1971: Kommunismus in Lateinamerika, Stuttgart u. a.
Grabendorff, W., 1970: Lateinamerika – wohin?, München.
Grabendorff, W. (Hrsg.), 1973: Lateinamerika. Kontinent in der Krise, Hamburg.
Grabendorff, W./Nitsch, M., 1977: Brasilien: Entwicklungsmodell und Außenpolitik, München.
Grabendorff, W./Krumwiede, H.-W./Todt, J. (Hrsg.), 1984: Political Change in Central America. Internal and External Dimensions, Boulder-London.
Graebner, J., 1971: Klassengesellschaft und Rassismus. Zur Marginalisierung der Afroamerikaner in Lateinamerika, Düsseldorf.
Gremliza, D., 1979: Die Agrarreform in Peru von 1969, Meisenheim.
Heuer, W./Oberreit, W. (Hrsg.), 1981: Peru: Kolonisation und Abhängigkeit, Saarbrücken–Fort Lauderdale.

Hirsch-Weber, W., 1972: Lateinamerika: Abhängigkeit und Selbstbestimmung, Opladen.
Hoffmann, K.-D., 1985: Militärherrschaft und Entwicklung in Lateinamerika. Der Fall Ecuador, Saarbrücken–Fort Lauderdale.
Huneeus, C., 1981: Der Zusammenbruch der Demokratie in Chile. Eine vergleichende Analyse, Heidelberg.
Huneeus, C., 1984: Eppur' si muove: Visiones alemanas sobre la política latinoamericana, in: Latin-American Research Review, Vol XIX (1), 243–260.
Illy, H. F./Sielaff, R./Werz, N., 1980: Diktatur – Staatsmodell für die Dritte Welt? Würzburg.
Institut für Iberoamerika-Kunde (Hrsg.), 1983 ff.: Lateinamerika. Analysen, Daten, Dokumentation, Hamburg.
  Heft 1: Chancen und Grenzen der Demokratie in Argentinien.
  Heft 2: Chile: Opposition gegen Wirtschaftsmodell und Diktatur.
Kappel, R./Metz, M./Wendt, D., 1983: Technologieentwicklung und Grundbedürfnisse. Eine empirische Studie über Mexiko, Saarbrücken–Fort Lauderdale.
Kerbusch, E.-J., 1971: Das uruguayische Regierungssystem, Köln.
Kimmig, K.-H., 1978: Die Industriereform in Peru, Meisenheim.
Krumwiede, H. W., 1980: Politik und katholische Kirche im gesellschaftlichen Modernisierungsprozeß. Tradition und Entwicklung in Kolumbien, Hamburg.
Krumwiede, H. W., in Vorb.: Zur vergleichenden Analyse sozialrevolutionärer Prozesse: Zentralamerika.
Lamberg, R. F., ²1972: Die Guerilla in Lateinamerika. Theorie und Praxis eines revolutionären Modells, München.
Lauth, H.-J., 1985: Der Staat in Lateinamerika. Die Staats-Konzeption von Guillermo O'Donnell, Saarbrücken-Fort Lauderdale.
Lehr, V. G., 1981: Der mexikanische Autoritarismus. Parteien, Wahlen, Herrschaftssicherung und Krisenpotential, München.
Lindenberg, K., 1976: Über die militärische Bedeutung der Politik in Lateinamerika, in: *Büttner, F.* u. a.: Reform in Uniform: Militärherrschaft und Entwicklung in der Dritten Welt, Bonn, 363–482.
Lindenberg, K. (Hrsg.), 1971: Politik in Lateinamerika, Bonn–Bad Godesberg.
Lindenberg, K. (Hrsg.), 1982: Lateinamerika. Herrschaft, Gewalt und Internationale Abhängigkeit, Bonn.
Lühr, V., 1973: Chile: Legalität, Legitimität und Bürgerkrieg, Darmstadt und Neuwied.
Mansilla, H. C. F., 1977: Der südamerikanische Reformismus, Nationalistische Modernisierungsversuche in Argentinien, Bolivien und Peru, Berlin.
Maus, Th., 1979: Entwicklungspolitik und Unterentwicklung. Ein Beitrag zum Problem der Steuerbarkeit abhängiger Entwicklungsprozesse am Beispiel Nordostbrasiliens, Meisenheim.
Meinardus, M., 1982: Marginalität – Theoretische Aspekte und entwicklungspolitische Konsequenzen, Saarbrücken.
Meschkat, K. u. a., 1980: Kolumbien. Geschichte und Gegenwart eines Landes im Ausnahmezustand, Berlin.
Mielke, S. (Hrsg.), 1982: Internationales Gewerkschaftshandbuch, Opladen.
Mols, M., 1981: Mexiko im 20. Jahrhundert, Paderborn u. a.
Mols, M. (Hrsg.), 1981: Integration und Kooperation in Lateinamerika, Paderborn.
Mols, M., 1982: Politikwissenschaft und Entwicklungsländerforschung in der Bundesrepublik, in: *Bracher, K.-D.* u. a.: Entwicklungslinien der Politikwissenschaft in der Bundesrepublik, Melle, 12–40.
Mols, M./Tobler, H. W., 1976: Mexiko. Die institutionalisierte Revolution, Köln–Wien.
Moßmann, P., 1979: Campesinos und Ausbeutungsstrukturen im internationalen Konfliktfeld, Saarbrücken.
Nohlen, D., 1973: Chile. Das sozialistische Experiment, Hamburg.
Nohlen, D., 1974: Feuer unter der Asche. Chiles gescheiterte Revolution, Baden-Baden.
Nohlen, D. (Hrsg.), ²1984: Lexikon Dritte Welt, Reinbek.
Nohlen, D. (Hrsg.), 1984: Wahlen und Wahlpolitik in Lateinamerika, Heidelberg.
Nohlen, D./Fernández, M./Bareiro, O. (Hrsg.), 1985: Kooperation und Konflikt im La Plata Bekken, Saarbrücken–Fort Lauderdale.
Nohlen, D./Nuscheler, F. (Hrsg.), 1982–1983: Handbuch der Dritten Welt, 2. Aufl., 8 Bde., Hamburg (Band 2: Südamerika, Band 3: Mittelamerika und Karibik).

Nohlen, D./Schultze, R.-O. (Hrsg.), 1985: Politikwissenschaft (= Band 1 von Pipers Wörterbuch zur Politik, hrsg. von D. Nohlen), München.
Nolte, D., 1984: Zur sozialen Basis Konterrevolutionärer Massenbewegungen: ‚el Paro de Octubre' in Chile 1972, in: Ibero-Amerikanisches Archiv, NF, Jg. 10, 389—448.
Nolte, D., 1985: Zwischen Integration und Rebellion. Gewerkschaften in der chilenischen Politik, Diss. Mannheim.
Oberndörfer, D. (Hrsg.), 1977: Kommunalverwaltung in Mittelamerika. Eine Studie über die Hauptstädte Guatemalas und El Salvadors, Mainz.
Oberndörfer, D. (Hrsg.), 1981: Verwaltung und Politik in der Dritten Welt, Berlin.
Puhle, H.-J., o. J. (1968): Politik in Uruguay. Einige Bemerkungen zum uruguayischen Parteien- und Verfassungssystem, Hannover.
Puhle, H.-J., 1970: Tradition und Reformpolitik in Bolivien, Hannover.
Puhle, H.-J. (Hrsg.), 1976: Revolution und Reformen in Lateinamerika, Göttingen (= Geschichte und Gesellschaft, 2. Jg., Heft 2).
Puhle, H.-J. (Hrsg.), 1977: Lateinamerika. Historische Realität und Dependencia-Theorien, Hamburg.
Rott, R., 1979: Industrialisierung und Arbeitsmarkt. Aspekte der sozioökonomischen Entwicklung, der Arbeits- und Gewerkschaftspolitik in Kolumbien und Mexiko, Meisenheim.
Schubert, A., 1981: Die Diktatur in Chile, Frankfurt-New York.
Schütt, K.-P., 1980: Externe Abhängigkeit und periphere Entwicklung in Lateinamerika. Eine Studie am Beispiel der Entwicklung Kolumbiens von der Kolonialzeit bis 1930, Frankfurt.
Schütt, K.-P., 1980: Die „Dritte Welt" als Problem der Vergleichenden Politischen Systemforschung, in: *Hartmann, J.* (Hrsg.): Vergleichende Politische Systemforschung, Köln—Wien, 221—256.
Schwarzbeck, F., 1982: Französisch-Guayana. Die letzte kontinentale Überseebesitzung in Lateinamerika, Heidelberg.
Sotelo, I./Eßer, K./Moltmann, B., 1975: Die bewaffneten Technokraten. Militär und Politik in Lateinamerika.
Spessart, S., 1980: Garant oder Gegner? Militärregierung und städtische Marginalität in Lima, Peru, 1968—1975: Vier Fallstudien, Saarbrücken—Fort Lauderdale.
Tobler, H. W., 1984: Die mexikanische Revolution, Frankfurt.
Ummenhofer, St. M., 1983: Ecuador: Industrialisierungsbestrebungen eines kleinen Agrarstaates, Saarbrücken—Fort Lauderdale.
Wachendorfer, A., in Vorb.: Gewerkschaften in Peru, Heidelberg.
Wachendorfer, U., 1984: Bauernbewegung in Peru, Heidelberg.
Waldmann, P., 1974: Der Peronismus 1943—1955, Hamburg.
Waldmann, P., 1983: Lateinamerika-Forschung: Luxus oder Notwendigkeit, in: Soziologische Revue 6, 253—262.
Waldmann, P. (Hrsg.), ²1983: Politisches Lexikon Lateinamerika, München.
Waldmann, P./Garzón Valdés, E. (Hrsg.), 1982: El poder militar en la Argentina (1976—1981), Frankfurt.
Werz, N., 1983: Parteien, Staat und Entwicklung in Venezuela, München u. a.
Wilhelmy, H. u. a., 1982: Lateinamerika, Stuttgart.
Witzel de Ciudad, R., 1981: Die peruanische Unternehmensreform im Industriesektor, Heidelberg.
Wöblcke, M., 1982: Die Karibik im Konflikt entwicklungspolitischer und hegemonialer Interessen, Baden-Baden.
Wöblke, M., 1983: Brasilien 1983: Ambivalenzen seiner politischen und wirtschaftlichen Orientierung, Baden-Baden.
Wolf, U., 1985: Soziopolitische Konflikte in Nicaragua 1979—1982, Saarbrücken-Fort Lauderdale.
Wolff, J. H., 1984: Bürokratische Politik. Der Fall Kolumbien, Berlin.
Würtele, W., 1982: Auf dem Weg zu einer ‚Authentischen' Gewerkschaftsbewegung in Brasilien, Heidelberg.
Zelinsky, U., 1978: Parteien und politische Entwicklung in Kolumbien unter der Nationalen Front, Meisenheim.

Autorenverzeichnis

Prof. Dr. Franz Ansprenger, Freie Universität Berlin, FB Politische Wissenschaft (FB 15), Arbeitsstelle Politik Afrikas, Garystr. 45, 1000 Berlin 33

Dr. Helmut Asche, ASA — Programm, Carl-Duisberg-Gesellschaft e. V., Lützowufer 6—9, 1000 Berlin 30

Prof. Dr. Dr. Dirk Berg-Schlosser, Philipps-Universität Marburg; FB Gesellschaftswissenschaften, Biegenstr. 10, 3350 Marburg

Dr. Klaus Bodemer, Johannes-Gutenberg-Universität Mainz, Institut für Politikwissenschaft, Johann-Becher-Weg, 6500 Mainz, z. Zt. FLACSO, Buenos Aires

Prof. Dr. Andreas Boeckh, Universität Essen — GHS, Politikwissenschaft (FB 1), Universitätsstr. 12, 4300 Essen 1

Prof. Dr. Friedemann Büttner, Freie Universität Berlin, FB Politische Wissenschaft (FB 15), Arbeitsstelle Politik des Vorderen Orients, Albrechtstr. 36a, 1000 Berlin 41

Prof. Dr. Hartmut Elsenhans, Universität Konstanz, Sozialwissenschaftliche Fakultät, Fachgruppe Politikwissenschaft/Verwaltungswissenschaft, Postfach 5560, 7750 Konstanz 1

Dr. Manfred Glagow, AOR, Universität Bielefeld, Fakultät für Soziologie, Universitätsstraße, 4800 Bielefeld 1

Dr. Wolfgang Hein, Redakteur der Zeitschrift ‚Peripherie‘, Rostocker Str. 18, 1000 Berlin 21

Prof. Dr. Klaus Hüfner, Freie Universität Berlin, Fachbereich Wirtschaftswissenschaften (FB 10), Institut für Wirtschaftspolitik (WE 4), Boltzmannstr. 20, 1000 Berlin 33

Prof. Dr. Hans F. Illy, Hochschule für Verwaltungswissenschaften Speyer, Entwicklungsverwaltung und Entwicklungspolitik, Postfach 1409, 6720 Speyer

Dipl. Pol. Peter Körner, Institut für Afrika-Kunde, Neuer Jungfernstieg 21, 2000 Hamburg 36

Dipl. Pol. Gero Maaß, Universität Hamburg, Institut für Politische Wissenschaft, Troplowitz Str. 7, 2000 Hamburg 54

PD Dr. Volker Matthies, Institut für Allgemeine Überseeforschung, Neuer Jungfernstieg 21, 2000 Hamburg 36

PD Dr. Ulrich Menzel, z. Zt. University of Tokyo, Faculty of Law, Hongo, Bunkyo-ku, Tokyo, 113, Japan

Prof. Dr. Peter Meyns, Universität Duisburg-GHS, FB 1, Fach Politische Wissenschaft, Bürgerstr. 15, 4100 Duisburg 1

PD Dr. Peter Moßmann, Lange Str. 4, 3405 Rosdorf 1

Prof. Dr. Dieter Nohlen, Universität Heidelberg, Institut für Politische Wissenschaft, Marstallstr. 6, 6900 Heidelberg

Dr. Jürgen Rüland, Arnold-Bergstraesser-Institut, Windausstr. 16, 7800 Freiburg i. Br.

Dipl. Pol. Thomas Scheffler, Freie Universität Berlin, FB Politische Wissenschaft (FB 15), Arbeitsstelle Politik des Vorderen Orients, Albrechtstr. 36a, 1000 Berlin 41

Dr. Uwe Schimank, Max-Planck-Institut für Gesellschaftsforschung, Lothringer Str. 78, 5000 Köln 1

Prof. Dr. Dieter Senghaas, Universität Bremen, Studiengang Sozialwissenschaften, Bibliotheksstraße, 2800 Bremen 33

Dipl. Pol. Thomas Siebold, Institut für Afrika-Kunde, Neuer Jungfernstieg 21, 2000 Hamburg 36

PD Dr. Georg Simonis, Universität Konstanz, z. Zt. Lehrstuhlvertretung Universität Duisburg-GHS, FB 1, Fach Politische Wissenschaft, Bürgerstr. 15, 4100 Duisburg 1

Prof. Dr. Rainer Tetzlaff, Universität Hamburg, Institut für Politische Wissenschaft, Allendeplatz 1, 2000 Hamburg 13

Prof. Dr. Peter Waldmann, Universität Augsburg, Lehrstuhl für Soziologie, Universitätsstr. 10, 8900 Augsburg

Dr. Gerhard Weiher, Freie Universität Berlin, FB Politische Wissenschaft (FB 15), Arbeitsstelle Politik des Vorderen Orients, Albrechtstr. 36a, 1000 Berlin 41

Dr. Nikolaus Werz, Arnold-Bergstraesser-Institut, Windausstr. 16, 7800 Freiburg i. Br.

Herausgeber:
Prof. Dr. Franz Nuscheler, Universität Duisburg-GHS, FB 1, Fach Politische Wissenschaft, Bürgerstr. 15, 4100 Duisburg 1

Redakteure:
Michael Braun, Dipl. Sozialwissenschaftler, Universität Duisburg-GHS, FB 1, Fach Politische Wissenschaft, Bürgerstr. 15, 4100 Duisburg 1

Claus Körting, Dipl. Sozialwissenschaftler, Universität Duisburg-GHS, FB 1, Fach Politische Wissenschaft, Bürgerstr. 15, 4100 Duisburg 1